MBA
DEL SIGLO XXI

YVONNE SÁNCHEZ / GONZALO CANTARERO

MBA
DEL SIGLO XXI

mr

Primera edición: septiembre de 2008

Paseo de Recoletos, 4. 28001 Madrid
www.mrediciones.com
ISBN: 978-84-270-3465-5
Depósito legal: M. 36.677-2008
Preimpresión: J.A. Diseño Editorial, S.L.
Impresión: Brosmac, S.L.

Impreso en España-Printed in Spain

Índice

Parte V
LA VISIÓN ESTRATÉGICA Y LOS SISTEMAS DE GESTIÓN DE CALIDAD

Parte VI
LA INFORMACIÓN CONTABLE Y EL ANÁLISIS DE LOS ESTADOS FINANCIEROS

Parte VII
CÓMO EVALUAR LA SITUACIÓN ECONÓMICA Y FINANCIERA DE UNA EMPRESA

A mi hermana Lugui, porque la sigo echando de menos cada día, pero su sonrisa y su ejemplo siempre me acompañan.

Yvonne

A mi abuelo Santiago, «Pave», una fuente continua de inspiración y un ejemplo del verdadero sentido del espíritu emprendedor, la superación y el logro. Siempre estarás en mi memoria y seguirás siendo un modelo a seguir.

Gonzalo

Agradecimientos

Queremos dedicar estas líneas como agradecimiento a todos los colaboradores que, directa o indirectamente, han contribuido a que esta guía de trabajo sea una realidad. A quienes puedan hacer de ella una herramienta útil para lograr sus objetivos o sus sueños. A los que comparten nuestra filosofía de que querer es poder... nuestros mejores deseos para que logren todo aquello que se propongan.

Y un especial agradecimiento a don Jesús Salido López, don José Luis López Álvarez, don Miguel Ángel Cicuéndez Luna, don Enrique González Alonso-Buenaposada y doña Teresa Montalbán Rivera por su interés y contribución en la preparación de este libro.

Introducción

MBA del siglo XXI aspira a ser un compañero de viaje para los emprendedores que sueñan con poner en marcha su proyecto empresarial, un confidente para aquellos que ya lo han hecho, pero que piensan que tienen que «reinventar» su empresa, y un «diccionario de bolsillo» para todos los estudiantes interesados en el mundo de los negocios.

Hemos pretendido reflejar en un lenguaje asequible lo que verdaderamente cuenta —¿Qué necesito? ¿Cómo lo encuentro? ¿Cómo lo calculo? ¿Cómo lo puedo mejorar? y ¿quién me va a ayudar?— en el marco de la búsqueda de nuevas ideas, innovaciones y oportunidades de negocio. En esta nueva economía hemos de movernos rápido, porque ahora el pez más rápido se come al pez más lento, sin importar su tamaño.

MBA del siglo XXI es más que un libro. Hemos querido ofrecer un sistema de actualización continua de conocimientos y experiencias, de aprendizaje colectivo, de participación y colaboración a través de la creación de una Web 2.0 de acompañamiento al libro. Se trata de vuestra propia comunidad, donde vosotros, los lectores, sois los protagonistas y vais a poder estar en contacto permanente con los autores, con otros lectores y con profesionales de diferentes ámbitos dispuestos a compartir sus experiencias.

Una Web donde podéis consultar, ampliar o actualizar temas clave para la toma de decisiones relacionadas con el marketing y sus nuevas formas, la estrategia, las finanzas, el impacto del nuevo modelo de la Web en la empresa, la importancia de las nuevas tendencias o la creación de una empresa paso a paso; ya que si sabemos cómo evitar los problemas críticos podremos recorrer antes el camino hacia el éxito.

Esta guía pretende ser funcional y adaptable a cualquier negocio o proyecto de negocio.

La meta es el triunfo... ¡y merece la pena probar!

Como dijo Marva Collins: «El éxito no viene a ti... Tú vas a él».

Esperamos que *MBA del siglo XXI* y su comunidad web sean una brújula útil.

YVONNE y GONZALO

Explicación de iconos y página web

WEB DE ACOMPAÑAMIENTO AL LIBRO

http://www.mbadelsigloxxi.es

MBA del siglo XXI viene acompañado por un portal web para sus lectores, que convierte el libro en una fuente de información en continua actualización y ampliación. Nuestro objetivo es ofrecer un sistema de colaboración y aprendizaje colectivo entre los autores, sus colaboradores y los lectores del libro, creando una comunidad que nos permita compartir nuestras experiencias y ampliar nuestros conocimientos, una comunidad en la que el protagonista eres tú.

La Web te ofrece los siguientes apartados:

- Información sobre el libro y los autores: presentación, datos de contacto, reseñas, dónde comprar el libro, etc.
- Información sobre la Web: cómo utilizar los weblogs, la nube de tags, descargas de documentos y herramientas, y visualización de vídeos y presentaciones, así como futuras ampliaciones de la Web.
- Weblogs: un sistema de blogs clasificados por diferentes áreas de gestión con el objetivo de ofrecer información adicional y una vía de comunicación entre los autores, los colaboradores y los lectores. Un rincón para compartir conocimientos y experiencias con otros lectores.

- Noticias: el área de noticias te mantendrá informado sobre las actualizaciones de los contenidos de la Web, la ampliación de recursos y los nuevos capítulos.
- E-learning: una plataforma de teleformación a disposición de los lectores que deseen ampliar conocimientos a través de diversos cursos de gestión y ofimática.
- Contacto: una vía de contacto directa entre los lectores y los autores del libro.
- Área de lectores: área de acceso exclusiva para los lectores, donde podrán descargarse todos los ejercicios, las figuras, los vídeos, las tablas, los capítulos extra, el glosario de términos y las herramientas para el desarrollo de un plan de negocio paso a paso, entre otra documentación. Un área para poder estar continuamente actualizado y ampliar información no tratada en el libro.

ICONOS UTILIZADOS EN EL LIBRO

Hemos utilizado cinco iconos a lo largo del libro para distinguir aquellos apartados que necesitan más atención, así como casos prácticos, ejemplos y referencias adicionales a diferentes recursos que puedes encontrar en la Web del libro: enlaces, herramientas, actualizaciones, vídeos y material complementario.

Caso práctico

Este icono nos muestra un caso práctico real relacionado con el concepto tratado en un capítulo determinado.

Ejercicio

Este icono nos ofrece el desarrollo de un ejercicio práctico con el objetivo de facilitar una mejor asimilación de los conceptos.

Web del libro

Este icono ofrece información adicional que puedes descargar en la Web de acompañamiento al libro, así como enlaces y recursos externos en diferentes sitios de Internet.

Recuerda

Este icono nos avisa de algún concepto sobre el que debemos reflexionar y que hemos de recordar antes de futuras aplicaciones.

Advertencia

Este icono nos advierte sobre algún aspecto que requiere una atención especial y nos ofrece algún consejo para evitar futuras confusiones.

Parte I
TENDENCIAS EMERGENTES

TENDENCIA

(De tender, propender).

1. f. Propensión o inclinación en los hombres y en las cosas hacia determinados fines.

2. f. Fuerza por la cual un cuerpo se inclina hacia otro o hacia alguna cosa.

3. f. Idea religiosa, económica, política, artística, etc., que se orienta en determinada dirección.

(Fuente: Real Academia Española)

MBA del siglo XXI News

Transformando las tendencias en innovaciones y oportunidades de negocio

CAPÍTULOS

1. Cazadores de tendencias
2. FOREVER TRENDS: tendencias para siempre
3. NEXT FOREVER TRENDS: las próximas tendencias para siempre

Mi «cazatendencias» personal me ha dicho que se van a poner de moda este verano
¿Por qué estamos probando estas nuevas zapatillas con alambres incorporados?

1. Cazadores de tendencias

«El aspecto exterior pregona muchas veces la condición interior del hombre.»

William Shakespeare

- Una nueva manera de cazar tendencias es utilizando el conocimiento y las capacidades de gente normal alrededor del mundo que se comunica vía web.
- Para que la información que proporciona un cazatendencias sea útil, debe ser totalmente aséptica.
- Hay tres niveles de tendencias: las macrotendencias, las tendencias de la industria y las tendencias de los consumidores.
- Transformando tendencias en innovaciones: la hoja de ruta.

“Las necesidades de los consumidores no han cambiado significativamente. Lo que sí podemos intentar es cubrir esas necesidades de una manera innovadora o incluso desatar alguna necesidad que estaba latente.”

NUBE DE TAGS

ENTREVISTAS ETNOGRÁFICAS, *cool-hunters, Maslow,* facilitadores de tours, **GENERACIÓN C,** *bautizar tendencias,* **matriz de tendencias...**

Es lunes y la familia García está preparando el desayuno. María, la madre, abre la nevera para sacar la leche, y David, el hijo mayor, entra en la cocina y aprovecha que está abierta para coger un zumo. A los cinco minutos es Elena, la hija pequeña, la que vuelve a abrir la nevera para coger el pan de molde.

A última hora de la tarde, María vuelve del supermercado y se dispone a colocar la compra...

Esta situación no tendría nada de particular si no fuera porque todo lo que ocurre en la cocina de la familia García está siendo grabado por una cámara (con su permiso, por supuesto). La cámara está registrando todo lo que está sucediendo en la cocina, incluso pequeños detalles que podrían pasar desapercibidos al ojo humano. Cada detalle es importante, desde dónde colocan la leche en la nevera, hasta cómo saca la madre los productos de la bolsa cuando regresa del supermercado.

También son muy importantes las conversaciones entre los miembros de la familia —«te has dejado la nevera abierta»— e incluso cómo se limpia la nevera cuando algo se derrama en el interior.

Este seguimiento recibe el nombre de «entrevista etnográfica», un recurso cada vez más empleado por empresas que se dedican a la investigación de mercados.

Este tipo de entrevistas permiten analizar el comportamiento de los consumidores para luego poder asesorar a una empresa antes de lanzar un producto al mercado.

En el caso de la familia García, se intenta determinar cómo y cuándo usan el frigorífico. Toda la información obtenida a través de la entrevista etnográfica servirá para aconsejar al fabricante de frigoríficos sobre cuestiones que van desde cómo diseñar el interior para que los productos más utilizados sean de fácil acceso, hasta cómo hacer que su limpieza sea más sencilla o sugerir una alarma que avise cuando el frigorífico ha estado abierto más de tres minutos. Incluso pueden obtener un eslogan con gancho basado en las conversaciones de la familia.

Antes se lanzaba un producto al mercado y la única información que se tenía sobre los hábitos del consumidor era la que éstos proporcionaban a través de una entrevista, la cual, la mayoría de las veces, no reflejaba con exactitud la realidad.

Ahora las entrevistas etnográficas permiten acercarse mucho más al consumidor. Antes de comenzar a comercializar un producto nuevo, las empresas intentan minimizar los riesgos, estudiando la psicología de los consumidores con el objetivo de que el nuevo producto los enganche.

Algo parecido a las entrevistas etnográficas, pero que pasa mucho más desapercibido, son los cazatendencias, o *coolhunters*.

En este caso, los investigadores se lanzan a la calle para observar a la gente, sin citas ni entrevistas. Se dedican a recorrer tiendas, bares, restaurantes, gimnasios, colegios...

La profesión de cazador de tendencias ha cambiado radicalmente en los últimos años. Lejos quedaron los tiempos en que se dedicaban a apuntar en una libreta lo que veían por la calle.

Gracias a que ahora vivimos en una aldea global totalmente conectada, es factible para cualquier persona con conexión a Internet y un teléfono con cámara poder estar fotografiando un grupo de estudiantes a la salida del colegio en Tokio y enviar fotos en tiempo real de sus zapatillas deportivas o sus peinados a su empresa, o simplemente colgarlas en su blog para que cualquiera tenga acceso a ellas.

Un buen ejemplo es Springspotters, el proyecto del economista holandés Reiner Evers, que cuenta con 7000 colaboradores en 70 países. Los springspotters envían breves informes con fotos digitales sobre lo que ven en sus ciudades. Cualquiera puede ser un cazatendencias, o *coolhunter,* pero sólo si su contribución es valiosa recibirá una recompensa (puntos canjeables por regalos o su nombre al lado de un artículo), aunque para muchos de estos cazadores de tendencias lo más importante es formar parte de una comunidad influyente y creativa.

En definitiva, una nueva manera de cazar tendencias es utilizando el conocimiento y las capacidades de gente normal alrededor del mundo. Las claves se repiten: búsqueda a escala global, organización vía web y el espíritu de pertenecer a una comunidad.

Esta avalancha de información es, al mismo tiempo, una bendición y una pesadilla. Es maravilloso disponer de toneladas de información gratuita que cualquiera puede consultar, pero es prácticamente imposible analizar todos los datos disponibles.

Para que la información que proporciona un cazatendencias sea útil, debe ser totalmente aséptica, es decir, los gustos u opiniones del cazador de tendencias son irrelevantes, lo único importante es tratar de detectar si ha surgido una nueva tendencia.

El propósito de detectar nuevas tendencias es ayudar a diseñar nuevos productos o servicios que satisfagan los deseos de los consumidores.

Pero no nos confundamos, las necesidades de los consumidores no han cambiado significativamente, la pirámide de necesidades de Maslow sigue vigente, lo que sí podemos intentar es cubrir esas necesidades de una manera innovadora o incluso desatar alguna necesidad que estaba latente.

MASLOW estableció una serie de necesidades experimentadas por el individuo, dando origen a la llamada «pirámide de necesidades».

Maslow indica cinco niveles de necesidades y los clasifica por orden de importancia. En la base de la pirámide se encuentran las necesidades básicas o primarias y en la cúspide, las de orden psicológico o secundarias.

- Necesidades básicas: se encuentran en el primer nivel y su satisfacción es necesaria para sobrevivir. Son el hambre, la sed, la vestimenta...
- Necesidades de seguridad: están situadas en el segundo nivel, son la seguridad y la protección física, el orden, la estabilidad...
- Necesidades sociales o de pertenencia: están relacionadas con los contactos sociales y la vida económica. Son necesidades de pertenencia a grupos, organizaciones...
- Necesidades de estatus y prestigio: su satisfacción se produce cuando aumenta la iniciativa, autonomía y responsabilidad del individuo. Son necesidades de respeto, prestigio, admiración, poder...
- Necesidades de autorrealización: surgen de la necesidad de llegar a realizar el sistema de valores de cada individuo, es decir, lograr sus máximas aspiraciones personales.

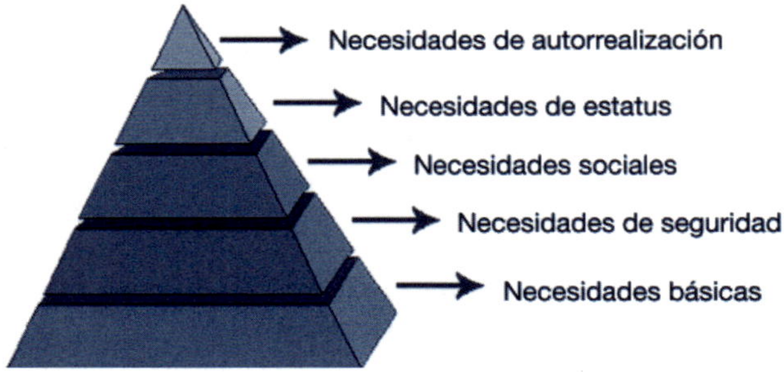

Gráfico de la teoría de Maslow

Son muchos los factores que pueden desatar necesidades latentes, desde una mejora de la situación económica, hasta una innovación tecnológica o algún cambio en la conciencia social.

En definitiva, lo que se pretende a través de la caza de tendencias es satisfacer necesidades existentes de los consumidores de una forma innovadora y atractiva.

1.1. LOS ERRORES MÁS COMUNES EN LA CAZA DE TENDENCIAS

- TENDENCIA ≠ MODA

En muchas ocasiones, cuando hablamos de tendencias, surge la palabra moda como una conexión inmediata, ya que a menudo se utilizan indistintamente ambos términos. Por esta razón se suele asociar a los cazatendencias con «ojeadores de moda». Pero no nos confundamos: la moda es sólo una parte y no refleja todas las tendencias de los consumidores.

- CAZAR TENDENCIAS ≠ PREDECIR FUTURO

Los cazatendencias no pretenden predecir el futuro. Al contrario, lo que pretenden es interpretar el presente, lo que ya está sucediendo.

- CONFUNDIR UNA TENDENCIA CON UN PRODUCTO

Un buen ejemplo es el boom que han protagonizado en los últimos años las empresas que reparten pizzas a domicilio. Esto no significa que haya una tendencia a comer pizza. La tendencia es que los consumidores no tienen tiempo o ganas de cocinar, y las pizzas son fáciles de transportar y, encima, baratas, lo que proporciona márgenes de beneficio muy altos para las empresas que ofrecen este servicio. Es decir, la tendencia es el reparto a domicilio de comida barata, no la pizza.

• PIENSA GLOBAL, PERO ACTÚA LOCAL

Uno de los errores más habituales es pensar que una tendencia es aplicable a nivel planetario. Si bien es cierto que vivimos en un mundo globalizado, nunca hay que olvidar la máxima «piensa global, pero actúa local».

Un buen ejemplo es cómo se prepara un café. Lucía Chrometzka, del Future Concept Lab, un observatorio internacional ubicado en Milán, cuenta como una compañía que quería sacar al mercado una nueva máquina para hacer café les encargó un estudio de mercado.

Las conclusiones fueron asombrosas. Según Lucía: «En Nueva York beber café es un trámite que te permite estar más activo, y por eso se bebe rápido y sin importar el sabor. En San Francisco, en cambio, a una taza de café se le dedica tiempo y compañía». Por esta razón en Nueva York los consumidores preferían que una cafetera fuera rápida y fácil de lavar, mientras que los de San Francisco valoraban más una máquina que elaborara un café de mayor calidad, aunque fuera más compleja.

Por lo tanto, algo tan aparentemente universal como una máquina de hacer café tenía que adaptarse al mercado al que iba a dirigirse. En definitiva, que hasta para el café, cada persona es un mundo.

• «Y», NO «O»

El detectar una nueva tendencia no implica siempre que ésta vaya a ser adoptada de forma automática por un número significativo de consumidores y que vayamos a conseguir que una empresa gane más dinero, aunque, evidentemente, esto es lo que se pretende.

Es más, no siempre la aparición de una nueva tendencia implica que lo nuevo va a hacer desaparecer a lo viejo. Todo lo contrario, muchas veces una tendencia lleva aparejada una «anti-tendencia».

Es cierto que las ventas a través de la red están creciendo a pasos agigantados, pero esto no significa que vayan a desaparecer las tiendas de cara al público. El comercio al por menor tradicional no ha muerto.

En la caza de tendencias hay que intentar añadir más que eliminar, buscar el «y», no el «o». Está claro que el comercio online y el offline seguirán conviviendo durante mucho tiempo, y en ambos casos pueden detectarse nuevas oportunidades de negocio.

• OBSERVAR Y NO JUZGAR

Cada uno de nosotros tiene sus propias creencias sobre lo que está mal y lo que está bien, pero la caza de tendencias tiene que abordarse con una mente abierta. Tiene que primar la curiosidad sobre nuestras opiniones. Observar en lugar de juzgar, y no olvidar nunca que no necesariamente vamos a ser nosotros los consumidores de cierto producto o servicio. Es fundamental deshacernos de prejuicios y tabúes si queremos ser capaces de detectar nuevas tendencias para entender lo que buscan los consumidores.

Lo importante no es si nos gusta a nosotros una nueva tendencia, lo importante es si una nueva tendencia ha desatado una necesidad latente en otros. Sólo porque *tú* no vayas a utilizar cierta innovación, no quiere decir que a otros no les interese.

En definitiva, se trata de actuar como observadores objetivos, preguntándonos permanentemente el porqué de las cosas, y no descartar nunca nada como punto de partida, ya que muchos productos y servicios que hoy son un éxito fueron inicialmente ridiculizados cuando se concibieron.

1.2. A LA CAZA DE TENDENCIAS: LOS TRES NIVELES

El punto de partida es tener en mente que hay tres niveles de tendencias: las macrotendencias, las tendencias de la industria y las tendencias de los consumidores.

MACROTENDENCIAS

↓ ↓ ↓ ↓

TENDENCIAS DE LA INDUSTRIA

↑ ↑ ↑ ↑

TENDENCIAS DE LOS CONSUMIDORES

Las tendencias de las industrias se ven condicionadas de manera directa por las macrotendencias y las tendencias de los consumidores, ya que lo que las empresas pretenden es satisfacer las necesidades de estos últimos.

Un claro ejemplo son los coches híbridos. Partiendo de una macrotendencia, la preocupación por el impacto de la contaminación en el calentamiento global, los consumidores buscan coches menos contaminantes, y la respuesta de la industria del automóvil ha sido los coches híbridos.

La primera en detectar el alcance de esta tendencia ha sido la firma japonesa Toyota, la cual ha vendido por encima de 500 000 unidades del Toyota Prius, por el cual los consumidores han pagado 7000 dólares más que por coches con prestaciones similares.

Toyota Prius Hybrid. www.hybrid-car.co.uk

Los tres niveles de tendencias convergen continuamente, por eso muchas tendencias están interconectadas. Es vital no limitarnos a las tendencias de una industria en particular.

Si nos limitamos a las tendencias que afectan a una única industria, nos faltará el contexto donde poder interpretar cuáles son los cambios en las expectativas de los consumidores. Si nos limitamos a analizar lo que está haciendo nuestra competencia, nos limitaremos a copiar.

Para captar nuevas tendencias tenemos que buscar allí donde nuestra competencia todavía no ha llegado. Aunque seamos especialistas de una determinada industria, a la hora de captar tendencias tenemos que comportarnos como «generalistas», ya que si no nos estaremos perdiendo una gran parte de la información.

1.3. A LA CAZA DE TENDENCIAS: ¿POR DÓNDE EMPEZAR?

Nunca ha sido más fácil para los cazatendencias tener acceso a una información no sólo de primera mano, sino además gratuita. El problema es, precisamente, por dónde empezar.

El portal www.trendwatching.com propone la siguiente lista de partida:

1. **MOTORES DE BÚSQUEDA DE BLOGS:** para encontrar blogs de cualquier tema, industria o tendencia podemos comenzar por Technorati y Google Blog Search, para, a continuación, seguir con Google Reader, Bloglines o cualquier otro RSS aggregator donde comenzar a recopilar información.
2. **GOOGLE ALERTS Y TECHNORATI MINI:** son también muy útiles.
3. **FACILITADORES DE TOURS** tales como: Bespoke Tokyo (Tokio), Mirror Mirror (Nueva York, Londres, París), Cscout (Nueva York, Londres, Tokio, Pekín), W.ingResearch (Shanghai, Pekín, Hong Kong).
4. **LA GENERACIÓN C:** el fenómeno del consumidor de tecnología como productor de contenido supone la posibilidad de acceder de forma gratuita a webcams, fotos o diarios online de cualquier lugar del mundo.
5. **OTRAS FUENTES:**
   - Periódicos, páginas web, libros, newsletters.
   - Alertas.
   - TV, cine, radio.
   - Seminarios, ferias, exhibiciones.
   - Clientes, proveedores, colegas, amigos, familia.
   - Chats.
   - Pensadores (filósofos, arquitectos, sociólogos, gurús del management).
   - Publicidad.
   - Competidores.
   - Consultores, investigadores, expertos.
   - Universidades.

- Tiendas, museos, hoteles, aeropuertos.
- Catálogos.

Para empezar a clasificar la información que vamos recopilando, Trendwatching.com propone construir una matriz donde incluir las tendencias que estamos estudiando. De esta manera, podremos analizar las relaciones entre ellas y detectar si nuestras observaciones encajan en una tendencia ya existente o si nos encontramos ante algo genuinamente nuevo.

1.4. BAUTIZAR LAS TENDENCIAS

Para definir una nueva tendencia se suelen mezclar dos o más palabras que la caractericen para crear un término que, a ser posible, no haya sido utilizado anteriormente. Por ejemplo, para la tendencia del «lujo accesible», Trendwatching.com combinó los vocablos «masses» y «exclusivity» para obtener «massclusivity».

Acuñar un nombre para una nueva tendencia no implica detentar su propiedad, ni que hayas sido el primero en detectarla, pero es conveniente hacerlo, ya que, al menos temporalmente, tú diriges la discusión y facilitas que otros cazatendencias aporten sus opiniones sobre la misma.

La «tendencia», en este caso, es bautizar a las tendencias de la forma más imaginativa posible por varias razones:

- **Para despertar curiosidad:** los nombres extraños provocan interés, que la gente quiera saber más. Por ejemplo, el término acuñado por The Cocktail Analysis, «crossumer», con el cual se hace referencia al consumidor de nueva generación frente al tradicional «consumer». Con la palabra «cross» se quiere enfatizar el carácter activo del nuevo consumidor, capaz de cruzar la línea que tradicionalmente separaba la división de funciones entre productor y consumidor.
- **Para crear un lenguaje común entre los miembros de un grupo:** los equipos responden mejor a un nombre o concepto que a una idea genérica, además, se ahorra mucho tiempo, ya que las búsquedas resultan más fáciles. (Es más rápido buscar en Google «crossumer» que buscar información sobre «el carácter activo del nuevo consumidor...».)

1.5. TRANSFORMANDO LAS TENDENCIAS EN INNOVACIÓN

Cada empresa debería tener una unidad de análisis de tendencias. Esto no implica a la fuerza un presupuesto millonario, ni que se asignen diez personas a este cometido. Es más, la unidad puede estar compuesta por una sola persona con presupuesto cero. Lo verdaderamente importante es la actitud, reconocer la importancia de las nuevas tendencias para cualquier empresa.

Por esta razón, para que las conclusiones que obtenga la unidad de análisis de tendencias se traduzcan en innovaciones de la empresa, es fundamental contar con el apoyo de algún miembro de la directiva con capacidad de influencia sobre la toma de decisiones de la organización.

Para conseguir el apoyo del resto de la organización y que ésta responda al potencial que puede suponer la detección de una nueva tendencia, no debemos actuar como divos presentando las conclusiones obtenidas como *nuestra* idea o *nuestro* plan, de esta forma sólo obtendremos rechazo y que otros miembros de la empresa adopten una actitud a la defensiva por razones de competitividad interna.

Si de verdad queremos que nos escuchen tenemos que actuar como «humildes mensajeros», y si pretendemos conseguir el respaldo de la organización a nuestras propuestas tendremos que apelar al impacto que pueden tener para la compañía en términos de más dinero, más cuota de mercado, más prestigio, etc.

Es fundamental implicar a todos los miembros de la empresa explicándoles lo que estamos haciendo, transmitiéndoles nuestras conclusiones y fomentando que nos den su opinión. Se trata de convertirnos en una fuente de información valiosa para la empresa, en algo que nos hará más fuertes frente a la competencia, no en el enemigo a batir dentro de la organización.

Una vez que hemos seleccionado nuestras fuentes de información, hemos construido una matriz u otro método para clasificar y analizar tendencias, hemos creado la unidad de análisis de tendencias dentro de nuestra organización y hemos conseguido el apoyo del resto de sus miembros, llega el momento de la verdad.

¿Cómo transformamos el resultado de nuestro análisis de tendencias en una hoja de ruta para la empresa?

El primer paso sería volver a leer la parte del plan estratégico de la organización donde se detallan la misión, la visión y los valores de nuestra empresa (la misión nos permite concienciarnos de nuestra labor en el mercado, la visión establece nuestras metas y nuestros objetivos a grandes rasgos, lo que queremos alcanzar, y, por último, los valores definen nuestra forma de trabajar y de existir para alcanzar nuestra visión).

A continuación hazte las siguientes preguntas:

Pregúntate si la tendencia que has detectado tiene potencial para:

1. IMPACTAR EN LA MISIÓN Y/O VISIÓN DE TU COMPAÑÍA

Un buen ejemplo son las empresas relacionadas con el sector energético. A medida que la tendencia a favor del desarrollo sostenible se ha extendido, la mayoría de estas empresas han incluido en sus declaraciones sobre la misión de la compañía alguna alusión a su respeto hacia el medio ambiente.

Declaración de la misión de Gas Natural

La misión del Grupo Gas Natural es atender las necesidades energéticas de la sociedad, proporcionando a sus clientes servicios y productos de calidad respetuosos con el medio ambiente, a sus accionistas una rentabilidad creciente y sostenible y a sus empleados la posibilidad de desarrollar sus competencias profesionales.

2. AYUDAR A DESARROLLAR UN NUEVO PRODUCTO, MARCA O NEGOCIO

Los cuatro fundadores de la cadena hotelera Room Mate detectaron la siguiente tendencia: que una estancia de hotel solía reducirse a un lugar donde dormir y del que salir corriendo. Por eso decidieron centrarse en el diseño de las habitaciones y eliminar una serie de servicios que casi nadie utiliza, lo que les permite ofrecer precios muy competitivos. Tal como anuncian en su página web, su apuesta, basada en la tendencia que han detectado, es «crear espacios cuya decoración no deja a nadie indiferente, invitándote a quedarte en ellos, y donde además te hacen sentir como en casa de un amigo».

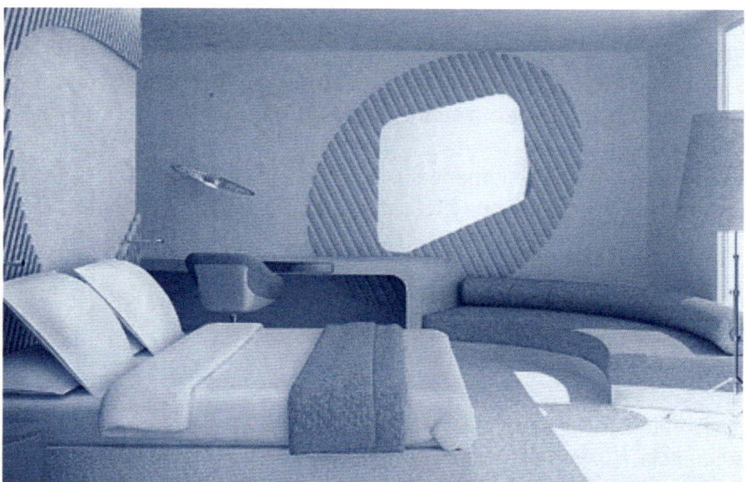

... Por la cadena Room Mate Hotels y... novamute.wordpress.com

3. AÑADIR ALGO NUEVO A CIERTO SEGMENTO DE CLIENTES

Apostando por añadir algo nuevo a cierto segmento de clientes, el imperio gallego de la moda Zara ha incorporado en algunas de sus tiendas una sección de ropa premamá. Las «zaradictas» que estén esperando un bebé están de enhorabuena, ya que a partir de ahora podrán vestir prendas cómodas y a la moda sin tener que gastar una fortuna en productos que no volverán a usar.

Con la llegada del verano... www.topestilo.com

4. AFECTAR A TU PLAN DE MARKETING O RELACIONES PÚBLICAS...

... y ayudarte a conectar con los consumidores que ya están viviendo esa tendencia, para conseguir comunicarles que entiendes por qué la siguen.

En este sentido la tendencia creciente a no discriminar a las minorías ha encontrado eco en una campaña de publicidad que cuenta la historia de un soñador, el joven psiquiatra Alfredo Olivero, que pensó que sería buena idea crear un espacio de diálogo entre los pacientes del Hospital Neuropsiquiátrico de Buenos Aires como terapia de recuperación y romper con el mito de que la locura es sinónimo de exclusión.

Así nace Radio La Colifata, cuyo nombre en el lenguaje coloquial argentino significa «loco querido», y que se ha convertido en todo un fenómeno social en Iberoamérica.

Romper la barrera entre locos y cuerdos, entre dentro y fuera, sentirse útiles, queridos y, sobre todo, escuchados; esto ha hecho que los locutores de Radio La Colifata vean la vida de una forma más esperanzadora. Y es precisamente lo que Aquarius ha querido reflejar con su nueva campaña. Que el mundo entero los escuche y vea lo extraordinario que puede llegar a ser el género humano. Así define la directora de publicidad de Coca-Cola España, Marta Fontcuberta, la nueva campaña de Aquarius, obra de la agencia Sra. Rushmore.

LT22 Radio La Colifata www.culturagalega.org

2. FOREVER TRENDS: tendencias para siempre

«Nos reímos de la moda de ayer, pero nos emocionamos con la de anteayer, cuando está en vías de convertirse en la de mañana.»

Marlene Dietrich

- En Estados Unidos las mujeres sólo representan el 50% de la población, pero toman el 80% de las decisiones de compra.
- La comunidad gay tiene una renta per cápita superior a la media.
- Female Fever y Pink Profits: productos y servicios diseñados exclusivamente para dar respuesta a las nuevas tendencias que han surgido en estos colectivos.

“Hay dos segmentos demográficos que son una fuente inagotable de oportunidades a los que ofrecer nuevos productos y servicios: las mujeres y la comunidad gay.”

NUBE DE TAGS

JUST4HER, **Pink Ladies**, *Women on Their Way*, La Spiaggia in Rosa, **Bramdiva**, BARBARA K, *BY*, **Out.Tv**, *He Said Publications*, **L.A. Ries House...**

Hay dos segmentos demográficos que son una fuente inagotable de oportunidades a los que ofrecer nuevos productos y servicios: las mujeres y la comunidad gay.

Las estadísticas hablan por sí solas. En Estados Unidos las mujeres, aunque sólo representan el 50% de la población, toman el 80% de las decisiones de compra. En cuanto a la comunidad gay, en el Reino Unido, por ejemplo, no solamente representan el 6% de la población, sino que su renta per cápita es más alta que la media. En el caso de los homosexuales, supera en 18 000 dólares la de la media de los hombres, mientras que las lesbianas ganan 12 000 dólares más que el promedio de mujeres.

En Trendwatching.com, podemos encontrar numerosos ejemplos de productos y servicios, aparecidos recientemente, diseñados en exclusiva para dar respuesta a las nuevas tendencias surgidas en estos colectivos, a las que se les ha denominado respectivamente «Female Fever» (la fiebre femenina) y «Pink Profits» (beneficios rosas).

2.1. FEMALE FEVER (LA FIEBRE FEMENINA)

MOTOS JUST4HER (MOTOS SÓLO PARA ELLAS)

Hero Honda India ha diseñado una moto dirigida de forma específica a las mujeres, la Pleasure, pero lo verdaderamente innovador es que ha abierto puntos de venta exclusivos para mujeres (Just4her). Tanto el diseño de la Pleasure como el de los puntos de venta pretende agradar a las mujeres. Incluso se han colocado espejos enfrente de cada moto en los concesionarios para que las clientas puedan satisfacer la necesidad femenina de «mirar qué tal les queda».

Todas las vendedoras son mujeres, y el objetivo es que los talleres también estén exclusivamente atendidos por ellas. De momento, la Pleasure ha vendido más de 100 000 unidades (fuente: Redcliff).

Hero-honda-scooter www.cmsnl.com/news

PINK LADIES, TAXI SÓLO PARA MUJERES

En Londres, ha comenzado a funcionar un nuevo servicio de taxi que presta la compañía Pink Ladies (las señoras de rosa). Sólo lo podrán utilizar mujeres, y la flota de vehículos, de color rosa, también la conducirán chóferes de sexo femenino. Los trayectos no se pagarán en efectivo para garantizar aún más la seguridad, motivo por el que se ha creado este curioso negocio. Para ser usuaria de Pink Ladies, hay que registrarse previamente como socia y realizar el pago por anticipado o con tarjeta de crédito. Las viajeras reciben dos llamadas perdidas cuando el taxi está en la puerta, y, una vez dentro del vehículo, la conductora, entrenada en técnicas de autodefensa, las llevará sanas y salvas a su destino.

Pink London taxi por Charlie_Chalk en Flickr
www.flickr.com/photos/charlie_chalk/356944514/

¿CERVEZA EN LAS FARMACIAS?

La empresa alemana Karlsberg está intentando aumentar el consumo de su cerveza entre las mujeres. ¿Cómo? Ha lanzado, específicamente para ellas, Karla. La campaña de marketing resalta su bajo contenido de alcohol y su mezcla de cerveza con jugos de fruta. Para enfatizar aún más sus beneficios nutricionales, Karla está utilizando un canal de distribución hasta ahora inusual para una cerveza: las farmacias.

Karla_Glas_1.jpg www.blondes-bier.de/marken_karla.htm

Karla_Glas_1.jpg www.blondes-bier.de/marken_karla.htm

MUJERES EN VIAJE DE NEGOCIOS Y PLAYAS ROSAS

Un excelente ejemplo del resultado que se puede obtener detectando tendencias y aplicándolas al concepto de «añadir algo nuevo a cierto segmento de clientes» es el caso de la cadena hotelera Wyndham. Fue la primera empresa del sector en ofrecer servicios específicos para mujeres en viaje de negocios, lanzando, en 1995, el programa Women on Their Way. Se crearon plantas enteras dedicadas sólo al público femenino, con seguridad adicional, material de lectura y menús orientados al consumo por parte de mujeres, e incluso cuartos de baño diseñados para ellas, con secadores de pelo más potentes y perchas para faldas. El resultado: un 50% de los clientes en viaje de negocios de Wyndham son mujeres.

Pero en Italia han dado un paso más, y en la localidad de Riccione La Spiaggia in Rosa ofrece una playa sólo para mujeres, con servicios de peluquería, maquillaje y menús bajos en calorías.

La playa no está dirigida a clientas lesbianas, sino a mujeres heterosexuales que buscan un lugar tranquilo a salvo de las de miradas masculinas (por cierto, los propietarios no son mujeres, sino hombres que han sabido aprovechar la detección de una tendencia).

http://www.panoramio.com/photo/1902752

DINERO ROSA

En la Web de Women & Co., del grupo Citibank, podemos encontrar algunos datos que explican por qué muchos bancos, compañías de seguros y de inversiones están diseñando productos y servicios exclusivos para mujeres: simplemente tienen necesidades diferentes.

Nicola Horlick, una famosa gestora de fondos inglesa, ha lanzado Bramdiva, una consultora de servicios financieros dirigida a mujeres ricas. Tras el éxito obtenido en el Reino Unido, está ampliando sus negocio en Dubai y ya tiene en proyecto expandirse a Arabia Saudí.

http://www.bramdean.com/people

the bramdiva

Why I launched Bramdiva www.thebramdiva.com

MIY o DIY en ROSA

Muchas veces, la suma de dos tendencias genera una nueva. Éste es el caso del MIY (*make it yourself*), o «constrúyelo tú mismo», o el DIY (*do it yourself*), o «hazlo tú mismo», cuando se le da una vuelta de tuerca y se combina con la idea de productos «dirigidos a mujeres».

Un ejemplo interesante es el de Barbara K, la antigua directora de una empresa de construcción de Nueva York que ha decidido que las mujeres pueden ser tan manitas como los hombres con un poco de ayuda y las herramientas necesarias (los Barbara Kit Tools que ella misma te vende). Su eslogan, «si yo puedo hacerlo, tú también», ha conseguido que muchas mujeres pierdan el miedo escénico a averías caseras tales como un grifo roto.

Sus instrucciones, que siguen el modelo de las recetas de cocina, detallan el grado de dificultad y el número de pasos que requerirá cada reparación (en el caso del cambio de un grifo, grado de dificultad 2 y número de pasos 4). El éxito ha sido tan abrumador que Barbara ha decidido incluir soluciones para «mujeres sobre ruedas», y ahora ha puesto a la venta un kit de seguridad en la carretera específico para mujeres.

http://www.barbarak.com/howtos_details.php?id=102

2.2. PINK PROFITS (BENEFICIOS ROSAS)

Las estadísticas no mienten y las empresas lo saben: el poder adquisitivo de la comunidad gay aumenta cada año, y es un porcentaje del mercado demasiado atractivo para seguir ignorándolo.

No es de extrañar que, tras años de ser vilipendiada, esta comunidad demuestre a las empresas que la tratan con respeto una lealtad hacia sus marcas que éstas no encuentran en otros segmentos demográficos.

Por esta razón, cada vez hay más empresas como Out Now Consulting, que ofrecen, entre otros servicios, estudios de mercado y campañas publicitarias dirigidas exclusivamente a este público.

En muchas ocasiones, el primer paso de una empresa para intentar conectar con el colectivo gay es precisamente «un guiño» a través de su publicidad, para, a continuación, lanzar una campaña específica para gays.

http://www.outnowconsulting.com/services.htm

http://www.outnowconsulting.com/services.htm

BODAS DEL MISMO SEXO

Ahora que cada vez en más países es legal el matrimonio entre parejas del mismo sexo (España, Bélgica, Países Bajos y Sudáfrica), ha aparecido un nuevo nicho de mercado.

Un buen ejemplo es la empresa BY, que, desde Barcelona, ofrece trajes nupciales y de fiesta exclusivos para hombres gay.

... Protagoniza la primera boda gay... www.20minutos.es

TV GAY

¿Qué mejor sitio para anuncios dirigidos a la comunidad homosexual que canales de televisión para este colectivo? La pregunta es tan obvia que el número de canales de televisión dirigidos a gays no para de crecer: Logo de MTV, la italiana Gay TV, la francesa Pink TV, la alemana Timm, la holandesa Out.Tv, y la lista seguirá creciendo.

Gay TV has left 11785.00MHz, pol. en.kingofsat.net

VIAJES Y OCIO PARA LA COMUNIDAD GAY

Ésta es una de las industrias pioneras en diseñar productos y servicios para la comunidad gay, ya que son uno de los segmentos de mercado que más gastan en viajes y ocio.

Después de los tour operadores que ofrecen cruceros sólo para gays, como Atlantis Events, y de los portales dedicados a recopilar información sobre hoteles y otros servicios relacionados, tales como Pink Choice, la tendencia, en estos momentos, es centrarse en información a nivel local sobre restaurantes, discotecas y tiendas, tal como está haciendo, con un enorme éxito en Estados Unidos, He Said Publications. Esta empresa ofrece noticias sobre ocio para la comunidad gay en cada una de las principales ciudades norteamericanas: Denver, Nueva York, Los Ángeles, San Francisco, etc.

http://www.hesaidpublications.com/Archives_Miami.html

LOS GAYS Y LA TERCERA EDAD

Tal como comentan en Trendwatching.com, hacerse mayor no tiene por qué implicar «volver a meterse en el armario». Por esta razón, cada vez son más las residencias y comunidades para gays de la tercera edad.

Aunque los norteamericanos fueron los pioneros en ofrecer este tipo de servicios, en los últimos años están empezando a aparecer empresas parecidas en Europa, tales como LA Ries House, en Ámsterdam, o Confort Gay, a 90 kilómetros de Barcelona.

(Foto: Penny Coleman) http://www.asaging.org/at/at-202/village.html

3. NEXT FOREVER TRENDS: las próximas tendencias para siempre

«¿Qué es la belleza? Una convención, una moneda que tiene curso en un tiempo y en un lugar.»

Henrik Johan Ibsen

- El consumidor está saturado, por lo que lograr su atención es cada vez más difícil.
- Free Love: cada vez más, los consumidores esperan obtener productos y servicios de forma gratuita.
- HBMQ: una nueva forma de ayudar a los demás.
- Premiumization: o versiones de alta gama para aquellos que buscan diferenciarse del resto.
- Snack Culture: dirigida a saciar el apetito de los consumidores que buscan la gratificación instantánea.

“Algunas tendencias surgidas en los últimos años están camino de convertirse también en tendencias para siempre: Free Love, HBMQ, Premiumization y la Snack Culture.”

NUBE DE TAGS

FREEVERTISING, *Tryvertising*, *Brand Butlers*, Trysumers, MOSH MOBILE, **Lauda-Motion**, *Tadacopy*, **We7**, **Sample labs**, **SNEAK PEAK**, *Evy Baby*, **Kiva.org**, DonorsChoose.org, Jet Airways, Vertu, *Palace*, **Minibreaks**, **Blinko**

Algunas tendencias surgidas en los últimos años están camino de convertirse también en tendencias para siempre: Free Love (gratis total), lo que los autores hemos bautizado como HBMQ (Hacer el Bien pero Mirando a Quién), la premiumization (versiones de alta gama) y la Snack Culture (cultura de las pequeñas dosis).

3.1. FREE LOVE (Gratis Total)

Como comenta Trendwatching.com, la consolidación de esta tendencia se debe a los siguientes factores:

1. **La guerra para captar la atención del consumidor.** El consumidor está saturado, por lo que lograr su atención es cada vez más difícil.
2. **El mundo online** y su increíble capacidad para crear, copiar y distribuir contenido digital sin coste.
3. **La caída constante de precios de muchas mercancías** permite ofrecerlas como regalo en la compra de otros artículos (¿cuántos bolsos de verano y paraguas nos han regalado ya con las revistas?).
4. **La Generación C**, o generación del contenido, que está dispuesta a compartir de forma gratuita toneladas de información a través de la red: vídeos, fotos, etc.
5. **El auge del C2C** (*Consumer to Consumer*), o comercio entre consumidores, que permite intercambiar en lugar de gastar.
6. **Una cultura del reciclaje en expansión.**

Todos estos factores han contribuido a que, cada vez más, los consumidores esperen obtener productos y servicios de forma gratuita.

3.1.1 FREEVERTISING

Como consecuencia de lo expuesto anteriormente, son cada vez más las empresas que basan su modelo de negocio en obtener ingresos exclusivamente a base de publicitar otras marcas.

PERIÓDICOS

Un ejemplo perfecto son los periódicos gratuitos, los cuales, en varios países europeos (España, Portugal, Dinamarca), ya tienen una distribución mayor que los periódicos de pago.

20 minutos Valencia

El carné por puntos frena en Valencia los accidentes por alcohol

Hay una lista de inquilinos morosos, y ganan los hombres

Confiamos para el gordo en Fernando Alonso, Rocío Jurado...

LAS MEJORES HISTORIETAS

SE BUSCA REPARTIDOR

El gratuito *20 minutos* lo ha vuelto... www.culpableyperdedor.com

TELECOM

Después del éxito de Skype, ha comenzado la guerra entre los operadores que ofrecen llamadas gratuitas. La inglesa Blyk lo hace a cambio de rellenar un formulario sobre los gustos e intereses del usuario, que, posteriormente, se utiliza para diseñar campañas de marketing específicas basadas en los diagnósticos que se obtienen a través de las encuestas realizadas.

blyk.com

Last week mobile operator Blyk... www.dialaphone.co.uk

La americana Mosh Mobile ofrecerá un servicio similar, pero los usuarios deben responder a los mensajes que se les envían tres veces al día.

In Mosh, Nokia introduced new type... skvnet.blogspot.com

Otra opción es la que ofrece la también americana Pudding Media, que, a cambio del servicio gratuito, solicita al usuario que le permita monitorear las llamadas con el fin de extraer palabras que activarán la aparición de anuncios relacionados con las conversaciones.

Pudding Media, a start-up based in... www.coolbusinessideas.com

La belga Pumbby va más allá y está dispuesta a pagar a sus usuarios. Simplemente tienes que comunicarles cuántos anuncios estás dispuesto a recibir al día. Por cada uno de ellos, la empresa añade a tu cuenta un dinero, que luego puedes utilizar para pagar la factura del teléfono o para comprar DVD, libros u otros productos y servicios ofrecidos por la misma Pumbby.

pumbby

Pumbby est une société Belge qui... www.pdafrance.com

VIAJES EN AVIÓN GRATUITOS

Ya quedaron atrás las tarifas aéreas de bajo coste, las famosas low cost. El consejero delegado de Ryanair, Michael O'Leary, ya ofrece al 25% de sus pasajeros vuelos aéreos gratuitos y promete aumentar este porcentaje al 50%. ¿Cómo? Pagando sus costes con publicidad, no sólo en las bandejas de los asientos, sino incluso pintando el exterior de los aviones y convirtiéndolos en gigantescas vallas publicitarias voladoras.

Oferta gratis, otoño Ryanair 40formasdeintimidad.wordpress.com

COCHES DE ALQUILER CASI GRATUITOS

Lauda-Motion ofrece alquilar un Smart por tres días cobrando sólo un euro al día. Los coches llevan anuncios publicitarios en la parte exterior, y la única condición que pone la empresa es conducirlos un mínimo de 30 kilómetros diarios, para que los anuncios tengan la mayor visibilidad posible.

Lauda-Motion Berlin Wilmersdorf im... enberlin.blogspot.com

BICICLETAS GRATUITAS

En Copenhague, City Bikes tiene cien puestos donde cualquiera puede tomar una bicicleta prestada. Simplemente, se debe insertar una moneda para desactivar el dispositivo de seguridad, que se recupera al devolver la bicicleta. En este caso, los gastos no se cubren con publicidad, sino gracias a subsidios del gobierno y a patrocinios de empresas.

City Bikes commons.wikimedia.org

Algo similar ocurre en París, donde el sistema de bicicletas compartidas Vélib ha puesto más de 20 000 bicicletas a disposición de los usuarios, repartidas en 750 puntos de entrega y recogida. El coste del abono diario es de un euro, y la condición es que se utilicen por períodos inferiores a treinta minutos para permitir que sean disfrutadas por el mayor número posible de personas.

Vélib Paris www.psfk.com

FOTOCOPIAS GRATUITAS

La japonesa Tadacopy ofrece fotocopias gratuitas a los estudiantes universitarios. El papel es ligeramente más grueso que el normal y lleva publicidad impresa en el reverso.

... img.tokyo-fashion.net

Google and Tadacopy is a perfect... tech-buzz.net

VIDEOJUEGOS GRATUITOS

Electronic Arts (EA) va a sacar al mercado una nueva versión de su popular saga Battlefield. El juego se llamará Battlefield Heroes y estará disponible de forma gratuita en su versión online. Los anuncios no se incluirán dentro del juego, sino en la pantalla que aparecerá mientras éste se carga, así como en la página web del mismo.

EA Unveils Battlefield Heroes New... www.itnewsonline.com

MÚSICA GRATUITA

La inglesa We7 ofrece canciones gratuitas a cuya grabación se le han añadido diez segundos de anuncios antes del comienzo del tema. Tras cuatro semanas, el usuario tiene la opción de descargarse la canción libre de anuncios.

We7 tiene por objeto crear una... cucharasonica.com

3.1.2. A LA CAZA DEL CONSUMIDOR SATURADO: TRYVERTISING, BRAND BUTLERS Y TRYSUMERS

Todos los ejemplos anteriores se basaban en modelos de negocio que ofrecían productos o servicios gratuitos gracias a los cuales se obtenían ingresos a través de publicitar otras marcas. Pero ¿qué pasa con las empresas que necesitan vender sus productos y cobrar por ellos?

Se enfrentan al mismo problema: captar la atención de consumidores saturados.

Trendwatching.com menciona las siguientes técnicas:

TRYVERTISING

El Tryvertising es una nueva forma de conseguir que un consumidor compre tus productos o servicios. En lugar de bombardearlo con mensajes publicitarios, consiste en permitirle que los pruebe antes de comprarlos, pero de una forma cómoda. Nada de las viejas fórmulas «le devolvemos su dinero si a los 30 días no está satisfecho».

Los pioneros de esta nueva forma de cazar consumidores han sido la industria de alimentación y bebidas.

Kraft Foods, en alianza con la aerolínea Jet Blue, ha comenzado un programa que ofrecerá a 500 000 pasajeros un desayuno gratuito, que incluye su famoso queso Filadelfia, como parte de una campaña bautizada como «Desayunos celestiales», y en la que señoritas vestidas de ángeles lo sirven.

Philadelphia Heaven www.duncans.tv

¿Qué mejor lugar para ofrecer a tu público potencial la oportunidad de probar tus productos que un sitio donde están cautivos de forma voluntaria? Sí, nos referimos a los aeropuertos.

Philips lo piensa, y por esta razón, durante la pasada temporada estival, ofreció a los viajeros de los aeropuertos parisinos de Orly y Charles de Gaulle la posibilidad de utilizar de forma gratuita sus lámparas terapéuticas, que ayudan a aliviar los síntomas del jet lag. Todo esto en confortables sillones y acompañados por una música relajante, al mismo tiempo que se promocionaba la boutique del aeropuerto, Be Relax, que ofrecerá estos servicios de forma permanente.

Philips-Energy Light HF3308 www.elprylar.se

Otro excelente ejemplo es el que ha puesto en práctica la agencia de marketing japonesa Mel Posunetto con sus laboratorios de muestras Sample Labs. El esquema es muy simple: por una cuota inicial simbólica (dos euros) sus miembros tienen acceso a sus Sample Labs, donde pueden probar numerosos artículos e incluso llevarse a casa cinco de ellos en cada visita. A cambio, los usuarios tienen que rellenar unos cuestionarios sobre los productos que han probado.

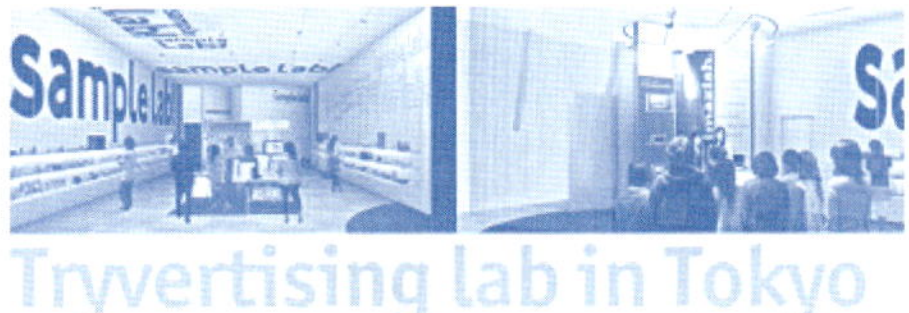

The Sample Lab, which opened 25 July... www.springwise.com

Las editoriales también han detectado el potencial de que sus consumidores puedan probar sus productos antes de adquirirlos. El programa Sneak Peak, de HarperCollins, permite tener acceso online al 20% de muchos de sus libros dos semanas antes de que salgan a la venta.

The Witch of Portobello (2007) www.fantasticfiction.co.uk

BRAND BUTLERS (los mayordomos de las marcas)

¿Qué tal si, en vez de perseguirte con campañas publicitarias, te demostraran qué puede hacer una marca por ti en señal de buena voluntad? Ésta es la estrategia de marketing que están utilizando cada vez más empresas.

¿Te gustaría que te lavaran tu ropa gratis? La empresa Zanussi-Electrolux piensa que sí, y por esta razón lleva varios años ofreciéndose a lavar gratuitamente la ropa de los asistentes a un festival de rock en Eslovenia.

... De indie rock experimental... www.blogalaxia.com

www.bradburysappliances.co.uk/products/zwd125...

¿Y a qué madre no le gusta que le faciliten el cambio de los pañales de su bebé? La empresa turca Evy Baby ha colocado en centros comerciales de su país cuartos especiales donde las madres tienen a su disposición cómodas sillas para lactancia, cambiadores de pañales y, por supuesto, muestras de productos gratuitos de la empresa.

... De pañales Evy Baby ha creado... bajolalinea.duplexmarketing.com

En definitiva, estas empresas están transmitiendo un mensaje: no somos egoístas, también estamos dispuestos a dar.

3.1.3. TRYSUMERS (los consumidores dispuestos a probar)

Varios factores se han confabulado a favor del consumidor, y ha nacido lo que Trendwatching.com ha denominado como el Trysumer (el consumidor dispuesto a probar).

a) El precio por equivocarnos ha bajado: gracias a eBay y a otros esquemas de comercio C2C (Consumer to Consumer), podemos revender prácticamente cualquier artículo; es decir, hoy en día lo que compramos tiene un valor residual que nos permite recuperar parte de lo que hemos pagado si decidimos que después de todo no nos interesa.
En definitiva, cuando compramos algo, ya no estamos pagando el 100%. El coste real de todo lo que podamos poner nuevamente a la venta es el de la etiqueta menos lo que podemos conseguir al revenderlo.

b) Tenemos acceso a innumerables fuentes de información con comentarios de otros usuarios que ya han probado el producto o servicio, lo cual reduce el número de sorpresas desagradables.

c) Nuestra predisposición a probar cosas nuevas ha aumentado a medida que los precios de muchos productos y servicios han bajado dramáticamente, gracias a lo cual el miedo a equivocarnos ha disminuido. Un buen ejemplo son las tarifas aéreas a bajo precio, que han animado a muchos consumidores a probar nuevos destinos.

El Trysumer es un consumidor dispuesto a probar, gracias a que su miedo a equivocarse ha disminuido.

Las implicaciones para las empresas son tremendas: tienen la posibilidad de aumentar el número de nuevos productos y servicios que los consumidores están dispuestos a comprar, pero, ahora más que nunca, no se les puede engañar. La fidelidad a las marcas ha descendido y el impacto de los anuncios publicitarios cada vez es menor. Es la hora de la verdad, adiós al consumidor, bienvenido al Trysumer. Sólo si tu producto o servicio es verdaderamente bueno lo comprarán.

Steve Jobs lo sabe, y por eso sus tiendas Apple dirigidas a los Trysumers están batiendo récords de ventas, ya que permiten a los visitantes probar sus artículos antes de comprarlos.

Apple Store iPhone display www.appleinsider.com

3.2. HBMQ (Hacer el Bien pero Mirando a Quién)

Otra tendencia que afortunadamente está aquí para quedarse es la de ayudar al prójimo en proyectos de uno a uno *(one to one)*.

No todos somos Bill Gates o Warren Buffet, ni tenemos la capacidad de donar billones de dólares, pero cada vez somos más los que pensamos que se puede hacer mucho con muy poco, sobre todo si se gestionan bien los fondos.

Si añades un porcentaje de tecnología, otro de buena gestión empresarial y un tercero de buena voluntad, el resultado es una mezcla muy potente: una nueva forma de ayudar a los demás.

La organización Kiva.org es un ejemplo perfecto de ello. Kiva, fundada por Matt Flanery y su esposa Jessica, es una organización sin ánimo de lucro, pero con el corazón de una punto com y la gestión de una empresa puntera.

Todo empezó cuando Jessica asistió a una conferencia del premio Nobel Muhammad Yunus sobre cómo combatir la pobreza utilizando microcréditos.

Recientemente, Jeffrey O'Brien describía el funcionamiento de Kiva en la revista *Fortune:* Peter Musaka, de la aldea Makindye, en Uganda, solicitó a través del portal de Kiva un préstamo para comprar mercancía destinada a su tienda de licores. Unas horas después, diez personas aportaron 25 dólares cada una, respondiendo a la solicitud del señor Musaka. Así de rápido, así de sencillo y así de diferente.

En Kiva no son los gestores los que adjudican los fondos. No consiste en enviarles un cheque y esperar que hagan un buen uso de tu dinero.

En Kiva se trata a los cooperantes como si fueran clientes de un banco. Se les ofrece una valoración del riesgo de cada caso y, posteriormente, se les informa de los resultados. ¿Cuál es la tasa de morosidad? Tan sólo el 0,14% del total de préstamos.

Kiva opina que sus colaboradores valoran más la transparencia que recuperar su dinero; la prueba es que, cuando se devuelven los préstamos, el 90% del dinero recircula hacia nuevos préstamos.

Hasta ahora Kiva ha atraído a 250 000 personas, que han prestado 22 millones de dólares en 40 países diferentes para microcréditos, y esperan llegar a la cifra de un billón de dólares en diez años.

Al poder realizar préstamos individuales desde 25 dólares, se ha conseguido que el espectro demográfico de los colaboradores de Kiva sea muy amplio, y cada vez son más las personas mayores, las muy jóvenes y las que tienen una renta per cápita menor, las que están participando en Kiva. Con más de 20 000 visitas a su portal cada día, Kiva se está convirtiendo en un movimiento, como demuestra el hecho de que los intermediarios para la adjudicación de los microcréditos sean voluntarios y muchos de ellos estudiantes universitarios.

En una reciente visita al poblado de Makindye, donde el bar, la cafetería y la peluquería también han obtenido microcréditos de Kiva, el actual presidente de la organización, Primal Shah, visitó a Peter Musaka, el dueño de la tienda de licores. No hablaron de la pobreza de la aldea, sino de cómo iba el negocio. Ésa es una de las claves del éxito de Kiva: no sólo ofrece recursos a los más necesitados, además les ofrece dignidad.

Mientras que otras organizaciones caritativas emplean el 40% de los fondos recaudados en gastos administrativos, el 100% de los fondos de Kiva se destinan a sus proyectos. ¿Cómo lo han conseguido? Kiva mantiene los dieciséis servidores que utiliza gracias a la generosidad de la empresa PayPal y paga a sus dieciséis empleados gracias al donativo opcional del 10% que se puede añadir a cada microcrédito.

KIVA
loans that
change lives

... Reported on Kiva.org... microcapitalmonitor.com

bp2.blogger.com/.../DFmbAFzOkwM/s400/kiva.jpg

Mencionamos con anterioridad que las macro tendencias y las tendencias de los consumidores impactan directamente en las tendencias de las industrias. Prueba de ello es el apoyo de la empresa Benetton al proyecto Birima, del músico senegalés Youssou N'Tour. El nombre del proyecto se ha tomado del de un rey senegalés, cuya palabra era ley. Éste es el espíritu de Birima, que quien pida un microcrédito sólo tenga que aportar como garantía su palabra y la respetabilidad de su familia. Benetton decidió implicarse en el proyecto a través de una campaña fotográfica obra de James Mollison, que refleja los pequeños negocios que Birima está consiguiendo poner en marcha.

Hi woy Birima fumu yendu ma yendu fa... www.museke.com

UNITED COLORS
OF BENETTON.

Logo de Benetton press.benettongroup.com

Afortunadamente, Kiva y Birima no son las únicas organizaciones que se están dedicando al HBMQ. Cada vez son más los proyectos que conectan directamente a los donantes con los receptores de sus ayudas. Otro buen ejemplo, mencionado por Jeffrey O'Brien en la revista *Fortune*, es el de DonorsChoose.org (el donante elige).

Donors Choose

At DonorsChoose.org, teachers submit... www.independentcharities.org

Founder of DonorsChoose.org... www.huffingtonpost.com

Fundada por Charles Best, un antiguo profesor del barrio neoyorquino del Bronx, Donors Choose conecta a donantes y solicitantes a través de su portal.

En la página web aparecen solicitudes de profesores, por ejemplo, la de una profesora que solicitaba un micrófono inalámbrico para poder fomentar las discusiones en grupo en su escuela. El coste del material y el envío es de 487 dólares. Los donantes pueden hacer el donativo en su nombre o en el de otra persona y también tienen la opción de destinar el 15% de su donativo a los gastos de la organización.

Otro buen ejemplo de HBMQ es Freecycle, un movimiento internacional fundado en Tucson (Arizona, EE UU) para evitar que cosas útiles acaben en vertederos. En España, hay más de 250 usuarios repartidos en diez grupos, que reutilizan en Alhama de Murcia, Aljarafe (Sevilla), San Sebastián, Fuengirola, Madrid, Rota, Torrevieja, Valencia, Vigo y Vitoria.

A través de la Red, Freecycle pone en contacto a personas que tienen cosas que no necesitan con quienes las quieren reutilizar. Cuenta con casi 3 millones de miembros agrupados por localidades en unos cincuenta países.

3.3. PREMIUMIZATION (versiones de alta gama)

En la sociedad del consumo tradicional, el que consumía lo mejor, lo más caro o lo más escaso, obtenía estatus o, dicho de otra forma, obtenía reconocimiento. Pero a medida que la abundancia de productos y servicios ha saturado a los consumidores, han aparecido otras maneras de obtener estatus.Tener un Porsche o un Rolex ya no es el sueño de todos los consumidores.

En el mundo online del 2.0, el estatus social depende de con quién te conectas y de quién quiere conectarse contigo, o de tus habilidades con ciertos videojuegos o de cuántas personas han visto el vídeo que has colgado en YouTube.

Para otros segmentos de la sociedad, como los ecologistas concienciados, el estatus se obtiene poniendo de manifiesto las medidas que se toman para evitar el calentamiento global y los esfuerzos por reciclar, mientras que otros alcanzan el estatus a través de sus acciones altruistas: colaborar con una ONG, practicar el voluntariado, etc.

Es importante tener esto en cuenta, ya que, cuando una empresa pretende vender un producto o servicio, la forma de persuadir al comprador dependerá de su escala de valores, de lo que él o ella consideran estatus; y, como acabamos de ver, este estatus o reconocimiento social varía en función del consumidor y de su estilo de vida. En definitiva, han aparecido nuevas maneras de adquirir estatus.

No estamos diciendo que el consumo tradicional, el que se basa en tener el mejor coche o la mejor casa, haya muerto, más bien todo lo contrario, gracias a las clases medias emergentes en países como China, India, Rusia, Brasil, Turquía, etc. Es más, el número de individuos con patrimonios superiores a 30 millones de dólares, creció el año pasado más del 11%, de acuerdo con un informe publicado por Merrill Lynch y Capgemini.

Es decir, los ricos son cada vez más ricos, y esto supone un problema o una oportunidad, según se mire. De hecho, si cada vez más personas tienen acceso a ciertos productos exclusivos, entonces éstos ya no son tan exclusivos, ya que parte de su encanto se basaba en que muy pocos tenían acceso a ellos.

En definitiva, hay que redefinir el lujo, y es aquí donde aparece una tendencia que lleva camino de convertirse en Forever Trend. Lo que se ha denominado como «premiumization», es decir, versiones premium o de alta gama, para aquellos que buscan diferenciarse del resto.

Las aerolíneas han captado la tendencia y han empezado una auténtica batalla entre ellas para ver quién ofrece el viaje más lujoso: las suites privadas de primera clase de la aerolínea Emirates, las doce suites que Singapore Airlines ofrece en sus nuevos Airbus 380 o las «suites en el cielo» de Jet Airways.

Emirates First class suite... www.sliabh.net

The new Singapore Airlines Suites... biztravelguru.com

Jet Airways First Class... www.petergreenberg.com

Otra empresa que dirige sus productos a quienes quieren diferenciarse, y están dispuestos a pagar por ello, es el fabricante de móviles Vertu, que ofrece a sus clientes diferentes opciones premium de sus ya de por sí carísimos terminales, tales como móviles con brillantes engarzados, entre otros.

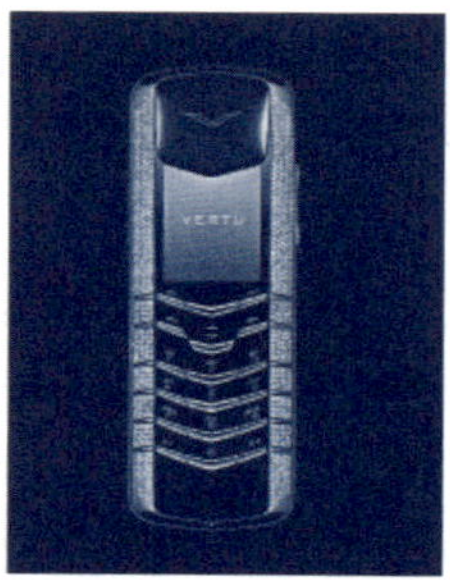

Diamond studded vertu mobile... www.tecfre.com

Para todos aquellos que no puedan volar en una de las suites de Singapore Airlines o regalarle un Vertu a su pareja, hay otras opciones más asequibles para disfrutar de algunos productos premium, aunque sean cosas tan simples como un vaso de agua.

La firma Evian ofrece, por el módico precio de 20 dólares, su botella de agua de diseño exclusivo Palace; pero sólo puede adquirirse en algunos restaurantes y discotecas.

Evian has created the Evian Palace... 4designerd.blogspot.com

Otra alternativa es el agua embotellada que ofrece la empresa Tasmanian Rain. Es agua de lluvia que se recoge en la isla australiana de Tasmania antes de tocar el suelo, y a tan sólo unos minutos del lugar que la Organización Metereológica Mundial considera el sitio de la Tierra con el aire más puro.

Agua de lluvia Tasmanian www.coolfoods.com

En otras palabras, potencialmente cualquier empresa puede ofrecer una versión premium de alguno de sus productos, el problema será persuadir a los consumidores de que vale la pena.

3.4. SNACK CULTURE (cultura de las pequeñas dosis)

MODA SNACK

La Snack Culture, o cultura de las pequeñas dosis, está dirigida a saciar el apetito de los consumidores que buscan la gratificación instantánea. El objetivo de estos consumidores es disfrutar de experiencias asequibles para su bolsillo tan a menudo como sea posible y en el menor tiempo posible.

Ejemplos de Snack Culture son la española Zara o la sueca H&M, que han cambiado el concepto de comprar ropa buena, que durara muchos años, por el de «es tan barato que puedes permitirte usarlo muy pocas veces».

Además, cada semana ofrecen nuevos artículos, por lo que es posible saciar nuestras ansias de gratificación instantánea muy a menudo y de forma barata y rápida, sin ni siquiera probarnos la ropa, ya que podemos devolver nuestra compra y obtener el reintegro de lo que hemos pagado.

73 Zara. $ 4235 million... images.businessweek.com

Y es que H&M está muy renovado... fashionreality.wordpress.com
**Tienda H&M CS

Estas dos empresas han sabido aprovechar dos tendencias: los Trysumers y la Snack Culture.

DIETAS SNACK

Pero si además de ofrecerte satisfacción instantánea te prometen cuidar la línea, el éxito está asegurado. Éste ha sido el caso de Kellogs y sus nuevos Minibreaks, que nos ayudan a comer menos y a no tener que estar contando calorías, porque ellos ya lo han hecho por nosotros. Cada bolsa de estos snacks tiene exactamente cien.

Los consumidores están encantados, a juzgar por el éxito de ventas, pero Kellogs lo está aún más, ya que estos snacks tiene una rentabilidad que supera en un 20% a la de los formatos de mayor capacidad.

Kellogg's Special K Snack Bites... www.amazon.com

SNACKS EN EL MÓVIL

El móvil se ha convertido en parte de nuestras vidas cotidianas. Ahora, cuando salimos de casa, ya no nos paramos a pensar «¿he cogido las llaves?», ahora la pregunta es «¿llevo las llaves y el móvil?».

No es de extrañar, por lo tanto, que la Snack Culture se haya colado de lleno en ellos: servicios que nos ofrecen gratificación instantánea, baratos y rápidos de obtener.

Blinko sabe que queremos jugar aquí y ahora, y no esperar a llegar a casa para utilizar la videoconsola, por eso ofrece «juegos gratis para tu móvil». Aunque en realidad no lo son, ya que se basan en un servicio de suscripción (0,30 euros por SMS), lo cierto es que representan un ejemplo perfecto de Snack Culture: rápidos, baratos y en pequeñas dosis.

BLINKO

Blinko www.blinko.co.za

Lo queremos todo en pequeñas dosis y lo queremos rápido. Ya no aspiramos a comprar un álbum entero de nuestro grupo preferido, optamos por descargarnos solamente la canción que más nos gusta. No nos conformamos con esperar una semana para ver qué ocurre en el próximo episodio de nuestra serie favorita, preferimos ver el tráiler en nuestro móvil ahora mismo. No nos va bien esperar a llegar a casa para consultar el resultado de un partido de fútbol o ver qué ha pasado con la cotización de nuestras acciones, necesitamos una alerta en nuestro móvil *ahora*.

Iphone. Puede que alguno diga... notengoiphone.wordpress.com

Por definición, es imposible hacer una recopilación exhaustiva de todas las tendencias que están ahora mismo en la calle. Para ello, existen empresas especializadas, como Trendwatching.com o Trendhunter.com entre otras, que, además de información gratuita sobre tendencias, venden informes muy completos para profesionales.

Sólo hemos pretendido resaltar la importancia que tienen las tendencias, ahora más que nunca, para cualquier empresa.

Como punto de partida, puedes preguntarte si alguna de las tendencias que hemos mencionado podrían ser aprovechadas por tu empresa.

FOREVER TRENDS: TENDENCIAS PARA SIEMPRE		
FEMALE FEVER (LA FIEBRE FEMENINA) y PINK PROFITS (BENEFICIOS ROSAS)		¿Puede tu empresa ofrecer algún servicio específico para estos colectivos?
NEXT FOREVER TRENDS: LAS PRÓXIMAS TENDENCIAS PARA SIEMPRE		
FREE LOVE (GRATIS TOTAL)		
	FREEVERTISING	¿Puedes ofrecer alguno de tus productos o servicios de forma gratuita obteniendo ingresos de otras marcas que publicitarías?
	TRYVERTISING	¿Puedes establecer algún mecanismo para que tus consumidores prueben tus productos antes de comprarlos de una manera que sea cómoda para ellos?
	BRAND BUTLERS	¿Puedes hacer algo por tus consumidores potenciales en señal de buena voluntad?
	TRYSUMERS	¿Tienes algo que ofrecer a los Trysumers?
HBMQ (HACER EL BIEN PERO MIRANDO A QUIÉN)		¿Puede implicarse tu empresa en algún proyecto solidario que conecte directamente a receptores y donantes?
PREMIUMIZATION (VERSIONES DE ALTA GAMA)		¿Es alguno de tus productos o servicios susceptible de una versión de alta gama?
SNACK CULTURE (CULTURA DE LAS PEQUEÑAS DOSIS)		¿Puedes ofrecer tu producto o servicio en pequeñas dosis?

Si tu respuesta a algunas de las preguntas anteriores ha sido afirmativa, es la hora de plantearnos: ¿cómo transformamos el resultado de nuestro análisis de tendencias en una hoja de ruta para la empresa?

Pregúntate si la tendencia que has detectado tiene potencial para:

1 **Impactar en la misión y/o visión de tu compañía**
2 **Ayudar a desarrollar un nuevo producto, marca o negocio**
3 **Añadir algo nuevo a cierto segmento de clientes**
4 **Afectar a tu plan de marketing o relaciones públicas**

En cualquier caso, esperamos que éste sea sólo tu punto de partida, y que empieces a construir cuanto antes tu matriz de análisis de tendencias, para que no te limites a las Forever Trends o a las Next Forever Trends, sino que detectes alguna nueva tendencia realmente genuina que puedas transformar en un éxito de ventas.

Parte II

EL IMPACTO DEL NUEVO MODELO DE LA WEB EN lA EMPRESA

INTERNET

1. amb. Red informática mundial, descentralizada, formada por la conexión directa entre computadoras u ordenadores mediante un protocolo especial de comunicación.

PÁGINA WEB

(Del ingl. web, *red, malla.)*

1. f. Inform. Documento situado en una red informática, al que se accede mediante enlaces de hipertexto.

(Fuente: Real Academia Española)

MBA del siglo XXI News

El impacto de la nueva etapa de la Web

CAPÍTULOS

WEB 1.0
Sonríe, mi vida, que esta foto es para el álbum de la abuelita.
Y este vídeo es para los primos.

WEB 2.0
Cariño, esta foto la vamos a subir a flickr esta noche para que te vea todo el mundo.
Y este vídeo para... YouTube.

4. Evolución y futuro de la Web: de la Web 1.0 a la Web 4.0

«En tres tiempos se divide la vida: en presente, pasado y futuro. De éstos, el presente es brevísimo.»

Lucio Anneo Séneca

El pasado, presente y futuro de la World Wide Web ya está escrito:

- La Web 1.0 conectaba a las personas con la información. (Las personas hablaban con las máquinas.)
- La Web 2.0 conecta a las personas con las personas. (Las personas hablan con las personas.)
- La Web 3.0 va a conectar a las máquinas con las máquinas. (Las máquinas van a hablar con las máquinas.)
- La Web 4.0 escribirá un nuevo capítulo de la Web como sistema operativo inteligente.

“Nosotros, las personas, somos la Web, la controlamos, y podemos hacer de ella lo que nos propongamos. La Web está en nuestras manos. Somos los protagonistas.”

NUBE DE TAGS

MOSAIC, *Tim Bernes-Lee*, **Web 1.0**, **e-commerce**, **colaboración,** *inteligencia colectiva*, aprendizaje acumulativo, **evolución**, REVOLUCIÓN REDES SOCIALES, *Web 2.0*, **MySpace**, **FLICKR**, *YouTube*, TIM O'REILLY, **Web como plataforma**, **burbuja 2.0**, Web Semántica, **Web como sistema operativo...**

4.1. WORLD WIDE WEB, ¿EVOLUCIÓN O REVOLUCIÓN?

Ha pasado ya bastante tiempo desde que un compañero de la universidad me introdujo en la World Wide Web como la nueva revolución, la moda del momento. Corría el año 1993 cuando pudimos probar en un PC de la universidad un nuevo y definitivo navegador, mucho más visual que sus predecesores, como ViolaWWW. Se llamaba Mosaic. Recuerdo como todos los ordenadores de las salas de informática de la Harvard University estaban colapsados por alumnos que alucinaban con las páginas basadas en hipertexto e imágenes gif; fue un gran cambio para nosotros, acostumbrados a manejar los servicios de Gopher y Telnet.

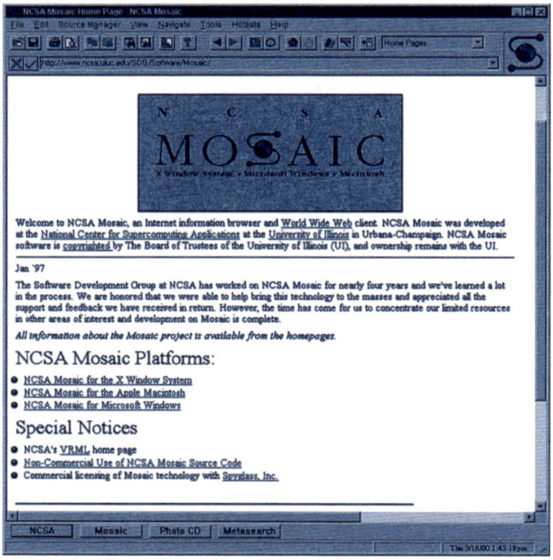

Figura 4.1. Pantalla de NCSA Mosaic™. Versión. 3.0.
Fuente: NCSA Image Archive. www.ncsa.uiuc.edu/News/Images.

El navegador gráfico Mosaic fue creado en el National Center for Supercomputing Applications (NCSA) por Marc L. Andreessen y Eric J. Bina. Se lanzó al mercado en 1993. Mosaic lideró el *boom* de Internet de principios de los noventa e hizo la Web más accesible al público en general. De hecho, permitía explorar la red fácilmente mediante clics de ratón sin tener que utilizar el teclado, incorporó imágenes al texto e introdujo el concepto de multimedia en Internet. Mosaic fue perdiendo fuerza cuando, en 1994, Marc Andreessen fundó la compañía Netscape Communications Corporation, que lanzó el navegador que popularizó la Web a nivel mundial, el Netscape Navigator.

La World Wide Web tal como la conocemos hoy nació gracias a Tim Berners-Lee, considerado como su inventor y protector, cuando en 1991 logró poner en marcha un servidor para publicar la primera página web desde el por aquel entonces Consejo Europeo para la Investigación Nuclear (CERN) en Ginebra, Suiza. En la actualidad, Tim Berners-Lee ocupa el cargo de director del World Wide Web Consortium (W3C), organismo internacional de desarrollo de estándares para la WWW.

Como la mayoría de las grandes ideas, la Web surgió para satisfacer una necesidad: en este caso, la de compartir información. La Web ha permitido y permite un flujo de información global sin precedentes en la historia de la humanidad. En los apartados siguientes vamos a analizar su evolución, en qué se ha convertido y qué podemos esperar de ella.

MÁS INFORMACIÓN EN WWW.MBADELSIGLOXXI.ES:

- Enlace: las primeras páginas web. www.w3.org/History/19921103-hypertext/hypertext/WWW/TheProject.html.
- Vídeo: pioneros de la Web e Internet: Joseph Hardin. Cómo empezó Mosaic. http://www.youtube.com/watch?v=An7koSYfEpI.
- Vídeo: The First Internet Marketing Conference, San Francisco. Ponencia sobre Mosaic de Marc Andreessen. http://video.google.com/videoplay?docid=-5046297730700144952.

4.2. CÓMO FUE LA WEB 1.0

Muchos de nosotros, lo reconocemos, pertenecemos a la generación de la Web 1.0 o clásica, la de antes. Crecimos profesionalmente con ella. Supuso para nuestras empresas una nueva ventana de oportunidades para darnos a conocer, y, más tarde, en su etapa 1.5 (más dinámica), para captar clientes y realizar algunas ventas. La primera etapa de la Web significó para todos nosotros (los de la generación 1.0/1.5) una sola palabra: comercio.

¿Qué características definieron la Web 1.0? ¿Qué diferencias hay con la Web de hoy en día? ¿Cómo eran las páginas web de entonces?

- Contenido estático generado por profesionales: los Webmasters.
- Pocos productores de contenidos y muchos consumidores de contenidos con grandes ilusiones y expectativas.
- Lo más importante era el contenido. «El contenido como rey.»
- Las páginas web eran documentos estáticos que no se actualizaban o se actualizaban muy poco.

- El usuario tenía un papel pasivo, accedía y consumía información.
- La tecnología era cara y estaba al alcance de muy pocos.
- La interacción entre productores y consumidores se limitaba a formularios de contacto, inscripciones, boletines, e-mail, etc.
- La velocidad de las conexiones era muy baja.
- La tecnología que se manejaba: html, dhtml, tecnología push, gif, jpg, etc.
- Orientación hacia el comercio y no hacia la colaboración.
- El acceso al conocimiento se pagaba. Accesos «premium», «sólo para socios», «cuotas», «servicio de pago».

Durante los años de la primera etapa de la Web, para diferenciarla de la actual, se la ha denominado Web 1.0/1.5. En aquel momento, se discutía más del impacto de Internet en las empresas, de las aplicaciones que podían incorporar, de los nuevos servicios que proporcionarían, de los clientes que iban a captar, de sus futuros negocios. Los productores de contenidos hablaban y los consumidores escuchaban, en base a una relación unidireccional.

Pronto empezaron a surgir las empresas punto com, que fundaban su modelo de negocio exclusivamente en la red: portales horizontales, verticales, centros comerciales, publicaciones online, librerías online, agencias de viajes, etc.

Figura 4.2. Características de la Web 1.0/1.5. Fuente: elaboración propia.

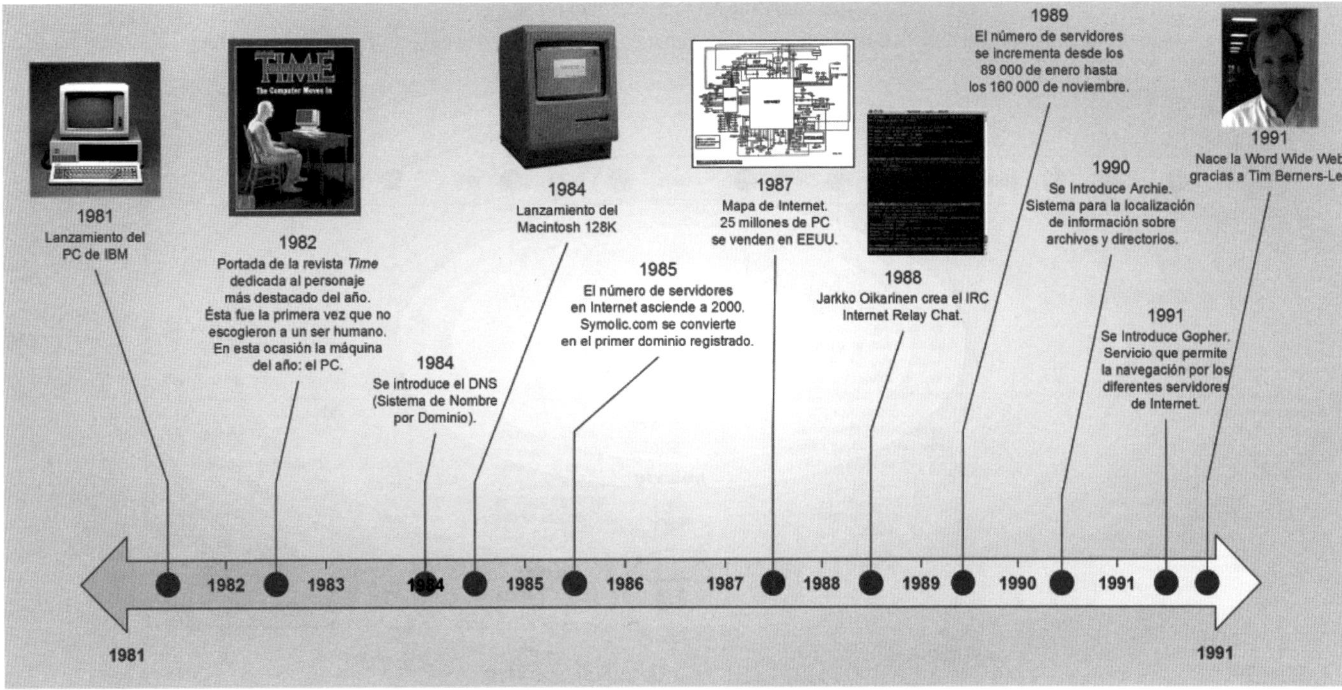

Figura 4.3. Evolución: era PC-World Wide Web. Algunos de los momentos más importantes. Fuente: Elaboración propia. Imágenes: Computer History Museum, Wikipedia.

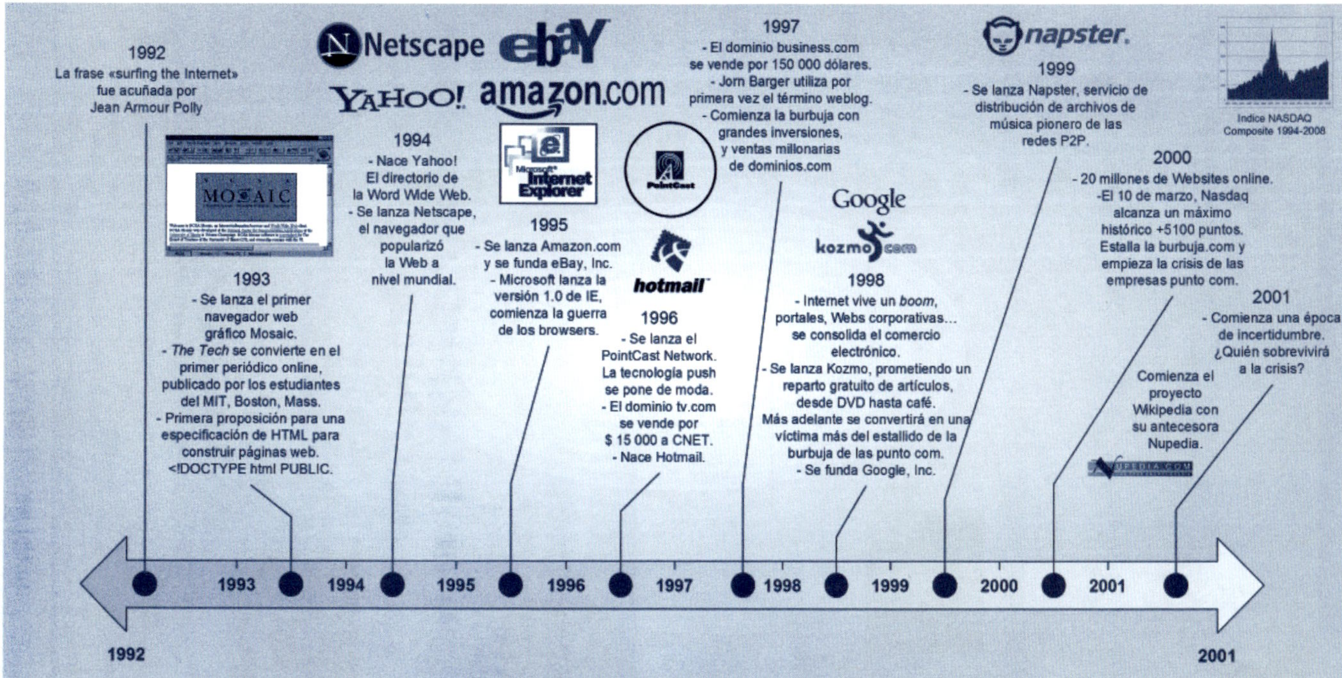

Figura 4.4. Evolución: Web 1.0. Algunos de los momentos más importantes. Fuente: elaboración propia. Imágenes: Computer History Museum, Wikipedia.

¿Qué tipo de servicios web se ofrecían por aquel entonces?

- Webs de servicios de software. Tanto para este tipo de empresas como para los desarrolladores de software, la World Wide Web supuso un filón de posibilidades. Pequeñas y medianas empresas de desarrollo ponían a disposición del usuario versiones de prueba de sus aplicaciones utilizando portales de directorios de software y shareware como canales de distribución.

www.tucows.com en 1998.

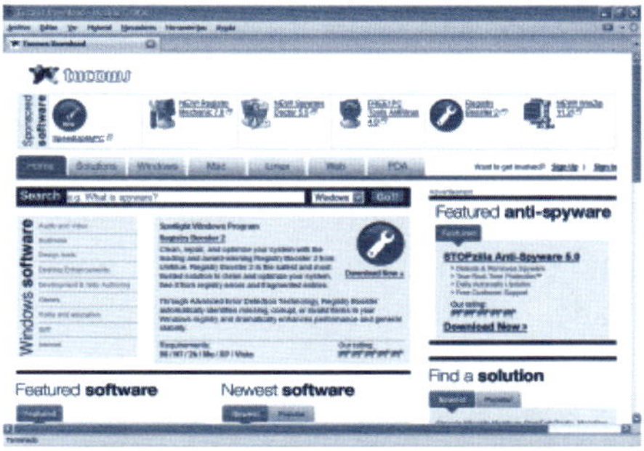

www.tucows.com en 2008.

- Publicaciones electrónicas. La prensa y las revistas especializadas también encontraron en esta etapa una oportunidad para aumentar su número de lectores. Estas empresas ofrecían online un contenido reducido al de la versión impresa, aunque con un formato más atractivo: incluyendo multimedia (texto, sonido e imágenes) por medio de hiperenlaces.

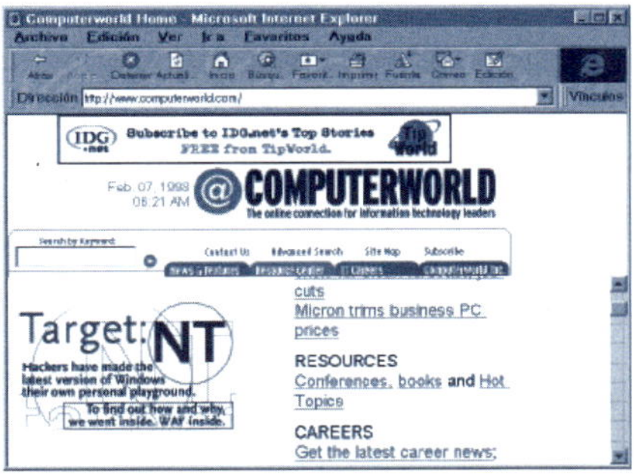

www.computerworld.com en 1998.

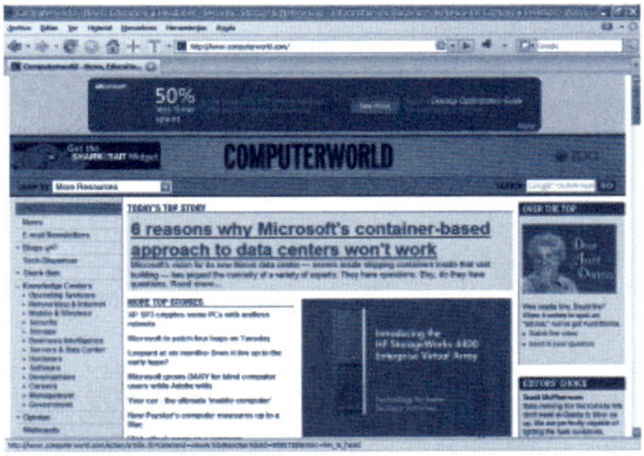

www.computerworld.com en 2008.

- Librerías online. Las librerías experimentaron un crecimiento asombroso. Algunas, como Barnes & Noble, no tuvieron más remedio que pasar al negocio online para poder competir con la Web de venta de libros más grande jamás creada: amazon.com. De la mano de Jeff Bezos nació este imperio online con una oferta prácticamente ilimitada, y sin necesidad de almacenamiento. Véase el caso práctico «Barnes & Noble» en el capítulo 17: «Estrategias competitivas».

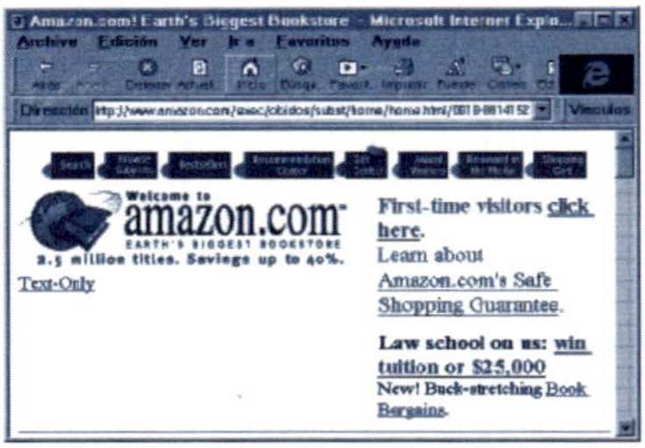

www.amazon.com en 1998.

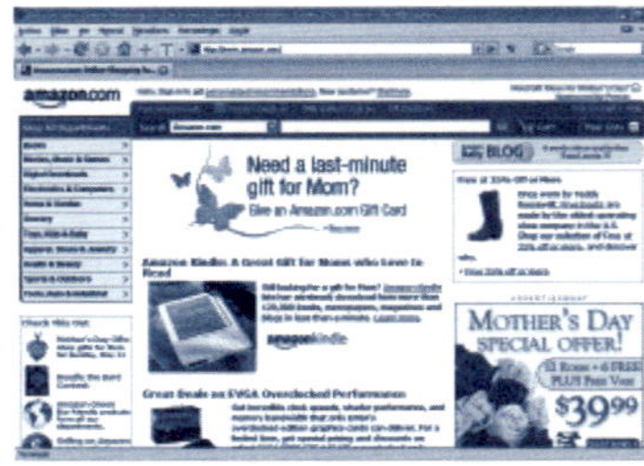

www.amazon.com en 2008.

- Comercio electrónico. Todo tipo de portales corporativos y tiendas online empezaron a incorporarse a la Nueva Economía. Un ejemplo que merece la pena mencionar fue el caso de Virtual Vineyards, que eliminó la necesidad de desplazarse a un supermercado para comprar una botella de vino. Por cierto, Virtual Vineyards adquirió el dominio wine.com por más de 2 millones de dólares.

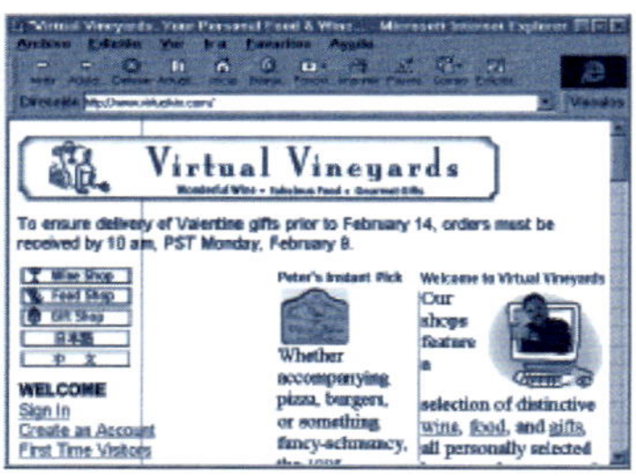

www.virtualvin.com en 1998.

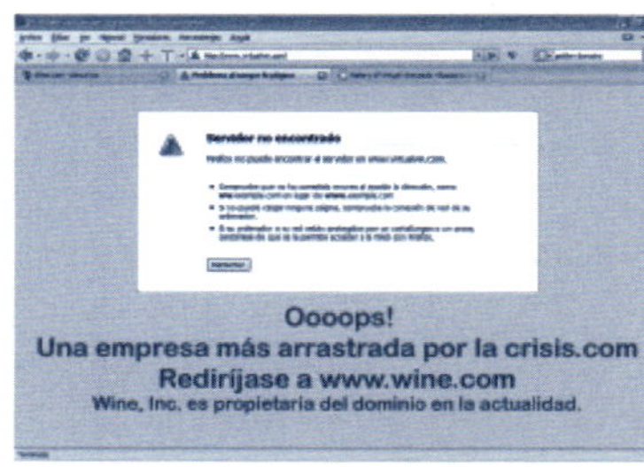

www.virtualvin.com en 2008.

- Subastas online. Uno de los últimos gritos fueron las subastas online. ¿Qué te parecería poder participar en una subasta que tiene lugar en estos momentos a miles de kilómetros? onsale.com fue una de las primeras páginas web que ofrecieron este tipo de servicio. El modelo de negocio de Onsale fue aplicado por un empresario que detectó dos necesidades: la del fabricante o mayorista por recuperar costes y la necesidad del consumidor de comprar más barato.

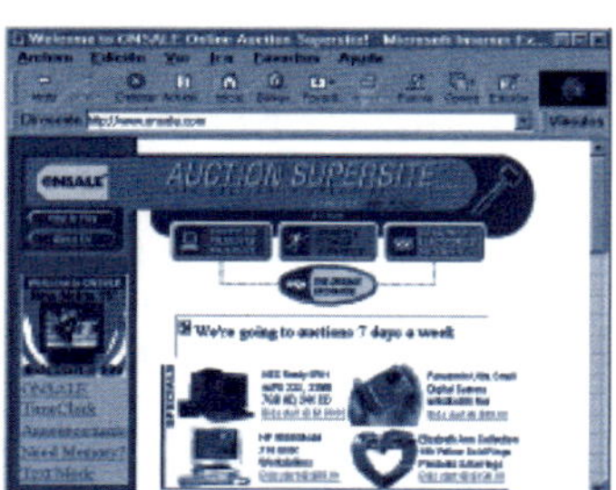

www.onsale.com en 1998.

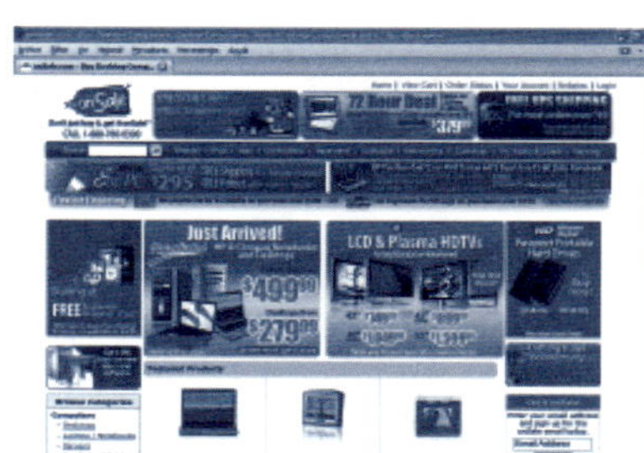

www.onsale.com en 2008.

- Servicios de información con tecnología Push. Una nueva oportunidad de negocio surgió para los proveedores de información a medida, una nueva tecnología llamada «Push Technology». Estas empresas se beneficiaron de las necesidades que tenían los usuarios de recibir información depurada.

CNN Custom News
customnews.cnn.com en 1998.

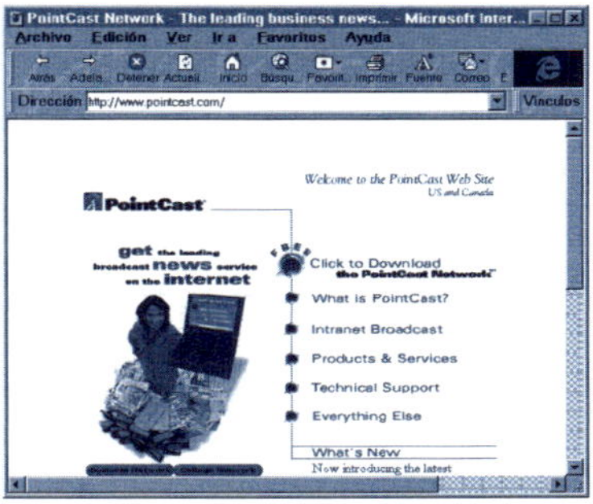

Point Cast Network
www.pointcast.com en 1998.

Y la lista continúa...
... con grandes adquisiciones, negocios y fracasos a causa de la crisis. La burbuja de las punto com (1997-2001) afectaría a muchas empresas abocadas al cierre al poco tiempo de salir a bolsa.

MÁS INFORMACIÓN:

- Kent German publicó en cnet.com, con motivo de su décimo aniversario, los diez mayores fracasos de empresas punto com (webvan.com, pets.com, etc.).
  Enlace: www.cnet.com/4520-11136_1-6278387-1.html.
- En Cnet TV también puedes ver un vídeo sobre los cinco mayores fracasos punto com. Vídeo también disponible en www.mbadelsigloxxi.es.

4.3. CÓMO ES LA WEB 2.0

Los años siguientes al estallido de la burbuja punto com (2001-2004) fueron difíciles y estuvieron caracterizados por una época de transición e incertidumbre.

Muchas empresas no sobrevivieron a la crisis, las cotizaciones de otras tocaron fondo y se inició un proceso de limpieza y recuperación. Los inversores y las entidades de capital riesgo dieron la espalda a muchos proyectos que fueron desarrollando nuevas y atractivas tecnologías, los ingresos que generaba la red caían en picado, parecía que nos estábamos quedando solos, pero curiosamente alguien dio la talla e hizo que mereciera la pena recuperarse y buscar nuevas alternativas.

Sí, vosotros, los USUARIOS.

Gracias a factores como las conexiones de alta velocidad (la banda ancha) y la democratización de las herramientas y aplicaciones web, que facilitaron un mayor acceso a la creación de nuevos contenidos mucho más atractivos por un número mayor de productores, el número de usuarios, el tiempo que permanecían conectados, el número de páginas web y la ilusión por compartir y ampliar conocimientos siguieron creciendo.

Algo estaba cambiando...

Surgía una nueva etapa en la Web provocada por unos cambios económicos, sociológicos y tecnológicos conducidos por nuevas actitudes, herramientas y aplicaciones que iban a permitir a esta nueva Web convertirse en una plataforma de comunicación, colaboración, comunidad y aprendizaje por y para muchos. ¿Quiénes?

Nosotros, los usuarios, somos la Web, la controlamos
y podemos hacer de ella lo que nos propongamos.
La Web está en nuestras manos.
Somos los protagonistas.
¡Gracias! Ya era hora.

Durante esta etapa de cambio, aparecieron nuevos temas que nos llamaron la atención y que determinaron un giro hacia una evolución diferente. Para algunos fue muy positiva, para otros (sus detractores) no tanto.

Figura 4.5. Temas que empiezan a definir la Web 2.0.

¿Cómo podemos definir la Web 2.0?

Hay muchas definiciones y ninguna. Su definición está en continuo movimiento, así que, quizás, sea más fácil describir lo que es y lo que no es y cómo surgió la idea. Lo que está claro es que es una nueva actitud dentro de una nueva etapa donde el protagonista es el usuario.

> La Web 2.0 es como una aventura, no sabes cómo definirla, lo mejor es vivirla.

Realizando una búsqueda en Google sobre del término Web 2.0, hemos obtenido más de 402 millones de menciones (mayo de 2008). Decidimos entonces buscar varios vídeos que pudiesen ofrecer una primera valoración de lo que representa la Web 2.0 como apoyo visual para resumir tantos datos.

Web 2.0... The Machine is Us/ing Us

- Autor: Michael Wesch, Assistant Professor of Cultural Anthropology. Kansas State University
- **Duración: 4 min 31 s
- URL: youtube.com/watch?v=NLlGopyXT_g
- Disponible para su descarga en www.mbadelsigloxxi.es

La Web 2.0: La revolución social de Internet

Cortometraje documental sobre los nuevos usos de la red basado en el libro blanco de la Publicidad 2.0, de Paul Beelen, con información adicional de varios artículos de Wikipedia y de otras páginas web en general.

- **Duración: 12 min 24 s
- URL: youtube.com/watch?v=OwWbvdlIHVE
- Disponible para su descarga en www.mbadelsigloxxi.es

Web 2.0

- Autor: Jeff Utecht, educador internacional
- **Duración: 5 min 17 s
- URL: youtube.com/watch?v=nsa5ZTRJQ5w
- Disponible para su descarga en www.mbadelsigloxxi.es

De todo este cúmulo de información, conceptos y definiciones podemos considerar algunos temas que van unidos al verdadero significado de la Web 2.0:

- Colaboración. Es uno de los primeros conceptos que aparece en esta nueva etapa de la Web. La gente se une para trabajar conjuntamente en la creación de software, contenidos, comunidades, persiguiendo intereses comunes: música, arte... en definitiva, conocimiento. La Web 2.0 permite todo esto y mucho más gracias a unas nuevas herramientas y aplicaciones disponibles para todos.
- Conversación. Las conversaciones ya están aquí. Hay conversaciones sobre cualquier tema que puedas imaginar. ¿Dónde? Principalmente en los blogs.
- Comunidad. Las comunidades siempre han existido en Internet, pero las herramientas y las aplicaciones actuales favorecen la creación de comunidades sobre cualquier tema que podamos imaginar.
- Creación de contenidos. Los usuarios se han convertido en productores y consumidores de contenidos al mismo tiempo. Cualquiera puede crear un contenido gracias a la simplicidad de las herramientas que tenemos a nuestro alcance.
- Aprendizaje acumulativo. Ahora la gente puede crear conocimiento o ampliarlo a partir de la contribución de otros gracias a aplicaciones como los wikis. Un claro ejemplo de este concepto es la Wikipedia.
- Inteligencia colectiva. La inteligencia colectiva puede entenderse como la capacidad que tiene un grupo de personas para colaborar y alcanzar unas metas de forma conjunta. Cien cerebros piensan mejor que uno. Las herramientas del presente nos permiten la construcción de conocimiento entre muchos.

Y la lista continúa...

¿Todos estos conceptos son nuevos y acaban de aparecer?

No precisamente. Tim Berners-Lee, el creador de la Word Wide Web, la inventó no sólo para encontrar información en la Web o interactuar con otras personas, sino para poder crear y colaborar con otros, obteniendo un beneficio y un enriquecimiento mutuo.

Por desgracia, la primera etapa de la Web (etiquetada como la Web 1.0) se salió de este ámbito, adquiriendo un enfoque muy comercial, sin muchos espacios abiertos y de acceso libres y sin la posibilidad de producir y/o consumir contenidos de valor añadido de forma gratuita. Además, la tecnología estaba al alcance de muy pocos, y las conexiones que todos recordamos eran muy limitadas.

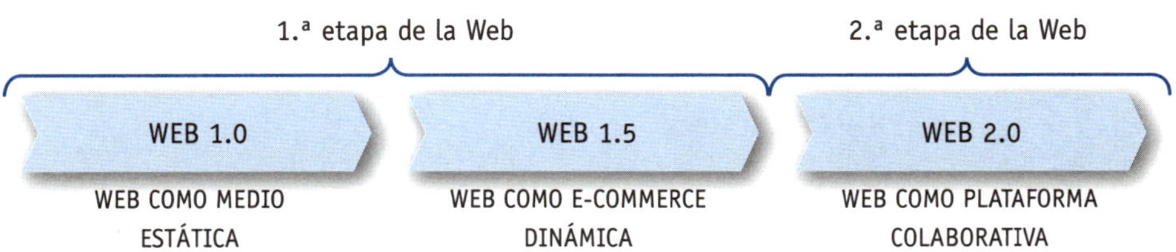

Figura 4.6. Fases de la Web 1.0, 1.5 y 2.0.

La Web 2.0 es la Web de la gente o la Web social. Alrededor de la Web 2.0 se ofrecen aplicaciones sencillas y fáciles de utilizar, ya que se puede acceder a ellas desde cualquier ordenador a través de un navegador.

La Web 2.0 consiste en aprovechar la tecnología y ofrecer herramientas útiles a las personas. El verdadero sentido de la Web son las personas, sus conversaciones, sus participaciones, sus colaboraciones, su aprendizaje; las herramientas, aplicaciones y tecnología no son más que una consecuencia.

¿Cómo nace el término «Web 2.0»?

Este término, como la mayoría de los nuevos conceptos, nace en una sesión de brainstorming, o tormenta de ideas, celebrada entre O'Reilly Media (un grupo editorial) y MediaLive International (empresa organizadora de eventos tecnológicos) con el objetivo de desarrollar ideas para una conferencia. Dale Dougherty, vicepresidente de O'Reilly, observó que la Web, en lugar de experimentar una decadencia a raíz del estallido de la burbuja tecnológica, había cogido más fuerza que nunca gracias a la aparición de nuevas y apasionantes aplicaciones y sitios web. «¿Podría ser que el derrumbamiento de las punto com supusiera algún tipo de giro crucial para la Web, de tal forma que una llamada a la acción, tal como "Web 2.0", pudiera tener sentido?» Los participantes en la sesión estuvieron de acuerdo con esta idea, y así nació, en octubre de 2004, la Web 2.0 Conference, y con ella empezó a darse a conocer el concepto de Web 2.0.

MÁS INFORMACIÓN:

Web 2.0 Conference/Web 2.0 Summit. www.web2con.com.

Un año y medio más tarde, el término «Web 2.0» adquirió gran popularidad y contaba ya con 9,5 millones de menciones en Google, aunque también empezó a suscitar algunas críticas, según las cuales no era más que un nuevo buzzword, o palabra de moda fruto del marketing.

El 30 de septiembre de 2005, Tim O'Reilly, fundador y consejero delegado de O'Reilly Media, Inc., publicó un artículo titulado «What is Web 2.0. Design Patterns and Business Models for the Next Generation of Software» (Qué es la Web 2.0. Patrones del diseño y modelos del negocio para la siguiente generación del software) para aclarar qué significaba el concepto de Web 2.0, según sus propios promotores e impulsores.

MÁS INFORMACIÓN:

- Artículo original de Tim O'Reilly: www.oreillynet.com/pub/a/oreilly/tim/news/2005/09/30/what-is-web-20.html.

- Versión traducida al castellano publicada en el *Boletín de la Sociedad de la Información* de Telefónica, S.A.: http://sociedaddelainformacion.telefonica.es/jsp/articulos/detalle.jsp?elem=2146&salto=3&back=2&origen=2.

Destacamos a continuación los puntos más importantes del artículo, comenzando por una lista comparativa entre la Web 1.0 y la Web 2.0 confeccionada durante la sesión de brainstorming entre O'Reilly Media y MediaLive International:

WEB 1.0		WEB 2.0
DoubleClick	➡	Google AdSense
Ofoto	➡	Flickr
Akamai	➡	BitTorrent
mp3.com	➡	Napster
Enciclopedia Británica Online	➡	Wikipedia
Webs personales	➡	Blogging
Evite	➡	Upcoming.org and Evdb
Especulación con nombres de dominio	➡	Optimización de los motores de búsqueda
Páginas vistas	➡	Coste por clic
Screen scraping (extraer información de otras webs)	➡	Servicios web
Publicación	➡	Participación
Sistema de gestión de contenidos	➡	Wikis
Directorios (taxonomía)	➡	Marcar con etiquetas (folcsonomía)
Stickiness (adherencia)	➡	Sindicación de contenidos

Tabla 4.1. Lista comparativa entre la Web 1.0 y la Web 2.0.

Y como la lista seguía creciendo...

... decidieron enumerar unos principios básicos para intentar identificar los proyectos que verdaderamente pertenecían a esta nueva categoría llamada Web 2.0.

4.3.1. PRINCIPIOS DE LA WEB 2.0 SEGÚN TIM O'REILLY

Figura 4.7. Principios de la Web 2.0.

- La Web como plataforma. Nos ofrece poder utilizar los sitios web como si fuesen aplicaciones o programas de escritorio, de la misma manera que utilizamos los programas instalados en nuestro PC. Este concepto lo podemos ver en la aplicación Google Docs (http://docs.google.com), que nos permite crear documentos de texto, hojas de cálculo y presentaciones directamente desde la Web, como si lo hiciésemos con programas instalados en nuestro PC, como Word, Excel o Powerpoint de Microsoft Office.
- Aprovechar la inteligencia colectiva. «El principio fundamental que se esconde trás el éxito de los gigantes nacidos en la era de la Web 1.0 que han sobrevivido para liderar la era de la Web 2.0 parece ser éste, que han abrazado el poder de la Web para explotar la inteligencia colectiva.» La Web 2.0 trata de sacar el máximo partido a los usuarios que participan en ella. Por ejemplo, el éxito de eBay depende de la actividad colectiva de todos sus usuarios, que hacen que crezca en respuesta a sus actividades como compradores y vendedores. Wikipedia, por ejemplo, fue creada para y por los usuarios, que juntos crean, modifican, corrigen y mejoran las entradas de la enciclopedia.
- Los datos son el siguiente «Intel Inside». El éxito de empresas como Google, Yahoo!, Amazon, eBay, etc., se basa en la capacidad de gestionar sus bases

de datos, que se ofrecen como un servicio de valor. Para las empresas Web 2.0 la creación de valor está directamente relacionada con la aportación de sus usuarios, quienes agregan información y hacen que las aplicaciones mejoren a medida que los usuarios las vayan utilizando. Las empresas que consigan construir una base de datos única y difícil de reproducir son las que obtendrán una importante ventaja competitiva en esta nueva etapa de la Web.

- El fin del ciclo de las actualizaciones de versiones de software. Este principio hace referencia a que el software de la era Internet ya no se entrega como un producto, sino como un servicio que se sigue desarrollando de manera continua, incorporando nuevas funcionalidades con una frecuencia mensual, semanal o incluso diaria. La Web 2.0 ha adoptado el concepto del software libre, involucrando a los usuarios en el desarrollo de las aplicaciones, de manera que sean parte esencial en su mejora continua. Incluso se está llegando un poco más lejos al adoptar una beta perpetua, sinónimo de continuo desarrollo y actualización.
- Modelos de programación ligeros. Este principio hace referencia a que los servicios más simples son los que nos van a proporcionar el éxito. Un ejemplo son los RSS, que fueron diseñados para permitir al usuario visualizar el contenido que quisiera en el momento deseado, y no cuando lo dictara el proveedor de información.
- El software no limitado a un solo dispositivo. Este principio hace referencia a que la Web 2.0 no se limita únicamente a una sola plataforma, como puede ser el PC, sino que aprovecha la capacidad de conexión que pueden tener otros dispositivos, como los PDA o los teléfonos móviles.
- Experiencias enriquecedoras de usuario. Este nuevo período aporta un avance sin precedentes en el campo de la interfaces de usuario, ya que los desarrolladores cuentan con la tecnología necesaria para construir aplicaciones web con interfaces de usuario y funcionamiento tan atractivos como las aplicaciones de PC a las que estamos acostumbrados.

En su artículo, Tim O'Reilly explica que la Web 2.0 no tiene una clara frontera, sino más bien un núcleo gravitacional. Se puede ver la Web 2.0 como un sistema de principios y prácticas que conforman un auténtico sistema solar de sitios, que adoptan algunos o todos esos principios y que se encuentran a una distancia variable de ese núcleo.

La siguiente figura muestra un mapa «meme»[1] confeccionado en una sesión de brainstorming durante el FOO Camp, una conferencia en O'Reilly Media. El mapa muestra muchas de las ideas que irradian de la Web 2.0 como núcleo.

1. *Meme* es un término que ha adquirido una gran popularidad y que se refiere a una idea contagiosa que se propaga como un virus replicándose a través de las redes, de los medios sociales y de un individuo a otro. Internet contribuye notablemente a su expansión.

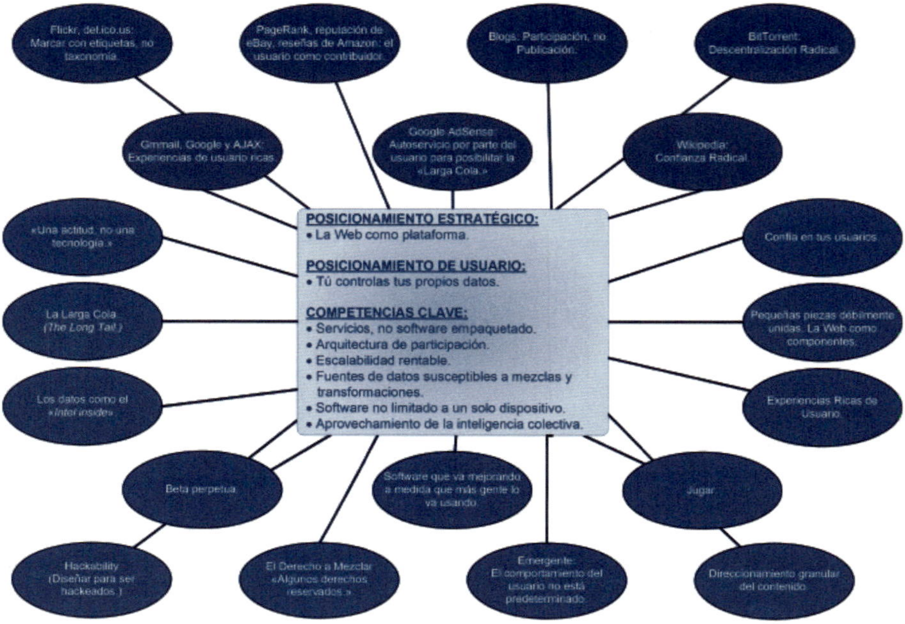

Figura 4.8. Mapa «meme» de la Web 2.0.

4.3.2. ¿EFECTOS DE LA WEB 2.0?

4.3.2.1. La Web 2.0 como un fenómeno social

La Web 2.0 se ha convertido en una nueva filosofía o actitud para hacer las cosas. Gracias a la simplicidad y gratuidad de sus aplicaciones y tecnologías que antes estaban al alcance sólo de unos pocos ahora son accesibles para la mayoría de usuarios. Este hecho ha fomentado enormemente la creación de redes sociales y la participación de los usuarios.

La Web 2.0 se ha convertido en una plataforma que da el poder a los usuarios, permitiendo que compartan gustos e intereses comunes. El usuario no sólo accede a la información como consumidor, sino que juega un papel muy activo en la creación de contenidos y conocimiento, y, en general, añade un valor que antes, en la etapa Web 1.0, no se le permitía aportar.

Los usuarios de todo el mundo suben a diario millones de fotografías en websites como Flickr, millones de vídeos en YouTube, participan en millones de blogs y se comunican con otros tantos millones de usuarios. ¿Qué está pasando? Cuando a un usuario le ofreces la libertad de expresarse, eso es lo que hace, y decide cuándo, dónde, cómo y con quién. Los usuarios quieren tener voz, ser escuchados y encuentran fácilmente las vías para ello.

Las principales motivaciones de los usuarios para adoptar un papel activo en la llamada «Web social» son muy diferentes: por ejemplo, el hecho de sentirse importante, un espíritu creador, el sentimiento de pertenecer a una comunidad con sus mismos gustos e intereses, querer conocer a gente de diferentes culturas, ampliar su red de contactos, adquirir cierto prestigio, por simple afición u ocio, por algún interés económico o por el mero hecho de unirse a un movimiento con el que se sienten identificados.

Las estadísticas no engañan: este fenómeno es imparable. Las redes sociales aumentan el número de usuarios, y el tiempo que éstos les dedican se incrementa a un ritmo espectacular, aunque parece que alcanzaron su pico en junio de 2007, según un estudio de Hitwise[2] en Estados Unidos. Los usuarios cada vez pasan más tiempo online, compartiendo sus experiencias en varios sitios web a la vez, como MySpace, Facebook o Bebo.

4.3.2.2. Efecto de la Web 2.0 en los medios y en la publicidad

Durante los últimos años estamos asistiendo a uno de los efectos más impactantes de la Web 2.0, la denominada democratización de los medios y sus consecuencias sobre los medios de comunicación masivos. Pensémoslo, cualquier usuario con un ordenador y conexión a Internet y aplicaciones gratuitas que no requieren grandes conocimientos informáticos tiene todos los ingredientes para comenzar a difundir información a nivel mundial y totalmente gratis. El usuario ha pasado de ser un consumidor de contenidos a un productor de medios. Este fenómeno ha dado lugar a un entorno de micromedios a través de diferentes formatos como los weblogs (blogs), los podcasts, los videocasts y los wikis principalmente.

Como consecuencia, los medios tradicionales están perdiendo poder frente a los microcontenidos. Con un número cada vez mayor de microcontenidos será mucho más complicado para los medios tradicionales llegar a los consumidores como lo han hecho hasta ahora. Los consumidores preferirán leer microcontenidos escritos, sin ánimo de lucro, por alguien que comparte sus mismos gustos e intereses, en lugar de leer el periódico, escuchar la radio o ver la televisión. De esta manera, se va formando un entorno hiperfragmentado díficil de abarcar para los medios tradicionales.

Este nuevo entorno tan fraccionado permite a las empresas dirigir mensajes más eficaces a un público objetivo más específico, en lugar de destinar grandes presupuestos a medios masivos como la televisión, la radio o la prensa. El gran reto para las agencias de publicidad es saber cómo llegar a estos grupos de consumidores cada vez más dispersos en torno a los microcontenidos de weblogs (blogs), podcasts o videocasts.

---

2. *Hitwise US Social Networking Report, marzo de 2008.* Disponible en www.mbadelsigloxxi.es.

4.3.2.3. Efecto de la Web 2.0 en la educación

La educación está siendo uno de los campos en los que las aplicaciones y las tecnologías Web 2.0 están teniendo un gran impacto. Una de las ventajas de las aplicaciones Web 2.0 para la educación radica, primero, en su facilidad de uso y, segundo, en la ausencia de un requisito de alfabetización tecnológica avanzada para utilizarlas, hechos que fomentan su utilización por un gran número de usuarios.

El aspecto social y de colaboración de la Web 2.0 favorece una evolución en los sistemas de enseñanza hacia lo que ya se denomina el aprendizaje colectivo. La Web 2.0 proporciona unas nuevas herramientas y servicios que facilitan la asimilación y la generación de conocimiento en grupo.

Las aplicaciones y los servicios más populares apoyados en las tecnologías Web 2.0, que están teniendo una importante repercusión en los modelos de enseñanza, son los blogs, los wikis, los servicios para compartir archivos multimedia (YouTube, Flickr, Slideshre o Scribd), los podcasts, los videocasts, las redes sociales, las herramientas de edición y sindicación de contenidos.

Johnson (1992) y Lundvall (2002)[3] proponen cuatro tipologías diferentes de aprendizaje: aprender haciendo *(learning-by-doing),* aprender interactuando *(learning-by-interacting),* aprender buscando *(learning-by-searching)* y aprender compartiendo *(learning-by-sharing).*

4.3.2.4. Efecto de la Web 2.0 en las empresas

La Web 2.0 está cambiando el modo en el que las PYME se comunican e interactúan dentro y fuera de sus paredes, entre los empleados de sus diferentes departamentos, con sus clientes, con sus proveedores, con sus bancos, etc.

Las empresas están empezando a adquirir una filosofía y una cultura corporativa basada en el modelo de la Web 2.0, generando un fenómeno denominado «Enterprise 2.0», o Empresa 2.0, que se trata con mayor detalle en el capítulo 6: «Impacto de la Web 2.0 en la empresa y modelos de negocio Web 2.0».

La creación de blogs corporativos y wikis fomentan una cultura corporativa más colaborativa, beneficiando a la empresa en sus procesos productivos, que resultan más ágiles y transparentes.

4.3.3. CRÍTICAS A LA WEB 2.0

No es oro todo lo que reluce. Existen tantas críticas a la Web 2.0 como definiciones y opiniones favorables. Por ejemplo, hay críticas respecto al término, a la calidad de la

---

3. *Planeta Web 2.0: Inteligencia colectiva o medios fast food*. Cristóbal Cobo Romaní y Hugo Pardo Kuklinski. pp. 102-103.

información publicada o a su uso mediático por parte de algunas empresas. Basta con leer las opiniones más generalizadas expresadas por los propios usuarios de la Web 2.0:

- La Web 2.0 es una palabra de moda, o buzzword.
- El 2.0 se está utilizando en exceso en muchos sectores con fines mediáticos. Por ejemplo: Travel 2.0, Government 2.0, Business 2.0, Entertainment 2.0, Learning 2.0, Gaming 2.0, Retail 2.0, Banca 2.0, Música 2.0, etc. Parece que la etiqueta 2.0 da derecho a afirmar que algo «está a la última». Se trata del llamado efecto «yo también soy 2.0».
- Es un concepto inventado para atraer inversiones a Internet después de la crisis de las empresas punto com de 2001.
- En torno a la Web 2.0 no hay más que un gran grupo de aficionados. Un sistema de publicación de fácil utilización, como los weblogs o wikis, entre otras aplicaciones, no hace a una persona periodista, ni experto.
- En numerosas ocasiones, se ha criticado a la Web 2.0 afirmando que hace que los usuarios trabajen para otros; es decir, son los usuarios quienes generan el contenido y atraen a otros usuarios, que hacen crecer en número los sitios Web 2.0, mientras que éstos se benefician a través de grandes ingresos publicitarios.
- Aunque la Web 2.0 potencie la participación del público convirtiéndose en un paradigma de una nueva sociedad democrática, es decir, «el usuario como el nuevo rey de Internet», con voz y voto, no hace que una noticia sea «la mejor noticia» por recibir más votos en una Web, o que un vídeo sea «el más instructivo» porque haya sido el que ha recibido más descargas.
- Algunos consideran la Web 2.0 como un canal nuevo, y más efectivo, que utilizan las grandes empresas para llegar a los consumidores que están más dispersos. Gracias a ella, las corporaciones tienen a su disposición un ejército de blogueros, que, sin saberlo (aunque algunos lo saben, y muy bien), realizan una propaganda valiosísima para sus productos.
- El exceso de emisores de contenidos ha generado un debate alrededor de un fénomeno bautizado como «infopolución». Un sistema de publicación con unas barreras de entrada muy bajas es bueno porque permite a cualquiera poder generar contenidos y publicarlos. Sin embargo, supone también que otros puedan hacer lo mismo, e incluso puedan replicar el mismo contenido. De esta manera, se genera un efecto de ruido y propagación que, al final, hace imposible la tarea de distinguir entre contenidos buenos y malos, entre los originales y sus réplicas.

En definitiva, nos guste o no, estamos viviendo un fenómeno imparable, para algunos exagerado y para otros necesario. La Web 2.0 se ha convertido en la Web de la gente, y tenemos que dejar a la gente decidir su rumbo y su destino.

4.3.4. ¿ESTAMOS ANTE UNA NUEVA BURBUJA?

En palabras de Tim O'Reilly: «El estallido de la burbuja tecnológica en otoño de 2001 marcó un momento crucial para la Web. Mucha gente concluyó que la expectación sobre la Web era exagerada, cuando, de hecho, las burbujas y las consiguientes crisis económicas parecen ser una característica común de todas las revoluciones tecnológicas. Las crisis económicas marcan típicamente el punto en el cual una tecnología en ascenso está lista para ocupar su lugar en el escenario económico».

Según Paul Graham,[4] la razón por la que la Web 2.0 no se convertirá en una segunda burbuja es porque la idea de salir a bolsa se ha vuelto más complicada que nunca.

Es cierto que hay un regreso de capital riesgo que respalda la Web 2.0 «considerándola un segmento de rápido crecimiento en el mercado global de capital riesgo», como afirmó Stephen Harmston, director de VentureOne, en la Annual Web Ventures Conference celebrada en California en 2007. Y añadió: «Basados en el tamaño mediano de las transacciones y en el conservadurismo seguido al valorar estas compañías, los datos no indican que estemos entrando en una burbuja, más bien estamos en un fuerte nivel de actividad inversora en un área todavía emergente».

Los nuevos negocios relacionados a la actual Web 2.0 son diferentes. Se trata de empresas más pequeñas, con un requisito de financiación mucho menor, ya que se han abaratado los costes de la tecnología y del hardware. Además, muchas de ellas se inician como una actividad empresarial secundaria *(side business)* en paralelo a otra.

Lo mejor que les puede pasar es que sean adquiridas por grandes empresas como Google, que adquirió YouTube por 1650 millones de dólares en noviembre de 2006, o News Corp., que compró MySpace por 580 millones de dólares en julio de 2005; pero, como todos no van a conseguir emular a YouTube o MySpace, lo peor que puede ocurrir es que se mantengan con sus modelos de ingresos publicitarios, comisiones por transacción o servicios premium, entre otros, o que cierren sin más, evitando las grandes pérdidas para sus inversores que ocasionaron las empresas punto com durante la crisis de 2001.

Navegando por la red hemos localizado dos vídeos interesantes que nos gustaría compartir: el primero ofrece, a modo de entretenimiento, una opinión sobre si va a haber una nueva burbuja o no; en el segundo, algunos consejeros delegados de Silicon Valley hacen una reflexión sobre el impacto de la Web 2.0 y sobre la posible burbuja Web 2.0.

Here Comes Another Bubble v1.1 – The Richter Scales

- Autor: The Richter Scales
- **Duración: 2 h 45 min
- URL: www.youtube.com/watch?v=I6IQ_FOCE6I
- Disponible para su descarga en www.mbadelsigloxxi.es, subtitulado en castellano

4. http://www.paulgraham.com/web20.html. Paul Graham es un programador, inversor de capital riesgo y escritor de ensayos muy populares en la Web.

What is Web 2.0? Get inside view from 13 Startup CEO's
Entrevista a fundadores de iniciativas Web 2.0.

- **Duración: 24 min 57 s
- URL: http://s108.photobucket.com/albums/n38/milener2/?action=view&current=Web2-0_24mins.flv
- Disponible para su descarga en www.mbadelsigloxxi.es, subtitulado en castellano

4.4. CÓMO VA A SER LA WEB 3.0

Adiós Web 2.0. Bienvenida Web 3.0. Qué rápido, ¿no?

La siguiente fase de Internet ya está aquí, se está cociendo en estos momentos. ¿Cómo se va a llamar? Como no podía ser de otra manera, Web 3.0, ¿por qué complicarnos la vida con otro nombre?

Se identifica también a la Web 3.0 como la Web semántica, algo que, por cierto, no es nuevo, ya que el creador de la WWW, Tim Berners-Lee, la había imaginado así en un principio: «Tengo el sueño de una Web en la que los ordenadores sean capaces de analizar los datos de la Red, el contenido, los enlaces y las transacciones entre las personas y los ordenadores. Una Web semántica, que debería hacerlo posible, aún está por emerger, pero, cuando lo haga, el día a día de los mecanismos de los negocios, la burocracia y nuestras vidas diarias serán manejados por máquinas que hablen con máquinas. Los "agentes inteligentes" que hemos perseguido durante años finalmente se materializarán».[5]

Se ha abierto un gran debate entre todos los gurús del sector sobre cómo definir la Web 3.0 y su repercusión. Si unas páginas atrás comentábamos que la Web 2.0 tiene numerosas definiciones, aún más están surgiendo alrededor de las Web 3.0.

El World Wide Web Consortium describe la Web semántica como: «Una Web extendida, dotada de mayor significado, en la que cualquier usuario de Internet podrá encontrar respuestas a sus preguntas de forma más rápida y sencilla gracias a una información mejor definida. Al dotar a la Web de más significado y, por lo tanto, de más semántica, se pueden obtener soluciones a problemas habituales en la búsqueda de información mediante la utilización de una infraestructura común, a través de la cual compartir, procesar y transferir información de forma sencilla. Esta Web extendida y basada en el significado se apoya en lenguajes universales, que resuelven los problemas ocasionados por una Web carente de semántica, en la que, en ocasiones, el acceso a la información se convierte en una tarea difícil y frustrante.

5. Texto traducido por Juan C. Camus. www.usando.info desde Santiago de Chile.

»Gracias a la semántica en la Web, el software es capaz de procesar su contenido, razonar con éste, combinarlo y realizar deducciones lógicas para resolver problemas cotidianos automáticamente.»

Por lo tanto, ¿la Web 3.0 será quizás la Web inteligente? ¿Nos permitirá a los usuarios delegar tareas a las herramientas de la Web semántica, las cuales serán capaces de procesar la información?

Por ejemplo, dejaremos de hacer cosas cotidianas como hablar con otra persona para cuadrar agendas y fijar una reunión. En principio, lo harán nuestras agendas Web 3.0 por sí solas, ya que la información (los datos) será comprensible para las máquinas.

Si comparamos las diferentes fases de la Web podríamos decir que:

WEB 1.0	WEB 2.0	WEB 3.0
WEB COMO MEDIO	WEB COMO PLATAFORMA	INTERNET COMO PLATAFORMA
WEB ESTÁTICA	WEB COLABORATIVA	WEB INTELIGENTE
CONECTANDO A LA GENTE CON LA INFORMACIÓN	CONECTANDO A LA GENTE CON LA GENTE	TODO ESTÁ CONECTADO
LAS PERSONAS HABLAN CON LAS MÁQUINAS	LAS PERSONAS HABLAN CON LAS PERSONAS	LAS MÁQUINAS HABLAN CON LAS MÁQUINAS

Figura 4.9. Fases Web 1.0, 2.0 y 3.0.

MÁS INFORMACIÓN:

Lecturas recomendadas

- Guía Breve de Web semántica. www.w3c.es/Divulgacion/Guiasbreves/WebSemantica.
- W3C Semantic Web Activity. www.w3.org/2001/sw/.
- Welcome Web 3.0! www.roughtype.com/archives/2006/11/welcome_web_30.php.
- What is Web 3.0? It's Web 2.0 with a brain. http://venturebeat.com/2007/10/21/what-is-web-30-its-web-20-with-a-brain/.
- 10 Semantic Apps to Watch. www.readwriteweb.com/archives/10_semantic_apps_to_watch.php.
- Web semántica y sus principales características. www.maestrosdelweb.com/editorial/web-semantica-y-sus-principales-caracteristicas/.
- Web 3.0. http://en.wikipedia.org/wiki/Web_3.0.

4.4.1. APLICACIONES WEB 3.0 EN MARCHA

Freebase www.freebase.com	Powerset www.powerset.com	Twine www.twine.com
AdaptiveBlue www.adaptiveblue.com	Hakia www.hakia.com	Talis www.talis.com
TrueKnowledge www.trueknowledge.com	TripIt www.tripit.com	Clear Forest www.clearforest.com
	Spock www.spock.com	

4.5. CÓMO SERÁ LA WEB 4.0

Un estudio de Nova Spivack, responsable de la empresa Radar Networks,[6] ofreció su punto de vista de lo que será la evolución de la Web. Primero, estará marcada por la entrada en juego de la Web semántica, que tendrá su período de vigencia entre 2010 y 2020, y, luego, por la Web 4.0, cuyo período de vigencia será entre 2020 y 2030, y que podría dar paso a la Web como el futuro sistema operativo inteligente WebOS.

Ofrecemos a continuación unos interesantes gráficos desarrollados por Radar Networks que reflejan la evolución de Internet desde sus inicios.

6. www.radarnetworks.com

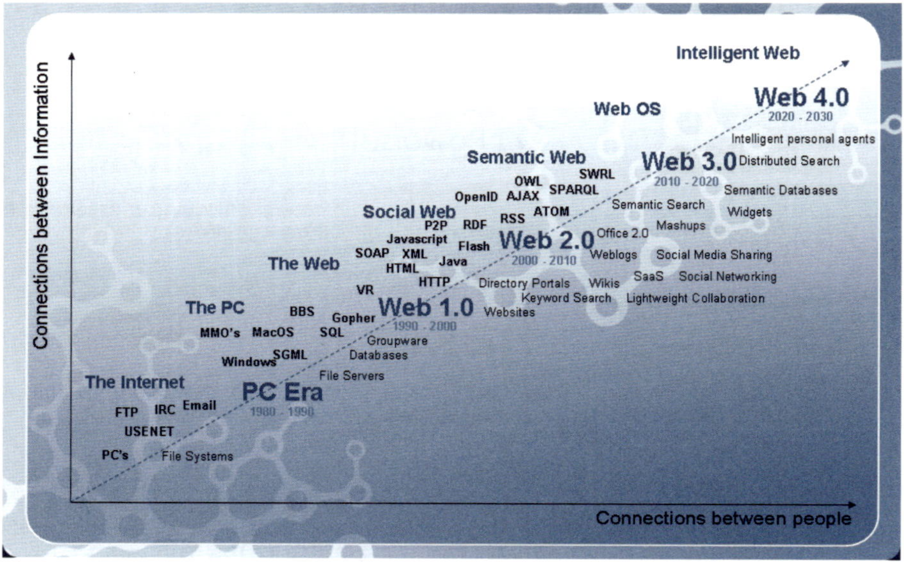

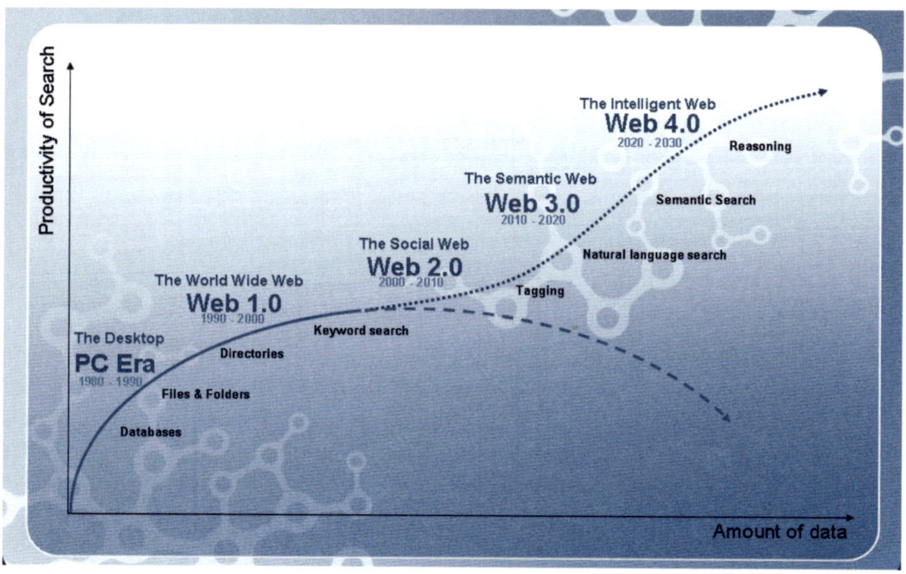

Figura 4.10. Evolución de Internet hacia la Web 4.0.
Fuente: Nova Spivack. Radar Networks.

4.6. GLOSARIO DE TÉRMINOS WEB 2.0

Incluimos algunos términos relacionados con la Web 2.0 obtenidos de diferentes fuentes (Wikipedia, Webopedia y de la blogosfera), que han ido surgiendo desde su aparición y han ganado gran popularidad entre los usuarios.

MÁS INFORMACIÓN:

En www.mbadelsigloxxi.es encontrarás un glosario de términos ampliado y actualizado con ejemplos y vídeos explicativos.

La siguiente figura muestra un mapa conceptual de la Web 2.0 elaborado por Markus Angermeier[7] y traducido al castellano por Josep M. Ganyet.[8] El mapa ha sido también traducido al alemán, holandés, chino, francés, catalán y coreano.

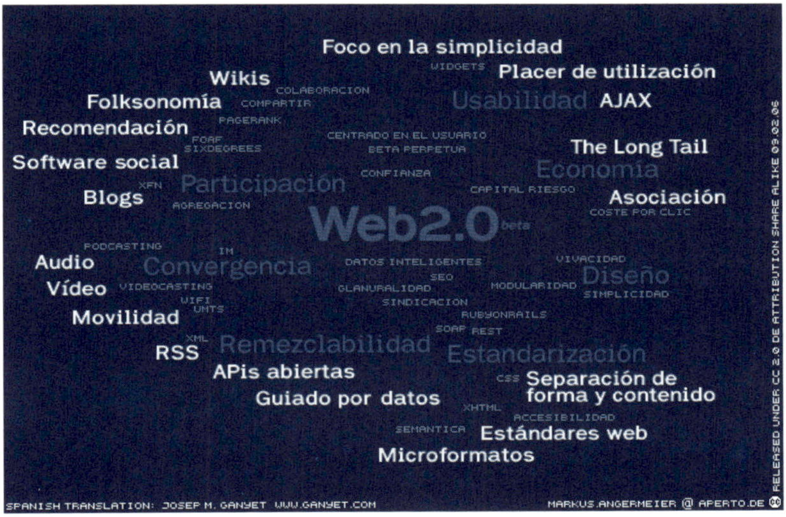

Figura 4.11. Mapa conceptual de la Web 2.0.
Fuente: Markus Angermeier. Traducción: Josep M. Ganyet.

- Agregador de noticias o lector de fuentes. Un agregador es un software o un servicio en línea que utiliza una fuente web de información para recuperar con-

7. http://kosmar.de/archives/2005/11/11/the-huge-cloud-lens-bubble-map-web20.
8. http://www.ganyet.com

tenidos web sindicados de sitios como weblogs, podcasts, vlogs y de los sitios de los principales medios de comunicación. Examinan páginas web para comprobar si han sido actualizadas. En caso afirmativo, muestran el título y el enlace correspondiente.

- AJAX. Acrónimo de Asyncronous JavaScript and XML, Javascript y XML Asíncronos. Técnica de desarrollo web que permite modificar la información de una página web sin tener que recargarla completamente, agilizando de esta forma la interacción con el usuario.
- API. Acrónimo de Application Programming Interface, Interfaz de Programación de Aplicaciones. Conjunto de funciones o métodos que el programador de una aplicación ofrece a otros programadores para que puedan comunicarse con la aplicación original y utilizarla en otros servicios.
- Beta. Término que acompaña a los productos nuevos. Significa que están aún en fase de pruebas y que pueden ser mejorados. Los servicios de la Web 2.0 se encuentran en «beta perpetua», en evolución constante, a diferencia de otros servicios y aplicaciones que tienen ciclos de desarrollo cerrados.
- Blog. También conocido como weblog o cuaderno de bitácora. Es un sitio web actualizado de forma periódica, que recopila cronológicamente textos o artículos, empezando por el más reciente, y donde el autor o autores conservan siempre la libertad de dejar publicado lo que crean pertinente. En cada artículo, los lectores pueden escribir sus comentarios y el autor o autores darles respuesta, de forma que es posible establecer un diálogo. Su uso o temática varía para cada weblog: los hay de tipo personal, periodístico, empresarial o corporativo, tecnológico, educativo, etc.

Blogs in Plain English

Subtitulado en castellano, euskera, catalán y gallego

- **Duración: 2 min 59 s
- URL: www.dotsub.com/films/blogsinplainenglish/index.php
- Autor: Common Craft
- Disponible para su descarga en www.mbadelsigloxxi.es

- Blogroll. Lista de enlaces a otros blogs.
- Blogosfera. Comunidad que forman los blogueros autores de los blogs.
- Etiqueta o tag. Palabra clave o término asociado con un contenido. Las etiquetas son asignadas por los usuarios para describir un contenido en Internet.
- Feed (canal o fuente). Término anglosajón para nombrar los documentos legibles por los agregadores o lectores de RSS. Los usuarios se suscriben a los feeds RSS para recibir contenidos de manera automática en su lector o agregador o para publicarlos en su propia web. Este sistema evita que un usuario tenga que visitar un sitio web en busca de actualizaciones de su contenido.

- Folksonomía. Proviene de *folk* (gente) y taxonomía. Se utiliza para clasificar y recuperar páginas web, fotografías, enlaces y otros contenidos web mediante identificadores abiertos denominados etiquetas. Es un sistema democrático de clasificación de contenidos.
- Marcador Social (Social Bookmarking). Un servicio basado en la Web que permite a los usuarios clasificar, almacenar y compartir sus páginas web favoritas.

Social Bookmarking in Plain English

Subtitulado en castellano, euskera, catalán y gallego

- **Duración: 3 min 25 s
- URL: www.dotsub.com/films/socialbookmarking/index.php
- Autor: Common Craft
- Disponible para su descarga en www.mbadelsigloxxi.es

- Mashup. Aplicaciones o sitios web que agregan y combinan contenidos y servicios de otras aplicaciones o sitios web con el objetivo de crear algo nuevo.
- Podcast. Un término que nace a través de la combinación de iPod, el reproductor de Apple, y la palabra *broadcast* (emisión). Es un archivo de audio que los usuarios pueden descargarse para escucharlo en su ordenador o reproductor MP3.
- Red social *(Social Network)*. Las redes sociales son un elemento clave de la filosofía Web 2.0, ya que los usuarios son sus protagonistas, los que generan, consumen y comparten información y contenidos (texto, fotos, vídeos, blogs y, lo más importante, experiencias y conocimientos), y que hacen que la Web se convierta en un sitio mejor. El software social, o sitios web sociales, logran crear el punto de encuentro o la comunidad donde sus miembros se reúnen. Ejemplos son los sitios de MySpace, Facebook, Orkut, Friendster, Xing (eConozco y Neurona), Hi5, etc.

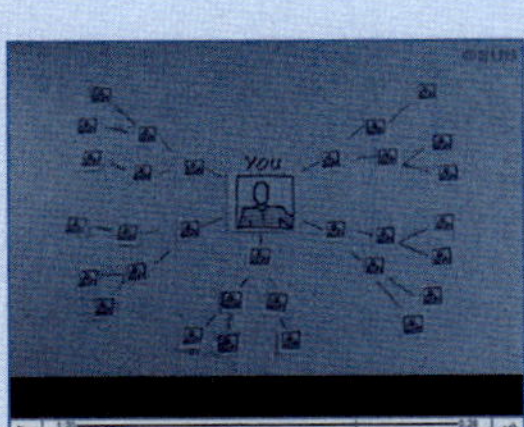

Social Networking in Plain English

Subtitulado en castellano, euskera, catalán y gallego

- Duración: 1 min 48 s
- URL: http://www.dotsub.com/films/socialnetworking_1/index.php
- Autor: Common Craft
- Disponible para su descarga en www.mbadelsigloxxi.es

- RSS. Siglas de *Really Simple Syndication* (difusión realmente simple). Formato estándar para la sindicación de contenidos a los que un usuario cualquiera puede suscribirse mediante un programa de agregador de *feeds* (canales o fuentes).

RSS in Plain English
Subtitulado en castellano, euskera, catalán y gallego
- Duración: 3 min 45 s
- URL: www.dotsub.com/films/inplainenglish/index.php
- Autor: Common Craft
- Disponible para su descarga en www.mbadelsigloxxi.es

- Widget. Pequeña aplicación o módulo que realiza una función concreta, generalmente de tipo visual, dentro de otras aplicaciones o sistemas operativos.
- Wiki. Es un sistema colaborativo, un sitio web de creación y publicación de contenidos que permite a los usuarios añadir, editar o eliminar información.

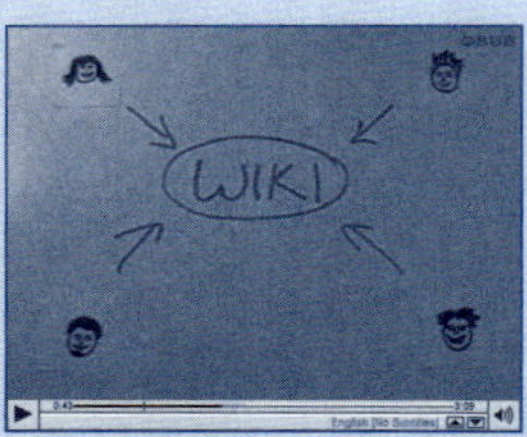

Wikis in Plain English
Subtitulado en castellano, euskera, catalán y gallego
- Duración: 3 min 52 s
- URL: http://www.dotsub.com/films/wikisinplainenglish/index.php
- Autor: Common Craft
- Disponible para su descarga en www.mbadelsigloxxi.es

Y la lista continúa
en www.mbadelsigloxxi.es

5. Aplicaciones y servicios de la Web 2.0

«La función de un buen software es hacer que lo complejo aparente ser simple.»

Grady Booch

La Web 2.0 crece a un ritmo de entre el 10% y el 15% cada mes y da vida a cientos de nuevas iniciativas mensualmente.

Los resultados están siendo sorprendentes: 200 millones de personas participan en MySpace, Wikipedia alcanza las 5 millones de páginas publicadas, eBay genera operaciones por un importe de 50 000 millones de dólares al año.

Y la lista continúa... Y se actualiza...

“La mejor manera de entender lo que las aplicaciones Web 2.0 nos pueden ofrecer es comenzando a utilizarlas. Las redes sociales, los wikis, los blogs y los mashups son un buen comienzo.”

NUBE DE TAGS

REDES SOCIALES, **Contenidos generados por el usuario**, wikis, blogs, **mapa Web 2.0**, *marcadores sociales y tagging*, **Flickr**, **Wikipedia**, Weblogs, *Technorati*, *digg*, MENÉAME, LECTORES RSS, **Mashup**, **meebo**, Webtop, *presentaciones de diapositivas*, ORGANIZACIÓN DE PROYECTOS, Zoho...

La mejor manera de entender lo que las aplicaciones Web 2.0 nos pueden ofrecer es comenzando a utilizarlas. Un pequeño inconveniente es por dónde empezar, ya que hay miles de sitios Web 2.0 y la lista crece diariamente. Por lo tanto, hay que organizarlas de alguna manera según su propósito, y la tarea no es fácil.

Cualquier esfuerzo por intentar organizar sobre papel los recursos disponibles en Internet sería inútil, porque Internet en sí es un sistema abierto y vivo en constante evolución. Lo que hoy tracemos en papel, mañana cambiará o se fusionará y perderá vigencia quedándose obsoleto.

La principal característica de las aplicaciones Web 2.0 es su orientación y connotación social. Éste es, sin duda, su «sello distintivo» frente a otras aplicaciones online no vinculadas con la Web 2.0.

Nuestro propósito es introducir una selección de aplicaciones según el valor y la utilidad que puedan aportar a los usuarios. Las hemos clasificado de la siguiente manera:

- Redes sociales y comunidades virtuales. Son aplicaciones desarrolladas para promover y facilitar la creación de comunidades personales o profesionales con el objetivo de poder compartir experiencias con personas de intereses similares.
- Contenidos generados por el usuario (CGU). Son aplicaciones donde el usuario actúa como productor de información y consumidor de la información de otros. Ejemplos son los weblogs, wikis, los sitios donde compartir fotos, vídeos, presentaciones, actividades, etc.
- Organización social de la información. Son aplicaciones que ayudan a organizar y optimizar el proceso de búsqueda e identificación de contenidos. Ejemplos son los buscadores, lectores RSS, agregadores, marcadores sociales de favoritos, etc.
- Aplicaciones y servicios web híbridos o mashups. Son sitios o aplicaciones web que aprovechan el contenido de otras aplicaciones web para formar un nuevo contenido. Por ejemplo, el sitio WikiFM te permite escuchar una canción de Last.fm mientras localiza automáticamente información sobre el artista de la canción en Wikipedia, la letra de la canción en Google, etc.

Entre todas estas aplicaciones podemos encontrar: enciclopedias, wikis, vídeos, fotografía, música, blogs, noticias, viajes, buscadores, agregadores, marcadores sociales, páginas de inicio, redes sociales, podcasts, diapositivas, libros, agendas, calendarios, gestión de proyectos, idiomas... Y la lista continúa...

Las aplicaciones Web 2.0 también tienen algo que las distingue: su logo Web 2.0.

Figura 5.1. Algunos logos Web 2.0.
Fuente: Ludwig Gatzke. www.flickr.com/photos/stabilo-boss/

Antes de proporcionar ejemplos de categorías de aplicaciones Web 2.0, nos gustaría hacer referencia a un mapa visual de la Web 2.0 que agrupa sus principales conceptos, junto con ejemplos de servicios y aplicaciones Web 2.0 hispanas e internacionales, para que nos sirva como una fotografía de la Web 2.0.

Este mapa está licenciado como Creative Commons de tipo «reconocimiento». Se permite su copia, distribución y modificación por cualquier medio siempre que se mantenga el reconocimiento a sus autores. El mapa forma parte del libro *Web 2.0* editado y publicado por la Fundación Orange; el concepto y realización del mapa se debe a la empresa Internality.

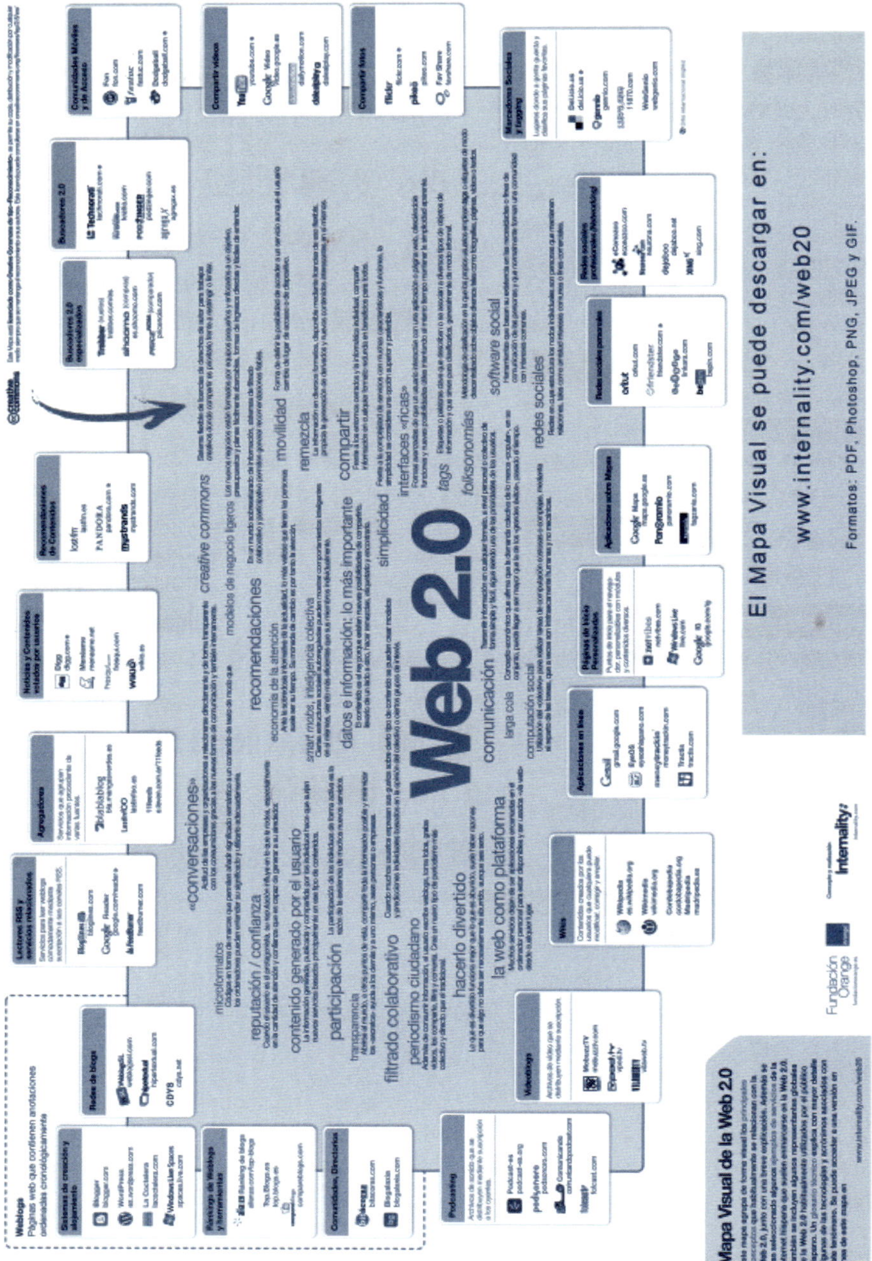

Figura 5.2. Mapa visual Web 2.0.
Fuente: Fundación Orange e Internality.

5.1. SERVICIOS DE REDES SOCIALES *(SOCIAL NETWORKING)*

El objetivo de los servicios de redes sociales es que sus usuarios puedan relacionarse con personas que tienen intereses en común, tal y como lo harían fuera de la Web. Los servicios de redes sociales hacen posible que se puedan compartir intereses propios o explorar los intereses y las actividades de otras personas.

La mayoría de estos servicios son gratuitos, ya que su modelo de negocio se alimenta de los ingresos publicitarios.

¿Qué es lo que se puede hacer dentro de los sitios web de redes sociales? Prácticamente de todo: crear comunidades de amigos, intercambiar información y fotos, encontrar noticias y eventos sobre los aspectos que más nos gusten, localizar a antiguos compañeros de universidad con los que hemos perdido el contacto, etc.

El funcionamiento del servicio es simple, por lo general nos damos de alta como usuarios del servicio creando un perfil con nuestros datos y la información que nos interesa, y localizamos e invitamos a otros usuarios (conocidos o no) para compartir nuestros intereses.

5.1.1. SITIOS WEB DE REDES SOCIALES MÁS DESTACADOS

A continuación, ofrecemos un listado de los sitios más destacados por su popularidad y uso. Diferenciamos entre las redes sociales de uso personal y profesional.

REDES SOCIALES PERSONALES	
myspace® a place for friends www.myspace.com	• Nacida en Estados Unidos en 2003. • La más popular y utilizada en Internet. • Más de 110 millones de usuarios registrados, según USA Today. • «MySpace es una comunidad en línea que te permite conocer a los amigos de tus amigos.»
facebook www.facebook.com	• Nacida en Estados Unidos en febrero de 2004. • Más de 70 millones de usuarios registrados. • Según comScore, es la sexta página web y la segunda red social más visitada del mundo.
hi5 www.hi5.com	• Nacida en Estados Unidos en 2003. • Más de 80 millones de usuarios registrados procedentes de 200 países. • Una de las más importantes entre la comunidad hispana.
friendster www.friendster.com	• Nacida en Estados Unidos en 2002. • Más de 65 millones de usuarios registrados. • Friendster es la cuarta red social más visitada en Estados Unidos.

REDES SOCIALES PERSONALES	
orkut www.orkut.com	• Nacida en Estados Unidos en 2004. • Propiedad de Google. • Más de 100 millones de usuarios registrados. • La red social más visitada en India y Brasil.
bebo www.bebo.com	• Nacida en Estados Unidos en 2005. • Más de 40 millones de usuarios registrados. • Adquirida por AOL en 2008 por 850 millones de dólares.

Figura 5.3. Página principal de Hi5.

REDES SOCIALES PROFESIONALES (NETWORKING)	
LinkedIn www.linkedin.com	• Red profesional fundada en 2002. • Según el *Wall Street Journal* tiene un tráfico mensual de 3,2 millones de visitantes. • En mayo de 2008 ya tenía 20 millones de usuarios registrados procedentes de más de 150 sectores.
XING www.xing.com	• Red social profesional nacida en Alemania. • Xing es considerado como un competidor directo de Linkedin en Europa. • Más de 5 millones de usuarios registrados.

REDES SOCIALES PROFESIONALES (NETWORKING)	
eConozco desarrolla tu red de contactos www.econozco.com	• Red profesional española lanzada en 2003. • Los usuarios pueden gestionar su red de contactos, encontrar nuevos canales de venta, dialogar con expertos, etc. • eConozco fue adquirida por Xing en marzo de 2007.
Neurona.com www.neurona.com	• Red profesional española creada por el Grupo Intercom. • Los usuarios pueden gestionar su red de contactos, encontrar nuevos canales de venta, dialogar con expertos, etc. • Neurona fue adquirida por Xing en junio de 2007.

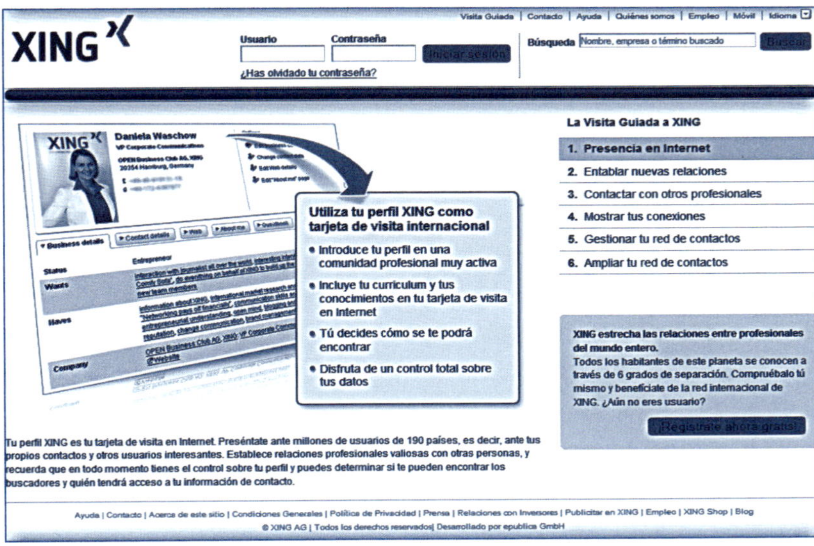

Figura 5.4. Visita guiada de Xing.

5.2. MARCADORES SOCIALES Y TAGGING

Los marcadores sociales son sitios web donde los usuarios pueden guardar y clasificar sus páginas favoritas y compartirlas con otros usuarios. Se puede denominar como una manera de tener nuestros favoritos o marcadores guardados en Internet.

Las páginas web son organizadas a través de tags o etiquetas, palabras asignadas por los usuarios y relacionadas con el recurso que quieren guardar y clasificar.

La principal diferencia con un buscador es que la clasificación de las páginas está realizada por seres humanos en lugar de máquinas, que procesan la clasificación de manera automática.

MARCADORES SOCIALES MÁS POPULARES

del.icio.us http://del.icio.us	• Servicio de marcadores sociales fundado en 2003. • Se estima que lo utilizan más de 3 millones de usuarios. • Adquirido por Yahoo en 2005.
www.stumbleupon.com	• StumbleUpon es un servicio que permite a sus usuarios intercambiar páginas web que consideran de interés. • Para utilizar el servicio, el usuario debe instalar en su navegador una barra de herramientas que se usa para valorar las páginas de interés y solicitar páginas valoradas por otros usuarios. • StumbleUpon fue adquirido por eBay en mayo de 2007 por 75 millones de dólares.
11870.COM http://11870.com	• 11870.com sirve para que la gente guarde y comparta los sitios y servicios que más le gusten mediante opiniones, fotos y vídeos en cualquier parte del mundo. • Se puede crear un tarjetero virtual donde organizar los sitios y servicios que más nos gusten, descubrir sitios y servicios nuevos a través de amigos o explorar una ciudad antes de visitarla.
Webgenio http://webgenio.com	• WebGenio te ofrece un servicio sencillo y gratuito para organizar tus enlaces favoritos y visitarlos de nuevo con un solo click a través de tu página personal. • Puedes guardar tus enlaces favoritos y acceder a ellos desde cualquier ordenador conectado a Internet.

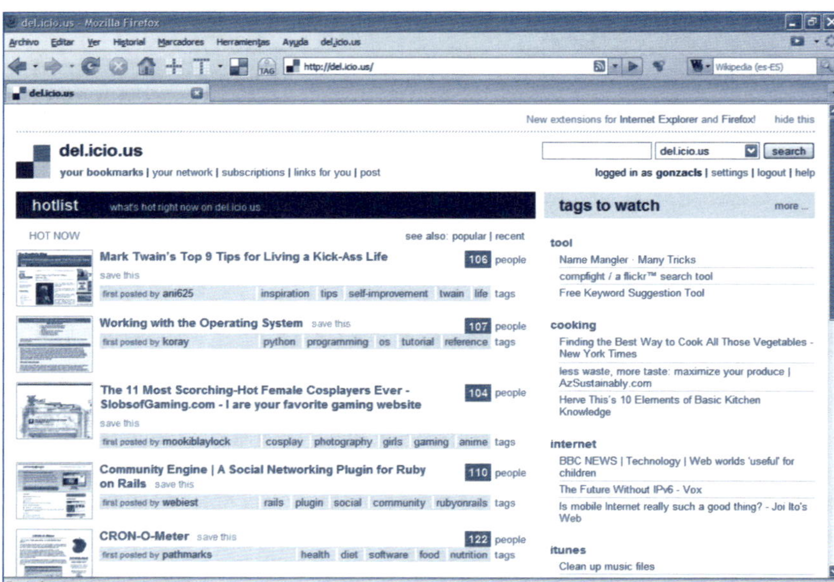

Figura 5.5. Página principal de del.icio.us.

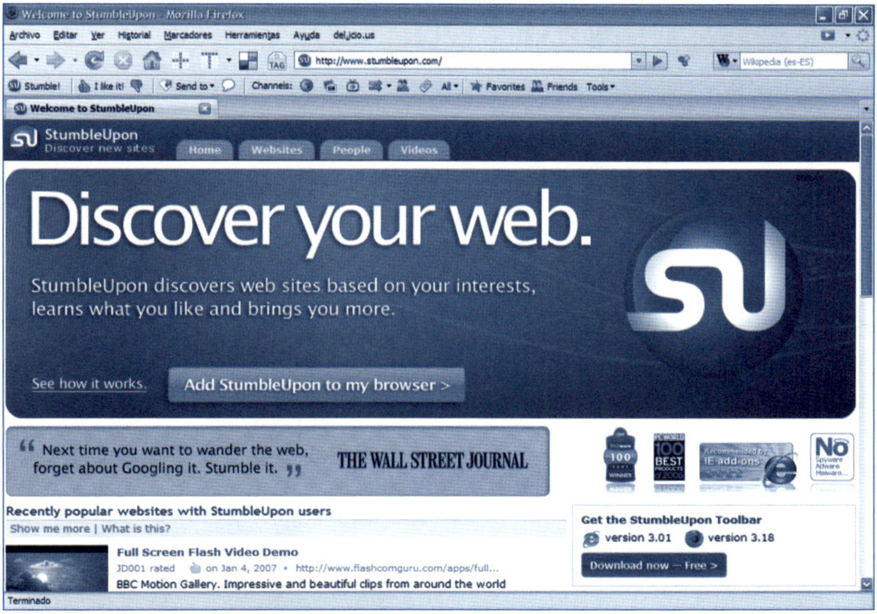

Figura 5.6. Página principal de StumbleUpon.com.
Véase en la imagen su barra de herramientas en el navegador de Firefox.

5.3. COMPARTIR FOTOS Y VÍDEOS

SERVICIOS MÁS POPULARES PARA COMPARTIR FOTOS	
flickr™ www.flickr.com	• Lanzado en febrero de 2004, se ha convertido en el servicio para compartir fotos más popular y usado del mundo. • Flickr permite almacenar tus fotos en Internet, organizarlas y compartirlas con otros usuarios. • Los servidores de Flickr almacenan billones de imágenes.
photobucket www.stumbleupon.com	• Photobucket, fundada en 2003, ofrece un servicio de hospedaje de imágenes, vídeos y presentaciones gratuito. • Sus usuarios pueden enlazar sus imágenes en sus cuentas de otros sitios, como MySpace, Bebo, Facebook o eBay, entre otros. • Photobucket fue adquirida por News Corporation en mayo de 2007 por 250 millones de dólares, según el *New York Times*.
pikeo www.pikeo.com	• Lanzada en 2004 por Orange Labs, una división de France Telecom. • Pikeo es un sitio web gratuito dedicado a compartir fotografías.

SERVICIOS MÁS POPULARES PARA COMPARTIR FOTOS	
www.webshots.com	• Webshots ofrece un servicio de publicación e intercambio de fotos, propiedad de American Greetings desde el año 2007. • Con más de 7,2 millones de visitas al mes, Webshots es una de las webs más importantes.

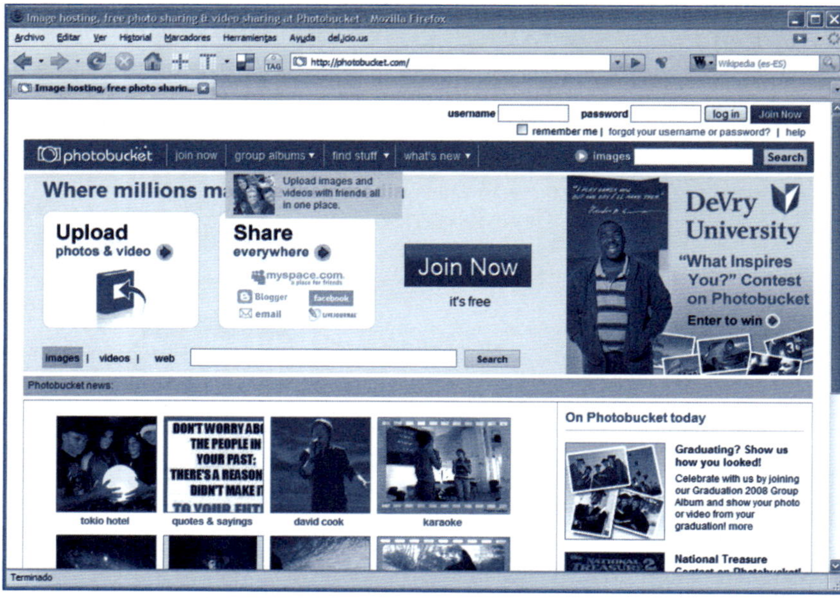

Figura 5.7. Página principal de Photobucket.com.

SERVICIOS MÁS POPULARES PARA COMPARTIR VÍDEOS	
www.youtube.com	• Fundada en 2005, YouTube se ha convertido en la Web más visitada en el mundo para compartir o ver vídeos de otros usuarios. • Según la compañía, en 2006 ya se veían más de 100 millones de vídeos cada día. • YouTube fue adquirida por Google en octubre de 2006 por 1650 millones de dólares.
www.webshots.com	• Fundada en 2003 por emprendedores israelíes, se ha convertido en uno de los sitios web de vídeos más grande del mundo. • Según comScore, Metacafe recibe cada mes 25 millones de visitantes únicos. • Uno de los aspectos más atractivos del sitio es su programa Producer Rewards, que recompensa económicamente a los autores de los vídeos mejor valorados por los usuarios.

SERVICIOS MÁS POPULARES PARA COMPARTIR VÍDEOS

www.brightcove.com	www.dailymotion.com	www.dalealplay.com

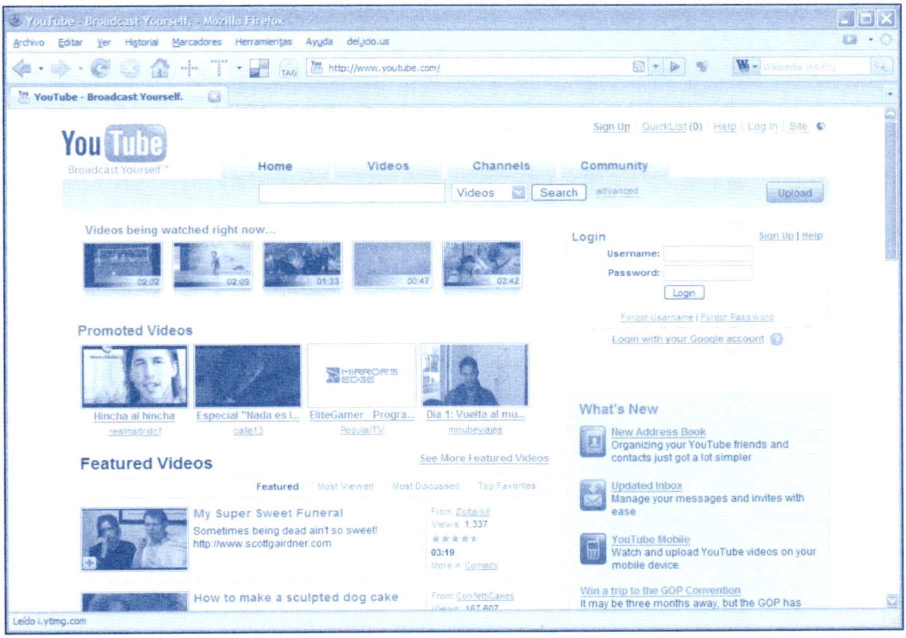

Figura 5.8. Página principal de youtube.com.

5.4. WIKIS

Un wiki, o una wiki, es un sitio web colaborativo que puede ser editado por múltiples usuarios; éstos pueden añadir, editar o eliminar información. El término wiki es una palabra de origen hawaiano que significa rápido.

Las aplicaciones wiki con mayor popularidad son las enciclopedias colaborativas, y la más popular de todas es la Wikipedia. En enero de 2001, los fundadores del proyecto de enciclopedia Nupedia, Jimbo Wales y Larry Sanger, decidieron utilizar un wiki como base para el proyecto Wikipedia.

Un wiki permite que se escriban artículos colectivamente por medio de un lenguaje de wikitexto editado mediante un navegador. La característica que define la tecnología wiki es la facilidad con que las páginas pueden ser creadas y actualizadas.

Los wikis están siendo también utilizados en las empresas como herramienta innovadora para construir una base de conocimiento colectivo entre todos los miembros de la organización, con el objetivo de que pueda ser compartido y complementado por todos.

APLICACIONES WIKI MÁS POPULARES	
www.wikipedia.org	• Fundada en enero de 2001 por Jimbo Wales y Larry Sanger. • Es una enciclopedia online libre y gratuita, disponible en más de 253 idiomas, escrita de manera colectiva y voluntaria por miles de usuarios de todo el mundo. • La Wikipedia registró en abril de 2008 más de 10 millones de artículos, incluyendo más de 2 millones en su edición en inglés, 364 454 en español, 117 350 en catalán, 35 430 en gallego, 26 247 en euskera, 11 401 en asturiano y 8905 en aragonés.
www.wikia.com	• Fundada en 2004 por Jimmy Wales, uno de los creadores de Wikipedia, y Angela Beesley.
www.citizendium.org	• Fundada en 2006 por Larry Sanger, cofundador de Wikipedia.
www.madripedia.es	• Fundada en febrero de 2007. • Madripedia es una enciclopedia local libre sobre la ciudad de Madrid.
www.cordobapedia.es	• Fundada en octubre de 2005. • Cordobapedia es una enciclopedia local libre sobre la ciudad de Córdoba.

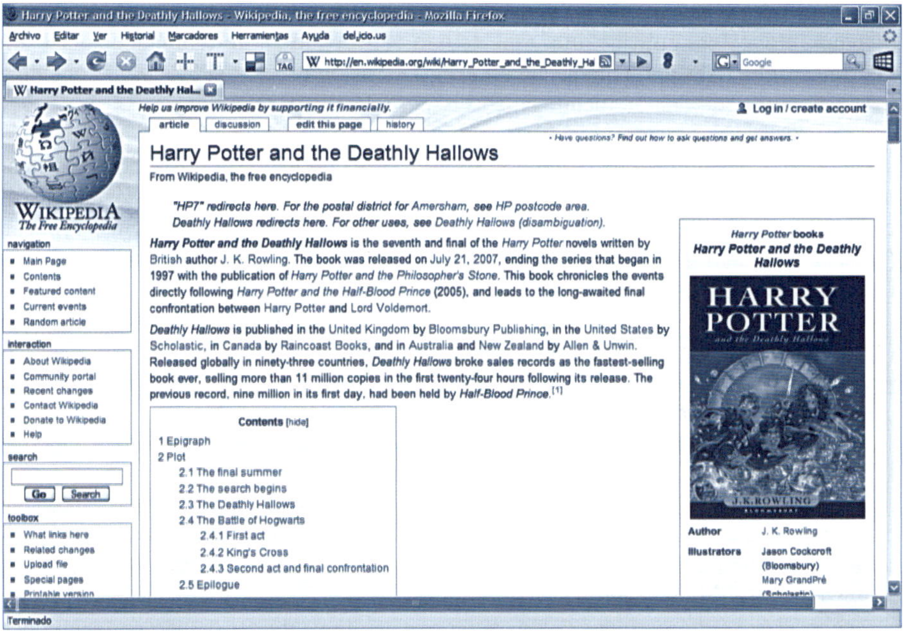

Figura 5.9. Ejemplo de uno de los artículos más leídos en la Wikipedia: «Harry Potter and the Deathly Hallows».

5.5. WEBLOGS (BLOGS)

Un weblog o blog —en castellano también se denomina bitácora— es un sitio web actualizado periódicamente que recopila y muestra textos, artículos, fotografías, vídeos, información en general de uno o varios autores organizados en orden cronológico.

El término proviene de «web» más «log» (diario); el término bitácora hace referencia a los antiguos cuadernos de bitácora utilizados en los barcos para anotar cualquier acontecimiento de importancia que ocurriera durante la navegación.

Los autores realizan unas entradas, o posts, que suelen ser comentarios, noticias o reflexiones generales sobre el tema del que trata el blog. Los usuarios o lectores del blog pueden añadir sus propios comentarios en respuesta a las entradas; éstos pueden ser moderados (autorizados) o no por los autores del blog.

Los blogs pueden adquirir varias formas: los fotoblogs, o fotologs, en los que el elemento fundamental del post es la fotografía, los videoblogs o vlogs, que se centran principalmente en vídeos.

El elemento que caracteriza a los blogs es su interactividad, ya que son actualizados frecuentemente y permiten una comunicación entre autores y lectores.

Se denomina bloguero, o blogger, al escritor de las publicaciones en los blogs. Bloguear es la acción de publicar mensajes en blogs, y la blogosfera es el conjunto de blogs organizados alrededor de algún tema específico, por ejemplo, la blogosfera hispana, blogosfera política, etc., que se han convertido en un fenómeno social. Un blogroll es una lista permanente de enlaces a otros blogs, que el bloguero considera interesantes y que decide incluir en su bitácora.

Los usuarios que quieran crear su propio blog tienen a disposición varias empresas que ofrecen, algunas de manera gratuita y otras de pago, la posibilidad de crear un blog de manera sencilla sin conocimientos de programación. Entre otras destacamos: Wordpress (http://es.wordpress.com), Blogger (www.blogger.com), TypePad (www.typepad.com), Windows Live Spaces (http://home.services.spaces.live.com), La Coctelera (www.lacoctelera.com), Blogia (www.blogia.com).

También podemos encontrar directorios y buscadores de blogs, como Technorati (http://technorati.com), Blogalaxia, (http://www.blogalaxia.com), Wikio (www.wikio.com), o sitios que se dedican a establecer un ranking de los blogs más leídos, por ejemplo, Alianzo (www.alianzo.com/es/top-blogs/country/spain), etc.

Los blogs han ido ganando protagonismo en los últimos años y, junto a la Wikipedia, son las aplicaciones que el público general asocia mejor al término Web 2.0.

Según Technorati, el buscador de blogs, en abril de 2007 ya se habían publicado más de 70 millones de blogs, a un ritmo de 120 000 al día. Para obtener datos actualizados a día de hoy, se puede tener acceso a los últimos estudios en http://www.sifry.com/stateoftheliveweb.

Según el buscador de blogs Wikio, el blog más influyente del mundo es TechCrunch (http://www.techcrunch.com/), el más influyente de Europa es TechCrunch Francia (http://fr.techcrunch.com) y el más influyente de España es Microsiervos (http://www.microsiervos.com). Se pueden consultar estos datos en http://www.wikio.es/blogs/top.

BLOGS, BUSCADORES DE BLOGS Y HERRAMIENTAS DE BLOGS MÁS POPULARES

Buscadores y comunidades de blogs
- Technorati: http://www.technorati.com/.
- Google Blog Search: http://www.google.es/blogsearch.
- Agregax – buscador de blogs en español: http://www.agregax.es/.
- Blogalaxia.com – directorio y buscador de blogs latinos: http://www.blogalaxia.com/.
- Bloglines – buscador: http://www.bloglines.com/search.
- Bitacoras: http://bitacoras.com/.
- Wikio: www.wikio.es.

Creación de blogs
- Blogger: www.blogger.com.
- WordPress: http://es.wordpress.com/.
- La Coctelera: www.lacoctelera.com/.
- Windows Live Spaces: http://spaces.live.com/.

Ranking de blogs
- Wikio – ranking de blogs: www.wikio.es/blogs/top.
- Alianzo Top Blogs – España: http://www.alianzo.com/es/top-blogs/country/spain.
- Ranking de blogs – Bloguzz: http://www.bloguzz.com/index/rank.
- Technorati Popular – top 100 blogs: http://technorati.com/pop/blogs/.

Videoblogs:
- Mobuzz TV: http://dosisdiaria.mobuzz.tv/.
- Vpod.tv: http://studio.vpod.tv/.

Figura 5.10. El blog de Enrique Dans www.enriquedans.com.
Uno de los blogs más leídos e influyentes en España.

5.6. NOTICIAS Y CONTENIDOS VOTADOS POR USUARIOS

SITIOS DE NOTICIAS MÁS POPULARES

digg — http://digg.com

menéame — http://meneame.com

WIKIO — www.wikio.com

fresqui — www.fresqui.com

5.7. LECTORES RSS Y AGREGADORES FEEDS

Son aplicaciones para sindicar los contenidos de diferentes sitios web en forma de feeds, un tipo de dato empleado para suministrar información que es actualizada con frecuencia. Los feeds suelen incluir titulares de noticias o artículos acompañados de un resumen. Son servicios que agrupan información procedente de varias fuentes.

RSS *(Really Simple Syndication)* hace referencia a la tecnología que permite la sindicación o redifusión automática de contenidos en Internet, es decir, hace posible que los contenidos de una web lleguen automáticamente a otra, o al ordenador del usuario que los ha solicitado. Para recibir esta información, el usuario tiene que solicitarlo mediante una suscripción.

Gracias a esta tecnología no es necesario que perdamos el tiempo visitando una y otra vez una Web en busca de contenidos actualizados, los feeds RSS nos avisan de forma automática de las actualizaciones de la Web a la que estamos suscritos mediante pequeños titulares y enlaces que nos dirigen directamente al contenido actualizado.

LECTORES RSS Y AGREGADORES DE FEEDS MÁS POPULARES

Google Reader BETA	Bloglines BETA	FeedBurner
http://reader.google.com	www.bloglines.com	www.feedburner.com

5.8. APLICACIONES MASHUP

Un mashup (aplicación web híbrida) es un sitio, o aplicación web, que usa e integra contenido de otras aplicaciones web para crear algo totalmente nuevo con un contenido enriquecido. Por lo tanto, podemos decir que son una mezcla de aplicaciones. Los mashups están revolucionando el desarrollo de la Web, ya que permiten que cualquiera combine datos que existen en otros sitios web, por ejemplo, eBay, Amazon, Google o Flickr, para integrarlos en un nuevo sitio con funcionalidades diferentes.

Sin entrar en la tecnología detrás de estas aplicaciones o en la manera de crear estas mezclas (ofrecemos enlaces para este propósito más adelante), vamos a presentar un ejemplo. Un sitio web puede utilizar los mapas de Google (http://maps.google.es/maps) para añadirles otra información, como hoteles, restaurantes, rutas turísticas, imágenes tomadas en una zona determinada del mapa, etc.

Es el caso de Panoramio (www.panoramio.com), un sitio web donde los usuarios pueden compartir sus fotos marcando de una manera sencilla en un mapa la ubicación exacta donde se tomaron; la aplicación también permite a sus usuarios buscar qué fotografías se han tomado en una zona determinada de un mapa (ciudad, barrio, calle, plaza, etc.).

Panoramio es un claro ejemplo innovador de una aplicación mashup que utiliza dos tipos de datos: la fotografías proporcionadas por los usuarios y la información geográfica aportada por la aplicación de Google Maps, que permite la utilización de sus datos a sitios web como Panoramio a través de sus API *(Application Programming Interface,* o Interfaz de Programación de Aplicaciones). Los defensores e impulsores de las aplicaciones Web 2.0 afirman que los mashups son un buen ejemplo de los beneficios que aporta esta nueva etapa de la Web, ya que permiten a sus usuarios una plena participación e interacción, según la filosofía propia de la Web 2.0.

Figura 5.11. Ejemplo de fotografías localizadas en el parque Güell de Barcelona. www.panoramio.com/photo/593781.

APLICACIONES MASHUP MÁS POPULARES

ww.meebo.com

www.housingmaps.com

www.navitraveler.com

www.panoramio.com

www.zimbra.com

www.weatherbonk.com

MÁS INFORMACIÓN:

Sitios web donde puedes encontrar más ejemplos de mashups:

- MashupAwards – los mejores mashups de la Web: http://mashupawards.com/.
- ProgrammableWeb.com – Directorio de mashups y Web 2.0 APIs: www.programmableweb.com.
- Webmashup.com – Directorio de mashups: www.webmashup.com/.

5.9. APLICACIONES WEBTOP

Las aplicaciones desktop o webtop son sitios web que se caracterizan por ofrecer funciones similares a las de un sistema operativo como Windows, Mac o Linux, pero de manera virtual. En otras palabras, sería como tener nuestro propio escritorio en Internet, al que accederíamos a través de un navegador desde cualquier ordenador u otro dispositivo con conexión a Internet.

Estos sitios web ofrecen aplicaciones como agendas, calendarios, procesador de textos, hoja de cálculo, presentaciones, lector de noticias RSS, mensajería instantánea, etc.; en principio, aplicaciones habituales que tendríamos instaladas en nuestro ordenador.

APLICACIONES WEBTOP MÁS POPULARES

www.deskjump.com

http://desktoptwo.com

www.youos.com

http://eyeos.org

www.stone-ware.com

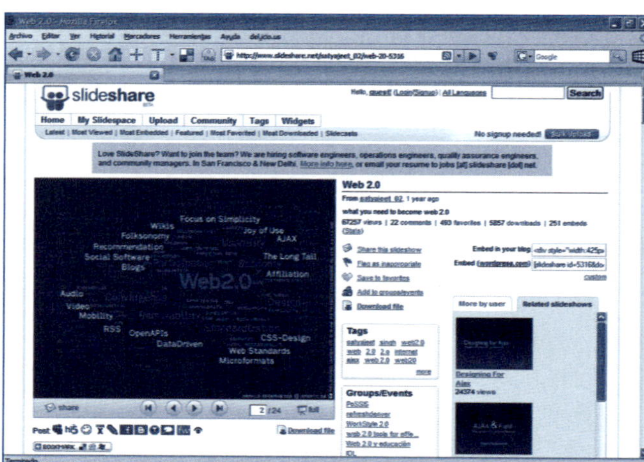

Figura 5.12. Ejemplo de webtop de Desktoptwo.
Fuente: Wikipedia.

5.10. PRESENTACIONES DE DIAPOSITIVAS

Son sitios web que permiten elaborar, publicar y compartir presentaciones de diapositivas tipo Microsoft Powerpoint.

SITIOS WEB DE PRESENTACIONES DE DIAPOSITIVAS MÁS POPULARES		
slideshare BETA	slide	ZOHO Show 2.0
www.slideshare.net	www.slide.com	http://show.zoho.com

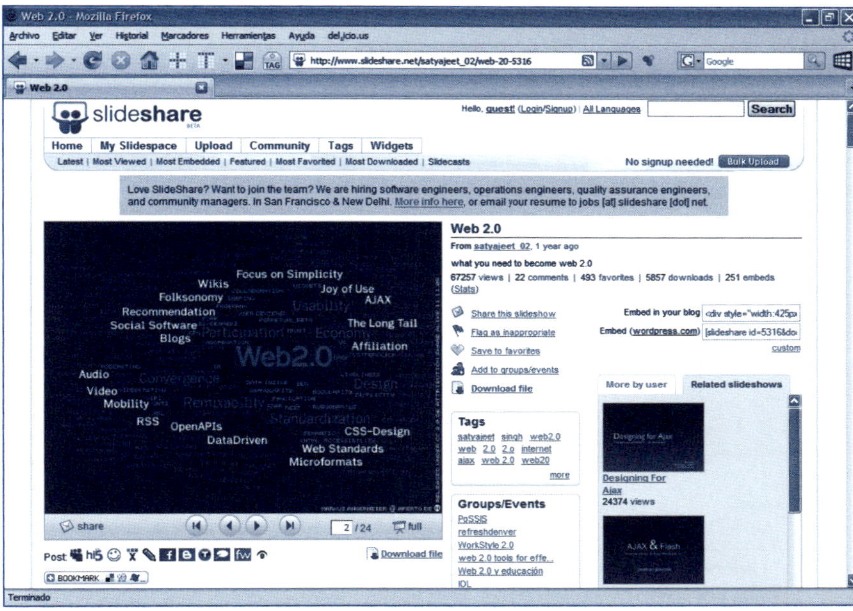

Figura 5.13. Ejemplo de una presentación de diapositivas en slideshare.net. Presentación: Web 2.0. Autor: Satyajeet Singh.

5.11. ORGANIZACIÓN DE PROYECTOS

Son sitios web que proporcionan la posibilidad de utilizar herramientas para la gestión y organización del trabajo, tanto individual como de grupo.

La mayoría de estos sitios web son gratuitos, aunque algunos requieren una suscripción premium.

SITIOS WEB DE ORGANIZACIÓN DE PROYECTOS MÁS POPULARES

ZOHO Work. Online	Basecamp	CentralDesktop organize, share, collaborate
http://zoho.com	http://basecamphq.com	www.centraldesktop.com

Figura 5.14. Página principal de Zoho.

Y como la lista continúa...

... navegando por la red hemos encontrado algunos sitios web para mantenerse informado sobre las aplicaciones y sitios Web 2.0 que van apareciendo cada día.

Figura 5.15. Recopilación de sitios Web 2.0. Wwwhat's new? Aplicaciones web gratuitas. http://www.hatsnew.com/recopilacion.

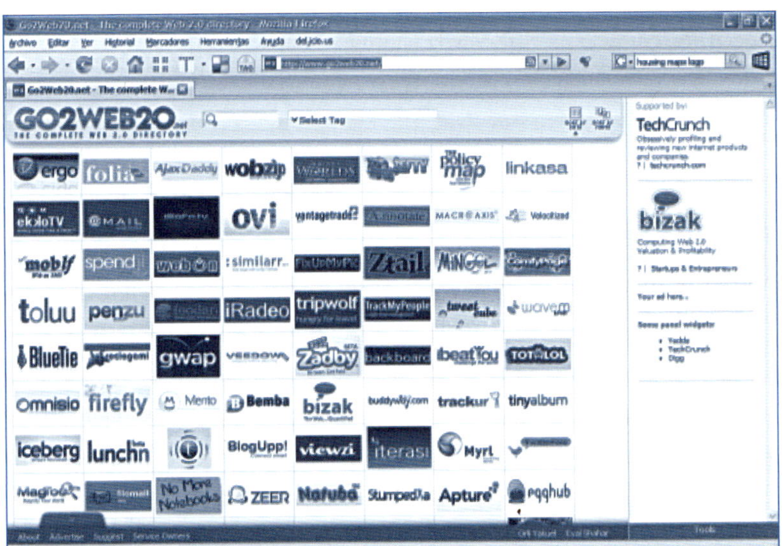

Figura 5.16. Recopilación de sitios Web 2.0. GO2WEB20 The Complete Web 2.0 Directory. http://www.go2web20.net/.

6. Impacto de la Web 2.0 en la empresa y modelos de negocio Web 2.0

«En la nueva economía, el pez más rápido se come al pez más lento, sin importar su tamaño.»

Los autores

Tras la popularización del término «Web 2.0» por O'Reilly Media para referirse a «una segunda generación web basada en comunidades de usuarios y en una gama especial de servicios, como las redes sociales, los blogs, los wikis, o las folcsonomías, que fomentan la colaboración y el intercambio ágil de información entre los usuarios», han surgido en torno a este término otras etiquetas, como «2.0», que hacen referencia a la aplicación de la actitud y filosofía de la Web 2.0 en diferentes ámbitos.

El ámbito empresarial es muy propicio para adoptar esta filosofía:

Empresa + Web 2.0 = Empresa 2.0

Es decir, la aplicación y el uso de la actitud y tecnologías de la Web 2.0 para la gestión del conocimiento en las empresas.

"Hay un reciente interés en el uso de las nuevas tecnologías de la Web 2.0, la Web social, para impulsar la creación y uso de nuevas herramientas de gestión empresarial."

NUBE DE TAGS

ENTERPRISE 2.0, *Andrew McAfee,* **clientes como co-desarrolladores,** Lego, **gap generacional,** **colaboración,** **EARLY ADOPTERS,** Manifiesto Cluetrain, **Modelos de negocio,** modelos de ingresos, *Michael Rappa, propuesta de valor,* startup 2.0, **publicidad contextual,** **freemium,** LA LARGA COLA...

6.1. EMPRESA 2.0 (ENTERPRISE 2.0)

Se ha denominado *Enterprise 2.0* a la implementación de una «actitud Web 2.0» en las empresas. Andrew P. McAfee, profesor de la Harvard Business School, introdujo el término en un artículo publicado en la *MITSloan Management Review* en 2006 bajo el título de «Enterprise 2.0: The Dawn of Emergent Collaboration».[1] Según McAfee, Enterprise 2.0 hace referencia a la utilización del software social emergente en las empresas, entre sus empleados, con sus clientes, con sus colaboradores, etc.

El uso de estas nuevas herramientas en las empresas es aplicable, de cara al exterior, para la mejora del servicio al cliente, las relaciones externas, el marketing, y, bajo una perspectiva interna, en la gestión de proyectos, la productividad, la investigación y el desarrollo de nuevos productos o servicios, la planificación estratégica y cualquier otra aplicación o utilidad identificada según la situación y sector productivo de cada empresa.

La implantación con éxito de un sistema de empresa 2.0 se basa, fundamentalmente, en la inteligencia colaborativa: cuantas más personas lo usen, más mejorará el sistema. Para esto las empresas deben desarrollar una cultura receptiva y participativa, involucrando a todos los elementos clave de su organización, y promoviendo un desarrollo libre y voluntario, que favorezca la mejora en la gestión del conocimiento.

Las principales herramientas para aplicar una actitud de empresa 2.0 son los blogs (fotoblogs, videoblogs), los podcasts y los wikis, aparte de otras herramientas que satisfagan las necesidades más específicas de cada empresa, aunque cualquier herramienta que se implemente debe funcionar bajo el mismo denominador común: fomentar la participación y colaboración de todos los componentes e integrantes de cada empresa de forma libre y voluntaria.

Con respecto a las dos herramientas principales, los blogs nos proporcionan un contenido acumulativo: se genera un post que provoca una acumulación de respuestas individuales. En cambio, los wikis se basan en la iteractividad: se crea un contenido que luego otros modifican, buscando una mejora y una actualización continuas.

Continuando con las reflexiones del artículo de Andrew McAfee, el autor hace referencia a las funcionalidades y a los componentes que definen una aplicación Enterprise 2.0 con la sigla SLATES *(Search, Links, Authoring, Tags, Extensions, Signals)*, que explicamos a continuación:

- Search (búsqueda). Las experiencias de búsqueda de las intranets no son tan efectivas como las búsquedas que todos estamos acostumbrados a realizar en la Web. Una aplicación Enterprise 2.0 debe reunir lo mejor de los sitios basados en la Web 2.0 para que la información en la que estamos colaborando sea fácil y cómoda de encontrar.

---

1. «Enterprise 2.0: The Dawn of Emergent Collaboration». Andrew P. McAfee. MITSloan Management Review. http://sloanreview.mit.edu/smr/issue/2006/spring/06

- Links (enlaces). Los enlaces organizan y estructuran el acceso al contenido, las páginas que son más frecuentemente enlazadas se convierten en las más relevantes. El motor de Google supuso un gran avance en la calidad de las búsquedas, al aprovechar la información contenida en enlaces entre páginas web. El problema que tienen las intranets actuales es que dependen de personal técnico encargado de programar los enlaces que conectan la información de la intranet. Una aplicación Enterprise 2.0 tiene que permitir a todos participar en la construcción de enlaces para mejorar la eficacia del sistema de búsqueda de la información.
- Authoring (creación). La Wikipedia y los blogs han demostrado que la gente tiene el deseo de aportar sus opiniones y experiencias. En los blogs se realiza de una manera individual, y en los wikis, en grupo. La Wikipedia ha demostrado que la colaboración de muchos da lugar a un contenido convergente de alta calidad. Las aplicaciones Enterprise 2.0 deben permitir la creación y actualización del trabajo de muchos, en contraste con las intranets convencionales, donde la creación se debe a unos pocos.
- Tags (etiquetas). El uso de etiquetas supone un gran cambio en la clasificación y la categorización del contenido en manos de los propios usuarios. Hasta ahora, las intranets convencionales utilizaban un sistema de clasificación de contenidos realizado por expertos. Al utilizar un sistema de clasificación basado en etiquetas (descripción del contenido en una simple palabra), los usuarios clasifican la información según el significado que ellos mismos le atribuyen. Por ejemplo, los empleados de una organización pueden servirse de los tags para clasificar o hacer un seguimiento de páginas de su intranet, o pueden incluso ver qué páginas bajo los mismos tags han sido visitadas por otros miembros de la organización. Sitios y aplicaciones Web 2.0 muy populares en Internet, como Flickr, para las fotografías, Technorati, para los blogs, o el propio del.icio.us para nuestros sitios web favoritos, no imponen un sistema de clasificación de la información, es más, dejan en manos de sus usuarios la clasificación y categorización del contenido en forma de tags que otros pueden compartir.
- Extensions (extensiones). Las extensiones representan un paso más allá que los tags, al ofrecer un sistema automático que propone contenidos alternativos relacionados. En otras palabras, el sistema utiliza algoritmos que nos sugieren: «Si este contenido ha sido de tu interés, seguramente te gustará ver este otro...». El sistema de recomendaciones de Amazon.com fue uno de los pioneros en utilizar extensiones, que proporcionaban a los usuarios sugerencias de libros muy similares a los que habían comprado o que tenían seleccionado en pantalla, en base a recomendaciones de otros usuarios. Otro ejemplo que está teniendo una gran aceptación es el de stumbleupon.com, un servicio que permite, mientras estamos navegando, solicitar al sistema páginas web sobre un tema determinado en función de las recomendaciones y valoraciones de otros usuarios. De esta manera, podemos descubrir nuevos sitios interesantes, que se adapten a nuestros gustos y preferencias.
- *Signals* (señales). Debido a la gran cantidad de información disponible y a su actualización constante, resulta imposible disponer de tiempo suficiente para navegar por todos los contenidos y comprobar si alguien los ha actualizado. Por eso es importante que las aplicaciones Enterprise 2.0 dispongan de un sistema de señales que permita avisar automáticamente a los usuarios de la actualización

de los contenidos. Esto se consigue incorporando mecanismos de sindicación de contenidos, como los RSS, que avisan a los usuarios sobre novedades o actualizaciones de contenidos en la intranet, evitando que tengan que perder mucho tiempo en averiguar si algún contenido ha sido actualizado.

Una vez definidas las funcionalidades necesarias de una aplicación Enterprise 2.0, el siguiente paso es animar e impulsar su aprendizaje y uso en todos los niveles de la organización. Las empresas que sepan sacar partido a estas nuevas herramientas de creación colectiva de conocimiento y aprendizaje continuo obtendrán, seguramente, nuevas ventajas competitivas a través de la inteligencia y participación de todos los miembros relacionados, directa o indirectamente, con la organización.

Scott Gavin, un consultor en Enterprise 2.0, project manager y fundador de Applied Trends, elaboró una presentación en Powerpoint para una de sus conferencias, que trataba de explicar visualmente en qué consiste el concepto de Enterprise 2.0 y de qué manera las empresas pueden beneficiarse a través de su utilización y de la colaboración por parte de todos sus miembros.

Meet Charlie – What is Enterprise 2.0?
Presentación en la que Charlie, el empleado de una gran empresa, nos muestra los usos y beneficios de aplicaciones como blogs, wikis, podcasts, basecamps, y otros, en su trabajo diario.

- Autor: Scott Gavin. http://scottgavin.info.
- www.slideshare.net/slgavin/meet-charlie-what-is-enterprise20.
- Disponible para su descarga en www.mbadelsigloxxi.es.

Si la presentación de Scott Gavin nos indica adónde queremos llegar en el concepto de empresa 2.0, la siguiente presentación, realizada por Sid, nos muestra la situación actual, común a muchas empresas, donde «empleados 2.0» trabajan en «empresas 1.0».

Meet Charlotte – Ms. Web 2.0/Enterprise 1.0
Presentación en la que Charlotte, empleada de una empresa, nos muestra sus usos personales de aplicaciones web 2.0 como blogs, wikis, podcasts, etc., de las que no se puede beneficiar a nivel profesional ya que su empresa no las ofrece actualmente.

- Autor: Sid. http://theshed2.wordpress.com.
- www.slideshare.net/TheShed/meet-charlotte.
- Disponible para su descarga en www.mbadelsigloxxi.es.

Por último, recomendamos los siguientes vídeos de Andrew P. McAfee, profesor de la Harvard Business School y experto en Enterprise 2.0.

Andrew McAfee – What is Web/Enterprise 2.0?
Vídeo en el que Andrew McAfee explica estos conceptos y su definición de Enterprise 2.0.

- **Duración: 3 min 30 s
- URL: www.youtube.com/watch?v=6xKSJfQh89k
- Disponible para su descarga en www.mbadelsigloxxi.es

Andrew McAfee – Web 2.0 – Benefits
Vídeo en el que Andrew McAfee explica los beneficios de la utilización de la filosofía de la Web 2.0 en las empresas.

- **Duración: 1 min 18 s
- URL: www.youtube.com/watch?v=z2iXcc2ynN4
- Disponible para su descarga en www.mbadelsigloxxi.es

Andrew McAfee – Web 2.0 – Early Adopters
Vídeo en el que Andrew McAfee explica qué tipo de empresas han empezado a adoptar e incorporar la filosofía de la Web 2.0 en sus procesos y modelos de negocio.

- **Duración: 1 min 14 s
- URL: www.youtube.com/watch?v=AhXVGLR-i6w
- Disponible para su descarga en www.mbadelsigloxxi.es

Andrew McAfee – Web 2.0 – Barriers
Vídeo en el que Andrew McAfee explica las posibles barreras que puede tener una empresa a la hora de incorporar tecnologías Web 2.0.

- **Duración: 1 min 47 s
- URL: www.youtube.com/watch?v=rwu-M2X47Dc
- Disponible para su descarga en www.mbadelsigloxxi.es

6.2. IMPACTO DE LA WEB 2.0 EN LAS GRANDES EMPRESAS

Para muchas de las grandes corporaciones el término «Web 2.0» ya pasó de ser una buzzword de moda a convertirse en una realidad.

Las grandes y medianas empresas están apostando con mucha fuerza por la incorporación de la actitud, la filosofía, los principios y las tecnologías de la Web 2.0 en sus procesos de gestión y modelos organizativos.

Este hecho se ve avalado por varias publicaciones, a las que nos gustaría hacer referencia.

Según un estudio realizado por Forrester Research[2] y publicado en abril de 2008 bajo el título *Global Enterprise Web 2.0 Market Forecast: 2007 To 2013,* se estima que, para el año 2013, se invertirán 4646 millones de dólares en tecnologías de la Web 2.0 para la empresa (herramientas para la creación de redes sociales, mashups, RSS, etc.), frente a los 455 millones de dólares invertidos en el año 2007.

Muchas de las grandes corporaciones, como Procter & Gamble o McDonald's, entre otras, ya vienen incorporando desde hace tiempo conceptos, tecnologías y servicios de la Web 2.0, como blogs corporativos, wikis y comunidades online, para mejorar la relación que tienen con sus clientes, incrementar la productividad y colaboración entre sus empleados y encontrar nuevas formas de desarrollo y gestión de proyectos.

El estudio realizado por Forrester estimó que el 56% de las empresas norteamericanas y europeas encuestadas iban a considerar la Web 2.0 como prioridad en muchas de sus estrategias para los próximos años.

El objetivo de estas empresas consistía en establecer sus propias comunidades, poniendo un fuerte énfasis en la colaboración y mejora de la productividad.

Otro estudio realizado en enero de 2007 por la Economist Inteligence Unit (EIU),[3] y patrocinado por Fast,[4] tuvo como objetivo medir el impacto de la Web 2.0 en grandes empresas internacionales de diversos sectores, a través de entrevistas a 406 de sus directivos.

El estudio, bajo el título de *Serious Business Web 2.0 Goes Corporate,* reflejó que cerca del 80% de las personas encuestadas consideraba la Web colaborativa como una de las vías para incrementar sus ingresos y reducir sus costes. Uno de los resultados más interesantes fue el hecho de que el 85% de los directivos de mayor mando veían los aspectos de intercambio y colaboración de la Web 2.0 como una oportunidad para incrementar los ingresos y/o márgenes, frente al 75% de los mandos intermedios. Este resultado quizás abría un debate sobre la falta de conexión y la necesidad de ponerse de acuerdo entre los altos ejecutivos y el resto de la organización sobre el impacto y las medidas a tomar para la incorporación de las prácticas y filosofía de las herramientas y aplicaciones de la Web 2.0 en sus negocios.

Los resultados más significativos del estudio se resumen en los siguientes puntos:

- Efecto de la Web 2.0 en las empresas encuestadas. La mayoría de los ejecutivos encuestados están de acuerdo en que el concepto y las herramientas

---

2. www.forrester.com/Research/Document/Excerpt/0,7211,43850,00.html
3. www.eiu.com
4. http://www.fastsearch.com

de la Web 2.0 suponen un gran impacto en la manera en que las empresas interactúan con sus clientes y en cómo sus empleados interactúan entre ellos y con la empresa.

- Los clientes como codesarrolladores de productos. Cerca del 60% de las empresas encuestadas afirma que está empezando a invitar a sus clientes a aportar contenido para contribuir, apoyar, promover y mejorar sus productos.
- Impacto a nivel financiero. La mayoría de las compañías encuestadas cree que el principal impacto financiero de la incorporación y uso de tecnologías de la Web 2.0 consistirá en un incremento de ingresos en las áreas de marketing y ventas a través de la captación de nuevos clientes, y en una reducción significativa de los costes en las áreas de atención y servicio al cliente, publicidad, relaciones públicas e innovación de productos.
- Los *early adopters* de diferentes países y sectores. Los *early adopters*, es decir, las empresas pioneras en la incorporación de las herramientas y métodos de la Web 2.0, se encuentran, principalmente, en países como Estados Unidos, Alemania, China, India y Reino Unido, y en diferentes sectores, como el del entretenimiento, los medios de comunicación, el tecnológico, el turismo y los servicios profesionales en general. Empresas como Procter & Gamble (P&G) y General Motors (GM) ya están utilizando herramientas y métodos de la Web 2.0, como las comunidades online, los wikis y los blogs, con el objetivo principal de empezar conversaciones y compartir conocimiento con sus clientes, con un beneficio directo para las áreas de marketing, desarrollo de nuevos productos, relaciones públicas, servicio, atención al cliente, etc. Véase el caso de www.capessa.com, una iniciativa de Procter & Gamble que ha llevado a la creación de una comunidad online destinada a mujeres que aportan historias reales sobre diferentes temas de interés: belleza, salud, hogar, trabajo, etc.
- Los directivos de mayor nivel muestran más entusiasmo que los mandos intermedios. Los directivos de la clase *C-suite* (CEO, CFO, COO, CIO, CTO, etc.), es decir, los altos cargos, se muestran más receptivos que los mandos intermedios sobre las posibilidades que ofrece la Web 2.0 en sus negocios, ya que ven la Web 2.0 como una oportunidad y no como una amenaza. En el otro lado de la balanza se encuentran los directores financieros, quienes se muestran más escépticos y conservadores a la hora de evaluar el impacto inmediato de estas iniciativas o su potencial en el incremento de ingresos.

Por último, el estudio sugiere diez consejos para la búsqueda del éxito en la incorporación de la filosofía de la Web 2.0 en las empresas:

1. La Web 2.0 nos afecta a todos. El gran impacto que está teniendo el uso de Internet y de las aplicaciones y las tecnologías de la Web 2.0 en la sociedad también afectará a las empresas, independientemente del sector en el que desarrolle su actividad. Por ejemplo, según un estudio realizado entre octubre y diciembre de 2007 por Pew Internet & American Life Project en Estados Unidos, desde siempre país de referencia en la adopción de nuevas tecnolo-

gías, el 75% de los adultos (mayores de dieciocho años) utiliza Internet con regularidad, el 92% utiliza el correo electrónico, el 71% lee noticias en la Web, el 81% busca productos o servicios en la Web, el 73% busca y compara información sobre viajes, el 83% busca información sobre ocio, el 47% utiliza mensajería instantánea, el 71% ha comprado alguna vez algún producto o servicio a través de la Web, el 53% ha utilizado alguna vez servicios bancarios online, el 26% ha participado alguna vez en subastas online, el 12% ha creado alguna vez un blog personal, el 48% ha visto vídeos en YouTube o GoogleVideo, el 36% ha consultado la Wikipedia, el 37% ha utilizado sitios de la Web 2.0 para subir sus fotografías y compartirlas con otros, etc. Todo esto se traduce en millones de usuarios sólo en Estados Unidos. Las empresas no podemos cerrar los ojos y pensar que todo esto no tiene nada que ver con nosotros.

2. Contribuye a cerrar el gap generacional. Muchos de los jóvenes que buscan oportunidades en el mercado laboral han nacido y crecido en la era de la Web y están estrechamente ligados al movimiento de la Web 2.0. Las empresas deben considerar tenerlos cerca y aprender de ellos.
3. Investiga un poco antes de lanzarte. Mira en tu sector lo que otros están haciendo o han hecho con éxito antes de lanzar una iniciativa sin pies ni cabeza. Estudia los proyectos vinculados a la Web 2.0 que verdaderamente funcionan y los que han fracasado, y analiza el porqué.
4. Adquiere la tecnología o busca socios tecnológicos. En muchas ocasiones, no merece la pena perder el tiempo en desarrollar tecnologías o aplicaciones que otros ya han creado. Busca socios que te puedan aportar la tecnología que no merece la pena que desarrolles por ti solo.
5. No confundas el concepto y las herramientas de la Web 2.0 con la publicidad online. Aunque los ingresos de algunos modelos de negocio que se han adherido por completo a la Web 2.0 dependan de la publicidad, algo comprensible, ya que los servicios base que ofrecen son gratuitos para los usuarios, pero tienen un coste, las empresas que quieran incorporar conceptos y herramientas típicos de la Web 2.0 en sus modelos de negocio deberían dejar a un lado la publicidad online. El concepto de la Web 2.0 tiene que ver más con discusiones, participación y colaboración que con anuncios publicitarios que tus clientes no desean ver.
6. Cede el control. En vez de tener miedo a lo que los usuarios digan de ti, únete a sus conversaciones, escúchalos y participa objetivamente; de todas maneras, lo quieras o no, van a hablar de ti públicamente en otros lugares.
7. Elabora un buen plan de implementación. Lo más importante es que el resto de la organización esté de acuerdo en la implementación de herramientas de la Web 2.0 para tu empresa, ya sean blogs, wikis, comunidades online, etc., ya que de su colaboración depende el éxito de la puesta en práctica y el funcionamiento de la iniciativa. Evalúa los riesgos y costes frente a los beneficios, y comparte tu análisis con el resto de los participantes para llegar al consenso sobre si merece la pena o no utilizar este tipo de herramientas en tu empresa.

8. **Solicita ayuda de todos los empleados y colaboradores, aunque no trabajen en el departamento técnico.** El conjunto de los recursos humanos de la empresa tiene algo que decir. Escúchalos, comparte con ellos tu proyecto, aunque no pertenezcan al departamento tecnológico. Sabes que ellos utilizan la Web en su vida diaria, están de alguna manera conectados a los conceptos de la Web 2.0 y pueden aportar grandes ideas para la implementación corporativa de sus herramientas.
9. **Intenta no dejarte engañar por la fama de la Web 2.0 o por el hecho de que se haya puesto de moda.** Aunque tu competencia esté incorporando tecnologías de la Web 2.0 en su empresa, no significa que tú estés obligado a hacerlo. Debes estudiar bien los pros y los contras y el beneficio que tu compañía puede obtener. Los principios de la Web 2.0 no funcionan de igual manera para todas las empresas, hasta ahora hemos sobrevivido sin la Web 2.0 y podemos seguir haciéndolo.
10. **Insiste si de verdad crees en los beneficios del proyecto.** Si estás realmente convencido de que el hecho de no incorporar iniciativas vinculadas con la Web 2.0 en tu empresa va a perjudicar la relación con tus clientes —al no involucrarlos en una comunidad con una actitud propia de la Web 2.0—, si piensas que muchos de ellos preferirán a tus competidores, no te quedes atrás e intenta fomentar una cultura de inteligencia participativa en tu empresa, persigue tus iniciativas e involucra a quienes están a tu alrededor.

ADVERTENCIA

La capacidad social, relacional y colaborativa que hay detrás del concepto de la Web 2.0 se va a convertir a corto plazo en un requisito indispensable para que muchas empresas puedan seguir compitiendo en igualdad de condiciones. Los consumidores empiezan a estar más y mejor informados, y cada vez más conectados. Por esto, sienten cada vez más desconfianza hacia las empresas que todavía no están conectadas, que no los escuchan, y que nos los dejan participar; es decir, hacia las empresas que no entienden los mercados como conversaciones.

CASO PRÁCTICO: LEGO

Entendiendo la filosofía Web 2.0 para innovar

El concepto de la Web 2.0 brinda a las empresas grandes oportunidades para innovar y mejorar sus productos.

A veces, simplemente preguntando a nuestros clientes qué es lo que quieren de nosotros y haciéndoles partícipes de nuestros productos o servicios, podemos obtener muchísima información sobre qué deberíamos ofrecerles. Tomemos el ejemplo de Lego.

Lego Factory

Esta empresa ha lanzado una iniciativa acorde con la filosofía de la Web 2.0, Lego Factory, en la que sus clientes pueden diseñar, compartir y comprar sus propios modelos Lego.

El proceso

1. El usuario descarga un software de diseño 3D, Lego Digital Designer (LDD); en principio funciona para Windows y Mac OSX, en un futuro creemos que se podrá manejar desde la propia Web.
2. Luego, diseña su propia creación, utilizando el número de piezas que necesite.
3. Finalmente, guarda el trabajo y lo sube a la Galería de Lego Factory donde otros usuarios lo puedan ver y valorar.

Dependiendo de la popularidad del diseño y de su demanda, Lego fabrica y empaqueta las piezas para su venta desde la Web. El usuario incluso puede participar en el diseño de la caja en la que se va a enviar su modelo.

Más información: http://factory.lego.com

CASO PRÁCTICO: EL MANIFIESTO CLUETRAIN

Entendiendo los mercados como «conversaciones».

El manifiesto Cluetrain, creado en 1999 por Rick Levine, Christopher Locke, Doc Searls y David Weinberger, consiste en un listado de 95 conclusiones presentadas como un manifiesto, o como un «toque de atención» para las empresas a modo de «tren de pistas». Al año siguiente de darse a conocer el manifiesto se publicó el libro *The Cluetrain Manifesto: The End of Business as Usual.*

Las ideas del manifiesto definen los mercados como conversaciones y reivindican el derecho de los consumidores a establecer diálogos con las empresas y a ser escuchados. Si este diálogo no se produce, la parte más perjudicada serían las empresas, ya que los consumidores buscarían a otros que estén dispuestos a establecer un diálogo de igual a igual.

The Cluetrain Manifesto. El libro

Manifiesto

Hemos escogido algunas de las 95 tesis como ejemplo para entender el nuevo entorno en el que se deben fijar las empresas que no se quieran quedar atrás frente al impacto que está teniendo la nueva filosofía de la Web 2.0 en los mercados.

Tesis n.° 1: los mercados son conversaciones.

Tesis n.° 9: las conversaciones en red hacen posible la aparición de nuevas y poderosas formas de organización social y de intercambio de conocimientos.

Tesis n.° 12: no hay secretos. El mercado en red sabe más que las propias empresas acerca de sus productos, y ya sea para bien o para mal, las noticias y opiniones sobre éstos son comunicadas a todo el mundo.

Tesis n.° 53: se están llevando a cabo dos conversaciones. Una dentro de la empresa y otra con el mercado.

Tesis n.° 74: somos inmunes a la publicidad, olvídala.

Tesis n.° 76: también tenemos algunas ideas que queremos compartir: nuevas herramientas que necesitamos, mejores servicios, cosas por las cuales estaríamos dispuestos a pagar. ¿Tienes un minuto?

Tesis n.° 89: tenemos poder real y lo sabemos. Si no alcanzas a ver la luz, vendrá otro y nos dará mayor atención. Y nos parecerá alguien más interesante y divertido con quien jugar.

Tesis n.° 95: estamos despertando y nos estamos conectando. Estamos observando. Pero no estamos esperando.

Más información: en la página oficial www.cluetrain.com

Manifiesto Cluetrain en español en www.tremendo.com/cluetrain

Presentación en www.slideshare.net/tecorporation/cluetrain

6.3. LOS MODELOS DE NEGOCIO EN INTERNET

En su definición más amplia el término de modelo de negocio surge para definir la lógica de un negocio, es decir, una descripción del valor que una compañía ofrece a sus clientes, cómo se crea, comercializa y distribuye ese valor y, finalmente, cómo se obtiene un beneficio de ello.

Según Henry Chesbrough y Richard S. Rosenbloom[5], las funciones de un modelo de negocio consisten en:

- Articular una propuesta de valor, esto es, el valor creado para los usuarios a través de la oferta basada en la tecnología.
- Identificar un segmento de mercado, esto es, los usuarios a quienes la tecnología les va a ser útil para numerosos propósitos.
- Definir la estructura de la cadena de valor dentro de la compañía, indispensable para crear y distribuir su oferta.
- Estimar la estructura de costes y beneficio potencial derivados de la oferta según la elección de la propuesta de valor y estructura de la cadena de valor.
- Describir la posición de la compañía dentro de la red de valor de proveedores y clientes, incluyendo la identificación de colaboradores y competidores potenciales.
- Formular la estrategia competitiva mediante la cual una compañía innovadora obtendrá y mantendrá una ventaja frente a sus rivales.

Estas seis funciones, de manera colectiva, sirven para justificar el capital necesario para llevar a cabo el modelo y para definir el camino a seguir para hacer crecer el negocio.

Michael Rappa,[6] profesor y fundador del Institute for Advanced Analytics de la Universidad Estatal de Carolina del Norte, define el término de modelo de negocio en la Web como «El método de hacer negocios mediante el cual una compañía puede sustentarse por sí misma, esto es, generando ingresos». El modelo de negocio intenta aclarar la manera mediante la cual una compañía genera ingresos, especificando la posición en la que se encuentra en la cadena de valor. El profesor Rappa insiste en que el término modelo de negocio aplicado a la Web es quizás uno de los temas más discutidos y menos entendidos.

6.4. LOS MODELOS DE NEGOCIO DE LAS EMPRESAS DE LA WEB 2.0

Comúnmente, cuando se hace referencia al modelo de negocio de las empresas de la Web 2.0 se suele enfocar el término hacia dos vertientes, una, la propuesta de valor,

---

5. *The Role of the Business Model in Capturing Value from Innovation*. Harvard Business School.
6. http://digitalenterprise.org/mrappa.html

y otra enfocada dentro de un marco financiero, es decir, su modelo de ingresos. El modelo de ingresos trata de describir el método utilizado por las empresas para ser rentables a largo plazo, utilizando Internet como única fuente de ingresos; en definitiva, el modelo nos va a decir las vías que va a utilizar la empresa para «hacer caja».

6.4.1. PROPUESTA DE VALOR

Cualquier startup de la Web 2.0 que aspire a tener éxito debe ser capaz de generar valor para sus usuarios y clientes. Está claro que una de las grandes diferencias entre las startups 1.0 (punto com) y las de la Web 2.0 es la percepción que tienen los usuarios en la entrega de valor.

La cantidad y calidad de aplicaciones y servicios ofrecidos por las empresas 2.0 es indiscutible y refleja una nueva actitud, gracias a la cual los usuarios se sienten partícipes de las aplicaciones y servicios porque contribuyen a su mejora. Cuanta más gente los utilice, más mejoran, ya que todos colaboran en su continua actualización, al adoptar una filosofía de «beta perpetua».

Por lo tanto, la gran preocupación de las startups de la Web 2.0 no es su capacidad para innovar o proponer valor a sus usuarios, sino encontrar las vías necesarias para resolver el problema de la rentabilidad y la sustentabilidad.

6.4.2. MODELOS DE NEGOCIO WEB 2.0

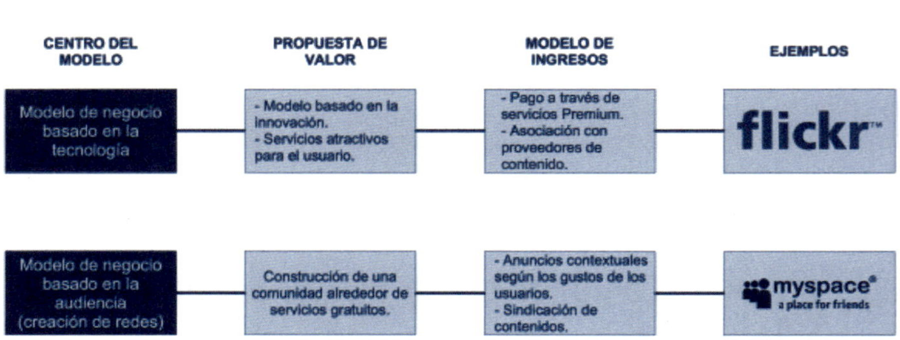

Figura 6.1. Modelos de negocio de empresas de la Web 2.0.
Elaboración propia. Fuente: www.technosight.com/web-20-business-models.

6.4.3. MODELOS DE INGRESOS (SHOW ME THE MONEY!)

Una de las tareas más difíciles de las empresas de la Web 2.0 es transformar en ingresos sus excelentes resultados de audiencia.

En este apartado vamos a describir los modelos de ingresos y las vías o fuentes de ingresos más habituales. En este sentido, hemos de diferenciar entre los modelos tácticos y estratégicos de ingresos. Los modelos tácticos hacen referencia a las vías de ingreso directas a corto plazo, mientras que los modelos estratégicos incluyen las estrategias a adoptar para poder generar ingresos directos, es decir, son los que van a facilitar la obtención de ingresos tácticos.

Figura 6.2. Modelos de ingreso de empresas de la Web 2.0. Modelo táctico. Elaboración propia. Fuente: Dion Hinchcliffe. http://web2.wsj2.com

MODELO DE INGRESO BASADO EN PUBLICIDAD

El modelo de ingresos por publicidad no es algo nuevo, en la anterior etapa de la Web 1.0 se convirtió en una de las vías más utilizadas por los sitios web para generar ingresos. Uno de los servicios más utilizados durante la etapa de la Web 1.0 fue DoubleClick (por cierto, adquirida por Google en marzo de 2008), que ofrecía un sistema de banners publicitarios que se insertaban en las páginas web.

Tras la llegada de Google, el sistema publicitario online cambió radicalmente a través de sus servicios, Google AdSense y Google AdWords. Google desarrolló una tecnología que permitía que los anuncios variaran en función de las búsquedas de cada usuario, obteniendo de esta manera una publicidad contextual personalizada. Por ejemplo, si un usuario realizaba una búsqueda en Google sobre coches de lujo, vería junto con los resultados de su búsqueda todo tipo de anuncios relacionados con el tema: revistas de coches, alquiler o venta de coches de lujo, empresas de seguros, etc.

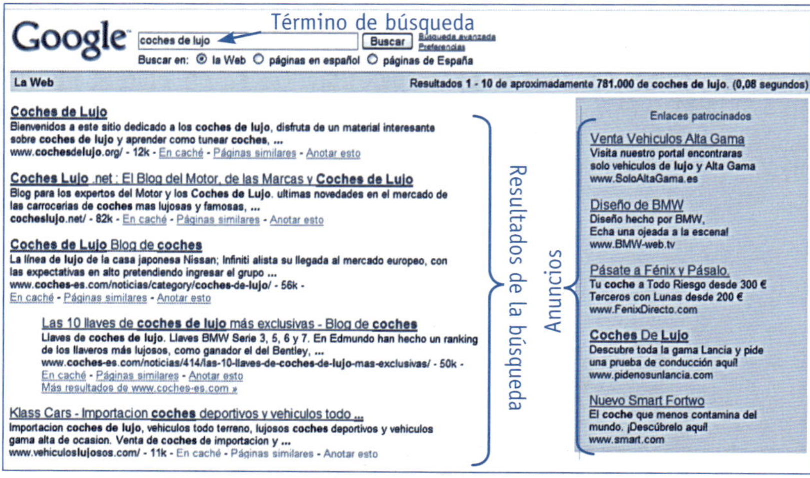

Figura 6.3. Ejemplo de publicidad contextual en Google.

- AdWords de Google. Orientado a los anunciantes, con un sistema de coste por clic (CPC) que hace que sólo se pague cuando los usuarios hacen clic en el anuncio.
- AdSense de Google. Orientado a los sitios web que deseen formar parte del programa e insertar en sus páginas anuncios de terceros relacionados con su contenido.

> **MÁS INFORMACIÓN:**
>
> Soluciones publicitarias de Google en www.google.es/intl/es/ads

Figura 6.4. Ejemplo de publicidad contextual de Google en un weblog.

A pesar de la gran acogida de la publicidad contextual, muchos sitios web siguen utilizando el sistema de publicidad basado en banners y patrocinadores.

Figura 6.5. Ejemplo de publicidad en formato banner en la web marca.com.

Figura 6.6. Ejemplo de modelo de publicidad en formato banner y de patrocinadores en www.techcrunch.com

MODELO DE INGRESO BASADO EN SUSCRIPCIONES

El modelo tradicional de suscripciones a contenidos consiste en obtener ingresos a través del pago por el acceso a contenidos premium. Los precios por acceder a un contenido premium pueden ser fijos, variables o fijos y variables. Muchos son los sitios web que utilizan este modelo de ingresos, por ejemplo los de revistas especializadas.

Para las empresas de la Web 2.0, la utilización exclusiva de este modelo supone un problema, debido al perfil de sus usuarios y a la ausencia de una cultura del gasto por acceso a contenidos de acuerdo con la filosofía de la Web 2.0.

El modelo basado en suscripciones que han adoptado las empresas de la Web 2.0 es el denominado «freemium», de «free» (gratuito) más «premium».

Las empresas de la Web 2.0 están apostando por este modelo a través de los siguientes pasos:

1. Desarrollar un contenido de gran valor para sus usuarios. Por ejemplo, Flickr es la web de referencia para compartir fotos con otros usuarios, organizarlas a través de etiquetas, crear álbumes, tarjetas, impresiones, explorar fotografías por autores, mapas, etc.
2. Ofrecer un servicio básico y proporcionarlo de forma gratuita. Siguiendo con el ejemplo de Flickr, esta Web ofrece la posibilidad de crear una cuenta gratuita en la que subir hasta 100 MB de fotos al mes con un tamaño máximo por fotografía de 10 MB, crear tres álbumes y tener acceso a imágenes de tamaño menor, entre otros servicios.
3. Captar a un gran número de usuarios. Éste es el objetivo más importante. En principio, si el servicio ofrece un gran valor para sus usuarios, éstos lo van a utilizar y recomendar a otros usuarios a través del boca a boca en sus redes y comunidades Así, y de forma exponencial, también con la ayuda de campañas de marketing, posicionamiento en buscadores o referencias en blogs, entre otros métodos, se pretende captar una importante masa de usuarios. Hasta que esto se consiga, la mayoría de los sitios que apuestan por el modelo freemium se financian también con publicidad, incluso Flickr.
4. Ofrecer servicios premium. El último paso consiste en ofrecer servicios más avanzados o sin las limitaciones que tienen los gratuitos. En el caso de Flickr, es posible adquirir una serie de servicios premium sin límite en el almacenamiento de las fotos, los álbumes y las colecciones, la exploración sin anuncios, etc., por 24,95 dólares durante un año, o 47,99 dólares durante dos años.[7]

---

7. Precios cuenta, «Cuenta Pro» de Flickr a 23 de mayo de 2008.

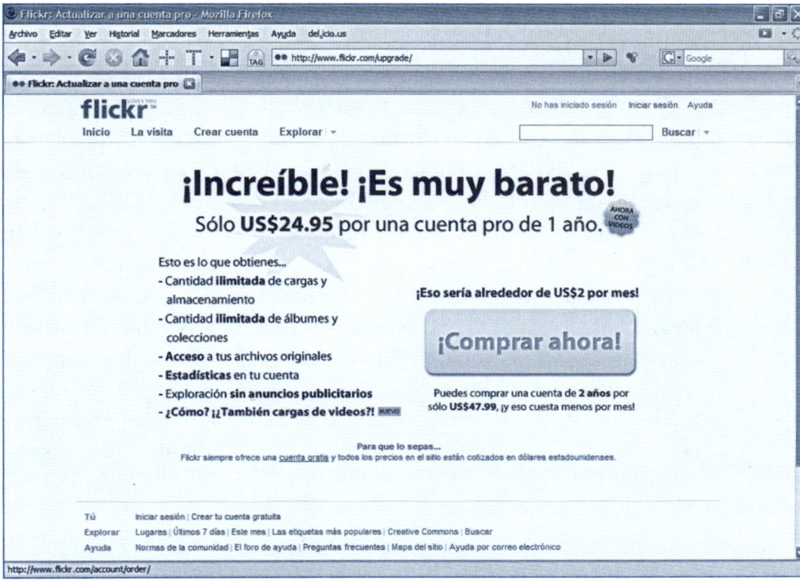

Figura 6.7. Cuenta Pro de Flickr. Servicio premium.

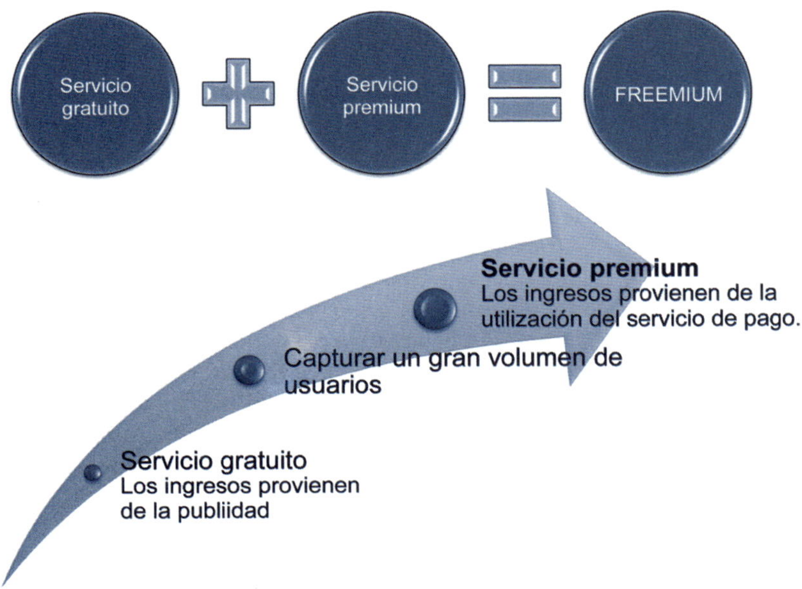

Figura 6.8. Modelo freemium («free» más «premium»).

ADVERTENCIA

Uno de los principales inconvenientes de este modelo de ingresos puede ser el perfil de sus usuarios. Si son muy jóvenes, pueden no contar con un poder adquisitivo suficiente para contratar varios servicios premium a la vez, aunque no sean demasiado caros, como en el caso de Flickr. Una cuenta contratada durante dos años le cuesta al usuario menos de dos dólares al mes.
Otro problema es convencer a los usuarios a que paguen algo que hasta ahora ha sido, y seguirá siendo, gratuito. Además, el usuario tipo de estos servicios ha crecido con la idea de que la Web 2.0 consiste en compartir y no en pagar.
Por lo tanto antes de lanzar iniciativas Web 2.0, nos debemos preguntar si nuestro target estaría dispuesto a contratar nuestros servicios premium.

MODELO DE INGRESO BASADO EN COMISIONES POR TRANSACCIÓN

Otro modelo de ingresos muy popular durante la etapa de la Web 1.0 son los denominados brokers, o intermediarios. En estos tipos de plataformas se reúnen compradores y vendedores que llevan a cabo una operación, y la plataforma cobra una comisión por la intermediación entre ambas partes.

Este modelo es muy utilizado en sitios de subastas online, y la web que ha tenido más éxito en su implementación ha sido eBay (www.ebay.com), una de las empresas pioneras en este tipo de modelo de ingresos y una de las supervivientes al estallido de la burbuja de las punto com.

En eBay, tanto la oferta como la demanda corresponde a los propios usuarios, que se valoran entre ellos construyendo un índice de confianza y reputación como valor clave del sistema. Al cabo de un año, en eBay se realizan cientos de millones de transacciones. El modelo de ingreso de la compañía consiste en varias tarifas: una por anunciarse, una por la comisión de la transacción y otras opcionales.

Otro modelo de ingreso basado en comisiones por transacción es el que se emplea en las intermediaciones financieras, como en el caso del servicio que ofrece Paypal (www.paypal.com), subsidiaria de eBay desde el año 2002. Paypal permite los pagos online y cobra una comisión por las ventas que se realicen entre los usuarios que dispongan de una cuenta.

Un ejemplo más de este tipo es el modelo de redes de afiliados, programa de afiliados, o *affiliate marketing,* que está adquiriendo cada vez mayor popularidad entre las empresas de la Web 2.0, debido principalmente al efecto de red.

Este modelo proporciona ingresos a través de derivar tráfico a otros sitios o a través de la venta que se genere de otros productos. La Web que se inscriba en un programa de afiliados sirve como un escaparate para otras empresas. Los ingresos se producen a través de comisiones sobre las ventas que se realicen por el tráfico derivado desde el enlace del afiliado (sistema CPS, o *cost per sale*), o a través de comisiones por derivar tráfico que puede o no convertirse en una venta.

Las grandes compañías, como Amazon.com o eBay, disponen de programas de afiliados muy atractivos para empresas de la Web 2.0. Por ejemplo, a través de su servicio Omakase™ Links, Amazon.com ofrece a sus asociados la posibilidad de mostrar a los visitantes de sus webs enlaces de Amazon.com estrechamente relacionados con el contenido del sitio. En definitiva, se trata de un sistema similar al de Google AdSense y de su publicidad contextual. De esta forma, los enlaces y la publicidad del programa de asociados se perciben como un poco menos intrusivos o molestos, ya que su contenido está más relacionado con los intereses del visitante de la Web.

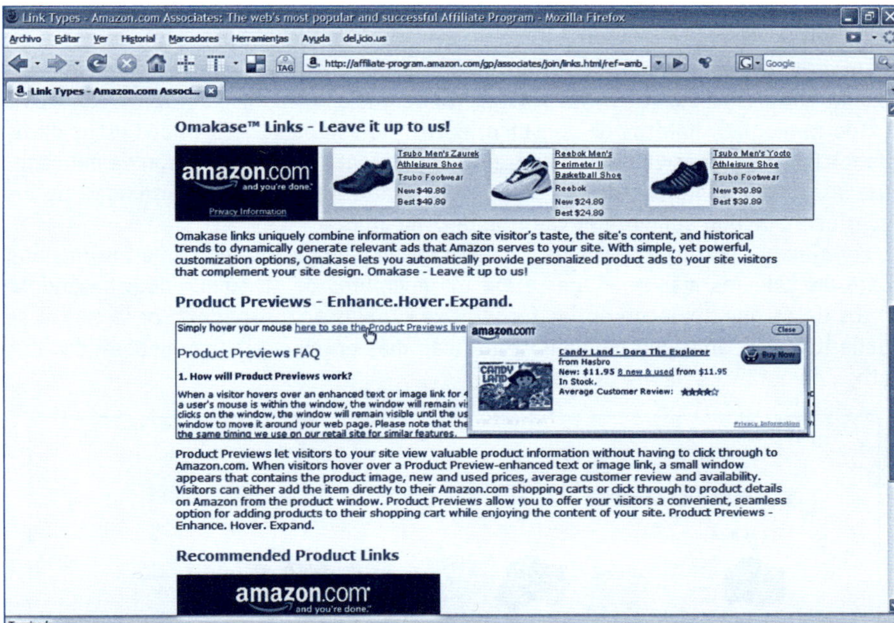

Figura 6.9. Programa de afiliados de Amazon Omakase™ Links.
http://affiliate-program.amazon.com/gp/associates/join

MODELO DE INGRESO BASADO EN VENTA DE PRODUCTOS O SERVICIOS

El modelo clásico de ingreso se basa en la venta de productos, servicios o información.

Según Michael Rappa, podemos distinguir los siguientes submodelos:

- Modelo de comerciante. Mayoristas y minoristas de bienes de servicios.
  - Comerciante virtual o e-tailer. Es el que opera únicamente a través la Web. Por ejemplo, Amazon.com.

- Comerciante de catálogo. Es un negocio de venta por correo con un catálogo basado en la Web, que combina la venta por correo, la venta telefónica y la venta online. Por ejemplo, Skymall (www.skymall.com).
- Modelo Bricks & Clicks. Hace referencia a un establecimiento comercial tradicional con una tienda online. Por ejemplo, Barnes & Noble (www.barnesandnoble.com).
- Vendedor de Bits. Un modelo que opera exclusivamente en el mercado de productos y servicios digitales a través de la venta y distribución en la Web. Por ejemplo, Apple iTunes Store (www.apple.com/itunes/store/), iStockphoto (www.istockphoto.com).

- Modelo de fabricante. El modelo de fabricante, o modelo directo, está fundamentado en la venta directa al cliente a través de la Web, que evita intermediarios y distribuidores. Por ejemplo, Dell Computer (http://www.dell.com).

Un gran activo para muchas de las empresas de la Web 2.0 es la información que poseen sobre sus usuarios: sus gustos, preferencias, red de contactos (amigos), comportamientos, hábitos de consumo, datos profesionales, etc. Todos estos datos cualitativos se convierten en una potente herramienta de investigación de mercado, que, si es bien administrada, es decir, respetando la privacidad e intimidad de los usuarios, hace que aumente el valor de la compañía.

Por ejemplo, Flickr, a través de su buscador de cámaras, proporciona información sobre las cámaras más populares entre los miembros de su comunidad, basándose en los datos que aparecen en las fotografías subidas a su servidor. Por lo tanto, se puede llegar a saber qué modelos se utilizan más en ciertas zonas geográficas, los datos demográficos de los usuarios, etc.

Figura 6.10. Buscador de cámaras de Flickr.
www.flickr.com/cameras

Muchas iniciativas de la Web 2.0 nacen con un carácter social: sus miembros no sólo colaboran en generar contenido, sino que también se involucran en el proyecto a nivel económico a través de donaciones necesarias para sostener el modelo sin recibir ninguna compensación a cambio, excepto la de haber contribuido a una buena causa.

Quizás la iniciativa Web 2.0 más conocida por seguir este tipo de modelo de ingresos sea la Wikimedia Foundation, organización matriz de Wikipedia, Wikinoticias, Wikcionario, Wikibooks, Wikiquote, Wikisource, Wikicommons, Wikispecies, Wikiversidad y la ya abandonada Nupedia.

Según los últimos datos económicos publicados, la Wikimedia Foundation logró recaudar más de 2 millones de dólares en 2007,[8] y, en el 2008, recibió la mayor donación hasta la fecha, 3 millones de dólares de la Alfred P. Sloan Foundation.

¿Para que utiliza los fondos la Wikimedia Foundation? Además de destinar las donaciones para sufragar los gastos administrativos, de personal y tecnológicos, entre otros, la fundación quiere desarrollar proyectos como el propuesto por Patricio Lorente, de Wikimedia Argentina, que busca maneras de proporcionar libros de texto creados con contenidos de la Wikipedia para jóvenes estudiantes argentinos sin medios económicos.

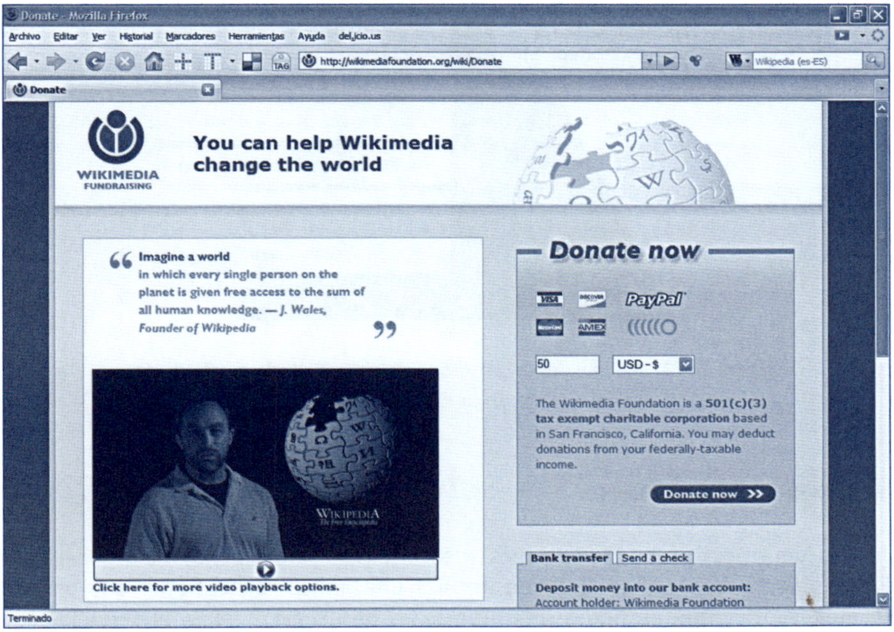

Figura 6.11. Página para la recaudación de fondos de Wikimedia.
http://wikimediafoundation.org/Donate

8. Balance financiero de la Wikimedia Foundation, Inc., 30 de junio de 2006, 2005 y 2004.

«Imagina un mundo en el que cada ser humano tiene la posibilidad de acceder a la suma de todo el conocimiento. Ése es nuestro compromiso y necesitamos tu ayuda. Por favor, apoya a la Fundación Wikimedia donando hoy» (Wikimedia Foundation).

Como hemos visto, los modelos de ingresos directos o tácticos no son muy diferentes de los modelos que ya se aplicaban durante la etapa de la Web 1.0 por parte de las compañías punto com. De hecho, se puede llegar a la conclusión de que las empresas de la Web 2.0 no han resuelto del todo el modelo de negocio de Internet.

La principal diferencia, no obstante, radica en el enfoque estratégico que las sustentan, es decir, los modelos estratégicos o indirectos, clave de la filosofía de la etapa de la Web 2.0. Son éstos los que van a fomentar y alimentar a los modelos de ingresos directos o tácticos.

Por lo tanto podemos afirmar que los modelos tácticos hacen referencia a las vías de ingreso directas, mientras que los modelos estratégicos preparan la estructura y estrategias necesarias para poder generar ingresos directos.

Figura 6.12. Modelos de ingreso de la Web 2.0. Modelo estratégico. Elaboración propia. Fuente: Dion Hinchcliffe. http://web2.wsj2.com

FUSIONES Y ADQUISICIONES

Una de las principales motivaciones y estrategias para muchos de los emprendedores de la Web 2.0 es la de desarrollar una aplicación estrella, que ofrezca un gran valor y que atraiga a una gran masa de usuarios hacia el servicio, con el objetivo de llamar la atención de alguna gran empresa que pueda valorar la posibilidad de una adquisición. Se puede pensar que esta actitud es muy parecida a la mentalidad de las empresas punto com en la era de la Web 1.0, aunque ya se hayan dado algunos casos en la Web 2.0, con adquisiciones muy sonadas de empresas que empezaron ofreciendo servicios gratuitos, con una gran capacidad innovadora y con un alto valor para sus usuarios. A continuación, ofrecemos algunos ejemplos.[9]

- Flickr fue adquirida por Yahoo en marzo de 2005. El valor de la compra osciló entre los 30 y los 40 millones de dólares.
- MySpace fue adquirida por News Corp en julio de 2005 por 580 millones de dólares.
- Skype fue adquirida por eBay en septiembre de 2005 por 2600 millones de dólares.
- del.icio.us fue adquirida por Yahoo en diciembre de 2005 por una cantidad de entre 15 y 30 millones de dólares.
- YouTube fue adquirida por Google en noviembre de 2006 por 1650 millones de dólares.

EL CONCEPTO DE LA «LARGA COLA»

La Larga Cola es un término popularizado por Chris Anderson, autor del libro *The Long Tail: Why the Future of Business is Selling Less of More*, en un artículo[10] de la revista *Wired*, aparecido en octubre de 2004, para referirse a determinados modelos de negocio y estrategias de nichos de mercado que caracterizan a algunas empresas de Internet, como Amazon.com.

Figura 6.13. Distribución de la Larga Cola.
Elaboración propia. Fuente: *The Long Tail: Why the Future of Business is Selling Less of More*, Chris Anderson.

Es el mercado tradicional de masas, centrado en el rendimiento de unos pocos productos, frente a uno nuevo, centrado en la acumulación de pequeñas ventas de muchos productos que igualan o superan al anterior.

9. Fuente: Wikipedia.
10. www.wired.com/wired/archive/12.10/tail.html

La Larga Cola hace referencia a la capacidad que tiene Internet para distribuir contenidos haciendo uso de las redes para alcanzar nichos de mercado antes no explotados.

Amazon.com es un buen ejemplo de la aplicación de esta teoría, ya que más del 50% de sus ingresos proviene de las ventas de muchísimos artículos no tan populares.

Muchas de las empresas de la Web 2.0 más exitosas aplican en su estrategia el concepto de la Larga Cola, atendiendo a la demanda de lo popular, lo menos popular y lo raro, es decir, dando respuesta a todo tipo de segmentos, intereses y nichos de mercado.

BASES DE DATOS DIFÍCILES DE REPLICAR

Esta es una de las estrategias que precisan las Web 2.0 para alcanzar el éxito esperado como modelo de negocio. Es de vital importancia tener datos únicos y exclusivos, que aporten valor y sean capaces de convencer y motivar a los usuarios para que los utilicen de forma gratuita y, posteriormente, a modo de suscripción premium. Para obtener una ventaja competitiva, hay que lograr ser el dueño de una fuente de datos única y difícil de reproducir.

CONFIANZA DE LOS USUARIOS – REPUTACIÓN

La tarea de construir una base de confianza y reputación entre los usuarios es fundamental para el éxito de las empresas de la Web 2.0. No sirve de nada ofrecer los servicios más innovadores si nadie los utiliza. Para eBay, por ejemplo, la confianza de sus clientes lo es todo, ya que posibilita cierta tranquilidad a la hora de realizar operaciones de compraventa.

CREACIÓN DE UNA PLATAFORMA

Como ya indicó Tim O'Reilly, presidente y consejero delegado de O'Reilly Media, Inc., en su artículo «Qué es Web 2.0. Patrones del diseño y modelos del negocio para la siguiente generación del software», la configuración de una plataforma es clave para posicionarse. Recordamos las competencias clave de las empresas de la Web 2.0:

- Servicios, no software empaquetado, con escalabilidad rentable.
- Control sobre fuentes de datos únicos y difíciles de replicar, que se enriquezcan a medida que más gente las utilice.
- Confiar en los usuarios como codesarrolladores.
- Aprovechar la inteligencia colectiva.
- Sacar partido de la Larga Cola mediante el autoservicio del cliente.
- Software no limitado a un solo dispositivo.
- Interfaces de usuario, modelos de desarrollo y modelos de negocio ligeros.

INCREMENTO DE LA COMPETITIVIDAD

La alta competitividad entre las empresas de la Web 2.0 surge debido a las bajas barreras de entrada y salida que hay. Son los usuarios quienes tienen el poder y deciden cuál es el servicio elegido frente a una amplísima variedad de ofertas. La empresa que sepa identificar y adaptarse a los continuos cambios de gustos y preferencias de los usuarios es la que se llevará los mayores beneficios.

AUTOSERVICIO DEL CLIENTE

Otra clave de la ventaja competitiva en las aplicaciones Web 2.0 es el grado en el que los usuarios puedan añadir sus propios datos. Las empresas de la Web 2.0 deben implicar a sus usuarios implícita y explícitamente en la adición de valor a sus aplicaciones. El autoservicio por parte del cliente es clave para la nueva economía online, donde la gestión de las herramientas se convierte en el factor fundamental para muchos de los modelos de negocio.

EFECTO DE RED

El modelo basado en los efectos de red, como por ejemplo MySpace o Facebook, está centrado en la base de sus usuarios y en cómo interactúan entre ellos. La tecnología es necesaria, pero no es el centro del modelo, lo más importante es ver cómo la herramienta permite la conectividad entre los usuarios, ya que el número de conexiones es lo que le aporta valor al modelo.

El primer objetivo de las empresas de la Web 2.0 es conseguir grandes comunidades de usuarios que se benefician de servicios gratuitos, para luego convencerlos y motivarles para adquirir los servicios premium.

RECUERDA

En definitiva, la tarea pendiente, o la clave, para muchas de las empresas de la Web 2.0 es dar con un sistema de modelo de ingresos. Se pueden combinar varios de los anteriores, o encontrar uno nuevo, que aproveche la propuesta de valor específica de la empresa en cuestión, o bien basada en la tecnología, o bien en la audiencia, que cada vez busca menos formatos intrusivos.

Uno de los objetivos principales de las empresas de la Web 2.0 es conseguir la confianza y la participación activa de sus usuarios para garantizar la sostenibilidad de su modelo de negocio, en el sentido más amplio de su definición.

Parte III
EL ESPÍRITU EMPRENDEDOR Y LA CREACIÓN DE EMPRESAS

EMPRENDER

(Del lat. in, *en, y* prendĕre, *coger.)*

1. tr. Acometer y comenzar una obra, un negocio, un empeño, especialmente si encierran dificultad o peligro.

EMPRENDEDOR, RA

1. adj. Que emprende con resolución acciones dificultosas o azarosas.

(Fuente: Real Academia Española)

MBA del siglo XXI News

Crear es apasionante y crear una empresa aún más

CAPÍTULOS

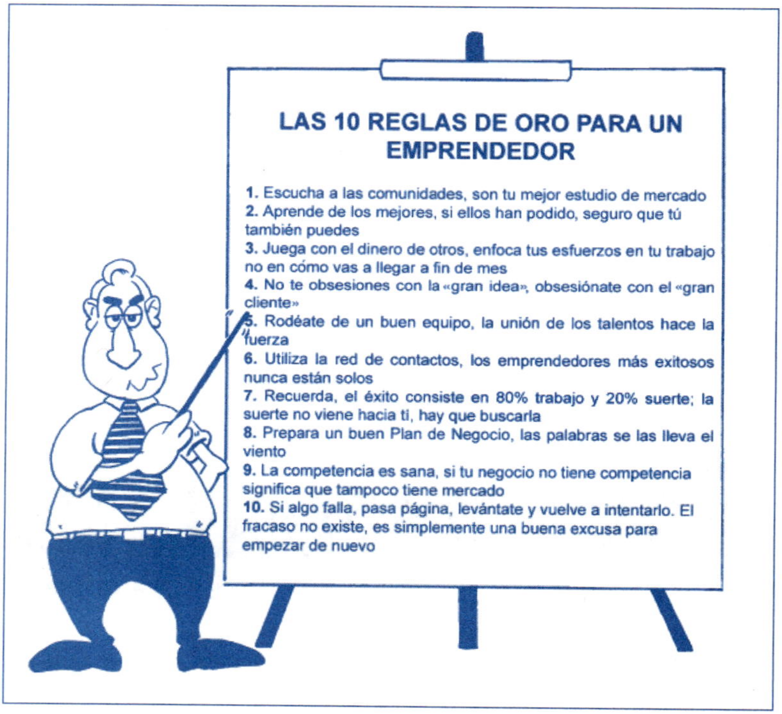
LAS 10 REGLAS DE ORO PARA UN EMPRENDEDOR
1. Escucha a las comunidades, son tu mejor estudio de mercado
2. Aprende de los mejores, si ellos han podido, seguro que tú también puedes
3. Juega con el dinero de otros, enfoca tus esfuerzos en tu trabajo no en cómo vas a llegar a fin de mes
4. No te obsesiones con la «gran idea», obsesiónate con el «gran cliente»
5. Rodéate de un buen equipo, la unión de los talentos hace la fuerza
6. Utiliza la red de contactos, los emprendedores más exitosos nunca están solos
7. Recuerda, el éxito consiste en 80% trabajo y 20% suerte; la suerte no viene hacia ti, hay que buscarla
8. Prepara un buen Plan de Negocio, las palabras se las lleva el viento
9. La competencia es sana, si tu negocio no tiene competencia significa que tampoco tiene mercado
10. Si algo falla, pasa página, levántate y vuelve a intentarlo. El fracaso no existe, es simplemente una buena excusa para empezar de nuevo

7. El espíritu emprendedor

«El hombre nunca sabe de lo que es capaz, hasta que lo intenta.»

Charles Dickens

¿Qué tienen en común Ford, Procter & Gamble, Nestlé, Bayer, Chanel, Disney, Hewlett Packard, Levi Strauss, Gillette, Michelin, Gucci, Honda, Harley Davidson, Heineken, Lacoste...?

Da la casualidad de que, aparte de ser marcas muy conocidas, corresponden con los apellidos de personas con un gran espíritu emprendedor. Personas que cambiaron el mundo en el siglo XX.

Todos ellos tienen algo en común: liderazgo, carisma, creatividad, ambición, valentía, astucia, vocación, sacrificio, competencia y excelencia.

No sólo nos han aportado productos y bienestar, sino que también son un ejemplo a seguir por las nuevas generaciones del siglo XXI, un ejemplo de valor, entrega y esperanza.

“Sin un espíritu emprendedor no puede haber nuevas ideas, y sin nuevas ideas difícilmente puede haber emprendedores, y sin emprendedores no hay posibilidad de crear nuevas empresas. ¿A qué esperas para tener un espíritu emprendedor?”

NUBE DE TAGS

búsqueda de oportunidades, Richard Cantillon, **Joseph Schumpeter**, *riesgo*, INDEPENDENCIA, **logro**, LOCUS DE CONTROL, **recompensa**, creatividad, **innovación**, *liderazgo*, responsabilidad social, **modelo a seguir**, iniciativa, éxito, *intraemprendedor*, emprendedor social...

Mucho se está escribiendo en los últimos años sobre el reconocimiento y la importancia de los emprendedores, el espíritu emprendedor, la necesidad que tiene Europa de fomentar una cultura emprendedora, etc.

Nos gustaría comenzar este capítulo recordando cuándo y dónde escuchamos por primera vez la palabra *entrepreneur,* y, para ello, debemos cruzar el charco y situarnos en Estados Unidos, país donde adquirimos una formación en esta materia.

El significado de la palabra emprendedor conlleva tantas definiciones como número de estudiosos que han tratado y siguen tratando este tema, aunque todos ellos tienen unos denominadores comunes: búsqueda de una oportunidad, innovación, iniciativa, riesgo.

7.1. ORÍGENES Y SIGNIFICADO DEL TÉRMINO EMPRENDEDOR

El término emprendedor proviene del francés *entrepreneur*, del verbo *entreprendre,* que significa llevar a cabo, emprender o proponerse hacer algo, ybpor lo tanto hace referencia a la persona que lleva a cabo un cometido determinado.

La acción de emprender empieza a asociarse con los viajes realizados por comerciantes como Marco Polo o aventureros como Cristóbal Colón, ambos en busca de oportunidades, respaldados por socios capitalistas o financiados por terceras personas que percibían un porcentaje a cambio de los bienes obtenidos.

Entre los siglos XVII y XVIII, Richard Cantillon, economista y escritor, posiblemente el primer autor que acuñó el término de emprendedor (empresario), lo definió como una persona creativa, inclinada a asumir riesgos y de gran capacidad de trabajo.

En el siglo XIX, se empieza a reconocer al emprendedor desde una perspectiva económica. Por ejemplo, Jean-Baptiste Say, economista francés, describió al emprendedor como alguien que mueve recursos económicos de un área de baja productividad hasta otra de mayor productividad y rendimiento.

A principios del siglo XX, Joseph Schumpeter, economista austriaco, destacó la importancia del espíritu emprendedor ligado a empresarios que creaban innovaciones asumiendo riesgos y beneficios, y dando lugar a la «destrucción creativa», un proceso de transformación en el que, a través de la innovación, los nuevos productos reemplazan a los viejos, ya que representan un valor superior para el mercado. Para Schumpeter, la aportación innovadora de los emprendedores era la fuerza que sustentaba el crecimiento económico a largo plazo, pese a que pudiesen destruir el valor aportado por las compañías ya establecidas.

A lo largo del siglo XX, numerosos autores han descrito al emprendedor como motor del crecimiento económico y creador de nuevas ideas y métodos de producción. Peter Drucker, autor de numerosas publicaciones relacionadas con el management y la empresa, definió al emprendedor como alguien en continua busca de cambios (sociales, tecnológicos, vinculados con las necesidades de los consumidores, etc.), capaz de responder a los mismos y de convertirlos en una oportunidad. Los emprendedores de Drucker identifican oportunidades donde otros sólo ven problemas causados por continuos cambios.

Por último, nos gustaría mencionar la definición de emprendedor acuñada por William D. Bygrave, estudioso y experto en las artes emprendedoras y nuestro mentor, durante los años que dedicó a transmitir sus conocimientos y experiencias como director del Arthur M. Blank Center for Entrepreneurial Studies del Babson College.

Para Bygrave:

> Un emprendedor es alguien que percibe una oportunidad y crea una organización para perseguirla.

Aunque no se ha alcanzado una definición universalmente aceptada, está claro que el término emprendedor provoca diferentes reacciones. Por ejemplo, para un economista, un emprendedor convierte recursos e introduce cambios e innovaciones. Un psicólogo analiza al emprendedor como una persona que persigue alcanzar algo: una independencia, un éxito, una recompensa personal y/o económica. Para un empresario ya establecido, un emprendedor puede representar una amenaza, un nuevo competidor. Para otro empresario, puede significar una oportunidad para crecer, un posible aliado. Para un consumidor, supone una nueva oferta, mayor valor. Para un empleado, significa una oportunidad para un puesto de trabajo. Para una entidad financiera, representa un riesgo. Para un socio capitalista, significa una nueva inversión, y para una nación, representa mayor riqueza, prosperidad y bienestar para todos.

Los autores de este libro coinciden con todos los estudiosos en la importancia que tienen los emprendedores para la economía y la sociedad en general, y se atreven a compartir su propia definición del emprendedor del siglo XXI:

> Un emprendedor, o emprendedora, es alguien que reconoce una oportunidad para ofrecer valor y bienestar, la persigue, creando una organización, gestiona los recursos necesarios para ponerla en funcionamiento, soporta una incertidumbre personal y económica, y espera a cambio un reconocimiento en forma de recompensa personal y/o económica.

Esta definición engloba todos los tipos de iniciativas emprendedoras: aquellas para explotar una nueva oportunidad de negocio, las iniciativas intraemprendedoras, o *corporate venturing,* propulsadas dentro de una empresa ya creada, y las iniciativas emprendedoras sociales.

EJERCICIO DE TORMENTA DE IDEAS
El emprendedor (1 de 4)

Vamos a comenzar una serie de cuatro ejercicios con el objetivo de ir desarrollando una tormenta de ideas relacionadas con los emprendedores: objetivos que persiguen, sus características, motivaciones, perfil, etc.

En este primer ejercicio empieza a desarrollar todas las ideas que se te ocurran ligadas con el significado del término «emprendedor».

Te proporcionamos un ejemplo como punto de partida.

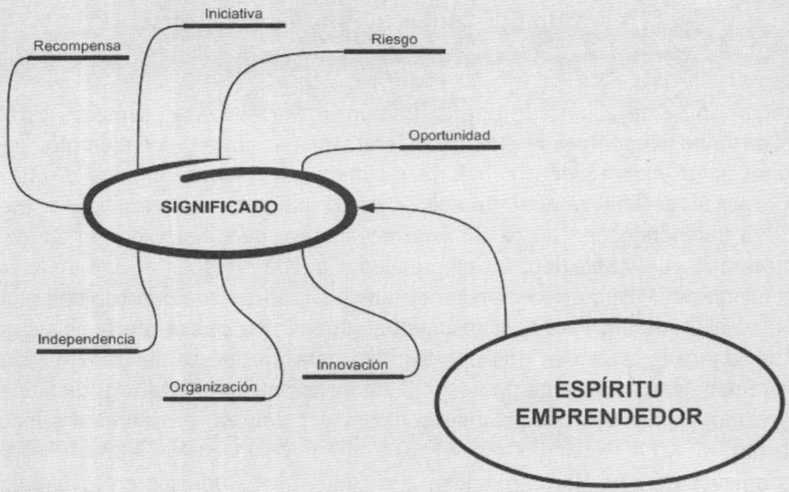

Cuando termines de realizar todos los diagramas, puedes compartirlos con otros usuarios en la Comunidad MBA del siglo XXI Emprendedores.

Más información en www.mbadelsigloxxi.es: puedes descargarte un software para realizar diagramas de tormenta de ideas.

7.2. FACTORES DETERMINANTES EN LA DECISIÓN DE CREAR UNA EMPRESA

Un emprendedor puede tener una idea brillante o identificar una oportunidad viable, pero lo que realmente le empuja a perseguirla es un conjunto de factores determinantes, como sus aspiraciones profesionales, el entorno familiar, los modelos a seguir, el estado de la economía, la situación política o la disponibilidad de recursos en ese momento.

De esta manera, identificamos varios factores que influyen en el emprendedor para dar el paso definitivo y gestionar los recursos necesarios para perseguir una oportunidad. Factores a nivel personal, como la motivación, la actitud, la educación, la situación laboral; sociológicos, como la familia, las amistades, los modelos a seguir; o del entorno, como la situación económica, política o los recursos. Todos ellos son determinantes en la decisión de aventurarse a crear una organización.

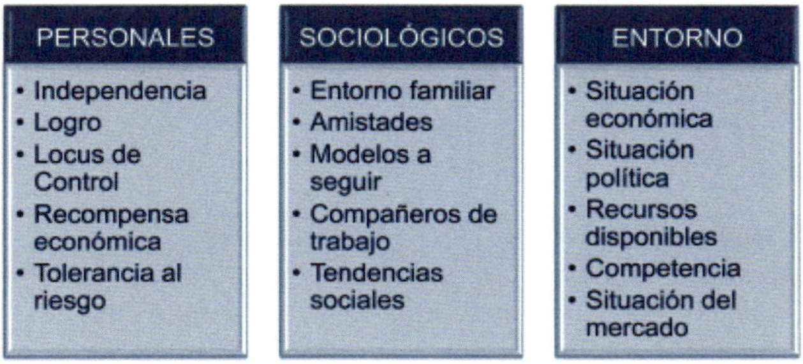

Figura 7.1. Factores determinantes para iniciar una aventura empresarial.

7.2.1. FACTORES PERSONALES Y MOTIVACIONES DE LOS EMPRENDEDORES

Diferentes son las motivaciones por las que un emprendedor decide perseguir una oportunidad creando una empresa. Prácticamente todos los estudios realizados hasta la fecha coinciden en los siguientes: necesidad y deseo de independencia, Locus de Control (LC), necesidad de logro o realización personal, creatividad e innovación y recompensa económica.

Figura 7.2. Principales fuerzas motivadoras en la iniciativa empresarial.

Necesidad y deseo de independencia

La necesidad de independencia es uno de los rasgos más distintivos de la mayoría de los emprendedores. Numerosos estudios concluyen que, cuando los emprendedores se sienten libres, se dan cuenta de la satisfacción que les produce dejar de estar sujetos a la contratación laboral y a los proyectos de terceras personas. Su motivación principal es ser ellos mismos, la posibilidad de poner en práctica sus propias ideas y crear algo propio. La sensación de libertad e independencia son las experiencias más valoradas por los emprendedores potenciales y empresarios con una trayectoria profesional exitosa.

Necesidad de logro

La necesidad de logro es otra de las fuerzas motivadoras que impulsan a los emprendedores a iniciar una aventura empresarial. La necesidad de logro hace referencia al deseo que tienen los emprendedores de conseguir resultados y de obtener éxito en sus realizaciones. Diversos estudios consideran la necesidad de logro o la autorrealización personal como los principales factores motivadores que influyen en los emprendedores potenciales a la hora de decidir poner en marcha una empresa.

Locus de Control interno

Otra fuerza motivadora que impulsa el deseo de iniciar una aventura empresarial reside en el afán que muestran los emprendedores por cambiar las cosas y en su capacidad (LC) para actuar sobre su propio destino. A esta sensación se le denomina Locus de Control, haciendo referencia a la percepción y convicción que tienen las personas de que el devenir de las cosas está bajo su control o fuera del mismo. Una persona puede tener un Locus de Control interno o externo: las personas con un Locus de Control interno piensan que el resultado de sus propias acciones, ya sean para bien o para mal, está bajo su control, valorando positivamente el esfuerzo y la dedicación; por el contrario, las personas con un LC externo piensan que los resultados de sus acciones provienen de fuerzas externas, como pueden ser el azar, la suerte, el destino o la influencia y poder de terceros. Por lo general, los emprendedores muestran un LC interno, ya que confían en su capacidad para actuar sobre su propio destino, controlado por ellos mismos con su trabajo, fe, confianza, optimismo y habilidad para conseguir resultados.

Creatividad e innovación

Un estudio realizado por la London School of Economics en el año 2007 con el objetivo de averiguar cómo son y cómo se consideran a sí mismos los emprendedores del siglo XXI en comparación con los emprendedores de la década de los ochenta y principios de los noventa del siglo XX, extrajo las siguientes conclusiones sobre la motivación principal de los jóvenes emprendedores de hoy (tras el estallido de la burbuja tecnológica):

- Las principales características y motivaciones de los emprendedores de la década de los ochenta y de los noventa del siglo pasado estaban vinculadas al riesgo, al crecimiento y al éxito financiero.
- Los emprendedores de hoy, sin embargo, se desvinculan de las motivaciones de sus predecesores, prefiriendo otras fuerzas motivadoras para iniciar una aventura empresarial. La creatividad, o crear algo que aporte valor a los demás, y la innovación están continuamente presentes en el nuevo vocabulario compartido globalmente por los emprendedores de hoy.

Recompensa económica

Uno de los mitos sobre la figura típica de un emprendedor es la de su ambición y ansiedad por acumular riqueza o poder financiero. El hecho de querer acumular riqueza rápidamente es atribuido más a la especulación. Los emprendedores le dan importancia a los beneficios como instrumento para medir los resultados obtenidos en sus iniciativas empresariales. Es cierto que los emprendedores de hoy buscan una independencia financiera, aunque no es un factor que predomine sobre el resto de las motivaciones. El emprendedor ve el dinero que puede obtener como una vía para asegurar un nivel de vida cómodo para sí mismo y su familia. Nos gusta hacer referencia a esta fuerza motivadora como una recompensa económica obtenida por el emprendedor a cambio de su esfuerzo y trabajo para lograr añadir valor a la sociedad a través de la generación de riqueza y empleo.

7.2.2. FACTORES SOCIOLÓGICOS

Responsabilidades familiares

Las responsabilidades familiares juegan un papel importante en la decisión de iniciar una aventura empresarial. Suele ser más fácil para una persona joven con pocas responsabilidades familiares y sin muchos compromisos económicos tomar la decisión y el riesgo de crear una empresa que para una persona con mayor edad, casada, con hijos, con un trabajo estable y con una responsabilidad económica mucho mayor. Haciendo referencia a la edad, la situación ideal sería conseguir un equilibrio entre la experiencia que se adquiere con el tiempo y la energía y optimismo de la juventud.

Con los años se gana experiencia. Si se ha trabajado en un sector durante un período, se conocen los peligros y las adversidades que puede implicar crear y desarrollar una empresa con éxito dentro de ese sector. Cuando eres joven, no tienes el suficiente bagaje para ser consciente de los peligros que vas a encontrar en un sector determinado. Pero precisamente esa falta de conocimientos aumenta el grado de creatividad a la hora de aportar nuevas ideas.

¿Cuál es la mejor combinación? La mente abierta, el optimismo y la energía de un joven o principiante con el espíritu del «se puede hacer», y la experiencia de un veterano. Si se combinaran estas dos situaciones, el éxito está garantizado.

Antes de emprender una actividad empresarial, que implica el abandono de un trabajo bien remunerado, es muy importante estimar a partir de qué momento se obtendrán beneficios, y qué nivel de facturación necesita generar el negocio para igualar, por lo menos, la remuneración salarial actual. A esto hay que añadir la disposición de trabajar sin un horario fijo y de soportar las responsabilidades y problemas que conlleva un negocio.

Modelos a seguir (*role models*)

Los *role models* siempre han sido una gran influencia para los emprendedores potenciales. Un modelo a seguir externo al emprendedor, como una persona famosa o mediática que tenga éxito en el mundo de los negocios, puede influir muy positivamente en la decisión del emprendedor de iniciar una aventura empresarial. No se trata sólo de alcanzar sus logros financieros, sino también de dar un ejemplo y contribuir a la sociedad aportando valor, como lo han hecho otras personas de gran éxito. Los modelos a seguir difieren bastante entre emprendedores de diferentes décadas y emprendedores de diferente sexo.

Por ejemplo, para los estudiantes americanos atraídos por la industria informática y las nuevas tecnologías, los modelos de emprendedor a seguir en la década de los noventa del siglo XX fueron Bill Gates (cofundador de Microsoft), Steve Jobs (cofundador de Apple), Michael Dell (fundador de Dell) o Jeff Bezos (fundador de Amazon.com). Sin embargo, los estudiantes de hoy están más influenciados por modelos de emprendedores como Larry Page y Sergey Brin (cofundadores de Google, Inc.), Pierre Omidyar (fundador de eBay) o Brad Greenspan (MySpace), no sólo porque pertenecen a otra época, sino porque se identifican más en sus proyectos y en sus culturas empresariales.

Por otro lado, según un reciente estudio, las mujeres emprendedoras del Reino Unido se sienten más identificadas con modelos de empresarias como Joanne K. Rowling (autora de la historia fantástica de *Harry Potter*), Anita Roddick (fundadora de The Body Shop) o Martha Lane Fox (cofundadora de Lastminute.com).

Es verdad que los emprendedores y emprendedoras de hoy empiezan a mostrar un gran interés por los modelos a seguir de los emprendedores sociales. Muchos de los modelos mencionados anteriormente están activamente involucrados en actividades solidarias que ayudan a solventar los problemas de la sociedad.

Otros modelos a seguir, dentro del entorno de los emprendedores potenciales, son los antecedentes familiares en la creación y dirección de empresas. Por ejemplo, más de la mitad de los estudiantes de Entrepreneurship del Babson College (universidad especializada en la formación de futuros emprendedores) proviene de familias con una tradición emprendedora de varias generaciones. Por lo tanto, la probabilidad de imitar y seguir el espíritu emprendedor de un familiar es alta.

EJERCICIO DE TORMENTA DE IDEAS

El emprendedor (2 de 4)

Continuamos elaborando nuestro ejercicio de tormenta de ideas relacionadas con los aspectos que motivan a los emprendedores para poner en marcha una aventura empresarial.

En este segundo ejercicio, intenta desarrollar todos los aspectos que te puedan motivar o empujar a poner en marcha un proyecto empresarial.

Te proporcionamos un ejemplo con los temas tratados anteriormente:

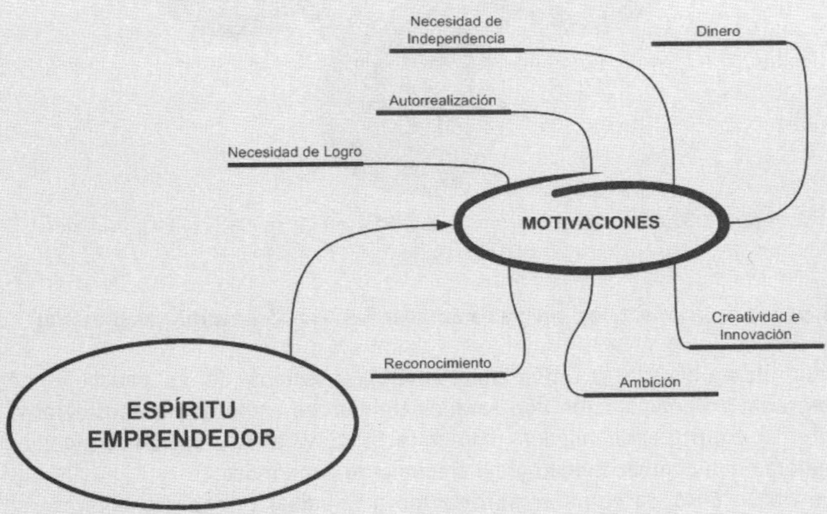

Cuando termines de realizar todos los diagramas puedes compartirlos con otros usuarios en la Comunidad MBA del siglo XXI Emprendedores.

Más información en www.mbadelsigloxxi.es: puedes descargarte un software para realizar diagramas de tormenta de ideas.

7.2.3. FACTORES CLAVE DEL ENTORNO

Afortunadamente, vivimos en la era de los emprendedores: las iniciativas empresariales están siendo muy respaldadas por los gobiernos, las instituciones educativas, la sociedad y las grandes empresas.

Figura 7.3. Factores del entorno que favorecen las iniciativas empresariales.

Acciones gubernamentales: programa europeo en favor del espíritu empresarial

En esta última década, la Unión Europea (UE), consciente de que padece un déficit empresarial en comparación con Estados Unidos, ha empezado a considerar el fomento del espíritu emprendedor como un factor clave en la creación de empleo y en la mejora de la competitividad y del crecimiento económico.

La Unión Europea se ha comprometido a impulsar el espíritu empresarial en el marco de una estrategia destinada a transformar su economía y a construir su futuro poder competitivo y económico. El Consejo de la Unión ha solicitado actuaciones en favor de las pequeñas empresas y el espíritu empresarial, en particular mediante la adopción de la Carta Europea de la Pequeña Empresa.[1] Europa reconoce que para reforzar su posición económica necesita más espíritu empresarial.

---

1. *Comunicación de la Comisión al Consejo, al Parlamento Europeo, al Comité Económico y Social Europeo y al Comité de las Regiones. Plan de acción: «El programa europeo a favor del espíritu empresarial»*. Bruselas, 2004.

Europa sigue teniendo un déficit en mentalidad emprendedora frente a Estados Unidos, considerado como un referente. Según el informe publicado en enero de 2004 por el Flash Eurobarómetro, *Entrepreneurship* (Espíritu Empresarial), el 47% de los europeos declararon preferir el empleo por cuenta propia en el año 2003, frente a un 59% de los estadounidenses. Véase la tabla 7.1.

	Unión Europea (UE)			Estados Unidos (EE UU)		
	2001	2002	2003	2001	2002	2003
Trabajar por cuenta ajena	48%	50%	49%	35%	29%	37%
Trabajar por cuenta propia	48%	45%	47%	59%	67%	59%

Tabla 7.1. Preferencias en la elección entre trabajar por cuenta propia o ajena. Fuente: Flash Eurobarómetro 146 en *Entrepreneurship*, publicado en enero de 2004.

El informe también mostró que, en el año 2003, Europa no estaba consiguiendo animar del todo a sus emprendedores potenciales, ya que, a pesar de que un 47% prefería trabajar por cuenta propia, sólo un 13% realmente pensó en poner en marcha alguna iniciativa empresarial. Véase en la tabla 7.2.

	Emprendedores que piensan en crear una empresa		Toman los pasos necesarios para crear una empresa		Han tomado los pasos necesarios, pero han renunciado	
	2002	2003	2002	2003	2002	2003
Unión Europea	11%	13%	2%	2%	9%	10%
Estados Unidos	20%	20%	10%	5%	4%	2%

Tabla 7.2. Iniciativas emprendedoras en la Unión Europea frente a Estados Unidos. Fuente: Flash Eurobarómetro 146 en *Entrepreneurship*, publicado en enero de 2004.

¿Quién tiene más influencia sobre los emprendedores en su decisión de crear una empresa?

Los emprendedores europeos identifican tres fuentes principales a las que acudir para pedir consejo en sus iniciativas empresariales, frente a los emprendedores americanos, que confían principalmente en dos fuentes: un 28% de los europeos prefiere otros emprendedores o empresarios, frente a un 34% de los americanos; otro 28% de los europeos prefiere un abogado, un contable o un consultor externo, frente a un 27% de los americanos; finalmente, un 25% de los europeos elige las cámaras de comercio y otras asociaciones empresariales, frente a sólo un 10% de los americanos. Véase la tabla 7.3.

	Unión Europea		Estados Unidos	
	2001	2003	2001	2003
Otro emprendedor	28%	28%	29%	34%
Un abogado, contable, consultor	31%	28%	23%	27%
Cámara de Comercio, asociación empresarial	24%	25%	11%	10%
Una entidad financiera	18%	20%	15%	14%
Un conocido, un amigo	18%	18%	15%	14%
Una entidad pública de apoyo al emprendedor	14%	6%	10%	2%
Otros	1%	1%	1%	2%
Ninguno	2%	2%	1%	4%
NS/NC	5%	11%	12%	14%

Tabla 7.3. Preferencias de los emprendedores en la Unión Europea frente a los de Estados Unidos en pedir asesoramiento para crear una empresa. Fuente: Flash Eurobarómetro 146 en *Entrepreneurship*, publicado en enero de 2004.

Por último, otro dato importante a destacar en el informe hace referencia a la actitud frente al riesgo como un factor que influye claramente en la decisión de desechar iniciativas empresariales.

Los dos riesgos que temen más los emprendedores europeos son la posibilidad de perder los bienes personales que hayan sido avalados (propiedad privada, inmobiliaria, etc.) junto con la posibilidad de arruinarse. Curiosamente, los emprendedores estadounidenses temen la incertidumbre de los futuros ingresos a percibir, seguida por la posibilidad de quiebra. Véase la tabla 7.4.

Riesgos percibidos	Período	Unión Europea	Estados Unidos
Incertidumbre de ingresos	2001	30%	43%
	2002	33%	45%
	2003	32%	41%
Inseguridad en el trabajo	2001	17%	13%
	2002	19%	13%
	2003	18%	19%
Riesgo de pérdida de bienes y propiedades	2001	45%	28%
	2002	50%	39%
	2003	47%	30%
Dedicar mucha energía y tiempo	2001	12%	17%
	2002	12%	15%
	2003	10%	14%
Posibilidad de fracaso personal	2001	18%	15%
	2002	16%	18%
	2003	17%	14%
Posibilidad de quiebra	2001	44%	33%
	2002	44%	49%
	2003	45%	39%

Tabla 7.4. Riesgos percibidos por los emprendedores de la Unión Europea frente a los de Estados Unidos. Fuente: Flash Eurobarómetro 146 en *Entrepreneurship*, publicado en enero de 2004

MÁS INFORMACIÓN ACTUALIZADA:

www.mbadelsigloxxi.es

En consecuencia, la Unión Europea presentó, en el año 2004, un plan de acción en favor del espíritu empresarial. Sus objetivos: tratar de impulsar la puesta en marcha de empresas y ayudar a los empresarios a crecer y a cumplir sus ambiciones, creando un clima empresarial favorable a través de ayudas.

Se formularon cinco ámbitos políticos estratégicos fundamentales para realzar el dinamismo empresarial, con la esperanza de obtener resultados en términos de impacto sobre el rendimiento empresarial de la Unión Europea:

- **Más personas con mentalidad empresarial.** Más personas que expresen su preferencia por el mundo empresarial; más creación de empresas, también por parte de grupos o en regiones desfavorecidos; más empresarios nuevos que se hagan cargo de empresas existentes y más empresas que vuelvan a empezar después de un fracaso.
- **Mejores resultados de las empresas que se reflejen en una mayor competitividad y crecimiento.** Mejores balances, más innovación del sector privado, más PYME operando en el mercado interior, más creación de empleo y más empresas gacela.
- **Un mejor clima empresarial.** Menos tiempo y costes más bajos ligados al cumplimiento de los procedimientos reglamentarios y administrativos.

❶ Fomentar la mentalidad empresarial
- Acción clave: fomentar la mentalidad empresarial entre los jóvenes

❷ Animar a un mayor número de personas a convertirse en empresarios
- Acción clave: reducir el estigma del fracaso
- Acción clave: facilitar las transmisiones de empresas
- Acción clave: revisar los regímenes de seguridad social de los empresarios

❸ Orientar a los empresarios hacia el crecimiento y la competitividad
- Acción clave: ofrecer apoyo a medida a las mujeres y minorías étnicas
- Acción clave: ayudar a las empresas a desarrollar relaciones interempresariales

❹ Mejorar el flijo de financiación
- Acción clave: aumentar el capital propio de las empresas y sanear sus balances

❺ Crear un marco administrativo y reglamentario más favorable para las PYME
- Acción clave: escuchar a las PYME
- Acción clave: reducir la complejidad del cumplimiento de la legislación fiscal

Figura 7.4. Cinco ámbitos políticos estratégicos dentro del plan de acción en favor del espíritu empresarial de la Unión Europea. Bruselas, 2004.

DESCARGA DEL PLAN DE ACCIÓN EN:

www.mbadelsigloxxi.es

Plan de acción en favor del espíritu empresarial: objetivos alcanzados en septiembre de 2006

Según la Comisión Europea: «La mayor parte de las iniciativas contenidas en el plan de acción en favor del espíritu empresarial puesto en marcha a principios de 2004 se han cumplido. Entre los resultados más sobresalientes destaca el incremento de la financiación de la UE para medidas destinadas a ayudar a las empresas, el fomento de miniempresas constituidas por estudiantes y el establecimiento, por parte de los Centros Europeos de Información, de una base de datos con el fin de poner en contacto a posibles socios comerciales. El plan de acción ha promovido diversas iniciativas eficaces que han cumplido su objetivo de fomentar el espíritu empresarial, según pone de relieve un nuevo informe[2] sobre los avances logrados durante los últimos dos años y medio, y en el que también se ofrece una base sólida para futuras actividades en este ámbito».

Resultados del último Flash Eurobarómetro 192 en *Entrepreneurship*, publicado en abril de 2007

El último Eurobarómetro en *Entrepreneurship* presenta datos de los emprendedores potenciales de la Unión Europea de los 15 y de los 25 frente a los emprendedores potenciales de Estados Unidos.

Los resultados de la encuesta muestran que no hay grandes cambios desde el año 2004: un 45% de los europeos sigue optando por trabajar por cuenta propia frente a un 50% que prefiere trabajar por cuenta ajena. En Estados Unidos, la opción preferente sigue siendo trabajar por cuenta propia, con un 61% frente a un 37% que prefiere trabajar por cuenta ajena. Véase la tabla 7.5.

	UE (15)		UE (25)		EE UU	
	2004	2007	2004	2007	2004	2007
Trabajar por cuenta ajena	51%	51%	50%	50%	34%	37%
Trabajar por cuenta propia	45%	44%	45%	45%	61%	61%

Tabla 7.5. Preferencias en la elección entre trabajar por cuenta propia o ajena. Fuente: Flash Eurobarómetro 192 en *Entrepreneurship*, publicado en abril de 2007.

Un dato un tanto preocupante es el caso de los resultados de las encuestas en España, país en el que un 34% de los encuestados prefería trabajar por cuenta ajena en el año 2004, cifra que asciende a un 52% en el año 2007. En lo que respecta al trabajo por cuenta propia, las preferencias han cambiado desde un 56%, en el año 2004, a un 40% (por debajo de la media europea) en el año 2007. Pensamos que esta decisión se debe a la percepción de la situación económica interna del país.

2. *El programa europeo en favor del espíritu empresarial*. Informe sobre la aplicación del plan de acción. Se puede descargar en www.mbadelsigloxxi.es.

Otro dato significativo es el caso del Reino Unido, donde se ha eliminado la brecha entre ambas preferencias: el 55% de los encuestados prefería trabajar por cuenta ajena en 2004, frente a un 41% que prefería hacerlo por cuenta propia; en el año 2007, se igualan ambas preferencias en un 49%.

Pese a estos resultados, las conclusiones del Eurobarómetro son bastante optimistas respecto al espíritu empresarial en la Unión Europea, y depositan sus expectativas en las nuevas generaciones, que ganarán terreno en la deficiencia emprendedora que todavía mostramos frente a Estados Unidos.

El espíritu emprendedor sigue vivo en Europa, como demuestran los resultados de las encuestas sobre el papel que desempeñan las instituciones educativas. Mirando a los resultados por edades, el grupo de entre quince y veinticuatro años muestra una opinión positiva respecto a la influencia que tienen las instituciones educativas en el desarrollo de una actitud empresarial, con un porcentaje muy por encima de la media de los encuestados respecto a esta percepción en la Europa de los 25 y en Estados Unidos.

EJERCICIO DE TORMENTA DE IDEAS

El emprendedor (3 de 4)

Continuamos elaborando nuestro ejercicio de tormenta de ideas relacionadas con los aspectos que motivan a los emprendedores para poner en marcha una aventura empresarial.

En este tercer ejercicio intenta crear una lista de los *role models* que más te puedan influenciar positivamente en la idea de poner en marcha un proyecto empresarial.

Te proporcionamos un ejemplo:

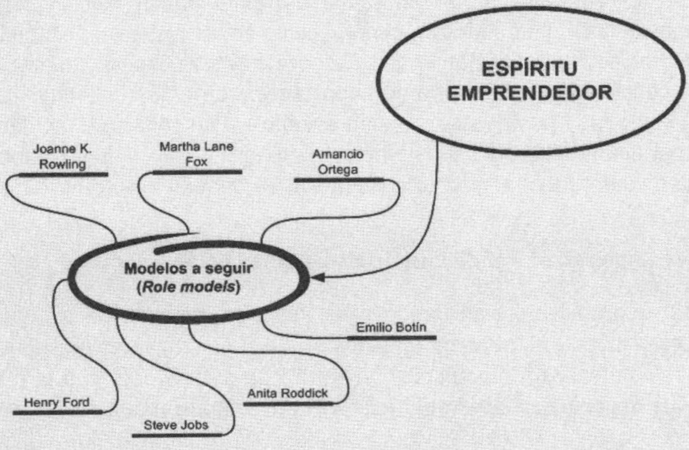

Cuando termines de realizar todos los diagramas puedes compartirlos con otros usuarios en la Comunidad MBA del siglo XXI Emprendedores.

Más información en www.mbadelsigloxxi.es: puedes descargarte un software para realizar diagramas de tormenta de ideas.

Iniciativas emprendedoras en las instituciones educativas

En esta última década, la Unión Europea, consciente de que padece un déficit empresarial en comparación con Estados Unidos, ha empezado a considerar el fomento del espíritu emprendedor como un factor clave en la creación de empleo y en la mejora de la competitividad y del crecimiento económico. A partir del Consejo Europeo de Lisboa de marzo de 2000, la educación para promover el espíritu emprendedor ha sido definida como el motor de una cultura empresarial más dinámica.

España ha asumido el compromiso político de promover la noción del espíritu emprendedor en su sistema educativo. Para ello, el Ministerio de Economía y Hacienda y el Ministerio de Educación están trabajando de forma conjunta. El objetivo es el de introducir el espíritu emprendedor, de forma secuencial, en los objetivos y contenidos de los diferentes niveles educativos, desde la Educación Primaria al Bachillerato, y también en la Formación Profesional. El espíritu emprendedor también se recoge como uno de los principios de calidad del sistema educativo.

En la Educación Primaria, se introduce el espíritu emprendedor como objetivo, fomentando actitudes de confianza en uno mismo, sentido crítico, creatividad e iniciativa personal. En la Secundaria, además de tratar estos aspectos, se hace hincapié en la capacidad para planificar, tomar decisiones y asumir responsabilidades. En el Bachillerato, el espíritu emprendedor se afianza también a través de actitudes de creatividad, flexibilidad, iniciativa, confianza en uno mismo, sentido crítico, trabajo en equipo y espíritu innovador.

Actitud positiva de la sociedad

Nunca antes los emprendedores han tenido tanto reconocimiento y respaldo por parte de la sociedad y del público en general como en los últimos años. En la actualidad, los medios de comunicación (prensa escrita, revistas especializadas, televisión y weblogs) constituyen un factor muy importante, que está contribuyendo a construir una imagen muy positiva de los emprendedores. La cobertura mediática realza la imagen del emprendedor y de las empresas creadas a través de sus innovaciones, así como la de sus contribuciones a la sociedad en general.

Las grandes empresas a favor de las iniciativas intraemprendedoras

Las grandes empresas le están dando cada vez más importancia a las iniciativas emprendedoras internas (intraemprendedoras) y dedican mayores presupuestos para animar a sus empleados a involucrarse en este tipo de proyecto con el fin de desarrollar nuevos negocios a través de iniciativas intraempresariales.

7.3. TIPOS Y CARACTERÍSTICAS DE LOS EMPRENDEDORES

Es difícil describir un perfil tipo de emprendedor, aunque sí podemos afirmar que un emprendedor es una persona capaz de llevar a cabo un proyecto rechazado por la mayoría, persistente ante las adversidades, que no teme demasiado al fracaso y que tiene la autoconfianza y la capacidad de persuasión necesarias para conseguir su propósito.

Los emprendedores ven una oportunidad donde otros no la ven, son personas con grandes dotes analíticas, están bien informados y siempre pendientes de los cambios que se producen, además de ser un ejemplo de responsabilidad y honestidad ante la sociedad.

7.3.1. TIPOS DE EMPRENDEDORES

Figura 7.5. Tipos de emprendedores.

El emprendedor o empresario

El emprendedor, o empresario, es la categoría más reconocida y que mejor representa el significado de la actividad emprendedora como reconocimiento y persecución de oportunidades a través de la creación, la puesta en marcha y el posterior desarrollo de una empresa.

Según el Global Entrepreneurship Monitor (GEM), observatorio internacional de la actividad emprendedora nacido en 1997 como una iniciativa del London School of Economics y Babson College, considerado como un referente en la investigación del fenómeno emprendedor en todo el mundo, se distinguen dos motivaciones principales por las cuales se inicia una actividad emprendedora: primero, la necesidad de emprender frente a mejores alternativas de trabajo, y, segundo, el aprovechamiento de oportunidades de negocio que son detectadas por emprendedores potenciales.[3] Así distinguimos:

El emprendedor por necesidad: es aquel que se ve forzado a iniciar una actividad empresarial, debido a factores denominados «push», principalmente cuando las oportunidades de empleo son nulas o no satisfacen sus expectativas.

3. *Informe del Global Entrepreneurship Monitor (GEM)*. España, 2006.

El emprendedor por oportunidad: es aquel que inicia una actividad empresarial, debido a factores denominados «pull», para explotar una oportunidad percibida de negocio. Dentro de este grupo de emprendedores potenciales, los hay que persiguen una oportunidad iniciando una actividad empresarial motivados por su deseo de alcanzar una mayor independencia personal, o los que buscan simplemente aumentar su nivel de ingresos en comparación con el obtenido trabajando por cuenta ajena.

También podemos establecer diferentes categorías de emprendedores, agrupándolos según sus situaciones personales o profesionales. Así podemos hablar de:

El emprendedor vocacional: es una persona muy motivada, que siente un fuerte impulso por crear algo propio y poder convertirse en empresario. Los empresarios vocacionales suelen tener una gran independencia, motivación por el logro, capacidad de asumir riesgos y son ambiciosos por naturaleza.

El emprendedor pasional: es una persona que está enamorada de su proyecto con una fe incombustible para llevarlo a cabo. Los negocios que emprende este tipo de emprendedor suelen estar muy vinculados a alguna actividad en concreto, que genera un fuerte interés, o incluso pasión, factores determinantes para impulsar al emprendedor a iniciar una aventura empresarial.

El emprendedor situacional: es una persona cuyo estímulo a iniciar una aventura empresarial es la falta de oportunidades laborales. Los emprendedores situacionales se ven obligados a buscar en el autoempleo una fuente de ingresos que no pueden encontrar en el mercado laboral.

El emprendedor por tradición familiar: es una persona que continúa manteniendo la actividad empresarial por ser una tradición familiar, realizando un relevo generacional.

El intraemprendedor o emprendedor corporativo

Los intraemprendedores son personas que trabajan dentro de una organización, pero muestran un comportamiento emprendedor, generando valor en las empresas donde desarrollan su labor profesional a través de su aportación creativa e innovadora.

El término intraemprendedor *(intrapreneur,* en su voz anglosajona) fue acuñado por Gifford Pinchot, quien lo hizo popular en su libro *Intrapreneuring* en 1985. Según Pinchot, los intraemprendedores son los «Soñadores que hacen realidad lo que imaginan». Pinchot define el *intrapreneuring* como un proceso que permite y alienta al recurso humano a liderar e implementar nuevas ideas y proyectos para mejorar la competitividad de su empresa.

¿Qué aportan los intraemprendedores a la organización?

- Aportan mejoras a los productos o servicios existentes.
- Desarrollan nuevos productos o servicios innovadores.
- Implementan o mejoran los sistemas de producción.
- Abren nuevos mercados.

El nuevo reto de las empresas es el de fomentar el espíritu emprendedor entre sus empleados, incorporando, dentro de sus culturas corporativas, un mayor compromiso, reconocimiento y apoyo a sus intraemprendedores, y ofreciéndoles facilidades para desarrollar nuevas oportunidades para innovar.

El emprendedor social

Los emprendedores sociales son personas que desarrollan competencias emprendedoras enfocadas al desempeño de tareas al servicio de la sociedad, actuando por vocación social, pero demostrando una gestión empresarial.

El Arthur M. Blank Center for Entrepreneurial Studies, de Babson College, define el emprendimiento social como un proceso a través del cual se identifican oportunidades y se organizan los recursos necesarios para tratar de encontrar maneras de solucionar los problemas de la sociedad y del planeta generando valor social y económico.

- Contribuciones para solucionar los problemas de la sociedad en: sanidad, educación, pobreza, falta de hogar, hambre, seguridad.
- Contribuciones para solucionar los problemas del planeta: medio ambiente, energías limpias, gestión del agua, gestión de residuos, polución.

Cada día son más las iniciativas de organizaciones dirigidas por emprendedores sociales que se financian a través de donaciones, ayudas y trabajo de voluntariado. Como hemos descrito en el capítulo «Next Forever Trends», estamos ante una nueva tendencia, el HBMQ (Hacer el Bien pero Mirando a Quién), encaminada a ayudar al prójimo en proyectos de uno a uno a través de organizaciones sin ánimo de lucro con una gestión empresarial muy profesional.

La llegada de los *minipreneurs*: una nueva generación de emprendedores

Estamos ante la llegada de un nuevo movimiento de consumidores que se están convirtiendo en agentes participadores en el mercado, abandonando su rol de audiencia pasiva. Esta nueva moda ha venido manifestándose en diversas formas, desde la Generación C, que genera ingresos a través de sus creaciones, hasta los consumidores que reciben recompensas por participar en proyectos hechos por clientes *(customer made)*. Una nueva generación de emprendedores, denominados por Trendwatching.com[4] como *minipreneurs,* o miniemprendedores.

Los miniemprendedores son considerados una nueva ola de consumidores que actúan como verdaderos emprendedores; es el caso de las microempresas, los freelance, los *side-businesses* (actividades empresariales como fuente de ingresos adicionales al trabajo por

---

4. Para más información accede al artículo de trenwatching.com en www.trendwatching.com/trends/minipreneurs.htm o visita www.mbadelsigloxxi.es para su descarga en formato pdf.

cuenta ajena), los empresarios de fin de semana, los empresarios de la Web, los a tiempo parcial, las llamadas «mamás emprendedoras», los emprendedores pro-am (profesionales-amateurs), los *solopreneurs,* los comerciantes de eBay, los blogueros patrocinados, etc.

Según una encuesta realizada por eBay en al año 2005, más de 724.000 estadounidenses reconocieron que las transacciones que realizaban en eBay se habían convertido en su primera o segunda fuente de ingresos; adicionalmente, otro millón y medio reconocía que percibía una fuente importante de ingresos complementarios a su actividad profesional a través de la venta de artículos en eBay.

¿CUÁLES SON LAS MOTIVACIONES PRINCIPALES DE LOS MINIEMPRENDEDORES?

1. Cambio en el poder de acceso a los recursos. Los recursos que antes estaban disponibles solamente para las grandes firmas, desde el acceso a los mercados hasta las grandes sinergias con gente de talento, ahora están al alcance de la mano de los consumidores. Los consumidores han descubierto que, además de ser compradores, se pueden beneficiar de la «economía a golpe de clic» mediante el comercio, la venta, las subastas, etc.
2. Poder controlar su destino. Como hemos visto anteriormente en este capítulo, una de las motivaciones de los emprendedores de hoy es su necesidad de independencia, de logro y su Locus de Control interno, es decir, el deseo de controlar su propio destino. Los miniemprendedores muestran los mismos deseos y motivaciones, aunque utilicen formas diferentes de satisfacer sus necesidades, orientadas en mayor medida a la obtención de ingresos extras, convirtiéndose en sus propios jefes, aunque sólo sea durante unas horas a la semana.
3. Consideran emprender como algo chic. Diversos son los casos de éxito como Flickr, MySpace, YouTube, Weblogs, etc., que contribuyen a una nueva moda de iniciativas empresariales favorecidas por una revolución social y tecnológica alrededor del mundo. Cada vez más, los miniemprendedores ven a las grandes firmas como menos sofisticadas, y consideran el llamado miniemprendimiento *(minipreneurialism)* como algo chic, ya que les permite pensar a lo grande siendo o actuando en pequeño.
4. Menor riesgo y menor coste. Los miniemprendedores tienen ahora un acceso más fácil a una serie de recursos, de software, hardware, comunicaciones, diseño, financiación, etc., que les ofrecen la posibilidad de poner en marcha su negocio online en poco tiempo con un beneficio añadido. El riesgo y los costes implicados no son, en modo alguno, comparables con el estrés vinculado a la gestión diaria de aventuras empresariales de mayor magnitud.
5. Necesidad por lo inusual. Los miniemprendedores, incluidos los miembros de la Generación C, proporcionan a otros consumidores una mayor variedad: algo diferente, especial, hecho a medida, personalizado, caprichoso, estrafalario y, sobre todo, algo que no es lo suficientemente rentable como para que lo comercialicen las grandes empresas.

7.3.2. MAPA DE CARACTERÍSTICAS COMUNES A LOS EMPRENDEDORES

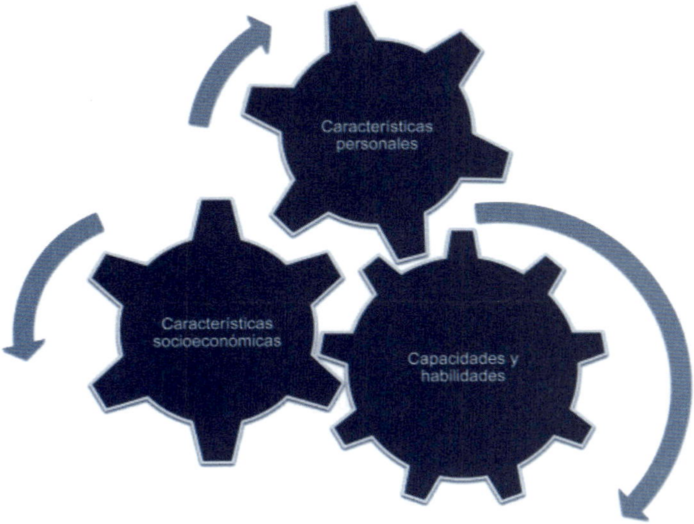

Figura 7.6. Características comunes a los emprendedores.

Características personales comunes

- Iniciativa y proactividad: capacidad para anticiparse a los problemas futuros o a los cambios en el entorno. La iniciativa es una característica que permite a los emprendedores buscar oportunidades de forma permanente, adelantándose a los demás.
- Creatividad e innovación: actitud para hacer las cosas de una manera nueva, diferente o mejor. Los emprendedores muestran dotes de creatividad superiores a la media, un rasgo que los conduce a innovar ideas, que son implantadas posteriormente con el objetivo de obtener una ventaja competitiva.
- Tolerancia al riesgo, a la ambigüedad y a la incertidumbre: son capaces de evaluar el riesgo y tomar las decisiones oportunas para disminuirlo. Se enfrentan desde otra perspectiva a la incertidumbre y la vencen con la autoconfianza.
- Absoluta dedicación y compromiso: los emprendedores son conscientes del esfuerzo que tienen que realizar para crear, mantener y hacer crecer sus proyectos empresariales; de hecho, muestran una gran capacidad de trabajo para suplir la falta de recursos en momentos difíciles.
- Optimismo: un rasgo común entre los emprendedores es su compromiso con un proyecto con un alto grado de optimismo. Los emprendedores se caracterizan por ver el vaso medio lleno.

- Flexibilidad y adaptación a los continuos cambios: los emprendedores se caracterizan por su adaptación y tolerancia a condiciones y ambientes muy adversos y en continuo cambio, así como al trato con personas que muestran una personalidad y una actitud muy diferente a la suya.

Características socioeconómicas

Según el último informe publicado por el Global Entrepreneurship Monitor (GEM) podemos distinguir diferencias entre los emprendedores por las siguientes características:

- Género: en general, la probabilidad de comenzar un nuevo negocio es más alta entre los hombres emprendedores que entre las mujeres emprendedoras. En ninguno de los países participantes en el proyecto GEM (un total de 42) se detectó una mayor iniciativa por parte de las mujeres emprendedoras. La diferencia en las iniciativas empresariales entre hombres y mujeres emprendedoras es relativamente pequeña en países económicamente menos desarrollados; esto se debe a la mayor dificultad que muestran estas personas a la hora de encontrar un empleo, lo que las empuja a emprender un negocio. En países con un mayor desarrollo económico, la proporción de hombres emprendedores dobla a la de mujeres emprendedoras.
- Edad: por lo general, los tramos de edad de los emprendedores son muy similares independientemente del desarrollo económico del país donde residan. Sí que es cierto que, de los tramos de edad estudiados por GEM (18-24, 25-34, 35-44, 45-54 y 55-64), el grupo 25-34 muestra una tasa más alta en el desarrollo de proyectos empresariales en su *early stage,* o incipientes; en cambio, la tasa de los emprendedores pertenecientes al tramo de edad 45-54 es más alta que la de los emprendedores incipientes 25-35 en proyectos empresariales consolidados.
- Educación: en lo que al nivel educativo se refiere, los emprendedores incipientes, o *early stage* (involucrados en proyectos empresariales en una fase temprana), han cursado estudios después de finalizar su educación secundaria o superior independientemente del desarrollo económico del país donde residen. En cambio, los emprendedores consolidados de los países con un desarrollo económico medio y alto muestran una correlación desigual en lo que respecta al nivel de los estudios cursados.
- Nivel de renta: el estudio recoge que en todos los países, independientemente de su PIB per cápita, la probabilidad de involucrarse en un proyecto empresarial es mayor en personas con niveles de renta más altos. Sin embargo, en países con un nivel de desarrollo mayor, la diferencia entre el nivel de renta de los emprendedores incipientes es mayor que en países con un nivel de desarrollo económico menor. Los emprendedores consolidados muestran un nivel de renta más alto en países con un mayor desarrollo económico, comparado

con los emprendedores consolidados de países con un nivel de desarrollo económico medio.

Capacidades y habilidades

- Capacidad de liderazgo y motivación: inspiran confianza en subordinados y socios. Reconocen y recompensan públicamente los esfuerzos y éxitos de aquellos con los que colaboran. Delegan responsabilidades y orientan al equipo de trabajo en la consecución de metas y objetivos.
- Capacidad de colaboración y trabajo en equipo: comparten información, buscan las aportaciones de sus colaboradores para la resolución de problemas, crean y fomentan una atmósfera de cooperación dentro del equipo de trabajo.
- Visión y capacidad de desarrollo: si hay algo que comparten los emprendedores es su visión y la capacidad de desarrollo de sus ideas. Los emprendedores tienen una imagen clara de la proyección de sus productos o servicios y del tipo de organización que deben crear para conseguir sus objetivos.
- Capacidad para conseguir recursos: los emprendedores tienen claro que no basta con tener buenas ideas, por lo tanto, se centran en la oportunidad y, a partir de ahí, comienzan a buscar todos los recursos necesarios para convertirla en una realidad. Los emprendedores se caracterizan por su capacidad para adquirir recursos, ya sean humanos, económicos, tecnológicos, apoyos, etc., encontrando la mejor manera de combinarlos para alcanzar el mayor éxito posible.

Mapa de todas las características y comportamientos que influyen en los emprendedores

FACTORES DETERMINANTES – FUERZAS MOTIVADORAS	
Factores personales	
▪ Necesidad y deseo de independencia ▪ Locus de Control interno ▪ Recompensa económica	▪ Necesidad de logro ▪ Creatividad e innovación
Factores sociológicos	
▪ Responsabilidades familiares ▪ Amistades ▪ Tendencias sociales	▪ Modelos a seguir *(role models)* ▪ Compañeros de trabajo
Factores del entorno	
▪ Situación económica ▪ Disponibilidad de recursos ▪ Competencia ▪ Instituciones educativas ▪ Las grandes empresas	▪ Situación política ▪ Situación del mercado ▪ Acciones gubernamentales ▪ La sociedad

CARACTERÍSTICAS DE LOS EMPRENDEDORES	
Personales	
▪ Iniciativa y proactividad ▪ Tolerancia al riesgo, ambigüedad e incertidumbre ▪ Optimismo ▪ Honestidad e integridad ▪ Orientación hacia la oportunidad ▪ Estabilidad emocional ▪ Humor	▪ Creatividad e innovación ▪ Absoluta dedicación y compromiso ▪ Flexibilidad y adaptación a los continuos cambios ▪ Perseverancia ▪ Buenas relaciones/redes de contactos ▪ Responsabilidad personal
Socioeconómicas	
▪ Género ▪ Educación/nivel de estudios	▪ Edad ▪ Nivel de renta
Físicas	
▪ Energía	▪ Trabajo duro
▪ Buena salud	
Capacidades y habilidades	
▪ Capacidad de liderazgo y motivación ▪ Visión y capacidad de desarrollo ▪ Conocimiento del sector/negocio ▪ Capacidad de negociación ▪ Capacidad de solución de problemas ▪ Buena planificación ▪ Capacidad de decisión	▪ Capacidad de colaboración y trabajo en equipo ▪ Capacidad de conseguir recursos ▪ Capacidad de comunicación ▪ Realismo ▪ Capacidad de análisis

Tabla 7.6. Características, comportamientos, capacidades y habilidades comunes a los emprendedores.

EJERCICIO DE TORMENTA DE IDEAS

El emprendedor (4 de 4)

Continuamos elaborando nuestro ejercicio de tormenta de ideas relacionadas con las características comunes entre los emprendedores.

En este último ejercicio, intenta crear una lista de las características más importantes que tienes, y que pueden ser clave para ayudarte a poner en marcha un proyecto empresarial con éxito.

Te proporcionamos un ejemplo:

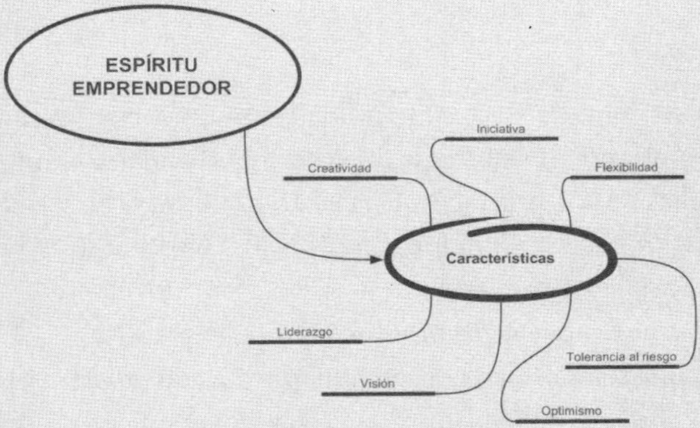

Cuando termines de realizar todos los diagramas puedes compartirlos con otros usuarios en la Comunidad MBA del siglo XXI Emprendedores.

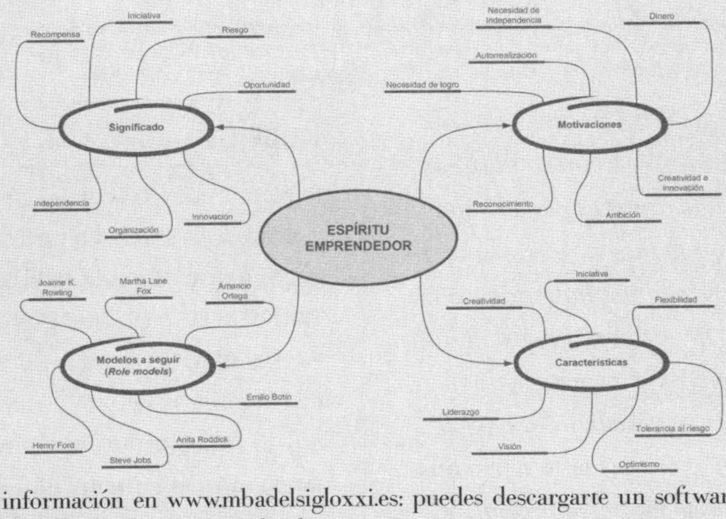

Más información en www.mbadelsigloxxi.es: puedes descargarte un software para realizar diagramas de tormenta de ideas.

8. La búsqueda y evaluación de oportunidades de negocio

«Las oportunidades pequeñas son el principio de las grandes empresas.»

Demóstenes

Una idea se convierte en oportunidad cuando tiene la característica de ser atractiva, duradera, realista, conducida por un líder, y está vinculada a un producto o servicio que crea o añade un valor significativo a sus consumidores o usuarios, ofreciendo el beneficio esperado para el emprendedor, sus socios o sus inversores.
¿De dónde sacan los emprendedores sus ideas?
Este capítulo intenta ofrecer fuentes para detectar ideas que podrán o no convertirse en oportunidades potenciales.
La creatividad y la innovación, como fuentes internas, y los medios, los cazatendencias, los estudios de mercado, organismos diversos, las ferias comerciales, etc., como fuentes externas.

"Uno de los errores que cometen muy a menudo algunos emprendedores es pensar que tienen que buscar ideas únicas, y, cuando creen haberlas encontrado, desestiman la posibilidad de compartirlas por miedo a perder su 'percibida exclusividad'. Por favor, comparte y busca consejo en personas que te pueden aportar experiencia."

NUBE DE TAGS

FUENTES PARA NUEVAS IDEAS, **creatividad**, *innovación*, **investigación y desarrollo**, EXPERIENCIAS PERSONALES Y PROFESIONALES, *fuentes externas*, cazatendencias, *brainstorming*, focus group, **MAPAS MENTALES**, **mapas conceptuales**, evaluación de oportunidades...

Las personas con espíritu empresarial están continuamente generando o buscando grandes ideas que les permitan iniciar con éxito una aventura empresarial. La tarea más difícil para un emprendedor consiste en descartar las malas, o no tan buenas, y seleccionar las que verdaderamente se pueden convertir en una oportunidad de negocio auténtica, persiguiéndolas y organizando los recursos necesarios (humanos, económicos, tecnológicos, etc.) para gestionarlas con éxito. Por lo tanto, es importante diferenciar de manera clara una idea de una oportunidad a través de un proceso de evaluación y toma de decisiones que veremos más adelante.

A continuación, describimos gráficamente los procesos a seguir desde la gestación de la idea hasta la puesta en marcha del proyecto empresarial:

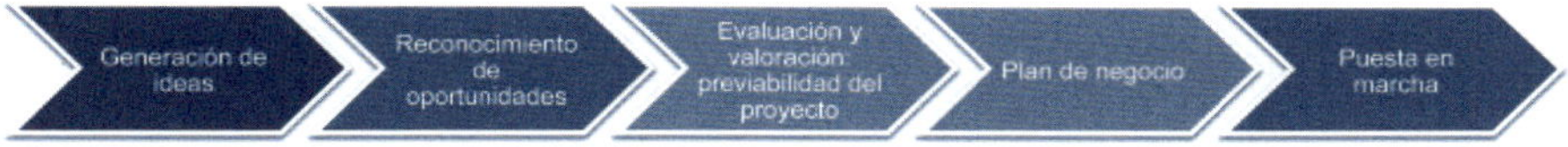

Figura 8.1. Proceso de un proyecto empresarial desde su gestación hasta su puesta en marcha.

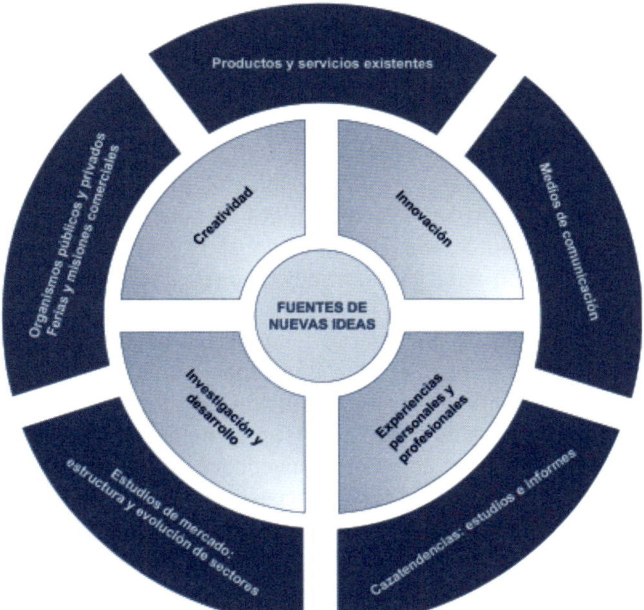

Figura 8.2. Fuentes de ideas externas e internas.

8.1. FUENTES PARA DETECTAR IDEAS Y OPORTUNIDADES POTENCIALES

¿De dónde sacan los emprendedores sus ideas?

Podemos clasificar las fuentes principales en internas, las que dependen de la observación, la creatividad, la innovación, la intuición e incluso del olfato empresarial del emprendedor, y las externas, como medios de comunicación, estudios de tendencias, necesidades desatendidas o no cubiertas, industrias emergentes, tecnología, asociaciones sectoriales, etc.

8.1.1. LA CREATIVIDAD Y LA INNOVACIÓN COMO FUENTES GENERADORAS DE IDEAS Y OPORTUNIDADES

Algunas ideas de negocio se encuentran por casualidad, otras por imitación, algunas otras por inspiración, aunque las buenas ideas, las que tienen una alta probabilidad de convertirse en una buena oportunidad de negocio, son las que nacen a raíz de un proceso creativo e innovador. Seguro que en numerosas ocasiones hemos escuchado a alguien comentar que «todo está inventado», y es verdad que los mercados están hipersaturados de productos y servicios. Los emprendedores de hoy tienen la difícil tarea de: encontrar nuevas fórmulas comerciales para productos o servicios existentes o aplicar nuevas técnicas para encontrar las ideas más rompedoras, las que se denominan, en la voz anglosajona, *breakthrough ideas,* para desarrollar nuevos productos o servicios. Gracias al talento y a las contribuciones de autores como Edward de Bono, Philip Kotler y Fernando Trías de Bes, mencionadas en el capítulo 12: «Marketing lateral», los emprendedores se pueden inspirar en el pensamiento lateral y aplicarlo al marketing con cierta dosis de creatividad e innovación para generar nuevas ideas y convertirlas en verdaderas oportunidades de negocio.

La creatividad implica la generación imaginativa de nuevas ideas o la combinación de elementos conocidos que dan lugar a uno nuevo con el objetivo de aportar soluciones valiosas en la resolución de problemas. Las ideas son la materia prima de la innovación, que consiste, principalmente, en la explotación y aplicación práctica de esos conceptos novedosos con el propósito de alcanzar un objetivo. Se puede ser innovador sin necesidad de ser creativo, por ejemplo, imitando y mejorando las ideas de terceros, mediante la adquisición de patentes, etc., aunque los emprendedores o las empresas que muestran a la vez una gran creatividad y una excelente gestión de la innovación son las que se aseguran el éxito permanente.

Te ofrecemos unos cuantos ejemplos de ideas que han generado nuevos productos o servicios aplicando técnicas creativas e innovadoras.

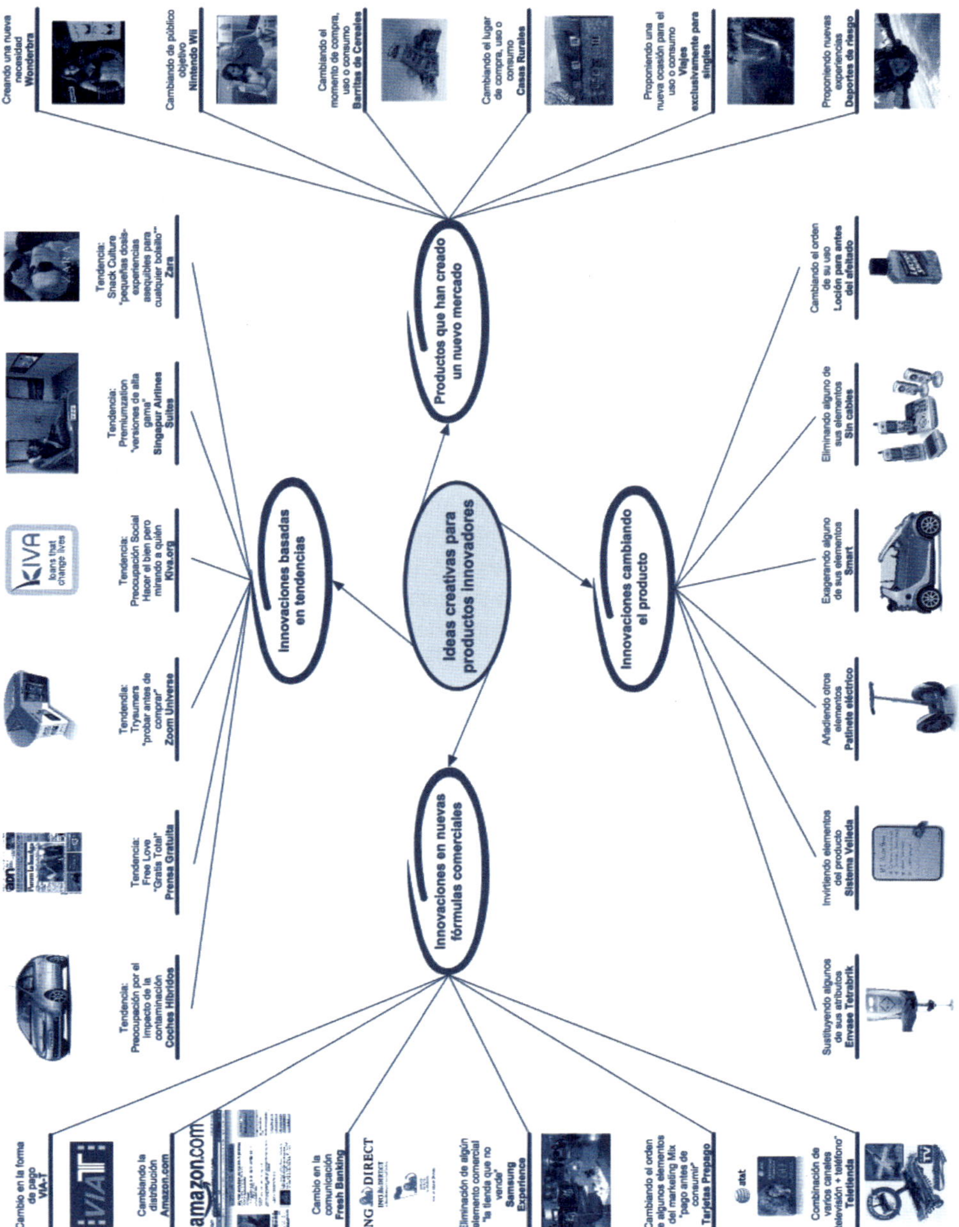

Figura 8.3. Ideas creativas para productos innovadores.

8.1.2. LAS FUENTES EXTERNAS COMO GENERADORAS DE IDEAS

La experiencia nos dice que para encontrar una buena idea que se pueda convertir posteriormente en una oportunidad potencial hay que buscar en el lugar adecuado, en el momento adecuado y a través de la persona adecuada. Proponemos diversas fuentes externas que nos puedan aportar esa pista que tanto nos hace falta a los emprendedores. El resto es cuestión de un buen olfato, un análisis completo, y, sobre todo, compartir con los demás.

Medios de comunicación escrita: tradicionales y digitales[1]

- Revistas especializadas. Las revistas especializadas en creación de empresas y emprendedores contienen interesantísimos artículos, reportajes y estudios, que ofrecen a sus lectores diferentes puntos de vista sobre oportunidades potenciales de negocios. En España, podemos destacar las revistas *Mujeremprendedora, Emprendedores* e *Ideas & Negocios.* Entre las publicaciones internacionales, recomendamos *Entrepreneur* (www.entrepreneur.com), *Journal of Business Venturing* y *Entrepreneurship & Regional Development,* entre otras.
- Publicaciones de escuelas de negocios. Las universidades y escuelas de negocios más prestigiosas ofrecen también publicaciones e informes que ayudan a los emprendedores a canalizar oportunidades de negocios de diferentes sectores. Nos gustaría destacar la *Harvard Business Review (HBR),* publicada desde 1922, y la *Revista de Empresa* (www.revistadeempresa.com), de la Fundación Instituto de Empresa en colaboración con la Iberoamerican Academy of Management.
- Otras revistas y prensa económica. La prensa económica ofrece habitualmente columnas especiales sobre iniciativas empresariales y oportunidades para nuevos negocios. Nos gustaría destacar, en España, a los periódicos *Cinco Días* y *Expansión,* y a las revistas *Actualidad Económica* y *Nueva Economía.* En ámbito internacional, destacamos los periódicos *The Financial Times, The Wall Street Journal* y las revistas *Forbes, Fortune, Business Week, Inc., Newsweek, Time, Money, Wired* y *US News & World Report.*
- Resúmenes de libros de gestión. Además de los principales libros de gestión de lectura obligatoria que sugerimos en www.mbadelsigloxxi.es, nos gustaría destacar, para los que no dispongan de tanto tiempo o quieran ponerse al día rápidamente, la opción que proponen Soundview Executive Book Summaries (www.summary.com) o, en idioma castellano, Leader Summaries (www.leadersummaries.com). Son empresas que ofrecen resúmenes de los libros de gestión más prestigiosos sintetizados en entre cinco y ocho páginas, que reflejan las ideas principales de cada libro.
- Medios digitales. Internet se ha convertido en una fuente inagotable de infor-

1. Siendo imposible mencionar todos los medios por cuestión de espacio, proponemos los que consideramos de mayor alcance y sugerimos que visites www.mbadelsigloxxi.es para obtener un listado completo de ámbito nacional e internacional.

mación gratuita para los emprendedores. Sugerimos, por mencionar algunas: la revista electrónica *SoyEntrepreneur.com,* portales para emprendedores como Empredemos Juntos (www.emprendemosjuntos.es), Emprendedor XXI (www.emprendedorxxi.es), Escuela Banespyme (www.banespyme.org) y decenas de weblogs que proponemos en nuestra web.

Los cazatendencias: estudios e informes sobre tendencias

A veces, la gran oportunidad se encuentra delante de nosotros, en el ambiente que nos rodea, en la calle, en diversos nichos de mercado, etc., y, simplemente, tenemos que observar e intentar predecir cómo va a ser el mañana. Esto requiere cierta dosis de observación y creatividad, aunque es cierto que no todos los emprendedores son igual de creativos, y, a veces, hay que recurrir a una fuente cada vez más en auge para detectar buenas oportunidades de negocio, como los *trendsetters* (generadores de tendencias), los *coolhunters* o *trendhunters* (cazatendencias), los *trendwatchers* (observadores de tendencias), informadores que redactan en pocas páginas lo que ven en la calle junto con vídeos o fotografías digitales.

Empresas como Springspotters (www.springspotters.com), proyecto del economista holandés Reiner Evers, cuenta con una red mundial de 8000 colaboradores en más de 70 países, que identifican tendencias y nuevas ideas y oportunidades de negocio. Las mejores o más relevantes se publican en las webs www.springwise.com y www.trendwatching.com.

Estudios de mercado

Los estudios de mercado son una gran fuente de ideas y oportunidades a evaluar, ya que contienen información clave respecto a la estructura y evolución de diversos sectores (sus fuerzas competitivas, factores claves de éxito, evolución de las actividades, distribución, costes, financiación, rentabilidad), información sobre los principales competidores (su mix de marketing, cuotas, resultados), así como las perspectivas (amenazas, oportunidades, tendencias, previsiones de crecimiento), etc. Destacamos la Asociación Española de Estudios de Mercado, Marketing y Opinión (AEDEMO, www.aedemo.es), los estudios realizados por el Instituto Español de Comercio Exterior (ICEX, www.icex.es), en colaboración con las oficinas comerciales de las embajadas de España en diferentes países, y los estudios realizados por las diferentes cámaras de comercio del territorio nacional (www.camerdata.es).

Organismos públicos y privados

Diversos organismos públicos, fundaciones, cámaras de comercio, agencias de desarrollo locales y asociaciones de empresarios están realizando un importante esfuerzo para fomentar el espíritu emprendedor, ofreciendo valiosa información y apoyo a los emprendedores. Son una fuente de información y asesoramiento a considerar para la evaluación de oportunidades y puesta en marcha de nuevas iniciativas empresariales. Estos organismos ofrecen también un punto de encuentro con expertos de diferentes sectores para contrastar opiniones y transmitir nuestras ideas e inquietudes.

Destacamos un listado parcial de las más representativas:

- Dirección General de Política de la PYME (DGPYME)
  www.ipyme.org
- Centro Europeo de Empresas e Innovación de Navarra (CEIN)
  www.cein.es
- Centro para el Desarrollo Tecnológico Industrial
  www.cdti.es
- SECOT (Seniors Españoles para la Cooperación Técnica)
  www.secot.org
- Programa de Apoyo Empresarial a las Mujeres
  www.e-empresarias.net
- Confederación Española de Asociaciones de Jóvenes Empresarios
  www.ceaje.com
- Asociación Nacional de Centros Europeos de Empresas Innovadoras (CEEI)
  www.ances.com
- Organización Mundial de la Propiedad Intelectual
  www.wipo.int/portal/index.html.es
- Centro de Iniciativas Emprendedoras de la Universidad Autónoma de Madrid (CIADE)
  www.ciade.org
- Emprendedores TV
  www.emprendedorestv.com

Ferias comerciales

Las visitas a las numerosas ferias comerciales, tanto nacionales como internacionales, suponen una gran fuente de ideas y oportunidades de negocios testados en otros países. Destacamos, entre otras, el Salón de las Iniciativas de Negocios (www.inicianegocios.com), un punto de encuentro de emprendedores, autónomos y PYME con instituciones y empresas nacionales e internacionales que prestan asesoramiento, financiación, implantación, equipamientos, suministros y servicios para la creación y gestión de empresas; Expofranquicia (El Salón de la Franquicia, www.expofranquicia.ifema.es), Imex Impulso Exterior (Feria de Negocio Internacional e Inversiones, www.impulsoexterior.net), Integra Madrid (Feria de productos y servicios para inmigrantes, www.ifema.es/ferias/integramadrid), Siti Aslan (Salón de las tecnologías de la información, www.siti.es). Recomendamos visitar la Web de www.fairstv.com, donde se puede obtener un listado de ferias internacionales clasificadas por sectores de actividad.

MÁS INFORMACIÓN AMPLIADA EN:

www.mbadelsigloxxi.es: recursos para emprendedores.

ADVERTENCIA:

Uno de los errores que cometen muy a menudo algunos emprendedores es pensar que tienen que buscar ideas únicas, y, cuando las encuentran, desestiman la posibilidad de compartirlas con terceros por temor a perder su «percibida exclusividad». Cuando no se tiene una buena experiencia en un sector determinado, la aportación de expertos es quizás una de las fuentes externas más valiosas a considerar.

8.2. MÉTODOS PARA LA GENERACIÓN DE IDEAS

Una vez analizadas todas las fuentes disponibles que nos pueden proporcionar la información necesaria para poder generar nuevas ideas, debemos ayudarnos de unas técnicas individuales o grupales, basadas en un pensamiento estructurado o convergente, siguiendo un patrón lógico de pensamiento, o lateral o divergente, que rompe con los esquemas tradicionales y lógicos de pensamiento, para llegar, en ambos casos, a generar nuevas ideas o posibles soluciones a un problema.

Son numerosas las técnicas, con distintos niveles de dificultad y con distintos objetivos, que podemos utilizar para generar la que esperemos sea nuestra *gran* idea. Podemos mencionar: los focus group, o sesiones de grupo, la tormenta o lluvia de ideas y sus variantes, los mapas mentales y conceptuales, las listas de comprobación, la asociación libre de ideas, el listado de atributos, el método Delfos, la técnica de Da Vinci, Do-It; e incluso técnicas de pensamiento lateral como: seis sombreros para pensar, la técnica de la provocación, la técnica de la inversión, etc., descritas en el capítulo 12: «Marketing lateral».

MÁS INFORMACIÓN AMPLIADA EN:

www.mbadelsigloxxi.es: en la Web del libro podrás encontrar ejemplos sobre el desarrollo de estas y otras técnicas con ejemplos explicativos, bibliografía y software recomendados para que puedas adquirir un mayor grado de especialización en el desarrollo de cada una de ellas.

8.2.1. EL FOCUS GROUP

Los focus groups, o sesiones de grupo, son una técnica muy efectiva para recibir un feedback, o retroalimentación, de un grupo de personas que expresan libremente sus opiniones sobre un debate a tratar. Por lo general, es una técnica muy utilizada en el campo del marketing con el objetivo de desarrollar de forma creativa ideas sobre, por ejemplo, cómo un nuevo producto o servicio puede satisfacer las necesidades de un mercado, o sobre tests de prototipos, nuevos diseños, nombres de marcas, mensajes publicitarios, etc.

Los emprendedores pueden utilizar los focus groups como un método excelente para generar y testar nuevas ideas y conceptos o recibir información de su público objetivo sobre el potencial de una idea o concepto.

Los focus groups pueden ser conducidos por el propio emprendedor o por moderadores imparciales, cualificados y con la experiencia necesaria en la conducción y dirección de este tipo de actividades. Las sesiones suelen estar formadas por un grupo de entre ocho y catorce personas, y tienen una duración determinada, de entre una y dos horas.

Una de las ventajas de las sesiones en grupo es su coste frente a un completo estudio de mercado, y, hoy en día, gracias al acceso a las nuevas tecnologías, las sesiones se pueden celebrar online.

8.2.2. BRAINSTORMING (TORMENTA O LLUVIA DE IDEAS)

El brainstorming es quizás la técnica más conocida y utilizada para generar ideas en grupo. Es un método que fue desarrollado y popularizado por Alex F. Osborn, publicista, creativo y autor del libro *Applied imagination: Principles and Procedures of Creative Problem Solving*, publicado en 1963, donde Osborn propuso el brainstorming como una técnica muy válida, que, utilizada en grupo, proporcionaba una mayor efectividad en la generación de ideas.

Para llevar a cabo una sesión provechosa de brainstorming, deben seguirse cuatro reglas:

1. Sin críticas. La crítica a cualquier componente del grupo está prohibida. En una sesión de brainstorming se deben evitar comentarios negativos hacia otras personas para crear una atmósfera que propicie que los participantes se encuentren cómodos para aportar ideas, por muy raras que sean.
2. Libertad de expresión. Todas las ideas, por inusuales o extravagantes que sean, son bienvenidas, ya que pueden originar nuevas maneras de pensar y facilitar el camino para llegar a mejores conclusiones respecto a otras ideas menos atrevidas.
3. Cuantas más ideas, mejor. Cuantas más ideas se generen, más probabilidades hay de encontrar y seleccionar las verdaderamente útiles.

❹ Combinación y asociación de ideas para mejorar. Es aconsejable fomentar una combinación entre las ideas de varias personas, que puedan crear una idea mejor, que centrarse en generar ideas individualmente. En muchas situaciones 2 + 2 puede ser igual a 5.

Los participantes de una sesión de brainstorming deben decir todo aquello que se les ocurra, intentando respetar estas cuatro reglas.

Existen variaciones de brainstorming, igual de efectivas, aunque menos espectaculares y espontáneas, como la tormenta de ideas a la inversa, donde se permiten las críticas, siendo su objetivo el encontrar un inconveniente planteado a una pregunta e intentar identificar todo aquello que esté mal en la idea a tratar. Otra variante del brainstorming es la tormenta de ideas por escrito, o brainwriting, una técnica útil para personas que tienen dificultad o se sienten menos cómodas hablando en grupo, y que se puede realizar tanto de forma individual como grupal. El brainwriting es como una generación de ideas silenciosa y por escrito, donde los participantes tienen más tiempo para pensar que en una sesión tradicional de brainstorming. Se hace referencia también a esta técnica como el método 635 (seis personas, tres ideas y cinco minutos para escribirlas).

8.2.3. MAPAS MENTALES Y MAPAS CONCEPTUALES

Los mapas mentales son una representación gráfica de un tema, una idea, un concepto u otros elementos enlazados entre sí en torno a un núcleo principal en el centro de un diagrama, de tal manera que las ideas secundarias fluyan desde el centro como si fuesen las ramas de un árbol.

Los mapas mentales son utilizados para generar, visualizar, ordenar, estructurar y clasificar ideas. Son una técnica muy efectiva para gestionar el flujo de información, ya que facilitan la organización de nuestro pensamiento de una manera gráfica y nos permiten obtener una visión más clara de las cosas.

La teoría de los mapas mentales *(mind maps)* fue desarrollada y patentada por el psicólogo e investigador inglés Tony Buzan, y se basa en ideas originales de Leonardo Da Vinci y Charles Darwin, entre otros. En palabras de Tony Buzan: «El mapa mental es una expresión del pensamiento irradiante y, por lo tanto, una función natural de la mente humana. Es una poderosa técnica gráfica que nos ofrece una llave maestra para acceder al potencial del cerebro. Se puede aplicar a todos los aspectos de la vida, de modo que una mejoría en el aprendizaje y una mayor claridad de pensamiento puedan reforzar el trabajo del hombre. El mapa mental tiene cuatro características esenciales:

❶ El asunto motivo de atención cristaliza en una imagen central.
❷ Los principales temas del asunto irradian de la imagen central de forma ramificada.

❸ Las ramas comprenden una imagen o una palabra clave impresa sobre una línea asociada. Los puntos de menor importancia también están representados como ramas adheridas a las ramas de nivel superior.

❹ Las ramas forman una estructura nodal conectada.[2]

Todas estas características se pueden ver en las figuras siguientes:

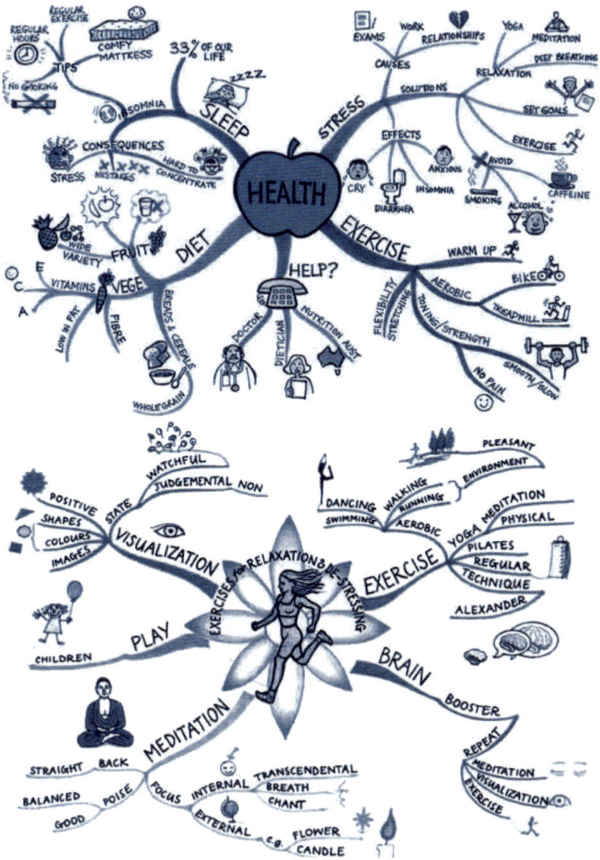

Figura 8.4. Ejemplos de mapas mentales. Fuente: www.buzanworld.com/mindmaps

Los mapas mentales ayudan a generar, organizar y asociar ideas, tal como las procesa nuestro cerebro. Utilizando palabras clave, imágenes, colores, fomentamos la utilización de los hemisferios izquierdo y derecho, respectivamente, para dar una gran libertad y creatividad al pensamiento.

2. *El libro de los mapas mentales.* Tony Buzan. Ediciones Urano, 1996. p. 69.

Su utilización varía desde aspectos cotidianos hasta aplicaciones múltiples en la empresa para la exploración y resolución de problemas y generación de ideas.

Veamos algunas aplicaciones:

- Para tomar notas y apuntes. Son muy efectivos para tomar notas y apuntes en una presentación, reunión, conferencia, etc.; aportan una técnica de escritura más productiva y visual comparada con la forma lineal y tradicional del típico bloc de notas, donde escribimos de izquierda a derecha y de arriba abajo.
- Para emprender, planificar y en la gestión de proyectos. Son una herramienta muy eficaz para organizar la asignación de tareas, los grupos, los recursos, la identificación de necesidades, los objetivos, los plazos, la toma de decisiones, etc., de una manera gráfica.
- Para generar ideas. Los mapas mentales proporcionan una manera creativa y práctica para realizar un brainstorming, generar nuevas ideas y buscar soluciones a problemas, gracias a su capacidad de estimular un pensamiento creativo rompiendo con los esquemas tradicionales y lógicos de pensamiento.
- Para resumir información. Son muy útiles para resumir y organizar grandes cantidades de información, por ejemplo, el contenido de un libro resumido en una página.
- Para el aprendizaje en general. Diversos estudios han probado la eficacia que tienen los mapas mentales en el proceso de aprendizaje, ya que estimulan la asimilación de conceptos y la memoria, incrementando notablemente la capacidad de recordar.

Para su elaboración se puede utilizar una hoja de papel o un paquete informático, donde se empieza a plasmar, en el centro de la hoja o pantalla, el tema principal a tratar. En torno a éste se van desarrollando temas relacionados que irradian del núcleo o imagen principal de forma ramificada. A su vez, de estos temas parten imágenes o palabras clave que se van trazando sobre diferentes líneas, y estas ramificaciones forman una estructura nodal como las que hemos mostrado en las figuras anteriores.

Los mapas conceptuales utilizan una técnica parecida a los mapas mentales con la diferencia de que los mapas conceptuales representan conceptos relacionados entre sí, mientras que los mapas mentales están basados en jerarquías radiales y estructuras ramificadas que parten de una idea central. Los mapas conceptuales fueron ideados por Joseph D. Novak para aplicar en el aula las teorías sobre la psicología del aprendizaje de David Ausubel. «Su objetivo es representar relaciones entre conceptos en forma de proposiciones. Los conceptos están incluidos en cajas o círculos, mientras que las relaciones entre ellos se explicitan mediante líneas que unen sus cajas respectivas. Las líneas, a su vez, tienen palabras asociadas que describen cuál es la naturaleza de la relación que liga los conceptos.»[3]

3. Juan C. Dürsteler. Inf@Vis! (La revista digital de InfoVis.net). Mensaje n.° 141. Publicado el 1 de marzo de 2004.

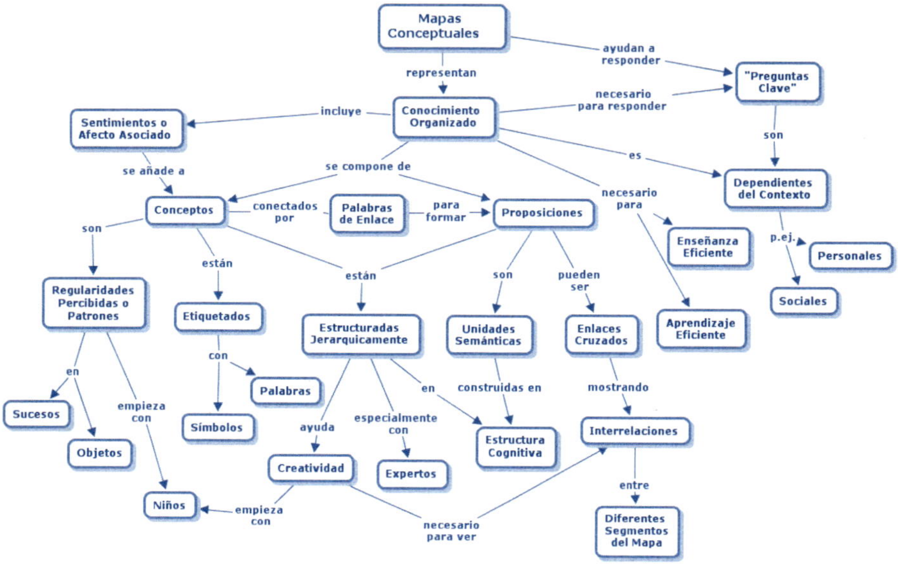

Figura 8.5. Mapa conceptual sobre los mapas conceptuales.
«The Theory Underlying Concept Maps and How to Construct Them», por J. D. Novak.
Creado usando la herramienta CmapTools. Fuente: Juan C. Dürsteler. Inf@Vis!

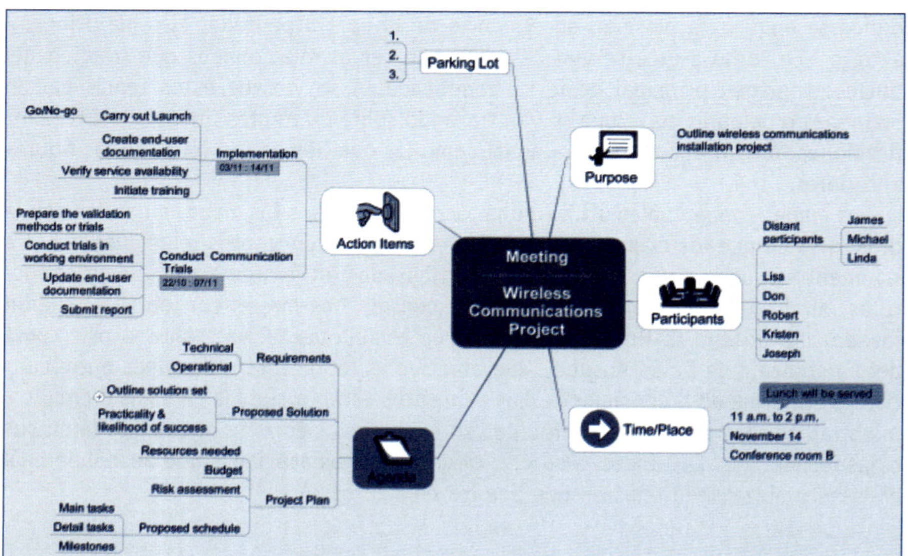

Figura 8.6. Ejemplo de MindManager Pro 7.
Convocatoria y objetivos de una reunión.

MÁS INFORMACIÓN EN:

www.mbadelsigloxxi.es: en la web del libro podrás encontrar una guía paso a paso que te ayudará a elaborar mapas mentales y conceptuales como técnica para ayudarte a generar nuevas ideas para tu proyecto empresarial, para el desarrollo de conceptos, la gestión de proyectos, resúmenes, etc. Ofrecemos también recursos, bibliografía complementaria y software de libre distribución y propietario para el desarrollo de mapas mentales y conceptuales desde tu ordenador o PDA.

8.3. CARACTERÍSTICAS Y EVALUACIÓN DE OPORTUNIDADES

Después de haber generado un buen banco de ideas, ¿cómo podemos separar las buenas de las malas? Y cuando tengamos seleccionado un puñado de buenas ideas, ¿cómo sabremos cuáles se pueden convertir en buenas oportunidades? Debemos establecer un proceso de evaluación y previabilidad de las ideas que, en nuestra opinión, pueden convertirse en oportunidades antes de desarrollar nuestro plan de negocio, que es la herramienta donde vamos a analizar con detalle el potencial y la viabilidad de nuestro futuro proyecto empresarial.

Por lo tanto, vamos a comenzar por definir las características que deben tener las ideas para considerarlas verdaderas oportunidades y, a continuación, describiremos un sistema para evaluar su potencial, lo que nos llevará, más adelante, a desarrollar un plan de negocio.

8.3.1. CARACTERÍSTICAS DE LAS OPORTUNIDADES

¿Qué es lo que convierte a las ideas en oportunidades?

Jeffry A. Timmons, experto, autor de diferentes libros en el área de creación de empresas y *entrepreneurship*, y profesor de Babson College y de la Harvard Business School, define una oportunidad como:

> Una idea se convierte en oportunidad cuando tiene la característica de ser atractiva, duradera, realista, conducida por un líder, y está vinculada a un producto o servicio que crea o añade un valor significativo a sus consumidores o usuarios, ofreciendo el beneficio esperado para el emprendedor, sus socios o sus inversores.

Una idea se convierte en oportunidad cuando es atractiva y ofrece una innovación

La innovación no sólo consiste en crear nuevos y mejores productos o servicios sino también en crear sistemas y conceptos. Empresas como Ikea o Inditex han sabido encontrar, a través de la innovación, fórmulas inéditas para viejas ideas. La innovación significa progreso para todos, su continua búsqueda es la mejor garantía para el crecimiento de la nueva empresa. No nos debemos conformar con innovar una única vez y recoger los frutos de inmediato. Nuestros competidores, clientes, gobiernos y la sociedad en su conjunto nos van a exigir una continua innovación en cualquier nivel de nuestra cadena de valor.

Una idea se convierte en oportunidad cuando tiene potencial para ser perseguida y lleva a crear una empresa duradera, no a una simple iniciativa empresarial oportunista o especulativa

Las ideas se convierten en verdaderas oportunidades duraderas cuando tienen el potencial para ser perseguidas a través de la creación de empresas, que, explotándolas, puedan crecer durante largos periodos de tiempo, evitando convertirse en simples negocietes lucrativos que mueren cuando no saben cómo seguir creando demanda para su «gran» producto o servicio.

Por poner un ejempló, ¿te acuerdas del hula-hoop, aquel aro que se hacía girar en la cintura mediante movimientos circulares? En su momento, causó una gran sensación en España: dos artistas de la época, Enrique y Ana, lo promocionaron en una de sus canciones y, en poco tiempo, miles de españoles, niños y adolescentes, compraron hula-hoops. Por el simple hecho de que era la moda del momento, ¡tenías que tener uno! En unos meses, las ventas se dispararon y ése fue el final de la historia. El hula-hoop fue reinventado en los años cincuenta y, en dos años, llegaron a venderse más de 2 millones de unidades; hoy en día se sigue utilizando en los gimnasios como un ejercicio más para quemar grasa. Un concepto de entretenimiento y, posteriormente, de gimnasia, que ya se utilizaba en el antiguo Egipto y, más tarde, en la antigua Grecia y Roma, propició una vieja idea renovada que se puso de moda y causó furor en poco tiempo, aunque fugazmente.

Numerosas ideas asociadas con modas fugaces se convierten en oportunidades fugaces, aunque algunas, como el hula-hoop, han dejado grandes beneficios a sus reinventores.

Una idea se convierte en oportunidad cuando es realista

¿Existe una necesidad real para nuestro nuevo producto o servicio? Por ejemplo, supongamos que tenemos una idea sobre el desarrollo de un gadget que va a revolucionar el sector turístico de nuestro país, reemplazando a los tradicionales planos y guías turísticas en papel. Deberíamos ser capaces de escribir en una hoja de papel un listado del perfil de los turistas potenciales: ¿quiénes son?, ¿de dónde vienen?, ¿cuál es la edad de nuestro target?, ¿son turistas nacionales o internacionales?, ¿son sensibles a las nuevas tecnologías?, etc. Si no podemos realizar este ejercicio rápidamente es porque tenemos una idea, pero no un mercado. No habrá un mercado hasta que haya consumidores que necesiten ese producto o servicio. Esa necesidad debe ser una realidad y no una hipótesis. En algunos casos, el nuevo producto puede ser innovador y revolucionario y se tendría que crear esa necesidad, pero, en la mayoría de los casos, el nuevo producto ya existe (en otros formatos), y lo que se quiere ofrecer es una mejor calidad, distribución y precio.

¿Es coherente nuestra idea con la situación económica del momento? Aunque muchos emprendedores creen que una crisis económica supone una buena oportunidad para emprender determinados tipos de negocio, para la mayoría supone una espera de tiempos mejores. Nuestra idea, por buena que sea, debe ser coherente con la situación económica del momento. Pensemos en la crisis inmobiliaria. El sector inmobiliario arrastra a todos los sectores con los que guarda una relación muy directa: materiales de construcción, mobiliario, decoración, electrodomésticos, sistemas de seguridad y vigilancia, diferentes productos para el hogar, etc. Debemos observar, aunque parezca lógico, la situación económica que estamos viviendo para decidir si es un buen momento para que nuestra nueva idea se pueda convertir en una buena oportunidad.

¿Es económicamente factible nuestra idea? Otro aspecto muy importante a considerar es el hecho de la viabilidad económica. De nada sirve enamorarnos de una idea si su desarrollo es inviable, por ejemplo, por cuestiones tecnológicas, debido a la falta de tecnología o a que ésta es muy cara y va a repercutir negativamente en el precio final de nuestro producto.

¿Existen fuertes barreras de entrada para que otros no puedan imitar fácilmente nuestra idea? No siempre ser el primero garantiza el éxito, lo que nos debe preocupar es si nuestra competencia puede imitarnos fácilmente y mejorar nuestro producto en poco tiempo. Es importante tener en cuenta, durante el proceso de la selección de nuestra idea, las características del sector donde vamos a competir y analizar brevemente los principales actores del mismo antes de proceder a un análisis exhaustivo en nuestro plan de negocio. La competencia siempre es buena, ya que su presencia nos indica que hay un mercado esperándonos. Lo que tenemos que evaluar es si nosotros le podemos servir a ese mercado mejor que nuestros competidores y si vamos a tener ciertas facilidades para hacerlo.

Si llegamos a la conclusión de que nuestra idea no tiene competencia, debemos pensar, en un primer momento, que no existe un mercado definido. Es más complejo ofrecer un producto o servicio que nadie haya ofrecido antes, porque suele implicar un gran esfuerzo económico en el proceso de creación y educación del nuevo mercado.

Una idea se convierte en oportunidad cuando puede ser conducida por un gran líder

Otro aspecto a considerar, a la hora de buscar nuevas ideas que puedan convertirse en oportunidades, es preguntarse: ¿tengo lo necesario para llevar a cabo este proyecto? ¿Puedo encontrar a otros que suplan mis carencias? Quizás uno de los factores más importantes es la adecuación de la idea a las habilidades personales, al compromiso y a las capacidades directivas, técnicas y financieras de sus promotores y equipo de trabajo.

La búsqueda de la nueva idea debe comenzar a partir de las capacidades, las fortalezas y la credibilidad de su promotor, así como de su habilidad para convertirla en un proyecto empresarial de éxito.

Experiencia previa en el sector. Independientemente de lo buena que sea nuestra idea, no llegará a convertirse en una buena oportunidad si no es conducida por una persona con cierta experiencia en el sector. Es cierto que existen algunos ejemplos de empresarios que han triunfado sin experiencia previa en su campo, pero, una vez más, son excepciones que no confirman la regla. Crear y desarrollar una empresa con éxito requiere mucho tiempo y pocos errores, ya que las posibilidades de fracasar aumentan si tenemos que adquirir experiencia con nuestro propio negocio. Si no se tiene la suficiente experiencia, es preferible esperar a adquirirla, o, como alternativa, rodearse de un equipo que la tenga.

Recursos mínimos necesarios. El emprendedor debe ser capaz de cuantificar los recursos mínimos que se necesitan e identificarlos. Dependiendo de la actividad de la empresa, hay recursos que son más críticos que otros. Por ejemplo, para una empresa que se dedique a fabricar productos de alta tecnología, el know-how en este campo será vital. Los recursos más importantes para este tipo de empresa serán sus recursos humanos, y será esencial dedicar parte de los recursos económicos a la contratación de buenos profesionales del sector, así como a proteger patentes y diseños. Por la misma razón, si una empresa se dedica a la venta al por menor, el factor más importante será la localización geográfica del local: la empresa deberá realizar un esfuerzo económico para conseguir estar situada en una zona atractiva para su público y con tránsito asegurado.

Una idea se convierte en oportunidad cuando ofrece un valor significativo

Ante un panorama hipercompetitivo y unos consumidores hipersatisfechos, la entrega de un valor superior para el cliente que pueda aportar una nueva idea de negocio se convierte en un activo imprescindible para el éxito de una nueva empresa que quiera competir durante un amplio período de tiempo.

El valor percibido es la diferencia que aprecia el cliente entre las ventajas y los costes que supone la oferta frente a las alternativas de nuestros competidores.

Los consumidores presentan diferentes niveles de lealtad a determinadas marcas, servicios, establecimientos, empresas, etc. La lealtad se considera como el compromiso de volver a comprar un producto o utilizar un servicio en el futuro. La clave para lograr una gran lealtad depende de nuestra habilidad y deseo de proporcionar un gran valor.

Debemos considerar si nuestra idea tiene el potencial para ofrecer una propuesta de valor competitivamente superior, si puede ser dirigida a un segmento concreto de mercado y si podemos gestionar un sistema de entrega de valor superior. Este sistema incluirá todas las experiencias que va a tener nuestro público objetivo al intentar obtener y utilizar nuestra oferta: un diseño atractivo, un buen precio, una buena relación con la empresa, una buena garantía, en definitiva, un mayor beneficio.

Una idea se convierte en oportunidad cuando ofrece un beneficio significativo a sus promotores e inversores

Por último, hemos de hablar del potencial de beneficio que puede aportar nuestra idea, a nosotros como emprendedores y a las personas que han de confiar ciegamente en nosotros: nuestros avalistas, socios e inversores.

La percepción entre riesgo y recompensa es directamente proporcional a la oportunidad que presenta nuestra idea para obtener los beneficios deseados.

Para un emprendedor, ya sea por oportunidad o necesidad, los riesgos pueden ser elevados: si las cosas no salen como esperábamos, podemos perder nuestros ahorros, y el coste de oportunidad que suponían nuestros ingresos si hubiésemos conservado nuestro puesto de trabajo. Para nuestros inversores, en el peor de los casos supondría perder la totalidad de su inversión. Por ejemplo, a un inversor no le merece la pena invertir en una idea que le va a proporcionar menos de lo que le pueden ofrecer otras inversiones con riesgos mínimos, como pueden ser inversiones en renta fija del Estado.

Por lo tanto, es aconsejable intentar realizar proyecciones financieras utilizando tres escenarios diferentes, uno pesimista, otro realista y, con mucha cautela, uno optimista, intentando siempre evaluar el potencial de crecimiento.

CASO PRÁCTICO: CHUPA CHUPS UN CARAMELO CON PALO.

La idea de Enric Bernat convertida en una oportunidad de éxito

Logo Chupa Chups

Chupa Chups es un claro ejemplo de una buena dosis de creatividad e innovación española convertida en un éxito que acaba de cumplir cincuenta años.

La idea

A finales de los años cincuenta del siglo XX, un hijo de confitero, Enric Bernat, creador de Chupa Chups, observó que los niños de la época se metían y sacaban de la boca bolas azucaradas para ver cómo se iban consumiendo, con el gran inconveniente de mancharse los dedos por el contacto. Bernat pensó que, incorporando un palito a la bola azucarada, podría evitar que los niños se manchasen los dedos mientras disfrutaban del dulce. Así surgió la gran idea: «**palo + bola azucarada = una nueva oportunidad innovadora**».

El nombre

En un principio, Bernat decidió llamar a su innovación «Gol», imaginando que la forma redonda del caramelo recordaría la de una pelota de fútbol y que una boca abierta se podía parecer a una portería. Como el nombre no parecía muy pegadizo,

(Continúa)

contrató a una empresa de publicidad para que buscasen uno más comercial, y le sugirieron «Chups». La canción usada para promocionar el nuevo invento resultó tan eficaz, «Chupa un dulce caramelo, chupa chupa un Chups», que Bernat decidió agregar la palabra «Chupa» al nombre, obteniendo, finalmente, «Chupa Chups».

El logotipo

Un genio como Bernat necesitó la creatividad de otro genio como Salvador Dalí para diseñar un logotipo atractivo. Así, en 1969, el surrealista Dalí creó el diseño en forma de margarita en menos de una hora, convirtiéndolo en el icono de una marca mundialmente famosa.

Cambios en el hábito de consumo

- Consiguió ampliar el target a consumidores de caramelos mayores de dieciséis años. Hasta entonces, los caramelos eran bolas azucaradas que consumían principalmente los niños.
- Amplió el consumo entre los fumadores, ofreciéndoles una dulce alternativa al tabaco.
- Convirtió el consumo de Chupa Chups en un signo de distinción, en una experiencia que fuera como comerse un caramelo con un tenedor.

Comienza la expansión internacional en Estados Unidos en los años ochenta, y, en la década de los noventa, en países asiáticos.

¿Resultados? Expansión internacional. Cifras año 2003

- **Ventas:** 2000 empleados hacen posible que se logren unas ventas de 500 millones de euros en 150 países. El 90% de las ventas se realizan fuera de España.
- **Volumen:** 4 billones de Chupa Chups anuales.
- **Alcance de la marca:** nueve de cada diez personas en el mundo asocian un caramelo con palo con el nombre de Chupa Chups.
- **Curiosidades:** En 1995, Chupa Chups se convertía en el primer caramelo con palo consumido en el espacio, en la estación espacial rusa Mir.

En el año 2006, la compañía fue adquirida por el grupo italo-holandés Perfetti Van Melle.

Fuente: Perfetti Van Melle y Web corporativa de Chupa Chups.
Más información: www.chupachups.com

8.3.2. CRITERIOS PARA EVALUAR LAS OPORTUNIDADES

Una vez definidas las características, el siguiente paso es intentar medir el potencial de nuestra idea respecto al mercado, nuestra ventaja competitiva, los factores económicos, etc., para decidir si tenemos o no una oportunidad que merece la pena perseguir.

CRITERIO	OPORTUNIDAD ALTA	OPORTUNIDAD BAJA
PROMOTOR Y/O EQUIPO DE TRABAJO		
Experiencia en el sector	☐ Alta	☐ Baja/ninguna
Tolerancia al riesgo	☐ Media/alta	☐ Baja/ninguna
Capacidad de liderazgo, organización, comunicación	☐ Alta	☐ Poca
Capacidad de sacrificio	☐ Alta	☐ Poca
Redes de apoyo	☐ Muchas	☐ Pocas
MERCADO/PRODUCTO O SERVICIO		
Necesidad	☐ Identificada	☐ Por identificar
Consumidores/clientes	☐ Receptivos al cambio	☐ Leales a otras marcas
Estructura de sector	☐ Poca competencia, sector emergente	☐ Mucha competencia, sector maduro o en declive
Tasa de crecimiento	☐ >15%	☐ <10%
Valor añadido	☐ Alto, diferenciado	☐ Bajo, poca diferenciación
Disponibilidad de productos sustitutivos	☐ Muy poca/poca	☐ Alta/muy alta
FACTORES PARA ADQUIRIR UNA VENTAJA COMPETITIVA		
Costes fijos y variables	☐ Bajos/normales	☐ Normales/altos
Control sobre costes, precios y distribución	☐ Moderado/alto	☐ Poco/ninguno
BARRERAS DE ENTRADA		
Propiedad intelectual	☐ La podemos conseguir	☐ Inaccesible
Tecnología	☐ Se tiene o puede adquirirse	☐ No se tiene
Innovación	☐ Se ofrece	☐ No se ofrece
Requisitos de capital	☐ Bajos	☐ Altos
Curva de aprendizaje	☐ Nuestro know-how es alto	☐ Necesitamos adquirir el know-how
Ventajas contractuales	☐ Altas, exclusividad	☐ Pocas/ninguna
Localización	☐ Buena	☐ Mala
FACTORES ECONÓMICOS		
Obtención del punto muerto/ cash-flow positivo	☐ 1,5-2 años	☐ Más de 4 años
ROI potencial	☐ 25% anual	☐ < 15%-20% anual
Crecimiento de las ventas	☐ >15%-20%	☐ < 10%
Capital circulante	☐ Bajo/moderado	☐ Alto
Gastos en I+D+i	☐ Bajos	☐ Altos
BARRERAS DE SALIDA		
Costes fijos de salida	☐ Bajos	☐ Elevados
Barreras emocionales	☐ Bajas	☐ Elevadas
Restricciones gubernamentales	☐ Bajas	☐ Altas

Tabla 8.1. Criterios para evaluar las oportunidades.

9. El plan de negocio

«Un emprendedor ve oportunidades allá donde mira, donde otros sólo ven problemas.»

Michael Gerber

La elaboración de un plan de negocio, o *business plan*, no es una tarea de fin de semana. Es un proceso dividido en varias etapas de investigación del entorno, de la competencia, del mercado, donde quizás detectemos una oportunidad que se podrá convertir o no en un producto o servicio innovador; éste requerirá un proceso productivo, una planificación y una estrategia comercial, lo que implica el recurso humano idóneo para liderar una empresa con una estructura legal determinada, y que deberá demostrar su viabilidad a sus promotores e inversores, quienes valorarán los riesgos antes de lanzarse a un océano de incertidumbres.
Siendo conscientes de la cantidad de trabajo necesario para su elaboración, este capítulo pretende ofrecer un esquema de los contenidos de un modelo de plan de negocio, que pueda servir como herramienta para ayudarte a decidir si tu idea tiene una oportunidad para convertirse en una empresa con posibilidades.
Por esto reservamos en nuestra y tu Web, www.mbadelsigloxxi.es, una amplísima documentación, herramientas, hojas de cálculo, plantillas, etc., para que puedas desarrollar paso a paso un plan de negocios que nunca podría incluirse sólo en este capítulo.

“Un plan de negocio es un documento estratégico que recoge todas las actividades a desarrollar por la empresa y la planificación de los medios necesarios para llevarlas a cabo. Es nuestra tarjeta de presentación, el DNI del emprendedor que lo acompañará a todas partes hasta que los acontecimientos digan lo contrario.”

NUBE DE TAGS

FUNCIONES DEL PLAN DE NEGOCIO, *destinatarios*, redacción y elaboración, descripción del negocio, *estudio del entorno*, mercado, **plan de marketing y ventas**, **DAFO**, organización y recursos humanos, *plan económico-financiero...*

9.1. ¿QUÉ ES Y PARA QUÉ SIRVE UN PLAN DE NEGOCIO?

Un plan de negocio es un documento estratégico que recoge todas las actividades a desarrollar por la empresa y la planificación de los medios necesarios para llevarlas a cabo.

El propósito de un plan de negocio es muy claro: demostrar que tenemos una idea que puede generar una oportunidad de negocio que merece la pena explotar, y describir los pasos necesarios para convertirla en un proyecto empresarial.

El plan de negocio nos sirve como herramienta para defender nuestra idea frente a terceros, por ejemplo, inversores, socios, clientes, entidades financieras, entidades gubernamentales, etc., y convencerlos del potencial de nuestro negocio.

Un plan de negocio es un documento vivo, se desarrolla antes y durante la vida de la empresa y se debe actualizar constantemente, debido a los imprevistos no contemplados en un inicio.

Preparar un plan de negocio requiere tiempo y esfuerzo, y depende de la realización de un buen estudio que contemple varios factores, como son, por ejemplo, la complejidad del producto o servicio que queramos ofrecer, la dificultad en el acceso al mercado al que nos queramos dirigir, el nivel de competencia del sector, etc. Por término medio, una inversión de tres a seis meses sería la adecuada para poder poner por escrito el desarrollo completo de nuestra idea de negocio.

9.2. EL PLAN DE NEGOCIO COMO HERRAMIENTA DE VENTA

Una de las mayores preocupaciones de cualquier emprendedor es la obtención de financiación. ¿Cuánto dinero vamos a necesitar? ¿Para qué lo vamos a necesitar? ¿Cuándo y durante cuánto tiempo lo vamos a necesitar? Y, lo más importante, ¿quién y cómo nos lo va a prestar?

Para lograr estos apoyos financieros y/o ayudas económicas, el plan de negocio debe ser persuasivo y convincente, debe *vender* nuestra idea de negocio y demostrar que no sólo tenemos un proyecto innovador, sino que disponemos de un plan estratégico detallado donde hemos identificado los aspectos clave para poner en marcha y desarrollar nuestro negocio con éxito.

9.3. RAZONES PARA ELABORAR UN PLAN DE NEGOCIO

Un emprendedor o emprendedora se puede preguntar: «¿Por qué debo desarrollar un plan de negocio si ya tengo las ideas claras y conozco perfectamente el sector y el mercado al que me quiero dirigir?». El propósito de un plan de negocio es demostrar por escrito, basándonos en hechos, el potencial de negocio de nuestra idea en su puesta en marcha y en el desarrollo posterior de su actividad.

Cuando confeccionamos un plan de negocio tenemos que tener claro el propósito de éste y a qué público va dirigido. Entre otras, podemos destacar ocho razones por las que debemos redactar un plan de negocio:

1. **Para disponer de un documento-guía para el emprendedor.** La primera persona interesada en el plan de negocio es el propio emprendedor. Primero, necesita convencerse a sí mismo de las posibilidades de éxito de su idea empresarial antes de su puesta en marcha.
2. **Para analizar la viabilidad del proyecto empresarial.** Un plan de negocio nos va a permitir analizar la viabilidad técnica, económica, financiera y organizativa de nuestra idea de negocio como punto de partida para tomar la difícil decisión de poner en marcha o no un proyecto empresarial.
3. **Para obtener financiación y/o ayudas económicas.** Un plan de negocio ayuda a obtener credibilidad ante un tercero sobre las necesidades financieras en la futura actividad empresarial. No es el componente crítico para la decisión en la concesión de un préstamo, pero puede ayudar en la cantidad y en el modo de financiación concedida.
4. **Para la consecución de alianzas estratégicas.** Las pequeñas y medianas empresas tienen la necesidad mutua, en muchos casos, de compartir recursos. Unas necesitan infraestructura, y las otras capital humano, know-how, etc. De esta manera se reducen costes y se adquiere mayor competitividad. Esta forma de colaboración se suele definir como alianza estratégica. Antes de llegar a un acuerdo formal, es necesario conocer a fondo la futura empresa colaboradora, los productos o servicios que ofrece, el mercado al que se dirige, la infraestructura con la que cuenta, la experiencia de su equipo de gestión y su forma de operar. El plan de negocio constituye una buena herramienta para poder transmitir los objetivos mutuos que se persiguen.
5. **Para la obtención de acuerdos y contratos a largo plazo.** Cuando las pequeñas empresas ofrecen sus servicios o productos a grandes compañías, éstas suelen solicitar informes que puedan generar cierta confianza. Una buena manera de contestar a la pregunta «todo el mundo sabe quiénes somos nosotros, pero ¿quiénes sois vosotros?» es utilizar nuestro plan de negocio como herramienta de venta para convencer a nuestros clientes de la solidez de nuestros productos o servicios y de la experiencia del equipo de gestión.
6. **Para atraer a colaboradores clave para la empresa.** Uno de los obstáculos que encuentran las empresas de reciente creación es la dificultad de atraer a futuros colaboradores de prestigio para que presten sus servicios en ellas. Normalmente, estos profesionales se interesan más por las grandes empresas, ya que, aparentemente, ofrecen una mayor credibilidad y seguridad. El plan de negocio nos servirá de ayuda para comunicar el potencial de nuestra empresa.
7. **Para la negociación de fusiones y/o adquisiciones.** El plan de negocio puede ser muy útil para esta tarea. En la situación de una futura venta, el comprador, además de analizar nuestros estados financieros, querrá conocer nuestras políticas de marketing, los productos y servicios existentes y futuros, si hemos pensado

y elaborado una estrategia de expansión a largo plazo, etc. En definitiva, el plan de negocio facilitará la toma de decisiones clave para valorar si la adquisición o fusión puede resultar interesante.

❽ **Para definir las funciones del equipo de gestión.** Una sección del plan de negocio detalla las funciones del equipo de gestión, junto con las estrategias y objetivos a conseguir a corto, medio y largo plazo. A medida que la empresa crezca, éstos cambiarán y deberán ser revisados y actualizados. El plan de negocio ayuda a comunicar en todo momento los cambios de la empresa y cómo afectan a las respectivas funciones de cada uno de los departamentos dentro de la misma.

9.4. ÁREAS QUE DEBE INCLUIR UN PLAN DE NEGOCIO, SU EXTENSIÓN Y FORMATO

Un plan de negocio está dividido en una serie de apartados que describen y analizan en detalle los pasos a seguir y las estrategias a implementar para lograr los objetivos empresariales tanto a corto, como a largo plazo.

No hay ninguna estructura fija o modelo estándar que deban seguir los planes de negocio, aunque se deben contemplar, como mínimo, los siguientes aspectos: una descripción de la actividad empresarial, un profundo análisis de mercado (el sector donde la empresa va a realizar su actividad, el nivel de competencia y las necesidades y demandas de los consumidores a los que nos vamos a dirigir), un plan de marketing y ventas, un plan estratégico a corto, medio y largo plazo, una descripción de la organización interna y recursos humanos, un estudio de la viabilidad económico-financiera del proyecto empresarial y un calendario y plan de operaciones.

El plan de negocio debe ser conciso y claro. Su objetivo, además de atraer la atención del lector, es el de convencer y demostrar las posibilidades que tiene el proyecto empresarial. No sólo es importante tener las ideas claras sobre el potencial de una idea de negocio, hay que poder transmitirla de la manera más efectiva posible, con todos los datos necesarios para reforzar la credibilidad del proyecto.

9.4.1. ¿QUIÉN VA A LEER NUESTRO PLAN DE NEGOCIO?

Un plan de negocio será más efectivo si se redacta pensando en quién lo va a leer y evaluar. De esta manera podemos enfocar nuestro resumen ejecutivo hacia diferentes intereses.

Por ejemplo, los bancos están más interesados en certidumbres y crecimiento estable, las entidades de capital riesgo buscan crecimiento y rentabilidad y los business angels creen en el desarrollo con una alta rentabilidad.

Los expertos que analizan planes de negocios se dirigen a las secciones que más les interesan y, si no encuentran respuestas a sus principales inquietudes, rechazan automáticamente cualquier ayuda, financiación o colaboración. Por lo general, dedican los primeros cinco minutos a revisar tres secciones en el siguiente orden:

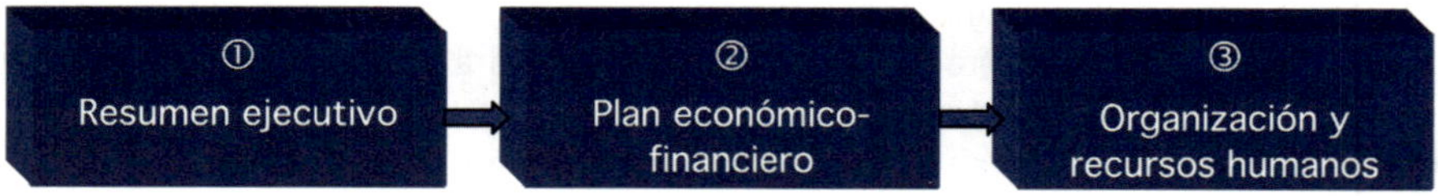

Figura 9.1. Las primeras tres secciones que suelen evaluar los expertos que analizan planes de negocio.

Los destinatarios de nuestro plan de negocio intentarán buscar respuestas concretas a las siguientes preguntas:

- ¿Es la idea de negocio sólida y realista?
- ¿Se ha identificado un mercado suficientemente atractivo?
- ¿El plan económico-financiero está basado en proyecciones realistas?, ¿han sido tenidos en cuenta diferentes escenarios?
- ¿El equipo de gestión tiene suficiente experiencia?, ¿está capacitado realmente para llevar a cabo el proyecto empresarial?
- ¿Se contempla cómo y cuándo se va a devolver la financiación obtenida y la rentabilidad del proyecto?
- ¿Qué diferencia a este proyecto de otros similares?
- ¿Por qué y cuánto debería invertir/financiar en este proyecto?

9.4.2. LA EXTENSIÓN Y EL FORMATO DEL PLAN DE NEGOCIO

¿Cuál es la extensión ideal de un plan de negocio? No hay un número establecido de páginas a desarrollar: entre 15 y 35 páginas, sin incluir los estados financieros y apéndices, son más que suficientes para poder presentarlo a diversas entidades.

La mayoría de los planes de negocio aportan proyecciones financieras a tres o cinco años. Éstas deberían incluir proyecciones mensuales durante el primer año, cuatrimestrales para el segundo y tercer año, y anuales para el cuarto y quinto año. Los planes de negocio de actualización para empresas ya creadas deben incluir datos históricos del negocio durante la vida de éste.

El formato utilizado a la hora de redactar el plan de negocio es importante. No se debe utilizar un lenguaje muy formal o técnico, es mejor ser natural y emplear un lenguaje conciso y claro. Cada conclusión del proyecto debe respaldarse con datos. La inclusión de estudios y estadísticas es vital, ya que proporcionan credibilidad.

A continuación presentamos una lista de consejos puntuales a tener en cuenta a la hora de utilizar un lenguaje y formato adecuado:

- Cuidado con los superlativos. Es importante intentar evitar expresiones como, «nuestro producto será el mejor del mercado» o «nuestro producto tiene unas cualidades buenísimas,» ya que restan credibilidad. Podríamos sustituir estas afirmaciones por: «nuestro aparato no sólo incluye las funciones que ofrecen aparatos similares de la competencia, sino que añade las características 1, 2, 3, y a un precio muy inferior».

- En la medida de lo posible, utiliza testimonios de terceras personas, medios de comunicación o asociaciones con cierto reconocimiento en el sector. Es aconsejable incluir este tipo de información para generar credibilidad en nuestras afirmaciones. Por ejemplo, imagínate que has elaborado un prototipo de un producto que quieres lanzar al mercado. En el plan de negocio, es importante resaltar que el producto ha sido testado por alguna asociación empresarial del sector, obteniendo un feedback positivo.
- Los números utilizados adecuadamente crean un impacto positivo. La utilización de datos numéricos va a servir como respaldo a nuestras afirmaciones. Estos datos pueden provenir de estudios de mercado internos, o de fuentes oficiales. A continuación, ofrecemos un ejemplo: «Según el Instituto Nacional de Estadística, nuestro nicho de mercado ha tenido una tasa de crecimiento de un 10% en los últimos cinco años, y se prevé un crecimiento a este ritmo en los próximos años».
- Utiliza fotografías, tablas y gráficos. El aspecto visual de la información aportada en el plan de negocio va a facilitar mucho su comprensión y lectura. La utilización de fotografías, viñetas, cuadros y gráficos ayuda a sintetizar conclusiones, tendencias, diseños, proyecciones, etc.

ÁREAS DEL PLAN DE NEGOCIO

1. **PORTADA DEL PLAN DE NEGOCIO**

2. **RESUMEN EJECUTIVO**
   - Descripción breve del concepto y oportunidad de negocio detectada.
   - Identificación del equipo promotor y gestor del proyecto empresarial.
   - Descripción del mercado.
   - Descripción de nuestra posición competitiva.
   - Financiación e inversión prevista.

3. **DESCRIPCIÓN DEL NEGOCIO**
   - Elección de la denominación y logotipo de la empresa.
   - Elección de la forma jurídica.
   - Definición de la filosofía, visión y misión de la empresa.
   - Localización geográfica de la empresa.
   - Descripción de los productos o servicios.

4. **ANÁLISIS DEL ENTORNO Y SECTOR ECONÓMICO**
   - Identificación, tamaño, evolución y grado de concentración.
   - Descripción del grado de madurez.
   - Estacionalidad.
   - Aspectos económicos, políticos, jurídicos, medioambientales, tecnológicos, socioculturales.

5. **ESTUDIO Y ANÁLISIS DE MERCADO**
   - Definición de nuestro target, o mercado objetivo.
   - Descripción de los criterios para segmentar el mercado.

6. **ANÁLISIS DE LA COMPETENCIA**
   - Evaluación de nuestra posición competitiva.
   - Análisis de la distribución de la cuota de mercado.
   - Definición de las barreras de entrada para futuros competidores.

7. **PLAN DE MARKETING Y VENTAS**
   - Análisis de la situación (DAFO).
   - Fijación de objetivos
   - Elección de las estrategias
   - Elaboración de un plan de acción (marketing mix)
   - Elaboración del presupuesto del plan de marketing
   - Control y seguimiento del plan de marketing
   - Organización y administración de la fuerza de ventas.

(Continúa)

8. **PLAN DE OPERACIONES**
   - Descripción técnica de productos o servicios.
   - Proceso de producción o prestación de servicios.
   - Plan de aprovisionamiento.

9. **ORGANIZACIÓN Y RECURSOS HUMANOS**
   - Organización funcional de la empresa.
   - Proceso de captación y selección del personal y plan de contratación.
   - Política salarial y cálculo de costes.
   - Plan de externalización.
   - Política de formación continua en la empresa.

10. **ESTRUCTURA LEGAL DE LA EMPRESA Y TRÁMITES DE CONSTITUCIÓN**
   - Justificación de la forma jurídica.
   - Trámites administrativos y legales necesarios para la constitución y puesta en marcha de la empresa.

11. **DESARROLLO Y PUESTA EN MARCHA**
   - Programación de las fases del proyecto en un gráfico tipo Gantt.

12. **PLAN ECONÓMICO-FINANCIERO**
   - Plan de inversiones iniciales.
   - Plan de financiación.
   - Previsión mensual de tesorería.
   - Balance de situación inicial y final.
   - Cuenta de pérdidas y ganancias.
   - Estado de Origen y Aplicación de Fondos (EOAF).
   - Análisis financiero.
   - Análisis de la inversión.

13. **VALORACIÓN DE RIESGOS Y PLAN DE CONTINGENCIA**
   - Riesgos que podrían afectar a nuestro sector.
   - Riesgos que podrían afectar a nuestro mercado.
   - Riesgos que podrían afectar a nuestra empresa.
   - Plan de contingencia.

14. **ANEXOS**

9.5. LA PORTADA DEL PLAN DE NEGOCIO Y EL ÍNDICE DE CONTENIDOS

9.5.1. LA PORTADA

La primera página del plan de negocio es la portada, ésta, debe ofrecer una impresión visual positiva y profesional, incluyendo la siguiente información:

- La frase: «Plan de negocio».
- Nombre y razón social de la empresa.
- Fecha de emisión del plan.
- Número de copia.
- Nota de confidencialidad y privacidad.
- Nombre, dirección, teléfono de contacto y dirección de correo electrónico de la persona de contacto.
- El logotipo de la empresa.

9.5.2. EL ÍNDICE

El índice resulta indispensable para un plan de negocio que tenga una extensión de más de 15 páginas. Deberá colocarse después de la portada y antes del resumen ejecutivo.

El índice sirve como guía al lector. Es aconsejable detallar al máximo cada área e indicar su número de página, ya que puede haber personas interesadas en analizar apartados específicos del plan. El objetivo es facilitar al lector la localización de apartados y anexos en los que le pueda interesar profundizar.

9.6. EL RESUMEN O SUMARIO EJECUTIVO

El resumen ejecutivo quizás sea la sección más importante del plan de negocio, ya que recoge las conclusiones del resto de las secciones. No debe tener una extensión superior a tres páginas y se debe redactar en último lugar.

Aunque nuestro producto o servicio sea de lo más innovador, nuestro mercado, muy atractivo y nuestro equipo de recursos humanos, extremadamente profesional, es en la sección del resumen ejecutivo donde tenemos la oportunidad de motivar al lector para que considere y examine con detalle las características de nuestro producto o servicio, el mercado y la experiencia y profesionalidad del equipo a cargo del proyecto empresarial.

El resumen ejecutivo es nuestra tarjeta de presentación, donde explicamos la realidad de nuestra idea inicial y demostramos la viabilidad técnica, comercial, económica y financiera del proyecto empresarial.

En el resumen ejecutivo debemos comunicar que:

1. El concepto de nuestra idea de negocio tiene sentido y es viable.
2. Se ha identificado un mercado y podemos satisfacer sus necesidades.
3. Se ha realizado un profundo análisis de nuestra competencia.
4. Nuestro negocio puede tener ventajas competitivas relevantes.
5. Los promotores y su equipo de gestión poseen gran experiencia en el sector y muestran una gran profesionalidad y compromiso.
6. Nuestro plan económico-financiero es realista, y hemos considerado varios escenarios, pesimista, conservador y optimista, en relación con nuestras ventas y necesidades de financiación.
7. Los inversores pueden obtener una gran rentabilidad.

En función del perfil del lector que vaya a analizar nuestro plan de negocio, o de si es para uso interno, utilizaremos diferentes enfoques: por ejemplo, un resumen ejecutivo con el propósito de mostrar la rentabilidad de una inversión, o un resumen ejecutivo interno con el propósito de mostrar las acciones estratégicas a llevar a cabo en los próximos cinco años, etc.

9.6.1. CONTENIDOS DEL RESUMEN EJECUTIVO

Un buen resumen ejecutivo debería incluir como mínimo los siguientes apartados:

❶ Descripción breve del concepto y de la oportunidad de negocio detectada	En este apartado indicaremos cómo surge la oportunidad detectada y aportaremos datos sobre la empresa constituida o por constituir, los productos y/o servicios ofertados, etc.
❷ Identificación del equipo promotor y gestor del proyecto empresarial	Describiremos su historial profesional, conocimientos del sector, responsabilidad y compromiso en el proyecto.
❸ Descripción del mercado	Aportaremos datos del mercado detectado: tamaño, potencial, barreras de entrada, nivel de competencia, tipo de clientes potenciales, etc.
❹ Descripción de nuestra posición competitiva	Analizaremos aspectos clave para el éxito posterior de nuestro proyecto empresarial. Comentaremos nuestro plan de marketing, producción y operaciones, organización, etc.
❺ Aspectos financieros, financiación e inversión prevista	Resumiremos y valoraremos todos los aspectos relacionados con las necesidades de financiación, inversión del proyecto y resultados financieros previstos.
❻ Valoración de riesgos críticos y plan de contingencia	Detallaremos los riesgos que puede tener nuestro sector, mercado o proyecto, y qué soluciones podemos adoptar para minimizarlos.

Figura 9.2. Contenidos del resumen ejecutivo del plan de negocios.

9.7. DESCRIPCIÓN DEL NEGOCIO

El objetivo de esta sección es el de realizar una descripción de la compañía que va a llevar a cabo el proyecto empresarial, tanto si es una empresa de nueva creación, como si es una ya constituida. Debemos considerar aspectos como la denominación, la forma jurídica, la misión y filosofía empresarial, y, a continuación, debemos describir nuestros productos o servicios.

Proponemos los siguientes apartados:

9.7.1. ELECCIÓN DE LA DENOMINACIÓN Y LOGOTIPO DE LA EMPRESA

El nombre de la empresa es sumamente importante, ya que será el principal elemento para su identificación. Es fundamental que el nombre elegido sea fácil de recordar, no es recomendable elegir un nombre de difícil pronunciación. A través de nuestro nombre se nos va a conocer y relacionar con el sector en el que vamos a desarrollar nuestra actividad. El nombre puede guardar alguna relación con el producto o servicio que vamos a ofrecer, aunque hay que pensar que en un futuro podemos diversificar y expandir nuestra línea de productos.

Los aspectos más relevantes a tener en cuenta a la hora de la elección del nombre son los siguientes:

- Si va a identificar la actividad empresarial, por ejemplo: ABC Diseño Gráfico.
- Si va a contener el nombre, o los nombres, de los promotores y colaboradores de la empresa, por ejemplo: Domínguez y asociados.
- Si va a ser fácil de recordar o va resultar atractivo, por ejemplo: Apple.

El logotipo es un elemento gráfico que se utiliza para identificar a una empresa; puede componerse de letras, cifras, dibujos, trazos, etc.

Los logotipos se pueden crear como elementos independientes o sobre el propio nombre de la empresa. Por ejemplo, el logotipo de Telefónica, S.A.

El logotipo elegido debe ser fácil de recordar y de asociar con la empresa a la que representa. El objetivo es que cualquier persona, vinculada o no con la empresa, nos identifique rápidamente a través de nuestro logotipo.

9.7.2. ELECCIÓN DE LA FORMA JURÍDICA

En este apartado debemos mencionar brevemente la forma jurídica elegida. Deberemos analizar las ventajas e inconvenientes de las diferentes formas jurídicas en función de las características de nuestro proyecto empresarial, y seleccionar la que se considere más adecuada para llevarlo a cabo con éxito.

Aspectos a considerar a la hora de elegir la forma jurídica:

- Según sus características y limitaciones.
- Según sus trámites y requisitos de constitución.
- Según sus ventajas económicas, incentivos fiscales, ayudas y subvenciones.

9.7.3. DEFINICIÓN DE LA FILOSOFÍA, LA VISIÓN Y LA MISIÓN DE LA EMPRESA

Este apartado recoge los objetivos principales de la empresa a corto y largo plazo, su filosofía, visión y misión. En unos cuantos párrafos debemos describir nuestra filosofía, objetivos, cultura corporativa y cómo esperamos que nuestro futuro público objetivo acoja nuestros productos o servicios.

En el capítulo 14 del libro *La dirección estratégica,* puedes ver ejemplos de definiciones de filosofía, visión y misión correspondientes a varias empresas.

9.7.4. LOCALIZACIÓN GEOGRÁFICA DE LA EMPRESA

En este apartado describiremos nuestra localización geográfica y justificaremos su elección. Para algunas empresas o tipos de negocio la localización será vital para atraer o servir a su futuro público objetivo.

Por ejemplo, si estamos pensando en poner en marcha una tienda de moda, deberíamos fijarnos en los siguientes factores:

⇨ Densidad de población	⇨ Niveles de renta
⇨ Medios de transporte	⇨ Nivel de tránsito
⇨ Acceso de vehículos	⇨ Zonas comerciales cercanas

9.7.5. DESCRIPCIÓN DE LOS PRODUCTOS O SERVICIOS

En este apartado debemos hacer mención de los productos o servicios que vamos a ofertar, qué necesidades cubren, a quién van dirigidos y su diferenciación frente a los ofertados por nuestra competencia.

En el caso de que nuestro producto o servicio ya se esté comercializando, es aconsejable describir sus características, usos, y, lo más importante, agregar testimonios de clientes actuales. Si, por el contrario, es un producto o servicio que queramos lanzar, debemos explicar en breve cómo lo vamos a fabricar u ofrecer.

En el caso de ofrecer productos sobre los que tenemos algún tipo de derechos, deberemos detallar las patentes y licencias, tanto si están otorgadas como si se encuentran en proceso de tramitación.

9.8. ANÁLISIS DEL ENTORNO Y SECTOR ECONÓMICO

En esta sección deberemos describir el sector donde vamos a desarrollar nuestra actividad, su evolución y oportunidades de acceso para nuevas empresas.

Los aspectos que se deberán desarrollar son los siguientes:

- Identificación, tamaño, evolución y grado de concentración:
  - Tamaño y evolución del sector (número total de empresas, facturación, empleo generado, tasa de crecimiento, PIB).
- Descripción del grado de madurez según:
  - Si nuestro sector es un sector emergente.
  - Si nuestro sector se encuentra en plena expansión.
  - Si nuestro sector es un sector maduro.
  - Si nuestro sector es un sector en declive.
- Estacionalidad:
  - Descripción del componente estacional de nuestro sector.
- Aspectos económicos:
  - Descripción de los aspectos económicos que pueden afectar a nuestro sector (principales indicadores económicos, políticas económicas, fiscales, monetarias y cambiarias).
  - Es importante revisar estos indicadores y analizar cómo van a afectar a la actividad de nuestro proyecto empresarial.
- Aspectos políticos:
  - Descripción de cómo las decisiones y pactos políticos a nivel europeo, estatal, de comunidades autónomas y locales van a repercutir directamente sobre nuestro sector.
- Aspectos jurídicos:
  - Análisis de las diferentes legislaciones, regulaciones, licencias y certificaciones que puedan generar oportunidades estratégicas, cambiarlas o reducirlas.
- Aspectos medioambientales:
  - Analizar con detalle en qué medida las políticas y legislaciones medioambientales en nuestro sector van a influir en el desarrollo de nuestra actividad empresarial.
- Aspectos tecnológicos:
  - Descripción de los cambios tecnológicos que puedan afectar a nuestra producción o flujo de información.

— Análisis de la inversión en investigación o desarrollo que pueda requerir la situación de nuestro sector para mejorar nuestra posición competitiva.

- Cambios socioculturales:
  — Análisis de las tendencias de consumos, aspectos demográficos, psicográficos (estilos de vida), geográficos, flujos migratorios, socioeconómicos (distribución de la renta, clases sociales, profesiones, nivel de estudios), etc.

MÁS INFORMACIÓN AMPLIADA EN:
www.mbadelsigloxxi.es: apartado «El plan de negocio paso a paso». También puedes consultar el capítulo 11: «El plan de marketing y ventas».

9.9. ESTUDIO Y ANÁLISIS DE MERCADO

El objetivo de esta sección es estudiar y definir el mercado al que nos vamos a dirigir.

Los aspectos que deberán desarrollarse en el plan de operaciones son los siguientes:

- Definición de nuestro target, o mercado objetivo:
  — Aspectos clave de los consumidores: ¿quiénes son?, ¿quién toma la decisión de la compra?, ¿cuándo compran?, ¿qué es lo que compran?, ¿dónde lo compran?, ¿cuánto compran?, ¿por qué motivo lo compran?

- Descripción de los criterios para segmentar el mercado:
  — Segmentación geográfica.
  — Segmentación demográfica.
  — Segmentación psicográfica.
  — Segmentación socioeconómica.
  — Criterios de segmentación específicos basados en comportamientos frente a un producto o servicio.
  — Factores que influyen en el proceso de compra.
  — Descripción de la posición estratégica ante una segmentación (indiferenciada, diferenciada, concentrada en un nicho de mercado).
  — Tamaño y tendencia del mercado.

MÁS INFORMACIÓN AMPLIADA EN:
www.mbadelsigloxxi.es: apartado «El plan de negocio paso a paso». También puedes consultar el capítulo 11: «El plan de marketing y ventas».

9.10. ANÁLISIS DE LA COMPETENCIA

Una de las peores conclusiones que podemos reflejar en nuestro plan de negocio es que no tenemos competencia, porque indicaría que no hemos analizado bien las realidades de nuestro sector, o que no tenemos un mercado definido para nuestro producto o servicio.

El objetivo de esta sección es definir quiénes son nuestros competidores, analizar sus fortalezas o debilidades para poder pensar en la mejor estrategia de penetración y diferenciación.

- Evaluación de nuestra posición competitiva basada en:
  - La percepción de nuestro target, o público objetivo, acerca de nuestros productos o servicios comparados con los de la competencia.
  - Factores internos de nuestros competidores, políticas estratégicas.

- Análisis de la distribución de la cuota de mercado:
  - Ventas, unidades vendidas, tendencia de su cuota de mercado en los últimos cinco años.

- Definición de las barreras de entrada para futuros competidores:
  - Requisitos de capital.
  - Curva de aprendizaje o experiencia.
  - Propiedad industrial.
  - Economías de escala.
  - Diferenciación de producto.
  - Barrera legal.
  - Barrera tecnológica.

MÁS INFORMACIÓN AMPLIADA EN:

www.mbadelsigloxxi.es: apartado «El plan de negocio paso a paso». También puedes consultar el capítulo 11: «El plan de marketing y ventas».

9.11. PLAN DE MARKETING Y VENTAS

El objetivo de esta sección es definir nuestra situación e intentar responder a las siguientes preguntas: ¿dónde estamos? A través de un análisis de la situación (análisis DAFO de oportunidades, amenazas, fortalezas y debilidades), ¿dónde queremos ir? A través de la fijación de objetivos cualitativos y cuantitativos, ¿cómo vamos a llegar? A través de la elección de unas estrategias y de un plan de acción; utilizando diferentes tácticas dentro de nuestro mix de marketing; combinando el producto, el precio, la distribución y la comunicación; por último, elaborando un presupuesto para llevar a cabo nuestro plan de acción y desarrollo de un sistema de control y seguimiento para comprobar si se van cumpliendo los objetivos, y, si no es así, poder aplicar medidas correctoras a tiempo.

- Análisis de la situación:
  - DAFO.

- Fijación de objetivos:
  - Cualitativos y cuantitativos.

- Elección de las estrategias según:
  - Entrada y penetración de nuestro producto o servicio en nuevos mercados.
  - Aumento de nuestra cuota de mercado.
  - Estrategias para defender nuestra cuota de mercado.
  - Discontinuidad o retirada del mercado.

- Elaboración de un plan de acción según:
  - Decisiones sobre el producto o servicio en relación a sus atributos, en relación con el Ciclo de la Vida del Producto (CVP) o en relación al crecimiento del mercado y de la cuota de la empresa frente a la competencia.
  - Decisiones sobre el precio en relación con la introducción de nuevos productos en el mercado, en relación con la competencia o en relación con el CVP.
  - Decisiones sobre la distribución: elección de los canales y de las de estrategias de distribución (intensiva, exclusiva o selectiva).
  - Decisiones sobre la comunicación: diseño del mix de comunicación basado en la selección de instrumentos de publicidad, promoción de ventas, relaciones públicas, venta personal o marketing directo.

- Elaboración del presupuesto del plan de marketing.

- Control y seguimiento del plan de marketing:
  - Control del plan anual.
  - Control de la rentabilidad.
  - Control de la eficiencia.
  - Control estratégico.

- Organización y administración de la fuerza de ventas:
  - Diseño de la estrategia y estructura de la fuerza de ventas.
  - Contratación y selección de los vendedores.
  - Capacitación de los vendedores.
  - Motivación y compensación de los vendedores.
  - Supervisión y evaluación de los vendedores.
  - Previsión de ventas.

MÁS INFORMACIÓN AMPLIADA EN:
www.mbadelsigloxxi.es: apartado «El plan de negocio paso a paso». También puedes consultar el capítulo 11: «El plan de marketing y ventas».

9.12. PLAN DE OPERACIONES

El objetivo de esta sección es detallar todos los aspectos técnicos en el desarrollo y producción de nuestro producto o, en su caso, la descripción detallada de los procedimientos necesarios para la prestación de nuestro servicio.

Los aspectos que se deberán desarrollar en el plan de operaciones son los siguientes:

- Descripción técnica de productos o servicios:
  - — Características técnicas del producto (físicas, de funcionamiento, dimensiones, etc.) o del servicio (horarios, modalidades, servicio posventa, etc.).
  - — Diseño del producto.
  - — Aspectos legales: patentes, certificaciones y homologaciones.

- Proceso de producción o prestación de servicios:
  - — Descripción del programa de producción que indique el número de unidades que se van a producir.
  - — Necesidades de los recursos para la producción: características de los locales, terrenos y edificios donde se vaya a realizar la actividad.
  - — Descripción de los materiales y equipo necesarios para la fabricación de los productos o la comercialización de los servicios: fórmulas de adquisición, costes, características, etc.
  - — Descripción de los procesos de control de calidad.

- Plan de aprovisionamiento:
  - — Criterios de selección y evaluación de los proveedores (precios, condiciones de pago, plazos de entrega, calidad y seguridad que ofrecen y su capacidad de negociación).
  - — Gestión de las existencias: necesidades de almacén, necesidades de mantener un stock de seguridad según la demanda prevista.
  - — Planificación de pedidos.

MÁS INFORMACIÓN EN:
www.mbadelsigloxxi.es: apartado «El plan de negocio paso a paso».

9.13. ORGANIZACIÓN Y RECURSOS HUMANOS

El objetivo de esta sección es determinar la organización funcional de la empresa, la descripción de las funciones y responsabilidades de los promotores y directivos clave y la política del recurso humano de la empresa.

Los aspectos que se deberán desarrollar en el apartado de organización y recursos humanos son los siguientes:

- Organización funcional de la empresa:
  - — Determinación de las áreas y departamentos.
  - — Definición de los puestos de trabajo (denominación, ubicación, responsabilidades y finalidad).
  - — Desarrollo del organigrama de la empresa.

- Proceso de captación y selección del personal y plan de contratación:
  - — Descripción de los métodos de selección del personal (política de selección y modalidades de reclutamiento).
  - — Elección del tipo de contrato según el puesto, la jornada de trabajo y la necesidad a cubrir.

- Política salarial y cálculo de costes:
  - — Sistema de retribuciones e incentivos.
  - — Cálculo de costes e incentivos salariales.
  - — Cálculo de costes de selección de personal.
  - — Previsión anual del incremento salarial.

- Plan de externalización:
  - — Determinación y previsión de las funciones a externalizar.

- Política de formación continua en la empresa:

MÁS INFORMACIÓN AMPLIADA EN:
www.mbadelsigloxxi.es: apartado «El plan de negocio paso a paso».

9.14. ESTRUCTURA LEGAL DE LA EMPRESA Y TRÁMITES DE CONSTITUCIÓN

El objetivo de esta sección es determinar y justificar la elección de la forma jurídica de la empresa, así como describir los trámites de constitución y de puesta en marcha.

Los aspectos que se deberán desarrollar en este apartado son los siguientes:

- Elección de la forma jurídica en base a:
  - Actividad de la empresa.
  - Número de socios.
  - Grado de responsabilidad e implicación en el proyecto.
  - Necesidades de capital social mínimo.
  - Aspectos fiscales.
  - Agilidad de la tramitación.

- Trámites administrativos y legales necesarios para la constitución y puesta en marcha de la empresa:
  - Trámites en el Registro Mercantil.
  - Trámites en Hacienda.
  - Trámites en la Seguridad Social.
  - Licencia de apertura, obra, etc.
  - Autorización ambiental integrada.

MÁS INFORMACIÓN AMPLIADA EN:
www.mbadelsigloxxi.es: apartado «El plan de negocio paso a paso». Descripción de trámites, obligaciones y formas jurídicas.

9.15. DESARROLLO Y PUESTA EN MARCHA

El objetivo de esta sección es elaborar un calendario de ejecución y puesta en marcha del proyecto, desde la concepción de la idea y la detección de la oportunidad hasta el inicio de la actividad.

Los aspectos que se deberán desarrollar en este apartado son los siguientes:

- Programación de las fases del proyecto en un gráfico tipo Gantt que detalle las fechas de inicio y finalización, la persona encargada de realizar la tarea y los recursos necesarios:
  - Elaboración de las áreas del plan de negocio (en semanas o meses).
  - Trámites financieros (captación de fondos propios y/o ajenos, avales, fianzas, apertura de cuentas bancarias, etc.).
  - Trámites de constitución.
  - Adquisición de inmovilizado.
  - Acondicionamiento de local, nave, planta, oficina, etc.
  - Contratación de personal, servicios externos.
  - Selección de proveedores, adquisición de materias primas.
  - Campaña de comunicación.
  - Apertura, inicio de actividad.

MÁS INFORMACIÓN AMPLIADA EN:
www.mbadelsigloxxi.es: apartado «El plan de negocio paso a paso».

9.16. PLAN ECONÓMICO-FINANCIERO

Ésta es una de las secciones clave de nuestro plan de negocio, la más temida y deseada, a la vez, por la mayoría de los emprendedores, ya que puede demostrar el potencial económico y la viabilidad del proyecto empresarial, primero a nosotros mismos, y luego a terceras personas: los inversores y entidades de capital riesgo, los bancos, etc.

El plan económico-financiero, o plan de viabilidad, transforma en cifras y unidades monetarias todas las estrategias, políticas y acciones descritas en las diferentes secciones del plan de negocio.

El estudio económico-financiero trata de ofrecer una respuesta a las inquietudes generales de los emprendedores y promotores de cara a la puesta en marcha del proyecto empresarial: ¿a cuánto asciende la inversión inicial prevista?, ¿cómo vamos a financiar esta inversión?, ¿cuándo alcanzaremos el Punto de Equilibrio?, ¿qué rentabilidad vamos a alcanzar?, ¿cuándo vamos a recuperar nuestra inversión?, ¿es éste un proyecto viable, atractivo para los posibles inversores involucrados...?

El estudio económico-financiero informa sobre los siguientes aspectos: la inversión inicial necesaria para poner en marcha el proyecto, las necesidades y estructura financiera para llevar a cabo la actividad una vez puesta en marcha la empresa, las previsiones a través de los diferentes estados financieros y el estudio de la rentabilidad de las inversiones realizadas.

El estudio económico-financiero deberá aportar, como mínimo, la siguiente información:

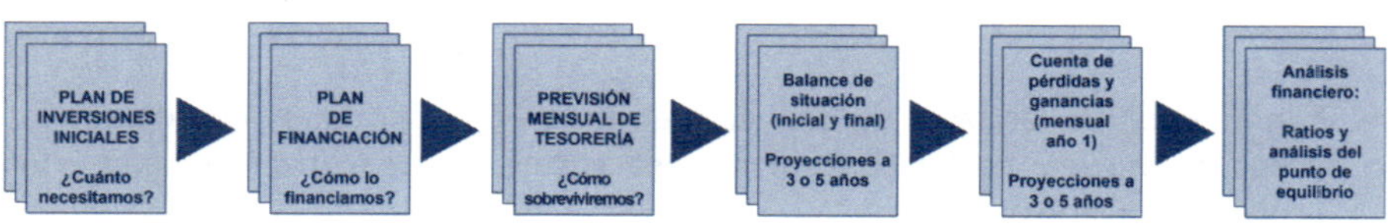

Figura 9.3. Contenido mínimo del plan económico-financiero

- Plan de inversiones iniciales:
  — Cálculo de los fondos necesarios para iniciar la actividad: gastos amortizables, inmovilizado inmaterial, inmovilizado material, inmovilizado financiero, circulante.

- Plan de financiación:
  — Financiación propia, financiación ajena, subvenciones, préstamos.

- Previsión mensual de tesorería.

- Balance de situación inicial y final:
  — Proyecciones a tres o cinco años.

- Cuenta de pérdidas y ganancias:
  — Mensual para el primer año.
  — Anual para la proyección del resto de los años.

- Estado de Origen y Aplicación de Fondos (EOAF):
  — Origen y aplicación de los fondos.
  — Variaciones del capital circulante.

- Análisis Financiero:
  — Cálculo de ratios (EBITDA, fondo de maniobra, etc.).
  — Análisis del Punto de Equilibrio.

- Análisis de la inversión:
  — Período de recuperación.
  — Cálculo del VAN (Valor Actual Neto).
  — Cálculo del TIR (Tasa Interna de Rendimiento).

MÁS INFORMACIÓN AMPLIADA EN

www.mbadelsigloxxi.es: apartado «El plan de negocio paso a paso». Explicaciones, herramientas y hojas de cálculo de ayuda para la elaboración de los estados financieros. También puedes consultar los capítulos del 19 al 30.

9.17. VALORACIÓN DE RIESGOS Y PLAN DE CONTINGENCIA

El objetivo de esta sección es determinar los riesgos que nos podemos encontrar y sus posibles consecuencias y la propuesta de un plan de contingencia.

Los aspectos que se deberán desarrollar en el apartado valoración de riesgos y plan de contingencia son los siguientes:

- Riesgos que podrían afectar a nuestro sector:
  — Crecimiento menor del esperado.
  — Desaceleración económica.
  — Recesión.
  — Restricciones.
  — Desarrollo de nuevas tecnologías más avanzadas.

- Riesgos que podrían afectar a nuestro mercado:
  - — Baja aceptación de nuestro producto o servicio.
  - — Disminución del poder adquisitivo.
  - — Cambios en la demanda, los gustos, las preferencias.
- Riesgos que podrían afectar a nuestra empresa:
  - — Entrada de nuevos competidores.
  - — Entrada de imitadores, precios agresivos.
  - — Retrasos en el lanzamiento de nuestro producto o prestación de nuestro servicio.
  - — Costes mayores de los previstos.
  - — Dificultades en la obtención de financiación, inversores, ayudas.
  - — Salida de socios.
- Plan de contingencia:
  - — Alianzas estratégicas.
  - — Venta parcial o total de la compañía.
  - — Venta de nuestra tecnología, patentes.

MÁS INFORMACIÓN AMPLIADA EN:
www.mbadelsigloxxi.es: apartado «El plan de negocio paso a paso».

9.18. ANEXOS

En este apartado incluiremos toda la información complementaria que consideremos clave y que no hayamos incluido anteriormente.

- — Currículum de los promotores del proyecto.
- — Diseño de prototipos.
- — Maquetas.
- — Presupuestos y hojas de cálculo:
  - ▪ Previsión de ventas.
  - ▪ Previsión de Tesorería.
  - ▪ Cuenta de Pérdidas y Ganancias.
  - ▪ Balance de Situación.
  - ▪ Ratios operativos y financieros.
- — Gráficos.
- — Elementos visuales, presentaciones tipo Powerpoint, fotografías.

MÁS INFORMACIÓN AMPLIADA EN:
www.mbadelsigloxxi.es: apartado «El plan de negocio paso a paso». Plantillas para la utilización de anexos.

10. Recursos financieros para la creación de empresas

«Con el dinero sucede lo mismo que con el papel higiénico; cuando se necesita, se necesita urgentemente.»

Upton Sinclair

En este capítulo queremos ofrecer un mapa de recursos para animar a los emprendedores a superar las barreras que a veces les frenan en la puesta en marcha de sus proyectos empresariales.

Los recursos financieros son importantes para la creación y posterior supervivencia de la empresa. Siempre vamos a tener momentos críticos puntuales: «cómo financio la compra de las materias primas», «cómo pago este mes a mis trabajadores», «cómo hago frente a los gastos de mi última campaña comercial», etc. ¿Quién nos puede ayudar?

Afortunadamente, gracias al impulso del espíritu emprendedor en Europa, y especialmente en España, ahora sí tenemos más apoyo que antes, es cuestión de saber dónde buscar y convencer a quienes van a apostar por nosotros.

A través de nuestra y tu Web, www.mbadelsigloxxi.es, podrás ponerte al día sobre las últimas ayudas, y contactar con diferentes entidades e inversores potenciales para que estudien tu proyecto.

“Una de las grandes preocupaciones de los emprendedores, antes de crear una empresa y durante la vida de la misma, es la búsqueda y obtención de recursos financieros para acometer su actividad empresarial. La imposibilidad de obtenerlos supone una gran barrera, que frena a muchísimos emprendedores en la puesta en marcha de su proyecto.”

NUBE DE TAGS

NECESIDADES DE FINANCIACIÓN, instrumentos financieros, **autofinanciación,** financiación bancaria, préstamos, créditos, LEASING, factoring, SUBVENCIONES, *entidades de capital riesgo,* **business angels,** *Sociedades de garantía recíproca,* DGPYME, **ICO...**

Una vez cuantificadas las necesidades de inversión inicial para poner en marcha el proyecto empresarial debemos determinar cómo vamos a financiarlas.

Figura 10.1. Necesidades de financiación.

El plan de financiación, además de recoger los fondos necesarios para cubrir las inversiones iniciales, también indica su procedencia: si los aportarán los socios como recursos propios, o si, por el contrario, provendrán de un préstamo bancario u otro tipo de crédito como recursos ajenos.

Las fuentes de financiación constituyen el pasivo del balance de situación que se emplean para financiar su activo.

Figura 10.2. Balance según necesidades de inversión y financiación.

CUADRO PLAN DE FINANCIACIÓN INICIAL	IMPORTE	%
PATRIMONIO NETO:	**0,00 €**	
Capital		
Otras aportaciones de socios		
Subvenciones, donaciones y legados recibidos		
PASIVO NO CORRIENTE:	**0,00 €**	
Deudas a largo plazo con entidades de crédito (préstamos recibidos)		
Otros (acreedores por arrendamiento financiero)		
PASIVO CORRIENTE:	**0,00 €**	
Deudas a corto plazo con entidades de crédito (créditos)		
Otros (proveedores, acreedores, anticipos de clientes)		
Otras deudas con características especiales		
TOTAL FINANCIACIÓN:	**0,00 €**	

CONCEPTOS	IMPORTE	%
Aportaciones de los socios		
Subvenciones recibidas		
Préstamos a largo plazo		
Créditos		
Otras fuentes de financiación		
TOTAL FINANCIACIÓN:	0,00	100%

Tabla 10.1. Cuadros del plan de financiación inicial.

10.1. Fuentes e instrumentos de financiación

Una de las grandes cuestiones que se plantean los emprendedores es determinar cómo y dónde conseguir los fondos para la puesta en marcha del proyecto empresarial, el posterior funcionamiento de la empresa y el crecimiento y expansión de la misma.

En líneas generales, las fuentes de financiación se pueden clasificar como obtención de deuda (fuentes o recursos ajenos) y/o aportación de capital (fuentes o recursos propios). La verdad es que cada emprendedor elige diferentes formas de financiación según las situaciones particulares de cada caso. Por ejemplo, un nuevo proyecto empresarial se puede empezar a financiar por las aportaciones de los propios emprendedores y de las personas cercanas que apuesten por el proyecto (la fórmula conocida como las «tres F», *friends, family and fools*), por la concesión de alguna subvención o de un crédito para financiar el fondo de maniobra. Cuando el proyecto necesite expandirse, se puede recurrir a un préstamo a largo plazo o a una inyección de nuevo capital a través de un business angel, o incluso a una entidad de capital riesgo. Son diversas las fórmulas que se nos presentan hoy en día, y que son impulsadas cada vez mejor para fomentar la creación y el desarrollo de nuevos e innovadores proyectos empresariales.

Figura 10.3. Fuentes de financiación.

La financiación propia está constituida por todos los recursos financieros de propiedad de la empresa, aportados por los socios y generados por la propia actividad empresarial y los beneficios obtenidos que no se distribuyen y que se quedan en la empresa en forma de reservas para cubrir sus necesidades financieras. Cuando se reinvierten estos beneficios en la propia empresa, la actividad se está autofinanciando, es decir, está utilizando sus ganancias para acometer nuevas inversiones.

La financiación propia puede ser externa, la que proviene de fuera de la empresa (capital, primas de emisión), e interna, la que se genera dentro de la empresa mediante la autofinanciación.

10.1.1. CAPITAL Y APORTACIONES DE SOCIOS

El capital está compuesto por las aportaciones de los promotores y socios en el momento de la constitución de la empresa o cuando los socios entran a formar parte de ella. El capital se puede ampliar si se producen nuevas aportaciones o entradas de nuevos socios.

10.1.2. LAS RESERVAS

Las reservas se originan a partir de una parte de los beneficios obtenidos por las empresas, y pueden ser legales, estatutarias, voluntarias y especiales. Por otra parte, hay reservas que se generan por las primas de emisión, es decir, las aportaciones realizadas por los accionistas o socios en el caso de emisión y colocación de acciones o participaciones a un precio superior a su valor nominal.

10.1.3. FINANCIACIÓN INTERNA DE LA EMPRESA O AUTOFINANCIACIÓN

La autofinanciación se obtiene a partir de los beneficios no distribuidos entre los accionistas en un ejercicio económico; esta reinversión de los beneficios en la propia empresa proporciona cierta autonomía financiera. La autofinanciación se compone de las siguientes partidas: beneficios retenidos, dotaciones a provisiones y dotaciones a amortizaciones.

10.1.4. SUBVENCIONES

Las subvenciones son ayudas a fondo perdido que pueden destinarse al capital (financian inversiones) o a la explotación (financian el gasto corriente). El objeto de las subvenciones es muy variado: subvenciones para la adquisición de maquinaria y equipos informáticos, subvenciones para fomentar la creación de empleo para determinados colectivos con mayor dificultad, subvenciones destinadas a fomentar empresas que actúen en determinados sectores o que realicen determinadas actividades de investigación, etc.

La financiación ajena está constituida por todos los recursos externos que generan una deuda u obligación para la empresa, que tendrá que devolverla bajo las condiciones aceptadas en cada caso junto con el pago de los intereses pactados.

10.1.5. INSTRUMENTOS DE FINANCIACIÓN BANCARIA Y NO BANCARIA A CORTO Y LARGO PLAZO

- Préstamos a corto y largo plazo. El contrato de préstamo es aquella operación por la que la entidad financiera presta una determinada cantidad de dinero, en este caso, a la nueva empresa, obligándose esta última a restituir dicha cantidad más los intereses devengados al cabo de un plazo establecido. La devolución deberá realizarse mediante cuotas, y su plazo suele ser de entre uno y cinco años.
- Pólizas de crédito o líneas de crédito. El contrato de crédito es aquel en el que la entidad financiera pone a disposición del prestatario, en este caso la nueva empresa, fondos hasta un límite determinado y un plazo prefijado, por lo general un año, percibiéndose periódicamente los intereses sobre las cantidades dispuestas y no dispuestas en algunas ocasiones. Este tipo de operación es más idóneo para cubrir necesidades puntuales de liquidez.
- Descuento de efectos. Es una operación mediante la cual la entidad financiera anticipa el importe de efectos comerciales (letras de cambio, pagarés), certificaciones públicas y otros efectos, antes de su vencimiento. La cantidad abonada corresponde al importe del efecto menos unos intereses y comisiones en concepto del tiempo que media entre el anticipo y el vencimiento del crédito. En este tipo de financiación no se elimina el riesgo de morosidad ya que, si a la fecha de ven-

cimiento el efecto no fuese pagado, la entidad financiera puede proceder contra la empresa que presentó el efecto y retirar el importe anticipado de su cuenta.

- Créditos comerciales de proveedores. Financiación ofrecida por los proveedores que permiten el aplazamiento del pago por las mercancías o servicios que nos han entregado y facturado.
- Factoring. Es una operación que consiste en la cesión del derecho de cobro sobre clientes (facturas pendientes de cobro, recibos, letras de cambio) a una empresa especializada en este tipo de operaciones sociedad factor. A través del factoring, se consigue liquidez y se traslada el riesgo del impago a la sociedad que se encarga del cobro. A cambio, ésta percibirá una comisión que le cubra el riesgo de impago y un interés por anticipar los cobros.
- Leasing. Es una operación de arrendamiento o alquiler de un bien (mueble o inmueble) a medio y largo plazo con opción a compra. El leasing consiste en alquilar a la sociedad de leasing un bien durante un período determinado de tiempo con la opción de poder comprar dicho bien por su valor residual cuando venza el plazo. La sociedad de leasing es la que financia la operación, ya que es la encargada de comprar el bien al proveedor para después alquilarlo. Existen varias modalidades de leasing:
    - Financiero. La sociedad de leasing se compromete a entregar el bien sin hacerse cargo de su mantenimiento o reparación. El arrendatario está obligado a pagar el importe del alquiler mediante cuotas durante la vigencia del contrato sin poder rescindirlo unilateralmente. Al finalizar el contrato, el cliente tiene la opción de ejercer o no la compra.
    - Operativo. El arrendador, en este caso, suele ser el fabricante o distribuidor del bien, que, además de alquilarlo, se encarga de su mantenimiento y/o renovación por nuevos modelos. El contrato puede ser rescindido por el arrendatario en cualquier momento, previo aviso. Este tipo de leasing se caracteriza por tener un coste un poco más elevado, por ello, se utiliza principalmente en sectores cuya tecnología cambia rápidamente.
    - Lease-back. Es una operación mediante la que el arrendatario vende al arrendador un bien de su propiedad para que éste se lo ceda de nuevo en arrendamiento.
- Renting. Es un contrato mercantil bilateral por el que una de las partes, la sociedad de renting, se obliga a ceder a otra en arrendamiento el uso de un bien por un tiempo determinado, a cambio del pago de una renta periódica. No suele ofrecerse la opción de compra del bien, pero, a cambio, se posibilita la renovación del contrato sobre el mismo bien o la renovación del contrato sobre un modelo más actual. El pago de la renta incluye el derecho al uso del equipo, su mantenimiento y un seguro que cubre los posibles siniestros. El renting proporciona al arrendatario unas ventajas económicas (no se realiza un gran desembolso), contables (no se inmovilizan los bienes) y fiscales (el alquiler es un gasto fiscalmente deducible en su totalidad).
- Confirming. Es un instrumento financiero para facilitar la gestión del pago de las compras por el cual una empresa cede a una entidad financiera todos los derechos derivados de una operación de compra y su correspondiente pago a los proveedores.

- Forfaiting. Contrato por el cual el exportador (cedente) cede un efecto financiero derivado de su actividad comercial a una entidad financiera, que lo aceptará sin recurso y descontará al cedente el efecto a cambio de una remuneración. Se trata, en definitiva, de un descuento sin recurso enmarcado en el ámbito del comercio internacional, donde el exportador recibe los fondos en cuanto presente la documentación requerida.
- Emisión de obligaciones. Cuando una empresa necesita grandes sumas de dinero, puede conseguirlas emitiendo un empréstito. Consiste en lanzar al mercado una emisión de títulos o valores (obligaciones, bonos, pagarés, cédulas, etc.), cada uno de los cuales representará una parte alícuota de una deuda. Las obligaciones se ofrecen al público en general, de manera que los inversores que las compran se convierten en acreedores de la empresa por el valor de los títulos comprados y adquieren el derecho a cobrar un interés, así como la devolución de la cantidad entregada en los plazos pactados.
- Crédito oficial (Instituto de Crédito Oficial). El Instituto de Crédito Oficial (ICO) es una entidad pública empresarial, adscrita al Ministerio de Economía y Hacienda a través de la Secretaría de Estado de Economía, que tiene naturaleza jurídica de entidad de crédito y consideración de agencia financiera del Estado con personalidad jurídica, patrimonio y tesorería propios, así como autonomía de gestión para el cumplimiento de sus fines. Como entidad de crédito especializada tiene como función financiar, a medio y largo plazo, las inversiones productivas de las empresas establecidas en España o de empresas españolas que se establezcan en el exterior. El Instituto de Crédito Oficial dispone de diversas líneas de financiación a través de las siguientes fórmulas:
  - Líneas de mediación. Destinadas a emprendedores, autónomos y PYME para la incorporación de la innovación tecnológica en los procesos productivos, el fomento de diferentes sectores, etc. Su característica principal es la de ser préstamos con largos plazos de amortización, tipos de interés preferencial y de tramitación sencilla; permiten una financiación máxima de 1,5 millones de euros. La tramitación se realiza a través de los principales bancos y cajas implantados en España, con los que el ICO tiene suscritos acuerdos de colaboración. Las entidades de crédito se encargan de analizar el proyecto y de aprobar la concesión de los préstamos.
  - Ejemplos de líneas de mediación. Línea ICO-PYME, línea ICO-Emprendedores, línea ICO-Crecimiento empresarial, línea ICO-Internacionalización, línea ICO-Microcréditos, línea ICO-ICEX, etc.

MÁS INFORMACIÓN:
www.ico.es.

- Microcréditos. Son préstamos sin avales dirigidos a personas físicas, microempresas y actividades económicas en general que cuenten con un proyecto de inversión viable, pero encuentren dificultades para acceder a los canales habituales de financiación. Las condiciones pueden variar de unas entidades a otras en tipo de interés, comisiones de apertura y estudio, plazo de devolución y existencia, o no, de período de carencia, es decir, la posibilidad de aplazamiento de la devolución durante un tiempo determinado. La financiación suele oscilar entre 15 000 y 25 000 euros, con un plazo de amortización entre uno y siete años y la posibilidad de incorporar carencias intermedias. Los tipos de interés pueden ser fijos o variables, y se financia entre un 90% y un 100% del coste total del proyecto.

10.1.6. OTRAS FÓRMULAS ESPECIALES DE FINANCIACIÓN

En la fase de creación y puesta en marcha de la empresa, el emprendedor no siempre dispone de garantías y propiedades suficientes que le sirvan de aval, lo que dificulta, en cierto modo, el acceso a la financiación bancaria. Por lo tanto, es recomendable buscar alternativas de financiación a través de inversores, tanto privados como sociedades. A continuación exponemos otras fórmulas de financiación alternativa.

10.1.6.1. Entidades de capital riesgo

El capital riesgo, también conocido como capital inversión, *venture capital* y *private equity*, es una inversión a medio y largo plazo, minoritaria y temporal, que se realiza en pequeñas y medianas empresas con grandes perspectivas de rentabilidad y/o crecimiento. Esta actividad la realizan compañías especializadas de inversión en capital, que aportan un valor añadido al puramente financiero y se involucran en la actividad de la empresa.

La finalidad de las entidades de capital riesgo es ayudar, con su aportación, a que la empresa crezca, aumentando su valor en el mercado para más tarde vender su participación obteniendo un beneficio o plusvalía.

Este tipo de inversión se caracteriza por la orientación hacia empresas innovadoras con un alto potencial de crecimiento, que tengan un producto, un servicio o una idea con una clara ventaja frente a sus competidores más directos, que posean un equipo directivo altamente cualificado y que ofrezcan posibilidades reales de desinversión.

La inversión de capital se puede realizar en distintas fases de la actividad de la empresa que lo recibe:

- Capital semilla (*seed capital*). Se invierte en una empresa en fase de creación. El emprendedor necesita financiación para elaborar y desarrollar el concepto de negocio, los diseños y pruebas de prototipos, los estudios de mercado, etc. Estos proyectos son de alto riesgo, debido a la incertidumbre sobre la aceptación que el producto pueda tener en el mercado.

- Capital de arranque (*start up capital*). Se invierte en empresas de nueva o reciente creación con un modelo de negocio elaborado. La financiación es necesaria para el inicio de las fases de producción, distribución y comercialización.
- Capital de expansión o desarrollo. Se invierte en empresas con cierta trayectoria, que buscan un acceso a nuevos productos o mercados para su expansión internacional, su consolidación, la ampliación de su capacidad de fabricación, etc.
- Adquisición con apalancamiento (*Leveraged Buy-Out,* LBO). Es la toma de participación en empresas en las que una parte sustancial del precio de la operación está financiada con deuda, en parte garantizada por los propios activos de la empresa adquirida.
  - *Management Buy-Out* (MBO). Consiste en la adquisición por parte de un grupo de directivos de la propia empresa apoyados por una sociedad de capital inversión.
  - *Management Buy-In,* (MBI). Consiste en la adquisición por parte de un grupo de directivos externo a la empresa apoyados por una sociedad de capital inversión.
  - *Management Buy-In, Management Buy-Out* (BIMBO). Consiste en la adquisición en la que el control es obtenido por un equipo de directivos que trabaja en la empresa adquirida, con el apoyo de directivos externos.
- Reorientación o *turnaround*. Capital destinado a la financiación de un cambio de orientación o nuevo impulso para una empresa que atraviesa una crisis. Algunas operaciones conllevan el cambio del equipo de dirección responsable de la mala gestión de la empresa.
- Capital de sustitución. Capital destinado a ocupar el lugar de un grupo de accionistas. Este tipo de operaciones es común en empresas familiares de segunda o tercera generación, donde se suelen producir conflictos de interés entre los accionistas activos y pasivos de la empresa. El objetivo es profesionalizar más la empresa destinando los cargos de máxima responsabilidad a profesionales con probada experiencia.
- Capital de transición *(Bridge)*. Capital destinado a una empresa en los meses previos a su lanzamiento en el mercado de valores.

La desinversión o cierre del ciclo de financiación mediante capital riesgo puede producirse por las siguientes vías: la recompra de la participación por parte de los accionistas originarios y/o de la dirección, la venta a terceros de la empresa en su conjunto o de las acciones de la entidad de capital riesgo, la introducción en los mercados de valores y la liquidación de la empresa.

La actividad de capital riesgo en España se lleva a cabo a través de las siguientes formas jurídicas, según la Ley 25/2005, de 24 de noviembre, reguladora de las entidades de capital riesgo y sus sociedades gestoras:

- Las sociedades de capital riesgo (SCR). Sociedades anónimas cuyo objeto social principal consiste en la toma de participaciones temporales en el capital de empresas no financieras y de naturaleza no inmobiliaria, que, en el momento de la toma de participación, no coticen en el primer mercado de bolsas de valores o en cualquier otro mercado regulado equivalente de la Unión Europea o del resto de países miembros de la Organización para la Cooperación y el Desarrollo Económicos (OCDE).

- Los fondos de capital riesgo (FCR). Los fondos de capital riesgo son patrimonios separados sin personalidad jurídica, pertenecientes a una pluralidad de inversores, cuya gestión y representación corresponde a una sociedad gestora, que tendrá el mismo objeto principal que las sociedades de capital riesgo, correspondiendo a la sociedad gestora el análisis y propuestas de inversión por cuenta del fondo.
- Sociedades gestoras de entidades de capital riesgo (SGECR). las sociedades gestoras de entidades de capital riesgo son sociedades anónimas cuyo objeto social principal es la administración y gestión de fondos de capital riesgo y de activos de sociedades de capital riesgo. Como actividad complementaria, pueden realizar tareas de asesoramiento a las empresas con las que mantengan vinculación.

MÁS INFORMACIÓN Y ENLACES DE INTERÉS:

- Asociación española de entidades de capital riesgo (ASCRI)
  www.ascri.org
- Información de registro de entidades de capital riesgo
  www.cnmv.es
- Axis Participaciones Empresariales, Sgecr, Sau
  www.axispart.com
- Información española sobre capital riesgo
  www.webcapitalriesgo.com
- European Private Equity & Venture Capital Association (EVCA)
  www.evca.com
- The British Private Equity and Venture Capital Association
  www.bvca.co.uk
- National Venture Capital Association (EE UU)
  www.nvca.org

10.1.6.2. Los business angels

El origen del término «angel investor», más conocido en Europa como «business angel», surgió para definir a particulares, directivos o empresarios de éxito con grandes patrimonios dispuestos a impulsar el desarrollo de nuevos proyectos empresariales con un alto potencial de crecimiento, aportando capital y valor añadido a la gestión del negocio a cambio de participaciones en el mismo.

Hoy en día el término de business angel se ha extendido para referirse popularmente a inversores privados que suelen invertir en nuevos proyectos empresariales, en sectores que conocen bien, para poder aportar su experiencia, asesoría y facilitar su red de contactos.

Los business angels suelen cerrar la brecha que hay entre la fase del capital semilla, procedente del entorno del emprendedor (las tres F: *friends, family and fools*), y la ausencia de capital procedente de entidades de capital riesgo (ECR) por falta de interés en proyectos que no tienen tanto potencial de crecimiento.

Según el estudio realizado por la Dirección General de Política de la PYME, *Business angels en España: una nueva vía de financiación para las PYME,* los business angels se caracterizan por:

- Tener capacidad financiera suficiente para llevar a cabo inversiones que oscilan entre los 25 000 euros y los 250 000 euros.
- Ser personas físicas o pequeños grupos de personas (grupos de inversión).
- Ser mayoritariamente hombres con edades comprendidas entre los cuarenta y cinco y los sesenta y cinco años.
- Suelen ser licenciados o ingenieros.
- Algunos de ellos han sido emprendedores anteriormente.
- Participan en empresas que se hallan en las primeras fases de desarrollo.
- Invierten en sectores que conocen.
- Prefieren mantener el anonimato ante terceras personas o entidades.
- Invierten en empresas que no les supongan realizar grandes desplazamientos.
- No suelen adquirir más del 50% de la participación.
- Intentan aportar el máximo valor y tiempo para que la empresa crezca.
- No tienden a inclinarse por un sector económico determinado.

Las redes de business angels son organizaciones que tienen como objetivo acercar a las PYME (de reciente creación o en fase de crecimiento) a inversores informales y privados.

MÁS INFORMACIÓN Y ENLACES DE INTERÉS:

- Red Española de Business Angels (ESBAN)
  www.esban.com
- Red Europea de Business Angels (EBAN)
  www.eban.org
- AngelSoft (software de gestión de trabajo basado en la Web para business angels)
  www.angelsoft.net
- Angel Capital Association (EE UU)
  www.angelcapitalassociation.org
- Ace-Net (EE UU)
  www.ace-net.org
- Angel Capital Education Foundation (ACEF)
  www.angelcapitaleducation.org
- University Business Angels Network (UNIBAN)
  www.uniban.org

10.1.6.3. Sociedades de garantía recíproca (SGR)

Según la Confederación Española de Sociedades de Garantía Recíproca (CESGAR): «Las sociedades de garantía recíproca son entidades financieras sin ánimo de lucro y con ámbito de actuación específico (por autonomías o, en menor medida, sectores) cuyo objeto principal es procurar el acceso al crédito a las pequeñas y medianas empresas y mejorar, en general, sus condiciones de financiación, a través de la prestación de avales ante bancos y cajas de ahorros, entre otros».

Las SGR no son en sí fuentes de financiación, sino que actúan como avalistas para proporcionar acceso a las mismas. Las PYME con dificultades para acceder a fuentes de financiación bancarias, por ejemplo, se benefician enormemente de su apoyo, ya que las entidades de crédito invierten sin riesgo en proyectos que son avalados por las SGR, y prestan una financiación más ventajosa gracias a los convenios que tienen suscritos con ellas. A cambio de las garantías recibidas, las PYME, para beneficiarse, tienen la obligación de adquirir una cuota social que, si se desea, puede ser reembolsada a la finalización del crédito obtenido, para convertirse en socios partícipes y tener así derecho a otras prestaciones y servicios.

Para solicitar un aval se debe presentar toda la documentación necesaria para que se estudie el proyecto y se valore el riesgo y su viabilidad.

Según la Confederación Española de Sociedades de Garantía Recíproca (CESGAR), las SGR proporcionan a las PYME los siguientes beneficios:

- Posibilitan el acceso a la financiación para aquellas empresas que, por falta de garantías, no podrían obtenerla.
- Hacen que consigan las mejores condiciones de tipo y plazo de interés gracias a los convenios existentes entre las Sociedades de Garantía Recíproca y las entidades de crédito. De esta forma disminuyen los costes de financiación para la PYME.
- Conceden el aval siempre que el proyecto sea viable en su conjunto a juicio del equipo que lo analiza.
- Ponen a disposición el asesoramiento de expertos a través del análisis, la evaluación y el consejo sobre el proyecto de inversión que la pequeña empresa va a emprender.
- No se ven afectados necesariamente a garantías los paquetes patrimoniales, que así estarán disponibles para otros fines.
- El estudio de riesgo realizado por la SGR para evaluar la concesión del aval no sólo se limita a aceptar o rechazar su concesión, sino que también propone alternativas financieras mejor adaptadas a las necesidades de la PYME.

Las sociedades de garantía recíproca españolas están asociadas en la Confederación Española de Sociedades de Garantía Recíproca (CESGAR), que asume las funciones de coordinación, cooperación, defensa y representación de los intereses de sus asociados, promueve todo tipo de acuerdos con instituciones públicas o privadas, nacionales o extranjeras, y se dedica a labores de asesoría y asistencia técnica.

MÁS INFORMACIÓN Y ENLACES DE INTERÉS:

- Confederación Española de Sociedades de Garantía Recíproca (CESGAR)
  www.cesgar.es
- Sociedades de garantía recíproca de Andalucía:
  - CREDIAVAL, S.G.R. www.crediaval.es
  - AVALUNION, S.G.R. www.avalunion.es
  - SURAVAL, S.G.R www.suraval.es
- Sociedades de garantía recíproca de Aragón:
  - AVALIA ARAGÓN S.G.R. www.avaliasgr.com
- Sociedades de garantía recíproca de Canarias:
  - SOGARTE, S.G.R. www.sogarte.org
  - SOGAPYME, S.G.R. www.sogapyme.com
- Sociedades de garantía recíproca de Cantabria:
  - SOGARCA, S.G.R. www.sogarca.com
- Sociedades de garantía recíproca de Castilla y León:
  - IBERAVAL, S.G.R. www.iberaval.es
- Sociedades de garantía recíproca de Cataluña:
  - AVALIS DE CATALUNYA, S.G.R. www.avalis-sgr.com
- Sociedades de garantía recíproca de la Comunidad de Madrid:
  - AVALMADRID, S.G.R www.avalmadrid.es
  - TRANSAVAL, S.G.R. www.transaval.es
  - FIANZAS Y SERVICIOS FINANCIEROS, S.G.R. www.fianzas-sgr.com
  - AUDIOVISUAL S.G.R. www.audiovisualsgr.com
- Sociedades de garantía recíproca de la Comunidad Foral de Navarra:
  - SONAGAR, S.G.R. www.sonagar.es
- Sociedades de garantía recíproca de la Comunidad Valenciana:
  - S.G.R. COMUNITAT VALENCIANA www.sgr.es
- Sociedades de garantía recíproca de Extremadura:
  - EXTRAVAL, S.G.R. www.extraval.es
- Sociedades de garantía recíproca de Galicia:
  - SOGARPO, S.G.R. www.sogarpo.es
  - AFIGAL, S.G.R. www.afigal.es
- Sociedades de garantía recíproca de las islas Baleares:
  - ISBA, S.G.R. www.isbasgr.es
- Sociedades de garantía recíproca del País Vasco:
  - ELKARGI, S.G.R. www.elkargi.es
  - OINARRI, S.G.R. www.oinarri.es
- Sociedades de garantía recíproca del Principado de Asturias:
  - ASTURGAR, S.G.R. www.asturgar.com
- Sociedades de garantía recíproca de la Región de Murcia:
  - UNDEMUR, S.G.R. www.undemursgr.es

10.1.6.4. Préstamos participativos

El préstamo participativo es un instrumento financiero innovador ideado para proporcionar recursos a largo plazo sin interferir en la gestión de la empresa.

Los préstamos participativos están regulados por el Art. 20 del Real Decreto-Ley 7/1996, de 7 de junio, sobre medidas urgentes de carácter fiscal y de fomento y liberalización de la actividad económica, y por la Ley 10/1996, de 18 de diciembre, de medidas fiscales urgentes, que lo definen con las siguientes características:

- La entidad prestamista percibirá un interés variable que se determinará en función de la evolución de la actividad de la empresa prestataria. El criterio para determinar dicha evolución podrá ser: el beneficio neto, el volumen de negocio, el patrimonio total o cualquier otro que libremente acuerden las partes contratantes. Además, éstas podrán acordar un interés fijo con independencia de la evolución de la actividad.
- Las partes contratantes podrán acordar una cláusula penalizadora para el caso de amortización anticipada. En todo caso, el prestatario sólo podrá amortizar anticipadamente el préstamo participativo si dicha amortización se compensa con una ampliación de igual cuantía de sus fondos propios, y siempre que éste no provenga de la actualización de activos.
- Los préstamos participativos en orden a la prelación de créditos se situarán después de los acreedores comunes.
- Los préstamos participativos tendrán la consideración de fondos propios a los efectos de la legislación mercantil.
- Los intereses devengados, tanto fijos como variables, de un préstamo participativo se considerarán partida deducible a efectos de la base imponible del Impuesto de Sociedades del prestatario.

La Empresa Nacional de Innovación, S.A. (ENISA), empresa de capital público adscrita al Ministerio de Industria, Turismo y Comercio, gestiona esta fórmula de financiación con las siguientes características y condiciones:

- «Criterios básicos para la selección de proyectos:
  - Calidad y viabilidad del proyecto empresarial.
  - Profesionalidad de la gestión: experiencia empresarial en el sector, capacitación técnica y cobertura de todas las áreas gerenciales de la empresa.
  - Ventajas competitivas: el producto o productos que desarrolla la empresa contarán con una posición ventajosa frente a la competencia.
  - La empresa deberá dirigirse hacia mercados con significativos crecimientos actuales y a largo plazo.
  - El proyecto contará con un plan financiero que demuestre la capacidad de la empresa para atender sus necesidades de funcionamiento y los compromisos adquiridos.
  - El proyecto ofrecerá una rentabilidad adecuada al riesgo.

- Características:
  - Vencimiento a largo plazo (entre cinco y diez años).
  - Largo período de carencia (entre tres y ocho años).
  - Tipo de interés en función de los resultados de la empresa beneficiaria, con un mínimo y un máximo.
  - Rango de exigibilidad subordinado a cualquier otro crédito u obligación de la prestataria, situándose justo delante de los socios.
  - No se solicita ningún tipo de garantías adicionales además de las que aporta el propio proyecto empresarial.

- Líneas de financiación:
  - Línea General. Para todo tipo de proyectos empresariales.
  - Línea Empresas de Base Tecnológica. Para PYME que lleven a cabo proyectos cuyo resultado sea un avance tecnológico en la obtención de nuevos productos, procesos o servicios, o la mejora sustancial de los ya existentes.
  - Línea PYME. Para proyectos empresariales promovidos por PYME que contemplen la modernización de su estructura productiva y de gestión, incluyendo la innovación no tecnológica.

- Tipos de interés:
  - Línea General. Mínimo, determinado por el Euribor a un año + (0,25~1,0%), y máximo, en función de la rentabilidad de la empresa, de hasta un 8% por encima del tipo de interés mínimo arriba mencionado.
  - Líneas Empresas de Base Tecnológica y PYME. Mínimo, determinado por el Euribor a un año + 0,25%, y máximo, en función de la rentabilidad de la empresa, de hasta un 6% por encima del tipo de interés mínimo arriba mencionado.

- Comisiones:
  - El préstamo sólo devengará una comisión de apertura de 0,5% del importe del mismo. En el supuesto de amortización anticipada del préstamo, se satisfará una comisión del 2% de la cantidad amortizada.

»Una vez formalizada la solicitud y tras un primer contacto, la empresa deberá facilitar a ENISA un plan de negocio donde se refleje tanto la realidad actual como su plan de futuro. Este documento servirá de base para el proceso de análisis.» Fuente: Empresa Nacional de Innovación, S.A. (ENISA).

MÁS INFORMACIÓN:

- Empresa Nacional de Innovación, S.A. (ENISA) www.enisa.es
- Dirección General de la Política de la Pequeña y Mediana Empresa (DGPYME) www.ipyme.org

10.1.7. AYUDAS E INSTRUMENTOS DE APOYO A LOS EMPRENDEDORES Y PYME

Actualmente, hay disponible una amplísima gama de ayudas y subvenciones de todo tipo, clasificadas en función del sector de actividad, la zona geográfica, la forma jurídica, el número de trabajadores, el tipo de proyecto, el nivel de innovación del mismo, etc.

Este tipo de ayudas son promovidas por las administraciones locales, autonómicas, estatales y europeas que subvencionan diferentes iniciativas para favorecer la creación de empresas, mejorar la competitividad, impulsar las nuevas tecnologías, fomentar la contratación, etc.

Proponemos como un buen punto de partida un breve listado del tipo de ayudas y actuaciones más importantes de la Dirección General de Política de la PYME (DGPYME), e invitamos al lector a visitar la página web de acompañamiento al libro, www.mbadelsigloxxi.es, para revisar las actualizaciones y acceder a algunas direcciones de interés de cara a ampliar información sobre nuevas ayudas que se vayan publicando, así como sobre su vigencia.

La Dirección General de Política de la PYME (DGPYME), órgano directivo del Ministerio de Industria, Turismo y Comercio, dependiente de la Secretaría General de Industria, tiene como misión: «La promoción de un entorno económico favorable que facilite la iniciativa emprendedora, el crecimiento, la innovación y la competitividad de las empresas.

»La DGPYME mantiene una estrecha relación con entidades e instituciones nacionales e internacionales que promueven la competitividad y la innovación empresarial, y coopera estrechamente con los organismos de la Administración General del Estado y con las Comunidades Autónomas en las iniciativas de fomento, modernización y desarrollo empresarial, ofreciendo las siguientes líneas de actuación:

- Desarrollo de la competitividad y de la capacidad innovadora de las empresas existentes.
- Potenciación de la Red de Centros Tecnológicos.
- Estímulo de la inversión en diseño.
- Creación de nuevas empresas avanzadas.
- Fomento de la iniciativa emprendedora.
- Impulso a los instrumentos de financiación.
- Realización y difusión de estadísticas y estudios.
- Generación y difusión de contenidos informativos de interés para la PYME a través del Portal PYME.
- Profundización en la coordinación con las CC AA y entidades que prestan servicios avanzados a las empresas.
- Generalización del sistema de tramitación telemática de empresas.
- Diseño y gestión de programas de innovación y de I+D+i empresarial.
- Servicios presenciales de atención a las PYME: Área de Información.»

El Sistema de Información Empresarial (SIE), producido por la DGPYME, es un conjunto de bases de datos que ofrecen información sobre las ayudas e incentivos de la Administración, la normativa sobre ayudas de la Unión Europea, la oferta de contratación pública y las adjudicaciones de concursos públicos.

MÁS INFORMACIÓN:

- Dirección General de Política de la Pequeña y Mediana Empresa www.ipyme.org

Los CEEI, también denominados BIC, siguiendo la definición anglosajona «Business Innovation Centres», son centros de apoyo a empresarios innovadores y a PYME en fases de desarrollo. Su función es contribuir a la creación de nuevas generaciones de PYME innovadoras y al desarrollo y la modernización de las empresas existentes. Los CEEI se caracterizan por ofrecer una gama de servicios integrados para incrementar la competitividad, las nuevas tecnologías, los métodos de gestión, organización, comercialización o financiación, las estrategias de cooperación, la internacionalización, etc.

Los CEEI españoles están organizados en una asociación nacional denominada ANCES. Del mismo modo, en Europa los CEEI/BIC están organizados en una red denominada EBN, *The European BIC Network*, y en Estados Unidos, en la NBIA, *National Business Incubation Association*, que agrupa a las incubadoras de empresas.

La misión de un CEEI español es: «Diseñar, promover e implantar servicios de valor añadido a emprendedores, empresas e instituciones para promover y difundir la cultura emprendedora y de innovación, crear nuevas empresas, modernizar las existentes y desarrollar nuevas actividades con el fin de generar riqueza y empleo en su ámbito geográfico de actuación».

En la actualidad hay veintitrés CEEI/BIC que pertenecen a ANCES (Asociación Nacional de CEEI Españoles) y que operan en doce comunidades autónomas.

MÁS INFORMACIÓN Y ENLACES DE INTERÉS:

- Asociación Nacional de CEEI Españoles (ANCES)
  www.ances.com
- The European BIC Network (EBN)
  www.ebn.be
- The National Business Incubation Association (NBIA)
  www.nbia.org
- CEEI Burgos www.ceeiburgos.es
- CEEI Aragón, S.A. www.ceeiaragon.es
- CEEI Baleares www.ceeibalears.com
- CEEI Albacete www.ceeialbacete.com
- CEEI Castilla León www.ceical.es
- CEEI Ciudad Real www.ceeicr.es
- CEEI Cartagena www.ceeic.com
- BIC Galicia www.bicgalicia.es
- CEEI Valencia www.ceei.net
- CEEI Asturias www.ceei.es
- CEIN, S.A. Navarra www.cein.es
- CEEI Alcoy www.innovaceei.com
- CEEI Castellón www.ceei-castellon.com
- CEEI Talavera www.ceeitvr.com
- BEAZ, S.A. Vizcaya http://beaz.bizkaia.net
- BIC Euronova (Málaga) www.bic.es
- EUROCEI Sevilla www.eurocei.com
- BIC Berrilan (Guipúzcoa) www.bicberrilan.com
- CEEI Bahía de Cádiz www.ceeibahia.com
- Barcelona Activa, S.A. www.barcelonactiva.cat
- CEIA Álava www.ceia.es
- CEEI Elche www.redceei.com/ceei-elche/ceei.aspx
- CEEI Lleida www.ceeilleida.com

Parte IV
FORMAS DE HACER MARKETING

MARKETING

(Voz inglesa). Mercadotecnia (De mercado *y* -tecnia*).*

1. f. Conjunto de principios y prácticas que buscan el aumento del comercio, especialmente de la demanda.

2. f. Estudio de los procedimientos y recursos tendentes a este fin.

(Fuente: Real Academia Española)

MBA del siglo XXI News

Tenemos un plan para hacer un marketing distinto

CAPÍTULOS

Creo que lo tenemos todo claro, ¿no? Ya tenemos preparado el proceso de fabricación, los canales de distribución, el plan de marketing y comunicación, la red de ventas, nuestro target, ehhh... ¿alguna idea para un producto que podamos ofrecer?

11. El plan de marketing y ventas

«La mejor manera de retener a los clientes es pensar todo el tiempo en cómo darles más por menos.»

Philip Kotler

El plan de marketing y ventas ha de recoger un conjunto de acciones dirigidas a la consecución de nuestros objetivos fijados, y trata de dar respuestas a las siguientes preguntas:

- ¿Dónde estamos?
  - Análisis y diagnóstico de la situación.
  - Análisis DAFO.
- ¿Dónde queremos ir?
  - Fijación de objetivos cuantitativos y cualitativos.
- ¿Cómo vamos a llegar?
  - Elección de las estrategias y acciones a ejecutar.
  - Decisiones sobre los componentes del marketing mix.

“No basta con satisfacer las necesidades de los consumidores, tenemos que pedirles permiso para ofrecerles una experiencia inolvidable. y para eso necesitamos un buen plan.”

NUBE DE TAGS

ANÁLISIS DEL ENTORNO, **análisis de mercado**, *mercado objetivo*, SEGMENTACIÓN, *estudio de la competencia*, **PLAN DE MARKETING**, **estrategias de marketing**, *DAFO*, decisiones sobre producto, **precio**, distribución, comunicación, *control y seguimiento...*

11.1. ANÁLISIS DEL ENTORNO Y SECTOR ECONÓMICO

Una vez determinado el tipo de producto o servicio que queremos ofertar, debemos encuadrar nuestra actividad en alguno de los ámbitos económicos existentes. Es muy importante tener un amplio conocimiento del sector, o sectores, donde vamos a desarrollar nuestra actividad.

Las tendencias y perspectivas de la industria condicionarán el futuro de nuestra empresa; si evaluamos y analizamos las ventajas y desventajas de operar en un campo determinado, podremos conocer cuáles son los posibles riesgos y cómo evitarlos, y cuáles son las futuras tendencias y adaptarnos a ellas.

En esta sección debemos describir el sector donde vamos a desarrollar nuestra actividad, su evolución y oportunidades de acceso para nuevas empresas.

Debemos buscar respuestas a las siguientes preguntas:

- ¿Qué factores y tendencias del entorno afectan a nuestro sector?
- ¿Es nuestro sector un sector concentrado o fragmentado?
- ¿Estamos ante un sector en expansión o en decadencia?
- ¿Cómo van a afectar a nuestro sector los cambios medioambientales, tecnológicos, socioculturales, políticos, jurídicos y económicos?

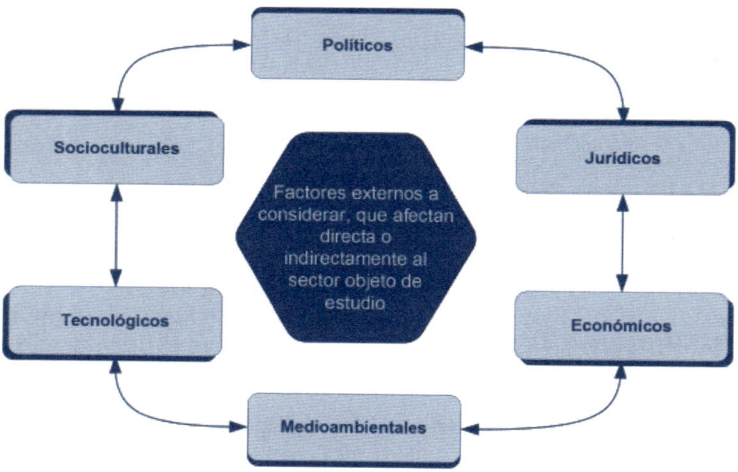

Figura 11.1. Factores externos que afectan a un sector productivo.

11.1.1. IDENTIFICACIÓN, TAMAÑO, EVOLUCIÓN Y GRADO DE CONCENTRACIÓN

Toda actividad empresarial está ubicada en uno o más sectores: primario, secundario o industrial, y terciario o de servicios. La Clasificación Nacional de Actividades

Económicas (CNAE), cataloga a las empresas según la actividad a la que se dedican, para poder realizar controles y estudios estadísticos.

La página web del Instituto Nacional de Estadística, www.ine.es, ofrece una relación de las actividades económicas según la CNAE 93 Rev. 1.

Es importante cuantificar el tamaño del sector en: número total de empresas, relación de empresas por tamaños (microempresas, pequeñas, medianas y grandes), facturación, empleo generado, tasa de crecimiento y su comparación con el Producto Interior Bruto (PIB).

Puedes utilizar la siguiente tabla como modelo para recopilar datos del sector objeto del plan de negocio.

EVOLUCIÓN DEL SECTOR					
Factor	**Hace 2 años**	**Año pasado**	**Estimación este año**	**Est. año próximo**	**Est. media próx. 5 años**
Facturación	----- mill. €	----- mill. €	----- mill. €	----- mill. €	----- mill. €
Volumen	# empresas	# empresas	# empresas	# empresas	# empresas
Empleo	# puestos	# puestos	# puestos	# puestos	# puestos
Crecimiento	----- %	----- %	----- %	----- %	----- %
PIB	----- %	----- %	----- %	----- %	----- %
Comparación Crecimiento/ PIB (%)	----- %	----- %	----- %	----- %	----- %

Tabla 11.1. Evolución del sector: factores a tener en cuenta.

11.1.2. GRADO DE MADUREZ

La madurez de un sector se puede clasificar en cuatro etapas: nueva o en crecimiento, en expansión, estable, o en declive.

Basándonos en la siguiente tabla, que describe las características de las diferentes fases de madurez de un sector, debemos describir las características del nuestro, las ventajas, las oportunidades, las desventajas y los riesgos.

GRADO DE MADUREZ DEL SECTOR				
Características	**Fase de Desarrollo**			
	Nuevo	**En expansión**	**Madurez**	**Decadencia**
Tasa de crecimiento	Muy alta	Muy alta	Estable	Mínima
Nivel de competencia	Alta	Muy alta	Establecida	En disminución
Líderes del mercado	Ninguno	En continuo cambio	Establecidos	En disminución
Objetivos/marketing	Penetración	Diferenciación	Liderazgo	Supervivencia
Estrategia en la cuota de mercado	Introducirse/ afianzarse	Aumentar	Mantener	Recuperar
Línea de productos	Limitada	En expansión	Amplia	Reducida
Fidelidad del cliente	Ninguna	Fortaleciéndose	Fuerte	Débil

(Continúa)

GRADO DE MADUREZ DEL SECTOR
Sectores emergentes: los sectores emergentes se caracterizan por ofrecer excelentes oportunidades de negocio. Las pequeñas y medianas empresas pueden responder a cambios rápidos en el sector, mientras que las grandes empresas todavía no han valorado su potencial. El mercado es limitado, ya que todavía no está habituado a los nuevos productos o servicios que se prestan.
Sectores en plena expansión: crecen a gran velocidad, ya que el mercado empieza a reconocer la necesidad del producto o servicio. El nivel de competencia empieza a ser fuerte por las numerosas empresas entrantes atraídas hacia el sector.
Sectores maduros: es más difícil entrar en estos sectores por su lenta tasa de crecimiento y por la fuerte lealtad que ofrecen los clientes.
Sectores en declive: debido a cambios políticos, jurídicos, tecnológicos, demográficos, sociológicos y económicos, se producen abandonos en el sector por empresas que cesan su actividad o se declaran en bancarrota. Las compañías que quedan intentan sobrevivir atrayendo a los clientes de su competencia más débil.

Tabla 11.2. Grado de madurez del sector.

Basándonos en esta tabla, debemos evaluar nuestros objetivos en el sector donde queremos desarrollar nuestra actividad, sus oportunidades y sus riesgos.

11.1.3. ESTACIONALIDAD

Otro aspecto importante a tener en cuenta es el componente estacional del sector. Por ejemplo, los fabricantes de juguetes alcanzan su mejor época de ventas en Navidad. En el comercio al por menor, este componente está representado por las rebajas, cuando se registra una fuerte demanda en las prendas de vestir, la zapatería, el mobiliario, el menaje y en todo tipo de equipamiento para el hogar.

La condición estacional de un sector tiene un fuerte impacto en la tesorería de una empresa.

11.1.4. ASPECTOS ECONÓMICOS

Los principales indicadores económicos y las políticas económicas, fiscales, monetarias y cambiarias juegan un papel muy importante en las actividades desarrolladas por las empresas en cada sector.

Es importante revisar estos indicadores y analizar cómo van a afectar a la actividad de nuestro proyecto empresarial.

Una fuente importante de información para la obtención de este tipo de estadísticas es la propia página web del Ministerio de Economía y Hacienda (www.meh.es) en el apartado de «Indicadores económicos», que contiene información generada, en su mayor parte, por la Dirección General de Política Económica.

A continuación ofrecemos un resumen de los indicadores más importantes a tener en cuenta clasificados por áreas afines respecto a su contenido:

INDICADORES ECONÓMICOS	
Economía internacional	• Producto Interior Bruto • Contribución al crecimiento • Indicadores compuestos avanzados y de clima económico • Producción industrial • Empleo y paro • Coste laboral horario • Precios de consumo • Precios de las materias primas en los mercados internacionales • Comercio exterior • Balanza de pagos • Tipos de interés • Tipo de cambio del dólar • Mercados de valores
Contabilidad nacional	• PIB y VAB por ramas de actividad • Principales agregados de la demanda nacional • Exportación e importación de bienes y servicios • Deflactores • Ocupados y empleo • Remuneración de los asalariados por ramas de actividad • Renta nacional disponible. Ahorro nacional y capacidad/necesidad de financiación • Saldos de las cuentas del sector resto del mundo
Producción y demanda	• Índice de producción industrial: general, energía, bienes intermedios y bienes de equipo • IPI. Bienes de consumo• IPI. Clasificación por ramas de actividad (CNAE 93) • Índices de cifras de negocios y de entrada de pedidos en la industria • Encuesta coyuntura industrial. Utilización capacidad productiva • Índices de producción de la industria de la construcción • Visados de dirección de obra y certificados de finalización • Licitación oficial: tipos de obra y organismos • Viviendas iniciadas y terminadas: libres y protegidas • Otros indicadores del sector construcción. Cemento • Estadística de hipotecas • Índices de cifra de negocios por sectores del sector servicios • Servicios. Subsector transporte pasajeros • Servicios. Turismo • Consumo de energía eléctrica peninsular • Ventas, comercio exterior, empleo y salarios en las grandes empresas • Ventas interiores en las grandes empresas por destino • Encuesta de coyuntura de comercio al por menor • Encuesta continua de presupuestos familiares: gasto medio por hogar y gasto total • Consumo de productos petrolíferos • Ventas y matriculaciones de automóviles y motocicletas • Matriculaciones de vehículos de carga y autobuses • Indicadores de confianza en España y en la zona euro • Componentes de los indicadores de confianza industrial, construcción, consumidor y comercios minorista • Componentes de los indicadores de confianza, servicios de índices PMI • Indicadores de disponibilidad interiores de bienes • Indicadores sintéticos • Central de balances, resultados de las empresas no financieras
Mercado laboral	• Balance del mercado de trabajo • Ocupados por sector de actividad • Ocupados por situación profesional • Ocupados por sexo y duración de la jornada • Asalariados y no asalariados por sector de actividad • Asalariados por tipo de contrato • Parados por sector de actividad y sexo • Tasas de paro por nivel de estudios y estado civil, porcentaje de parados por tiempo de búsqueda • Tasas de paro por grupos de edad, sexo y situación familiar • Tasas de actividad por grupos de edad y sexo • Tasas de actividad, ocupación y paro por comunidades autónomas • Afiliados en alta en la Seguridad Social • Encuesta de coyuntura laboral • Contratos registrados • Paro registrado • Trabajadores despedidos y afectados por expedientes de regulación de empleo. Huelgas • Prestaciones por desempleo y tasas de cobertura • Salarios (I). Negociación colectiva • Salarios (II). Encuesta trimestral de costes laborales
Precios y competitividad	• Índice de precios de consumo: indicadores generales • Índice de precios de consumo: alimentación y no alimentación • Índice de precios de consumo: bienes industriales • Índice de precios de consumo: servicios • Índice de precios de consumo por grupos de gasto • Diferencial de inflación con respecto a los principales países y áreas • Índice de precios industriales: general y principales componentes • Índice de precios industriales: energía y detalle de consumo • Precios y salarios agrarios. Costes de la construcción y precios de vivienda libre • Medidas de la posición competitiva española frente a la zona euro, la UE y la OCDE • Medidas de la posición competitiva española frente a los principales países

(Continúa)

INDICADORES ECONÓMICOS	
Sector exterior	• Balanza de pagos por cuenta corriente y de capital • Balanza de pagos por cuenta financiera • Comercio exterior en términos de aduanas • Comercio exterior por grupos de productos • Comercio exterior por áreas geográficas: exportaciones • Comercio exterior por áreas geográficas: importaciones • Exportaciones: totales, no energéticas y productos industriales terminados • Exportaciones: bienes de consumo y bienes de capital • Exportaciones: bienes intermedios • Importaciones: totales, no energéticas y productos industriales terminados • Importaciones: bienes de consumo y bienes de capital • Importaciones: bienes intermedios • Precios del comercio exterior: otros productos • Precios y volumen del comercio exterior por áreas geográficas • Comercio exterior por áreas geográficas y grupos de productos: UE-12 • Comercio exterior por áreas geográficas y grupos de productos: UE-25 • Comercio exterior por áreas geográficas y grupos de productos: No-UE
Sector público	• Ejecución del presupuesto del Estado (resumen general, ingresos no financieros, impuestos, pagos realizados y obligaciones reconocidas, evolución del presupuesto de gastos, transferencias corrientes, gastos de capital) • Tributos cedidos y concertados • Deuda del Estado: emisión de títulos públicos • Deuda del Estado en circulación • Ejecución del presupuesto del Estado en términos de Contabilidad Nacional: empleos no financieros, recursos no financieros y saldo presupuestario • Ejecución del presupuesto de la Seguridad Social: recursos no financieros, detalle de las cotizaciones sociales, gastos no financieros, detalle de las prestaciones económicas
Sector monetario y financiero	• Balance consolidado de las instituciones financieras monetarias (IFM) del área euro • Agregados monetarios en el área euro • Financiación a los sectores no financieros residentes en España • Financiación a empresas y familias residentes en España • Financiación neta a las administraciones públicas residentes en España • Crédito de bancos, cajas y cooperativas • Tipos de interés en el área del euro • Tipos de interés a corto y largo plazo: mercado español • Tipos de interés: bancos y cajas de ahorro • Tipo de cambio del euro • Índice de cotización de acciones: Bolsa de Madrid • Índices de cotización de acciones: comparación internacional

Tabla 11.3. Indicadores económicos.

11.1.5. ASPECTOS POLÍTICOS

Las decisiones y pactos políticos en el ámbito europeo, estatal, de comunidades autónomas y locales van a afectar directamente a nuestra actividad empresarial, y debemos estar bien informados para reaccionar y tomar las decisiones correctas.

11.1.6. ASPECTOS JURÍDICOS

Las diferentes legislaciones, regulaciones, licencias y certificaciones pueden generar oportunidades estratégicas, cambiarlas o reducirlas. Debemos analizar si van a afectar, de alguna manera, a nuestra actividad empresarial, y, de ser así, evaluar su repercusión, coste o beneficio generado.

11.1.7. ASPECTOS MEDIOAMBIENTALES

La concienciación sobre el medio ambiente, promovida por los diferentes gobiernos a través de políticas y legislaciones ambientales, condiciona de forma directa las actividades desarrolladas en cada sector. Por ejemplo, fomentando un mayor uso de tecnologías y sistemas de producción respetuosos con el medio ambiente, con normas protectoras, controles de residuos, etc.

Es importante analizar con detalle en qué medida estas políticas y legislaciones van a afectar al desarrollo de nuestra actividad empresarial.

MÁS INFORMACIÓN EN www.mbadelsigloxxi.es:

Tienes a tu disposición una relación de las políticas, las medidas medioambientales y los enlaces web más representativos.

11.1.8. ASPECTOS TECNOLÓGICOS

Los cambios tecnológicos afectan a la producción, al flujo de la información y a la reducción de costes. Los procesos tecnológicos cambiarán la relación con nuestros clientes y proveedores, el trabajo organizativo, el sistema de producción, la gestión del inventario y la distribución, entre otros.

Es difícil prever los cambios tecnológicos en cada sector durante los próximos cinco años, pero tenemos que tener en cuenta las tendencias y elaborar una estrategia para responder al cambio.

La inversión en investigación, desarrollo e innovación nos ayudará en gran medida para estar preparados y mejorar nuestra posición competitiva.

11.1.9. CAMBIOS SOCIOCULTURALES

Los aspectos demográficos, psicográficos (estilos de vida) y geográficos, así como los flujos migratorios y socioeconómicos (distribución de la renta, clases sociales, profesiones, nivel de estudios), son clave para analizar las tendencias de consumo del sector donde vayamos a desarrollar nuestra actividad. Debemos entender estos aspectos para poder definir nuestra posición estratégica.

11.2. ESTUDIO Y ANÁLISIS DE MERCADO

Una vez descrito nuestro modelo de negocio, identificados nuestros productos o servicios, y analizado el sector donde vamos a desarrollar nuestra actividad, es necesario estudiar y definir el mercado al que nos vamos a dirigir.

La realización de un completo estudio de mercado es clave en el desarrollo de un buen plan de negocio, ya que la información que se desprenderá del mismo nos ayudará a determinar la existencia de un mercado objetivo para nuestro producto o servicio y nos permitirá ofertarlo de acuerdo con las necesidades y preferencias del mismo.

El siguiente paso, antes de desarrollar nuestro plan de marketing es el de realizar un estudio de nuestro target, o mercado meta. La diferencia entre un estudio de mercado y un plan de marketing reside en que el objetivo del primero es analizar y entender a nuestros clientes potenciales, mientras que en el segundo decidimos cómo vamos a llegar a ellos.

Los objetivos principales de un estudio de mercado son los siguientes:

Figura 11.2. Objetivos de un estudio de mercado.

11.2.1. DEFINICIÓN DE NUESTRO TARGET O MERCADO OBJETIVO

A través del estudio de mercado obtenemos una valiosa información sobre los aspectos más importantes del comportamiento del consumidor, especialmente los que están relacionados con el proceso de compra.

En este apartado del plan de negocio nos deberíamos centrar en la descripción y definición de nuestro mercado, que consiste en identificar las características de nuestros clientes potenciales, como sus rasgos demográficos, dónde viven, qué estilo de vida llevan, cuál es su tendencia y frecuencia de compra, cuáles son los factores que influyen en su decisión de compra, el tamaño del mercado, la evolución y las previsiones de crecimiento.

Figura 11.3. Aspectos del consumidor.

Para determinar nuestro target, o mercado objetivo, necesitaremos realizar una segmentación de mercado, es decir, identificar a un grupo de consumidores que van a presentar unas características y comportamientos similares ante nuestro producto o el servicio prestado; una vez realizada la segmentación, decidiremos cuál va a ser nuestro mercado objetivo y qué estrategias debemos implementar para poder llegar mejor a él.

11.2.2. CRITERIOS PARA SEGMENTAR EL MERCADO

Podemos realizar la segmentación de mercado en base a los siguientes criterios:

11.2.2.1. Segmentación geográfica

Debemos segmentar nuestro mercado potencial basándonos en variables como: densidad de población, país o países, estado, región, municipio, barrio, etc.

Por ejemplo, los promotores que pretendan poner en marcha una tienda de ropa deberían decidir si el territorio que abarca la zona de influencia de la tienda es suficientemente grande, si sus clientes potenciales son locales, o, por el contrario, si la tienda va a ser capaz de atraer público de toda la ciudad, etc.

11.2.2.2. Segmentación demográfica

La segmentación demográfica la realizaremos basándonos en variables tales como: la edad, el sexo, el tamaño de la familia, el estado civil, la nacionalidad, la talla, el peso, etc.

Siguiendo con el ejemplo de la tienda de ropa, los comercios suelen realizar la siguiente clasificación por edades:

Ropa infantil y juvenil
• Bebés (de 0 a 3 meses) • Bebés (de 3 a 18 meses) • Niños de 2 a 6 años (de 5 a 9 años) • Niños de 8 a 16 años (de 10 a 14 años) • Jóvenes de 15 a 18 años

Ropa hombre/mujer
• De 15 a 21 años • De 22 a 29 años • De 30 a 39 años (de 30 a 50) • Mayores de 50 años

11.2.2.3. Segmentación psicográfica

Realizaremos esta segmentación agrupando a los clientes objetivo en función de sus estilos de vida, el tipo de personalidad, las orientaciones políticas, religiosas, etc.

Por ejemplo, los promotores de una nueva pizzería podrían clasificar a sus clientes objetivos por sus diferentes estilos de vida:

- Jóvenes que acuden a las pizzerías los fines de semana como una manera de reunirse con sus amigos.
- Trabajadores que comen fuera de casa por falta de tiempo o porque no les apetece cocinar.
- Celebraciones de fiestas de cumpleaños.
- Público de fin de semana que acude a centros comerciales y necesita consumir una comida rápida para reanudar sus compras lo antes posible.

> Según un estudio realizado por la Federación de Usuarios-Consumidores Independientes (FUCI), seis de cada diez españoles comen fuera de casa al no tener tiempo suficiente para regresar a su hogar. Esta situación se da, especialmente, en las grandes ciudades, mientras que en las más pequeñas, el porcentaje es considerablemente inferior. El coste medio por persona es de más de 200 euros al mes y varía mucho en función de la ciudad.

11.2.2.4. Segmentación socioeconómica

La segmentación socioeconómica la realizaremos según variables que miden el poder adquisitivo o la posición social y cultural de nuestros clientes potenciales.

Consideremos el siguiente ejemplo de segmentación socioeconómica para una tienda de moda:

- Nuestro cliente objetivo son «mujeres trabajadoras con un nivel de estudios medio-alto, con edades comprendidas entre los veinticinco y los cincuenta años y unos ingresos anuales entre los 25 000 y los 45 000 euros».

11.2.2.5. Criterios de segmentación específicos basados en comportamientos frente a un producto o servicio

Son muchas las variables que se pueden tener en cuenta para segmentar nuestro mercado de acuerdo con los criterios específicos de comportamiento, aunque las que más vamos a tener en cuenta son: tipo de usuario, nivel de consumo, volumen de compra, motivación de compra y beneficio esperado del producto o servicio recibido.

Proponemos la siguiente tabla para elaborar nuestro estudio basado en comportamientos de compra:

COMPORTAMIENTOS FRENTE A LA COMPRA
Razón para la primera adquisición del producto:_______________
Número de veces que se ha adquirido:_______________
Intervalo entre las compras:_______________
Cantidad del producto adquirida:_______________
Motivación para su uso continuado:_______________
Proceso de decisión en la adquisición:_______________
Cómo se ha conocido la existencia del producto:_______________
Lugar donde se adquiere normalmente:_______________
Métodos de pago (tarjeta de crédito, en efectivo):_______________
Otros (especificar):_______________

Tabla 11.4. Comportamientos frente a la compra.

11.2.2.6. Factores que influyen en el proceso de compra

En esta sección describiremos los factores que pueden influir en la decisión de adquirir nuestro producto o servicio. Naturalmente, debido a la gran competencia que hay en casi todos los sectores, es normal que nuestro público objetivo demande la mejor calidad y servicio al menor precio.

En realidad, cualquier consumidor sabe que tiene que sacrificar algo, ya sea el precio, por adquirir un valor añadido, o la inconveniencia de desplazarse, para adquirir un mejor precio. Debemos averiguar qué es lo que nuestro público objetivo valora en mayor grado.

Proponemos, en la siguiente tabla, un ejemplo de los factores más influyentes, así como de su importancia relativa a la hora de comprar un ordenador personal (PC).

Factores que influyen en el proceso de compra de un ordenador personal				
	Grado de influencia			
Factores	Alto	Medio	Bajo	No influye
Precio	☑	☐	☐	☐
Calidad	☑	☐	☐	☐
Marca	☐	☑	☐	☐
Características	☑	☐	☐	☐
Comercial	☐	☐	☑	☐
Ofertas/rebajas	☐	☑	☐	☐
Publicidad	☐	☐	☑	☐
Presentación/estética	☐	☐	☐	☑
Facilidad de uso	☐	☐	☐	☑
Localización de la tienda	☐	☐	☑	☐
Decoración de la tienda	☐	☐	☐	☑
Servicio al cliente	☑	☐	☐	☐
Política de devolución	☑	☐	☐	☐
Posibilidad de financiación	☑	☐	☐	☐
Servicio de mantenimiento	☐	☐	☑	☐
Garantía superior a 2 años	☑	☐	☐	☐
Otros (especificar):__________	☐	☐	☐	☐

Tabla 11.5. Factores que influyen en el proceso de compra de un ordenador personal.

11.2.2.7. Posición estratégica ante una segmentación

Una vez hayamos obtenido los resultados de nuestro estudio de mercado y realizado la segmentación del mismo, debemos decidir qué estrategias de actuación vamos a utilizar frente a él.

Podemos optar por implementar tres estrategias de marketing posibles:

Figura 11.4. Estrategias de actuación frente al mercado.

11.2.2.8. Tamaño y tendencia del mercado

Una vez que hayamos definido las características de nuestro mercado objetivo, debemos determinar su tamaño y las tendencias que influirán en su comportamiento.

Los mercados muy pequeños tienen el inconveniente de no ser lo suficientemente rentables, y los mercados excesivamente grandes, el de atraer a un gran número de competidores, con la consecuencia de que podría desencadenarse una guerra de precios con grandes gastos en publicidad.

Los nichos de mercado suficientemente importantes en tamaño, con potencial de crecimiento y unas necesidades específicas, pueden suponer unas posibilidades atractivas para nuestro negocio.

Las tendencias del mercado son igualmente importantes; si evaluamos las tendencias que pueden afectar a nuestro mercado en los próximos años, podemos intentar prever las oportunidades estratégicas que aparecerán en el futuro cercano y estar preparados para responder a los cambios de comportamiento de nuestro mercado objetivo.

TAMAÑO Y TENDENCIA DEL MERCADO. FACTORES A CONSIDERAR
¿Cuál es el tamaño aproximado de nuestro mercado?__________
¿Cuál es su tasa anual aproximada de crecimiento?__________
¿Qué cambios están ocurriendo recientemente en el mercado?__________
¿Qué cambios están afectando a la necesidad de nuestro producto o servicio?__________
¿Cómo está cambiando el uso de nuestro producto o servicio?__________
¿Hay cambios sociales que estén afectando al uso de nuestro producto o servicio?__________
¿Hay cambios que afecten al poder adquisitivo de nuestros clientes?__________
Otros (especificar):__________

Tabla 11.6. Tamaño y tendencia del mercado. Factores a considerar.

11.3. ESTUDIO DE LA COMPETENCIA

Cualquier negocio tiene competidores, directos o indirectos. El hecho de que tengamos competencia es buena señal, porque demuestra que hay un mercado para el producto o servicio que queremos ofrecer. Nuestro objetivo no es el de evitar la competencia, sino el de mejorar su oferta, ya sea en la calidad del producto, en el servicio, en el precio, en la atención al cliente, en el servicio posventa y en otros factores de máxima relevancia para el cliente.

Una de las peores conclusiones que podemos reflejar en nuestro plan de negocio es que no tenemos competencia, porque indicaría que no hemos analizado bien las realidades de nuestro sector o que no tenemos un mercado definido para nuestro producto o servicio.

El emprendedor debe ser capaz de comprender el tipo de competidores presentes y futuros a los que se va a enfrentar, y conocer sus fortalezas y debilidades: cuáles son sus formas de producir y vender, las características de sus productos o servicios, sus políticas de precios, la eficacia de su distribución, sus políticas comerciales, el volumen de sus ventas, su cuota de mercado; en definitiva cualquier información útil que nos ayude a posicionar nuestro producto o servicio de la forma más ventajosa en nuestro segmento o segmentos de mercado objetivo.

Mediante la información que obtengamos de los principales actores que operan en nuestro mercado, podemos diseñar una precisa estrategia de penetración y diferenciación.

En esta sección debemos considerar la siguiente información que hay que conocer acerca de nuestra competencia:

ANÁLISIS DE LA COMPETENCIA
¿Quiénes son nuestros competidores más directos?__________
¿En qué aspectos competimos con ellos?__________
¿Cómo comparamos nuestro producto, servicio, atención al cliente, etc., con los suyos?__________
¿Quiénes son los futuros competidores potenciales?__________
¿Cuáles son las barreras de entrada para nuevos competidores?__________

Tabla 11.7. Análisis de la competencia.

11.3.1. NUESTRA POSICIÓN COMPETITIVA

Debemos evaluar nuestra posición frente a nuestros competidores desde dos puntos de vista:

Figura 11.5. Evaluación de nuestra posición competitiva.

Análisis de la competencia: grado de receptividad de los clientes potenciales				
	Puntuaciones del 1 al 10			
Aspectos a investigar	**Nuestra empresa**	**Competidor A**	**Competidor B**	**Competidor C**
Características del producto/servicio				
Nivel de precios				
Calidad				
Imagen/diseño/originalidad/ diferenciación				
Valor añadido				
Reconocimiento de marca				
Ubicación				
Plazos de entrega				
Política de devoluciones				
Atención al cliente				
Servicio posventa				
Responsabilidad social				
Otros (especificar):________________				

Tabla 11.8. Análisis de la competencia: grado de receptividad de los clientes potenciales.

Análisis de la competencia: factores internos de nuestros competidores				
Aspectos a investigar	**Nuestra empresa**	**Competidor A**	**Competidor B**	**Competidor C**
Nombre y forma jurídica				
Antigüedad (desde el año...)				
Facturación (últimos 5 años)				
Línea de productos				
Acceso a proveedores				
Economías de escala				
Política de precios				
Política comercial				
Alianzas estratégicas				
Recursos humanos				
Fortalezas				
Debilidades				
Cuota de mercado estimada				
Otros (especificar):________________				

Tabla 11.9. Análisis de la competencia: factores internos de nuestros competidores.

11.3.2. DISTRIBUCIÓN DE LA CUOTA DE MERCADO

Las empresas con una mayor cuota de nuestro mercado potencial deberán ser cuidadosamente consideradas ya que:

- Generalmente, definen las características estándar del producto o servicio.
- Influyen en la receptividad que tiene el consumidor del producto o servicio.
- Dedican suficientes recursos para seguir manteniendo o aumentando su cuota de mercado.

A través de estudios de diferentes fuentes secundarias; asociaciones y organismos empresariales, fundaciones, universidades, etc., podemos obtener información de los líderes del mercado.

A continuación, proponemos utilizar la siguiente tabla para un análisis de los principales actores que operan en nuestro mercado objetivo:

ANÁLISIS DE LA COMPETENCIA: LÍDERES DEL MERCADO

DISTRIBUCIÓN CUOTA DE MERCADO			
COMPETIDOR	% TOTAL DE VENTAS	% NÚMERO DE UNIDADES VENDIDAS	TENDENCIA DE SU CUOTA DE MERCADO
A			
B			
C			
D			
E			

- ¿Cuál es el competidor con mayor cuota de mercado?____________
- ¿Qué competidores han aumentado de forma significativa su cuota de mercado durante los tres últimos años?____________
- La competencia en el sector ¿está aumentando, es estable o está disminuyendo?______
- ¿Cuáles son las fortalezas más importantes de nuestros competidores?____________

Competidor A:____________
Competidor B:____________
Competidor C:____________
Competidor D:____________
Competidor E:____________

Distribución de la cuota de mercado:

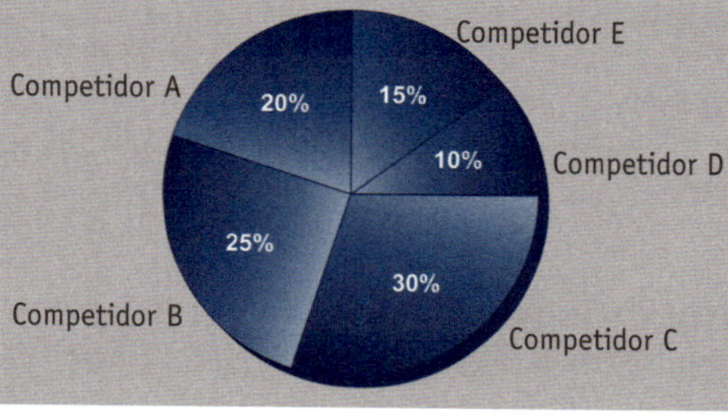

Tabla 11.10. Análisis de la competencia: líderes del mercado.

11.3.3. BARRERAS DE ENTRADA PARA FUTUROS COMPETIDORES

No debemos desestimar la posibilidad de que aparezcan nuevos competidores y debemos evaluar las barreras de entrada, es decir, las condiciones que pueden dificultar la incorporación de nuevas empresas a nuestro mercado.

Las siguientes son algunas de las barreras más comunes que deberíamos considerar:

- **Requisitos de capital:** altos costes e inversiones necesarias para acceder al sector.
- **Curva de aprendizaje o experiencia:** el know-how, o saber hacer, marca una importante limitación a los nuevos competidores.
- **Propiedad industrial:** patentes, licencias, registros, etc.; pueden suponer una barrera importante si el coste por la cesión de su uso es alto.
- **Economías de escala:** pueden convertirse en una barrera alta si competimos con grandes empresas del sector que consigan obtener costes de producción mucho más bajos.
- **Diferenciación de producto:** se puede convertir en una barrera difícil de eliminar si las empresas establecidas en el sector gozan de una identificación de marca y una fuerte lealtad por parte del cliente.
- **Barrera legal:** nuevas legislaciones o limitaciones en la producción impuestas en algunos sectores pueden suponer una gran barrera para la incorporación de nuevas empresas.
- **Barrera tecnológica:** el uso de tecnología avanzada se puede convertir en una barrera de entrada muy importante para nuevas empresas por los altos costes que supone.

Evaluación de las barreras de entrada más comunes				
Barrera de entrada	**Alta**	**Media**	**Baja**	**Ninguna**
Inversión inicial	☐	☐	☐	☐
Know-how	☐	☐	☐	☐
Patentes, licencias	☐	☐	☐	☐
Economías de escala	☐	☐	☐	☐
Lealtad del cliente	☐	☐	☐	☐
Legislaciones, leyes	☐	☐	☐	☐
Nuevas tecnologías	☐	☐	☐	☐
Negociación con los proveedores	☐	☐	☐	☐
Otras (especificar):__________	☐	☐	☐	☐

Tabla 11.11. Evaluación de las barreras de entrada más comunes.

11.4. PLAN DE MARKETING Y VENTAS

Una vez realizados el estudio de mercado y el análisis de la competencia, procederemos a detallar las estrategias comerciales que nos permitan explotar nuestra oportunidad de negocio.

El apartado del plan de marketing y ventas de nuestro negocio ha de recoger un conjunto de acciones dirigidas a la consecución de los objetivos fijados en nuestro proyecto empresarial.

El plan de marketing ha de responder a las siguientes preguntas:

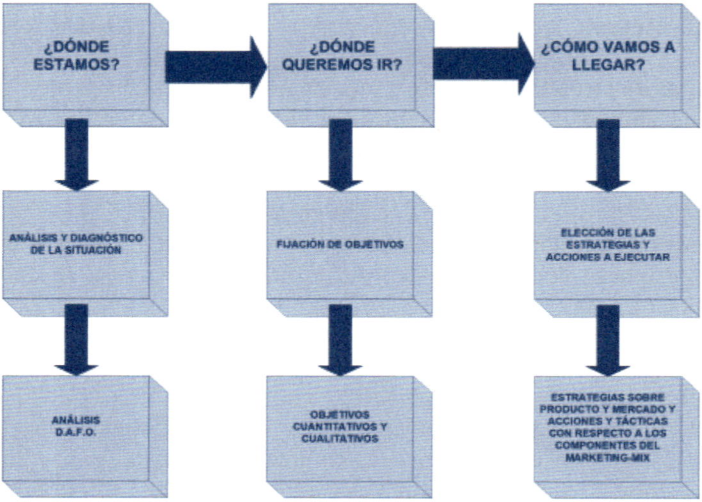

Figura 11.6. Fases del plan de marketing.

11.4.1. ETAPAS DE UN PLAN DE MARKETING

- Análisis de la situación. Su objetivo es identificar los principales puntos fuertes y débiles de la empresa. Se trata de conocer el potencial de la empresa y la situación del entorno para saber de qué manera va a afectar a nuestra actividad.
  Un instrumento a utilizar para realizar el análisis de la situación de la empresa es el análisis DAFO.
- Definición de objetivos. Los objetivos determinan dónde queremos llegar y de qué forma. Generalmente, los objetivos que más se persiguen tienen que ver con las ventas y el mercado.
- Elección de estrategias de marketing. Las estrategias de marketing consisten en decisiones que se deben tomar sobre las acciones a emprender y los recursos a utilizar para la consecución de los objetivos previamente definidos.
  Las estrategias deberán quedar claramente definidas para que la empresa pueda posicionarse en el mercado y frente a la competencia de la forma lo más ventajosa posible.
- Plan de acción. Conlleva acciones concretas que se deben poner en práctica para lograr las estrategias seleccionadas.
  Las diferentes tácticas que se utilicen estarán englobadas dentro del mix de marketing, y combinarán el producto, el precio, la distribución y la comunicación.

- Presupuesto. Una vez que se tiene claro el plan de acción, debemos cuantificar los medios necesarios para llevarlo a cabo. Esto se hace a través de un presupuesto y una cuenta de explotación provisional.
- Control y seguimiento. Es necesario para comprobar si se van cumpliendo los objetivos previstos, y, si no es así, para poder aplicar medidas correctoras a tiempo.

Figura 11.7. Etapas del plan de marketing.

11.4.2. OBJETIVOS DE NUESTRO PLAN DE MARKETING Y VENTAS

Una vez que hayamos realizado el estudio interno y externo de la empresa, debemos establecer nuestros objetivos de marketing. Los objetivos determinan dónde queremos llegar y de qué forma, y deben ser coherentes con la situación de la empresa y acordes con el plan estratégico global.

Ejemplos de objetivos:

- La introducción en el mercado de un nuevo producto o servicio.

- El posicionamiento en el mercado de un producto o servicio, o el nombre de una marca.
- La recuperación o incremento de nuestra cuota de mercado.
- La respuesta ante ataques de nuestros competidores.
- La expansión o introducción de nuestros productos o servicios en mercados internacionales.
- La discontinuidad o retirada de un producto o servicio del mercado o su sustitución por otro similar.
- Aumentar nuestra credibilidad y mejorar la atención al cliente.
- Aumentar las ventas de nuestros productos o servicios.
- Obtener la máxima rentabilidad de la inversión en el lanzamiento de un producto.

Podemos combinar varios objetivos al mismo tiempo, siempre y cuando no sean incompatibles. Por ejemplo, proponerse aumentar la cuota de mercado de un producto o servicio y, al mismo tiempo, incrementar los márgenes de beneficio suelen ser objetivos incompatibles, ya que una estrategia para aumentar una cuota de mercado, normalmente, implica una reducción de precios.

Objetivos de un plan de marketing			
Objetivos	**Implicaciones en su consecución**	**Estrategia para su consecución**	**Plazo de tiempo para su consecución**
Objetivo n.° 1:			
Objetivo n.° 2:			
Objetivo n.° 3:			
Objetivo n.° 4:			
Objetivo n.° 5:			

Tabla 11.12. Objetivos de un plan de marketing.

11.4.3. ELECCIÓN DE LAS ESTRATEGIAS DE MARKETING

Dependiendo de la madurez del sector y de la etapa en el Ciclo de Vida de nuestro producto podemos adoptar diferentes estrategias:

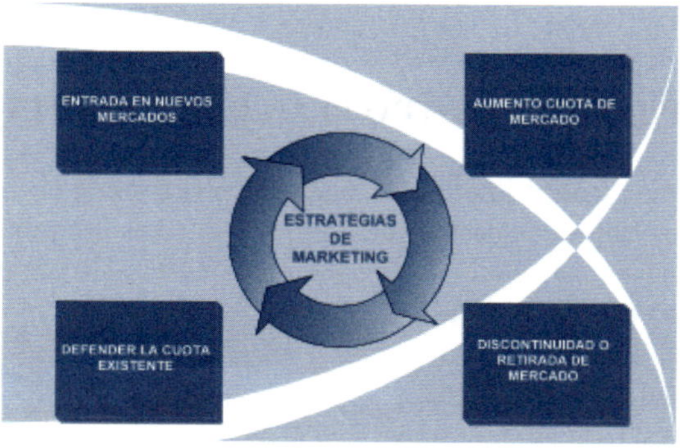

Etapas / Estrategias	Entrada en nuevos mercados	Aumento cuota de mercado	Defender la cuota existente	Discontinuidad o retirada de mercado
Introducción	✓	✓		
Crecimiento	✓	✓		
Madurez		✓	✓	
Declive			✓	✓

Figura 11.8. Estrategias de marketing.

11.4.3.1. Entrada y penetración de nuestro producto o servicio en nuevos mercados

Existen diferentes modalidades para acceder a nuevos mercados, tales como ser el primero en entrar, hacerlo cuando todavía haya pocos competidores o más tarde, cuando la competencia sea más intensa. Cada una de estas posibles formas de penetración tiene sus ventajas e inconvenientes.

Por ejemplo, si somos los primeros en entrar en un mercado, tendremos prioridad a la hora de posicionarnos en él y de beneficiarnos de la curva de la experiencia frente a futuros entrantes. Si accedemos a un mercado cuando todavía hay pocos competidores, las oportunidades se habrán reducido y tendremos que superar ciertas barreras de entrada.

Podemos, de igual manera, adoptar una estrategia de entrada a un mercado y hacernos con un nicho específico, suficientemente atractivo en tamaño y poder adquisitivo. Debemos hacerlo si otros competidores, más fuertes, no demuestran interés por dedicar recursos económicos en captar este nicho de mercado. Esta opción puede resultar muy favorable, ya que adquiriremos una alta lealtad por parte de nuestros clientes.

Por último, podemos entrar en el mercado adoptando una estrategia de expansión vertical en el mismo mercado, u horizontal en mercados diferentes. Ambas estrategias representan inversiones adicionales y cierta pérdida del grado de especialización.

11.4.3.2. Aumento de nuestra cuota de mercado

Otra estrategia que podemos adoptar es la de aumentar la cuota de mercado existente. Se puede utilizar la vía de la diferenciación de nuestro producto o servicio. Debemos comunicar las diferencias de nuestro producto, ya sea en el precio, las características, la utilidad, las ventajas, las garantías, el valor añadido, etc., a nuestro público objetivo.

También existe otra vía para aumentar nuestra cuota de mercado, que consiste en una estrategia de segmentación del mismo y en dirigirnos a un conjunto de nichos de mercado, intentando aumentar nuestras cuotas en cada uno de ellos.

11.4.3.3. Estrategias para defender nuestra cuota de mercado

Si nos encontramos en la posición de una amenaza constante por parte de nuestros competidores, tenemos dos alternativas para defendernos: intentar reposicionar nuestro producto o servicio respecto a los de nuestros competidores, o iniciar una estrategia de defensa-ataque.

El reposicionamiento implica cambiar nuestra estrategia y la percepción de los productos o servicios que ofrecemos en la mente de nuestro público objetivo. Esto puede implicar cambios en aspectos como el precio, la marca, la distribución y venta, y, en algunos casos, los canales de distribución.

La estrategia de defensa-ataque implica una mayor agresividad en la lucha constante por mantener nuestra cuota de mercado. Esta estrategia requiere un fuerte respaldo financiero, ya que necesitaremos dedicar una mayor cantidad de recursos para hacer frente a nuestros mayores competidores.

11.4.3.4. Discontinuidad o retirada del mercado

Esta estrategia se suele adoptar cuando el producto ha entrado en una etapa de declive o no ha cumplido los objetivos esperados. El objetivo principal es establecer las pautas de retirada, inmediata o a plazos, intentando recoger algunos beneficios durante el proceso y reducir el riesgo de pérdidas.

11.4.4. PLAN DE ACCIÓN

Para ejecutar la estrategia de marketing elegida, debemos poner en práctica acciones dentro del mix de marketing (decisiones sobre productos o servicios, precio, distribución y comunicación), dando lugar al mix de producto, al mix de precio, al mix de distribución y al mix de comunicación.

Es muy importante recordar que las acciones o tácticas empleadas deben ser consecuentes, tanto con la estrategia a la que deben apoyar como con los recursos de los que dispone la empresa.

Figura 11.9. Plan de acción sobre el mix de marketing.

11.4.4.1. Decisiones sobre el producto o servicio

Podemos tomar decisiones sobre sus atributos, su posicionamiento en el mercado y, según la fase en la que se encuentre, adoptar diferentes estrategias.

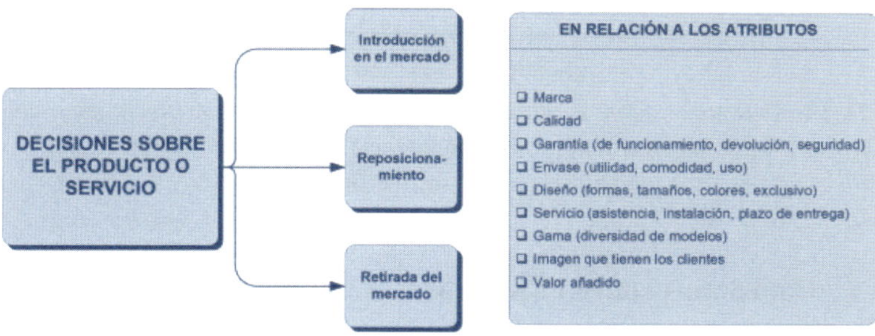

Figura 11.10. Decisiones sobre el producto o servicio en relación a sus atributos.

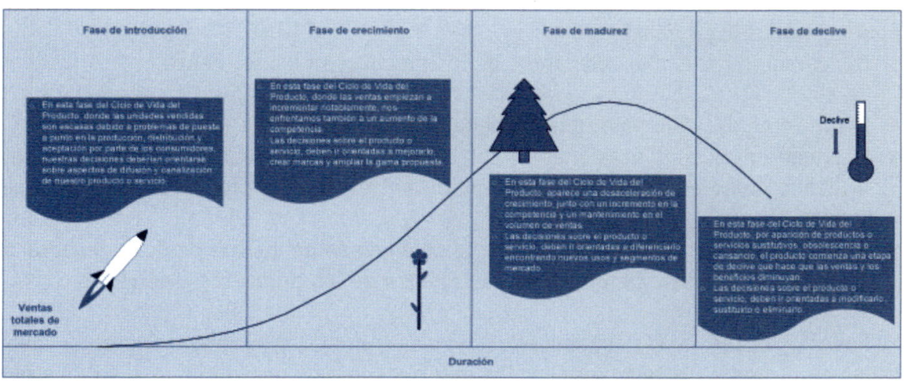

Figura 11.11. Decisiones sobre el producto o servicio en relación con el Ciclo de Vida del Producto (CVP).

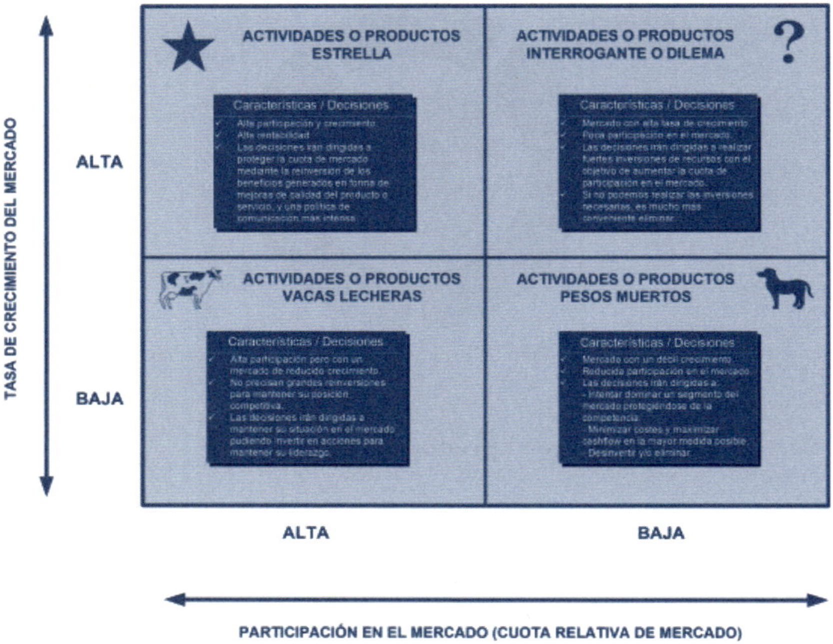

Figura 11.12. Decisiones sobre el producto o servicio en relación al crecimiento del mercado y a la cuota de la empresa frente a la competencia. (Matriz crecimiento-cuota de mercado del Boston Consulting Group, BGC).

11.4.4.2. Decisiones sobre el precio

Las decisiones que se tomen sobre la política de precios deben ser coherentes con la estrategia de marketing elegida para alcanzar los objetivos previstos en nuestro plan de marketing y ventas.

Las características más relevantes de los precios son las siguientes:

- El precio es decisivo para generar beneficios o pérdidas.
- El precio en muchas ocasiones se convierte en el único factor de compra, al ser utilizado como elemento de comparación entre diversos productos o servicios y marcas.
- El precio tiene un importante efecto psicológico sobre los compradores y sobre la forma en la que perciben el valor y la imagen de los productos o servicios.

Podemos optar por las siguientes decisiones sobre las diferentes estrategias aplicadas en el precio en relación con: los objetivos fijados por la empresa, la fase del Ciclo de Vida en la que se encuentre el producto o servicio, la competencia y la imagen y percepción que tengan los clientes de nuestro producto o servicio.

Figura 11.13. Decisiones sobre el precio con relación a la introducción de nuevos productos en el mercado.

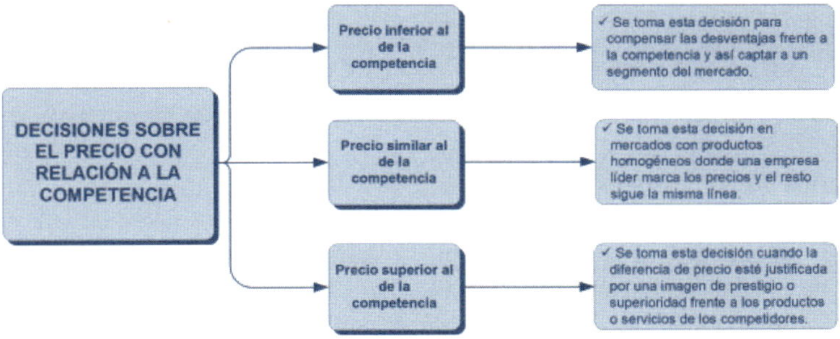

Figura 11.14. Decisiones sobre el precio con relación a la competencia.

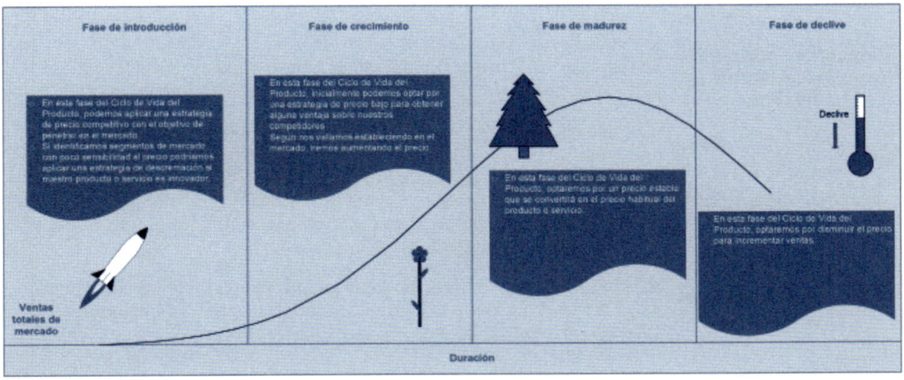

Figura 11.15. Decisiones sobre el precio en relación con el Ciclo de la Vida del Producto (CVP).

Cuando nuestro producto forma parte de un mix de productos o servicios, debemos buscar un conjunto de precios que beneficie por completo a todo el mix.

Decisión sobre precios de líneas de productos	Cuando un producto o servicio forma parte de una línea, se decide entre los incrementos de precio de los diferentes modelos basándonos en la diferencia de coste de cada uno, la percepción que tienen los compradores sobre sus características y los precios de los competidores.
Decisión sobre precios de productos opcionales	Esta decisión se utiliza en productos o servicios que son opcionales respecto a otros principales. Se ofrece un producto o servicio base y se fija un precio diferente para cada combinación de opciones adicionales.
Decisión sobre precios de productos cautivos	Un producto cautivo es imprescindible para el funcionamiento del producto principal. Por ejemplo, las cuchillas de una máquina de afeitar o los cartuchos de una impresora de inyección. En este caso, se decide fijar un precio bajo en el producto principal para incentivar el uso y sobreprecio del producto cautivo.
Decisión sobre precios de subproductos	Los desechos de producción y distribución se suelen vender como subproductos. Se puede decidir el precio dependiendo del coste de almacenaje del subproducto.
Decisión sobre precios de productos conjuntos	Suele ser habitual ofrecer productos o servicios de forma conjunta, dentro de paquetes, a un precio inferior al que hubiesen tenido al adquirirlos individualmente. Esta decisión tiene el objetivo de incentivar las ventas y animar al comprador a adquirir productos o servicios que hubiesen desechado de forma individual.

Tabla 11.13. Decisiones sobre precios de productos o servicios que forman parte de un mix.

Decisiones sobre ajustes de precios

Se suelen aplicar distintos ajustes de precio para un mismo producto o servicio en función de las características del cliente.

Entre otras, podemos tomar las siguientes decisiones:

Precios de descuento y complementos. Se toman en cuenta cuando, de alguna manera, queramos recompensar a nuestros clientes por diferentes respuestas, como pagos anticipados, volumen de compra, compras fuera de temporada, etc.

Descuentos por pronto pago o descuentos en efectivo	Se reduce el precio a los compradores con el objetivo de estimularlos para que paguen sus facturas dentro de un plazo de tiempo específico.
Descuentos por volumen o cantidad	Se reduce el precio por unidad cuando el comprador realice pedidos de gran volumen. Los hay no acumulativos, donde, por ejemplo, se pueden efectuar descuentos en compras mayores de cierto número de unidades o superiores a cierto precio; los hay acumulativos, donde, por ejemplo, se pueden efectuar descuentos en programas de uso frecuente, como son los viajes, las estancias en hoteles, etc.
Descuentos funcionales o comerciales	Se reduce el precio en función de los esfuerzos que realicen los miembros del canal a cambio del tipo de actividades que realicen en ventas, almacenaje, promoción, etc.
Descuentos estacionales o por temporada	Se reduce el precio en épocas de menor demanda o fuera de temporada. Son muy habituales, por ejemplo, en el sector turístico, donde los hoteles ofrecen tarifas especiales en fechas calificadas como temporada baja.
Descuentos aleatorios	Promocionales, donde se reduce el precio por participar en publicidad y apoyo a las ventas. De cambio, donde se reduce el precio por ofrecer un artículo viejo a cambio de la adquisición de uno nuevo.

Precios discriminatorios. Se producen diferencias de precios no basadas en los costes que pueden adquirir diferentes formas:

Por segmentos de consumidores	Diferentes clientes pagan precios diferentes por el mismo producto o servicio. Por ejemplo, vacaciones para consumidores de la tercera edad.
Por forma de producto	Se producen variaciones de precios en las versiones de un producto o servicio por sus características.
Por lugar	Se aplican diferentes precios en lugares distintos, aunque el coste sea el mismo. Por ejemplo, el precio de las entradas a un estadio de fútbol varía según su ubicación.
Por tiempo	El precio depende del momento en el cual se adquiera el producto o servicio. Por ejemplo, se aplican recortes en el precio en el momento de menor demanda.

Precios psicológicos. Se toma como referencia la forma en la que los compradores perciben los precios. Por ejemplo, muchos consumidores usan el precio para juzgar la calidad de un producto o servicio. Los vendedores aprovechan estos aspectos psicológicos para sugerir algo más acerca de su producto; de esta manera el valor monetario se convierte en un fuerte indicador de la calidad de los productos.

Precio habitual	Es el precio que los consumidores están acostumbrados a pagar por un determinado producto o servicio. El precio se debe marcar según los estándares de mercado.
Precio impar	Son precios que se aproximan a un número redondo. Por ejemplo, los precios acabados en 9, 99 y los impares acabados en 5 o 7.
Precio de prestigio	Los precios altos son percibidos como sinónimos de calidad.

Métodos de fijación de precios

Para fijar un precio adecuado debemos atender a diferentes factores internos y externos: los costes de nuestro producto o servicio, las percepciones de los compradores acerca del valor de nuestro producto o servicio y los precios de nuestra competencia.

Fijación de precio basado en los costes. Éste es el método más sencillo o directo. Los costes de nuestro producto o servicio son el punto de referencia mínimo para fijar el precio. Por encima del coste obtenemos beneficios y por debajo pérdidas.

Podemos utilizar dos sistemas para la fijación del precio utilizando este método:

1. El precio mediante márgenes. Consiste en fijar el precio aplicando un margen sobre los costes. Este procedimiento es el más popular y cómodo de aplicar, ya que, en la mayoría de las situaciones, se conocen mejor los costes de un producto

o servicio que su demanda. Además, al ser utilizado por una gran mayoría de empresas en cada sector, conlleva ofrecer precios similares reduciendo notablemente la competencia en precios.

$$\text{Coste unitario} = \text{Coste variable} + \frac{\text{Costes fijos}}{\text{Unidades producidas}}$$

$$\text{Precio de venta} = \frac{\text{Coste unitario}}{\text{1-Margen deseado}}$$

EJEMPLO PRÁCTICO: FIJACIÓN DE PRECIOS EN UN CANAL

¿Cómo se fijaría un precio para un producto cuyo canal está integrado por fabricante, mayorista y minorista? El fabricante tiene un coste unitario total de 25,50 euros y aplica un margen de 15% de las ventas. El mayorista, a su vez, suele aplicar un 20% sobre el precio de venta al minorista, y el minorista un 40% sobre el precio de venta al público.

	Coste (c)	Margen (m)	Coeficiente 1-(m/100)	Precio de venta c/1-(m/100)
Fabricante	25,50 €	15 %	0,85	30,00 €
Mayorista	30,00 €	20 %	0,80	37,50 €
Minorista	37,50 €	40 %	0,6	62,50 €

- El fabricante fijaría un precio de venta al mayorista de 30 euros.
- El mayorista, a su vez, fijaría un precio de venta al minorista de 37,5 euros.
- El minorista, finalmente, aplicaría un precio de venta al público de 62,5 euros.

❷ El precio mediante la obtención de una tasa de rentabilidad. Consiste en fijar un precio que permita obtener un beneficio o un volumen de ventas dados. Para su determinación, se puede utilizar el análisis del punto muerto o umbral de rentabilidad, que consiste en calcular la cantidad de producto que ha de venderse a un determinado precio para cubrir la totalidad de los costes fijos y variables incurridos desde su fabricación hasta su venta.

Se denomina punto muerto porque es el volumen en el cual no se obtienen ni beneficios ni pérdidas, y umbral de rentabilidad porque por encima de este volumen se obtienen beneficios y por debajo se generan pérdidas.

Cálculo del punto muerto:

Beneficio = Ingresos Totales - Costes Totales

(B = IT - CT)

B = Beneficio IT = Ingresos Totales CT = Costes Totales

Ingresos Totales = Precio de venta unitario - Unidades vendidas

$(IT = Pv \times Q)$

IT = Ingresos Totales Pv = Precio de venta unitario

Q = Unidades vendidas (nivel de actividad)

Costes Totales = Costes Fijos Totales + Costes Variables Totales

(CT = CF + CV)

CT = Costes Totales CF = Costes Fijos Totales CV = Costes Variables Totales

Costes Variables Totales = Coste variable unitario × Unidades vendidas

$(CV = Cvu \times Q)$

CV = Costes Variables Totales Cvu = Coste variable unitario

Q = Unidades vendidas

Teniendo presente que en el punto muerto el beneficio es igual a cero, es decir, los ingresos totales son iguales a los costes totales, obtenemos la siguiente ecuación:

Ingresos Totales = Costes Totales

(IT = CT)

o

$(Pv \times Q) = (CF + Cvu) = CF$

si despejamos Q

$$Q = \frac{CF}{Pv - Cvu}$$

Q es la cantidad que representa el punto muerto; Pv - Cvu = Margen unitario

Podemos hallar el punto muerto por cantidad unitaria a vender y por cantidad monetaria:

$$\text{Punto muerto en cantidad} = \frac{CF}{Pv - Cvu}\text{; Punto muerto en unidad monetaria} = \frac{CF}{\frac{Pv - Cvu}{Pv}}$$

EJEMPLO PRÁCTICO: análisis del punto muerto o umbral de rentabilidad

La empresa Mobiliario de Oficina, S. A., aporta la siguiente información para su línea de sillones ejecutivos:

- Costes fijos de 60 000 euros
- Coste variable unitario de 225 euros
- Precio de venta unitario de 375 euros

¿Cuántos sillones debe vender la empresa para cubrir costes?

$$\text{Punto muerto} = \frac{CF}{Pv - Cvu} = \frac{60\,000}{375 - 225} = 400 \text{ sillones}$$

¿Qué ocurriría si vendiese 350 sillones? ¿Qué precio de venta tendría que fijar para alcanzar el umbral de rentabilidad?

$$\text{Beneficio} = IT - CT$$

$$(Pv \times Q) - CF + (Cvu \times Q)$$

$$(375 \times 350) - 60\,000 + (225 \times 350) = -7\,500 \text{ €}$$

Con una venta de 350 sillones, la empresa genera unas pérdidas de 7 500 euros.

$$350 = \frac{CF}{Pv - Cvu} = \frac{60\,000}{Pv - 225} = 396{,}43 \text{ €}$$

Con una venta de 350 sillones, la empresa debe fijar un precio de 396,43 euros para alcanzar el umbral de rentabilidad.

Representación gráfica:

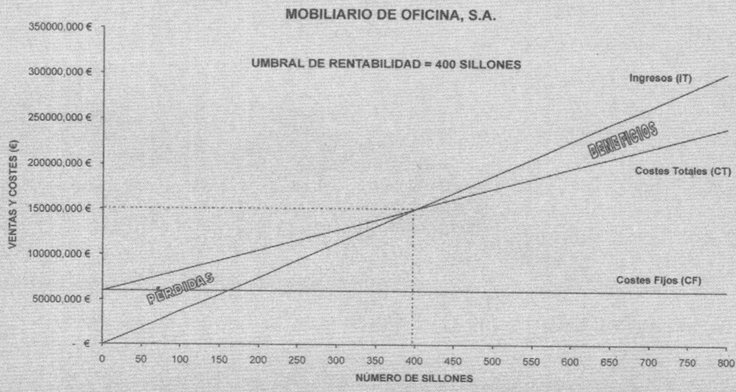

Fijación de precio basado en el valor percibido por el mercado. Este método utiliza la percepción del valor del producto o servicio de los compradores como factor clave para la determinación del precio. Por lo tanto, es necesario un buen conocimiento de los comportamientos de compra de los clientes, y el valor que representa para ellos nuestro producto o servicio convertido en precio que están dispuestos a pagar.

Fijación de precio basado en la competencia. Este método defiende la idea de que los consumidores también basan su juicio acerca del valor de un producto o servicio en los precios que cobran los diferentes competidores por productos o servicios similares.

1. **La determinación del precio mediante la tarifa actual** consiste en fijar el precio basándose en los de la competencia, prestando menos atención a los costes y a la demanda.
2. **La determinación del precio al presentar licitaciones** también se basa en la competencia. A la hora de preparar la proposición económica, que debe ir en sobre cerrado, una empresa establece su precio pensando en cómo lo harán sus competidores.

RECUERDA

Los factores internos que afectan en la determinación de los precios incluyen los objetivos de marketing, las estrategias del mix de marketing, los costes, la obtención de la rentabilidad deseada, etc.

Los factores externos vienen influidos más por la naturaleza del mercado y por la demanda, la competencia y por otros factores, como son la situación y los indicadores económicos.

La determinación de precios mediante el margen comercial o la rentabilidad deseada es práctico desde el punto de vista financiero, ya que ofrece un mayor control sobre nuestros costes y rentabilidad, aunque es más que aconsejable no desvincular el precio del comportamiento de la demanda y del valor percibido por el cliente.

Vender demasiado barato nos privará de beneficios, mientras que vender demasiado caro nos hará perder clientes y, posiblemente, el negocio.

11.4.4.3. Decisiones sobre la distribución

Continuando con la elaboración del plan de marketing de nuestro plan de negocio, el siguiente paso es decidir cuál será la mejor forma de hacer llegar nuestro producto o servicio a nuestros clientes; en otras palabras, determinar a través de qué canales va a transcurrir nuestro producto o servicio con el objetivo de que esté a disposición de nuestros compradores en la mejor condición y forma posible. En esta sección, debemos analizar y justificar la elección de nuestros canales de distribución y tomar decisiones sobre nuestro mix de distribución.

Podemos definir los canales de distribución como un conjunto de organizaciones independientes que contribuye al proceso a través del cual un producto o servicio se pone a disposición de quienes vayan a consumirlo o a utilizarlo.

Las decisiones sobre los canales de distribución deben ser coherentes con otras variables del mix de marketing y con los objetivos y estrategias de nuestro plan de marketing. Por ejemplo, nuestro producto o servicio, de alta calidad, no sólo va a tener un precio elevado, sino que también se tendrá que distribuir en tiendas con una imagen de prestigio y calidad en el mercado.

Funciones de los canales de distribución

Un canal de distribución desempeña un papel primordial sobre la transferencia física de la propiedad, del pago, de la información y de la promoción de un producto o servicio. Por lo tanto, los miembros de un canal de distribución desempeñan funciones clave que ayudan a completar las transacciones. Entre otras, destacamos las siguientes:

Acercar el producto al consumidor	• Acercan el producto a los consumidores. • Venden los productos en lugares poco rentables para los fabricantes.
Contacto directo con el consumidor	• Establecen un contacto directo con el consumidor, pudiendo ofrecer servicios de valor añadido, como financiación a medida, asistencia, promociones y ofertas, horarios, servicio posventa, etc.
Información	• Poseen una gran información sobre el producto o el servicio, el mercado y la competencia. • Informan a los fabricantes sobre la situación del mercado y la demanda actual para que ajusten y planifiquen los niveles de producción.
Financiación y reducción de costes	• Participan en la financiación de los productos. • Contribuyen a reducir los costes, ya que facilitan el transporte, el almacenaje, el ensamblaje, el empaquetado.
Negociación	• Intervienen en la fijación de los precios y en otros aspectos de la oferta, aconsejando el más adecuado.

Tabla 11.14. Funciones de los canales de distribución.

Tipos y número de niveles de canales de distribución

Un canal de distribución representa los diferentes caminos que han de recorrer los productos o servicios dentro de un sistema que implica a todos los componentes del canal: fabricante, intermediario y consumidor o usuario final. La denominación del canal va a depender del número de niveles o componentes del mismo.

Veamos a continuación algunos tipos de canales convencionales:

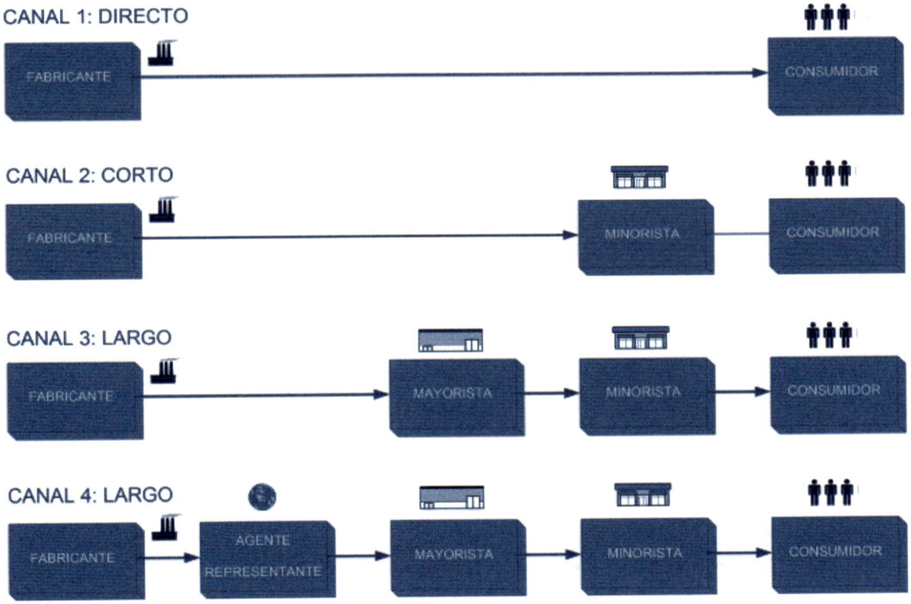

Figura 11.16. Tipos de canales de distribución convencionales.

El canal 1, directo, no tiene niveles de intermediarios: se compone de una empresa que controla todo el proceso de comercialización y vende directamente a los consumidores. Este tipo de canal es habitualmente utilizado en el sector de servicios, cuando éstos son prestados directamente por la empresa, por ejemplo, en el caso de las entidades financieras; también cuando se agrupan un número de compradores para adquirir productos industriales. Entre las empresas que han utilizado este canal con éxito, queremos mencionar a Dell y Tupperware.

El canal 2, corto, tiene un nivel de intermediarios, que suele ser constituido por un minorista. Un ejemplo de productos comercializados a través de este canal son los automóviles, los muebles, los electrodomésticos, etc.

El canal 3, largo, tiene dos niveles de intermediarios, un mayorista y un minorista. Un ejemplo de productos comercializados a través de este canal es el de los productos de consumo.

El canal 4, largo, tiene tres niveles de intermediarios. Uno de ellos es la figura del agente exclusivo, que no suele adquirir el producto, sino que únicamente presta un servicio de intermediación, cobrando una comisión por las ventas realizadas.

Como ejemplo de empresas que utilizan este canal mencionamos a los importadores exclusivos y máster franquicias.

Un canal de distribución convencional se compone de uno o varios fabricantes, mayoristas y minoristas. Cada componente es independiente y tiene objetivos de rentabilidad y beneficios propios. Ningún miembro del canal tiene el control total o parcial sobre el resto, y no existe ningún sistema de resolución de conflictos en el canal.

Sistema vertical de marketing

Un sistema vertical de marketing se compone de fabricantes, mayoristas y minoristas, que actúan como un sistema unificado. Uno de los miembros del canal puede ser propietario del resto, o franquiciador, o ejercer una presión suficiente para que el resto coopere. Cualquier miembro del canal, fabricante, mayorista o minorista, puede ejercer como parte dominante del sistema. Los sistemas verticales de marketing surgieron para controlar la conducta dentro del canal y poder manejar los conflictos internos al mismo.

Un sistema vertical de marketing puede adoptar tres formas que utilizan medios diferentes para establecer su liderazgo y su poder dentro del canal.

Figura 11.17. Tipos de sistemas verticales de marketing.

El sistema vertical de marketing corporativo combina bajo una única propiedad las fases de producción y distribución. Por ejemplo, Bang & Olufsen comercializa sus exclusivos productos a través de tiendas propias.

El sistema vertical de marketing contractual consiste en la unión de un conjunto de empresas independientes en distintos niveles de producción y distribución sobre una base contractual, con el objetivo de obtener más economías y ventas de las que podrían lograr individualmente. Los tres tipos de sistemas verticales de marketing contractual son:

- Las cadenas voluntarias patrocinadas por el mayorista: los mayoristas organizan cadenas voluntarias de minoristas independientes para ayudarlos a competir con las grandes cadenas. A través de un programa desarrollado por el mayorista, los minoristas estandarizan sus prácticas de venta y obtienen economías de compra que permiten al grupo competir de manera más efectiva. La cadena Ifa es un ejemplo de cadena voluntaria de minoristas.
- Cooperativa de minoristas: son sistemas en los cuales los minoristas se organizan como forma jurídica de cooperativa para continuar sus prácticas de producción y distribución. Los miembros organizan de forma conjunta sus compras, almacenamiento, publicidad y promoción. Los minoristas que no son miembros también pueden comprar a través de la cooperativa, pero sin participar en sus beneficios. Udaco y Gruma son ejemplos de cooperativas.
- Cadenas de franquicias: las franquicias se han convertido en la fórmula de negocio para minoristas de mayor crecimiento en los últimos años. Los objetivos de las franquicias son similares a los de las cadenas voluntarias y de las cooperativas de minoristas: mayor poder de negociación y mercado, y menores costes. Uno de los aspectos que diferencia a las franquicias es su fuerte vinculación contractual, que genera una homogeneidad en imagen y servicios de cara al consumidor final. La franquicia consiste en la concesión por parte del franquiciador del derecho a explotar un procedimiento comercial de probado éxito en el mercado, a cambio de pagar un canon por parte del franquiciado. Para el franquiciador, las ventajas más importantes son: conseguir mayor cobertura de mercado, mayores economías de escala en las compras, mejorar la competitividad y poder ampliar y asegurar las ventas. Para el franquiciado, las ventajas más importantes son: la utilización de técnicas comerciales y de gestión ya probadas, unos menores riesgos en la puesta en marcha del negocio, el aprovisionamiento asegurado y mejores condiciones de financiación, entre otras.

El sistema vertical de marketing administrado coordina las diferentes etapas de producción y distribución mediante el tamaño y el poder de uno de sus miembros, no por contrato o propiedad. Por ejemplo, el gigante Procter & Gamble se encuentra en disposición para exigir al resto de los miembros de su canal una mayor cooperación en políticas de merchandising, promocionales y de precios.

Sistema de marketing multicanal

Una empresa puede distribuir su producto a través de un canal o una combinación de varios canales; esto es conveniente cuando no existe ninguna colisión entre ellos, ya que se dirigen a mercados geográficamente distintos o a segmentos de mercados diferentes. Las compañías aéreas, por ejemplo, venden sus billetes de avión directamente, a través de la venta telefónica o de Internet, y por medio de agencias de viajes.

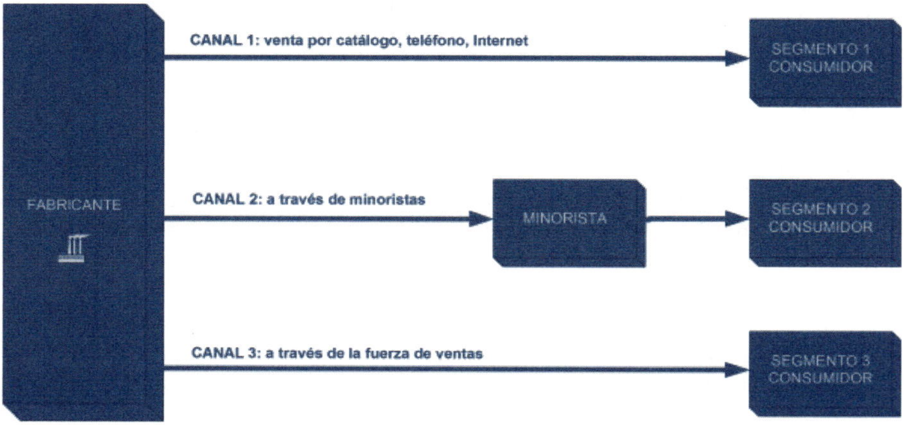

Figura 11.18. Sistema de marketing multicanal.

Decisiones sobre la elección de un canal

Cuando una empresa se plantea la necesidad de elegir el canal más adecuado para hacer llegar mejor sus productos, cumpliendo con sus objetivos comerciales con el menor coste de distribución posible, debe decidir entre establecer su propia red de distribución o la utilización de los servicios externos de distribuidores especialistas prestados por los canales de distribución existentes. En algunos casos, se combinan la contratación de servicios de distribución física junto con la utilización de la fuerza de ventas propia de la empresa.

Los objetivos de distribución de una empresa se determinan en función de la naturaleza de sus productos, sus características y su posicionamiento, la naturaleza de sus consumidores, la competencia y los factores del entorno.

Las características de los productos. Por ejemplo, los productos perecederos exigen la utilización de canales rápidos y con una alta capacidad de intercambio, lo que determina la participación de un alto número de distribuidores.

Las características de los consumidores. ¿Los consumidores compran en ubicaciones cercanas o están dispuestos a viajar a ubicaciones más lejanas? ¿Suelen realizar sus compras por teléfono, correo o Internet? ¿Quieren una entrega inmediata o están dispuestos a esperar? ¿Prefieren variedad o especialización? ¿Exigen servicios adicionales como instalaciones, reparaciones, entrega y puesta en marcha?

La competencia. A la hora de diseñar un canal, también se deben considerar los canales utilizados por los competidores. Por ejemplo, quizás una empresa quiera exhibir sus producto cerca de los de sus competidores, o, por el contrario, evitar esta situación y seleccionar un canal totalmente diferente.

Factores del entorno. En una situación económica delicada, los fabricantes optarán por reducir sus costes de distribución, seleccionando canales más cortos para eliminar los servicios extras.

En definitiva, a la hora de seleccionar o diseñar nuestros canales de distribución, deberemos reflexionar sobre las siguientes cuestiones: ¿qué nivel de control queremos tener sobre nuestros productos, sobre la fijación del precio final, etc.?, ¿cómo esperan nuestros clientes recibir nuestros productos y qué servicios adicionales desean?, ¿tenemos capacidad financiera suficiente para establecer un canal propio o necesitamos los servicios externos de distribuidores especializados?

Estrategias de distribución

Debemos pensar en un canal de distribución como un sistema de entrega de valor al cliente por parte de cada miembro del canal. Una buena estrategia es la que entrega el mayor valor, satisfaciendo a los distintos niveles de intermediarios. Una buena estrategia de distribución debe tener en cuenta las características de los productos y servicios de la empresa, las características de los mercados o segmentos de mercado meta, las necesidades, los comportamientos y los usos de los consumidores finales, los recursos propios de la empresa, los factores del entorno y las características de los canales, su eficacia y sus costes.

Las estrategias de distribución pueden definirse en función de su alcance o de los medios utilizados para impulsar las ventas. Existen tres estrategias conocidas de distribución: intensiva, exclusiva y selectiva.

Distribución intensiva. El objetivo es obtener la máxima cobertura del mercado en el mayor número de puntos de venta para el producto como sea posible, con el fin de obtener la máxima exposición y conveniencia para el consumidor final. Esta estrategia se utiliza para productos destinados a un gran número de consumidores, un ejemplo son los de alimentación o prensa diaria. Este tipo de distribución, al requerir una mayor inversión, se realiza a través de mayoristas y minoristas especializados en este tipo de canales.

Distribución exclusiva. Se otorga a un número limitado de distribuidores el derecho exclusivo de distribuir un producto altamente diferenciado asociado a una imagen de prestigio. Los intermediarios establecen con el fabricante acuerdos en la política comercial a seguir, en los precios, la imagen, las promociones, etc. Se puede llegar a un acuerdo de exclusividad geográfica, prohibiendo la distribución de productos de la competencia; a cambio, el fabricante se compromete a una estrecha colaboración y a apoyar al intermediario, al asegurarse de que no hay riesgos de ventas de otras marcas. La distribución exclusiva es una práctica habitual empleada por fabricantes de automóviles y artículos de ropa de prestigio.

Distribución selectiva. Se encuentra entre la distribución intensiva y la exclusiva. El objetivo es ofrecer el producto a través de un número de intermediarios seleccionados en función de sus capacidades y servicios de valor añadido. Por ejemplo, este tipo de distribución es habitual en los fabricantes de electrodomésticos y televisores, donde la venta tiene que apoyarse en un servicio de instalación y puesta a punto, mantenimiento y reparación. Con la utilización de esta estrategia, el fabricante busca profundizar en los segmentos de mercado meta, concentrando sus esfuerzos para obtener una relación más directa con ellos. La distribución selectiva proporciona a los fabricantes una buena cobertura de mercado, con un mayor control sobre el canal y a un coste menor que la distribución intensiva.

11.4.4.4. Decisiones sobre la comunicación

Continuando con la elaboración del plan de marketing, el siguiente paso es decidir cuál será la mejor forma de dar a conocer nuestra empresa, productos o servicios, de transmitir nuestra imagen y de alcanzar los objetivos propuestos.

En esta sección debemos analizar y justificar la elección de las diferentes acciones dentro de nuestro mix de comunicación.

El mix de comunicación se compone de una combinación de instrumentos, publicidad, promoción de ventas, relaciones públicas, venta personal, marketing directo, que utilizaremos para lograr nuestros objetivos de marketing.

Objetivos e instrumentos de la comunicación comercial

La comunicación juega un papel determinante en empresas de nueva creación. Los objetivos más comunes que se persiguen a través de la comunicación son los siguientes:

- Dar a conocer nuestra empresa, productos y servicios.
- Crear una imagen favorable de nuestra empresa, lo que nos va a permitir posicionarnos de forma más competitiva.
- Crear una actitud favorable respecto a nuestro producto o servicio.
- Persuadir y actuar sobre el comportamiento de los consumidores para estimular su compra.
- Lograr mantener en el tiempo todos los objetivos anteriores.
- Resumimos los puntos anteriores en tres objetivos básicos: informar, persuadir y recordar.

Los instrumentos utilizados en la comunicación pueden tener un carácter masivo e impersonal (publicidad, promoción de ventas y relaciones públicas), un carácter personal (venta personal) y un carácter más directo y personalizado (marketing directo).

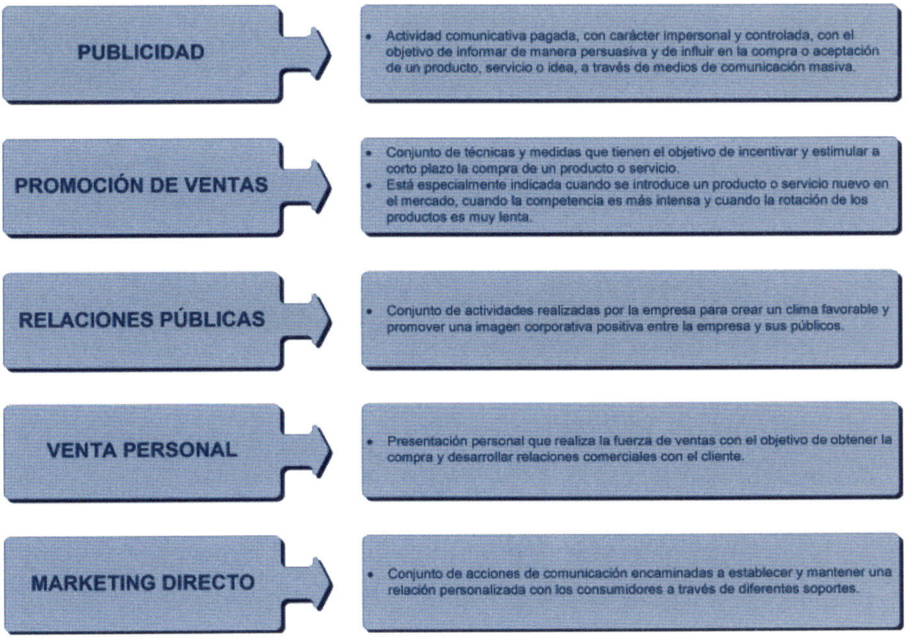

Figura 11.19. Instrumentos del mix de comunicación.

Proceso de la comunicación

La comunicación es un proceso en el que la empresa (el emisor) transmite una determinada información (el mensaje) a través de diferentes medios (canales) a sus principales públicos (receptores). En este proceso intervienen los siguientes elementos:

- Emisor: se trata de la fuente que tiene y desea transmitir la información.
- Codificación: definición de los símbolos utilizados a la hora de transmitir el mensaje.
- Mensaje: el contenido, conjunto de palabras, imágenes y símbolos que transmite el emisor.
- Canal: medio de comunicación a través del cual el mensaje se traslada desde el emisor al receptor.
- Decodificación: proceso de interpretación por el receptor de los símbolos utilizados por el emisor.
- Receptor: el destinatario del mensaje enviado por el emisor.
- Respuesta: conjunto de reacciones del receptor.
- Retroalimentación: evaluación de la respuesta del receptor a través de una investigación.
- Ruido: distorsión del mensaje no planificada durante el proceso de comunicación.

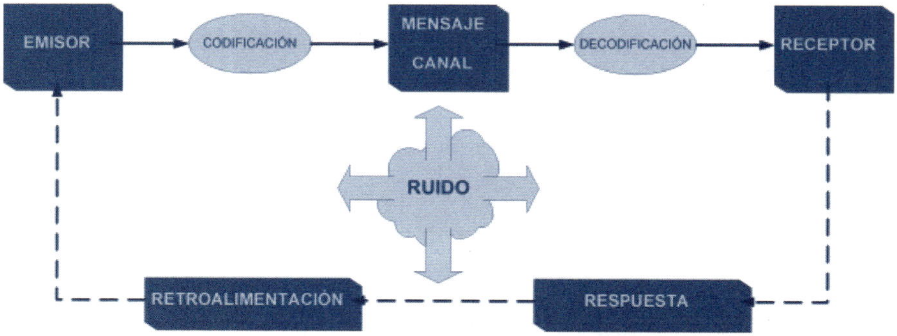

Figura 11.20. Proceso de comunicación.

Diseño del mix de comunicación

Los aspectos más importantes que hay que tener en cuenta en el proceso del diseño del mix de comunicación son los siguientes:

- Identificación del público al que nos vamos a dirigir.
- Diseño del mensaje que vamos a transmitir, su contenido, estructura y formato.
- Selección del canal de comunicación.
- Decisión sobre cuándo lanzar la campaña de comunicación.
- Nivel de presupuesto que podemos destinar a la campaña.
- Sistema para medir los resultados de la campaña.

Los factores a tener en cuenta cuando desarrollemos nuestro mix de comunicación son los que van a girar alrededor del tipo de mercado para nuestro producto o servicio, la receptividad del consumidor y la etapa del Ciclo de Vida del Producto.

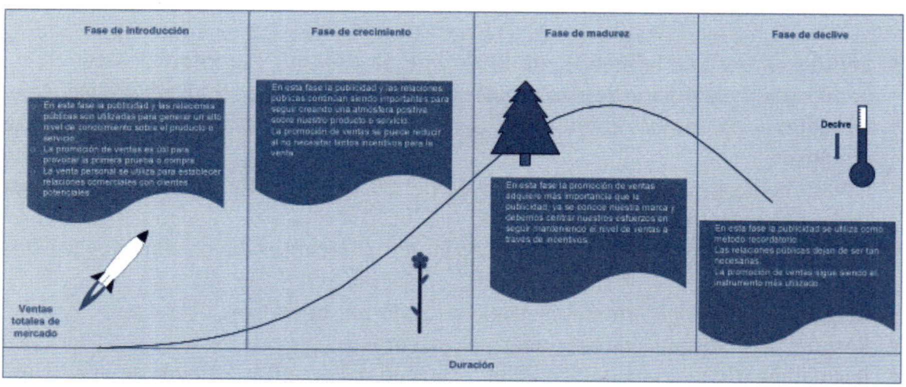

Figura 11.21. Decisiones sobre el mix de comunicación en relación con el Ciclo de la Vida del Producto (CVP).

La publicidad

La publicidad se refiere a una actividad comunicativa pagada, con carácter impersonal y controlada, con el objetivo de informar de manera persuasiva y de influir en la compra o aceptación de un producto, servicio o idea, a través de medios de comunicación masiva.

El proceso publicitario se compone de las siguientes fases:

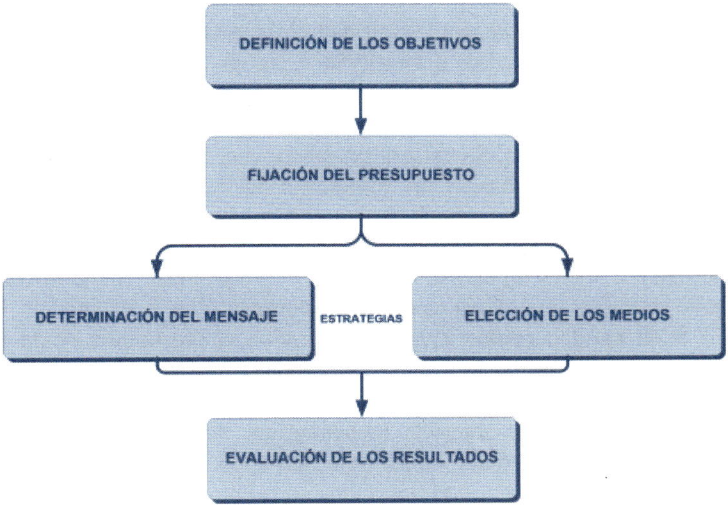

Figura 11.22. Decisiones sobre el proceso publicitario.

El primer paso en el desarrollo del proceso publicitario es establecer los objetivos del mismo. Éstos deben ser coherentes con los que hemos establecido en nuestro plan de marketing, y basarse en el segmento de mercado que se ha identificado y en el posicionamiento global de la empresa.

Los objetivos en publicidad se pueden clasificar según diferentes finalidades, que pueden ser las de informar, persuadir o recordar para, finalmente, lograr el propósito general de generar y estimular las ventas.

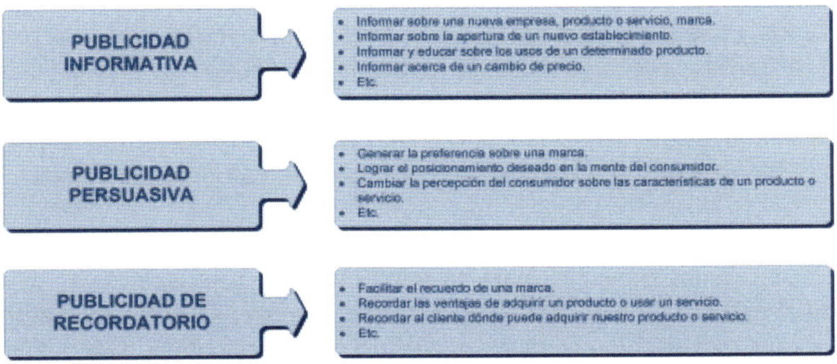

Figura 11.23. Objetivos de la publicidad.

El siguiente paso en el desarrollo del proceso publicitario es fijar el presupuesto de publicidad. La cantidad de presupuesto asignada va a depender del coste que nos van a suponer los objetivos que queramos alcanzar con los recursos que tengamos disponibles.

La decisión presupuestaria la podemos asignar utilizando los siguientes criterios:

- Presupuesto fijo. Se establece una cantidad fija que se debe asignar a la campaña en función de la experiencia o por intuición. Ésta es una medida desaconsejable, ya que la publicidad debe coordinarse con los objetivos anuales establecidos en el plan de marketing.
- Presupuesto sobre ventas. Se calcula un presupuesto sobre el porcentaje de las ventas actuales o previstas, o un porcentaje del precio de venta por unidad. Aunque éste es un método sencillo, no tiene mucho sentido, ya que las ventas son el resultado que se obtiene a través de la publicidad y no su causa. Este método puede impedir un aumento del gasto en publicidad cuando realmente es necesario, debido a una disminución de las ventas.
- Método de la paridad competitiva. Se determina el presupuesto para tratar de alcanzar el mismo nivel de inversión que la competencia. Se calcula a partir del promedio de inversión del sector.
- Método en función de los objetivos de marketing. Mediante este método, se determina el presupuesto a partir de los objetivos específicos que se quieren lograr, se establecen las actividades y tareas a llevar a cabo para conseguirlo, y se estima el coste que va a suponer el desarrollo de tales actividades y tareas. Éste es el método más lógico y coherente, pero, a la vez, más difícil de aplicar.

También debemos considerar algunos factores adicionales a la hora de establecer nuestro presupuesto:

- Etapa del Ciclo de Vida del Producto. Por ejemplo, la fase de introducción exige un presupuesto más elevado que el resto de las fases.
- Competencia y saturación. Los sectores muy competitivos, o en los que se invierte con frecuencia en publicidad, precisan una asignación de presupuestos mayor.
- Resultados y cuota de mercado. Cuando necesitemos resultados a corto plazo, o aumentar nuestra cuota de mercado rápidamente, deberemos aplicar un aumento considerable a nuestro presupuesto.
- Objetivos a alcanzar. Según la complejidad que implique alcanzar nuestros objetivos, la incidencia sobre el presupuesto a asignar será mayor o menor.

El siguiente paso en el desarrollo del proceso publicitario es determinar el mensaje que necesitamos transmitir para alcanzar nuestros objetivos.

Gracias al estudio de mercado elaborado previamente, en estos momentos deberíamos saber la motivación principal de nuestro cliente potencial para la adquisición del producto o servicio que pretendemos ofertar: qué características de nuestro producto o servicio (precio, calidad, atención al cliente, garantía, plazos de entrega, formas de pago, etc.) deberíamos destacar en nuestro mensaje.

Por lo tanto, podemos utilizar el mensaje para destacar las ventajas o atributos de nuestro producto o servicio, por ejemplo: «Nuestro precio es el más competitivo», «Si no está satisfecho, le devolvemos su dinero», «Ofrecemos el servicio más rápido». En otros casos, nos podríamos dirigir directamente a nuestro nicho de mercado: «Somos especialistas en la producción de cierto producto desde 1920», «Somos especialistas en...», etc. Algunos mensajes se dirigen a, o identifican, un tipo de mercado: «Somos la solución de la generación del futuro».

¿Qué mensaje deberíamos transmitir a nuestros clientes potenciales que les pueda motivar para adquirir nuestro producto o servicio? Hay cuatro elementos que pueden tener cierta influencia en nuestros clientes potenciales:

1. Producto/servicio: las características, atributos y aspectos tangibles de nuestro producto o servicio.
2. Precio: el dinero que se pueden ahorrar adquiriendo nuestro producto o servicio.
3. Distribución/localización: la accesibilidad y comodidad que implica adquirir nuestro producto o servicio.
4. Comunicación: la cantidad de medios de comunicación disponibles a la hora de obtener información acerca de nuestro producto o servicio.
5. Seguridad y confianza: la seguridad que transmite la empresa a la hora de ofrecer garantías, servicio posventa, política de cambio o devoluciones. En definitiva, ¿pueden confiar en nosotros?, ¿vamos a estar ahí cuando nos necesiten?

En los últimos años, debido a la gran oferta de productos/servicios, los consumidores se han vuelto más exigentes y no se conforman sólo con satisfacer sus necesidades en un momento determinado, sino que desean mejorar su nivel de bienestar.

Muchas estrategias de marketing se concentran en el hecho de que el público compra beneficios, no características. En otras palabras, los consumidores se preocupan más de cómo un determinado producto o servicio puede afectar a sus vidas. Debido a esto, nuestro mensaje debe transmitir beneficios como seguridad, belleza, bienestar, es decir, una serie de cualidades intangibles, dejando, en ocasiones, en un segundo plano la descripción de los beneficios tangibles del producto.

Por ejemplo, una tienda de lencería deberá optar por incluir en sus mensajes publicitarios conceptos como «feminidad, estilo, belleza, delicadeza, seducción, fantasía, regalo íntimo», y no dar excesiva importancia a la descripción literal de los productos que ofrece: sostenes, bodys, ligueros, tangas, medias, etc.

Podemos, al mismo tiempo, comunicar mensajes indirectos o subliminales, por ejemplo: un catálogo bien diseñado y un comercial de buena presencia transmiten una imagen de profesionalidad y responsabilidad. Debemos tener en cuenta que la imagen corporativa de nuestra empresa debe estar relacionada con los mensajes que enviamos a nuestro público objetivo.

Por lo tanto, en este apartado del plan de negocio debemos explicar qué mensaje queremos hacer llegar a nuestro público objetivo y justificar su elección.

El siguiente paso en el desarrollo del proceso publicitario es determinar la elección de los medios más adecuados que vamos a utilizar para transmitir nuestro mensaje a nuestro mercado objetivo. Debemos evaluar a qué medios está expuesto nuestro público objetivo, si los que hemos elegido son los más adecuados para difundir nuestro mensaje, la frecuencia con la deberíamos transmitir el mensaje, y, finalmente, el coste que nos va a suponer elegir unos medios u otros.

A título informativo, vamos a exponer las características de los distintos medios que podemos utilizar en nuestra campaña de publicidad:

PRENSA DIARIA

Soportes: diarios y publicaciones periódicas gratuitas.
Formas: comunicados, anuncios, encartes, clasificados.

Ventajas	Inconvenientes
• Proporciona diferentes alcances: nacionales, regionales y locales. • Frecuencia de aparición. • Gran aceptación y credibilidad. • Mensaje escrito, puede ser releído.	• Corta vida por ejemplar. • La calidad de impresión no es muy buena.

REVISTAS

Soportes: revistas genéricas y especializadas.
Formas: comunicados, anuncios, encartes, desplegables.

Ventajas	Inconvenientes
• Alta segmentación geográfica y sociodemográfica. • Gran aceptación y credibilidad. • Alta calidad de impresión. • Duración mayor que la prensa diaria. • Las leen personas interesadas en su contenido. • Se guardan y se leen durante días. • Son eficaces para dar a conocer un producto o servicio.	• Frecuencia más limitada de aparición. • Menos lectores por ejemplar. • No se garantiza la posición del anuncio con relación al contenido. • El coste para el lector es más alto como consecuencia de la calidad de la producción. • El contenido y arte del anuncio se debe realizar con algo más de antelación ya que la fecha de cierre es larga.

RADIO

Soportes: emisoras, cadenas.
Formas: cuñas, programas.

Ventajas	Inconvenientes
• Puede ser escuchada en diferentes entornos: trabajo, lugar de vacaciones, en el coche, etc. • Alta segmentación geográfica y sociodemográfica. • Provoca un efecto rápido. • El mensaje puede transmitirse con la frecuencia que deseemos. • Su mensaje es oral y puede contribuir a producir diferentes reacciones.	• Exposición fugaz. • Al no tener apoyo visual, es un medio difícil para presentar un producto que no se conoce. • Como no existe un soporte impreso, el mensaje se transmite y se pierde. • Es un medio que aglomera muchos anuncios, algo que puede distraer la atención del oyente.

TELEVISIÓN

Soportes: emisoras, canales en abierto, canales de pago, TDT.

Formas: programas, spots, publirreportajes.

Ventajas	Inconvenientes
• Ofrece un gran impacto, al incluir elementos visuales, de sonido, movimiento, efectos especiales. • Efectiva para contribuir a crear la imagen de una empresa, producto o servicio. • Gran cobertura.	• Su coste es muy alto. • Puede tener poca efectividad por la gran saturación. • Los anuncios realizados con un bajo presupuesto pueden ofrecer una mala imagen del anunciante.

PUBLICIDAD EN INTERNET

Soportes: World Wide Web, blogs, e-mails, chats.

Formas: banners, publicidad pop up, newsletters, publicidad en los buscadores (AdSense, AdWords), cursor ads, catálogos electrónicos, etc.

Ventajas	Inconvenientes
• Bajo coste. • Facilidad y rapidez para actualizar el mensaje con frecuencia. • Mayor permanencia. • Proporciona interactividad. • Alcance de una audiencia global.	• Los resultados son difíciles de constatar. • Cobertura limitada e irregular. • Dificultad en el impacto. • Todavía necesita complementarse con la publicidad tradicional.

PUBLICIDAD EXTERIOR

Soportes: vallas (fijas o móviles), carteles, cabinas telefónicas, marquesinas, aérea, transportes públicos, recintos deportivos.

Formas: textos, fotografías, dibujos, luminosos, muñecos publicitarios.

Ventajas	Inconvenientes
• Alcance elevado. • Gran flexibilidad. • Anuncios grandes y atractivos. • Alta repetición. • Bajo coste.	• Su efectividad es difícil de medir. • Baja segmentación de audiencia. • Limitaciones para la creatividad. • Pueden dañarse al estar expuestos en el exterior, por ejemplo, con pintadas.

PUBLICIDAD DIRECTA Y BUZONEO

Soportes: envíos al lugar de residencia o trabajo.

Formas: cartas, folletos, catálogos, desplegables, tarjetas.

Ventajas	Inconvenientes
• Permite dirigir el mensaje a una audiencia muy específica. • Los mensajes pueden personalizarse. • Fácil evaluación de los resultados.	• Diferentes reacciones negativas por ser publicidad no solicitada. • Riesgo de eliminación sin ser leída. • Puede tener costes altos.

PUBLICIDAD EN EL LUGAR DE VENTA (PLV) – MERCHANDISING

Soportes: escaparates, displays, góndolas, exhibidores.
Formas: carteles, pancartas, muestrarios, mostradores de degustación, comunicaciones sonoras, luminosos, folletos, catálogos, desplegables.

Ventajas	Inconvenientes
• Gran complemento a una campaña tradicional, ya que las decisiones de compra, a veces, se toman en el punto de venta. • Favorece el impulso de compra.	• Gran saturación. • Negociación de espacios, zonas y niveles.

El último paso en el desarrollo del proceso publicitario es evaluar los resultados de la campaña de publicidad con el objetivo de conocer si se han alcanzado los objetivos de nuestro plan de marketing.

La eficacia de una campaña no se debería medir por su impacto o perfección publicitaria, sino por su capacidad para alcanzar un grado de cumplimiento satisfactorio de los objetivos de marketing que se marcaron en su momento. ¿De qué nos sirve que nos hayan felicitado por el impacto de un anuncio si el producto en el que se apoyaba no se vende, fracasa o se retira del mercado pasado un tiempo?

La medida de la eficacia se puede realizar a priori o a posteriori. Es decir, saber si la campaña que se ha planificado será eficaz, o bien, saber si se ha cumplido con los objetivos de marketing y comunicación perseguidos.

- Pretest publicitario. Tiene como objetivo contrastar la eficacia del mensaje, la imagen que sugerimos en nuestro anuncio o la impresión que puedan causar algunos de sus componentes: frases, sonidos, movimientos o aspectos gráficos. Las medidas se pueden llevar a cabo a través de encuestas de carácter cualitativo (recogen sentimientos internos de los encuestados sobre la percepción de los mensajes) y cuantitativo (se obtiene información acerca de aspectos específicos del mensaje, comprensión, credibilidad, memorización, actitudes, opiniones, identificación del producto o marca, etc.).
- Postest publicitario. Tiene como objetivo la evaluación del logro de los objetivos perseguidos por el mensaje publicitario al finalizar la campaña o durante su realización. Dependiendo de la finalidad de la campaña informativa o persuasiva, el postest publicitario sirve para determinar la penetración alcanzada por el mensaje, su reconocimiento y recuerdo, el cambio en las actitudes y la predisposición a la compra que provoca, y el efecto en el incremento de las ventas generadas e imputables a la campaña realizada.

CASO PRÁCTICO:
CAMPAÑA PUBLICITARIA DE PLAYSTATION GT4
Plata en los premios a la Eficacia Publicitaria 2005

En el año 2005, TBWA/Madrid y Sony Computer Entertaiment lanzaron una campaña publicitaria en televisión que supo convencer a un consumidor cada vez más exigente.

MENSAJE: con Gran Turismo 4 GT4 se pueden conducir más de setecientos coches diferentes por cincuenta escenarios reales distintos.

DISRUPTION (una forma de romper con los convencionalismos): ligar el juego a coches reales y tangibles (modelos y marcas concretos) mediante una comunicación conjunta, huyendo del concepto de «experiencia paralela».

RESULTADOS: incremento de un 238% en las ventas de la primera semana de lanzamiento con respecto a la edición anterior. Incremento en ventas totales de un 60% con respecto al juego anterior.

Esta campaña colocó a la saga de GT como pionera y referente de todos los juegos para PlayStation 2, y batió todos los récords al convertir el juego en el que más rápidamente se ha vendido en el mercado español y en el número uno en el ranking de revistas especializadas.

(Fuente: TWA/España a través de su página web.)

Promoción de ventas

La promoción de ventas, al igual que la publicidad, se debe realizar de acuerdo con los objetivos perseguidos en el plan de marketing. Podemos definir la promoción de ventas como un conjunto de técnicas y medidas que tienen por objetivo incentivar y estimular a corto plazo la compra de un producto o servicio, y aumentar el valor añadido de una marca, producto o servicio a través de beneficios tangibles e intangibles para el consumidor.

Características de una promoción

- Carácter temporal. La promoción debe constituir un incentivo discontinuo en el tiempo, en la forma y en su naturaleza; no se debe convertir en una oferta permanente, ya que, si se incorporara al producto o servicio de forma prolongada, dejaría de ser una promoción para convertirse en una característica más de dicho producto o servicio.
- Independiente de la publicidad. La publicidad, como hemos visto anteriormente, informa, motiva e influye en la compra o aceptación de un producto o servicio; en cambio, la promoción impulsa la venta de modo inmediato y es un medio de acción a corto plazo.

- Debe actuar en consecuencia con los objetivos de marketing perseguidos. La promoción debe actuar en el marco de la política de marketing establecida, no debe ser una acción aislada o improvisada ni un recurso de última hora.

Objetivos de una promoción

La finalidad principal que persigue una promoción es acercar el producto o servicio al consumidor y potenciar su demanda a corto plazo. El empleo de la promoción debe obedecer a una planificación de objetivos relacionados con:

- La introducción o desarrollo de una marca, producto o servicio.
  - Apoyar la introducción de un nuevo producto o servicio.
  - Apoyar la introducción de cambios sobre el producto o servicio.
  - Posicionar e incrementar la fidelidad hacia la marca.
  - Incrementar la participación en el mercado.
  - Conseguir que prueben el producto el mayor número de clientes potenciales.
  - Sugerir nuevos usos o empleos del producto.

- Las ventas.
  - Incrementar las ventas en un espacio corto de tiempo.
  - Provocar una primera compra.
  - Crear una costumbre de compra.
  - Estimular a los consumidores indecisos.

- La defensa ante acciones de la competencia.
  - Aumentar la frecuencia de compra.
  - Frenar a la competencia.
  - Motivar a la fuerza de ventas.
  - Liquidar un elevado stock del producto.
  - Obtener una mayor liquidez a corto plazo.

- La relación con los distribuidores.
  - Ampliar la distribución.
  - Aumentar los niveles de stock.
  - Acelerar la rotación de stocks en el punto de venta.
  - Mejorar la imagen de nuestra marca ante nuestros intermediarios.
  - Mejorar la exhibición del producto en el punto de venta.

Destinatarios de una promoción

Los destinatarios de las promociones de ventas son los que distribuyen y venden nuestro producto o servicio (mayoristas, minoristas, vendedores), los que tienen cierta influencia y lo pueden recomendar (prescriptores), y los que lo prueban, consumen o utilizan (usuarios habituales y clientes potenciales).

Tipos de promociones

Son muy numerosas las promociones que se pueden organizar y sus formas de clasificación. Por lo general, una promoción se podría clasificar por su ámbito de aplicación, su finalidad, la forma en la que llega al consumidor y por la naturaleza de lo que se pretende vender. Para que resulte un poco más práctico, vamos a clasificar las promociones según su ámbito de aplicación y tipo de destinatario: promociones dirigidas a la red de ventas de la empresa, a los distribuidores y a los consumidores.

Promociones dirigidas a la red de ventas

Este tipo de incentivos y promociones son las que se dirigen al equipo de ventas de la empresa con el objetivo de conseguir más apoyo para los productos o servicios actuales o nuevos, u obtener cuentas nuevas. Tienen un carácter económico, ligado a la eficacia de su gestión, y también moral. Se pueden realizar en forma de concurso de ventas, premios y comisiones extraordinarias. Tienen las siguientes características comunes: se deben basar en los objetivos de marketing perseguidos, deben tener una duración limitada, deben ser proporcionales al esfuerzo esperado por parte de los vendedores y deben tener un carácter colectivo.

- Concurso de ventas. Se basa en lograr una estadística de ventas en forma de cobertura de la cuota de ventas establecida, de pedidos conseguidos, de relación entre pedidos de nuevos clientes y número de nuevos clientes visitados, exhibiciones en el punto de venta, etc.
- Premios y comisiones. Pueden ser de carácter económico, a través de comisiones, según la eficacia de los vendedores, a través de viajes incentivos, y morales, mediante felicitaciones, concesiones de insignias y títulos.

Promociones dirigidas a la distribución

Este tipo de incentivos y promociones son las que se dirigen a los distribuidores para lograr que tengan a la venta nuestros nuevos productos o servicios y más inventario, y para incentivarlos a que los promuevan y, en el caso de los minoristas, que les dediquen más espacio en sus expositores y que realicen compras anticipadas, por ejemplo. Se pueden realizar en forma de bonificaciones, entrega de productos gratis, regalos promocionales, premios, concursos y colaboraciones en la publicidad en el punto de venta. Tienen las siguientes características comunes: se deben basar en los objetivos de marketing perseguidos y deben orientarse tanto al distribuidor como a sus empleados.

Promociones dirigidas al consumo

Este tipo de incentivos y promociones son las que se dirigen directamente a los consumidores con el objetivo de invitarlos a que prueben un nuevo producto o servicio, atraerlos hacia nosotros y alejarlos, en la medida de lo posible, de los productos y servicios de la competencia, provocar la compra y retener, fidelizar y recompensar a los consumidores más leales. Las promociones dirigidas a los consumidores se pueden realizar de las siguientes formas:

- Prueba de nuevos productos.
  - A través de muestras, con la entrega gratuita de pequeñas cantidades del producto para que el consumidor pueda probarlo. Las muestras se pueden repartir a domicilio, en determinados acontecimientos, como las ferias, o durante la compra de otros productos.
  - A través de degustaciones, que consisten en dar a probar el producto, principalmente, en el lugar de compra.
  - Con la entrega de vales, tapas, etiquetas, que son distribuidos en el domicilio, mediante buzoneo, entregados en el punto de venta o incluidos en otros productos consumidos.

- Entrega de una mayor cantidad de producto.
  - A través de la entrega de más unidades. Por ejemplo, entregar tres por el precio de dos.
  - A través de la entrega gratis de producto en un envase de mayor tamaño, por ejemplo: «un 20% o 100 ml gratis».

- Oferta de varios productos complementarios.
  - A través de la oferta de varios productos por un precio inferior a la suma total de los precios individuales.

- Descuentos en el producto.
  - A través de ofertas especiales de precio comunicadas en el propio envase. Las ofertas deben ser temporales y pueden estar ligadas a algún acontecimiento de la empresa. Por ejemplo, el aniversario por los veinte años en el negocio, el estreno de algún atributo del producto, como el envase, etc.
  - A través de una reducción del precio de compra en forma de cupón o vale descuento que se abona al pasar por caja.

- Fidelización de clientes.
  - A través de programas de uso frecuente, que consisten en premiar la acumulación de productos o uso de servicios mediante pruebas de compra (etiquetas, códigos de barras) o puntos acumulables. Por ejemplo, las compañías aéreas utilizan programas de «viajeros frecuentes» para recompensar a sus mejores clientes con vuelos gratis, noches en hotel, alquiler de coches y otras ofertas.

- Regalos directos incorporados al producto.
  - A través de la entrega directa de toda clase de regalos unidos al producto o en el interior del mismo. Los regalos deben tener cierto atractivo o diferenciación creativa, debido al uso extendido de este tipo de técnica promocional.

- Regalos en colaboración unidos a la compra de un producto.
  - Consiste en ofrecer obsequios a cambio del envío de pruebas de compra (envoltorios, códigos de barras, etiquetas) o de cierta cantidad de dinero para obtener un producto con un precio en el mercado muy superior al que se paga.

- Regalos en fiestas promocionales.
  - A través de la organización de una fiesta promocional, apertura de una tienda, etc., donde el producto se consume in situ. Durante la celebración se regalan artículos promocionales con la mención del producto, como por ejemplo, camisetas, gorras, bolígrafos, bolsos, calendarios, agendas, encendedores, llaveros y relojes, entre otros artículos publicitarios.

- Compensación por cambio de producto.
  - A través de la aceptación de un modelo antiguo a buen precio por la compra de un nuevo modelo. Por ejemplo, los fabricantes de vehículos, a través de sus concesionarios, recompran u ofrecen un descuento por la entrega del vehículo usado.

- Compensación por insatisfacciones.
  - A través de la devolución en metálico de la cantidad abonada por un producto o servicio cuando el consumidor, después de un período de prueba, no queda satisfecho. A pesar de que este tipo de promoción pueda resultar arriesgada, estudios al respecto han confirmado que el porcentaje de reclamaciones o peticiones de devolución es bajo.

- Regalos a través de concursos.
  - Por ejemplo, a través de le realización de concursos donde se ponen a prueba los conocimientos del participante sobre las características de un producto o servicio, de la propia empresa, etc.

- Regalos a través de sorteos.
  - Se ofrece un premio a través de la participación en un sorteo de consumidores de un producto o servicio. Ésta es una técnica muy habitual para atraer hacia la marca a consumidores no habituales o para inducirlos a probar el producto o servicio. Es fundamental seguir un proceso que ofrezca credibilidad, como la publicación de las bases del sorteo, su realización ante notario y la publicación de los ganadores. Los sorteos se pueden realizar a través de acciones conjuntas entre diferentes empresas que persiguen un mismo propósito y segmento de mercado.

CASO PRÁCTICO: EL PISO DE COCA-COLA LIGHT

Coca-Cola y el grupo inmobiliario Nozar, unidos por el marketing

En el año 2007, la filial española de Coca-Cola, junto con el grupo inmobiliario Nozar, sortearon entre los consumidores un piso situado en Madrid, de aproximadamente 70 m^2, con un valor de mercado de 330 000 euros.

El objetivo de la multinacional estadounidense fue atraer, con esta promoción, al público objetivo de Coca-Cola Light, situado, sobre todo, en una franja de edad cercana a los treinta años. Desde la multinacional señalaron que una de las principales preocupaciones de este segmento de la población es la vivienda, basándose en los estudios del Centro de Investigaciones Sociológicas (CIS). Por ello, quisieron aprovechar esta circunstancia para arañar cuota de mercado a sus rivales.

La comunicación se realizó en los propios envases, en un anuncio promocional de 20 s, en Internet y con Publicidad en el Lugar de Venta (PLV).

El inmueble se sorteó entre todos aquellos consumidores que enviaron un mensaje de texto SMS con el código pin que aparecía en las latas de la promoción. La promoción obtuvo 1 301 432 participaciones en tan sólo tres meses.

La ceremonia de la entrega de llaves se realizó bajo una gran expectación. Se invitó al portero del Real Madrid, Iker Casillas, para otorgarle a la ganadora el premio que ha cambiado para siempre la historia de las promociones.

(Fuentes: CincoDías.com, MarketingDirecto.com, conocecocacola.com y marketingnews.es)

Otras promociones especiales

- Promociones para productos industriales.
  - Las promociones de los productos industriales están más ligadas a las relaciones públicas y a establecer vínculos con los clientes como modo de estimular las compras. Los instrumentos y técnicas que más se utilizan son las exposiciones en ferias, el servicio posventa, el asesoramiento técnico, las condiciones especiales de financiación y, en algunos casos, la formación técnica del personal del cliente.
- Promociones para los presciptores.
  - Este tipo de promociones va dirigido a aquellas personas, los prescriptores, que pueden ayudarnos a aumentar nuestras ventas a través de las opiniones y consejos que puedan aportar a terceros. Los prescriptores son «líderes de opinión» que acompañan o intervienen en el proceso de selección, uso o compra de un producto o servicio.

Comunicación de una promoción: su publicidad

Es necesario realizar una comunicación equilibrada, que no perjudique la imagen ya creada de nuestro producto o servicio. La promoción debe ser comunicada a sus destinatarios principales, el equipo de ventas, los distribuidores y los prescriptores y consumidores finales, utilizando diferentes medios, que exponemos a continuación.

- Comunicación interna al equipo de ventas.
  - Modos: información sobre los objetivos de marketing perseguidos y comunicación al equipo de ventas sobre las características de la promoción, su funcionamiento, su duración, los premios, las recompensas, etc.
  - Medios: reuniones con los jefes de zona, circulares y seguimiento.

- Comunicación y publicidad en la distribución.
  - Modos: información a los mayoristas y minoristas sobre las ventajas que la promoción aportaría al canal por el aumento de rotación del producto, gracias al incremento en la demanda del mismo.
  - Medios: folletos, regalos promocionales, etc.

- Comunicación y publicidad al consumidor.
  - Modos: informar al consumidor sobre las características de la promoción y su duración en el tiempo.
  - Medios: en el punto de venta (carteles, folletos, stands), en los medios de comunicación (periódicos, revistas, televisión, radio, publicidad exterior, publicidad en Internet), con publicidad directa (mailings, buzoneo y acciones a pie de calle).

Limitaciones y peligros de una promoción

La promoción debe ser un recurso a corto plazo que se puede convertir en un problema a largo plazo. Las acciones promocionales deben se temporales y percibidas por los destinatarios como algo no habitual, ya que, de lo contrario, corremos el riesgo de acostumbrar al consumidor a esta situación y suprimir el uso y la compra de nuestro producto o servicio en condiciones normales de venta.

Al mismo tiempo, debemos cuidar el proceso de las promociones e intentar evitar situaciones en las que la calidad del premio sea inferior a la prometida, se produzcan tardanzas en su entrega o se incurra en publicidad engañosa con existencias limitadas, etc.

Evaluación de los resultados de una promoción

La rentabilidad de una promoción depende de sus objetivos, que pueden ser económicos o estratégicos, en función de las políticas de nuestro mix de marketing.

Si los objetivos perseguidos son el aumento de las ventas, un método común para medir los resultados es comparar las ventas antes, durante y después de una promoción. Por lo general, después de una promoción, las ventas descienden a los niveles habituales, a los que hay que sumar las adquisiciones de nuevos clientes atraídos por la promoción.

De todas maneras, antes de lanzar una promoción, es aconsejable realizar el cálculo del punto muerto, ya que los costes promocionales pueden ser elevados y requerir un mayor volumen de unidades vendidas para que la promoción sea rentable.

Los costes promocionales incluyen, entre otros, el importe de los descuentos, los materiales, el personal empleado, las agencias o consultoras externas, los regalos, las degustaciones, el alquiler de espacios, etc.

Relaciones públicas

En páginas anteriores, definíamos a las relaciones públicas como el conjunto de actividades realizadas por la empresa para crear un clima favorable y promover una imagen corporativa positiva entre la empresa y sus públicos.

Si la publicidad es el instrumento de comunicación empleado para promover la imagen del producto y de la marca, las relaciones públicas son el medio que se utiliza para promover la imagen de la empresa.

¿Cuándo deberíamos acudir a las relaciones públicas? Podemos identificar algunas situaciones clave en las que las relaciones públicas pueden ayudar a la empresa.

- Cuando no hay una imagen de empresa definida. Esta situación se produce, o bien porque la empresa sea de nueva creación, o bien porque todavía no se ha utilizado ningún instrumento de comunicación de relaciones públicas.
- Para cambiar la imagen actual. Este caso se da cuando surge la necesidad de modificar la imagen, debido a un cambio estratégico de la empresa. Por ejemplo, por cambios en la segmentación de mercado, en la fabricación o en la comercialización, por la diversificación de productos o servicios, por la expansión en mercados internacionales, por cambios en la política de precios, etc.
- Para seguir manteniendo una imagen positiva. Esto pasa cuando necesitamos reforzar y canalizar una buena imagen, que ha sido creada de forma natural a lo largo del tiempo. La imagen de la empresa debe actualizarse continuamente, también para adaptarse a nuevas leyes y directrices. Por ejemplo, una empresa que lleva veinte años fabricando productos de limpieza necesita transmitir al público la reciente incorporación de sistemas de fabricación que utilizan energías renovables y menos contaminación; así le hace saber que, con este esfuerzo, quiere contribuir a su compromiso con el medio ambiente y la sociedad.
- Para modificar una mala imagen. Esto sucede cuando la empresa ha recibido críticas de algún tipo o ha sido desprestigiada en su sector. En este caso, se recurre a las relaciones públicas para invertir estas situaciones e intentar restablecer la imagen de la empresa.

- Como compromiso con la sociedad. Es el caso de las empresas que contribuyen con su granito de arena en áreas de interés social, humanitario, cultural, deportivo, tecnológico, educativo, medioambiental, etc., patrocinando diferentes actos y acontecimientos, y dejando patente su compromiso con la sociedad, las instituciones públicas y con su target en temas de interés general.

Objetivos de las relaciones públicas

Las relaciones públicas tienen como objetivo la creación de un clima favorable y la promoción de una imagen corporativa positiva, persiguiendo la máxima aceptación social. Las relaciones públicas no están dedicadas íntegramente a conseguir ventas, aunque, seguramente, ése sea el resultado que se persiga y obtenga.

Destinatarios de las relaciones públicas

Los destinatarios de las relaciones públicas deben actuar en dos ámbitos de vital importancia, dentro y fuera de la empresa.

- Relaciones públicas dentro de la empresa. Para difundir una imagen positiva de la empresa, debemos empezar por los verdaderos portavoces de la misma, informando a los accionistas, a todos los empleados y a los sindicatos.
- Relaciones públicas fuera de la empresa. Aunque el público objetivo sea muy amplio, debemos intentar llegar al máximo número de destinatarios posibles: consumidores, distribuidores, medios de comunicación, organismos públicos, asociaciones empresariales, culturales, deportivas, etc.

Instrumentos de las relaciones públicas

Los instrumentos a utilizar, según los destinatarios, son los siguientes:

- Relacionados con los medios de comunicación. A través de las relaciones directas con periodistas de diferentes medios, otorgando entrevistas, reportajes y ruedas de prensa. Con la selección y elaboración de notas de prensa, comunicados, memorias, etc. Mediante la celebración de conferencias y otro tipo de actos.
- Patrocinio y mecenazgo. A través de acciones que contribuyen económicamente a soportar los gastos ocasionados por determinados acontecimientos de carácter cultural, social, deportivo (patrocinadores), educativo, humanitario, etc., y que aprovechen su repercusión en los medios de comunicación. El patrocinio persigue un objetivo comercial y de imagen, centrándose en productos más tangibles; por el contrario, el mecenazgo persigue fines altruistas, dirigiéndose hacia terrenos culturales o artísticos.

- **Relacionados con las instituciones públicas.** A través de relaciones continuas con organismos públicos de ámbito local, regional y nacional.

Planificación de una campaña de relaciones públicas

La campaña de relaciones públicas conlleva una serie de acciones coordinadas entre sí, de duración concreta y encaminadas al cumplimiento de los objetivos perseguidos. La campaña se compone de las siguientes etapas:

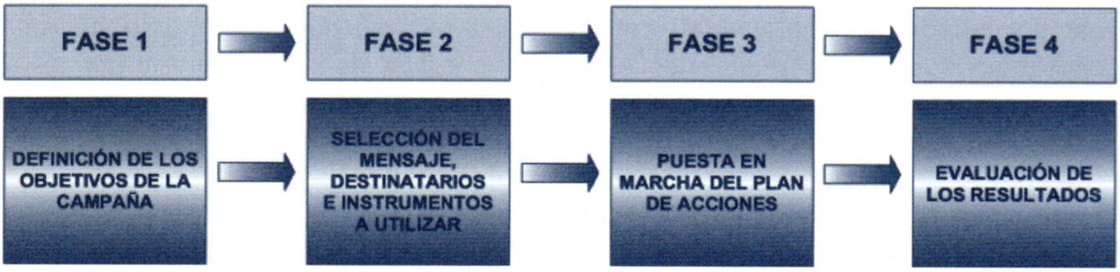

Figura 11.24. Etapas de una campaña de relaciones públicas.

Venta personal

Mientras la publicidad conlleva una comunicación en una sola dirección e impersonal, la venta personal implica una comunicación de doble dirección entre el vendedor y sus clientes, a través del cara a cara, por teléfono, por Internet o por cualquier otro medio. Los vendedores trabajan para desarrollar, mantener y mejorar las relaciones comerciales a largo plazo con sus clientes.

Podemos considerar a los vendedores como el eslabón entre la empresa y sus clientes. Los vendedores investigan, sondean a los clientes, ajustan la oferta a sus necesidades y negocian los términos de la venta.

Los vendedores representan a la empresa ante sus clientes y a los clientes ante la empresa.

La venta personal es especialmente útil en situaciones en las que el producto o servicio es nuevo o complejo, y exige una demostración, cuando su precio justifica el coste adicional de mantener una fuerza de ventas, cuando el número de clientes actuales y potenciales es razonable para poder ser atendido en las mejores condiciones a través de una venta personal, o cuando el producto o servicio requiere la firma de algún documento o contrato.

El vendedor

Hay un amplio abanico dentro de esta profesión, que se puede clasificar de diferentes maneras: los vendedores que pertenecen a la plantilla de la empresa, los independientes, según el tipo de cliente al que prestan sus servicios y según el tipo de actividad que desarrollan.

En función de su actividad, podemos distinguir las siguientes categorías más habituales:

- Los vendedores de mostrador o dependientes: su actividad principal consiste en recibir pedidos, atender a los clientes que buscan un producto en concreto y ayudarles durante su permanencia en el local. Este tipo de vendedores pueden encargarse de dos tipos de productos; los perecederos y los duraderos. En el caso de los productos duraderos, los vendedores deben conocer bien sus características, así como su funcionamiento.
- Vendedores repartidores: los repartidores o distribuidores realizan la entrega de productos como refrescos, pan, periódicos; en algunos casos, pueden tomar pedidos.
- Vendedores itinerantes: son los que visitan a los mayoristas y minoristas, encargándose de tomar pedidos y mantener o evitar rupturas de stock.
- Visitadores/prospectores: se dedican a informar sobre los productos y servicios, las novedades, sus características, etc. No suelen tomar pedidos, aunque sí educan y animan a los clientes a realizarlos.
- Agentes comerciales: son profesionales independientes que se encargan de la venta o compra de mercancías para la empresa a cambio de una comisión.
- Vendedores directos (de puerta en puerta): este tipo de vendedores realizan principalmente visitas a hogares para intentar vender los productos o servicios que comercializan, por ejemplo, enciclopedias y productos de belleza. Quizás una de las ventas más difíciles, debido a la desconfianza por parte del cliente.
- Televendedores/telemarketing: quien ejerce la venta a través del teléfono. Pueden desempeñar esta función contactando con los clientes potenciales para efectuar la venta, o esperando la llamada del cliente para tomar un pedido.
- Autoventa: la que realizan quienes se encargan de las labores de venta, entrega y cobro de la mercancía. Esta práctica es muy habitual en productos de consumo diario.

Es difícil desarrollar un perfil de vendedor que se ajuste a todas las situaciones de productos, mercados y empresas. No existe el vendedor ideal para todas estas situaciones. Por esta razón, los vendedores se suelen especializar en algún campo en concreto: por sectores, tipos de productos, tipos de servicios, por ventas a mayoristas, minoristas, etc.

Entre las cualidades que deben reunir los vendedores, se suelen tener en cuenta: el aspecto físico, la capacidad de comunicación, el carácter, las cualidades morales, profesionales y vocacionales.

Las habilidades que deben reunir incluyen tanto las personales como las enfocadas a la venta.

Los conocimientos que necesitan abarcan nociones sobre la empresa para la que prestan sus servicios, sobre sus productos y servicios y sobre el mercado al que se dirigen.

El proceso de venta personal

Figura 11.25. Pasos principales en el proceso de venta.

Búsqueda y calificación de clientes potenciales. Implica la identificación de clientes potenciales. Los vendedores suelen utilizar su red de contactos como fuente para la búsqueda: proveedores, distribuidores, clientes actuales y asociaciones, entre otros. Los clientes se pueden calificar por medio de diferentes métodos: por su volumen de ventas, su tasa de crecimiento o expansión, su ubicación geográfica, etc.

Acercamiento previo. Este paso consiste en realizar la investigación y preparación necesaria para comprender mejor las necesidades del cliente potencial. El vendedor puede consultar fuentes externas para recopilar información sobre el cliente, preparar y decidir cuál es la mejor vía de contacto: visita personal, llamada de teléfono, envío de cartas de presentación, e-mail, catálogos, etc.

Acercamiento. Se trata de en una primera toma de contacto con el cliente con el objetivo de establecer una buena relación. El vendedor realiza una pequeña presentación de su empresa, comenta la línea de productos o servicios que comercializa, ofrece muestras y se interesa por las necesidades generales del cliente.

Presentación y demostración. Sirve para profundizar en un determinado producto o servicio de interés para el cliente. El vendedor se interesa por las necesidades específicas del cliente, comenta las características del producto o servicio que ofrece, expone las ventajas que le pueden aportar y realiza una demostración, permitiendo que el cliente explore o maneje el producto y los medios utilizados durante la presentación.

Manejo de objeciones. Consiste en identificar y resolver las posibles preocupaciones o inquietudes que evitarían que un cliente adquiriese nuestro producto o servicio. El vendedor tiene que tener la capacidad para transformar estas objeciones en oportunidades y razones para realizar la compra.

Cierre. Es el momento en el que se llega a un acuerdo concreto sobre las condiciones de venta. El vendedor debe saber identificar la señales del cierre de una venta y alcanzar un acuerdo final.

Seguimiento. Es la fase en la que se asegura la satisfacción del cliente con el objetivo de mantener una buena relación comercial. Después de la primera venta, es aconsejable que el vendedor visite al cliente y se interese por los resultados obtenidos y por los inconvenientes que hayan podido surgir, proponiendo varias alternativas para mejorar y solucionar el problema.

Marketing directo

El término «marketing directo», o «direct marketing», se suele utilizar como un concepto muy general que describe todas las acciones de marketing que se basan en la comunicación directa o interactiva, en la relación directa con el cliente/consumidor, en la publicidad directa, en la venta a distancia, etc.

Según los diferentes organismos, profesionales en la materia o autores, este concepto adquiere varios enfoques. A continuación ofrecemos algunas definiciones:

Según la Federation of European Direct and Interactive Marketing, el marketing directo es un conjunto de sistemas de comunicación interactiva con el objetivo de obtener una respuesta medible y rentable en cuanto a eficacia y costes.

Según la Direct Marketing Association (EE UU), el marketing directo es un sistema interactivo de marketing que utiliza uno o más medios de comunicación publicitarios para obtener una respuesta medible y/o llevar a cabo una transacción en un lugar determinado.

Continuando con el desarrollo del plan de marketing de nuestro plan de negocio, podríamos también describir el concepto de marketing directo como:

Un sistema interactivo de marketing integrado en las estrategias definidas en nuestro mix de marketing, que, utilizando uno o varios medios de comunicación publicitarios, tiene como finalidad solicitar una respuesta directa y medible y/o llevar a cabo una transacción comercial y/o desarrollar una relación entre la entidad y su público objetivo.

En los últimos años, la importancia y el uso del marketing directo han crecido considerablemente en todo el mundo. Este hecho se ha producido por tres razones: la primera, por la necesidad que tiene la gran mayoría de las empresas de orientar sus esfuerzos a clientes muy identificados; la segunda, por la gran saturación, la competencia y la efectividad cada vez menor de la publicidad en la televisión; y la tercera, por la necesidad de poder medir los resultados con una mayor precisión y conocer con exactitud la rentabilidad obtenida y las razones del éxito o fracaso de cada campaña.

Vamos a analizar, a través de dos estudios, la tendencia en la inversión en marketing directo en el mercado español, las preferencias de las empresas y las estrategias seleccionadas en sus campañas:

Según el *Estudio Infoadex de la Inversión Publicitaria en España,* editado en 2007, la inversión real estimada del mercado publicitario español alcanzó en 2006 14 590,2 millones de euros; los denominados «medios no convencionales» (mailing personalizado, buzoneo y folletos, marketing telefónico, regalos publicitarios, PLV, ferias y exposiciones, actos de patrocinio y marketing social, catálogos, juegos promocionales, tarjetas de fidelización, etc.) consiguieron el 51% de la inversión, con un gasto de 7440,7 millones de euros en 2006. El 35,24% de este gasto (2621,90 millones de euros) se invirtió en mailing personalizado y buzoneo y folletos, considerados por el estudio como los dos epígrafes de la inversión en marketing directo.

Medios no convencionales	2006	2005	2004	2003
Mailing personalizado	1 868,9	1 776,1	1 734,5	1 700,5
Buzoneo/folletos	757,0	729,2	744,1	752,4
Marketing telefónico	967,7	897,6	832,0	763,6
Regalos publicitarios	373,8	357,1	365,2	361,6
PLV, merchandising, señalización y rótulos	1 275,3	1 225,9	1 086,1	1 048,1
Ferias y exposiciones	174,7	150,4	142,1	130,8
Actos de patrocinio, mecenazgo, marketing social y RSC	438,9	401,5	348,4	324,7
Actos de patrocinio deportivo	560,6	493,0	470,5	442,6
Publicaciones de empresa, boletines, memorias	60,3	59,4	56,6	56,7
Anuarios, guías y directorios	604,2	589,0	553,7	511,3
Catálogos	209,0	241,5	225,2	217,7
Juegos promocionales	48,6	38,2	36,2	39,1
Tarjetas de fidelización	40,0	34,8	32,4	32,6
Animación en punto de venta	65,8	71,0	66,7	62,7
SUBTOTAL MEDIOS NO CONVENCIONALES	7 440,7	7 064,8	6 693,6	6 444,4

Tabla 11.15. Inversión real estimada (en millones de euros), medios no convencionales, años 2006/2005/2004/2003. Fuente: *Estudio Infoadex de la inversión publicitaria en España,* 2007.

El estudio de marketing directo e interactivo realizado en el año 2007 por encargo de Agemdi-Fecemd, la Asociación Española de Agencias de Marketing directo e interactivo, y de la Aea, Asociación de Anunciantes, obtuvo los siguientes resultados:

- «Un 75,8% de las empresas entrevistadas realizan actividades de marketing directo e interactivo (160 empresas) y el 24,2% no las realizan. De las primeras, el 70,6% hacen marketing directo (148 en números absolutos) y el 60,7% (128), marketing interactivo.
- »Invierten en marketing directo e interactivo porque les permite: medir las respuestas (45%), interactuar con los clientes (42%) y segmentar (41%).
- »Los medios que más de la mitad de las compañías entrevistadas utilizan para el desarrollo de estas actividades son: el mailing convencional (82,5%), dentro de cuyo porcentaje, más del 90% de las empresas utiliza mailing plano; los medios interactivos (78%), que experimentan un notable crecimiento durante este año (12,5%); el telemarketing y la publicidad con respuesta directa (52% aproximadamente en ambos casos), que también presentan una tendencia al alza.
- »Los formatos interactivos amplían su presencia en el sector. Las empresas que declaran utilizarlos son el 59% de las consultadas, cuando representaban un 41% en el estudio del año anterior. Por otra parte, muchas compañías utilizan formatos de varios tipos. E-mailing, campañas online, posicionamiento en buscadores y mini-sites tienen una presencia casi universal (entre el 85% y el 73%), y todos ofrecen cifras de utilización que superan las de 2006, lo que resulta coherente con el mayor número de empresas que declara utilizar este tipo de formatos.
- »Entre los medios interactivos, Internet consolida su utilización: lo usan el 98% de los anunciantes entrevistados. Le siguen los móviles, que ya utiliza el 54% de las empresas, lo cual supone un importante crecimiento con respecto al año anterior. Otros medios menos utilizados serían CD/DVD (22%), aunque también amplían su uso, PDA y TVi.
- »Las compañías que contestan la encuesta recurren a un amplio abanico de estrategias para el desarrollo de sus actividades de marketing directo e interactivo. Buena prueba de ello es que más del 50% ha utilizado cualquiera de las siete estrategias propuestas. Las acciones promocionales y de captación alcanzan al 80% y más de los entrevistados, y, en el extremo opuesto, las campañas de recuperación de clientes y branding las utiliza el 50% de los anunciantes. Las estrategias propuestas en el cuestionario del estudio son: branding/respuesta tipo PRD, acciones de captación, acciones promocionales, programas de fidelización/relación, campañas de recuperación de clientes, acciones "generación tráfico" y acciones "punto de venta".
- »El 45% de los anunciantes destinan al marketing directo más del 75% de su inversión en el capítulo de los servicios de marketing, cuando sólo el 12% destinan el mismo porcentaje a marketing interactivo.
- »La eficacia de las acciones de marketing directo realizadas la miden por el índice de respuesta el 61% de las empresas, y/o por la conversión en ventas, un 47%. Para el marketing interactivo, las cifras son: 65% en índice de respuesta y 37,5% en conversión en ventas.»

Los soportes más habituales utilizados en el marketing directo

Los diferentes medios que utiliza el marketing directo son numerosos, describimos a continuación los más habituales:

MAILING

- **Características:** se emplea cuando se conoce el nombre y dirección del destinatario.
- **Formas:** envío de cartas, anuncios, muestras, folletos, catálogos.
- **Finalidad:** informativa, persuasiva (publicidad directa por correo), venta directa.
- **Utilización:** el mailing ha tenido un éxito probado en toda clase de productos y servicios: libros, suscripciones, seguros, toda clase de servicios bancarios, artículos de regalo, ropa, productos cosméticos, etc.

Figura 11.26. Ejemplo de mailing de un catálogo.

TELÉFONO – TELEMARKETING

- **Características:** uso planificado y sistemático del teléfono como parte de una estrategia de comunicación de nuestro mix de marketing.

- **Formas:** realización de llamadas para la venta, actualización de datos, recuperación de clientes, encuestas, etc.; recepción de llamadas en respuesta a mailings, publicidad directa (televisión, radio, prensa), ampliación de información, quejas, etc.
- **Finalidad:** informativa, persuasiva y venta directa.
- **Utilización:** el telemarketing ha tenido un éxito probado en toda clase de productos y servicios; además, se utiliza para ofrecer servicios al cliente y realizar estudios de campo, entre otras aplicaciones.

BUZONEO – REPARTO DE MATERIAL DIRECTAMENTE AL PÚBLICO

- **Características:** se emplea cuando no se conoce el nombre y dirección del destinatario.
- **Formas:** reparto de cartas, anuncios, muestras, folletos, catálogos.
- **Finalidad:** informativa y persuasiva con el fin de conseguir una respuesta inmediata.
- **Utilización:** el buzoneo ha tenido un éxito probado en toda clase de productos para el consumo final; en estos casos, el destinatario utiliza la información que recibe a través del buzoneo para poder comparar precios.

PUBLICIDAD DE RESPUESTA DIRECTA

- **Características:** se emplea cuando no se conoce el nombre y dirección del destinatario.
- **Formas:** televisión de respuesta directa (DRTV), canal de compras o teletienda, encartes y folletos en periódicos y revistas, radio, cine, publicidad exterior.
- **Finalidad:** conseguir una respuesta inmediata.
- **Utilización:** la publicidad de respuesta directa ha tenido un éxito probado en toda clase de productos para el consumo final. Tomemos el ejemplo de La Tienda en Casa, que clasifica sus secciones por: televisión y vídeo, belleza y salud, bricolaje y automóvil, cocina, deporte, electrónica, hogar, informática, ocio y entretenimiento, oportunidades, juguetes, etc.

MEDIOS INTERACTIVOS

- **Medios:** Internet, móviles, PDA, TVi, CD/DVD.
- **Formas:** e-mailing, campañas online, posicionamiento en buscadores, patrocinios online, SMS, MMS (imagen, audio, vídeo), alertas, etc.
- **Finalidad:** informan y persuaden con el fin de conseguir una respuesta inmediata.
- **Utilización:** se componen de unas nuevas técnicas con una alta tasa de crecimiento. El enlace patrocinado sigue siendo, hasta el momento, el más utilizado.

Los formatos más comunes son el vídeo enriquecido y los formatos dinámicos. Los sectores que más invierten en estos medios son: el sector financiero, de las telecomunicaciones, la automoción, los viajes y las compañías aéreas, entre otros.

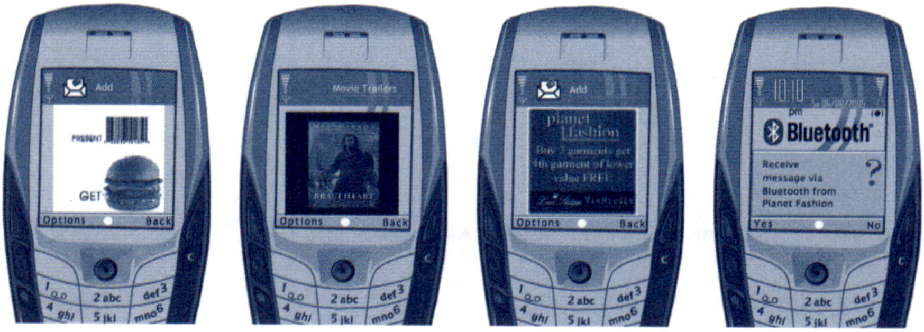

Publicidad MMS con imagen — Publicidad MMS con vídeo — Sorteos y promociones MMS con imagen — Bluetooth marketing de proximidad

Figura 11.27. Formatos de publicidad interactiva en el móvil.

MÁS INFORMACIÓN:

- Asociación Española de Comercio Electrónico y Marketing Relacional (AECEM) www.aecem.org
- Asociación de Marketing Directo e Interactivo (AGEMDI) www.agemdi.org
- Asociación de Publicidad Directa y Bases de Datos (PD&BD) www.pdbd.org
- Asociación Española de Expertos en Centros de Contactos con Clientes (AEECCC) www.aeeccc.com
- Asociación Española de Fundraising (AEF) www.profesionalesfundraising.org
- Asociación de Venta a Distancia (AVAD) www.avad.fecemd.org
- Federation of European Direct Marketing (FEDMA) www.fedma.org
- Fédération des Entreprises de Vente à Distance (FEVAD) www.fevad.com
- The Direct Marketing Association (DMA) – EE UU www.the-dma.org
- Marketingdirecto.com. El portal de la publicidad y el marketing www.marketingdirecto.com
- El Instituto de Comercio Electrónico y Marketing Directo (ICEMD) www.icemd.com

11.4.5. PRESUPUESTO DEL PLAN DE MARKETING

Una vez que se tiene claro el plan de acción, debemos cuantificar los medios necesarios para llevarlo a cabo. Esto se hace a través de un presupuesto y de una cuenta de explotación provisional.

11.4.6. CONTROL Y SEGUIMIENTO DEL PLAN DE MARKETING

El control y seguimiento es necesario para comprobar si se van cumpliendo los objetivos previstos, y, si no es así, para poder aplicar medidas correctoras a tiempo. El control permite conocer el grado de cumplimiento de los objetivos previstos en el plan, según se vayan desarrollando las estrategias y ejecutando las tácticas propuestas.

Según Philip Kotler, podemos diferenciar cuatro tipos de control:

Tipo de control	Objetivo del control	Métodos
① Control del plan anual	Examinar si los resultados previstos en el plan se han alcanzado	• Análisis de las ventas • Análisis de la participación en el mercado • Ratios de ventas sobre la campaña de marketing • Análisis financiero • Análisis de la satisfacción de los consumidores
② Control de rentabilidad	Analizar dónde está ganando o perdiendo dinero la empresa	Rentabilidad por: • producto • territorio • clientes • segmento • canal de distribución • tamaño de los pedidos
③ Control de eficiencia	Valorar y mejorar la eficiencia y el impacto de los gastos de marketing	Eficiencia de: • fuerza de ventas • publicidad • promoción de ventas • distribución
④ Control estratégico	Analizar si la compañía está obteniendo sus mejores oportunidades con respecto al mercado, los productos y los canales de distribución	Mediante: • instrumento de valoración de la eficacia estratégica y operativa • auditoría de marketing • revisión de la responsabilidad ética y social de la empresa

11.4.7. ORGANIZACIÓN Y ADMINISTRACIÓN DE LA FUERZA DE VENTAS

La fuerza de ventas es el conjunto de vendedores de una empresa que se dedica a vender los productos o servicios mediante el contacto directo con los clientes. La organización de ventas implica determinar la forma en la que los vendedores se van a relacionar con los clientes de la empresa.

La administración de la fuerza de ventas conlleva el análisis, la planificación, la puesta en marcha y el control de sus actividades.

Según Philip Kotler, la administración de la fuerza de ventas incluye el diseño de su estrategia y estructura, así como la contratación, la selección, la capacitación, la compensación, la supervisión y la evaluación de los vendedores de la empresa.

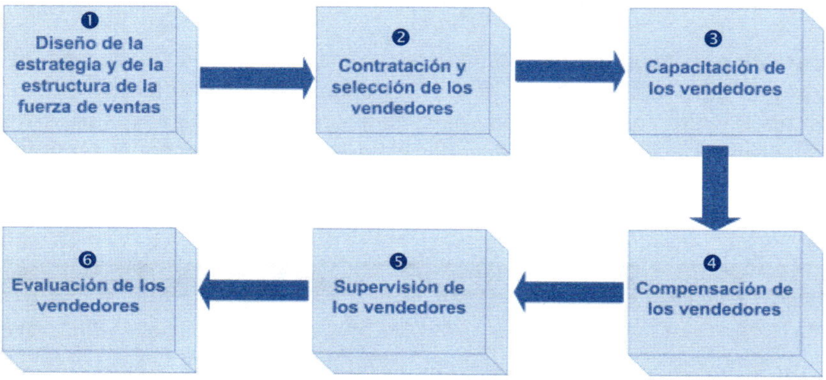

Fuente: Philip Kotler & Gary Armstrong. Fundamentos de Mercadotecnia.

Figura 11.28. Organización y planificación de la fuerza de ventas.

11.4.7.1. Diseño de la estrategia y la estructura de la fuerza de ventas

En el diseño de la estrategia de la fuerza de ventas se deben contemplar los siguientes aspectos: las actividades a realizar, las funciones a cumplir y los objetivos que se tienen que alcanzar. A partir de allí se determinan la estructura y el tamaño de la fuerza de ventas y se establecen las rutas de venta.

Estructura de la fuerza de ventas

Las ventas se pueden organizar dependiendo del volumen de clientes de la empresa, de la cantidad de líneas de productos que comercializa, de los diferentes mercados a los que se dirige, etc.

Organización de las ventas por territorios. La estructura de la fuerza de ventas por territorios se caracteriza por dividir el equipo de ventas en los ámbitos geográficos en los que opera la compañía. Este criterio es utilizado por empresas que quieran hacer llegar sus productos a territorios diferentes, tanto a nivel nacional como internacional. Por ejemplo, un fabricante de aparatos electrónicos puede estructurar su departamento en ventas nacionales, divididas en uno o varios grupos de comunidades autónomas, y ventas internacionales, divididas por países, por continentes (Europa, América, resto del mundo), etc.

Organización de las ventas por productos. La estructura de la fuerza de ventas por productos consiste en dividir el equipo de ventas según las líneas de productos o servicios que comercializa la compañía. Este criterio es utilizado cuando la empresa comercializa numerosas líneas de productos.

Organización de las ventas por clientes. La estructura de la fuerza de ventas por clientes divide al equipo de ventas según el número o tipo de clientes. Este criterio permite a la compañía segmentar a sus clientes dependiendo de sus características.

Organización de las ventas combinando varios criterios. Cuando una empresa comercializa una gran variedad de productos o servicios destinados a muchos tipos de clientes y en numerosas áreas geográficas, combina varias estructuras de fuerza de ventas. Por ejemplo, una empresa puede, inicialmente, organizar sus ventas por áreas geográficas y atender a diferentes grupos de clientes por área.

11.4.7.2. Contratación y selección de los vendedores

El éxito en la selección del personal de ventas depende estrechamente de la correcta adecuación del profesional al puesto de trabajo. Para seleccionar a la persona adecuada, debemos considerar factores como las actitudes, las aptitudes, los conocimientos y la experiencia.

La correcta descripción del puesto de trabajo es fundamental para la selección y posterior planificación de las tareas que debe desempeñar la fuerza de ventas.

En los procesos de selección, cada empresa busca un perfil de vendedor que se ajuste a sus necesidades y a las propias del sector, aunque, por regla general, muchas de las cualificaciones que se requieren en un buen vendedor son comunes. A continuación, proponemos las que consideramos más importantes: capacidad de trabajo, de comunicación, flexibilidad, perseverancia, lealtad, confianza en uno mismo, seguridad, simpatía, inteligencia, honradez, conocimiento del mercado y de los productos o servicios, y habilidad en el manejo de las técnicas de venta.

11.4.7.3. Capacitación de los vendedores

La capacitación y formación de los nuevos vendedores es esencial, debido a los grandes cambios en los mercados y a la fuerte competencia dentro de cada sector. El objetivo de la formación no es únicamente una adaptación al puesto de trabajo, sino un proceso de formación continua de reciclaje con el objetivo de mejorar la competencia profesional y adaptarse a los nuevos cambios.

Los programas de capacitación para los nuevos vendedores, como el período instructivo antes de la incorporación plena a sus puestos de trabajo, tienen varios objetivos. Por un lado, necesitan familiarizarse e identificarse con su nueva empresa, conocer su evolución, su cultura corporativa, las políticas de calidad, el sistemas de fabricación o distribución, las características y la diferenciación de sus productos o servicios, etc. Por otro lado, deben conocer las características de sus clientes y de sus competidores principales. Por último, necesitan formación en las técnicas de venta utilizadas por la compañía.

11.4.7.4. Motivación y compensación de los vendedores

La motivación de un vendedor no debe ligarse siempre al nivel de remuneración, aunque éste sea uno de sus principales componentes. Las empresas buscan que su fuerza de ventas esté motivada con un buen nivel de integración y satisfacción para crear un clima laboral agradable con el objetivo de lograr el máximo rendimiento. Existen varias teorías que tratan de explicar los aspectos que influyen en el proceso de motivación de los trabajadores.

- Teorías de contenido. Consideran los aspectos que pueden motivar a las personas. Entre otras, destacamos la teoría de la pirámide de las necesidades (Abraham Maslow, 1943), la teoría X e Y (Douglas Mc. Gregor, 1957), la teoría de la motivación-higiene o de los dos factores (Frederick Herzberg, 1959).
- Teorías de proceso. Consideran los aspectos que tienen en cuenta el proceso por el cual las personas se motivan. Por ejemplo, la teoría de las expectativas (Victor Vroom), la teoría de la equidad (Stacey Adams, 1962), la teoría del reforzamiento (Burrhus Frederic Skinner).

La teoría de la motivación-higiene, también conocida como teoría de los dos factores, de Frederick Herzberg, establece dos tipos de factores que intervienen en la motivación en el trabajo:

Factores motivadores (intrínsecos): responsabilidad, reconocimiento, realización personal o logro, progreso, ascenso, trabajo en sí.

Factores de higiene (extrínsecos): condiciones de trabajo, salario, relaciones en la empresa, política de empresa, seguridad en el puesto de trabajo.

Herzberg denominó factores de higiene a los factores cuya ausencia provocaba insatisfacción, ya que su presencia no generaba insatisfacción, pero tampoco satisfacción. Por el contrario, denominó motivadores a los que proporcionaban satisfacción.

Los sistemas de retribución de los vendedores, hoy en día, son muy variados y dependen de diferentes factores internos y externos a la compañía. Los podemos clasificar en tres categorías: cantidad fija, variable y gastos e incentivos adicionales, o una combinación de éstas.

Salario fijo. A través de este sistema, el vendedor percibe una cantidad fija independientemente de los resultados obtenidos.

Comisión. En este caso, el vendedor es retribuido dependiendo del nivel de ventas conseguidas, según un porcentaje. Es una fórmula utilizada por los agentes comerciales.

Gastos e incentivos adicionales. Según esta fórmula, el vendedor recibe una retribución independiente de su remuneración base establecida. Las cuentas de gastos implican un reembolso por los costes relacionados con el desarrollo del trabajo: entre otros, gastos de representación, kilometraje, transporte público, etc. Los beneficios e incentivos adicionales incluyen seguros médicos, seguros de vida, vacaciones, planes de pensiones y de jubilación y retribución en efectivo por alcanzar unos objetivos fijados, por ejemplo, primas por cuotas conseguidas.

11.4.7.5. Supervisión y evaluación de los vendedores

La supervisión y evaluación de los vendedores permite valorar el grado de cumplimiento de los objetivos fijados: previsión de ventas, número de visitas realizadas, número de pedidos obtenidos, descuentos concedidos, búsqueda de nuevos clientes, recuperación de clientes perdidos, mayor cobertura, etc.

El material de apoyo a la labor del vendedor consta de las fichas de clientes, los catálogos, los muestrarios, los medios audiovisuales y cualquier otro material necesario para que se consiga una mayor eficacia en el trabajo.

Las herramientas utilizadas para llevar un control presupuestario incluyen: informes diarios de los vendedores, utilizados para comparar la actividad realizada con el programa previsto y para poder actuar a tiempo sobre posibles desviaciones negativas, las hojas de gastos, para justificar y controlar las gestiones realizadas, y las reuniones departamentales.

Los ratios son un método de valoración y control del rendimiento de los vendedores. Los ratios de mayor utilidad son los siguientes:

Efectividad

$$\text{Efectividad} = \frac{\text{Pedidos}}{\text{Visitas}}$$

Importe medio del pedido

$$\text{Imp. medio} = \frac{\text{Cifra de ventas}}{\text{Pedidos}}$$

Incremento de la cartera

$$\text{Incremento de la cartera} = \frac{\text{Clientes nuevos}}{\text{Clientes totales}}$$

Reducción de la cartera

$$\text{Reducción de la cartera} = \frac{\text{Clientes perdidos}}{\text{Clientes totales}}$$

Rendimiento medio de los vendedores

$$\text{Rendimiento medio} = \frac{\text{Ventas}}{\text{Número de vendedores}}$$

Actividad

$$\text{Actividad} = \frac{\text{\# de clientes visitados}}{\text{\# de clientes por visitar}}$$

Ratio de gastos comerciales

$$\text{Gastos comerciales} = \frac{\text{Total gastos comerciales}}{\text{Ventas totales}}$$

Comisiones medias sobre ventas

$$\text{Comisiones medias} = \frac{\text{Total comisiones por ventas}}{\text{Ventas totales}}$$

Coste por visita

$$\text{Coste por visita} = \frac{\text{Coste mensual}}{\text{Visitas al mes}}$$

Coste por pedido

$$\text{Coste por pedido} = \frac{\text{Coste mensual}}{\text{Pedidos al mes}}$$

Cuota de mercado

$$\text{Cuota de mercado} = \frac{\text{Ventas totales de la empresa}}{\text{Ventas totales del sector}}$$

Penetración en el mercado

$$\text{Penetración de mercado} = \frac{\text{Ventas clientes nuevos}}{\text{Ventas totales}}$$

11.4.7.6. Previsión de ventas

La previsión de ventas se refiere a la cifra de facturación que se espera alcanzar en un período futuro por la venta de productos, o los ingresos por la prestación de servicios. Las acciones previstas en el plan de marketing tienen por objeto la consecución de la cifra estimada en la previsión de ventas.

Varios son los métodos de previsión de ventas: los basados en los datos (cuantitativos) y los basados en la opinión (cualitativos).

La previsión de ventas debe ejecutarse periódicamente, siguiendo diferentes criterios de desglose: por meses, por productos, por zonas de venta y vendedores, por usos, por tipos de clientes, por canales de distribución, etc.; además, debe estar relacionada con el resto de los procesos: producción, compras, presupuestos financieros, planes de inversión, plazos de financiación y actividades estratégicas.

La presentación de la previsión de ventas se puede efectuar de varios modos: una presentación exacta de las ventas, una con varios escenarios (optimista-pesimista) y otra con la estimación de un margen de error. A continuación, presentamos un ejemplo anual simplificado de los diferentes métodos y un desglose mensual de una previsión de ventas tipo.

Períodos	Previsión de ventas (unidades)
Año 1	300 000
Año 2	345 000
Año 3	396 750

Períodos	Previsión de ventas (importes)
Año 1	7 500 000
Año 2	9 315 000
Año 3	11 505 750

Tabla 11.16. Presentación de una previsión de ventas simplificada anual por unidades vendidas e importe total.

	PREVISIÓN DE VENTAS (unidades)	
PERÍODOS	**Escenario optimista**	**Escenario pesimista**
Año 1	310 000	290 000
Año 2	355 000	335 000
Año 3	406 750	396 750

Tabla 11.17. Presentación de una previsión de ventas simplificada anual por unidades vendidas con dos escenarios, optimista y pesimista.

PERÍODOS	Previsión de ventas (unidades)	Margen de error
Año 1	305 000	± 5%
Año 2	350 000	± 5%
Año 3	401 750	± 5%

Tabla 11.18. Presentación de una previsión de ventas simplificada anual por unidades vendidas, con un margen de error de un 5%.

PREVISIÓN DE VENTAS DESGLOSE MENSUAL

	Enero	Febrero	Marzo	Abril	Mayo	Junio	Julio	Agosto	Septiembre	Octubre	Noviembre	Diciembre	Total Anual
Unidades vendidas													
Precio medio unidad													
Total Línea/Producto													
Unidades vendidas													
Precio medio unidad													
Total Línea/Producto													
Unidades vendidas													
Precio medio unidad													
Total Línea/Producto													
Unidades vendidas													
Precio medio unidad													
Total Línea/Producto													
Unidades vendidas													
Precio medio unidad													
Total Línea/Producto													
Unidades vendidas													
Precio medio unidad													
Total Línea/Producto													
Unidades vendidas													
Precio medio unidad													
Total Línea/Producto													
Unidades vendidas													
Precio medio unidad													
Total Línea/Producto													
Unidades vendidas													
Precio medio unidad													
Total Línea/Producto													
TOTAL MENSUAL													

Tabla 11.19. Previsión de ventas mensual por productos/línea de producto.

12. Marketing lateral: la aplicación del pensamiento lateral al marketing

«Una empresa tiene dos, y sólo dos, funciones básicas, el marketing y la innovación, que producen resultados. El resto son costos.»

Peter Drucker (1909-2005)

Hacer marketing de forma eficaz, hoy en día, se ha convertido en una tarea cada vez más complicada.
El Ciclo de Vida de los Productos cada vez es más corto.
Los mercados se encuentran saturados e hiperfragmentados.
Se ha reducido la capacidad de conquistar y ganar espacio en la mente del consumidor.
La innovación es la clave para encontrar nuevas formas de crear y para lanzar nuevos productos y servicios que nos permitan competir con éxito.
Necesitamos pensar diferente para hacer cosas diferentes. El pensamiento lateral de Edward de Bono aplicado al marketing nos puede ayudar a encontrar ideas innovadoras para proponer y desarrollar nuevos productos y servicios.

“El marketing lateral es la aplicación práctica del pensamiento lateral al campo del marketing tradicional con la finalidad de encontrar ideas innovadoras para crear nuevos mercados.”

NUBE DE TAGS

Creatividad, **innovación**, *hiperfragmentación*, Edward de Bono, **Philip Kotler**, *Fernando Trías de Bes*, VACÍO PENSAMIENTO LATERAL, marketing vertical, marketing lateral, **foco**, provocación, *técnicas de desplazamiento lateral*, **CAMBIOS EN LAS NECESIDADES**, lugares, **momentos**, *combinación*, **eliminación**, *exagera-*

12.1. ¿EN QUÉ CONSISTE EL MARKETING LATERAL?

El marketing lateral consiste en provocar una irracionalidad vinculada a un producto o servicio existente, transformándolo y adaptándolo tantas veces como sea necesario hasta encontrar la forma de darle lógica a la ilógica.

¿Cómo? Pues pensando en un público al que el producto o servicio no esté dirigido, en situaciones, lugares o momentos en los que no tiene sentido y en necesidades que es imposible que satisfaga.

Toma un producto o servicio y sustituye sus elementos, combínalos, elimínalos, inviértelos, exagéralos y reordénalos, por muy absurdos que sean los resultados. No te preocupes, otros lo han hecho consiguiendo un éxito sin precedentes.

Aléjate de su forma habitual de distribución, comunicación o fijación de precios, e intenta aplicar otras fórmulas utilizadas en otros productos o servicios existentes y que no se asocian de forma natural con nuestro producto o servicio.

Y todo esto, ¿para qué? Principalmente, con el objetivo de encontrar ideas innovadoras, muy necesarias en los tiempos que se nos avecinan, para desarrollar nuevos productos o servicios o nuevas fórmulas comerciales.

A lo largo de este capítulo vamos a introducirnos en las técnicas que podemos utilizar para desarrollar e implementar un proceso de marketing lateral. Gracias a la contribución de Philip Kotler y Fernando Trías de Bes, autores del libro *Marketing lateral*, vamos a obtener las pautas adecuadas para poder aplicar las técnicas necesarias a ejemplos concretos, y desarrollar e implementar eficazmente el proceso de marketing lateral.

Kotler y Trías de Bes proponen unos cuantos ejemplos para darnos una idea de cómo algunos productos ya desarrollados atravesaron un proceso de marketing lateral para generar ideas innovadoras que han sido aceptadas y comercializadas con éxito. Seguro que otros muchos se quedaron a mitad de camino, pero sólo hasta que alguien consiga conectar la ilógica con la lógica para encontrar una oportunidad de negocio.

Tomando un producto o servicio existente, al aplicar estas técnicas, podemos provocar un estímulo que se convierta en una fuente de inspiración y en una oportunidad de mercado.

Veamos a continuación unos cuantos ejemplos reales de productos y servicios creados con éxito a partir de un proceso de marketing lateral antes de profundizar en las técnicas utilizadas para llegar a su desarrollo.

Los productos o servicios surgidos a raíz de la aplicación de un proceso de marketing lateral se pudieron originar de las siguientes maneras:

CAMBIANDO UNA NECESIDAD

La idea es la de identificar una necesidad que no está cubierta y pensar cómo debería ser, por ejemplo, nuestro producto o servicio para satisfacerla.

Ejemplos:

- Las bebidas energéticas: por lo general, la necesidad que cubre un refresco es la de «calmar la sed», aunque Red Bull, entre otros, supo crear y satisfacer una necesidad diferente: estimular la energía tomando un refresco.
- Los sujetadores realzadores: por lo general, la necesidad que cubre un sujetador es la de «evitar las consecuencias de la gravedad»; Wonderbra supo adaptar un sujetador corriente para satisfacer otra necesidad: «parecer más voluptuosa».

CAMBIANDO EL PÚBLICO OBJETIVO

Se trata de sustituir nuestro público objetivo por un público no potencial (el que, con toda probabilidad, nunca compraría nuestro producto o utilizaría nuestro servicio).

Ejemplo:

- Las maquinillas de afeitar: el público potencial de las maquinillas de afeitar, tal y como se empezaron a diseñar y a comercializar, era un público masculino; por lo tanto, se puede decir que las «maquinillas de afeitar se vendían para los hombres», hasta que Gillette pensó lo contrario y vendió maquinillas para mujeres. Aunque ahora el producto nos parece normal al haberlo aceptado, imaginemos el día en que se propuso esta idea innovadora en una reunión de equipo: seguramente los presentes pensaron que era una locura. Así surgió Gillette Venus, una maquinilla de afeitar diferente en color, forma y suavidad, adaptada al cuerpo de la mujer.

CAMBIANDO EL MOMENTO DE COMPRA, USO O CONSUMO

Lo que se pretende es sustituir el momento de la compra, el uso o el consumo de nuestro producto o servicio y elegir nuevos momentos jamás pensados.

Ejemplo:

- Supermercados abiertos por la noche: éste es el caso, en España, de Opencor. Lo habitual en un supermercado es facilitar un horario comercial de 10.00 a 22.00 horas para realizar las compras. Opencor pone a disposición otro momento a usuarios que, por cuestiones laborales, no pueden hacerlo a los horarios habituales, o para compras de última hora u olvidos, permaneciendo abierto los 365 días del año durante dieciocho horas al día, normalmente, entre las 8.00 am y las 2.00 am.

CAMBIANDO EL LUGAR DE COMPRA, USO O CONSUMO

En este caso, intentamos sustituir o trasladar a un sitio nuevo la compra, el uso o el consumo de nuestro producto o servicio.

Ejemplos:

- Los hoteles en el campo: de esta manera, seguramente, surgió el concepto de turismo rural, cambiando de lugar un negocio que, hasta entonces, se asociaba a las grandes ciudades. Cambio de lugar: de «hoteles en ciudad» a «hoteles en el campo».
- Consumo de cereales en la calle: es probable que las primeras barritas de cereales nacieran así. La idea surgió «desplazando» los cereales a un lugar de consumo habitual de los productos tentempié: la calle.

CAMBIANDO LA OCASIÓN

La idea es la de proponer una nueva ocasión o acontecimiento para el consumo o uso de nuestro producto o servicio.

Ejemplo:

- Mensajes SMS para felicitar las Navidades: el servicio de mensajes cortos, o SMS *(short message service)*, surgió para dotar a los teléfonos móviles de capacidad de comunicación con otros usuarios sin tener la necesidad de hablar con ellos o sin que estuvieran presentes en ese momento. Las operadoras han invertido muchos recursos para lograr que los SMS se utilicen también en otra ocasión, para felicitar las Navidades, los aniversarios, etc., consiguiendo encontrar otro momento en el que recurrir a un servicio concebido para unas circunstancias diferentes.

CAMBIANDO LA ACTIVIDAD Y PROPORCIONANDO NUEVAS EXPERIENCIAS

Consiste en proponer una actividad o una experiencia en la que nuestro producto o servicio no esté presente.

Ejemplo:

- Rutas gastronómicas: incorporar la actividad de turismo a la práctica gastronómica ha dado lugar a la organización de viajes y rutas turísticas exclusivamente culinarias, proporcionando el placer de comer en nuevos sitios de interés turístico. De esta manera, la Junta de Extremadura fomenta el turismo en su zona, organizando rutas como: la ruta del jamón ibérico, la del queso de oveja, la del cordero, la de los platos fríos, la de los vinos, la de las cazas, la de las frutas y los licores, etc.

CAMBIANDO LOS ELEMENTOS DE UN PRODUCTO O SERVICIO

El objetivo es cambiar o sustituir uno o varios elementos de un producto o servicio por otros.

Ejemplo:

- El cigarrillo electrónico: una empresa china, la Golden Dragon Group, desarrolló el primer cigarrillo electrónico del mundo. El producto surgió sustituyendo el tabaco (elemento esencial de un cigarrillo) por un sistema compuesto por un microprocesador y un atomizador, que combinaba la inhalación de aire con la nicotina expulsando un humo que no es tóxico.

COMBINANDO LOS ELEMENTOS DE UN PRODUCTO O SERVICIO CON OTROS

En este caso, añadimos uno o varios elementos a un producto o servicio, manteniendo los que ya tenía.

Ejemplo:

- Los cibercafés: surgieron combinando dos productos, café y ordenadores, y creando así un nuevo concepto de negocio. Los primeros cibercafés se abrieon en Londres hacia el año 1994, convirtiéndose en negocios muy populares en todo el mundo. Dentro de los cibercafés se permite, a través de su venta, el consumo de comida y bebida, incluyendo, cómo no, los cafés, aunque la idea surgió más bien combinando las reuniones que se celebraban en los antiguos cafés con amigos y conocidos para intercambiar opiniones con la tecnología, que lo hace posible cuando no se puede tener un contacto físico por la distancia o el momento.

INVIRTIENDO UNO O VARIOS ELEMENTOS DE UN PRODUCTO O SERVICIO

Se intenta decir lo contrario o añadir un «no» a uno o varios elementos de un producto o servicio.

Ejemplos:

- Los rotuladores que se borran: seguramente así surgieron lo rotuladores tipo Velleda. Se dice lo contrario a una de las principales características del producto: el hecho de que no se puede borrar. Por ejemplo, «el rotulador con tinta que no se puede borrar» se cambia por «el rotulador con tinta que se puede borrar».
- Las tiendas donde no se vende: así nació el concepto de los *experience stores*, como los de Samsung, AT&T o Maytag, donde el objetivo es el de dar a conocer, y enseñar a manejar, los productos de las compañías.

ELIMINANDO UNO O VARIOS ELEMENTOS DE UN PRODUCTO O SERVICIO

La idea consiste en eliminar uno o varios elementos de un producto o servicio.

Ejemplos:

- Velas perfumadas: la eliminación de algo tan fundamental como el envase de un ambientador para el hogar dio lugar a las velas perfumadas.
- Teléfonos inalámbricos: la eliminación de un elemento inseparable del teléfono, el cable, dio lugar a los teléfonos sin cable o inalámbricos, que permitieron comunicarse en movimiento en cualquier lugar del hogar.
- Bancos sin comisiones: la eliminación de comisiones en servicios, como hipotecas, cuentas corrientes, operaciones financieras, etc., ha dado lugar a un nuevo concepto acuñado por Ing Direct: el *fresh banking*.

EXAGERANDO UNO O VARIOS ELEMENTOS DE UN PRODUCTO O SERVICIO

Se pretende exagerar ascendente o descendentemente uno o varios elementos de un producto o servicio.

Ejemplos:

- Un concurso de larga duración: la exageración en la duración de un concurso dio lugar a programas tipo reality shows, como *Big Brother, Temptation Island, Big Diet, El Bus, Supervivientes,* etc.
- Un vehículo superpequeño: la exageración en la reducción del tamaño de un coche llevó a Mercedes-Benz a desarrollar el modelo Smart, creando una nueva categoría en el mercado de los turismos.

REORDENANDO UNO O VARIOS ELEMENTOS DE UN PRODUCTO O SERVICIO

El concepto se basa en cambiar el orden de uno o varios elementos de un producto o servicio.

Ejemplo:

- La publicidad o información solicitada: la publicidad solicitada a través de Internet ha cambiado el orden tradicional de un servicio, en el que los interesados permiten o solicitan el envío de publicidad u otro tipo de información, que reciben en sus móviles o buzones de correo electrónico.

CAMBIANDO LA FORMA DE PAGO O DE FIJACIÓN DE PRECIOS

La idea es cambiar la forma de pago o fijación de precios habitual, adoptando otras fórmulas e incorporándolas a nuestros productos y servicios.

Ejemplos:

- Las tarjetas telefónicas de prepago: las tarjetas prepago surgieron al cambiar el orden «pagar después de llamar» por «pagar antes de llamar».

- Telepeaje: de esta manera surgió el sistema VIA-T, que permite abonar el peaje sin necesidad de detener el vehículo. Este método funciona a través de un dispositivo electrónico, que es leído por una antena y carga en una cuenta o en una tarjeta vinculada el importe correspondiente al paso por la autopista.
- Restaurantes *all you can eat*: que cobran un precio fijo, independientemente de la comida consumida, en vez de cobrar un precio por plato. Así surgieron, en Estados Unidos, los restaurantes tipo buffet, que cambiaron la forma de fijación de precios en el sector.

CAMBIANDO LA DISTRIBUCIÓN

Lo que se pretende es cambiar los canales de distribución habituales utilizados por nuestro producto o servicio, adoptando otros, empleados con éxito por un tipo de productos o servicios diferentes.

Ejemplos:

- Venta de libros a través de Internet: de esta manera, surgió el concepto de negocio utilizado por Amazon.com, que, cambiando el canal habitual de venta, puede ofertar un mayor número de títulos, llegando también a más clientes, a mayor distancia y durante un tiempo superior.
- Venta de recipientes para conservar y transportar alimentos mediante un sistema de ventas por demostración: así Tupperware cambió la distribución de sus productos, al fracasar con el sistema tradicional de distribución en grandes superficies, ferreterías y pequeños comercios.

CAMBIANDO LA COMUNICACIÓN

Consiste en sustituir el mensaje o las formas habituales de comunicación de nuestro producto o servicio por otras formas empleadas con éxito por productos o servicios diferentes.

Ejemplo:

- Utilización del mensaje «el más caro del mundo»: esta estrategía llevó a una conocida marca de turrones, Turrones 1880, a ser asociada con lujo y calidad mediante un mensaje utilizado por otro tipo de artículos no perecederos.

12.2. INTRODUCCIÓN AL PENSAMIENTO LATERAL

El pensamiento lateral *(lateral thinking)*, concepto desarrollado por el doctor Edward De Bono, psicólogo, fisiólogo y escritor maltés, considerado como la autoridad mundial en técnicas de proceso creativo, revolucionó el mundo de la docencia y el management, siendo todavía hoy imprescindible para la formación de miles de profesores, empresarios y funcionarios de todo el mundo.

El pensamiento lateral se entiende como una forma de escapar de las ideas fijas, como un pensamiento creativo. El pensamiento lateral busca una solución mediante métodos no ortodoxos, que serían ignorados por el pensamiento lógico.

Edward De Bono distingue entre dos tipos de pensamiento:

- Pensamiento vertical: es el que usa en un proceso lógico y tradicional para hallar una solución, se mueve buscando una respuesta convencional y encuentra una única solución al problema.
- Pensamiento lateral: es el que desorganiza una secuencia lógica e intenta llegar a la solución desde otro ángulo, y se mueve en varias direcciones en busca de la mejor solución para resolver problemas sin mantener patrones de resolución fijos.

Ambos pensamientos son necesarios y complementarios. Con el pensamiento lateral creamos las ideas y con el pensamiento vertical las desarrollamos, las seleccionamos y las utilizamos.

Edward De Bono nos explica que, una vez que la mente ha creado unos patrones lógicos, intenta adaptar toda la información que recibe para que encaje en esos patrones.

¿Cómo intentaríamos resolver este ejercicio con ambos pensamientos?

EJERCICIO:

Trata de unir los nueve puntos con cuatro líneas rectas sin levantar el bolígrafo o lápiz.

Puedes leer los comentarios de la solución del problema en el blog de marketing lateral que tienes a tu disposición en la web del libro, www.mbaselsigloxxi.es.

En el portal web de acompañamiento al libro puedes ver una animación gráfica con la solución del problema y descargar la figura en un archivo.

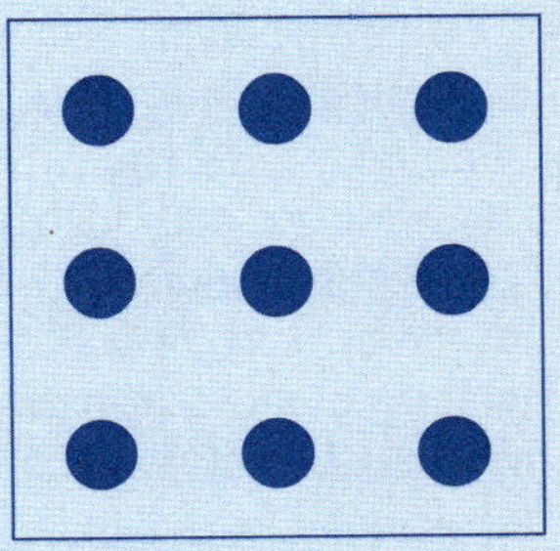

Fuente: *El pensamiento lateral, manual de creatividad*. Edward De Bono, 1997. pp. 107-108.

EJERCICIOS DE PENSAMIENTO LATERAL:

Un amanecer de verano, dos padres y dos hijos fueron a pescar. Pescaron tres peces y les tocó un pez a cada uno.

¿Cómo es posible?

Una mujer tuvo dos niños a la misma hora, en el mismo mes y en el mismo año, sin embargo no fueron ni mellizos ni gemelos.

¿Cómo es posible?

Un hombre trabaja en una oficina situada en la decimoquinta planta de un edificio. Cada mañana, cuando coge el ascensor para dirigirse a su trabajo, pulsa el botón de la planta décima y continúa su trayecto a pie por las escaleras del edificio. Al terminar su jornada laboral, sube al ascensor en la decimoquinta planta y baja directamente hasta la planta baja para salir a la calle.

¿Cuál puede ser la razón de su comportamiento?

Puedes comparar tu solución en el blog de marketing lateral que tienes a tu disposición en la Web del libro, www.mbaselsigloxxi.es.

Como hemos visto en todos los ejemplos, si seguimos un razonamiento lógico o un patrón, tendríamos muchas dificultades en obtener una respuesta.

Cuando evaluamos un problema, siempre tendemos a seguir un patrón de pensamiento lógico: por ejemplo, una tienda se utiliza para vender, un bolígrafo para escribir, un coche para conducir, una silla para sentarse, etc. Pues no necesariamente, como veremos más adelante en la aplicación del pensamiento lateral al marketing.

Con el pensamiento lateral rompemos ese patrón logrando ideas creativas e innovadoras. Una de las técnicas que nos sugiere De Bono para salirnos del camino habitual de nuestro patrón de pensamiento es la técnica de provocación y movimiento, que nos ayuda a transformar una idea provocativa en una potencialmente operacional.

Edward De Bono ha desarrollado varias técnicas para empezar a aplicar el pensamiento lateral: alternativas, enfoque, ideas dominantes, revisión de supuestos, retos y desafíos, entradas aleatorias, estímulos al azar, provocación y movimiento, etc.

MÁS INFORMACIÓN:

- Página web personal de Edward De Bono: www.edwarddebono.com.
- Página web de Edward De Bono: www.edwdebono.com.

12.3. PENSAMIENTO LATERAL APLICADO AL MARKETING

Podemos aplicar el pensamiento lateral al marketing para generar ideas creativas siguiendo tres pasos:

1. Seleccionamos un área del problema que requiera nuevas ideas a través de la selección de un foco, que puede ser un producto o servicio, que necesite nuevos desarrollos o innovaciones.
2. Desarrollamos provocaciones relacionadas con esta área a través de un desplazamiento lateral, que es una interrupción en la secuencia de pensamiento lógico para generar un estímulo.
3. Realizamos una conexión.

Ejemplos:

1. Seleccionamos un área del problema que requiera nuevas ideas: el foco podría ser «un cigarrillo».
2. Desarrollamos una provocación: aquí el desplazamiento podría ser «que no se fuma».
3. Realizamos una conexión entre «un cigarrillo» y «que no se fuma»: obtendremos «un cigarrillo de plástico mentolado».

Al conectar dos ideas que no guardan una relación lógica entre sí (qué tontería pensar en un cigarrillo que no se fuma), ha surgido una innovación que puede dar lugar a una nueva realidad, en este caso a un nuevo producto. A pesar de lo lógicas, ilógicas o absurdas que puedan ser las ideas que se generen, siempre resultan sugerentes y provocadoras.

En el ejemplo del cigarrillo, como la versión de plástico ya existe (está inventada), no nos ha sorprendido tanto; aunque, veamos la idea que puede surgir en el siguiente ejemplo:

1. Seleccionamos un área del problema que requiera nuevas ideas: el foco podría ser «una tienda».
2. Desarrollamos una provocación: aquí el desplazamiento podría ser «donde no se venda nada».
3. Realizamos una conexión entre «una tienda» y «donde no se venda nada»: daría lugar a «una tienda para experimentar/probar».

Nos puede parecer muy absurdo. ¿Para qué quiere alguien tener una tienda en la que no se vende nada? ¿Por qué un consumidor entraría en una tienda si sabe que no puede comprar nada? La respuesta es muy sencilla: PARA PROBAR.

CASO PRÁCTICO: SAMSUNG EXPERIENCE

La tienda donde no se vende de Samsung en Nueva York

En el año 2004, Samsung Electronics inauguró en el corazón de Manhattan una tienda de aproximadamente 929 m² donde no se podía comprar, no se vendía nada, sólo se podía «merodear». A este concepto lo llamaron *Experience Store*.

Entonces, si la tienda no vende nada, ¿para qué está? ¿Qué objetivo tiene? Samsung pretende que los usuarios vivan una experiencia, jueguen con su tecnología, comprueben su correo en ordenadores Samsung, se relajen viendo la televisión en las novedosas pantallas Full HD de Samsung, prueben a realizar llamadas a través de los teléfonos de Samsung, escuchen música en sus reproductores MP3, etc.

Después de tanto tocar, sentir, escuchar, probar, jugar y «vivir la experiencia», Samsung supuso que el usuario querría tener el producto en casa o en la oficina, ¿no? Pues tuvo razón, el concepto funcionó. Según varias encuestas realizadas por la compañía en el primer año de apertura, el 31% de los usuarios encuestados que habían visitado la tienda adquirió un HD TV de Samsung dentro de los primeros 12 meses, mientras que sólo el 11% de los encuestados habrían adquirido un HD TV de Samsung sin visitar la tienda.

En el año 2006, alrededor de 500 000 personas visitaron la tienda proporcionando a la compañía unos ingresos de 55 millones de dólares en compras de productos Samsung.

La popularidad del concepto *Experience Store* iba al alza. Poco después, en el año 2007, la compañía AT&T abrió su primera *Experience Store* en Houston, con un concepto parecido al de Samsung. Aquí los empleados enseñan a los usuarios a manejar los productos expuestos, cómo descargar vídeos en una PDA, cómo imprimir fotografías tomadas desde un teléfono móvil conectado a una impresora a través de Wi-Fi, etc. Muy diferente a sus tiendas tradicionales, a las que nos tenían acostumbrados y donde custodian los productos a la venta en vitrinas de cristal.

En otras tiendas, como las de Maytag, dedicadas principalmente a los electrodomésticos, los usuarios pueden utilizar los hornos para cocer sus propias galletas, meter su ropa en las lavadoras para ver qué resultado dan, probar los lavavajillas, etc. Y, por supuesto, si les gusta lo que han probado, pueden adquirir los productos en la propia tienda y concertar una fecha con los técnicos para su instalación y puesta en marcha.

Está claro que el concepto funciona dentro de la gama de productos electrónicos, lo cual tiene mucho sentido, ya que se trata de productos caros, que nos gustaría ver de cerca en primera persona, probar y toquetear, explorando todas y cada una de sus funciones.

(Continúa)

¿Tendría este concepto sentido en otros sectores? No hablamos de librerías donde puedas hojear un libro y pasar a una minisala de lectura durante un tiempo, o probarnos ropa antes de llevárnosla, a esto se le llama «ir de compras». Y si pudiésemos vivir una «experiencia» en una vivienda antes de adquirirla para comprobar lo ruidosos que son nuestros vecinos, las ventajas y desventajas de la zona, el tráfico a diferentes horas, etc. ¿Debemos esperar a que alguien sea el pionero?

Fuente: adaptado de *The New York Times*, 18 de marzo de 2007.
Más información: www.samsungexperience.com y www.att.com.

12.4. INTRODUCCIÓN AL MARKETING LATERAL

12.4.1. LA SITUACIÓN: EVOLUCIÓN DE LOS CONSUMIDORES, MERCADOS Y COMPETENCIA

Los consumidores de hoy en día nos encontramos un mercado saturado de productos y servicios, muchísimos más de los que necesitamos para satisfacer nuestras necesidades y deseos de mejorar nuestra calidad de vida. Además, nos hemos inmunizado a los mensajes publicitarios que nos invaden veinticuatro horas al día. Como consecuencia, hacer marketing en el siglo XXI se ha complicado más que nunca. En las últimas décadas del siglo XX, la práctica habitual de las compañías era producir más y mejor, desarrollando y lanzando nuevos productos para que los consumidores los probasen, comprasen y se hicieran fieles a una marca. Esto se conseguía dotando de grandes presupuestos a los departamentos de marketing para que desarrollasen estrategias de marketing vertical, el tradicional que todos conocemos. La mala noticia es que la utilización del marketing tradicional no está dando los frutos que daba hace unos años, y se necesita hacer algo diferente y aplicar ideas distintas para lograr otros resultados.

¿Por qué nos está fallando el marketing vertical y nos resulta tan difícil conseguir tan buenos resultados como se conseguían hace unos años?

- Los canales de distribución son dominados por unos pocos distribuidores y por grandes multinacionales, empresas como Wal-Mart e Ikea concentran el poder en sus manos.
- La proliferación de marcas dificulta la entrada en el mercado de nuevos productores, debido a la gran variedad de marcas destinadas a diferentes segmentos de consumidores y a nichos dentro de cada segmento.
- El ciclo de vida de los productos cada vez es más corto como consecuencia de la facilidad para lanzar nuevas marcas, de la voluntad de los consumidores para probar aquellas que satisfagan mejor sus necesidades y de la creciente competencia en los mercados de consumo, en los que las nuevas marcas restan ventas a las existentes.

- Resulta más barato reemplazar un producto que repararlo, los bienes de consumo duraderos ya no duran tanto como antes y, cuando se estropean, resulta más rápido y barato cambiarlos por un modelo nuevo que, además, seguramente tiene mejores prestaciones. Se ha creado en poco tiempo una cultura de consumo en la que hemos aceptado la idea de que los productos son desechables, tienen una vida útil y, al cabo de la misma, hay que sustituirlos por otros nuevos, fomentando así nuevos y más rápidos lanzamientos de productos.
- La tecnología digital ha provocado la aparición de nuevos productos y servicios y nuevas formas de hacer negocios: Internet, los PDA, la televisión digital, los electrodomésticos inteligentes y un largo etcétera de innovaciones y nuevos productos que necesitan actualizarse con más frecuencia, ya que se producen constantemente nuevos modelos cada vez más avanzados.
- El aumento significativo de patentes y marcas registradas como consecuencia del lanzamiento de nuevos productos provoca una mayor competencia en los mercados.

MÁS INFORMACIÓN EN WWW.MBADELSIGLOXXI.ES:

Memoria de actividades y estadísticas de la Oficina Española de Patentes y Marcas, y en la de la Oficina de Patentes y Marcas de Estados Unidos.

- La variedad de los productos se ha incrementado de forma exponencial, provocando una saturación en cualquier categoría de productos o servicios. Por ejemplo, podemos encontrar decenas de variedades de champús en cualquier perfumería o droguería para todos los gustos y momentos: citrus, mentol, suave y sedoso, volumen extra, color radiante, clásico, relajante, anticaspa, brillo natural, jugoso, hidratante para cabellos secos, con sistema revitalizante, para cabellos teñidos o con mechas, cabellos grasos, y un largo etcétera.
- Los mercados se encuentran hiperfragmentados, debido a la necesidad de las empresas de crear más segmentos y nichos de mercado para poder seguir diferenciándose y compitiendo. Esto conlleva la práctica de un marketing muy personalizado, que llega a ser menos rentable.
- La publicidad está provocando unos niveles muy altos de saturación, y la fragmentación de los medios dificulta el lanzamiento de nuevos productos como consecuencia de los altos costes en publicidad necesarios para tener una buena cobertura. Los consumidores reciben demasiados estímulos publicitarios a través de los numerosísimos medios cada vez más fragmentados, demasiadas cadenas de televisión, emisoras de radio, prensa, revistas, publicidad exterior, Internet, etc.
- Se ha reducido la capacidad de conquistar y ganar espacio en la mente del consumidor, porque los consumidores somos cada vez más selectivos y hemos desarrollado unas barreras de defensa frente a la publicidad. La única manera para que prestemos más atención es que veamos o escuchemos algo novedoso, diferente.

Philip Kotler, considerado como el padre del marketing moderno, y Fernando Trías de Bes, fundador y socio de Salbetti & Lombard, a través de su libro *Marketing lateral*, nos desvelan esta problemática y nos proponen una metodología y unas técnicas para conseguir resultados diferentes, y así combatir el índice de fracaso tan elevado que tienen los nuevos productos y marcas introducidas en el mercado a un ritmo tan frenético. La clave es: la innovación. Para encontrar nuevas formas de crear y lanzar productos con un índice de éxito mucho mayor, ya no es suficiente ofrecer más por menos, hay que ofrecer algo diferente.

12.4.2. PENSAMIENTO TRADICIONAL DE MARKETING

El proceso de marketing vertical, o tradicional, comienza por el estudio de las necesidades del consumidor y consiste en saber cómo satisfacerlas. Una vez que se identifican y seleccionan estas necesidades, se determina el mercado, definido como «el grupo de personas/empresas que compran o podrían comprar productos o utilizar servicios en una situación dada con el fin de satisfacer una necesidad concreta», que puede organizarse en categorías y subcategorías útiles para cuantificarlo, saber contra quiénes competimos, calcular su cuota de mercado y conocer su evolución.

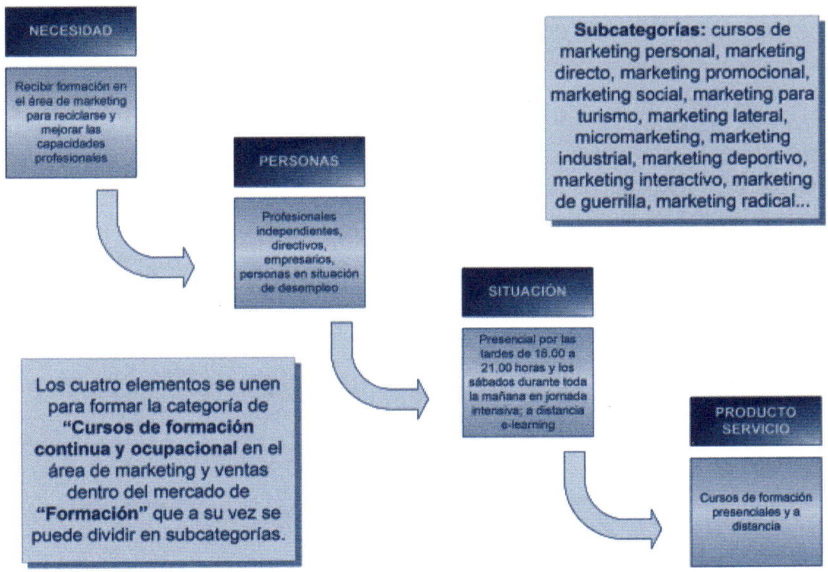

Figura 12.1. Denominación del mercado a través de las necesidades, personas y situaciones que nuestro producto o servicio puede satisfacer. Adaptado de *Marketing lateral*. Kotler, Trías de Bes.

La definición de un mercado conduce a las estrategias de segmentación y posicionamiento, clave para seguir compitiendo en el marketing tradicional. La segmentación consiste en dividir el mercado, y la repetida segmentación conduce a su hiperfragmentación, que reduce las posibilidades de innovar para generar nuevos productos que obtengan buenos resultados. El posicionamiento consiste en decidir cómo queremos ser percibidos, seleccionando algún elemento que nos proporcione una ventaja competitiva al ser percibido como diferente frente a los productos o servicios de nuestros competidores. Por último, el mix de marketing visto como la materialización de una estrategia de marketing debe ser coherente no sólo en los elementos que lo componen (producto, precio, distribución y comunicación), sino también con respecto a las estrategias de segmentación y posicionamiento.

12.4.3. FORMAS TRADICIONALES DE INNOVACIÓN

Las formas tradicionales o más habituales de innovación que utilizan las empresas se realizan dentro de un mercado determinado, con el objetivo de aumentar la cuota de mercado y atraer a nuevos consumidores potenciales convirtiéndolos en habituales o leales.

Estas innovaciones para la creación y el lanzamiento de nuevos productos se producen dentro de una misma categoría, realizando ajustes o variaciones en los productos o servicios ya existentes. Por ejemplo, veamos la categoría de las bebidas refrescantes; cuando Coca-Cola lanzó al mercado Coca-Cola Zero, buscaba satisfacer a un segmento de mercado definido como «público joven, fiel al auténtico sabor de Coca-Cola», preocupado por las calorías, pero sin renunciar al sabor de siempre y sin atreverse todavía a entrar en el segmento de los productos light, dirigidos a un público más maduro.

Otro ejemplo muy habitual para analizar la repetitiva segmentación y desarrollo de nuevos productos partiendo de una categoría son los cereales para el desayuno, que vemos en la siguiente figura:

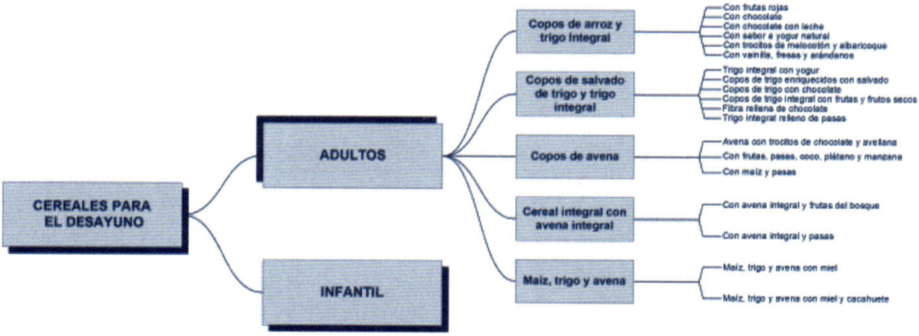

Figura 12.2. Segmentación de la categoría de cereales para el desayuno para adultos.

La fuente de innovación a la que los fabricantes acuden para desarrollar nuevos productos es la variación de características de productos ya existentes sin modificar su esencia; no se crean nuevas características o nuevos mercados, la innovación se produce dentro de la categoría donde la idea se ha originado. Como consecuencia de la asunción de un mercado fijo, y de la utilización de las estrategias habituales de segmentación y posicionamiento para aumentar las ventas y participación en el mismo, se genera una hiperfragmentación y una saturación del mercado.

Kotler y Trías de Bes distinguen, en su obra, seis formas habituales de innovación basadas en la modulación, el tamaño, el envase, el diseño, los complementos y la reducción del esfuerzo que realizan los consumidores en el proceso de compra.

Figura 12.3. Formas de innovar habituales en un mercado fijo.

12.4.4. FORMAS ALTERNATIVAS DE INNOVACIÓN

Algunas empresas están poniendo en práctica otras formas de pensar, descubriendo nuevas ofertas que arrojan beneficios mucho más sustanciosos que los originados por innovaciones dentro de un mercado determinado. Se utiliza un proceso diferente para buscar y crear ideas que proporcionen el lanzamiento de productos o servicios novedosos fuera de una categoría o mercado fijo, creando así, una nueva categoría o mercado.

Por ejemplo, se analiza un producto o servicio existente y se transforma lo suficiente para satisfacer una nueva necesidad, situación de consumo o utilización que no estaba considerada hasta el momento. De esta manera, con este tipo de innovación, evitamos capturar una cuota de mercado, creando un mercado totalmente nuevo; a este método de innovar se le denomina marketing lateral.

Vamos a ver el ejemplo de un producto muy conocido, surgido a raíz de la aplicación de un proceso de marketing lateral, que ahora percibimos como estándar, pero que en su momento causó fervor al ser algo totalmente innovador: es el caso del Grupo Hero con el lanzamiento de las barritas de cereales.

La compañía quiso aumentar su participación en el mercado de cereales para el desayuno, aunque descubrió que éste estaba muy fragmentado y saturado de variedades. Al no encontrar oportunidades claras para captar cuota en este mercado, pensó que una posible solución era cambiar el concepto y el uso de los cereales, modificando la manera de consumirlos. En vez de venderlos como un producto para el desayuno, la idea innovadora surgió al pensar que se podrían comercializar como un tentempié para cualquier momento del día. Buscaron un producto al que los consumidores estaban acostumbrados, las barritas de chocolate, y lo fusionaron con los cereales para dar vida a una propuesta totalmente diferente, creando así una nueva categoría: las barritas de cereales.

Las barritas de cereales, como muchos otros ejemplos, reflejan la creación de un nuevo producto, categoría o mercado, siguiendo un proceso de marketing lateral; en este caso específico, se buscó una nueva situación y modo de consumo. En mercados maduros e hipersaturados de variedades y marcas, donde hay poco espacio para nuevas oportunidades, crear una nueva categoría, como hizo Hero, puede ser la mejor manera de competir.

¿Y qué pasa con el marketing vertical o tradicional?, ¿ya no tiene sentido?, ¿dejamos de utilizarlo?, ¿dedicamos todos nuestros esfuerzos al marketing lateral?

12.4.5. MARKETING LATERAL COMO COMPLEMENTO DEL MARKETING VERTICAL

Mientras que el marketing vertical parte de un mercado fijo, aplicando estrategias de segmentación y posicionamiento, modulando el producto o servicio existente para crear nuevas variedades del mismo siguiendo un proceso de pensamiento secuencial y lógico, el marketing lateral, por el contrario, reestructura mercados creando una nueva categoría mediante nuevos usos o situaciones, y utilizando un pensamiento exploratorio, provocativo y creativo: un pensamiento lateral.

Kotler y Trías de Bes explican que el marketing vertical y lateral no sólo son necesarios para determinadas situaciones, sino que se complementan, ya que el marketing lateral no puede desarrollarse por completo sin el marketing vertical, que es el que se encarga de generar variaciones de un producto o servicio después de que el marketing lateral haya creado una nueva categoría.

Esto lo podemos ver siguiendo la evolución de las barritas de cereales de Hero: después de haber lanzado una nueva categoría, la barritas de cereales, en el año 1998, a través de un proceso de marketing lateral, la compañía se ha servido del marketing vertical para ir añadiendo nuevas variedades y sabores, como podemos ver en la siguiente figura:

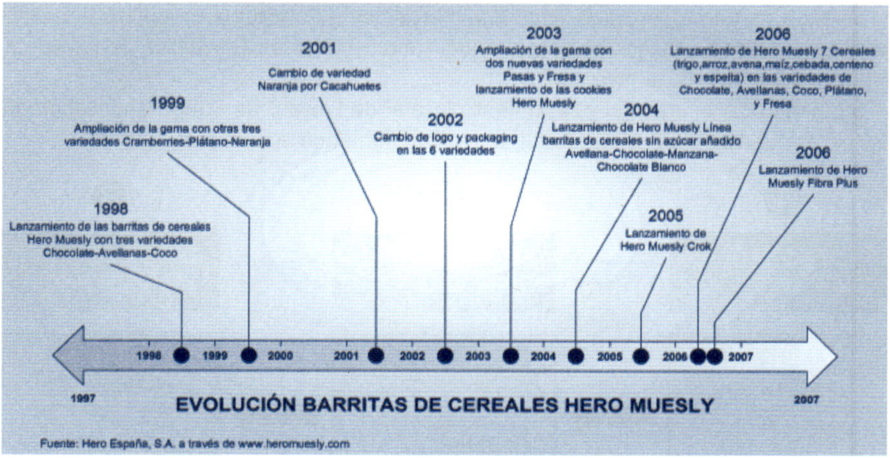

Figura 12.4. Evolución de las variedades de las barritas de cereales Hero Muesly.

Existen una serie de situaciones donde es más apropiado, y resulta más eficaz, aplicar un tipo de marketing u otro. Por ejemplo, el marketing vertical es más idóneo en mercados de reciente creación que se encuentran en una primera etapa de desarrollo, donde el objetivo radica en aplicar estrategias para ampliar la participación mediante las variedades y para la conversión de clientes potenciales en habituales. Por el contrario, el marketing lateral tiene mayor eficacia en mercados maduros con un crecimiento nulo, donde lo mejor es crear nuevas categorías y nuevos usos a través de innovaciones que serían imposibles utilizando el marketing vertical.

Los consumidores son más receptivos a innovaciones creadas por el marketing vertical que a las generadas a través del lateral. Es más fácil aceptar una variación en una categoría existente que aceptar algo totalmente nuevo. Por esta razón, hay que tener en cuenta que el marketing lateral requiere tiempo de asimilación, siendo una aventura empresarial más arriesgada que necesita más recursos económicos antes de dar sus frutos. Una innovación de marketing vertical se realiza con más facilidad, menor coste y más rapidez. Los esfuerzos dedicados a la educación de los consumidores sobre nuevos usos, a la comunicación y a las ventas del nuevo producto son mucho mayores en innovaciones generadas por el marketing lateral; pero, si se obtiene el éxito esperado, el volumen de beneficios es muchísimo más elevado.

12.5. EL PROCESO Y LA IMPLEMENTACIÓN DEL MARKETING LATERAL

Según Kotler y Trías de Bes, el marketing lateral es «Un proceso de trabajo que, aplicado a productos o servicios existentes, genera productos y servicios nuevos e innovadores, que proponen necesidades, usos, situaciones o públicos objetivo que, en la actualidad, permanecen sin cubrir, ofreciendo una elevada probabilidad de crear nuevas categorías o mercados».

Se trata de un proceso que sigue una metodología aplicada a un objeto existente (producto, servicio, negocio) para producir una innovación (en forma de nueva categoría, subcategoría o mercado).

Siguiendo las pautas del pensamiento lateral de Edward De Bono, la metodología del desarrollo del marketing lateral se realiza siguiendo tres pasos:

Figura 12.5. Fases en el desarrollo de un proceso de marketing lateral.

Vamos a ilustrar con un ejemplo una innovación creada a través de un proceso de marketing lateral sobre un producto, que ahora ya es una realidad, aunque hace algunos años su planteamiento hubiese sido una locura por la falta de costumbre y asimilación por parte del consumidor.

❶ Seleccionamos un foco: «los libros».

❷ Realizamos o provocamos un desplazamiento lateral para generar un vacío o desconexión que nos proporcione un estímulo: «que no se pueden leer».

❸ Buscamos formas de conectar el vacío que acabamos de crear entre «libros» y «que no se pueden leer»:

¿Libros que no se pueden leer?

¿Si no se pueden leer qué hacemos con ellos y para qué nos sirven?

¿Si no se pueden leer, se pueden escuchar? Buscando respuestas a esta última pregunta, igual podríamos encontrar una conexión que genere una nueva idea: «audiolibros».

Lo que hemos hecho en el ejemplo anterior es romper un pensamiento lógico, «los libros están hechos para ser leídos», y provocar un vacío que nos ha servido como fuente de inspiración y creatividad para pensar qué podríamos hacer con unos libros que no estén hechos para ser leídos; a continuación nos hemos hecho la siguiente pregunta, «¿cómo y en qué situación un libro nunca puede ser leído?», y hemos llenado este vacío con la sugerencia «en el momento que se escuche, ya no necesita ser leído», llegando a imaginar un audiolibro, el libro que no se lee porque se escucha.

Basándonos en el ejemplo anterior, podríamos afirmar que el nuevo producto, que ha surgido dentro de un proceso de marketing lateral, ofrece algo nuevo que podemos vender, una nueva necesidad a satisfacer, un nuevo uso para un nuevo mercado.

Por lo tanto, la creación de este nuevo producto se ha realizado a través del marketing lateral, que va a necesitar que el marketing vertical entre en juego desarrollando, por ejemplo, las variedades del producto, como los formatos (audiolibros en casete, CD, DVD, MP3, Ogg, Vorbis, etc.).

Figura 12.6. Provocación de un desplazamiento lateral.

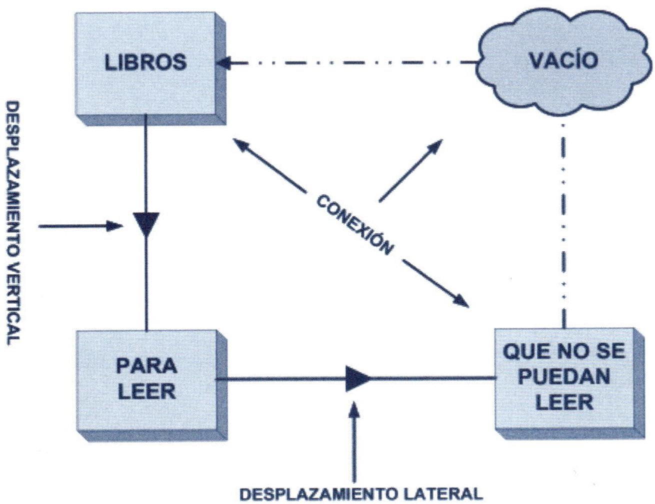

Figura 12.7. Vacío creado por el desplazamiento lateral.

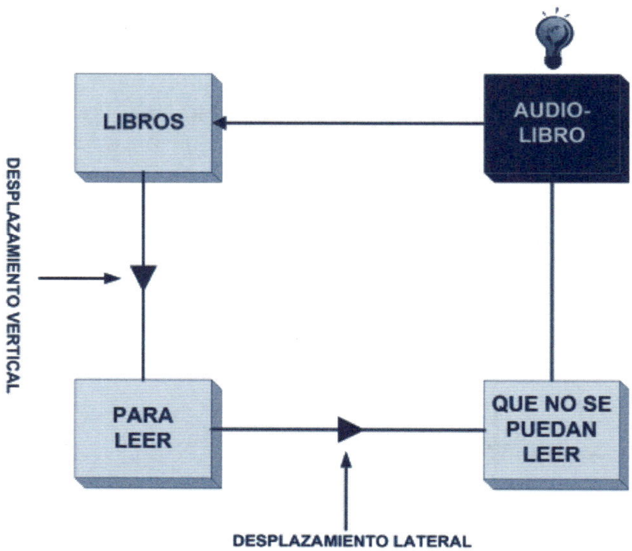

Figura 12.8. Conexión encontrada que crea una nueva idea o concepto.

Según Kotler y Trías de Bes, el proceso de marketing lateral comienza con la elección de un producto o servicio, que puede ser uno de los que comercializamos o con el que tengamos dificultades para competir. A continuación, elegimos un foco donde realizaremos el desplazamiento lateral.

Para elegir un foco, los autores nos recomiendan seleccionar uno de los elementos que conforman el proceso de marketing vertical en tres niveles principales: el nivel del mercado, el del producto y el del resto del mix de marketing.

Figura 12.9. Selección de un foco en el nivel del mercado, del producto o del resto del mix de marketing.

¿Qué foco deberíamos elegir para realizar nuestros desplazamientos?

Si nos centráramos en la elección de un foco a nivel del mercado, estaríamos trabajando sobre un objetivo definido, ya que tendríamos claro el mercado al que nos queremos dirigir o que queremos captar. En el proceso de marketing a nivel del mercado, debemos proponer una utilidad, un uso o una situación absurda o imposible y buscar una solución o conexión con el vacío originado. Veamos un ejemplo:

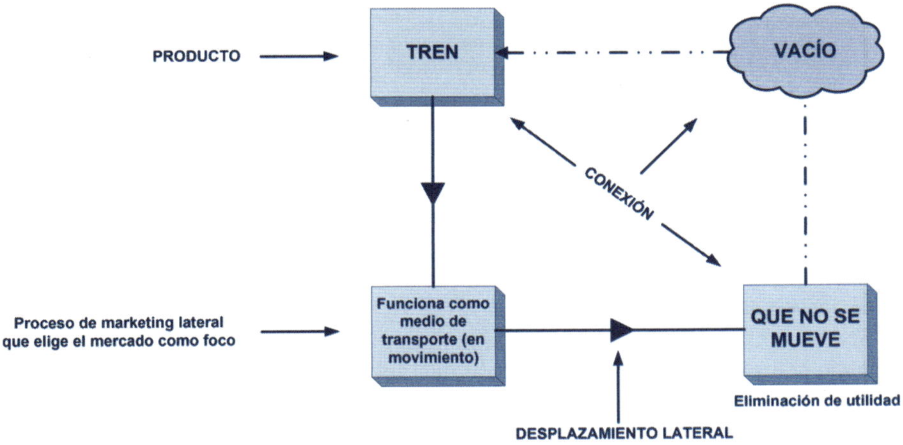

Figura 12.10. Ejemplo de desplazamiento lateral aplicado a un elemento a nivel mercado.

En este ejemplo se ha provocado un vacío interrumpiendo una secuencia de pensamiento lógico, ¿para qué vamos a tener un tren que no se mueve?; el siguiente paso es resolver la conexión entre «tren» y «que no se mueve» para ver si puede surgir una oportunidad, un nuevo mercado, en este caso, una nueva utilidad. ¿Logramos imaginar qué utilidad podría tener un tren que no se mueve? Seguro que sí.

Veamos otro ejemplo, tratado anteriormente, que nos ayude a comprobar la conexión que se realizó para resolver el vacío que planteaba en su momento:

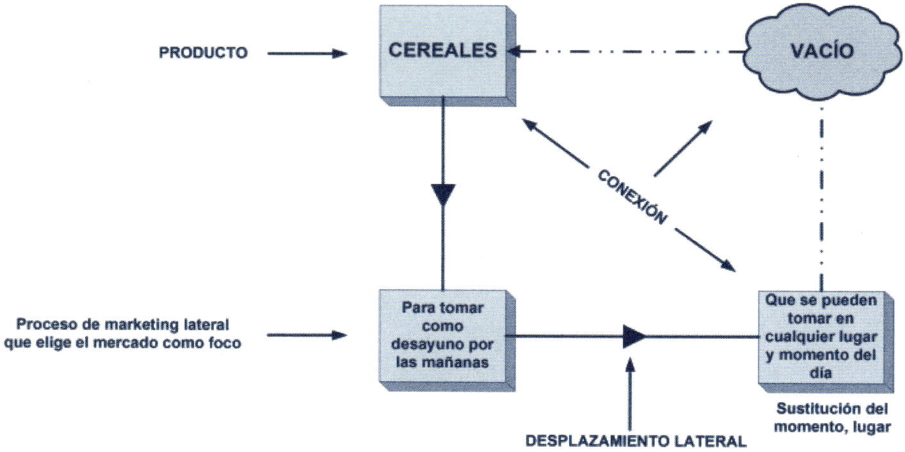

Seguramente así surgieron las barritas de cereales. Al principio, tal vez fuera una idea imposible, ¿cómo vamos a consumir cereales en la calle?, pero seguro que alguien realizó la conexión ajustando el producto: «cereales» más «barrita de chocolate» igual a «barritas de cereales» para tomar como tentempié en cualquier lugar y momento del día, y ¡ya está!

Si nos centráramos en la elección de un foco a nivel del producto, estaríamos trabajando sobre un desplazamiento lateral que aplicaríamos a un producto o servicio sin un objetivo claro; simplemente, realizaríamos el desplazamiento generando un vacío y, cuando lográramos la conexión, pensaríamos en las formas para comercializarlo, realizando o no ajustes en el nuevo producto o servicio obtenido a través del desplazamiento. Veamos un ejemplo:

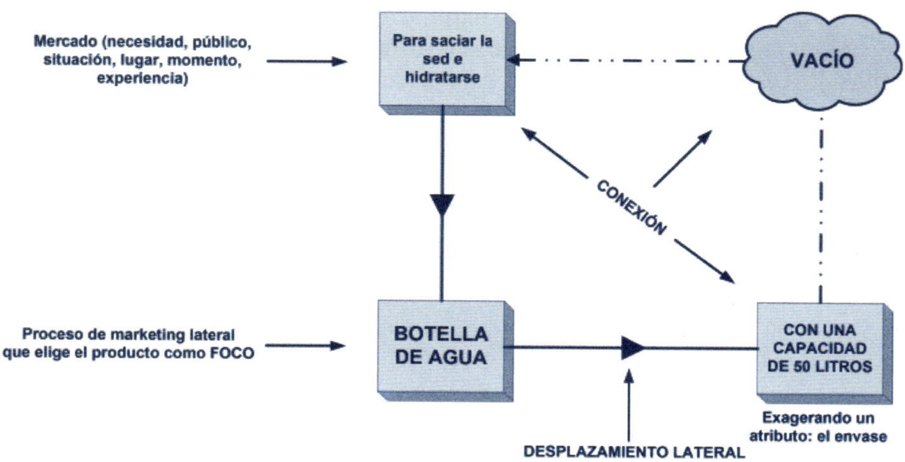

En este ejemplo se ha provocado un vacío interrumpiendo una secuencia de pensamiento lógico, ¿para qué podemos utilizar una botella de agua de 50 litros de capacidad? El siguiente paso es resolver la conexión entre «botella de agua» y «50 litros de capacidad» para ver si puede surgir una oportunidad. Si logramos resolver el vacío con éxito, podremos obtener un producto nuevo al que le tenemos que buscar un público y una utilidad. Este vacío fue resuelto por la primera empresa que comercializó las garrafas de agua mineral acompañadas de un refrigerador y destinadas principalmente a oficinas.

Veamos otro ejemplo donde se resolvió la conexión dando lugar a una nueva categoría:

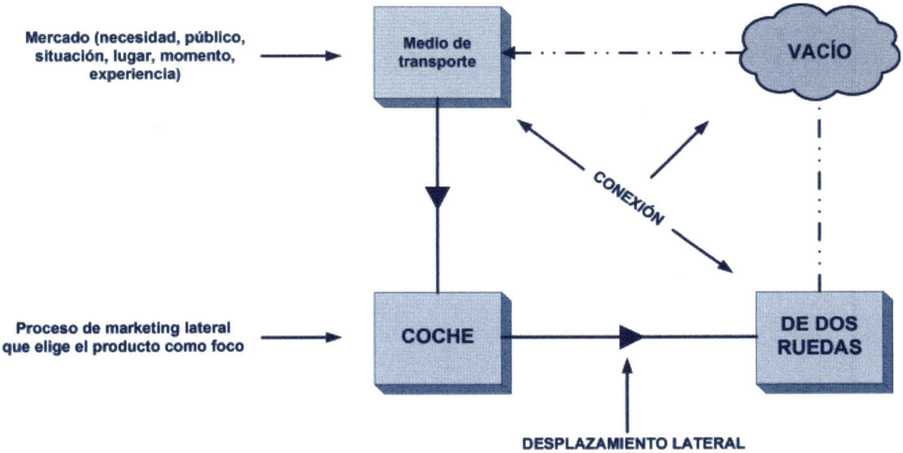

Seguramente así surgió el conocido modelo de motocicleta de BMW. Es probable que en su momento se considerara imposible: ¿cómo vamos a viajar en un coche que tenga dos ruedas?, pero seguro que alguien realizó la conexión combinando varios elementos: «motocicleta» más «techo» igual a «motocicleta C1» de BMW. El modelo C1 fue lanzado al mercado como un concepto original de vehículo de dos ruedas que trataba de reunir las cualidades de seguridad de un automóvil con la agilidad en el tráfico urbano de una moto, en el que no hace falta usar casco, pero sí cinturón de seguridad, y que contaba con techo y parabrisas. El modelo fue retirado del mercado por falta de rentabilidad, principalmente debido a la poca aceptación y al largo período de adaptación necesario por parte de los consumidores, aunque presentaba ventajas muy claras: más seguridad, protección y una conducción más parecida a la de un coche, pero con la agilidad en el tráfico urbano de una moto; además, el precio de venta era muy elevado. Como hemos visto en apartados anteriores, innovar utilizando el marketing lateral conlleva riesgos de asimilación y adaptación a los nuevos productos.

Si centráramos la elección de un foco al nivel del resto del mix de marketing, estaríamos trabajando sobre un desplazamiento lateral del precio, la distribución o la comunicación de un producto o servicio, dando lugar a la obtención de una subcategoría de un producto o servicio o de una nueva fórmula comercial.

Veamos un ejemplo donde se resolvió el vacío, al realizar un desplazamiento lateral en la distribución que dio lugar a una nueva fórmula comercial, la empleada por Dell Inc.:

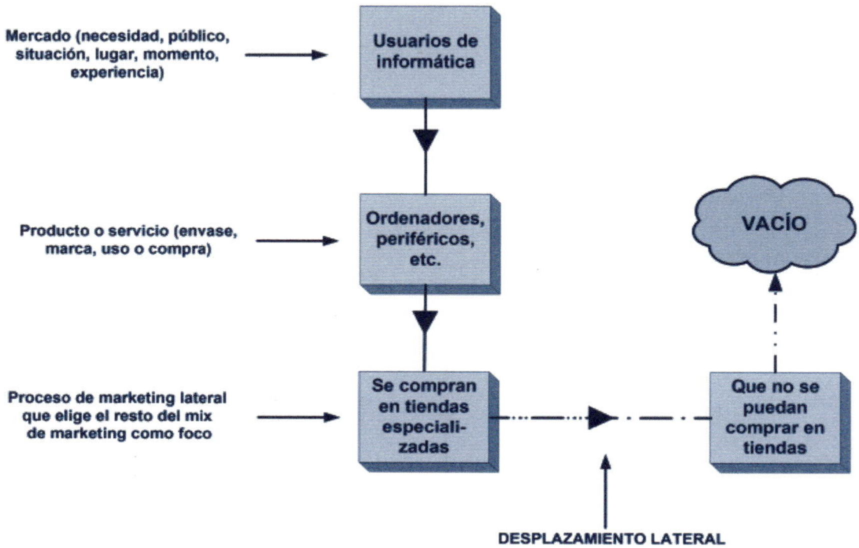

Continuando con el proceso de marketing lateral, el siguiente paso es realizar un desplazamiento lateral en el foco elegido para provocar un vacío que, más adelante, tendremos que resolver. Un vacío surge cuando se produce una situación que necesita solucionarse: hemos de tener especial cuidado porque, si vemos que al realizar el desplazamiento lateral no ha surgido un vacío o desconexión, estaríamos aplicando un proceso de marketing vertical.

Para ayudar a realizar un desplazamiento lateral con eficacia, Kotler y Trías de Bes nos ofrecen seis técnicas que podemos aplicar al foco elegido: sustituirlo, invertirlo, combinarlo, exagerarlo, eliminarlo o reordenarlo. Veamos unos ejemplos:

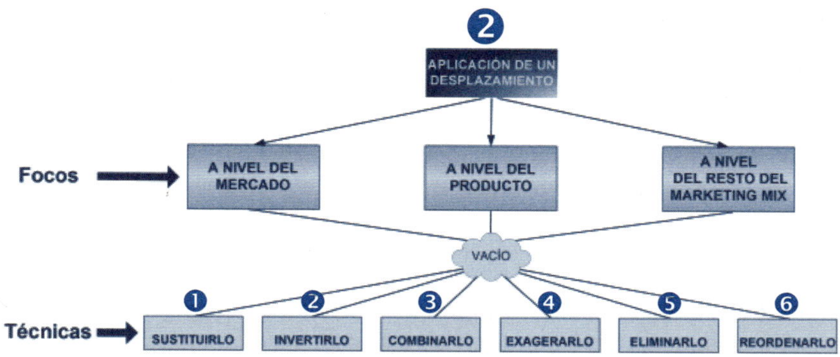

Figura 12.11. Aplicación de un desplazamiento lateral con la ayuda de seis técnicas.

Las seis técnicas se pueden utilizar en cualquiera de los focos que elijamos, aunque, para los focos a nivel del mercado y del resto del mix de marketing, la técnica de sustitución es más fácil de aplicar que las demás.

Proponemos la siguiente tabla a modo de guía para aplicar cualquier técnica sobre los elementos de cada foco:

FOCO / TÉCNICAS	**A NIVEL DEL MERCADO** compuesto por necesidad, público objetivo y ocasión (lugar-momento-situación-experiencia)
[1] Sustitución	• Cambio de la necesidad: el proceso consiste en identificar una necesidad que no está cubierta y en pensar cómo debería ser, por ejemplo, nuestro producto o servicio para satisfacerla. Ejemplo: los sujetadores realzadores Wonderbra. • Cambio de público objetivo: el proceso consiste en sustituir nuestro público objetivo por un público no potencial (los que, con toda probabilidad, nunca comprarían nuestro producto o utilizarían nuestro servicio). Ejemplo: maquinillas de afeitar para mujeres. • Cambio del momento de compra, uso o consumo: el proceso consiste en sustituir el momento de compra, uso o consumo de nuestro producto o servicio y elegir nuevos momentos jamás pensados. Ejemplo: supermercados abiertos por la noche. • Cambio de lugar de compra, uso o consumo: el proceso consiste en sustituir o trasladar a un sitio nuevo la compra, el uso o el consumo de nuestro producto o servicio. Ejemplo: los hoteles en el campo (las casas rurales). • Cambio de ocasión: el proceso consiste en proponer una nueva ocasión o acontecimiento para el consumo o uso de nuestro producto o servicio. Ejemplo: viajes para recién divorciados. • Cambio de actividad: el proceso consiste en proponer una actividad o experiencia en la que nuestro producto o servicio no esté presente. Ejemplo: rutas turísticas gastronómicas.
[2] Inversión	• El proceso consiste en decir lo contrario o añadir un «no» a uno o varios elementos que componen el foco. Ejemplo: «los padres educan a los niños» por «los niños educan a los padres». Se invierten los públicos.
[3] Combinación	• El proceso consiste en añadir uno o varios elementos a los que componen el foco. Ejemplo: «las clases se imparten en el aula» por «las clases se imparten en el aula y en el patio». Se combinan dos lugares.
[4] Exageración	• El proceso consiste en exagerar ascendente o descendentemente uno o varios elementos que componen el foco. Ejemplo: «una batería que nunca se gasta».
[5] Eliminación	• El proceso consiste en eliminar uno o varios elementos que componen el foco. Ejemplo: eliminar el lugar de compra, «una tienda donde no se vende».
[6] Reordenamiento	• El proceso consiste en cambiar el orden de uno o varios elementos que componen el foco. Ejemplo: «una enciclopedia hecha por los lectores» (la Wikipedia).

FOCO / TÉCNICAS	A NIVEL DEL PRODUCTO aplicable al producto tangible, al envase, a los atributos de la marca, el uso y la compra
[1] Sustitución	• El proceso consiste en cambiar o sustituir uno o varios elementos de un producto o servicio por otros. Ejemplo: el cigarrillo electrónico.
[2] Inversión	• El proceso consiste en decir lo contrario o añadir un «no» a uno o varios elementos de un producto o servicio. Ejemplo: los rotuladores que se borran.
[3] Combinación	• El proceso consiste en añadir uno o varios elementos a un producto o servicio manteniendo los que ya tenía. Ejemplo: «cafés» + «ordenadores» = «cibercafés».
[4] Exageración	• El proceso consiste en exagerar ascendente o descendentemente uno o varios elementos de un producto o servicio. Ejemplo: un coche superpequeño (el Smart).
[5] Eliminación	• El proceso consiste en eliminar uno o varios elementos de un producto o servicio. Ejemplo: un banco sin comisiones ni empleados.
[6] Reordenamiento	• El proceso consiste en cambiar el orden de uno o varios elementos de un producto o servicio. Ejemplo: publicidad solicitada.

FOCO / TÉCNICAS	A NIVEL DEL RESTO DEL MIX DE MARKETING aplicable a la fijación de precios, a la distribución y a la comunicación
[1] Sustitución	• Cambio de la forma de pago: el proceso consiste en cambiar la forma de pago o fijación de precios de nuestro producto o servicio, adoptando fórmulas de pago existentes en otros e incorporándolas a los nuestros. Ejemplo: los sistemas de telepeaje cambian el sistema de pago. • Cambio de la distribución: el proceso consiste en cambiar los canales de distribución habituales utilizados por nuestro producto o servicio, adoptando canales empleados con éxito por otros. Ejemplo: venta de libros a través de Internet (el caso de éxito de Amazon.com). • Cambio de la comunicación: el proceso consiste en sustituir el mensaje o las formas habituales de comunicación de nuestro producto o servicio por otras empleadas con éxito por productos o servicios distintos. Ejemplo: «si encuentras un producto más barato, te abonamos la diferencia».
[2] Inversión	• El proceso consiste en decir lo contrario o añadir un «no» a uno o varios elementos del resto del mix de marketing. Ejemplo: en algunas tiendas, la tienda paga al cliente, es el caso de Cash Converters.
[3] Combinación	• El proceso consiste en añadir uno o varios elementos del resto del mix de marketing. Ejemplo: la combinación de varios canales donde sería impensable vender el producto: comprar vino en licorerías y a través de la televisión.
[4] Exageración	• El proceso consiste en exagerar ascendente o descendentemente uno o varios elementos del resto del mix de marketing. Ejemplo: exageración en el mensaje «el turrón más caro del mundo».
[5] Eliminación	• El proceso consiste en eliminar uno o varios elementos del resto del mix de marketing. Ejemplo: eliminación del precio en los periódicos gratuitos.
[6] Reordenamiento	• El proceso consiste en cambiar el orden de uno o varios elementos del resto del mix de marketing. Ejemplo: cambiar el orden de la modalidad de pago y pagar antes de disfrutar de un producto o utilizar un servicio, como en el caso de las tarjetas prepago.

¿En qué circunstancias deberíamos seleccionar un foco en vez de otro?

La elección de los focos va a depender de los objetivos que queramos lograr. Por ejemplo, elegir el nivel del mercado como foco implica tener un objetivo claro: se propone una necesidad inédita a cubrir, un diferente público objetivo al que alcanzar, un uso novedoso o una situación imposible, y se busca una solución para el nuevo contexto que se origina en el producto o servicio.

Cuando elegimos el producto como foco no trabajamos sobre un objetivo determinado, lo que pretendemos es encontrar una innovación alterando un producto o servicio, y luego analizar qué utilidad o mercados podemos encontrar para hacer de la innovación una oportunidad.

Cuando elegimos el resto del mix de marketing como foco, lo que buscamos es una nueva fórmula comercial para nuestro producto o servicio, alejándonos de sus formas habituales de distribución, comunicación y fijación de precios. El resto del mix de marketing como foco no nos va a proporcionar un nuevo producto o servicio, sino nuevas fórmulas comerciales que ofrecen una aplicación más rápida, ya que no es necesario un período de desarrollo, aceptación o adaptación como requieren los lanzamientos de nuevos productos o servicios.

El último paso del proceso de marketing lateral consiste en la realización de conexiones entre el foco y el vacío originado por el desplazamiento lateral. En este paso, tenemos que aplicar la lógica a la ilógica para resolver el vacío.

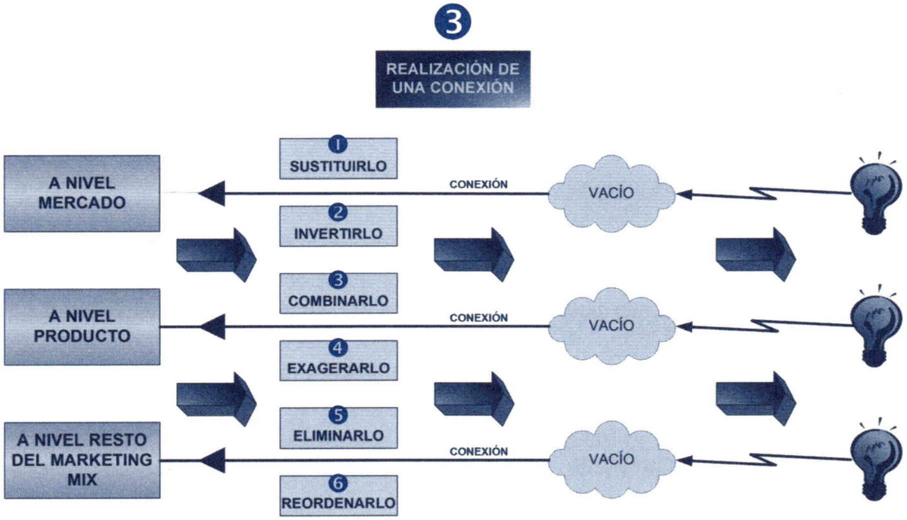

Figura 12.12. Aplicación de la seis técnicas para realizar una conexión.

Veamos en el siguiente ejemplo cómo realizaríamos una conexión.

Tomemos como producto los cereales:

1. Seleccionamos un foco en el nivel del mercado: el lugar de consumo.
2. Realizamos o provocamos un desplazamiento lateral para generar un vacío o desconexión que nos proporcione un estímulo utilizando la técnica de sustitución del lugar de consumo: en la calle.
3. Buscamos formas de conectar el vacío que acabamos de crear entre «cereales» y «que se consumen en la calle».

Para realizar la conexión con éxito tenemos que imaginar a nuestro público objetivo consumir los cereales en la calle, encontrar la utilidad que esto les puede aportar, identificar las ventajas del cambio de lugar y encontrar una forma para hacer posible este consumo, por ejemplo, combinándolo con otro producto que sí se consumía en la calle, las barritas de chocolate.

Después de lograr una conexión y aplicar con éxito un proceso de marketing lateral, podemos obtener una nueva utilidad para el mismo producto o servicio, un nuevo producto o servicio que ofrece una nueva utilidad o un nuevo producto o servicio que sigue ofreciendo la misma utilidad.

12.6. IMPLEMENTACIÓN DEL MARKETING LATERAL

Philip Kotler y Fernando Trías de Bes nos explican en su libro, *Marketing lateral,* lo importante que es incorporar tres sistemas para que las empresas puedan desarrollar innovaciones y nuevos conceptos empresariales de una manera sistemática y no de forma espontánea.

- Un mercado de ideas. Incorporación de un sistema para desarrollar, recopilar y evaluar todas las ideas que vayan surgiendo a través de la aplicación de las técnicas de desplazamiento. El objetivo es convertir esta actividad en una tarea más dentro de los departamentos de la empresa que colaboran en la generación de nuevas ideas.
- Un mercado de capital. Incorporación de un sistema para apoyar económicamente la investigación, el desarrollo y la innovación. La creación de fondos destinados a involucrar al personal de las empresas en la aplicación del pensamiento lateral en sus actividades.
- Un mercado de talento. Incorporación de personal con el talento necesario para desarrollar ideas rompedoras y con la capacidad de conectar los desplazamientos laterales surgidos al aplicar procesos de marketing lateral. Este personal puede estar encargado también de reciclar y conectar ideas anteriores que fueron descartadas, convirtiendo fracasos en éxitos, y conservar y archivar ideas que no se hayan podido resolver hasta que otros logren hacerlo.

12.7. MAPA DE UN SISTEMA DE MARKETING LATERAL

Figura 12.13. Mapa conceptual de un sistema de marketing lateral.

13. Las nuevas formas de hacer marketing y publicidad

«El progreso y el desarrollo son imposibles si uno sigue haciendo las cosas tal como siempre las ha hecho.»

Wayne W. Dyer

Entre otras muchas, tres cosas definen a las nuevas generaciones: están creciendo a nivel personal y profesional con una nueva actitud de colaboración y participación dentro de las redes sociales y comunidades virtuales; confían en alguien que comparte sus mismos gustos, intereses y experiencias, rechazando las recomendaciones de la publicidad tradicional y considerándola un tanto intrusiva; están en continuo movimiento.

Las empresas, (las marcas), necesitan acercarse a estas nuevas generaciones con un marketing distinto en el que puedan confiar, con el que se relacionen, colaboren, en definitiva, que les aporte valor, una solución, una experiencia, un amigo, y no un producto o servicio que deban comprar ya.

Además de los temas tratados en este capítulo, en nuestra y tu Web, www.mbadelsigloxxi.es, encontrarás más capítulos sobre otras formas de hacer marketing, como son: el marketing olfativo, el emocional, el ambiental, el street marketing, el neuromarketing, etc.

“Las reglas del juego han cambiado. Somos el marketing que hacemos. Los consumidores son quienes deciden el marketing y la publicidad que quieren recibir y lo que quieren comprar. Escuchar, participar, colaborar y proponer nuevas experiencias es lo que buscan de nosotros (las empresas, las marcas).”

NUBE DE TAGS

EL IMPACTO DE LAS REDES SOCIALES, **marketing 2.0,** *buzz,* el boca-oreja o boca a boca, **marketing viral,** *caso Hotmail,* DEMOCRATIZACIÓN DE LOS MEDIOS, marketing de proximidad, **Bluetooth,** *el gamevertising, Second Life,* **caso Battlefield Heroes...**

13.1. MARKETING Y PUBLICIDAD 2.0

Nos guste o no, las reglas del juego no es que estén cambiando, ¡ya han cambiado! Los consumidores, perdón, las personas, tienen el control de la información. La misión de las empresas es crear un nuevo marketing dentro de una era controlada e influenciada por las personas.

CASO PRÁCTICO: PORTADA DE LA REVISTA *TIME*

Person of the year: You.

En diciembre de 2006, la portada de la prestigiosa revista *Time*, elegía en su última publicación anual a la persona más destacada del año.

En esta ocasión, nadie relacionado con Iraq, Israel, el Líbano, el cambio climático, ningún político, celebridad o personaje del mundo de los negocios fueron los protagonistas. La revista se hizo eco de la importancia que habíamos adquirido los usuarios en la sociedad de la información, creando comunidades, colaborando a cambio de nada y ayudándonos los unos a los otros como nunca se había visto antes.

La herramienta que hace esto posible es la nueva World Wide Web, muy diferente a la que surgió en 1989 de la mano de Tim Berners-Lee, y con Cern como sistema de hipertexto, para facilitar un acceso a la información más eficiente a los miembros de la comunidad de físicos; o a las webs comerciales de las empresas punto com de mediados y finales de los noventa del siglo XX. La nueva World Wide Web es muy diferente, se ha convertido en una herramienta donde las pequeñas contribuciones de millones de personas cuentan de verdad, y hace que todas ellas se conviertan en alguien importante, capaz de tomar cierto control sobre los medios de comunicación.

A esta nueva revolución se la ha bautizado Web 2.0, como si fuese una nueva versión de un viejo software.

Por esta y otras muchas razones la revista *Time* consideró que la persona más importante del año 2006 fuiste tú (nosotros, los usuarios, las personas).

Fuente: adaptado del artículo de portada «Time's Person of the Year: You», por Lev Grossman. Fotografía de portada: Spencer Jones. Ilustración: Arthur Hochstein.

Más información: www.time.com/time/magazine/article/0,9171,1569514,00.html.

¿Cuáles son estos cambios y en qué medida nos afectan?

❶ **El fenómeno de las redes sociales en Internet.** Las redes sociales han aterrizado en Internet, lo que significa que la información que se maneja se va a propagar mucho más rápido y a un número mayor de usuarios. La redes sociales siempre han existido, pero sin la tecnología que tenemos a nuestro alcance hoy en día.

❷ **El impacto de los medios sociales (social media) vs. los medios tradicionales.** Los medios sociales son la unión entre la tecnología y las prácticas que los usuarios utilizan para compartir opiniones y experiencias. Los medios sociales fomentan la participación entre usuarios, la apertura, la conversación, la comunidad y la conectividad. Los medios sociales se presentan en diferentes formas: redes sociales, blogs, wikis, podcasts, foros y comunidades de contenidos.

¿Qué trascendencia tienen los medios sociales? Proporcionamos algunos datos: al escribir estas líneas, según Technorati (el principal buscador de blogs de Internet), hay más de 110 millones de blogs publicados, más de 100 millones de vídeos son vistos diariamente en YouTube y más de 200 millones de perfiles han sido creados en MySpace.

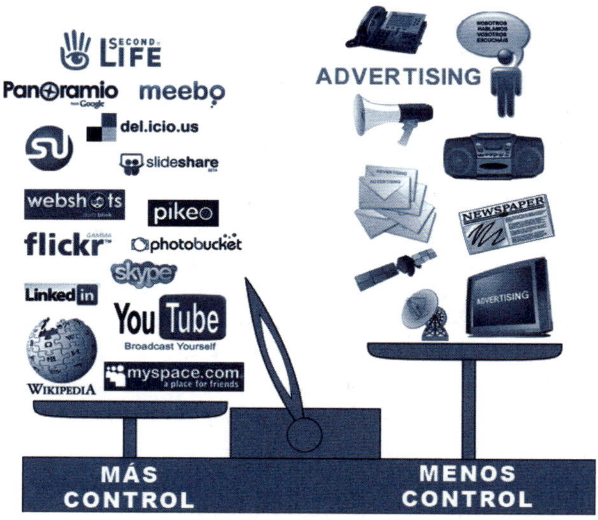

Figura 13.1. Impacto de los medios sociales: algo está cambiando, los medios tradicionales están perdiendo fuerza.

Hoy por hoy a la hora de hacer marketing, y sobre todo publicidad, las empresas deben tener en cuenta el poder de las redes sociales, donde los usuarios comparten, colaboran y, en definitiva, expresan libremente sus opiniones sobre un producto o servicio.

En lugar de prestar atención a la avalancha de mensajes comerciales, ahora los consumidores, con más facilidades que nunca, tienen acceso a opiniones reales de gente como ellos sobre cualquier producto o servicio.

Debemos entender el marketing 2.0 como una nueva forma de hacer marketing que utiliza la filosofía y el concepto de participación y colaboración de la Web 2.0.

Figura 13.2. El marketing 2.0.

El nuevo marketing estaría orientado más hacia la propuesta: «Nosotros (las empresas) os proporcionamos unas herramientas y una historia, y vosotros (los consumidores) contáis nuestra historia.»

Los medios sociales, a través de los contenidos generados por los usuarios *(User Generated Content, UGC),* junto con la nueva actitud y filosofía de participación y las nuevas tecnologías de la Web 2.0, están cambiando la manera en la que los consumidores interactúan entre ellos y con nuestras marcas.

No nos estamos refiriendo a que el marketing 2.0 consista en hacer marketing con un sitio Web 2.0, si no en utilizar la filosofía de participación y colaboración que aporta la Web 2.0. Un sitio Web 2.0 va a ser una de las muchas herramientas a utilizar para intentar hacer un marketing distinto.

13.2. El nuevo impulso del boca-oreja o boca a boca: el *Word of Mouth Marketing (WOMM)*

Aunque las grandes empresas no vayan a prescindir de la publicidad en los medios tradicionales (televisión, radio, prensa, etc.), sí es verdad que están observando que estos medios ya no tienen la eficacia que tenían antes. La gran saturación y reiteración de mensajes publicitarios, junto con el aumento del número de medios y la hiperfragmentación de la audiencia, hacen cada vez más difícil conquistar y ganar espacio en la mente de los consumidores, que se han inmunizado a los mensajes publicitarios que les invaden veinticuatro horas al día.

Las empresas y sus agencias de publicidad tienen la difícil tarea de encontrar nuevas formas para atraer y ganar la confianza del consumidor.

> ¿Por qué no hacer que los consumidores hablen de nuestros productos o servicios por nosotros?

Si les damos a los consumidores una historia que contar que les aporte credibilidad y valor, eso es lo que van a hacer, contarla.

El marketing boca-oreja, *Word of Mouth Marketing (WOMM)*, no es un término nuevo, es una técnica que se ha utilizado durante muchos años, aunque ahora se está convirtiendo en una práctica muy común a raíz de la disminución de la eficacia de los medios tradicionales y de la proliferación de las redes sociales, junto con las nuevas tecnologías Web 2.0, que favorecen la propagación de nuestra «historia» con mayor rapidez.

El marketing boca-oreja es un término que abarca varias modalidades: el buzz marketing, el marketing viral, el marketing de conversaciones, el de influencia, etc. En definitiva, consiste en conversaciones entre consumidores. La diferencia entre los distintos términos se basa en el vehículo utilizado para transmitir nuestra historia: en persona, por teléfono, en la Web, vía SMS, a través de un vídeo, por e-mail, a través de un blog, etc.

El marketing boca-oreja se basa en la confianza que mostramos cuando nos llega una información a través de un conocido, un amigo, un familiar, alguien que nos proporciona un dato sin, aparentemente, ningún tipo de interés, alguien en quien confiamos; y esa confianza nos influye a la hora de aceptar las recomendaciones de personas que conocemos. Varios estudios en Estados Unidos han llegado a la conclusión de que alrededor de un 92% de los consumidores norteamericanos basan sus decisiones de compra en recomendaciones boca-oreja, es decir, no precisamente en un anuncio o en un representante comercial con quien no se sienten identificados. ¿Acaso no ocurre lo mismo en otros países?

Los elementos de una campaña de marketing boca-oreja son los siguientes:

- El mensaje: el mensaje ha de ser claro, creíble y ofrecer algo interesante para que la gente hable de él.
- Conectores: personas con cierta influencia que están dispuestas a difundir el mensaje, líderes de opinión, fanáticos de nuestra marca, es decir, evangelistas de las marcas.
- Transmisores: personas que transmiten el mensaje entre sus redes.
- Vehículos de transmisión: son los medios a través de los cuales se propaga el mensaje. Conversaciones entre personas, teléfono, SMS, redes sociales en Internet, blogs, email, chat, etc.

13.3. EL FENÓMENO DEL MARKETING VIRAL: EL BOCA-OREJA O BOCA A BOCA ELECTRÓNICO O VIRTUAL

La práctica de una acción viral no es algo nuevo. Siempre ha existido entre nosotros, dentro y fuera de las organizaciones, y de nuestros entornos más cercanos, como proceso comunicativo que da lugar a la difusión de ideas, chismes, conceptos, opiniones, incluso rumores, a una gran velocidad.

Piensa en tu comunidad de vecinos: ¿en cuántas ocasiones te ha llegado algún rumor a través de un vecino? ¿Con qué rapidez se ha propagado la noticia? Y ¿quién fue el o la propulsora del rumor? Nadie lo sabe y quizás no importe, lo importante es que todo el mundo se entere de la noticia o el rumor lo antes y lo más rápidamente posible.

Los ingredientes necesarios para poner en marcha una acción viral son: un elemento a difundir, un buen canal o vehículo que sirva de transmisor y unos receptores/transmisores sensibles e incentivados para su difusión. El éxito de una acción viral depende de una buena combinación de estos tres ingredientes.

Hoy en día el mejor vehículo y el más rápido para propagar una noticia es Internet, y los mejores transmisores son las redes sociales. Hasta este punto, tenemos dos tercios de los ingredientes esperándonos para poner en marcha una viral de éxito, el resto depende de nuestra habilidad para generar un buen elemento que sea de interés y se difunda rápido.

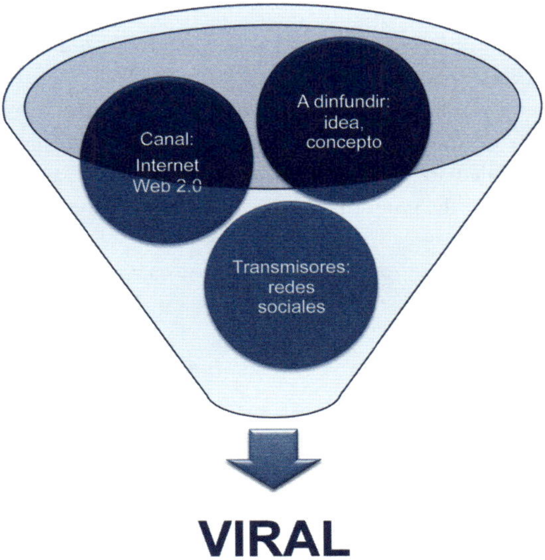

Figura 13.3. Ingredientes para una acción viral.

13.3.1. DEFINICIÓN Y PRÁCTICA DEL MARKETING VIRAL

Cuando escuchamos el término «viral» nos puede echar hacia atrás, ya que suena a algo malo, infeccioso, siniestro. Si le decimos a alguien que nos dedicamos a crear «virales», «marketing viral» o «publicidad viral», seguramente nos miraría raro o pensaría que somos un poco extraños.

Se puede definir el marketing viral como una estrategia que fomenta la transmisión de un mensaje entre individuos, creando un crecimiento exponencial asombroso en su cobertura y exposición.

Realmente, el término surgió como un paralelismo con los virus informáticos que se propagan con gran rapidez entre los ordenadores, infectándolos.

Para muchos, la frase original fue introducida en un artículo publicado en 1997 por Steve Jurvetson,[1] director general de una entidad de capital riesgo, al referirse a la manera en la que Hotmail, en sus inicios, difundía su nombre en una línea situada en el pie de los correos que se enviaban desde sus cuentas: *get your private, free e-mail at http://www.hotmail.com*. Quizás éste fue uno de los primeros virales con más trascendencia, ya que, en el tiempo récord de un año y medio, Hotmail consiguió 12 millones de usuarios (150 000 al día, los siete días de la semana). ¿Quién no tiene o ha tenido alguna vez una cuenta en Hotmail? ¿Conoces a alguien?

CASO PRÁCTICO: HOTMAIL

El impacto de una estrategia de marketing viral

Seguramente el caso de marketing viral más famoso y con mayor impacto ha sido el de Hotmail.

En 1996, a los emprendedores Sabeer Bhatia y Jack Smith se les ocurrió la gran idea de crear un servicio gratuito de correo bajo una plataforma web, llamado «HoTMaiL», utilizando las letras en mayúsculas (html) para referirse al lenguaje de programación de la Web por aquel entonces.

El objetivo de cualquier empresa de reciente creación que ofrezca este tipo de servicio es lograr el máximo número de suscriptores en el menor tiempo posible y de la manera más económica.

Así lo logró Hotmail, gracias a su estrategia que ahora conocemos con el nombre de marketing viral.

El crecimiento asombroso de Hotmail, 12 millones de usuarios en un período de dieciocho meses, fue gracias a nosotros, los mismos usuarios, que actuamos como «vendedores» de la empresa. Hotmail consiguió suscriptores en países donde no se había invertido ni un solo dólar en publicidad, por el simple hecho de que habían recibido un correo del titular de una cuenta de Hotmail con una frase al final del cuerpo del mensaje que decía: «Consiga **gratis** su correo electrónico en Hotmail».

Mientras que su competidor más directo, Juno, invirtió en publicidad más de 20 millones de dólares para captar una pequeña fracción de suscriptores, Hotmail invirtió la pequeña cifra de 500 000 dólares para hacerse con 12 millones de suscriptores, que aportaron sus datos demográficos y socioeconómicos durante el proceso de contratación del servicio.

(Continúa)

1. Véase su biografía en www.dfj.com/team/steve_bio.shtml, y su artículo «Viral Marketing» en www.dfj.com/cgi-bin/artman/publish/steve_tim_may97.shtml.

¿Por qué Hotmail tuvo mejores resultados que sus competidores?

Una de las primeras barreras que logró romper Hotmail fue la del miedo por parte de los usuarios, en aquella época, en aportar datos privados online a una empresa de reciente creación que no conocían de nada. Esto se superó rápidamente, ya que los usuarios de Hotmail solían enviar mensajes a compañeros de trabajo, colegas profesionales y amigos. Este hecho aportó la confianza necesaria; si un amigo tiene una cuenta en Hotmail, ¿por qué no voy a tenerla yo?

Hotmail no persuadía de ninguna manera a los usuarios para que contratasen sus servicios, eran los propios usuarios quienes incentivaban a sus conocidos. Así los mismos clientes de Hotmail se convirtieron en los mejores aliados de la empresa para vender sus servicios. La percepción fue que el mensaje de «Consiga **gratis** su correo electrónico en Hotmail» no provenía de una campaña publicitaria de la compañía, sino de un amigo.

Un crecimiento espectacular, como si de un virus se tratase

La manera utilizada por Hotmail para crecer y expandirse fue similar a la de un virus, con la diferencia que los virus digitales se propagan internacionalmente de forma más rápida que un virus biológico, que necesita cierta proximidad o contacto físico. Hotmail se convirtió en el mayor proveedor de correo electrónico en países como Suecia o la India sin haber realizado ninguna campaña de marketing, e incluso llegó a usarse en más de 220 países, a pesar de que la plataforma para utilizar el correo se ofrecía únicamente en inglés.

Hotmail se adaptó perfectamente al medio, empleando uno de los elementos más importantes del marketing viral: el efecto bola de nieve, doblando el crecimiento de suscriptores mes a mes hasta conseguir su primer millón de suscriptores.

En palabras de Ralph F. Wilson, un consultor de e-commerce: «El marketing viral se refiere a cualquier estrategia que alienta a las personas a transmitir un mensaje a otras, creando un gran potencial de crecimiento exponencial en la exposición e influencia del mensaje». Al igual que los virus, estas estrategias se aprovechan y benefician de la rápida multiplicación para, en este caso, hacer llegar el mensaje a miles, e incluso millones, de individuos.

¿Resultados para un joven emprendedor?

Hotmail fue adquirido por Microsoft en 1997 por 400 millones de dólares. No está mal para un emprendedor que había aterrizado unos años antes en Estados Unidos con no más de 500 dólares en el bolsillo y sin conocer a nadie en el país del sueño americano.

Fuente: adaptado del artículo «Viral Marketing», de Steve Jurvetson.

Más información: www.dfj.com/cgi-bin/artman/publish/steve_tim_may97.shtml.

13.3.2. RAZONES PARA APLICAR EL MARKETING VIRAL

❶ Las campañas de marketing tradicional están en crisis:

- Únicamente un 18% de la publicidad en TV da resultados positivos.
- El 84% de las campañas B2B no generan las ventas esperadas.
- Un 100% de incremento en gastos de publicidad sólo produce un incremento entre un 1% o 2% en ventas.
- Únicamente el 14% de los consumidores confían en la publicidad tradicional.
- Estamos expuestos a 3000 mensajes publicitarios cada día.
- El 65% de los consumidores pensamos que estamos siendo bombardeados continuamente con excesiva publicidad.
- Y el 69% estamos comenzando a «inmunizarnos» a los mensajes publicitarios que nos invaden veinticuatro horas al día. ¡Estamos perdiendo la confianza en la publicidad de masas!

Fuente: *Connected Marketing: The Viral, Buzz and Word of Mouth Revolution*. Justin Kirby y Paul Marsden, 2006.

❷ La democratización de los medios:

- Durante los últimos años, uno de los efectos sociales de la nueva era de la Web 2.0 ha sido la llamada democratización de los medios. Cualquier usuario con un PC y una conexión a Internet puede comenzar a difundir información de manera gratuita al mundo entero con ayuda de herramientas como weblogs, podcasts, videocasts y wikis, entre otras. Millones de usuarios han pasado de ser consumidores a reproductores de microcontenidos en los medios.

❸ El poder del WOMM (marketing de boca-a-oreja):

- Los medios tradicionales están perdiendo la supremacía entre sus audiencias. Los consumidores están muy dispersados en torno a los sitios de microcontenidos, como los weblogs.
- En esta nueva era de las redes sociales, los consumidores confían en otros consumidores que comparten sus mismos intereses.
- Numerosos estudios realizados sobre el comportamiento de las redes sociales llegan a la misma conclusión: unos pocos pueden afectar el comportamiento de muchos. Más del 90% de consumidores confía en una recomendación hecha por alguien que ha tenido una experiencia positiva o negativa con una marca, un producto o un servicio.

❹ Internet y su efecto en la difusión del mensaje entre las redes sociales:

- En los últimos años, Internet se ha convertido en el mejor medio para transmitir a gran velocidad lo que llamamos un «ideavirus» o «meme», conceptos que aluden a la capacidad de una idea para propagarse rápida y exponencialmente como si se tratase de una epidemia entre un público determinado, enganchando a la gente.

MÁS INFORMACIÓN:

Descarga gratuita del libro de Seth Godin, *Unleashing the ideavirus* (Liberando los ideavirus) en www.sethgodin.com/ideavirus/01-getit.html.

❺ El efecto y coste de la difusión entre las redes sociales:

- Los verdaderos protagonistas del marketing viral no son las empresas, sino los propios usuarios, quienes deciden qué es viral y qué no lo es.
- Si los usuarios están convencidos y predispuestos a pasar el mensaje, la marca gana impacto a coste cero, siendo ése el último objetivo de una campaña de marketing viral.
- Por lo tanto, una de las barreras más importantes de una acción viral son los filtros que tiene que atravesar, y nuestra misión como empresa es la de fomentar una experiencia positiva, creando buenos contenidos que generen una satisfacción lo suficientemente impactante para que los usuarios decidan filtrar nuestro mensaje y contagiar a otros.
- Los usuarios son quienes deciden, de manera voluntaria, dar o pasar una recomendación, y esto la convierte en un mensaje cada vez más poderoso.

13.3.3. QUÉ ES Y QUÉ NO ES EL MARKETING VIRAL

✗ **NO** es sólo enviar una noticia y añadir un botón que diga «Envía a un amigo». Este último paso lo deciden los usuarios espontáneamente.

✗ **NO** es, en contra de la creencia popular, crear un minianuncio chistoso para entretener, ya que la atención se puede desviar hacia el ruido que genera y no hacia la esencia de nuestro mensaje.

✓ **ES** crear un contenido de valor que proporcione una experiencia positiva, capaz de motivar a las redes sociales para su propagación. ¡Crea, quítate del medio y déjales hablar y compartir!

✓ **ES** desarrollar una estrategia planificada y encaminada a conseguir la prescripción de los usuarios, identificando un público objetivo que esté interesado en recibir un mensaje concreto, y que, al recibirlo, perciba una experiencia agradable y valiosa que lo anime a compartirlo con otros usuarios de gustos parecidos.

13.3.4. TIPOS DE ACCIONES VIRALES

Viral de experiencia a través del «pásalo» o «envía a un amigo». En este tipo de acciones virales, los usuarios comparten sus experiencias positivas con otros. Un clásico ejemplo son las cadenas de correo. En este tipo de virales, se le recuerda a la persona que está leyendo el mensaje que tiene la opción de enviarlo a su red de contactos a través de un «pásalo» o un enlace tipo «enviar a un amigo», si se trata de un correo electrónico. El éxito del viral depende de lo interesante o entretenido que éste parezca, y la velocidad de propagación dependerá de su relevancia entre el público objetivo escogido.

Viral emocional. Quizás es la viral más conocida fuera y dentro de Internet. Las virales emocionales son impulsadas por los usuarios que quieren compartir contenidos que les parecen graciosos, divertidos, transgresores o impactantes.

Viral incentivado. En este tipo de virales se ofrece un premio o recompensa, a través de regalos o participaciones en sorteos, por reenviar un mensaje o conseguir que otros participen o se den de alta en una determinada Web o servicio.

Viral encubierto. Este tipo de virales se presentan como objetos, mensajes o noticias atractivas e inusuales, generando intriga sin que parezca que el usuario esté siendo objeto de una campaña de marketing. Estas acciones virales suelen simular historias reales con personajes y situaciones ficticias, y tratan de poner todo el empeño en que se descubra que hay una marca detrás de modo espontáneo.

Viral generado por un rumor (buzz). Estos virales se presentan como anuncios o mensajes con el objetivo de recibir una buena cobertura en las redes sociales haciendo «ruido». Suelen ser mensajes que generan bastante controversia o discusión.

Viral contraproducente. Es la pesadilla de cualquier empresa, ya que genera una reacción adversa a la esperada con cualquier otro tipo de viral. Una acción viral se convierte en contraproducente cuando los usuarios deciden compartir experiencias u opiniones que pueden afectar negativamente a una marca. Por ejemplo, fue el caso de Kryptonite, una empresa que fabrica un tipo de candados y que tenía renombre, hasta que tuvo que retirar del mercado un modelo por culpa de un vídeo donde una persona mostraba la facilidad con la que se podía abrir.

MÁS INFORMACIÓN:

Véanse ejemplos de cada viral en www.mbadelsigloxxi.es.

13.3.5. DIEZ CLAVES EN LA PRÁCTICA DEL MARKETING VIRAL

1. Desarrolla un producto o un servicio, un mensaje o una idea, que ofrezca un valor a las personas a las que va dirigido para que lo convierta en viral.
2. Facilita un modo de transmisión y difusión sencilla con el objetivo de que el mensaje se pueda propagar rápidamente con muy poco esfuerzo.
3. Asegúrate de que cuentas con la suficiente infraestructura y los recursos para poder soportar un crecimiento exponencial.
4. Aprovecha las motivaciones y los comportamientos humanos que facilitan la transmisión del mensaje: la necesidad, el sentimiento, la experiencia, la popularidad, etc.

5. Utiliza de manera apropiada el poder de las redes sociales para propiciar un buen contagio: proporciónales un contenido, apártate y déjales hablar.
6. Aprovecha bien los recursos de terceros para facilitar la difusión del mensaje.
7. Invierte en desarrollo y creatividad. Las campañas de marketing viral no tienen un coste cero, su difusión sí. Una buena campaña tiene que tener un presupuesto de producción y desarrollo adecuado, ya que, si lo que ofrecemos no se percibe como interesante, no podrá motivar al público objetivo para que lo difunda.
8. Entiende que no es la marca la que transmite credibilidad y confianza, son los amigos o conocidos que recomiendan algo, en ellos sí se confía. Acepta la nueva realidad.
9. Desarrolla un mensaje, un contenido, un vídeo, etc., atractivo e impactante. Es la parte fácil del proceso, lo realmente difícil es asociar una marca a ese mensaje y que se siga percibiendo lo suficientemente atractivo e impactante como para que merezca la pena difundirlo y convertirlo en viral.
10. No te confundas, una campaña, antes de lanzarla no es viral. Son los destinatarios los que la convierten en tal, ellos deciden qué es viral y qué no lo es.

@ **MÁS INFORMACIÓN:**

Contenido ampliado siguiendo los seis principios del marketing viral introducidos por el dr. Ralph F. Wilson. www.wilsonweb.com/wmt5/viral-principles-clean.htm.

13.3.6. EJEMPLOS DE CAMPAÑAS RECIENTES DE MARKETING VIRAL: CASOS DE ÉXITO

En la página web del libro ofrecemos un amplio repertorio, comentado y en formato vídeo, de las campañas de marketing viral con más éxito a nivel nacional e internacional. ¡Pásalo!

@ **MÁS INFORMACIÓN:**

Véanse ejemplos de cada una de las campañas de marketing viral en www.mbadelsigloxxi.es.

13.4. MARKETING DE PROXIMIDAD CON BLUETOOTH

El marketing de proximidad es una nueva forma de hacer marketing que consiste en enviar mensajes publicitarios o informativos a los teléfonos móviles usando la tecnología Bluetooth, que permite establecer una comunicación inalámbrica con los usuarios en un radio de hasta 150 metros de distancia.

Imagínate que vas de compras y entras en tu supermercado habitual, ¿qué es lo primero que sueles hacer en la entrada? Seguramente, buscas el catálogo con las promociones de la semana o del mes y lo hojeas para ver las nuevas ofertas de precios, o las ofertas 3 x 2; cuando las localizas, tienes que dirigirte hacia el pasillo donde se ubican.

El marketing de proximidad puede hacerte el trabajo muchísimo más fácil: según entrases en el supermercado podrías recibir en tu móvil las ofertas que mejor se adaptasen a tus necesidades con información sobre precios y ubicación de los artículos en los pasillos del supermercado. Por ejemplo: «Puede encontrar nuestra aceituna verde deshuesada a 1,29 euros en el pasillo seis, estantería cuatro». Ésta es una de las numerosas aplicaciones del marketing de proximidad.

Ejemplos de aplicaciones del marketing de proximidad vía Bluetooth

- **Oficinas de turismo:**
  - Los usuarios pueden recibir vía Bluetooth planos turísticos de una ciudad, callejeros, rutas y guías, sistemas de transporte, etc.
- **Ayuntamientos:**
  - Envío de programas de fiestas, eventos, información ciudadana.
- **Ferias y congresos:**
  - Información sobre novedades en recintos feriales.
  - Localización de los stands.
- **Hostelería, supermercados, centros comerciales:**
  - Ofertas, promociones, cupones de descuento, cartas de menú, invitaciones, horarios de centros comerciales.
- **Ocios, espectáculos, teatros, cines:**
  - Programas, horarios, precios.
  - Publicidad de los patrocinadores.
  - Descarga de la cartelara, tráilers de las películas, MP3 de las bandas sonoras.
  - Posibilidad de adquirir entradas.
- **Estaciones de trenes, paradas de autobús, taxis.**
- **Conciertos, museos, recintos deportivos:**
  - Información, ofertas, descargas de vídeo clips, imágenes, repetición de las jugadas más importantes de un partido de fútbol, etc.
- **Descarga de publicidad de cualquier marca:**
  - Posibilidad de descarga de catálogos, vídeos promocionales, lista de precios o cualquier otra información de empresas que se anuncien en vallas, expositores o cualquier publicidad exterior.

¿Qué necesitamos para hacer marketing de proximidad?

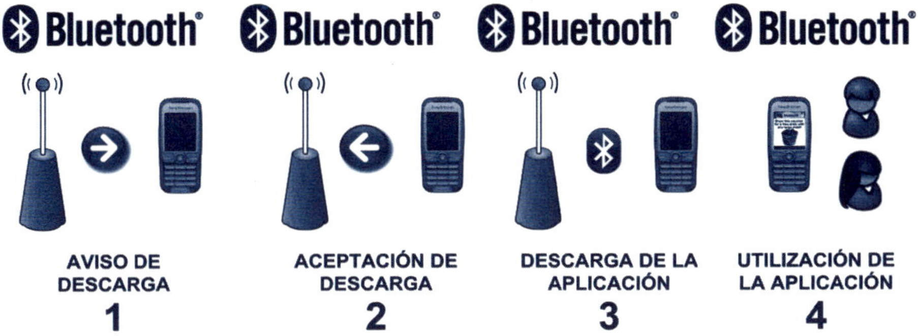

Figura 13.4. Funcionamiento del concepto del marketing de proximidad con Bluetooth.

¿Cuáles son las principales características del sistema de marketing de proximidad vía Bluetooth?

❶ Interactivo. Permite una interactividad con el usuario y ubica su posición.
❷ Flexible. El sistema Bluetooth permite distribuir de forma inalámbrica contenidos informativos o publicitarios asociados a un lugar determinado en un momento determinado. Se instalan puntos Bluetooth fijos o móviles dentro del área donde se quiera desarrollar la campaña.
❸ Dirigible. Atiende a pequeños grupos de usuarios, muy segmentados, persiguiendo un nivel alto de respuesta.
❹ Medible. Las campañas de marketing de proximidad son fáciles de monitorizar, permitiendo un seguimiento y una respuesta inmediata.
❺ Efecto viral de la información. Los usuarios, al tener la información descargada en sus móviles, pueden enviarla a otros usuarios en cualquier momento.

¿Merece la pena hacer marketing de proximidad?

El segundo estudio sobre *Móviles y publicidad: percepción, usos y tendencias*, realizado a finales de 2007 por Zed Digital, agencia de marketing digital del Grupo ZenithOptimedia, trata de reflejar la situación del mercado mostrando una evolución de los servicios y usos del móvil, de las percepciones y preferencias de los usuarios y de la eficacia y respuesta de los soportes publicitarios a través del Bluetooth, su alcance y el recuerdo de las campañas.

MÁS INFORMACIÓN

Blog Zed Digital. www.zeddigital.es. Descarga el estudio sobre los móviles en la Web del libro www.mbadelsigloxxi.es.

Conclusiones del estudio

- Clientes de telefonía móvil. El incremento en los últimos años ha sido espectacular. (Año 2001: 29,7 millones de móviles; año 2007: 48 millones.)
- Dotación de los dispositivos. El 67% de los móviles tiene capacidad de vídeo, el 84,2%, cámaras, el 93,8%, multimedia, el 53,3%, tarjetas de memoria, el 38%, radio, el 57%, MP3, el 83,2%, Internet, el 35%, banda ancha 3G, el 74,8%, Bluetooth y el 52%, infrarrojos.
- Disponibilidad del Bluetooth. El 56,5% de los usuarios lo lleva apagado, el 24,2% lo enciende para utilizar el manos libres y el 19,3% lo lleva siempre desactivado. El principal motivo para no llevarlo activado es el consumo de batería, seguido por la falta de utilidad y la preocupación por la seguridad.
- Resultados de la campaña Bluetooth objeto del estudio:
  - La mayoría de los usuarios, un 71,4%, recibió un mensaje vía Bluetooth porque lo tenía encendido, mientras que el 28,6% necesitó, para activarlo, un anuncio que les invitaba a participar en la campaña.
  - La curiosidad fue el primer motivo para participar en la campaña, seguido por el atractivo de la marca y el contenido.
  - Los contenidos que más atrajeron fueron la música, los fondos de pantalla, los mensajes y los vídeos.
  - El 43% de los usuarios que participó en la campaña volvería a hacerlo, ya que supuso una experiencia positiva, el 25% lo haría si les interesase el contenido, el 23% lo haría si creyese que les podría aportar algo positivo, y el resto no volvería a participar.

Principales ventajas de una campaña de marketing de proximidad

Permite una publicidad personalizada y consentida, ya que el usuario tiene que activar el Bluetooth y aceptar la descarga.

La gran diferencia con las campañas masivas o indiscriminadas es que los usuarios que acepten la recepción de la publicidad por Bluetooth la van a observar con interés.

Es un sistema ideal para empresas que buscan una comunicación más personalizada en función del público al que se dirijan y la ocasión. Es una clara alternativa a los medios tradicionales hipersaturados.

Representa un nuevo canal de promoción y ventas, al poder descargar todo tipo de contenidos, imágenes, vídeos, juegos promocionales, demos, catálogos, etc.

Permite realizar pequeñas ventas en tiempo real: música, entradas de cine, espectáculos, eventos deportivos, etc., de modo sencillo, seguro y rápido.

Las campañas de Bluetooth permiten medir en tiempo real los resultados, obteniendo las estadísticas sobre el alcance, el número de mensajes aceptados o rechazados, etc.

Principales inconvenientes de una campaña de marketing de proximidad

Principio básico: lo poco gusta y lo mucho cansa. Hay que tener mucho cuidado con la utilización de este tipo de tecnología; como novedad puede estar bien, por esta razón hay que ser de los primeros en lanzar estas campañas. El peligro viene cuando los usuarios se sienten agobiados por ellas. Imagínate un sábado por la tarde paseando por una calle comercial, recibiendo mensajes vía Bluetooth cada veinte metros, ¿qué harías con tu móvil? Muy sencillo: desactivar el sistema Bluetooth y, con ello, todas las campañas de proximidad de los comercios o empresas anunciantes. Fin del marketing de proximidad.

Como consecuencia de lo anterior, en estos momentos, un gran inconveniente que deben considerar las empresas interesadas en este tipo de marketing es que los usuarios perciban un intrusismo que pueda perjudicar la buena imagen que tenían anteriormente de la marca.

Sigue siendo necesario un soporte tradicional, pósters, vallas publicitarias, etc., que avise a los usuarios que activen el Bluetooth para permitir la transmisión de la información. Todavía la tasa de usuarios que mantienen el Bluetooth permanentemente apagado es alta. El uso del soporte tradicional supone un coste extra a la campaña de proximidad.

Ejemplos reales de marketing de proximidad vía Bluetooth

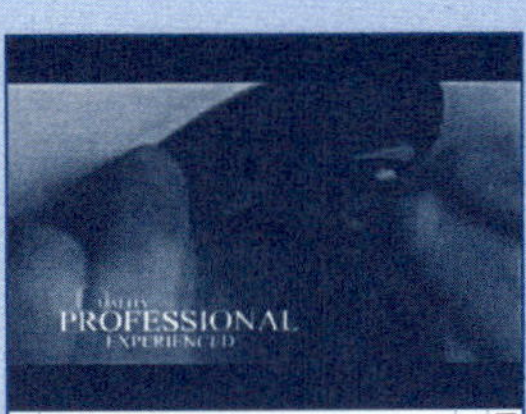

MediaProximity ShowReel

Acciones de marketing de proximidad en mobiliario urbano con Bluetooth.

- Autor: Mediaproximity
- **Duración: 1 min 58 s
- URL: www.youtube.com/watch?v=CLSOLGf9bkI
- Disponible para su descarga en www.mbadelsigloxxi.es.

Bluetooth Advertising & Marketing
Demostración comercial del funcionamiento del marketing de proximidad con Bluetooth.

- Autor: Proximitymedia.com
- **Duración: 1 min 02 s
- URL: www.youtube.com/watch?v=lSufHbsBe98
- Disponible para su descarga en www.mbadelsigloxxi.es.

13.5. EL GAMEVERTISING: («GAME» más «ADVERTISING»)

Como hemos visto en apartados anteriores, las campañas de marketing tradicional están en crisis, y los anunciantes tienen que buscar nuevas formas de llegar a las audiencias, de un modo menos intrusivo al que nos han acostumbrado.

El gamevertising es una nueva forma publicitaria que abarca varias modalidades, y que se refiere al uso de los ordenadores y videojuegos como un nuevo medio publicitario.

¿Merece la pena invertir en este nuevo medio?

Varias son las razones para pensar que sí, y todas tienen que ver con el auge y la popularidad de los videojuegos offline y online, y con el crecimiento y la penetración de la industria de los videojuegos, que llega a públicos que van más allá de los adolescentes, y que no se había contemplado hasta hace unos años: mujeres, padres de familia, mayores de treinta y cinco años, etc.

Un estudio realizado por Parks Associates,[2] empresa especializada en la investigación de productos o servicios digitales y tecnologías que proporcionan entretenimiento y conectividad en el hogar, nos arroja los siguientes datos:

- Se prevé que sólo en Estados Unidos la inversión en videojuegos como soporte publicitario pasará de 370 millones de dólares en 2006, a 2051 millones de dó-

---

2. Informe *Electronic Gaming in the Digital Home: Game Advertising*. www.parksassociates.com/research/reports/tocs/2007/gaming-advertising.htm. Es posible descargar la tabla de contenidos del informe antes de su compra en www.parksassociates.com/research/reports/tocs/pdfs/parks-GameAdvertising.pdf.

lares en 2010. Esto supone un crecimiento anual acumulado mayor que cualquier otro medio tradicional, como la televisión, la radio o la prensa.
- La publicidad en los videojuegos, si se logra estandarizar y se ejecuta correctamente, va a beneficiar en gran medida a todas las partes: anunciantes, desarrolladores, fabricantes de consolas, portales web y a los propios usuarios jugadores.

13.5.1. MODALIDADES DEL GAMEVERTISING

- Advergaming («advertising» más «gaming»). Juegos desarrollados en torno a un producto o marca como principal protagonista.
- Web advertising. Juegos en portales web que incluyen publicidad.
- In-Game Advertising (IGA). Publicidad y anuncios insertados dentro de los videojuegos.
  - Estática (SIGA). Publicidad fija insertada en los videojuegos antes de su distribución.
  - Dinámica (DIGA): Publicidad suministrada en los videojuegos de forma dinámica según la ubicación geográfica de los jugadores, el momento del día, el tipo de juego, etc.
- Marketing y publicidad en mundos virtuales *(vitual worlds)*. Comprende la publicidad dentro de los MMORPG *(Massively Multiplayer Online Role-Playing Games)* o los MMORLG *(Massively Multiplayer Online Real-Life/Rogue-Like Games)* basados en avatares como *Second Life (SL)*.
- Otros modelos de marketing y publicidad en eventos relacionados con los videojuegos:
  - Sesiones de juegos patrocinadas *(sponsored game play)*. Sesiones de juego físicas o virtuales donde los jugadores visualizan publicidad antes de iniciar una partida.
  - Torneos de juegos *(game tournaments)*. Campeonatos y torneos de videojuegos a nivel nacional e internacional con campañas publicitarias en el evento.

Figura 13.5. Modalidades de gamevertising.

Según Parks Associates, el In-Game Advertitisng (IGA) representa el segmento con más auge y crecimiento entre todas las modalidades del abanico que ofrece el gamevertising. Se espera un crecimiento es Estados Unidos desde los 55 millones de dólares en 2006 hasta los 805 millones de dólares para el año 2012.

13.5.2. PUBLICIDAD ESTÁTICA VS. DINÁMICA

El In-Game Advertising ofrece dos posibilidades de publicidad en los videojuegos: una estática, SIGA *(Static In-Game Advertising)*, y otra dinámica, DIGA *(Dynamic In-Game Advertising)*.

Publicidad estática

La publicidad estática consiste en anuncios fijos, que no cambian según las partidas o en el lugar donde se jueguen.

La publicidad estática más conocida en los videojuegos se representa en formato de vallas publicitarias en videojuegos de fútbol, baloncesto, carreras de coches, etc.

Este tipo de publicidad le da más realismo al juego, al estar integrada en situaciones virtuales con un contexto real. No nos podríamos imaginar un estadio de fútbol en un juego sin vallas publicitarias, no se aproximaría a lo que sucede en el mundo real.

Fuente: Massive Incorporated

Publicidad dinámica

La publicidad dinámica consiste en el suministro dinámico de publicidad en los videojuegos online.

Este tipo de publicidad puede ser modificada según la situación geográfica de los jugadores, esto es, un usuario que esté jugando en España va a ver una publicidad muy distinta a un jugador que se conecte desde México.

Otra ventaja que ofrece este tipo de publicidad es la posibilidad de enfocar o asociar las campañas a un momento o acontecimiento determinado. Por ejemplo, Navidades, vacaciones de verano, series televisivas, lanzamiento de nuevos productos, estrenos de películas, etc.

Por último, este tipo de publicidad es medible, lo cual quiere decir que los anunciantes pueden conocer la exposición de sus anuncios, cuáles son los más vistos, con qué duración y el comportamiento de los jugadores frente a los mismos.

Fuente: Massive Incorporated

Fuente: Massive Incorporated

13.5.3. CLAVES DEL ÉXITO DEL GAMEVERTISING

❶ Publicidad totalmente personalizada no percibida como intrusiva. Los jugadores no están percibiendo este tipo de publicidad como intrusiva, sino como bien integrada y como elemento que ofrece utilidad, dándole más realismo al juego.
❷ Interactividad e impacto. La publicidad dentro de los videojuegos ofrece una fuente inagotable de interactividad entre la marca y el jugador. Además, un anuncio en un videojuego tiene un mayor impacto que en cualquier medio tradicional, incluyendo la televisión, ya que los anuncios en los videojuegos tienen una mayor exposición y se perciben como un entretenimiento que forma parte del juego.
❸ Nuevo canal. Los anuncios permiten, a través de enlaces, acceder a la web del anunciante para que el jugador pueda aprovechar alguna campaña promocional (cupones descuento) ofrecida durante el juego, adquiriendo los productos del anunciante directamente a través de su página.
❹ Crecimiento de la audiencia. El gamevertising no se limita a un mercado de adolescentes. Los videojuegos se desarrollan y llegan a otros grupos demográficos, que están adquiriendo cada vez más protagonismo al incorporarse a esta forma de entretenimiento. La Entertainment Software Association (ESA) nos revela, en su *Top 10 Industry Facts*[3] del 2007, que la edad media del jugador tipo es de treinta y tres años, y que lleva jugando doce años; el 36% de los padres estadounidenses juega a los videojuegos (el 80% con sus hijos), el 38% de los jugadores son mujeres, el 24% de los norteamericanos de más de cincuenta años también juega ocasionalmente y el 49% de los jugadores dice jugar online una o más horas a la semana. Aunque este informe se refiera exclusivamente a Estados Unidos, Europa registrará en breve resultados similares.
❺ Efecto de marketing viral. Las redes sociales en Internet constituyen el mejor canal para la recomendación y propagación de los juegos online con anuncios que ofrezcan utilidad o valor para los jugadores.

13.5.4. BENEFICIOS DEL GAMEVERTISING

Para los desarrolladores. El gamevertising ofrece una fuente de ingresos extra para poder hacer frente a las grandes inversiones en el desarrollo de juegos con cada vez más demanda en tecnología, resolución, jugabilidad y realismo.

Para los anunciantes. El gamevertising ofrece un nuevo canal para intentar llegar a una audiencia que rechaza o no presta tanta atención a los medios tradicionales; es una nueva manera de llegar a su target a través de una combinación de sonidos, imágenes, movimientos y emociones. Los videojuegos logran que los jugadores destinen más tiempo a interactuar con la marca que cualquier otro medio, aumentando

3. *Top 10 Industry Facts.* Entertainment Software Association (ESA). 2007. www.theesa.com/facts/top_10_facts.php.

el nivel de retención del anuncio. Gracias a la tecnología, los anunciantes reciben también información o feedback de los jugadores: en qué situaciones han observado el anuncio, el tiempo dedicado al mismo, el grado de penetración, la efectividad del mensaje, su asimilación, etc.

Para los jugadores. El gamevertising ofrece entretenimiento sin coste. Se van a presentar cada vez más juegos de calidad gratuitos en modo online, que darán al usuario la posibilidad de compartir sus experiencias con amigos en entornos multijugador.

¿Quiénes y qué sectores están invirtiendo en gamevertising?

Veamos algunos ejemplos que nos ofrece la firma Massive Incorporated (subsidiaria de Microsoft):

EJEMPLOS DE IN-GAME ADVERTISING

Productos de consumo. (Videojuego con y sin publicidad)

EJEMPLOS DE IN-GAME ADVERTISING

Ocio:
estrenos de películas

Telecomunicaciones:
lanzamientos de nuevos teléfonos móviles

EJEMPLOS DE IN-GAME ADVERTISING

Calzado:
lanzamiento de nuevos modelos

Automoción:
modelos de automóviles

EJEMPLOS DE IN-GAME ADVERTISING

Tecnología: recordatorio de marcas

EJEMPLOS DE ADVERGAMES

San Miguel: www.sanmiguel.es y www.laeuforia.com

EJEMPLOS DE ADVERGAMES

ColaCao: www.comoquierascolacao.com

13.5.5. DIRECCIONES DE INTERÉS

Agencias de publicidad In-Game Advertising

• Massive Incorporated www.massiveincorporated.com	• IGA Worldwide www.igaworldwide.com
• Double Fusion www.doublefusion.com	• NeoEdge Networks www.neoedge.com
• Game Advertising Online www.game-advertising-online.com	• Game Creative www.gamecreative.com.au

Weblogs sobre el gamevertising

• Game-advertising, the new marketing hype www.gamevertising.com	• Weblog Imagame http://blog.imagame.com/about
• La Cofa – Blog de Vigilancia Tecnológica www.lacofa.es	• Business & Games: The Blog www.businessandgames.com/blog
• GameAds – Game Advertising Weblog www.gameads.nl	• AdLab – Advertising tomorrow http://adverlab.blogspot.com

Vídeos sobre gamevertising

• In Game Advertising www.youtube.com/watch?v=PHa-it1WPwA	• Tipos de In Game Advertising www.youtube.com/watch?v=9QVujswZxF0
• SIA Interactive – Advergames www.youtube.com/watch?v=cXU1nBn_vcQ	• Advergaming – Prof. Michelle M. Brown www.youtube.com/watch?v=-AfQTJmIuSw

Estudios sobre videojuegos y gamevertising

- *Harnessing the Power of Video Games For Learning*. (El impacto de los videojuegos en el aprendizaje). Federation of American Scientists. 2006. http://tinyurl.com/ydvxlu
- *Serious Games Taxonomy*. (Clasificación de los «juegos serios»). Serious Games Iniciative, Ben Sawyer, Peter Smith. 2008. http://www.dmill.com/presentations/serious-games-taxonomy-2008.pdf

MÁS INFORMACIÓN Y DESCARGAS:

www.mbadelsigloxxi.es

CASO PRÁCTICO: BATTLEFIELD HEROES

Un nuevo modelo de negocio para Electronic Arts (EA)

Como ya comentamos en el apartado «Free Love (Gratis Total)» del capítulo 3, el freevertising se está convirtiendo en una «tendencia para siempre». Cada vez más empresas van a basar su modelo de negocio en obtener ingresos exclusivamente a base de publicitar otras compañías, y, como no podría ser de otra manera, los videojuegos, por las diversas razones que hemos visto a lo largo de este capítulo, se están considerando un área de especial interés para las marcas.

Electronic Arts (EA), compañía líder mundial en desarrollo, edición y distribución de software de entretenimiento para videojuegos, ha lanzado al mercado una nueva versión gratuita online de su popular saga Battlefield, con el nombre de Battlefield Heroes, que va a liderar el nuevo modelo de negocios de EA Free 4 Play (juega gratis).

Battlefield Heroes es el primer título ofrecido por EA de una forma completamente gratuita. El juego incorpora un sistema de emparejamiento para que jugadores del mismo nivel se enfrenten juntos, y así puedan desarrollar partidas más equilibradas. El juego es un innovador shooter con gráficos al estilo cartoon, que traerá la jugabilidad clásica de Battlefield a un público totalmente nuevo, como son los jugadores ocasionales. EA pretende que su producto se mantenga siempre actual, con la renovación continua del contenido, y que los jugadores se involucren, ya que sus observaciones y sugerencias se incorporarán al juego. «Una nueva forma de hacer juegos: gratuitos y diseñados por los usuarios.»

www.battlefield-heroes.com

Nuevo modelo de negocio: basado en ingresos a través de la publicidad y los micropagos

- ***La publicidad:*** en principio se pretende que la publicidad no se perciba como intrusiva, y no se incluirá dentro del juego, sino que aparecerá en la página web y en las pantallas de carga de los diferentes niveles del mismo.
- ***Los micropagos:*** el juego ofrecerá a sus jugadores la posibilidad de adquirir elementos añadidos a los personajes a cambio de pequeñas transacciones monetarias, proporcionando a la compañía una importante fuente de ingresos.

En el año 2006, EA introdujo con gran éxito en Corea del Sur la versión online gratuita de FIFA, atrayendo a más de 5 millones de usuarios e ingresando 1 millón de dólares mensuales en ventas mediante micropagos. Con el lanzamiento de Battlefield Heroes, la compañía pretende repetir el éxito, conquistando a los usuarios occidentales, considerados como seguidores menos «fervientes» que los asiáticos.

Fuentes: Electronic Arts (España), «The Video Game May Be Free, but to Be a Winner Can Cost Money». *The New York Times*. Seth Schiesel, enero de 2008.
Más información: http://es.ea.com www.battlefield-heroes.com

MÁS INFORMACIÓN Y DESCARGAS EN LOS BLOGS:

www.mbadelsigloxxi.es

Parte V
LA VISIÓN ESTRATÉGICA Y LOS SISTEMAS DE GESTIÓN DE LA CALIDAD

ESTRATEGIA

(Del lat. strategĭa, *y este del gr.* στρατηγ α.*)*

1. f. Arte, traza para dirigir un asunto.

2. f. Mat. En un proceso regulable, conjunto de las reglas que aseguran una decisión óptima en cada momento.

CALIDAD

(Del lat. qualĭtas, -ātis, *y este calco del gr.* ποι της.*)*

1. f. Propiedad o conjunto de propiedades inherentes a algo, que permiten juzgar su valor.

(Fuente: Real Academia Española)

MBA del siglo XXI News

¿Qué estrategia seguimos?

CAPÍTULOS:

Bueno, no os pongáis tan pesimistas, la parte positiva es que ya no tenemos que pensar en la estrategia de salida.

14. La dirección estratégica

«Tenemos un plan estratégico. Se llama "hacer cosas".»

Herb Kelleher, cofundador de Southwest Airlines

- El proceso del management estratégico.
- Desarrollo de un plan estratégico.
  - Análisis.
  - Planificación y formulación.
  - Implementación.
  - Evaluación y Control

"La estrategia se convierte en el marco fundamental con el que la organización puede sostener su continuidad y, al mismo tiempo, facilitar su adaptación a un entorno en continuo cambio, adquiriendo una ventaja competitiva que permita un continuo crecimiento y desarrollo."

NUBE DE TAGS

DIRECCIÓN ESTRATÉGICA, **estrategia**, *management estratégico*, **análisis**, *planificación y formulación*, IMPLEMENTACIÓN, evaluación y control, DAFO, Michael E. Porter, *poder negociador*; **MISIÓN**, **VISIÓN**, **FILOSOFÍA**, oportunidades, **fortalezas**, *debilidades*, **compromiso...**

A lo largo de los años algunas organizaciones se han desarrollado hasta ser extremadamente grandes y productivas, mientras que otras han ido a la bancarrota. Algunas se han diversificado en diferentes negocios nuevos, mientras que otras no lo han hecho.

En décadas futuras, los cambios demográficos, sociológicos, económicos y tecnológicos harán que este entorno empresarial se haga aún más complejo y competitivo. ¿Cómo pueden las organizaciones reaccionar y tomar decisiones en esta nueva situación? ¿Cómo podrán establecer un rumbo o controlar su futuro? El proceso se llama dirección estratégica.

Podemos definir el concepto de estrategia como una unificación de las siguientes dimensiones:

1. Estrategia como un conjunto coherente y unificado de decisiones.
2. Estrategia como medio para establecer el propósito de la organización a través de objetivos a largo plazo, programas de acción y prioridades en la utilización de los recursos.
3. Estrategia como definición del alcance o dominio competitivo de la organización.
4. Estrategia como respuesta a oportunidades y amenazas externas, así como fortalezas y debilidades internas, para adquirir una ventaja competitiva.
5. Estrategia como canal para establecer y diferenciar la labor y las responsabilidades de gestión a nivel corporativo y funcional.
6. Estrategia como definición de las contribuciones económicas y no económicas de la organización para con sus dueños, accionistas y personal integrado, e incluso en el lugar geográfico donde se desarrollan sus actividades a través de un compromiso de Responsabilidad Social Corporativa (RSC).

Si consideramos la unificación de todas estas dimensiones, la estrategia se convierte en el marco fundamental por el que la organización puede sostener su continuidad y, al mismo tiempo, facilitar su adaptación a un entorno en continuo cambio, adquiriendo una ventaja competitiva que permita un crecimiento y un desarrollo o constantes.

¿DIRECCIÓN ESTRATÉGICA = ÉXITO EMPRESARIAL?

Muchos estudios han analizado un gran número de empresas en diferentes períodos de tiempo y entornos, y han usado diferentes metodologías de investigación para analizar la relación existente entre dirección estratégica y éxito empresarial.

Un estudio, por ejemplo, dividía a las empresas en dos grupos, dependiendo de si éstas tenían un sistema formal o informal de dirección estratégica. Las compañías que fueron clasificadas como poseedoras de un sistema formal de dirección estratégica determinaban sus objetivos con tres años o más de antelación, y establecían programas de acción específicos, así como proyectos y procedimientos para alcanzar dichos objetivos. Las compañías que no cumplían estos requisitos se clasificaron como poseedoras de un sistema informal de dirección estratégica.

Adicionalmente, después de analizar su evolución en términos de ventas, precios de sus acciones, beneficios por acción y retorno del capital, se concluyó que las empresas que habían iniciado e implementado un sistema formal de dirección estratégica habían experimentado un crecimiento notable, superando a las empresas con un sistema informal de dirección estratégica.

Otro estudio similar sobre noventa compañías norteamericanas de diferentes sectores concluyó que el management de cualquier empresa que busque beneficios está abocado al fracaso si no se compromete con un proceso formal de dirección estratégica.

14.1. EL PROCESO DEL MANAGEMENT ESTRATÉGICO

¿Qué es y en qué consiste el proceso del management estratégico?

El proceso del management estratégico se diseña e implementa para alcanzar nuestros objetivos estratégicos.

Consiste en cuatro fases principales:

Figura 14.1. Las cuatro fases principales para desarrollar un plan estratégico.

14.1.1. PRIMERA FASE PARA DESARROLLAR UN PLAN ESTRATÉGICO: ANÁLISIS

El proceso de management estratégico comienza con un cuidadoso análisis de las fortalezas y debilidades internas, así como de las oportunidades y amenazas externas de la empresa.

Nos referimos al análisis DAFO (debilidades, amenazas, fortalezas y oportunidades) o, por el término anglosajón, *SWOT Analysis (strengths, weaknesses, opportunities, threats)*, como muestra la figura 17.2.

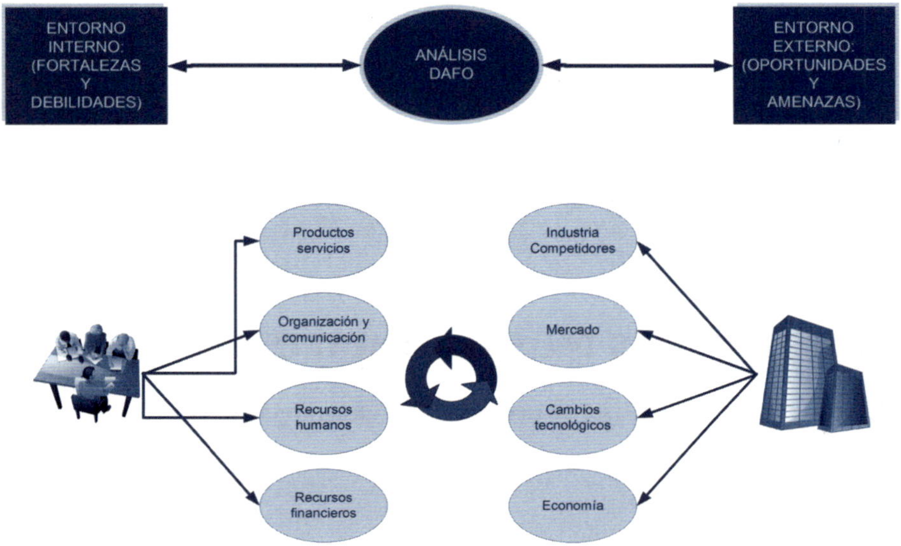

Figura 14.2. Plan estratégico: análisis del entorno.

El análisis DAFO consiste en evaluar los puntos internos fuertes y débiles de la empresa junto con las oportunidades y amenazas que se encuentran en el exterior.

¿Quién analiza los valores internos de una empresa y cómo lo hace?

Tanto en una pequeña o mediana empresa como en una multinacional, desde el empresario fundador hasta el último mando, todos deben participar activamente aportando sus conocimientos y experiencias en el desarrollo de las actividades de la empresa para su posterior análisis. Es también vital la cooperación con una entidad externa para ofrecer un punto de vista independiente, sin influencias internas, que garantice una evaluación objetiva.

Podemos resumir las finalidades del análisis interno en la siguiente tabla:

VALOR/CONCEPTO	CARACTERÍSTICAS
RECURSOS HUMANOS:	• ¿Son los directivos adecuados para llevar la empresa a la posición deseada y alcanzar sus objetivos a largo plazo? • ¿Cuál es su nivel de participación y compromiso? • ¿Se siente el personal identificado con la empresa? • ¿Cómo se les dirige, motiva o compensa? • ¿Cuál es la atmósfera y calidad de trabajo? • ¿Cuáles son sus objetivos personales o grado de ambición? • ¿Cuál es su experiencia y competencias?
COMUNICACIÓN Y ORGANIZACIÓN:	• ¿Qué estructura tiene la empresa?, ¿centralizada, descentralizada, funcional? • ¿Qué tipo de jerarquía tiene? • ¿Cuáles son sus ventajas o desventajas a la hora de obtener el nivel de productividad deseado? • ¿Y en lo relativo a la comunicación, el control, la flexibilidad, la rapidez para responder al cambio, etc.?
PRODUCTOS/ SERVICIOS:	• ¿Cuáles son la calidad, el precio y las características de los productos o servicios percibidos por el cliente? • ¿Cuál es el proceso de atención al cliente? • ¿Induce a su satisfacción y lealtad? • ¿Cuál es el ratio de quejas? • ¿Ofrecen los productos o servicios actuales algún valor añadido?
RECURSOS FINANCIEROS:	• ¿Cuál es la situación financiera de la empresa? • ¿Cuál es su liquidez? ¿Y su sistema de control de la tesorería? • ¿Rentabilidad? ¿Endeudamiento? • ¿Cuál es su sistema de control presupuestario? • ¿Estaría preparada la empresa para asumir posibles esfuerzos o inversiones requeridos por un plan estratégico de expansión?

Tabla 14.1. Objetivos del análisis interno.

El análisis interno pretende identificar las fortalezas para construir e implementar un plan estratégico con éxito; también permite reconocer las debilidades para poder evaluar su intensidad y reajustar los requisitos clave o activar un plan de reestructuración encaminado a lograr los objetivos de la empresa.

¿Cómo se analizan las oportunidades y las amenazas externas a la empresa?

El análisis de oportunidades y amenazas externas se realiza para poder, en el caso de posibles oportunidades futuras, determinarlas y explotarlas en el momento oportuno, y, en el caso de potenciales amenazas, identificarlas y adoptar medidas de respuesta con el objetivo de protegerse o enfrentarse a ellas.

El análisis del entorno externo de la empresa comprende una gran cantidad de factores sociales y económicos. El aspecto clave del entorno empresarial es el sector o sectores industriales en los cuales compite.

La estructura de un sector industrial tiene una fuerte influencia al determinar las bases de la competitividad de la empresa, así como las posibilidades estratégicas que le ofrece. Las fuerzas externas del sector industrial son importantes, principalmente en un sentido relativo, dado que afectan por lo general a todas las empresas de dicho sector. La clave se encuentra en las distintas habilidades de la empresa para enfrentarse a ellas.

Analicemos las cinco fuerzas de Porter, como modelo de las fuerzas que mueven la competencia en un sector industrial.

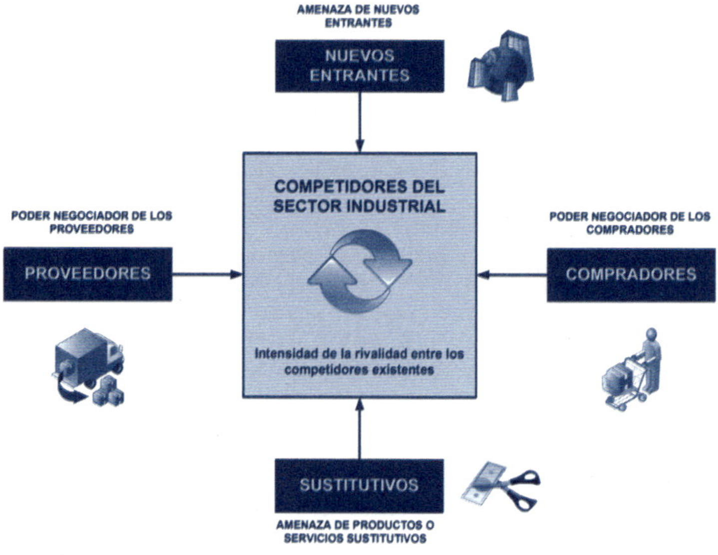

Figura 14.3. Modelo de las cinco fuerzas de Michael E. Porter.

1. NUEVOS ENTRANTES

- Amenaza de nuevos entrantes.
- Barreras de entrada:
  - Economías de escala.
  - Diferenciación de producto.
  - Requisitos de capital.
  - Costes cambiantes.

- Acceso a los canales de distribución.
- Acceso a la tecnología más avanzada.
- Efectos en la curva de la experiencia y el aprendizaje.
- Subsidios gubernamentales.

- Política gubernamental:
  - Límites o impedimentos del ingreso a una industria.
  - Requisitos de licencia.
  - Limitaciones en cuanto al acceso a materias primas.
  - Normativas de contaminación.
  - Normativas de seguridad.
  - Normativas del producto.

2. INTENSIDAD DE LA RIVALIDAD ENTRE LOS COMPETIDORES EXISTENTES

- Concentración (número de competidores) y equilibrio entre ellos.
- Tasas de crecimiento del sector.
- Costes fijos o de almacenamiento.
- Falta de diferenciación.
- Costes cambiantes.
- Incrementos importantes en la capacidad de producción.
- Competidores diversos.
- Intereses estratégicos elevados.
- Barreras de salida:
  - Activos especializados.
  - Costes fijos de salida.
  - Interrelaciones estratégicas con otras empresas.
  - Barreras emocionales.
  - Restricciones sociales y gubernamentales.

3. PODER NEGOCIADOR DE LOS COMPRADORES

El poder negociador del o de los compradores es alto si se cumplen las siguientes circunstancias:

- Estar concentrado o comprar grandes volúmenes con relación a las ventas del proveedor.
- Las materias primas representan una fracción importante de los costes o compras del comprador.
- Los productos que se compran son estándar o «no diferenciados».

- El cambio de proveedor no implica costes importantes.
- Si los compradores plantean una amenaza de integración hacia atrás.
- Si el producto no es importante para la calidad de los productos o servicios del comprador.
- Si el comprador tiene información completa sobre la demanda, los precios de mercado, los costes del proveedor, etc.

4 PODER NEGOCIADOR DE LOS PROVEEDORES

El poder negociador del o de los proveedores es alto si se cumplen las siguientes circunstancias:

- Que su sector esté dominado por pocas empresas y más concentrado que el sector industrial al que vende.
- Que no estén obligados a competir con otros productos sustitutivos para la venta en su sector industrial.
- Que la empresa a la que se vende no sea un cliente importante del proveedor.
- Que los proveedores vendan un producto que sea muy importante para el negocio del comprador.
- Que los productos del proveedor estén diferenciados o requieran costes elevados por cambio de proveedor.
- Que el proveedor represente una amenaza de integración hacia adelante.

5 AMENAZA DE PRODUCTOS O SERVICIOS SUSTITUTIVOS

La amenaza de productos o servicios sustitutivos ocurre cuando:

- La disponibilidad de productos sustitutivos es alta.
- El precio del producto o servicio sustitutivo es atractivo.
- El coste por cambiar a un producto o servicio sustitutivo es bajo.
- El beneficio y la agresividad del productor de productos sustitutivos son altos.

14.1.2. SEGUNDA FASE PARA DESARROLLAR UN PLAN ESTRATÉGICO: PLANIFICACIÓN Y FORMULACIÓN

Una vez examinados los resultados de la fase de análisis del entorno interno y externo de la empresa, la planificación y formulación de las estrategias a implementar implican a su vez dos fases:

1. Definición de la filosofía, la visión y la misión de la empresa.
2. Descripción de los objetivos a alcanzar.

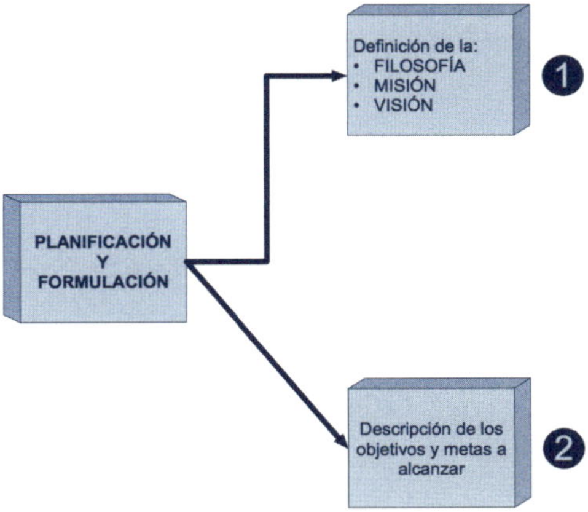

Figura 14.4. Fases en la planificación y formulación de un plan estratégico.

14.1.2.1. Definición de la filosofía de la empresa

Una filosofía organizativa establece los valores, las creencias y las líneas a seguir en cuanto a la forma en que la organización va a conducir su negocio. Establece la relación entre la empresa y sus accionistas, empleados, clientes, proveedores, gobierno y el público en general.

Ejemplo de la filosofía de J. C. Penney Co., Inc.:

- «Servir al público, tanto como podamos, hasta su completa satisfacción.»
- «Esperar del servicio que prestamos una remuneración justa y no todo el provecho del tráfico que podamos tener.»
- «Hacer todo lo que tengamos en nuestra mano para conseguir la satisfacción del cliente, y que sus dólares tengan mayor poder adquisitivo.»
- «Continuar formándonos, nosotros y nuestros asociados, para que el servicio que damos sea cada vez más inteligentemente realizado.»
- «Mejorar constantemente el factor humano en nuestros negocios.»
- «Recompensar a los hombres y mujeres de nuestra organización con los beneficios de nuestro negocio.»
- «Evaluar nuestra política, métodos y actos a la luz de este deseo: ¿cuadra esto con lo que es bueno y justo?»

La filosofía de una empresa es un estamento articulado, normalmente, por el empresario fundador, ya sea por escrito o con su propio comportamiento, y se suele mantener a lo largo de la vida de la empresa.

La filosofía de la empresa proporciona un sistema para el establecimiento de políticas organizativas que proporcionen las guías de acción para los empleados de la empresa.

14.1.2.2. Definición de la visión de la empresa

La visión de la empresa describe sus aspiraciones y objetivos: ¿hacia dónde va? y ¿qué quiere llegar a ser? La visión es importante, ya que guía y lidera al recurso humano de la empresa hacia un mismo camino y propósito. La visión deberá proporcionar un ideal emocional fuerte, que incite al recurso humano de la empresa a comprometer todas sus energías por alcanzar el objetivo que tiene en común.

Ejemplo de la visión de la CNN (Cable News Network):

- «Ser la mejor y más fiable fuente de noticias en cualquier tema, de cualquier lugar, a cualquier hora.»

Ejemplo de la visión de McDonald's:

- «Ser el líder en ofrecer la mejor calidad de comida a cualquiera en cualquier lugar.»

Ejemplo de la visión de Coca-Cola:

- «Que una Coca-Cola esté al alcance de cualquier consumidor sin importar el punto geográfico donde se encuentre en ese momento.»

14.1.2.3. Definición de la misión de la empresa

La misión de una empresa define sus actividades de negocios presentes y futuras, describe su mercado objetivo y sus intenciones para lograr su visión.

La visión de una empresa para alcanzar un propósito o un ideal se convierte en algo más concreto y sólido cuando se pone en práctica la misión de la compañía. La misión de una empresa es más específica que su visión, ya que establece la guía de cómo la empresa puede alcanzar su visión en un período de tiempo.

El estamento de la misión de una empresa describe de un modo general sus productos o servicios, el perfil de sus clientes y la dirección que la empresa pretende tomar.

Ejemplo de la misión de McDonald's:

- «Cuatro políticas: QSCV (*Quality, Service, Cleanliness, Value*; calidad, servicio, limpieza y valor). Implementar todas y cada una de estas cuatro políticas para lograr la satisfacción de sus clientes.»

14.1.2.4. Descripción de los objetivos y metas a alcanzar

Los objetivos y las metas son formulados para especificar los resultados que se desean al definir la misión de la empresa. A diferencia de la misión, que describe un propósito un tanto general, los objetivos y las metas son acciones muy concretas que se desarrollan en un período de tiempo, ya sea de corto alcance (menos de un año), o de largo alcance (más de un año).

Los objetivos y metas varían de una empresa a otra y dependen directamente de su misión.

Ejemplos de objetivos de varias empresas con diferentes misiones:

EMPRESA N.° 1:

- «Incrementar nuestra rentabilidad en un 15% durante los próximos tres años.»

EMPRESA N.° 2:

- «Alcanzar una cuota de mercado de un 30% en los próximos tres años.»

EMPRESA N.° 3:

- «Desarrollar un nuevo producto en seis meses.»

EMPRESA N.° 4:

- «Mejorar el proceso de atención y satisfacción del cliente durante los próximos tres meses.»

McDonald's:

- «Lograr el 100% de la satisfacción total del cliente todos los días en cada restaurante.»
- «Servir con rapidez un menú limitado de comida caliente apetitosa en un restaurante limpio y agradable por un buen precio.»

Una vez que se haya analizado el entorno interno y externo de la empresa, y se haya definido con claridad su filosofía, su visión y su misión, junto con los objetivos y metas a alcanzar, se procede a la elección de la estrategia.

¿Cómo vamos a llevar a cabo y alcanzar los objetivos propuestos?

RECUERDA

La estrategia son los pasos que una empresa debe seguir para alcanzar sus metas y objetivos de acuerdo con su misión.

La clave en la formulación de una estrategia consiste en:

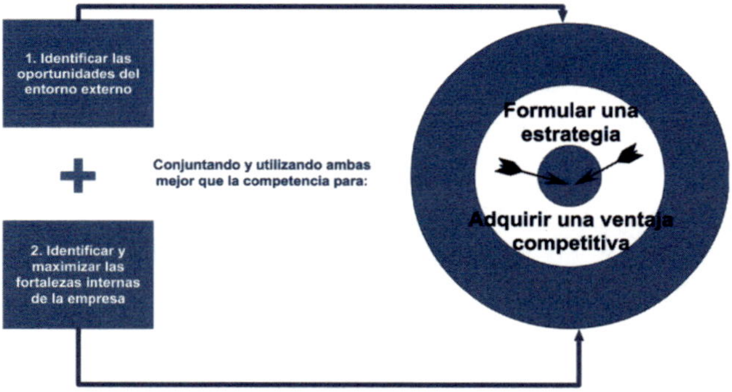

Figura 14.5. Claves para formular una estrategia.

14.1.3. TERCERA FASE PARA DESARROLLAR UN PLAN ESTRATÉGICO: IMPLEMENTACIÓN DE LA ESTRATEGIA

El aspecto clave en la misión de una organización es el compromiso encaminado al desarrollo de las distintas competencias y fortalezas necesarias para su cumplimiento. Una vez que la organización se ha mentalizado en aplicar este compromiso, debe llevar a cabo la implementación de su elección.

Los requisitos para la implementación de una estrategia son varios y se deben cumplir en su totalidad:

- La dirección tiene que tener un compromiso claro con la implementación y debe participar activamente en su desarrollo, control, y evaluación.
- Se debe establecer una estructura organizacional apropiada para llevar a cabo la implementación de la estrategia a seguir.

- Se debe comunicar el plan estratégico diseñado e involucrar a los recursos humanos de la empresa asignándoles responsabilidades. Se les formará o entrenará para que las desarrollen de una manera correcta, y, por último, se los reconocerá y recompensará por haberlas cumplido de una manera eficaz.
- Finalmente, se debe llevar un control regular de las actividades inherentes a la implementación de la estrategia y evaluar su evolución.

RECUERDA

La implementación de un plan estratégico debe involucrar tanto a los directivos como al resto del personal, quienes deben estar bien informados e identificarse con la misión y la filosofía de la empresa.

Los ingredientes para una efectiva implementación estratégica son...

COMUNICACIÓN
ORGANIZACIÓN
COMPROMISO-IDENTIFICACIÓN
INTEGRACIÓN

... entre la empresa, sus directivos y su personal.

La relación entre la empresa, sus directivos y su personal para la implementación de una estrategia con éxito se describe en la siguiente figura.

Figura 14.6. La relación entre empresa-directivos-empleados en la implementación de un plan estratégico con éxito.

Las implementaciones de los planes estratégicos con más éxito siempre han dependido de una organización bien gestionada, con un sólido compromiso, respaldado por un personal competente e identificado con la empresa.

ADVERTENCIA

La dirección puede formular el número de estrategias que desee con el objetivo de adquirir una ventaja competitiva, pero el éxito de una buena estrategia depende, en realidad, de la organización y el apoyo de su gente.

14.1.4. CUARTA FASE PARA DESARROLLAR UN PLAN ESTRATÉGICO: EVALUACIÓN Y CONTROL

Durante la implementación de un plan estratégico de largo alcance, pueden inevitablemente ocurrir cambios que afecten a su desarrollo. Por ejemplo:

- El entorno del sector industrial en el que la empresa realiza su actividad puede sufrir algún cambio económico o gubernamental, o pueden aparecer productos o servicios sustitutivos a menor precio, etc.
- La demanda del mercado puede desviar su trayectoria o cambiar su sensibilidad.
- Incluso la propia empresa puede verse afectada si el rendimiento previsto con su estrategia no se cumple o está por debajo de sus pretensiones.

Estos posibles cambios requieren el control, la evaluación y los ajustes que sean necesarios para reconducir la estrategia de una empresa durante su plan de ejecución.

CASO PRÁCTICO

¿Qué estrategias son adecuadas para una empresa cuando está iniciándose una recesión económica?

Las empresas deben ajustar sus estrategias en diferentes épocas económicas, durante una recesión, una inflación, una deflación, un alto crecimiento, etc.

Por ejemplo, durante una recesión, una empresa debe reducir sus gastos y, en la medida de lo posible, aumentar sus promociones. Una recesión exige una «limpieza» en todos los niveles. Seguramente, se pueden reducir los gastos de marketing revisando las variables de comunicación, precios, canales de distribución y costes de desarrollo y fabricación.

Las empresas pueden ahorrar dinero tratando de renegociar con los proveedores los contratos de compra, de retrasar proyectos de investigación y desarrollo, de agilizar los cobros y de retrasar los pagos.

Durante una recesión, los clientes buscan precios más bajos o más valor por sus compras. Por lo tanto, una de las medidas de urgencia que una empresa puede adoptar es una nueva política de promoción de ventas que conlleve ahorros y descuentos para el cliente.

Tres medidas a adoptar durante una recesión económica:

1. Reducir gastos, evitando dañar la oferta de valor de la empresa.
2. En lugar de bajar los precios, buscar alternativas para mantener o incrementar el valor que se entrega al cliente.
3. Utilizar la recesión como una oportunidad para atraer clientes de la competencia decepcionados o insatisfechos con las políticas adoptadas por nuestros competidores más directos.

¿Quién va contracorriente?

En época de recesión, las empresas que se lo pueden permitir o las que tienen un buen colchón para las «situaciones de emergencia» adoptan un marketing agresivo, incrementando sus presupuestos, mientras que otras los recortan, obteniendo una buena oportunidad para ganar participación en el mercado.

Los problemas que la dirección de una empresa puede encontrarse a la hora de implementar planes estratégicos varían según las amenazas y oportunidades de su entorno externo competitivo, y en función de sus fortalezas y debilidades internas.

Consecuentemente, cada empresa necesita ajustar su plan estratégico de la manera que mejor se adapte al contexto y situación que atraviese.

Cada estrategia debe cambiar y adaptarse a las modificaciones de su entorno, requiriendo un control, una evaluación y un ajuste constantes.

15. Estrategias genéricas para adquirir una ventaja competitiva

«Uno alcanza la excelencia como líder cuando la gente lo sigue a todas partes, aunque sólo sea por curiosidad.»

Colin Powell

- Estrategia de liderazgo en costes.
- Estrategia de diferenciación.
- Estrategia de enfoque o segmentación.
- Análisis comparativo de las tres estrategias.

“Cada vez es más difícil adquirir y mantener una ventaja competitiva, debido a factores como la rápida imitación, los ciclos de vida de productos más cortos y unos consumidores cada vez más inmunes a los mensajes publicitarios. Las empresas que logren mejorar continuamente el valor que entreguen a sus clientes podrán sobreponerse a las amenazas de sus competidores.”

NUBE DE TAGS

LIDERAZGO EN COSTES, *planificación*, IMPLEMENTACIÓN, control, **economías de escala**, DISEÑO DEL PRODUCTO, Ikea, *rivalidad entre competidores*, *poder negociador de los compradores*, **valor**, barreras de entrada, **Starbucks**, *diferenciación*, Bang & Olufsen, ENFOQUE O SEGMENTACIÓN...

¿Cómo puede una empresa sobresalir por encima de sus competidores?

Uno de los objetivos de cualquier empresa es producir, distribuir y vender mejor que sus competidores. Al enfrentarse con las cinco fuerzas competitivas de un sector industrial, una empresa puede utilizar una de las siguientes estrategias competitivas para superar a sus rivales. El éxito se basa en su buena planificación, implementación y control.

Figura 15.1. Estrategias genéricas.

15.1. ESTRATEGIA DE LIDERAZGO EN COSTES

¿En qué consiste la estrategia de liderazgo en costes?

La estrategia de liderazgo en costes está basada en la habilidad de la empresa para ofrecer su producto o servicio a un coste menor que sus competidores.

La estrategia de liderazgo en costes proporciona una ventaja competitiva, ya que la empresa es capaz de adquirir un mayor margen de beneficio que resulta de la venta de sus productos o servicios a precio de mercado, cuando éstos se producen a un coste menor.

¿Cuáles son los requisitos para optar por esta estrategia?

Las empresas que deciden utilizar esta estrategia deben tener en cuenta que requiere:

- Economías de escala: una mayor infraestructura, instalaciones o plantas de producción, por ejemplo, que permitan producir grandes volúmenes de forma más eficiente.
- Economías de aprendizaje: la curva de la experiencia adquirida en la fabricación de un producto juega un importante papel en el empeño por reducir costes.
- Diseño del producto: productos elaborados en serie con una utilización eficiente de materiales.
- Localización: es un elemento clave para empresas que quieran ser las primeras en entrar en un mercado determinado.
- Un mayor control de costes y minimizar en lo posible otros gastos indirectos.

¿Qué empresas han optado por esta estrategia?

El grupo Ikea es un claro ejemplo de empresa que ha elegido reducir sus costes para adquirir una ventaja competitiva frente a sus más directos rivales. Véase el caso práctico «Ikea: ventaja competitiva obtenida gracias a los bajos costes» en la página siguiente.

¿Cómo defiende esta estrategia una empresa frente a las cinco fuerzas competitivas?

Véase la figura 14.3. «Modelo de las cinco fuerzas de Michael E. Porter» en la página 364.

❶ **Rivalidad entre competidores.** La empresa que utilice este tipo de estrategia adquiere una posición de defensa frente a sus competidores, ya que sus costes son más bajos y puede obtener mayor rendimiento que sus rivales.

❷ **Poder negociador de los compradores.** Una posición de bajos costes defiende a la empresa frente a los compradores más poderosos, ya que los compradores sólo pueden ejercer poder para hacer bajar los precios al nivel del competidor que le sigue en eficacia.

❸ **Poder negociador de los proveedores.** Una posición de bajos costes defiende a la empresa frente a los proveedores más poderosos, ya que proporciona más flexibilidad para enfrentarse al aumento de los precios de las materias primas.

❹ **Barreras de entrada.** Mantener los costes bajos crea barreras de ingreso a nuevos entrantes, ya que éstos no poseen economías de escala o la curva de la experiencia que proporciona ventajas en costes.

❺ **Amenaza de productos sustitutivos.** Una posición de bajos costes, por lo general, también proporciona a la empresa una posición favorable con relación a sus competidores frente a los posibles futuros productos o servicios sustitutivos.

CASO PRÁCTICO: IKEA

Ventaja competitiva obtenida gracias a los bajos costes

El fundador del grupo Ikea, Ingvar Kamprad, tuvo una visión muy clara desde sus inicios en 1943: «Crear un mejor día a día para la mayoría de las personas». Apoyándose en esta visión, la idea de negocio de Ikea se basa en «ofrecer un amplio surtido de productos para la decoración del hogar bien diseñados y a precios tan bajos que sean asequibles para la mayoría».

www.ikea-group.ikea.com

Para conseguir este propósito, Ikea ha implementado con gran éxito un paquete de acciones encaminadas a obtener una ventaja competitiva basada en bajos costes.

- **Diseños propios:** muebles bonitos, duraderos, a precios bajos, encontrar soluciones sencillas y ahorrar en cada método, proceso o planteamiento que se emplee, pero no en ideas.
- **Colaboración:** sus diseñadores trabajan conjuntamente con los fabricantes para encontrar formas prácticas de realizar muebles utilizando los procesos de producción más eficaces. Después, sus compradores buscan por todo el mundo buenos proveedores de las materias primas más apropiadas. Por último, compran al por mayor o a escala global para conseguir los mejores acuerdos.
- **Fabricación para un fácil embalaje y transporte:** un sistema de fabricación innovador para que las partes de los muebles puedan embalarse en «plano», con el objetivo de abaratar los costes de almacenaje y distribución. El ahorro repercute en los precios ofertados al cliente final, que es quien retira el producto de la tienda y disfruta de la experiencia de montarlo y adecuarlo a las necesidades de su hogar.

Empaquetado en plano.

¿Resultados?

- **Cifras del grupo Ikea:** 19,8 mil millones de euros en ventas en el año fiscal 2007 (del 1 de septiembre de 2006 al 31 de agosto de 2007). Hay 231 tiendas Ikea en 24 países, visitadas por 522 millones de clientes.
- **Compras:** Ikea tiene 45 oficinas de trading en 31 países y cuenta con unos 1350 proveedores en 50 países.
- **Colaboradores:** el grupo Ikea cuenta con 118 000 colaboradores en 40 países que se distribuyen en funciones de compras, distribución, ventas, surtido, tiendas y labores de apoyo.

(Continúa)

- **Distribución:** Ikea tiene 31 centros de distribución en 16 países.
- **Surtido:** el surtido actual de Ikea cuenta con unos 9500 artículos.
- **Catálogo:** durante el año 2007, se imprimieron más de 191 millones de copias del catálogo en 56 ediciones y 27 idiomas.
- **Web de Ikea:** atrajo a más de 450 millones de visitas.

Fuente: adaptado del aparatado «Facts & Figures 2007» del sitio corporativo del Grupo Ikea.
Más información: www.ikea-group.ikea.com y www.ikea.com/es/es.

¿Cuáles son las ventajas y desventajas de utilizar esta estrategia?

RECUERDA:

Las ventajas que ofrece esta posición estratégica, como hemos visto, son las siguientes:

- Un acceso más favorable a las materias primas.
- Mayor flexibilidad en el precio del producto o servicio.
- Mayor volumen y presencia en el mercado (cuota de mercado).
- Obtención de economías de escala y la curva de la experiencia.
- Consolidación de la lealtad de los compradores, eliminando el riesgo de que cambien de proveedor.

Las posibles desventajas causadas por esta posición estratégica son las siguientes:

- Una fuerte inversión de capital en su etapa inicial para adquirir las mejores máquinas y plantas de producción a gran escala.
- Precios agresivos y pérdidas iniciales para adquirir una presencia o posicionamiento en el mercado.
- Los métodos para reducir costes pueden ser fácilmente imitados o copiados por otras empresas del sector.
- La empresa puede verse atrapada en su sensibilidad al bajo precio si los cambios o tendencias originan la demanda de productos con mejor calidad y servicio que los demás, y que ofrezcan otro tipo de ventajas.

15.2. ESTRATEGIA DE DIFERENCIACIÓN

¿En qué consiste la estrategia de diferenciación?

Esta estrategia consiste en la diferenciación del producto o servicio que ofrece la empresa, creando una sensación de que el producto o servicio se vea como algo diferente o único dentro del mercado.

La empresa que opta por este tipo de estrategia asume que el cliente está dispuesto a pagar un mayor precio por un producto o servicio distinto a los demás, ya que puede proporcionar unas ventajas para su negocio o uso particular que otros no le ofrecen.

Se crea un mayor valor añadido, ya que el producto o servicio ofertado es de mayor calidad, técnicamente superior, aporta un mejor servicio y resultado, o tiene un especial atractivo desde otro punto de vista.

En consecuencia, la diferenciación proporciona una ventaja competitiva, ya que hace que el comprador sea más leal y menos sensible al precio del producto o servicio. Los compradores, satisfechos con su elección, probablemente dejen de buscar otros productos alternativos.

¿Qué empresas han optado por esta estrategia?

La forma más convincente de diferenciación para los consumidores es la que se basa en las características del producto o servicio. Por ejemplo, Swatch, que ofrece continuamente modelos de relojes modernos e innovadores, o Nintendo, que ha sabido diferenciarse de sus competidores con sus innovadoras consolas Wii y Nintendo DS.

Las empresas deben ir más lejos y adoptar nuevos métodos de diferenciación, que pueden tomar varias formas: diseño o imagen de marca, tecnología avanzada, mejor servicio al cliente, mejores y más eficientes métodos de distribución (métodos para hacer llegar el producto mejor al público objetivo), lograr un mayor bienestar o satisfacción personal, etc.

Veamos algunos ejemplos:

Diferenciación por medio del valor del producto o servicio

En lo que respecta al producto, las empresas se pueden diferenciar a través de su forma, características, componentes, duración, estilo, fiabilidad o diseño. En lo referente al servicio, la diferenciación se puede producir en la facilidad de pedido y entrega, en la instalación, mantenimiento, reparación o sustitución, y en la información y asistencia al cliente. En definitiva, la diferenciación del producto o servicio conlleva una diferenciación en el valor entregado al cliente.

Por ejemplo, con el lanzamiento de su nueva consola Wii, Nintendo supo diferenciarse de sus competidores ofreciendo dos conceptos muy importantes: simplicidad en el juego, con su revolucionario mando que responde al movimiento de la mano, y juego en compañía (amigos, familia), mientras que sus competidores se centraron en ofrecer consolas más sofisticadas.

Diferenciación por medio de la actitud y capacitación profesional del personal de la empresa

Las empresas pueden obtener una ventaja competitiva considerable si sus empleados poseen una buena formación, preparación, dotes de comunicación, credibilidad, fiabilidad y mayor competencia que los de sus rivales.

Por ejemplo, los empleados de IBM tienen muy buena reputación por su profesionalidad, y los de Disney, por el optimismo que transmiten.

Diferenciación por medio del diseño y alcance de los canales de distribución

Las empresas pueden obtener una ventaja competitiva en el diseño de una buena cobertura, capacidad y rendimiento de sus canales de distribución. Dell es un claro ejemplo de un buen desarrollo y gestión de los canales de marketing directo en el sector informático.

Diferenciación por medio de la comunicación y la imagen

La imagen es la manera en la que los consumidores perciben a la empresa o a sus productos o servicios. La imagen de una empresa se diferencia del resto con el uso de símbolos que representan algún aspecto de la organización, que permanece grabado en la mente del consumidor.

Por ejemplo, Volvo transmite una imagen de seguridad, BMW, de conducción y Merdedes-Benz, de estabilidad y alta tecnología.

¿Cómo defiende esta estrategia una empresa frente a las cinco fuerzas competitivas?

Véase la figura 14.3. «Modelo de las cinco fuerzas de Michael E. Porter» en la página 364.

1. **Rivalidad entre competidores.** Esta estrategia, bien implementada, puede lograr un aislamiento contra la rivalidad competitiva, debido a que fomentan la lealtad de los clientes hacia la marca y otras características y reduce su sensibilidad al precio.
2. **Poder negociador de los compradores.** Los compradores, al no tener productos o servicios comparables, reducen su poder negociador y, por lo tanto, tienen que optar por ser menos sensibles al precio.
3. **Poder negociador de los proveedores.** La diferenciación del producto o servicio y la baja sensibilidad del cliente al precio producen márgenes más elevados, que protegen a la empresa a la hora de tratar con el poder del proveedor.

❹ **Barreras de entrada.** La lealtad del cliente y la necesidad del competidor para salvar su carácter único y diferente proporcionan unas barreras de ingreso considerables.

❺ **Amenaza de productos sustitutivos.** La empresa que ha logrado este tipo de diferenciación y ha alcanzado el nivel de lealtad deseado está en mejor posición que sus competidores frente a posibles productos o servicios sustitutivos.

¿Cuáles son las ventajas y desventajas de utilizar esta estrategia?

RECUERDA

Las ventajas más atractivas son:

- Aislamiento contra la rivalidad competitiva.
- Mayor lealtad del cliente.
- Menor sensibilidad del cliente al precio.
- Aumento del margen de beneficio.
- Posibilidad del incremento de la cuota de nicho de mercado potencial al ofrecer algo distinto o único.

Asimismo, debemos reconocer sus desventajas:

- A veces, impide obtener una elevada participación en el mercado en general, ya que la percepción de exclusividad es incompatible con una alta participación en el mismo.
- El logro de la diferenciación y la exclusividad requiere altos costes en actividades como: I+D, diseños novedosos, materiales de alta calidad, mayor esfuerzo en la atención al cliente, mayor esfuerzo en publicidad, etc.
- La alta estructura de los costes puede ser una desventaja en un futuro si otras empresas logran imitar o copiar el producto y ofrecerlo a un precio mucho más reducido. Esto sucede cuando el producto alcanza su etapa de madurez y cuando los clientes tienen más información sobre productos sustitutivos; entonces, aumentan su sensibilidad al precio y reducen su lealtad a una marca.
- Este tipo de empresas pueden sufrir las consecuencias de los procesos de recesión económica, al no poder competir en precios. Los clientes, al tener un menor poder adquisitivo, probablemente optarán por otros productos sustitutivos de menor precio.

CASO PRÁCTICO: STARBUCKS, MÁS QUE UN CAFÉ

Diferenciación de un simple servicio a una experiencia enriquecedora

Durante su viaje a Italia en 1983, el empresario Howard Schultz (actual presidente del directorio y CEO de Starbucks) pudo observar en primera persona la calidad y el aspecto social que rodeaban el momento de tomar un café para los italianos, una experiencia totalmente desconocida en Estados Unidos. En 1985, fundó el bar-cafetería *Il Giornale*, replicando el concepto italiano con éxito, y, en 1987, adquirió Starbucks para iniciar su reconversión y la posterior creación de la «experiencia Starbucks».

Diferenciación a través de la creación de la «experiencia Starbucks»

La visión de Schultz fue convertir los establecimientos de Starbucks en «el tercer lugar», un punto de encuentro entre el hogar y el lugar de trabajo. Lo que diferenció a Starbucks del resto fue ese vínculo entre el cliente y el empleado, la bebida de una gran calidad y totalmente personalizada y, por supuesto, su ambiente acogedor.

El objetivo consiste en que el cliente disfrute de la experiencia de tomar un café y comer un sándwich o un muffin mientras escucha música, navega por Internet o conversa en un ambiente relajado en los cómodos sillones que se encuentran a su disposición en los locales de Starbucks. Según avance la tecnología y los acuerdos con terceras empresas, los clientes también podrán descargar en sus dispositivos portátiles la música que estén escuchando in situ en el local.

Starbucks ha implementado con gran éxito una serie de pilares sobre los que se asienta la compañía, encaminados a obtener una ventaja competitiva basada en la diferenciación.

Misión

«Hacer de Starbucks el primer proveedor del mejor café arábica del mundo, mientras mantenemos nuestros principios a medida que vamos creciendo.»

Los seis principios que guían su filosofía

- Proporcionar un buen ambiente de trabajo en el que se trate a los demás con respeto y dignidad.
- Entender la diversidad como un componente esencial de nuestra manera de trabajar.
- Aplicar los mayores estándares de excelencia en la compra, tueste y entrega de nuestros cafés.
- Trabajar con entusiasmo para que nuestros clientes estén satisfechos en todo momento.
- Contribuir positivamente al desarrollo de nuestras comunidades, cuidando el medio ambiente.
- Reconocer que la rentabilidad es esencial para nuestro éxito futuro.

(Continúa)

¿Resultados? (Año 2007)

- Más de 15 000 establecimientos repartidos en 43 países; 70 locales en España.
- Más de 172 000 empleados.
- Más de de 9411 millones de dólares en ventas netas en 2007.
- Calificada por la revista *Fortune* como una de las 100 mejores empresas donde trabajar.
- Reconocida por la revista *Fortune* como una de las diez compañías mejor valoradas en América.

Fuente: *Company fact sheet & recognition.* Web corporativa de Starbucks.
Más información: www.starbucks.com y www.starbucks.es.

15.3. ESTRATEGIA DE ENFOQUE O SEGMENTACIÓN

¿En qué consiste la estrategia de enfoque o segmentación?

La estrategia de enfoque o segmentación consiste en concentrarse en un nicho de mercado en particular, que puede consistir en un grupo de compradores, un segmento de la línea de producto, un mercado geográfico o en un nicho con gustos y preferencias distintos a los demás.

La estrategia de enfoque o segmentación se basa en la especialización en un nicho de mercado al que se puede atender con más efectividad o eficacia que las empresas que compiten de forma más general y basan su estrategia en servir a un mercado más extenso. Por ejemplo, firmas que adopten una estrategia de liderazgo en costes o de diferenciación no pueden especializarse tanto para atender a un nicho de mercado como las que basan su estructura y estrategia en alcanzar este objetivo.

Empresas que se decantan por este tipo de estrategia pueden lograr, a su vez, la diferenciación por satisfacer mejor las necesidades de su nicho de mercado objetivo en particular, o adquirir costes inferiores al servir a éste, o ambas cosas a la vez.

Aunque las empresas que persiguen una estrategia de enfoque o segmentación no pueden obtener un bajo coste o la diferenciación desde la perspectiva del mercado en su totalidad, pueden alcanzar una o ambas posiciones frente a su nicho de mercado.

¿Qué empresas han optado por esta estrategia?

Un ejemplo claro de una empresa que ha optado por esta estrategia es Bang & Olufsen.

- Bang & Olufsen ha optado por la estrategia de enfoque o segmentación basada en la diferenciación.
- Fabrican equipos de música con un diseño ultramoderno, o eso es lo que intentan que su público objetivo perciba.
- Sus equipos tienen un precio superior a sus competidores más directos, los fabricantes japoneses.
- Su éxito se basa en la identificación de un nicho de mercado que prefiere exclusividad y diseño, frente a equipos de música baratos fabricados a gran escala.
- Bang & Olufsen concentra todos sus recursos en servir a este nicho de mercado o segmento mejor que los demás.

¿Cuáles son las ventajas y desventajas de utilizar esta estrategia?

RECUERDA

La ventaja más atractiva es:

- La especialización y habilidad en servir a un grupo de mercado lo suficientemente pequeño para que no resulte atractivo a los ojos de tus competidores más directos, que prefieren un mercado más extenso y no pueden servir tan bien a pequeños segmentos.

La mayor desventaja es:

- El riesgo de que el nicho de mercado cambie sus gustos y sus necesidades.
- Los competidores pueden desarrollar innovaciones tecnológicas y ofrecer otras características que atraigan al público objetivo del nicho de mercado de las empresas que optan por la estrategia de enfoque o segmentación.

15.4. ANÁLISIS COMPARATIVO DE LAS TRES ESTRATEGIAS

Según el mercado al que se quiera acceder y su posición estratégica, una empresa puede adquirir una ventaja competitiva como muestra la siguiente figura.

Figura 15.2. Relación de las tres estrategias genéricas según su posición y mercado objetivo con el fin de adquirir una ventaja competitiva. Michael E. Porter. *The Free Press*, 1980.

El éxito en la implantación de cualquiera de las estrategias requiere poseer diferentes recursos y habilidades. Asimismo, las estrategias genéricas requieren, como cualquier otra modificación, un ajuste organizacional y procedimientos de control, evaluación y sistemas de incentivos.

La clave para alcanzar el éxito se basa en la concentración y la dedicación constante y absoluta a la estrategia elegida.

Las habilidades, los recursos necesarios y los requisitos organizacionales requeridos para cada estrategia se muestran en la tabla siguiente.

ESTRATEGIA / REQUISITOS	LIDERAZGO EN COSTES	DIFERENCIACIÓN	ENFOQUE O SEGMENTACIÓN
HABILIDADES Y RECURSOS NECESARIOS	• Fuerte inversión de capital. • Habilidad en la ingeniería del proceso. • Productos con un diseño especial para facilitar su fabricación. • Sistemas de distribución eficientes y de bajo coste.	• Inversión en I+D. • Ingeniería del producto. • Reputación empresarial de liderazgo tecnológico y de calidad. • Fuerte habilidad en la comercialización.	• Según sea su posición (costes o diferenciación), las habilidades necesarias son las anteriores o su combinación.
REQUISITOS ORGANIZACIONALES	• Rígido control en costes. • Informes de control frecuentes y detallados. • Organización y responsabilidades estructuradas. • Incentivos basados en alcanzar objetivos estrictamente cuantitativos.	• Fuerte coordinación entre las funciones de I+D, el desarrollo del producto y la comercialización. • Mediciones e incentivos subjetivos, en vez de medidas cuantitativas. • Fuerte motivación para atraer trabajadores altamente competentes, científicos o creativos.	• Según sea su posición (costes o diferenciación), las habilidades necesarias son las anteriores o su combinación.

Tabla 15.1. Habilidades, recursos y requisitos organizacionales necesarios en las estrategias genéricas.

16. Alternativas estratégicas

«Algunas veces hay que decidirse entre una cosa a la que se está acostumbrado y otra que nos gustaría conocer.»

Paulo Coelho

- Estrategia de crecimiento estable.
- Estrategias de crecimiento.
- Estrategias de reducción.
- Estrategias del «juego final».
- Estrategias de combinación.
- Estrategia push & pull

“Las direcciones de un desarrollo estratégico hacen referencia a las distintas posibilidades o alternativas con las que las empresas cuentan para su ampliación o crecimiento, su reducción o la reestructuración de su actividad.”

NUBE DE TAGS

Crecimiento, **McIlhenny Company,** *concentración en un único producto o servicio,* DIVERSIFICACIÓN, integración vertical, **McDonald's,** **DIVERSIFICACIÓN CONCÉNTRICA,** Hero Baby, *Coca-Cola,* **General Motors,** *Ford,* **Chrysler,** Inditex, Hewlett Packard-Compaq, **General Electric,** *Turnaround,* LIQUIDACIÓN...

¿Cuáles son los diferentes tipos de estrategia que puede adoptar una empresa, y a qué nivel de la organización afectan?

La estrategia muestra los pasos fundamentales que una organización pretende seguir para alcanzar un objetivo. La directiva desarrolla una estrategia evaluando las opciones posibles de una organización, y eligiendo una, o más, de esas opciones.

Las estrategias existen en diferentes niveles de una organización, y se clasifican de acuerdo con el ámbito de su campo de acción. Las estrategias de las empresas mononegocio y multinegocio, destinadas a definir cómo están localizados los recursos de la organización, se llaman estrategias corporativas.

Las estrategias corporativas se establecen en los más altos niveles de la organización, y se enfocan hacia horizontes de largo alcance en el tiempo.

Las estrategias de unidad de negocio se enfocan hacia cómo competir en un negocio dado. El campo de acción de una estrategia de negocio es más estrecho que el de una estrategia corporativa, y, generalmente, se aplica a una Unidad Estratégica de Negocio (UEN).

Un tercer nivel de estrategia es el formado por la estrategia de nivel funcional. Las estrategias funcionales conciernen a las actividades de las diferentes áreas funcionales de una empresa, como producción, finanzas, marketing y personal. Por lo general, las estrategias funcionales se aplican para un corto período de tiempo, normalmente, un año o menos.

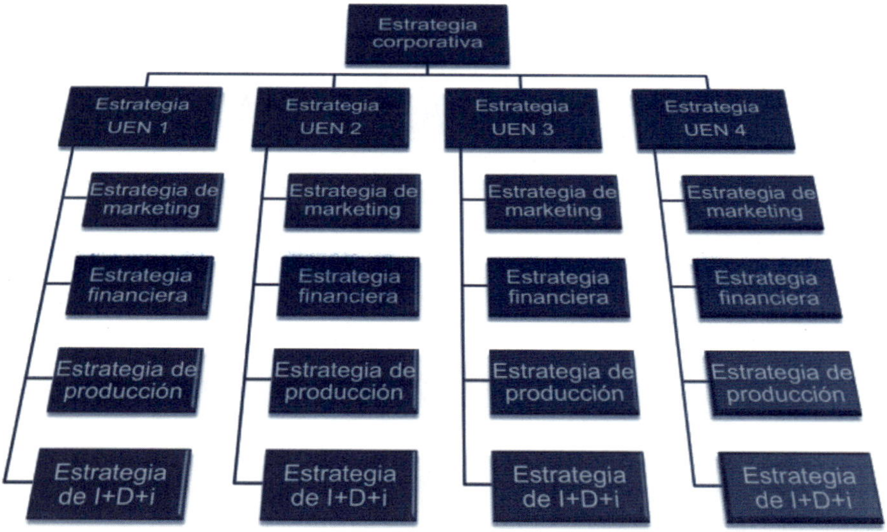

Figura 16.1. Niveles de estrategias.

Figura 16.2. Alternativas estratégicas.

16.1. ESTRATEGIA DE CRECIMIENTO ESTABLE

¿En qué consiste la estrategia de crecimiento estable?

Una estrategia de crecimiento estable puede caracterizarse por los siguientes aspectos:

- La organización está satisfecha con las acciones del pasado y decide continuar persiguiendo objetivos iguales o similares.
- La organización continúa sirviendo a sus clientes básicamente con los mismos productos o servicios.

Una estrategia de crecimiento estable es una estrategia con riesgo relativamente bajo, y es bastante efectiva para organizaciones prósperas en una industria cuyo crecimiento y entorno no son volátiles. Para muchas organizaciones, el crecimiento estable es, probablemente, la estrategia más efectiva.

Algunas de las razones para recurrir a la estrategia de crecimiento estable son las siguientes:

- La directiva no desea aceptar los riesgos de una modificación de su estrategia presente y asume que las estrategias que han probado ser efectivas en el pasado continuarán siéndolo en el futuro.

- Los cambios en la estrategia requieren cambios en la localización de los recursos. Los cambios en las pautas para la localización de recursos en una organización establecida son difíciles de alcanzar, y, frecuentemente, requieren largos períodos de tiempo.
- Un crecimiento demasiado rápido puede acarrear situaciones en las que la escala de operaciones de la organización deja atrás los recursos administrativos. Pueden darse ineficacias rápidamente.
- La organización no desea, o se resiste, a los cambios que pueden afectar a sus productos o servicios.

Generalmente, las organizaciones que persiguen una estrategia de crecimiento estable se concentran en un producto o servicio. El crecimiento lento se logra:

- Incrementando paulatinamente la cuota de mercado.
- Sumando nuevos productos o servicios, pero sólo tras una extensiva investigación de mercado.
- Extendiendo geográficamente la cuota de mercado.

CASO PRÁCTICO: MCILHENNY COMPANY

Fabricante de la salsa Tabasco

La salsa Tabasco, comercializada por primera vez en 1868 por E. L. McIlhenny & Company se ha elaborado prácticamente igual desde que se abrió la primera fábrica de la compañía en 1905.

La estrategia adoptada por esta compañía familiar fue la de crecimiento estable. De hecho, la segunda fábrica no se abrió hasta 1980.

Entre 1918 y 1928, McIlhenny consolidó su posición a través de varias acciones legales, luchando por el uso del nombre Tabasco en sus etiquetas.

En 1931, el nombre y la etiqueta fueron patentados y pasaron a ser de su propiedad exclusiva. Los ingredientes, la botella de la salsa, el modo en que la salsa se manufactura (embotellamiento, etiquetado, empaquetado y materiales) y la distribución todavía permanecen estables.

La compañía controla la producción de los ingredientes básicos y la fórmula, por lo cual el control de calidad no supone un problema. McIlhenny ha operado en mercados internacionales desde sus comienzos. Como resultado de su estrategia de crecimiento estable, la compañía comercializa su salsa de Tabasco en más de 100 países y produce diariamente más de 600 000 botellas.

Más información: www.tabasco.com.

16.2. ESTRATEGIAS DE CRECIMIENTO

¿En qué consisten las estrategias de crecimiento?

Las organizaciones que persiguen una estrategia de crecimiento pueden ser descritas como sigue:

- No crecen necesariamente al mismo ritmo que la economía en conjunto, pero crecen más rápidamente que los mercados en los que se venden sus productos.
- Tienden a obtener márgenes de beneficios mayores que la media.
- Intentan posponer, e incluso eliminar, el peligro de la competencia de precios en su sector.
- Desarrollan regularmente nuevos productos, nuevos mercados, nuevos procesos y nuevos usos para antiguos productos.
- En vez de adaptarse a los cambios del mundo exterior, tienden a que el mundo exterior se adapte a ellas, creando algo, o la demanda de algo, que no existía anteriormente.

Opciones de estrategias de crecimiento:

Figura 16.3. Estrategias de crecimiento.

16.2.1 CONCENTRACIÓN EN UN ÚNICO PRODUCTO O SERVICIO

El objetivo de una estrategia de concentración en un único producto o servicio es el de adquirir un incremento en las ventas, beneficios, o cuota de mercado del producto o servicio actual, más rápido que su incremento en el pasado.

La empresa que opte por esta estrategia se enfrenta a un alto riesgo si el mercado de sus productos o servicios disminuye. Varios factores pueden causar un declive en la demanda:

- El incremento de la inestabilidad en las preferencias de los consumidores.
- El aumento de la intensidad y sofisticación de la competencia.
- Cambios tecnológicos.
- Cambio en las políticas gubernamentales y regulaciones industriales.

CASO PRÁCTICO: MCDONALD'S CORPORATION

Un negocio que gira en torno a las hamburguesas

McDonald's es un ejemplo claro de una empresa que ha adoptado una estrategia de crecimiento basada en la concentración en un solo tipo de producto.

A fecha de hoy, McDonald's tiene más de 31 000 establecimientos abiertos en más de 119 países, dando servicio a cerca de 52 millones de clientes diariamente. McDonald's abre ocho nuevos restaurantes al día.

Según su fundador, Ray A. Kroc, la razón de su éxito se puede definir con una sola frase: «Nos tomamos el negocio de la hamburguesa con mayor seriedad que otros».

Los principios de McDonald's (calidad, servicio, limpieza y valor) han hecho de la cadena de restaurantes la organización más importante del mundo en servicio rápido de comidas.

Los productos que se sirven son: hamburguesas, hamburguesas con queso, hamburguesas con beicon, hamburguesas de pollo, hamburguesas de pescado, ensaladas y complementos.

Fuente: McDonald's España, información corporativa.
Más información: www.mcdonalds.es y www.mcdonalds.com.

16.2.2. DIVERSIFICACIÓN CONCÉNTRICA

La diversificación concéntrica es una estrategia de crecimiento que supone añadir nuevos productos o servicios similares a los ya existentes en la organización.

Para poder considerar que una estrategia es de diversificación concéntrica, los productos o servicios añadidos deben ser acordes con la experiencia de la organización, con su tecnología, con sus líneas de productos, con sus canales de distribución y con la base de sus consumidores.

Cuando una empresa está creciendo, la diversificación concéntrica es una estrategia viable para fortalecer su posición dentro de la industria o del campo en que esta organización tiene un mayor conocimiento y experiencia.

La estrategia de diversificación concéntrica es, quizás, una de las más comunes entre las grandes corporaciones.

¿Cuáles son las claves de esta estrategia?

- El objetivo de la diversificación concéntrica es el de adquirir una sinergia.
- La sinergia ocurre cuando el valor de la organización en su totalidad es mayor que la suma de los valores de sus unidades de negocio.
- La organización extiende sus competencias (tecnología, recursos y fortalezas internas) en otros negocios o industrias similares.
- La organización comercializa nuevos productos o servicios y se beneficia de su buena imagen corporativa ya creada, de los procesos de fabricación y de la capacidad en I+D.

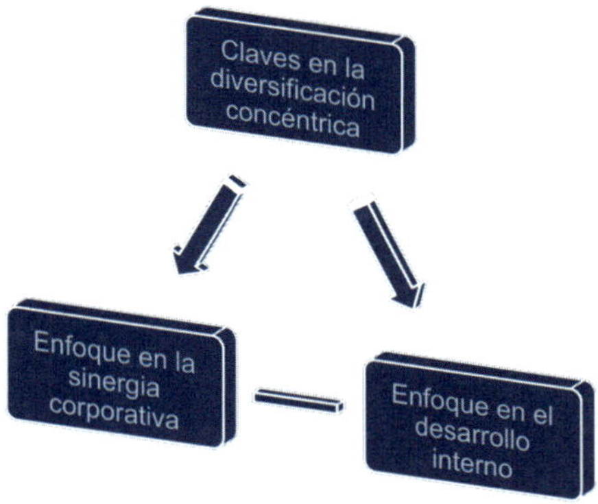

Figura 16.4. Claves en la estrategia de diversificación concéntrica.

CASO PRÁCTICO: HERO BABY

La revolución del mercado de la alimentación infantil

El grupo Hero, multinacional de alimentación afincada en Suiza, es líder en el mercado de las confituras. Desde su implantación en España en 1922, Hero ha permanecido fiel a sus principios básicos: «La elaboración de productos totalmente naturales de la más alta calidad basados en una rigurosa selección de las materias primas».

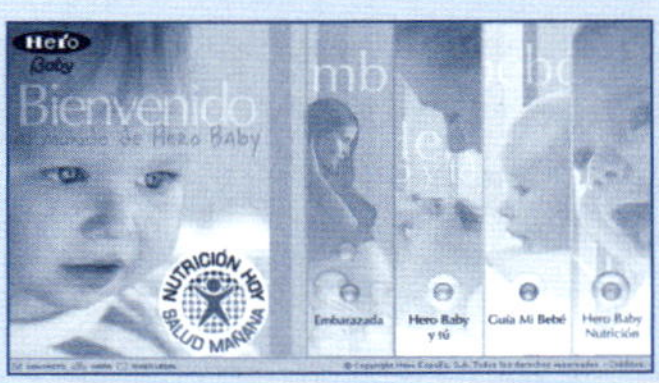

www.hero.es/herobaby

Como resultado de la necesidad de crecer y del deseo de innovar, en 1985, Hero España se planteó una diversificación hacia la alimentación infantil con el lanzamiento

(Continúa)

de **Hero Baby**. De la mano de su director general, Emilio Gimeno, Hero se propuso competir en un mercado dominado, por aquel entonces, por la multinacional Suiza Nestlé. Hero aprovechó varios factores que la favorecían: su marca, su calidad, su credibilidad y la confianza depositada en ella por los consumidores.

Claves del éxito en el lanzamiento de Hero Baby

- *Cambio en el hábito de compra*. El primer objetivo de Hero fue cambiar el lugar de compra de las farmacias a los supermercados. Las farmacias eran el canal tradicional de venta de la alimentación infantil. Hero aplicó con éxito un proceso de marketing lateral a nivel del mercado, cambiando el lugar de compra del producto, sacándolo de las farmacias y convirtiéndose, más adelante, en un modelo a imitar. Según Pedro Gimeno: «Nos parecía absurdo que, para alimentar a niños sanos, hubiese que ir a las farmacias, un lugar donde acudimos a comprar cuando estamos enfermos».
- *Un producto de calidad*. Hero contrató a los mejores nutricionistas en alimentación infantil para elaborar un producto de calidad asociado con una marca sana.
- *La campaña de comunicación*. La compañía lanzó una campaña de comunicación dirigida a las madres con el objetivo de asociar una comida sana con un lugar de compra donde se adquieren comidas sanas: los supermercados.

¿Resultados?

Leches Hero Baby

Un éxito en su estrategia de diversificación concéntrica que aprovechó los principios básicos de la compañía junto a su imagen de marca.

Hoy en día, el canal habitual de compras de productos de alimentación infantil son los supermercados, las farmacias se han convertido en un canal secundario. Según Pedro Gimeno: «La alimentación infantil se ha abaratado mucho al salir de la farmacia».

En Hero tienen muy clara la receta para alcanzar el éxito: la innovación. La empresa lanza entre quince y veinte productos nuevos al año con el objetivo de ofrecer un valor para los padres.

Más información: www.hero.es y www.hero.es/herobaby.

16.2.3. INTEGRACIÓN VERTICAL

La integración vertical es una estrategia de crecimiento que permite que una organización extienda su radio de operaciones dentro de la misma industria.

Esta estrategia puede adoptar dos direcciones:

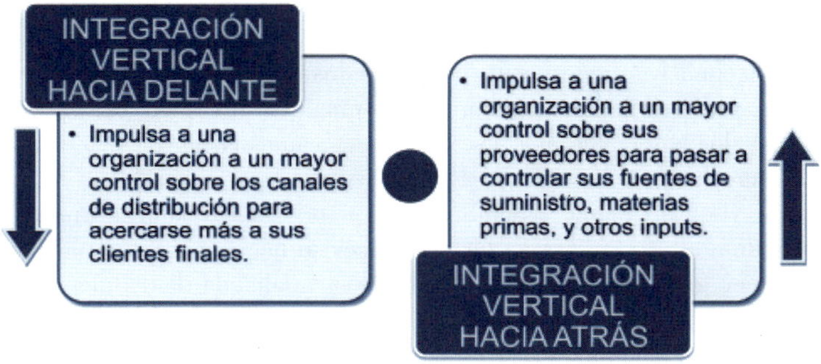

Figura 16.5. Direcciones de una integración vertical.

Existen varios factores que pueden causar que una organización persiga tanto una integración vertical hacia atrás, como hacia delante. Por ejemplo:

- La integración hacia atrás permite a una organización tener un mayor control sobre los costes, la viabilidad y la calidad de los materiales que intervienen en sus productos o servicios.
- Cuando los proveedores de productos o servicios de una organización tienen grandes márgenes de beneficios, la organización puede convertir un coste en un beneficio, integrándose hacia atrás.
- La integración hacia delante proporciona a una organización un mayor control sobre ventas y canales de distribución, que puede ayudarla a eliminar concentraciones de inventario y descensos en la producción.
- Cuando los distribuidores de productos o servicios de una organización tienen precios altos, la compañía puede incrementar sus propios beneficios con una integración hacia delante.
- Algunas organizaciones usan tanto la integración hacia atrás como hacia delante con el objetivo de obtener economías de escala con la creación de organizaciones nacionales o internacionales de ventas y marketing, y con la construcción de plantas de manufactura más grandes. Las economías de escala darán como resultado un descenso en los costes y un aumento en los beneficios.
- Algunas organizaciones adoptan tanto la integración hacia atrás como hacia delante para incrementar su tamaño o su poder en un determinado mercado o industria, y para aumentar su grado de control sobre sus operaciones.

CASO PRÁCTICO: COCA-COLA

Integración vertical hacia delante

Coca-Cola es la mayor compañía de refrescos del mundo, responsable de la comercialización de cuatro de las cinco marcas de refrescos más vendidas en el planeta. Durante muchos años, la compañía se especializó en la fabricación de concentrados para refrescos sin alcohol, vendiendo estos concentrados a compañías embotelladoras independientes (mediante franquicia), para que, posteriormente, los embotellasen y los vendiesen a mayoristas y minoristas locales.

A principios de los ochenta, las embotelladoras de Coca-Cola eran una fuerza poderosa e impedían que la compañía hiciera crecer su negocio. La compañía entendió que debía ejercer un control estratégico sobre los canales de distribución: las embotelladoras.

A partir de ese momento, Coca-Cola fue adquiriendo compañías embotelladoras como parte de su estrategia de integración vertical hacia delante. Por ejemplo, en 1984, Coca-Cola adquirió las compañías del sur de Inglaterra que abastecían al mercado de Londres. En Estados Unidos, la empresa de refrescos adquirió la Akron Coca-Cola Bottling Company y varias otras embotelladoras que existían en los territorios de la compañía.

Más información: www.thecoca-colacompany.com

CASO PRÁCTICO: GENERAL MOTORS, FORD Y CHRYSLER

Integración vertical hacia delante

Los grandes fabricantes de coches americanos o semiamericanos adoptaron también una estrategia de integración vertical hacia delante al comprar grandes porcentajes de compañías de alquiler de coches a nivel nacional como Hertz, National Budget y Dollar.

Los tres grandes no sólo pretendían beneficios adicionales con la venta de sus coches a sus respectivas compañías de alquiler, sino también mediante el alquiler a los consumidores finales y las posibles ventas posteriores a éstos.

CASO PRÁCTICO: INDITEX

Ventaja competitiva a través de la integración vertical

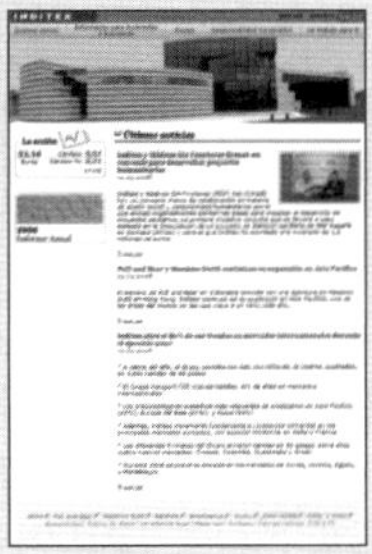

www.inditex.com

Inditex nace en 1963 y, a principios de este siglo, ya es uno de los principales distribuidores de moda del mundo, con ocho formatos comerciales: Zara, Pull and Bear, Massimo Dutti, Bershka, Stradivarius, Oysho, Zara Home y Kiddy's Class.

El grupo ha experimentado un notable crecimiento en los últimos años alcanzando una cifra de negocios, en 2006, de 8196 millones de euros, y un beneficio neto de 1002 millones de euros. Sus ventas internacionales equivalían a un 60,4% en el año 2006.

Claves de su éxito

- *Modelo de negocio*. El modelo de negocio se caracteriza por un alto grado de integración vertical en el que se llevan a cabo todas las fases clave del negocio: diseño, fabricación, logística y venta final en tiendas propias.

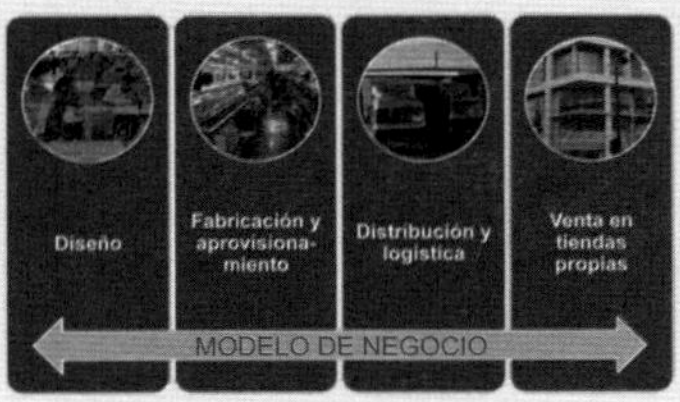

- *Estructura flexible*. Su estructura flexible le permite adaptar la oferta, en el menor tiempo posible, a los deseos de los clientes. La integración vertical permite acortar los plazos con una reducción al mínimo del inventario, asegurando en cada momento el suministro exacto del producto acabado que el mercado reclama.
- *Fuerte orientación al cliente*. El preciso conocimiento de las preferencias de los consumidores contribuye a una fuerte ventaja competitiva.
- *Expansión internacional*. Inditex cuenta, en la actualidad, con más de 3741 establecimientos en 68 países y una plantilla de más de 70 000 profesionales en todo el mundo.

¿Resultados?

Un modesto negocio nacido en los años sesenta del siglo XX en una capital de provincia sin tradición textil ha conseguido alcanzar a las grandes multinacionales que operan en el sector de la confección en una economía global.

Fuente: dossier de prensa de Inditex. Datos actualizados a 14 de marzo de 2008. Más información: www.inditex.com.

16.2.4. INTEGRACIÓN HORIZONTAL

¿En qué consiste la estrategia de integración horizontal y en qué difiere de la estrategia de diversificación concéntrica?

La integración horizontal es una estrategia de crecimiento que supone la compra de uno de los competidores de una organización.

La integración horizontal y la diversificación concéntrica son estrategias similares en el sentido de que se añaden a la organización nuevos productos o servicios, y tanto unos como otros están muy cerca de los productos o servicios presentes en la organización.

Sin embargo, bajo la diversificación concéntrica, los nuevos productos o servicios se añaden tanto por un desarrollo interno como por la adquisición de una organización que fabrica productos u ofrece servicios similares, pero que no es un competidor directo de la organización que la adquiere.

En el otro extremo, bajo la diversificación horizontal, los nuevos productos o servicios se logran por la adquisición de una compañía que compite directamente con la compañía adquisidora.

La diversificación horizontal puede consumarse mediante la adquisición del stock de un competidor, mediante la compra de sus acciones o por la unión de las dos compañías. La diversificación horizontal se consuma, normalmente, mediante fusiones.

CASO PRÁCTICO: HEWLETT-PACKARD ADQUIERE COMPAQ

Una estrategia de integración horizontal

En septiembre de 2001, Carly Fiorina y Michael Capellas, antiguos consejeros delegados de HP y Compaq respectivamente, acordaron la adquisición de Compaq por parte de HP.

Aunque, en un primer momento, la operación generaría una gran polémica, los argumentos eran suficientemente sólidos como para llevarla a cabo. Las dos empresas competían en mercados comunes, y su integración generaría unas economías de escala resultando en un ahorro significativo en costes. La nueva empresa tendría un peso en el mercado lo suficientemente fuerte para competir con IBM. Las dos compañías tenían capacidades tecnológicas que se complementaban: sistemas de Internet, servidores y software.

Los argumentos en contra también generaron dudas: las dos empresas operaban en un mercado con una fuerte competencia, los márgenes eran muy bajos y la dificultad que suponía la integración de ambas, importante.

El principal objetivo de la estrategia de integración horizontal fue la de adquirir una mayor fuerza en el mercado para lograr una ventaja competitiva más alta, aprovechando las economías de escala para ganar cuota de mercado, fortaleciendo así la posición competitiva.

Más información: apartado «Company Information» de la web www.hp.com.

16.2.5. DIVERSIFICACIÓN CONGLOMERADA

¿En qué consiste la estrategia de diversificación conglomerada?

La diversificación conglomerada es una estrategia de crecimiento que supone añadir nuevos productos o servicios, que son significativamente diferentes de los productos o servicios presentes.

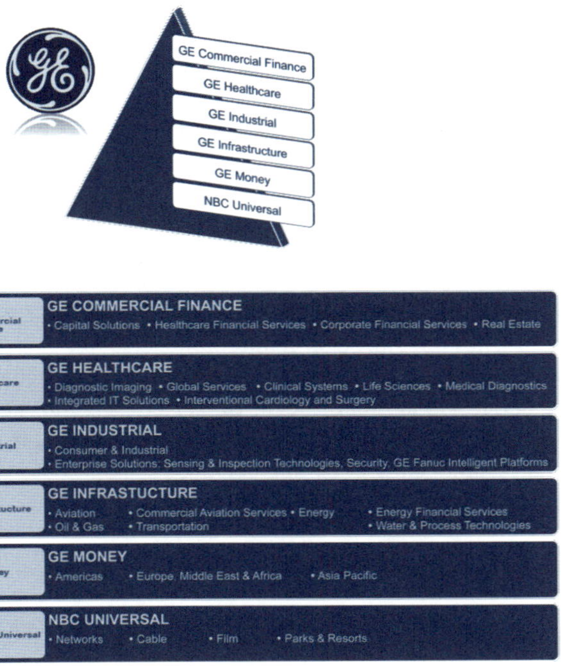

Figura 16.6. Diversificación conglomerada de General Electric.

La diversificación conglomerada puede perseguirse tanto interna como externamente. Sin embargo, es más frecuente que se consiga a través de fusiones y joint ventures.

¿Cuáles son las principales razones para utilizar esta estrategia?

- Financiar algunas divisiones con el cash-flow de otras, durante un período de desarrollo o de dificultades temporales.
- Utilizar los beneficios de una división para cubrir gastos de otra, sin pagar impuestos sobre los beneficios de la primera.
- Animar al crecimiento para satisfacer los valores y ambiciones de la directiva o de los propietarios.
- Aprovechar oportunidades de crecimiento inusualmente atractivas.

- Diversificar los riesgos, sirviendo a varios mercados diferentes.
- Mejorar la rentabilidad y la flexibilidad de la organización mediante el movimiento dentro de industrias con mejores características económicas que aquellas de la organización adquirente.
- Mejorar el acceso a los mercados de capital, la estabilidad o el crecimiento de las ganancias.
- Incrementar los precios de las acciones de la organización.
- Cosechar los beneficios de las sinergias. Las sinergias son el resultado de una fusión cuando la organización resultante es más rentable que las dos organizaciones por separado.

16.3. ESTRATEGIAS DE REDUCCIÓN

¿En qué consisten las estrategias de reducción?

Las estrategias de reducción se usan con más frecuencia durante las recesiones económicas y durante períodos de tiempo en que las organizaciones tienen pocos recursos financieros.

Generalmente, las organizaciones intentan perseguir una estrategia de reducción solamente en situaciones puntuales. El propósito básico de las estrategias de reducción es permitir a la organización capear el temporal, para después usar otra alternativa estratégica. Hay tres estrategias de reducción, que son: la estrategia de turnaround, la de renuncia y la de liquidación.

16.3.1. ESTRATEGIA DE TURNAROUND

La estrategia de turnaround es un intento de mejorar la eficiencia de las operaciones durante una situación de declive financiero de una organización. Su propósito es hacer frente a los malos tiempos con la esperanza de que la situación cambie y se puedan adoptar otras medidas. Las acciones que se pueden tomar dentro de este tipo de estrategia son las siguientes:

- Cambiar en el personal directivo, tanto en los altos niveles como en los bajos.
- Recortar los gastos de capital.
- Centralizar el proceso de toma de decisiones en un intento de reducir costes.
- Limitar en la contratación de nuevo personal.
- Reducir los gastos de publicidad.
- Animar a apretarse el cinturón, siendo esto válido para todo el personal.
- Hacer énfasis en el control de costes y presupuestos.
- Vender algunas acciones.
- Estrechar el control de inventarios.
- Disminuir el número de deudores.

16.3.2. ESTRATEGIA DE RENUNCIA

La renuncia se emplea a menudo cuando las estrategias de turnaround o las llamadas del «juego final» no han tenido éxito. La renuncia implica la venta de la mayor parte del negocio, pudiendo incluir una unidad estratégica del mismo, una línea de productos o una división.

La renuncia es una decisión difícil para la directiva de cualquier organización.

Las barreras para que una organización adopte una estrategia de renuncia son las siguientes:

❶ **Estructurales o económicas:** las características de la tecnología de un negocio y el capital fijo y circulante impiden la salida.
❷ **Interdependencia:** las relaciones existentes entre los diversos negocios dentro de una organización pueden detener la renuncia a una particular unidad de negocio.
❸ **Directiva:** aspectos del proceso de toma de decisiones de una organización impiden la salida de un negocio no rentable. Estos aspectos pueden ser:
- La compañía desconoce que se está dando un retorno insatisfactorio a su inversión.
- La salida es un golpe para el orgullo de la directiva.
- La salida se percibe en el exterior como un signo de fracaso.
- La salida amenaza las carreras de los directivos especializados.
- La salida entra en conflicto con las metas sociales.
- El sistema de incentivos a la directiva va en contra de la salida.

16.3.3. ESTRATEGIA DE LIQUIDACIÓN

La liquidación implica que una organización finalice su existencia, o bien vendiendo la totalidad de sus acciones, o bien cerrando definitivamente la empresa.

Obviamente, la liquidación es la estrategia menos atractiva, y se suele usar sólo cuando falla todo lo demás. Sin embargo, una liquidación a tiempo puede ser una estrategia más apropiada para una organización que la persecución de una causa perdida. Lo último lleva inevitablemente a la bancarrota y deja menos beneficio que la liquidación.

16.4. ESTRATEGIAS DEL JUEGO FINAL

¿En qué consisten las estrategias del juego final?

Las estrategias del juego final son adoptadas por organizaciones que actúan en un entorno de productos en declive, donde las condiciones hacen improbable el aprovechamiento de toda la capacidad de las instalaciones.

Esta condición puede desarrollarse en una unidad estratégica de negocio, en las divisiones de una organización, con una línea de productos, con productos diferentes o con marcas.

Las condiciones dentro de un sector en declive influencian las opciones estratégicas posibles de una organización.

Las características favorables de un sector son:

- Barreras de salida relativamente bajas.
- Pocos competidores inconformistas que vuelvan a actuar en períodos de competencia intensa.
- Una baja tasa de cambios tecnológicos.

Las condiciones desfavorables de un sector incluyen:

- Costes fijos relativamente altos.
- Tecnologías intensivas.
- Altas barreras de salida.
- Muchos competidores inconformistas.
- Una rápida estandarización de los productos.

Dentro de una industria en particular, las organizaciones individuales pueden tener fuerzas o debilidades competitivas relativas. Las organizaciones con fortalezas competitivas relativas se describen como aquellas que son eficientes en los costes del producto final o son identificadas claramente como líderes industriales.

La siguiente figura muestra qué estrategias son más adecuadas en función de las condiciones industriales y de las fortalezas competitivas relativas a una organización en particular.

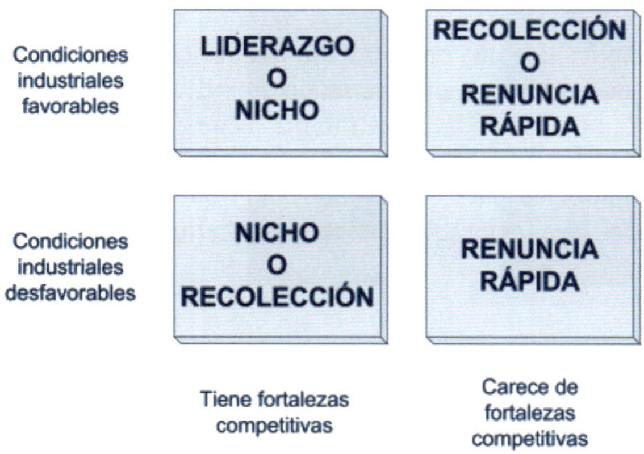

Figura 16.7. Estrategias para industrias en declive.

Básicamente, hay cuatro opciones estratégicas posibles para una organización que se encuentra en un sector industrial en declive:

1. **Liderazgo:** una organización puede usar una estrategia de liderazgo para intentar alcanzar una rentabilidad por encima de la media con el objetivo de llegar a ser una de las pocas compañías que permanezcan en la industria.
2. **Nicho:** la estrategia del nicho intenta identificar un segmento de una industria en declive que, o bien mantenga una demanda estable, o bien la disminuya lentamente, lo cual son características favorables de esa industria.
3. **Recolección:** bajo una estrategia de recolección, la directiva reduce las inversiones, la publicidad y la investigación y desarrollo para recortar costes y mejorar el cash-flow. Generalmente, se espera que el volumen de ventas y/o la cuota de mercado decrezcan, pero los beneficios finales serán mayores que los costes. Las organizaciones que siguen una estrategia de recolección, a la larga, venden o liquidan sus negocios.
4. **Renuncia rápida:** la renuncia rápida implica vender el negocio a los primeros síntomas de declive, sin esperar beneficios antes.

16.5. ESTRATEGIAS DE COMBINACIÓN

La mayoría de las organizaciones multinegocio usan algún tipo de estrategia de combinación, especialmente cuando operan en diferentes industrias y tienen varios mercados objetivo. Ciertos tipos de estrategias implican la combinación con otras. Por ejemplo, un cese en alguna parte de la organización se utiliza normalmente en combinación con una o más estrategias en otras áreas.

Normalmente, las estrategias de combinación suelen ser simultáneas o secuenciales. Veamos algunos ejemplos de ambas.

16.5.1. ESTRATEGIAS DE COMBINACIÓN SIMULTÁNEAS:

- Anular una unidad estratégica de negocio, una línea de productos o una división, mientras se crea otra nueva.
- Frenar en ciertas áreas o productos, mientras se persigue una estrategia de crecimiento en otros.
- Usar una estrategia del juego final en ciertos productos o servicios, y estrategias de crecimiento en otros.

16.5.2. ESTRATEGIAS DE COMBINACIÓN SECUENCIALES:

- Emplear una estrategia de crecimiento durante un tiempo determinado, y, después, usar otra de crecimiento estable durante otro lapso de tiempo.
- Adoptar una estrategia de turnaround, y, después, emplear una de crecimiento cuando las condiciones lo permitan.

16.6. ESTRATEGIA PUSH Y ESTRATEGIA PULL

¿En qué consiste este tipo de estrategias?

Las estrategias de push y pull se utilizan para hacer llegar los productos de una organización al consumidor o usuario final a través de canales de distribución abiertos, es decir, canales que permiten la distribución a cualquier organización a un bajo coste.

Desde el punto de vista del fabricante, la estrategia push consiste en persuadir al resto de los miembros del canal (mayoristas o minoristas), a través de una serie de tácticas de marketing, a que, a su vez, persuadan al consumidor o usuario final a adquirir el producto o servicio.

La estrategia pull, por el contrario, hace que el fabricante persuada directamente al consumidor o usuario final, siempre mediante el marketing, a que demande sus productos o servicios a los miembros del canal de distribución, quienes, a su vez, los demandarán al fabricante.

Véase gráficamente el funcionamiento de la cadena de estas dos estrategias:

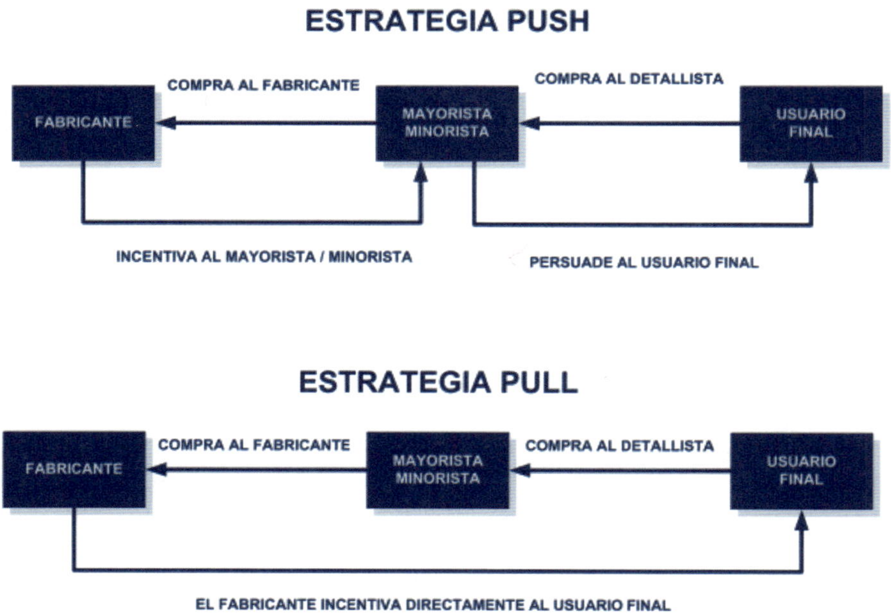

Figura 16.8. Estrategias de push y pull.

17. Estrategias competitivas

«Cuando el enemigo avanza, nosotros retrocedemos,
cuando acampa, lo hostigamos,
cuando está cansado, lo atacamos,
cuando se retira, lo perseguimos.»

Mao Tse-Tung (en referencia a un ataque de guerrillas)

La tarea de crear y mantener una ventaja competitiva cada vez se hace más difícil, debido a factores como al acortamiento del Ciclo de Vida de los productos o servicios, su rápida imitación por nuevos competidores y la dificultad de llegar a los consumidores, quienes disponen cada día de más información, y rechazan y bloquean cada vez más, y con mayor intensidad, nuestros mensajes publicitarios.

Los profesionales de cada área de negocio deben creer en la innovación, en todos sus sentidos, y escuchar lo que sus clientes actuales y potenciales necesitan. Los mercados están llenos de nichos a la espera de que alguna empresa les tienda la mano ofreciéndoles valor, credibilidad, calidad y una buena dosis de amistad, ayuda y cooperación.

“Cualquier empresa puede superar en alguna área a sus competidores. Nuestra tarea es descubrir qué es lo que más valora nuestro mercado y reforzar esa posición, ofreciendo algo que nadie más pueda hacer tan bien como nosotros: nuestra calidad, servicio, compromiso y relación con nuestros clientes...”

NUBE DE TAGS

LÍDER DE MERCADO, *retador,* seguidor, **ESPECIALISTA EN NICHOS,** defensa de la posición, *incremento cuota de mercado,* **Barnes & Noble, ataque frontal,** ataque de flancos, ataque envolvente, ataque en bypass, ATAQUE DE GUERRILLAS, *estrategia de imitación,* **ESTRATEGIA DE ADAPTACIÓN, especialización...**

¿Quiénes son realmente nuestros competidores?

A simple vista, puede parecer fácil identificar a nuestros competidores más cercanos, esto suele ocurrir si somos una empresa de un tamaño considerable y nos fijamos en otras empresas con nuestras mismas características. Por ejemplo, empresas líderes de mercado como Coca-Cola siempre han sabido quién era su principal competidor, en este caso Pepsi; y siempre han desarrollado diferentes estrategias para ganar, recuperar o proteger su cuota de mercado. Pero la mayoría de las empresas tienen un amplio abanico de competidores: consolidados, emergentes o potenciales. Quizás a estos últimos deberíamos prestar más atención, ya que pueden surgir con nuevas tecnologías y perjudicarnos más que los competidores que ya conocemos, y que están igual de consolidados que nosotros.

CASO PRÁCTICO: BARNES & NOBLE

Expansión geográfica descuidando competidores online

BARNES&NOBLE

Éste fue el caso, en Estados Unidos, de la librería favorita de los autores, Barnes & Noble. La primera vez que la visitamos, en Fort Lauderdale (Florida), quedamos encantados: un gran establecimiento, donde se podía encontrar prácticamente cualquier libro, con la posibilidad de consultarlo dentro y, en el caso de Fort Lauderdale, fuera del local, sentados cómodamente en un banco y acompañados por una bebida o café que vendían en el interior.

Durante finales de los ochenta y principios de los noventa del siglo XX, la compañía comenzó a expandirse a través de adquisiciones y de la construcción de grandes establecimientos con el objetivo de ofrecer la mayor variedad y comodidad a sus clientes, facilitándoles la posibilidad de sentarse en confortables sillones para disfrutar de la consulta de sus libros con un buen café.

Barnes & Noble Fort Lauderdale

Mientras Barnes & Noble se preocupaba por competir con otras librerías adoptando una estrategia de expansión geográfica (en febrero de 2008 acumulaba ya 798 tiendas), descuidó otros competidores potenciales con tecnologías emergentes. Así es como surgió Amazon.com, en 1994, de la mano de Jeff Bezos, creando un imperio online con una oferta de libros prácticamente ilimitada sin necesidad de almacenarlos en ninguna tienda.

Rápidamente Barnes & Noble abrió su tienda online, en 1997, que ofrece, en la actualidad, más de 1 millón de títulos. Sin embargo, según la empresa Compete Inc., Amazon.com hoy atrae a una media de mas de 50 millones de visitantes «únicos» mensuales, procedentes exclusivamente del mercado estadounidense, mientras que Barnes and Noble no supera los 4,5 millones.

¿Fue Barnes and Noble víctima de una «miopía competitiva»?

Fuente: adaptado de Philip Kotler *et al.* y Michael Krantz.
Más información: www.barnesandnoble.com, www.amazon.com y www.compete.com.

Según Philip Kotler y Ravi Singh, una forma de clasificar las estrategias competitivas que pueden adoptar las empresas que operan en un determinado mercado es analizando conjuntamente la importancia de la cuota de mercado y las acciones que desarrollan en relación a sus competidores.

Por lo tanto, si consideramos las estrategias desde el punto de vista del mercado, podríamos hablar de estrategias competitivas de empresas líderes de mercado, de empresas que actúan como retadoras, seguidoras y especialistas en nichos de mercado.

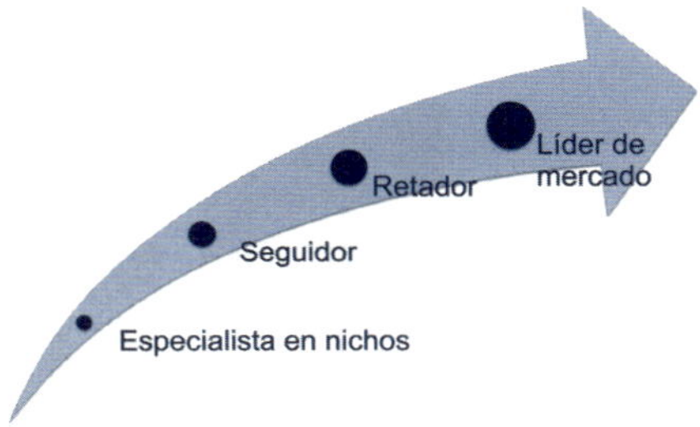

Figura 17.1. Situación competitiva de las empresas dentro de un determinado mercado.

17.1. ESTRATEGIAS DE LÍDER DE MERCADO

En cada sector hay una empresa reconocida por todos como el líder de mercado. Es la empresa que cuenta con la mayor cuota de mercado, ocupando una posición dominante, y suele ser un punto de referencia. El líder de mercado persigue tres estrategias para poder mantener su liderazgo: el desarrollo de la demanda, la defensa y mantenimiento y el incremento de su cuota de mercado.

Se han convertido en empresas líderes de mercado, por poner algunos ejemplos, Coca-Cola en refrescos, Gillette en maquinillas y cuchillas de afeitar, Danone en yogures y postres lácteos, Microsoft en software, Intel en microprocesadores, McDonald's en comida rápida y Nokia en teléfonos móviles.

Los líderes de mercado han de estar en un continuo estado de alerta, ya que podrían acabar seriamente perjudicados por cualquier innovación tecnológica de sus retadores, o vigilar que no se incrementen sus costes afectando a sus precios. Un claro ejemplo de descuido o miopía competitiva por parte del líder fue el de Sears en Estados Unidos. Sears Roebuck and Company (más conocido como Sears), líder de mercado hasta la década de los noventa del siglo pasado, vio cómo surgieron empresas como Kmart y Wal-Mart, esta última arrebatándole el liderato del mercado gracias a sus políticas de expansión, los precios bajos, las medidas medioambientales y las innovaciones que sobrepasaron al líder. Cada semana 100 millones[1] de clientes visitan las tiendas de Wal-Mart.

1. «Managing Wal-Mart». *Wall Street Journal Classroom Edition*. Ann Zimmerman, Kris Hudson, abril de 2006. Disponible para su descarga en www.mbadelsigloxxi.es.

17.1.1. DESARROLLO DE LA DEMANDA DEL MERCADO

La empresa líder es la que más se beneficia de un aumento de la demanda del mercado. Por ejemplo, si aumenta el consumo de refrescos de cola en todo el mundo o durante un período de tiempo determinado (en la celebración de unos Juegos Olímpicos o de una Eurocopa de fútbol), Coca-Cola sería la primera empresa en beneficiarse de este aumento. Por lo general, el líder debe convencer o atraer a más consumidores hacia el consumo o uso de su producto o servicio, buscar nuevos momentos o usos, o aumentar su frecuencia o cantidad.

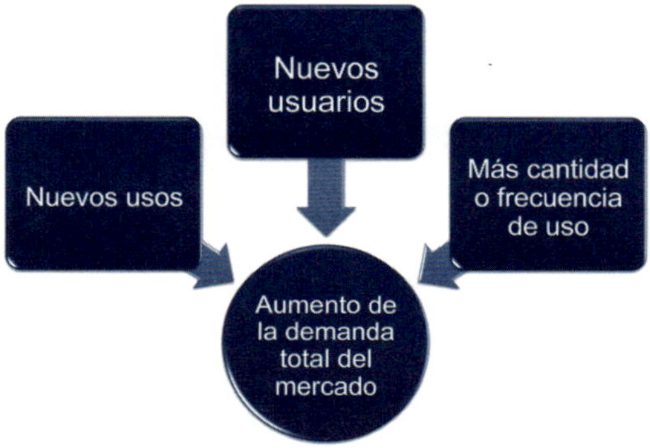

Figura 17.2. Acciones a seguir por el líder para un desarrollo de la demanda total de mercado.

Nuevos usuarios: todos los productos o servicios tienen el potencial de atraer nuevos usuarios que aún no los conocen o que, por razones de calidad, precio, imagen, valor percibido o ausencia de algún atributo o característica, no los utilizan. La empresa líder, en este caso, puede buscar nuevos usuarios optando por una estrategia de penetración de mercado, en busca de clientes que no consumen el producto o no usan el servicio, pero que estarían dispuestos a hacerlo, o una estrategia de desarrollo de mercado, dirigida a consumidores de sustitutivos.

Acciones de marketing para atraer a nuevos usuarios

- Aumentar el valor percibido del producto añadiendo nuevos atributos, características, servicios, etcétera, mejorando las epectativas de los usuarios.
- Estimular a los nuevos usuarios a través de acciones promocionales: promociones de venta, mejora del acceso y la distribución, estimular la prueba de productos o servicios, etcétera.
- Expansión hacia otros segmentos y expansión geográfica.
- Aciones de comunicación recordando las características y beneficios del producto o servicio en diferentes situaciones de consumo o uso.

Nuevos usos: mediante la innovación para la búsqueda de nuevos usos o momentos de consumo, se abre un abanico de posibilidades que pueden aumentar considerablemente la demanda del mercado, creando iniciativas jamás pensadas. Un claro ejemplo a mencionar es el caso de las barritas de cereales lanzadas por el Grupo Hero, que, a través de un proceso de marketing lateral, consiguieron desplazar el lugar y el momento del consumo de los cereales, creando una nueva categoría. Véase el ejemplo citado en el capítulo 12: «Marketing lateral».

Acciones de marketing para fomentar nuevos usos

- Expansión de la línea de productos a través del desarrollo de modelos con nuevos diseños, tamaños, versiones, envases, sabores, composiciones, etcétera, que fomenten un nuevo uso o aplicación.
- Acciones de marketing lateral a nivel de mercado que fomenten nuevos momentos, lugares, ocasiones, experiencias, públicos, alterando o no físicamente el producto, logrando una conexión con la nueva dimensión.
- Acciones de campañas de comunicación que introduzcan los beneficios de los nuevos usos del producto o servicio.

Más cantidad o frecuencia de uso: para generar un aumento en la frecuencia y cantidad de uso o consumo, es necesaria una buena estrategia de comunicación que logre transmitir las ventajas de utilizar un determinado producto con más frecuencia en situaciones concretas e informar al consumidor de los beneficios que se pueden obtener. Por ejemplo, Danone, a través de sus campañas en TV y, con más detalle, en su página web, www.actimel.es, informa a sus consumidores sobre las ventajas que se obtienen tomando Actimel «cada día y de forma continuada en el marco de una dieta equilibrada»; afirmación avalada por «treinta y cuatro estudios científicos que han demostrado que el consumo de Actimel mejora los distintos parámetros de las defensas naturales del organismo: acción beneficiosa para la microflora intestinal, mejora el funcionalismo del epitelio intestinal y modulación del sistema inmune».

Otras formas de incrementar la frecuencia de uso consisten en identificar las percepciones que tienen los consumidores respecto a la frecuencia de uso real o recomendada del producto, e informar o recordar las situaciones y ventajas que tiene el uso o consumo más asiduo. En algunos productos con un ciclo de consumo corto, por ejemplo las cuchillas de recambio de una maquinilla de afeitar, los consumidores tienden a no sustituirlas cuando deberían, alargando su duración de uso efectivo. Haciendo referencia a Gillette, líder en este sector, sus cuchillas incorporan una banda lubricante que indica a simple vista (pasando de un color verde a blanco) cuando se han reducido las condiciones óptimas del afeitado, invitando a la sustitución de la cuchilla.

Acciones de marketing para incrementar la frecuencia y cantidad de uso o consumo

- Desarrollar campañas de comunicación que informen y aconsejen a los consumidores sobre el uso o consumo idóneo de un producto o servicio.
- Aumentar la disposición y cantidad del producto en los puntos de venta.
- Incentivar un mayor consumo a través de promociones de venta del producto en envases de mayor tamaño.
- Desarrollar mecanismos que avisen al consumidor del momento de sustitución idóneo, por ejemplo, las bandas en cuchillas de afeitar.

17.1.2. DEFENSA Y MANTENIMIENTO DE LA CUOTA DE MERCADO

El líder del sector, además de desarrollar la demanda de mercado aumentando su tamaño, tiene que defender constantemente su terreno de los ataques de los rivales. Tiene a su alcance varias estrategias de defensa para poder contrarrestar los continuos asaltos de la competencia, como podemos ver en la siguiente figura.

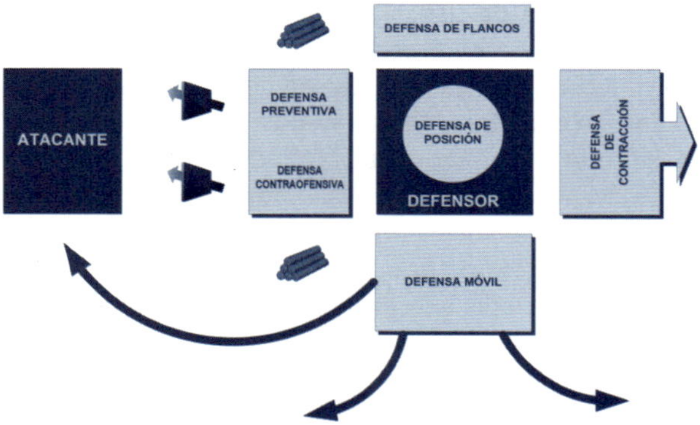

Figura 17.3. Estrategias de defensa para líderes de mercado.
Fuente: *Marketing Warfare in the 1980s.* Philip Kotler y Ravi Singh, 1981.

17.1.2.1. Defensa de la posición

Es la estrategia que sigue un líder para fortalecer la posición que tanto le ha costado alcanzar, repeliendo cualquier ataque de los competidores actuales y futuros. Esta estrategia, bien implementada, puede asegurar la posición del líder en mercados relativamente homogéneos, donde disfruta de una gran consideración en la mente de los consumidores.

¿Qué puede hacer un líder de mercado para defender su posición?

La mejor respuesta está en retarse a uno mismo, adoptando una innovación continua. El líder debe encabezar el sector, introduciendo los productos o los servicios más novedosos, mejorando la distribución, reduciendo sus costes, cuidando la relación con sus clientes, y, si todo esto falla, siempre tiene la opción de copiar los movimientos de su competencia, desde su posición de líder.

17.1.2.2. Defensa de flancos

En mercados muy fragmentados, con segmentos que tienen diferentes necesidades o preferencias y que no pueden ser atendidos de manera uniforme por los productos del líder, es probable que surjan competidores capaces de penetrar mejor en algunos segmentos donde éste no sea tan fuerte y de captar una importante cuota de mercado. Ante esta situación, el líder debe establecer flancos o defensas que protejan sus frentes más débiles, o que sirvan como un posible contraataque en caso de necesidad.

Para defenderse frente a este tipo de ataques, la estrategia que han seguido muchos líderes de mercado ha sido la de introducir segundas marcas a un precio inferior para poder competir contra las ofertas de los competidores retadores y, al mismo tiempo, fortalecer la imagen y la oferta de su primera marca. Es importante tener los suficientes recursos para introducir nuevos productos sin dejar de apoyar a los existentes. El objetivo es el de reducir a los retadores para que no puedan hacer frente al líder en ninguno de los segmentos amenazados.

Podemos ver continuamente ejemplos de este tipo de defensas en el sector de la alimentación y las bebidas. Por ejemplo, Coca-Cola ha tenido que defender sus flancos en numerosas ocasiones en mercados locales.

17.1.2.3. Defensa preventiva

La defensa preventiva consiste en realizar un ataque antes de que los rivales inicien su ofensiva. El líder puede atacar a varios competidores en diferentes frentes o iniciar una ofensiva lanzando al mercado una comunicación agresiva acerca del lanzamiento de nuevos productos mejorados, advirtiendo así a sus rivales de sus planes futuros de desarrollo.

17.1.2.4. Defensa contraofensiva

Cuando un líder de mercado recibe un ataque, aparte de iniciar medidas preventivas o de defender sus flancos, responde, en numerosas ocasiones, con una contraofensiva. En una contraofensiva el líder puede decidir enfrentarse directamente con el atacante o golpear alguno de sus flancos. El líder puede adoptar varias medidas para realizar un contraataque efectivo: invadir directamente el territorio del atacante, forzándole a invertir numerosos recursos para defenderlo, o lanzar un paquete de mejoras en su gama de productos, apoyado por un esfuerzo promocional importante, intentando evitar así que los consumidores adquieran el producto de su rival.

17.1.2.5. Defensa móvil

La defensa móvil, para un líder, consiste en una defensa agresiva de su posición y en una ampliación de su territorio a través de una expansión o diversificación de mercado, que le pueda servir en un futuro para lanzar ofensivas. Una estrategia de expansión de mercado implica crecer en algunos segmentos buscando nuevos consumidores a través del desarrollo de nuevas marcas, de extensiones de línea o formas alternativas de producto. La diversificación de mercado supone penetrar en sectores inconexos.

17.1.2.6. Defensa de contracción

La defensa de contracción tiene lugar cuando al líder le resulta imposible defender su posición en todos los segmentos dentro de un mercado altamente fragmentado. La mejor línea de actuación es la retirada de los segmentos menos rentables o donde su posición es más débil, enfocando sus recursos en áreas donde se disfruta de una mayor ventaja competitiva o de posibilidades de obtener un mayor crecimiento.

17.1.3. INCREMENTO DE LA CUOTA DE MERCADO

Los líderes de mercado también se pueden marcar el objetivo de incrementar su participación en el mercado, utilizando estrategias similares a las de sus retadores. Sin embargo, hay que atender a varios factores clave, que pueden perjudicar un crecimiento excesivo.

Según el artículo «Strategies for High Market-Share Companies», publicado por Paul N. Bloom y Philip Kotler en la *Harvard Business Review*, las grandes compañías que persigan un incremento de su cuota de mercado se exponen a mayores riesgos que las empresas de menor tamaño. Parece clara la relación, a mayor cuota de mercado, mayores beneficios, pero hasta el punto en que los costes y riesgos por incrementar esa cuota no sobrepasen los beneficios obtenidos.

Crecimiento *vs.* rentabilidad. La expansión de la cuota de mercado es aconsejable hasta cierto nivel que no perjudique la rentabilidad. Hay que tener en cuenta que el coste originado al conseguir una mayor cuota de mercado puede superar los beneficios obtenidos. Una vez se alcance una cuota de mercado óptima, la rentabilidad puede empezar a disminuir, al tener que invertir recursos adicionales para captar nuevos consumidores fieles a la competencia o en segmentos de mercado poco atractivos. Se pueden originar costes no esperados, al tener que lanzar campañas de relaciones públicas o acometer altas inversiones en publicidad.

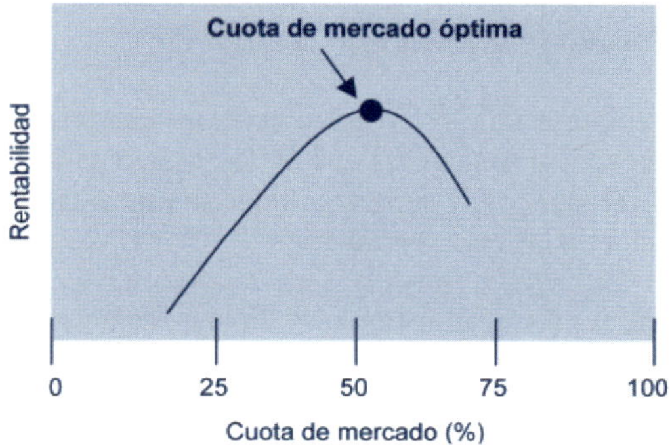

Figura 17.4. Cuota de mercado óptima. Fuente: Kotler *et al.*

Crecimiento *vs.* calidad percibida. Otro posible riesgo a valorar por los líderes en su intento por incrementar excesivamente su cuota de mercado es el efecto sobre la calidad real y percibida. Un gran número de consumidores podría pensar que con «más o más grande» no siempre se obtiene «algo mejor». Las empresas con marcas basadas en la exclusividad se verían afectas por el hecho de que sus clientes pensasen que el crecimiento perjudica la calidad de los productos o servicios ofrecidos.

Crecimiento *vs.* reacciones legales. Otro riesgo a considerar cuando se persigue un crecimiento excesivo es la reacción de los gobiernos, que pueden aplicar medidas legales si se vulnera una situación de equilibrio de la libre competencia en los mercados. De la misma manera, las empresas con una posición dominante pueden llamar la atención de grupos de presión y agrupaciones de consumidores. Un ejemplo es el de Microsoft, que ha recibido varias denuncias ante la Comisión Europea por haber supuestamente violado las leyes de competencia de nuestro continente. Empresas como Opera Software han acusando a Microsoft por un hipotético caso de monopolio con Internet Explorer, el navegador de la compañía. Microsoft estaría infringiendo las leyes de la Comisión Europea sobre competencia, al estar vendiendo Explorer de forma conjunta con el sistema operativo Windows. Según Opera, Microsoft estaría privando a los consumidores de una verdadera elección de navegadores.

Fuente: www.siliconnews.es. Diciembre de 2007.

17.2. ESTRATEGIAS DE RETADOR

Una empresa retadora suele fijar unos objetivos muy ambiciosos, utilizando al máximo sus recursos y persiguiendo una meta clara: expandir su cuota del mercado.

Las empresas retadoras no sólo suelen perseguir y acosar al líder para arrebatarle cuota de mercado, su objetivo también es hacer lo mismo con empresas de similar tamaño, o atacar a empresas de menor tamaño para conseguir su retirada del mercado. Dependiendo del objetivo elegido, el retador puede desarrollar diferentes tácticas para cada ocasión.

Ataque al líder. La empresa retadora puede encontrar una buena oportunidad, atacando al líder en mercados o segmentos que él descuida o no atiende de forma adecuada. Además, si el retador puede superar al líder en innovación, esta estrategia se puede convertir en una de las más rentables.

Ataque a otras empresas de similar tamaño. De la misma manera, el retador puede atacar a empresas de tamaño similar al suyo y que presentan deficiencias debidas a una mala gestión, a la falta de innovación, a costes altos, a clientes insatisfechos, etc., y que dejan sus mercados desatendidos.

Ataque a otras empresas de menor tamaño. Por último, si las dos estrategias anteriores no diesen buenos resultados, el retador siempre tiene la opción de arañar cuota de mercado a empresas mucho más pequeñas o expulsarlas del mercado.

Una vez elegido el oponente y el objetivo a seguir, el retador puede adoptar hasta cinco estrategias de ataque:

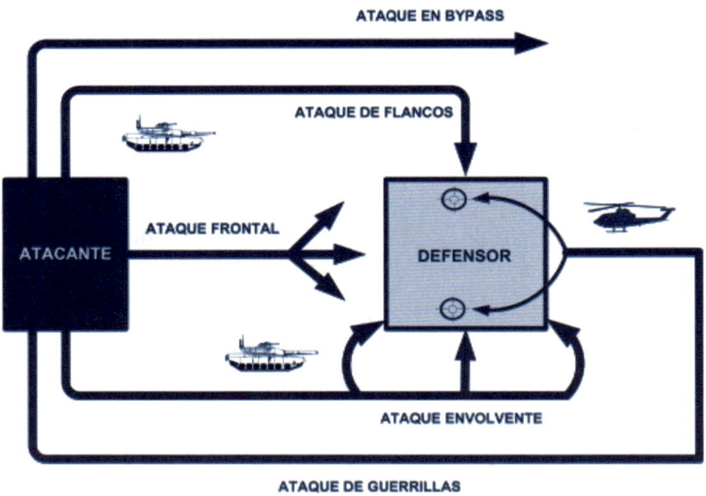

Figura 17.5. Estrategias generales de ataque de una empresa retadora.
Fuente: *Marketing Warfare in the 1980s.* Philip Kotler y Ravi Singh, 1981.

17.2.1. ATAQUE FRONTAL

En un ataque frontal, el retador concentra todos sus recursos y esfuerzos contra su rival, buscando formas de lograr una ventaja competitiva dentro de su mix de marketing (producto, precio, distribución y promoción). La ventaja competitiva puede basarse en el bajo coste o en una diferenciación. En principio, la parte con más recursos gana el combate.

Cuando se reta al líder, es algo peligroso concentrar el ataque en un bajo precio, ya que se supone que el líder tiene más recursos para iniciar una contraofensiva basada en la bajada de precios durante un período largo de tiempo, que igual el retador no puede soportar. En este caso, la mejor estrategia a seguir es una combinación de ventajas basadas en una mejor tecnología, una mejor relación con proveedores y distribuidores, una fuerza de ventas más competitiva y una buena promoción y publicidad capaz de convencer al público de que el producto del retador es tan bueno o mejor que el del líder; con un énfasis en una buena diferenciación que pueda ajustarse mejor a las preferencias y a las necesidades del mercado.

Podemos observar, en España, numerosos ejemplos de continuos ataques frontales en el sector de la telefonía móvil entre Vodafone y Movistar.

17.2.2. ATAQUE DE FLANCOS

En un ataque de flancos, los puntos débiles del rival suponen el principal objetivo. Un ataque de flancos puede llevarse a cabo en un ámbito geográfico, en áreas identificadas por el retador que no están bien atendidas por su oponente, o en segmentos donde las necesidades de mercado no están bien cubiertas. El retador puede captar una cuota de mercado atractiva, atacando un segmento que no reciba suficiente atención o que se encuentre desocupado; esto supone adoptar una estrategia de especialización que requiere el desarrollo de nuevos productos o servicios, apoyados por una política de precios competitiva que se adapte a las necesidades no cubiertas del segmento.

En Estados Unidos, un clásico ejemplo de ataque de flancos tuvo lugar en el sector de la automoción. Los fabricantes de coches japoneses optaron por fabricar coches más pequeños, económicos y de bajo consumo, satisfaciendo las necesidades de un segmento de bajo precio descuidado por los fabricantes locales, que seguían optando por la producción de automóviles grandes, llamativos y de consumo elevado.

17.2.3. ATAQUE ENVOLVENTE

Una maniobra envolvente implica lanzar una ofensiva simultánea en varios segmentos pequeños que no están bien atendidos por el líder. Esta estrategia tiene sentido cuando el retador dispone de suficientes recursos, financieros y de marketing, para poder servir de igual forma a todos los segmentos atacados. El líder de mercado, aunque tenga suficientes recursos para hacer frente al retador, en muchas ocasiones opta por una estrategia de contracción, retirándose de segmentos poco atractivos y concentrándose en su mercado principal.

17.2.4. ATAQUE EN BYPASS

El ataque en bypass consiste en «bordear» al oponente, atacando otros mercados más accesibles con el fin de ampliar la base inicial de recursos propios. La esencia de esta táctica es lograr una ventaja contundente sobre el rival mediante una diversificación hacia productos no relacionados, hacia nuevos mercados geográficos o mediante la adopción de una nueva tecnología que proporcione unas prestaciones superiores a las de los productos o servicios del rival.

La adopción de una estrategia basada en el desarrollo de nuevas tecnologías permite al retador atacar en un terreno en el que el líder ha invertido recursos ingentes, inhibiendo una respuesta rápida de su parte, al menos en un primer momento, ya que éste se muestra reacio a cambiar de tecnología después de haber comprometido muchos esfuerzos en ella. El retador debe contar con los medios suficientes para convencer a los consumidores que ya hayan invertido en productos de la competencia de que su oferta les va a aportar muchos más beneficios, justificando el coste del cambio a otros productos o servicios con una tecnología superior.

17.2.5. ATAQUE DE GUERRILLAS

El ataque de guerrillas suele consistir en pequeños ataques intermitentes en diferentes frentes del mercado del competidor. Esta estrategia se convierte en una opción para el retador que no tiene los suficientes recursos para iniciar otro tipo de ataque más directo, como el ataque frontal. El ataque de guerrillas se desarrolla en zonas muy concretas, y suele apoyarse en acciones que derivan en una reducción de precios o en estrategias promocionales intensas dentro de áreas de mercado limitadas.

El ataque de guerrillas se basa en el lanzamiento de pequeñas y rápidas ofensivas en diferentes frentes, que pueden producir un mayor impacto y confusión en el oponente que un solo ataque de mayor intensidad, contra el que emplearía más recursos y represalias para defender su territorio.

RECUERDA

Alternativas en la elección de una estrategia específica de ataque:

Descuentos en precios: productos similares a precios inferiores.
Productos más baratos: productos de menor calidad a un precio muy inferior.
Productos baratos de calidad: oferta de combinación de productos de gran calidad a precios bajos.
Productos de prestigio: oferta de productos de mayor calidad a precios superiores a los del líder.
Proliferación de productos: oferta de una mayor variedad de productos para el consumidor final.
Innovación de productos: oferta de mejoras y avances en las prestaciones de los productos.
Mejora de los servicios: oferta de mejores servicios asociados a un producto.
Innovación en la distribución: desarrollo de un nuevo canal de distribución alternativo a los puntos de venta convencionales.
Reducción de costes operativos: mejora en los procesos de fabricación y reducción de costes.
Fuerte inversión promocional: incremento del esfuerzo publicitario y promocional para intentar convencer a los consumidores de los beneficios del producto frente a los de los oponentes.
Fuente: *Marketing Management.* Philip Kotler *et al.* Duodécima edición.

17.3. ESTRATEGIAS DE SEGUIDOR

Hay empresas que prefieren seguir al líder en lugar de retarlo, éstas son las empresas seguidoras. Este tipo de empresas entienden que les es más favorable una coexistencia y repartirse el mercado, en lugar de retar o atacar a sus competidores, ya que las represalias las pueden perjudicar en mayor medida que los beneficios que podrían obtener adoptando estrategias de ataque.

Las empresas seguidoras suelen operar en sectores con escasa diferenciación entre los productos, una calidad similar en los servicios ofertados y una sensibilidad alta al precio. Debido a las características del sector, el conjunto de empresas que lo componen no están por la labor de iniciar una guerra competitiva que pueda perjudicar al conjunto.

La mayoría de las empresas seguidoras no intentan arrebatar cuota de mercado al líder, se limitan a presentar ofertas similares a las suyas, intentando imitar todos sus movimientos con el objetivo de obtener un reparto de la cuota de mercado.

Las empresas seguidoras adoptan un crecimiento lo suficientemente discreto, acorde con su tamaño y ambición estratégica, para no provocar represalias del líder o de empresas de su mismo tamaño. Un seguidor debe emplear medidas estratégicas que le permitan mantener y, al mismo tiempo, atraer a nuevos clientes, ofreciéndoles un mejor servicio y ubicación, más ventajas de financiación y una calidad al mayor nivel posible.

¿Qué estrategias suelen adoptar los seguidores?

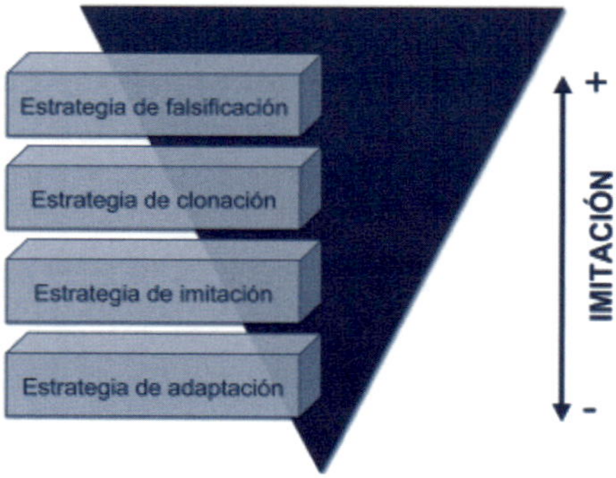

Figura 17.6. Estrategias adoptadas por empresas seguidoras.
Fuente: adaptado de Philip Kotler *et al.*

❶ **Estrategias de falsificación.** Las empresas que adoptan una estrategia de falsificación reproducen el producto original y lo venden a un precio muy inferior bajo la misma marca. La falsificación es muy frecuente y afecta a numerosos sectores económicos: discográfico, software, textil, marroquinería, alimentación y artículos de lujo, entre otros. Los consumidores adquieren estos productos, siendo conscientes o no del engaño, que causa un gran perjuicio a las marcas falsificadas.

❷ **Estrategias de clonación.** Esta estrategia consiste en reproducir el producto con atributos muy similares al original, poniéndolo a la venta con otra marca a un precio inferior. En algunos casos, la reproducción es tan parecida que puede inducir a una confusión en el proceso de compra de los consumidores, dando lugar, en algunos casos, a una situación denominada por los tribunales como competencia desleal. Por ejemplo, Coca-Cola ha detectado miles de clonaciones de productos con nombres de marca y envases prácticamente iguales.

❸ **Estrategias de imitación.** Las firmas que ponen en práctica una estrategia de imitación copian algunos aspectos del producto original diferenciando otros, como el envase, la política de comunicación y el precio. Los líderes de mercado no se preocupan mucho por empresas que adoptan esta estrategia si no tienen como objetivo un ataque frontal o agresivo hacia el líder.

❹ **Estrategias de adaptación.** Quienes adoptan una estrategia de adaptación basan sus productos en los del líder, adaptándolos e, incluso, mejorándolos, gracias a la incorporación de algún aspecto innovador en tecnología, diseño, estilo, etc. Por ejemplo, los fabricantes de automóviles suelen imitar los coches de lujo europeos, aportando una tecnología propia o unas prestaciones adicionales.

17.4. ESTRATEGIAS DE ESPECIALISTA

Las pequeñas y medianas empresas que prefieren no enfrentarse directamente a las grandes o al líder se dirigen a mercados más pequeños, que carecen de interés para las grandes empresas, especializándose en segmentos o nichos de mercado y asumiendo, por lo tanto, un bajo riesgo de ser atacadas. El objetivo de las empresas especialistas en nichos es el de convertirse en líder de su propio nicho, llegar a conocer mejor a su target y atender sus necesidades, ofreciendo productos o servicios de mayor valor a un precio muy superior al coste, en comparación a los de las empresas que atienden a varios segmentos. Por lo general, los especialistas en nichos sacrifican el volumen de ventas (menos cuota de mercado) por conseguir mayores márgenes de beneficios en menor cantidad de ventas.

Las empresas con cuotas de mercado pequeñas pueden conseguir una rentabilidad atractiva adoptando una buena especialización en nichos de mercado. Este tipo de empresas tienen la misión de crear nichos, expandirlos, protegerlos y, cuando éstos se debiliten, identificar otros nuevos.

Los especialistas en nichos suelen utilizar como estrategia de ataque un marketing de guerrillas, centrándose en una zona o ámbito concreto.

Especialización en nichos

- Especialista en consumidores finales.
- Especialista a nivel vertical.
- Especialista en clientes de un determinado tamaño.
- Especialista en clientes específicos.
- Especialista en zonas geográficas.
- Especialista en un producto o línea de productos.
- Especialista en un solo atributo del producto.
- Especialista en productos a medida.
- Especialista en calidad/precio.
- Especialista en servicios.
- Especialista en un canal de distribución.

Figura 17.7. Especialización en nichos.
Fuente: *Marketing Management*. Philip Kotler *et al*. Duodécima edición.

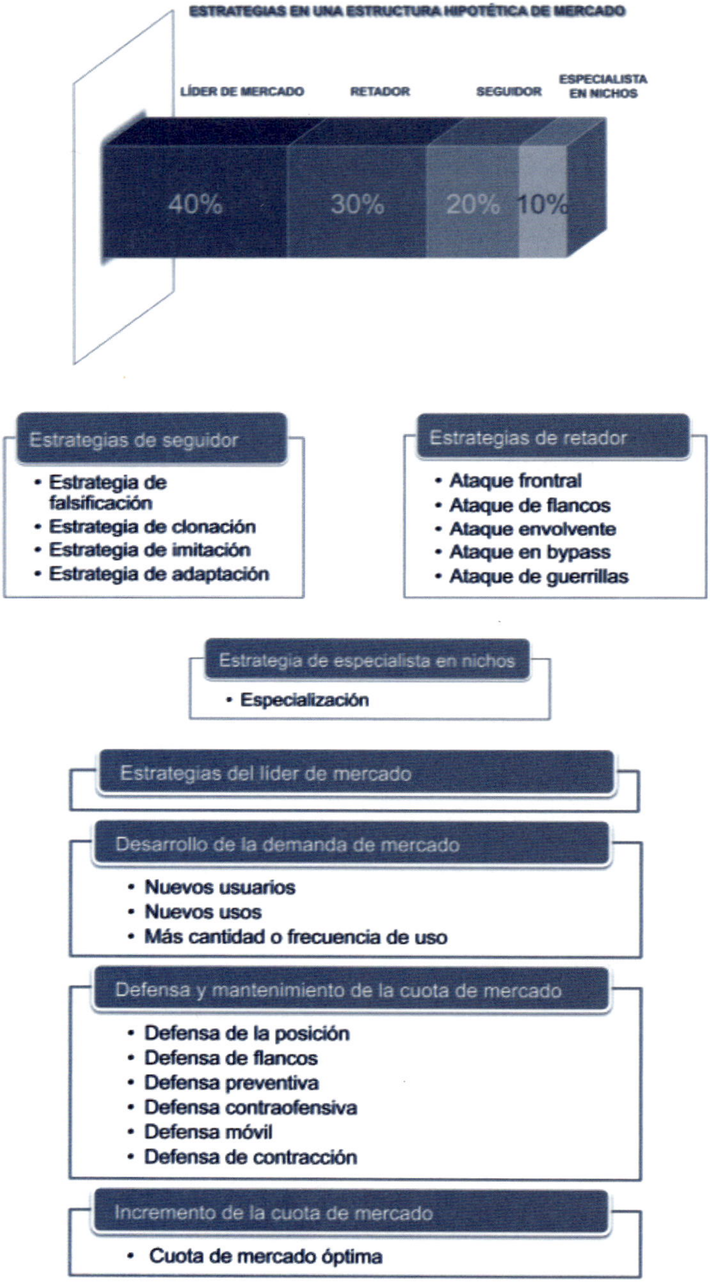

Figura 17.8. Estrategias competitivas en una hipotética estructura de mercado. Fuente: adaptado de Kotler *et. al.*

18. Sistemas de gestión de la calidad

«La calidad nunca es un accidente;
siempre es el resultado de un esfuerzo de la inteligencia.»

John Ruskin

- Cómo organizar el negocio para el éxito a través de la implantación de un Sistema de Gestión de la Calidad (SGC) en la empresa conforme a las normas ISO.
- Destinatarios de las normas ISO.
- Beneficios de la implantación de las normas ISO.
- Modelo de Sistema de Gestión de la Calidad.
- Cuándo debe implantarse el SGC.
- Fases de la implantación del SGC.
- Cómo se mantiene y mejora el sistema para la excelencia.

“Las expectativas de nuestros clientes en relación con la calidad han aumentado considerablemente en los últimos años. La calidad se ha convertido en uno de los factores más determinantes en las buenas relaciones comerciales. Las empresas deben incorporar a sus estrategias una implantación de sistemas de gestión de la calidad para garantizar las expectativas y generar confianza entre sus clientes.”

NUBE DE TAGS

Sistema de Gestión de la Calidad (SGC), **certificaciones,** *organización y control, enfoque hacia el cliente,* **ISO 9001: 2000,** PROCESOS, **LIDERAZGO, EXCELENCIA, participación del personal,** *enfoque basado en procesos,* **mejora continua,** grupos de trabajo...

18.1. CÓMO ORGANIZAR EL NEGOCIO PARA EL ÉXITO A TRAVÉS DE LA IMPLANTACIÓN DE UN SISTEMA DE GESTIÓN DE LA CALIDAD (SGC) EN LA EMPRESA CONFORME A LAS NORMAS ISO

Es muy frecuente que los negocios se inicien de forma impulsiva a partir de la iniciativa de emprendedores con gran ilusión y con una idea nacida de la identificación de nuevas necesidades del mercado. Rápidamente se ponen manos a la obra, y, en pocas semanas, ponen en marcha su nueva empresa (si no lo impiden algunas barreras burocráticas).

Con la empresa ya constituida, comienzan las primeras operaciones y los primeros pedidos. Probablemente se haya estructurado el negocio con el enfoque tradicional, un departamento de ventas, de compras, de producción, de administración y, por supuesto ellos, los directores.

No obstante, con el tiempo, surgen pequeñas incidencias. Tienen que atender muchas demandas, mayores y menores, de empleados, clientes, proveedores, administración, etc. Incluso con un personal adecuado, un producto solicitado por el mercado, un buen colchón financiero y una estructura sólida, puede que no obtengan los resultados esperados.

Además, todo ello se agrava debido a que tienen muchas otras ideas novedosas, igualmente atractivas y que desean poner en práctica, y les falta tiempo para poder desarrollarlas.

Algunas empresas, aun con estas dificultades, tienen éxito durante un largo tiempo (hay que rendirse ante la idoneidad del producto o servicio). Otras, más numerosas, consiguen sobrevivir, pero a costa de obtener unos resultados muy inferiores a los que podrían conseguir. Y, finalmente, un gran número de estos proyectos fracasan, incluso siendo negocios con una gran historia y resultados positivos anteriores.

Estamos, pues, ante el reto de mejorar la gestión de nuestra empresa para obtener el rendimiento más alto posible de los proyectos presentes y futuros.

Evidentemente, existen múltiples soluciones para mejorar la gestión empresarial de los negocios, cada una con enfoques distintos y objetivos diferenciados. Sin embargo, la particularidad del modelo de gestión que propone la Norma ISO 9001 radica en el hecho de ser un sistema que ha sido contrastado en el mercado (véanse las tablas 18.2., 18.3. y 18.4.) y está avalado por todos los agentes que participan en el mismo (administración, productores/fabricantes, distribuidores, usuarios/consumidores y organismos de certificación), al ser todos ellos los que han elaborado la norma que describe dicho modelo.

El modelo de Sistema de Gestión de la Calidad que propone ISO es especialmente exitoso al estar enfocado en la satisfacción del cliente (un aspecto vital en mercados con exceso de oferta o aumento de las exigencias y expectativas de clientes), y porque contiene un motor de gestión de incidencias realmente eficaz, lo que permite la mejora continua de la gestión.

En la tabla 18.1. de la siguiente página, describimos incidencias habituales que se han dado en empresas de distintos sectores y que han llevado al gestor a iniciar un proceso de implantación de un Sistema de Gestión de la Calidad; por cada una de ellas se especifica lo siguiente:

a. Sector y proceso de la empresa al que afecta.
b. Análisis de la causa que provocó la incidencia.
c. Repercusión que tuvo la incidencia en la organización.
d. Solución inmediata dada para resolver la incidencia.
e. Acciones para corregir la causa que provocó la incidencia.

18.2. A QUIÉN VA DIRIGIDA LA NORMA ISO

Ya tenemos una posible solución a nuestros problemas, pero la primera duda que se plantea el empresario que la va a poner en práctica es si esa solución es la adecuada para su propia empresa y actividad.

De nuevo, existe respuesta: las normas ISO son criterios de carácter internacional elaborados por todos los agentes que intervienen en el mercado: usuarios/consumidores, fabricantes, distribuidores, administración y organismos de normalización.

Están muy extendidas en el ámbito internacional, y, en particular, en los mercados con mayor presencia en el comercio mundial, donde se practican los métodos de trabajo de mayor éxito; véanse las tablas 18.2., 18.3. y 18.4.

Están demostrando su adaptación a cualquier tipo de organización y su eficacia como vehículo para conseguir los objetivos y alcanzar las metas propuestas; véase la tabla 18.5.

Por lo tanto, cualquier organización, independientemente de su dimensión, del sector en el que desarrolle su actividad y del nivel de complejidad de sus procesos de trabajo, puede adoptar el modelo de gestión que propone la Norma ISO 9001: 2000.

DESCRIPCIÓN	SECTOR/PROCESO	ANÁLISIS DE CAUSA	REPERCUSIÓN	SOLUCIÓN	CORRECCIÓN
Se recibe una llamada del cliente instando a que se presente al día siguiente el personal necesario para poner en marcha la instalación contratada.	Instalaciones/Prestación del servicio.	El personal que realizó la visita no concluyó la instalación, aducen falta de materiales y se marchan de las instalaciones del cliente sin dar especificaciones.	El cliente amenaza con cerrar todos los pedidos del grupo a nivel nacional.	Enviar al personal necesario para poner en marcha la instalación.	Charla para exponer la reclamación del cliente, informar de las repercusiones y solicitar la colaboración de todos. Se actualizan los procedimientos, se obliga a la aceptación de la visita del cliente a través de un parte de trabajo (en el que se indica cualquier incidencia).
No se pueden adquirir los materiales necesarios para continuar la obra en las instalaciones del cliente.	Construcción/Mantenimiento.	El vehículo utilizado falló al arrancarlo en la obra, no había pasado la última revisión.	Coste de la mano de obra contratada para ese día más la penalización por retraso estipulada por contrato.	Pedir el envío de material al cliente con transporte ajeno.	Instar al responsable de mantenimiento de vehículos a que aplique el plan de mantenimiento correspondiente e indique con rótulos visibles el estado de revisión del vehículo.
El pedido de bizcochos se va a retrasar al menos dos semanas.	Fábrica de pastelería/Diseño.	Las pruebas del nuevo producto (enviadas al cliente para la aceptación del pedido) eran correctas, pero no se habían testado en producción.	Penalización del cliente por retraso (recogida en el contrato). Riesgo de no poder atender finalmente el pedido (cliente, principal distribuidor).	Realizar las pruebas de producción adecuadas para poder fabricar el producto en los volúmenes solicitados.	No enviar pruebas de producto solicitadas por clientes hasta haber verificado el mismo en la cadena de producción. En ningún caso acordar plazos de envío menores para productos nuevos que los necesarios para las pruebas de producción (dos meses).
El 50% de las obras están retrasadas.	Construcción/Planificación.	No existen programas de obra con los que conocer el estado en el que se encuentra su progreso.	Penalización por retraso acordada en el contrato. Pérdida de obras por falta de capacidad.	No existe solución inmediata.	Establecer programaciones por obra y un coordinador de obras que realice una supervisión continua del progreso adecuado de las mismas.
La bancada utilizada para el soporte de los equipos montados no es adecuada.	Instalaciones/Formación personal.	La bancada ha requerido de soldadura de acero inoxidable. Dicha soldadura la efectuó personal no capacitado para ello.	Coste de mano de obra y material utilizado en la bancada más la mano de obra utilizada en el acople y desacople del equipo.	Realizar una nueva bancada adecuada a los equipos montados.	Identificar procesos especiales en la empresa y dar las competencias adecuadas (formación, capacidad, experiencia, etc.) para el personal responsable de los mismos.
Es necesario retrasar varias visitas a los clientes.	Informática/Comunicación.	Las visitas necesitan de un comercial y un técnico de desarrollo; al acordar las visitas el comercial no tiene en cuenta la agenda del técnico.	Pérdida de pedidos potenciales.	No existe solución inmediata.	Determinar agendas compartidas por el personal y mantenerlas actualizadas diariamente.
Nos llega material defectuoso del proveedor.	Distribución de componentes electrónicos/Evaluación proveedor.	El material venía correcto, pero durante el transporte se ha estropeado. Ya han ocurrido casos similares con el mismo transportista.	Retraso de los pedidos a clientes y/o cancelaciones.	Solicitar nuevo pedido a proveedor.	Evaluar el comportamiento de los proveedores con criterios definidos y en función del material o servicio suministrado.

(Continúa)

DESCRIPCIÓN	SECTOR/PROCESO	ANÁLISIS DE CAUSA	REPERCUSIÓN	SOLUCIÓN	CORRECCIÓN
Debemos parar un montaje por falta de materiales en almacén.	Instalaciones/Compras.	No existen niveles de stock mínimo para materiales de especial relevancia.	Coste de la mano de obra ociosa. Penalizaciones del cliente por retraso.	Compra de los materiales necesarios.	Identificar materiales especialmente críticos (caducidad, riesgo, rotura stocks, coste elevado, etc.) e idear mecanismos de aviso para compras.
Se recibe una llamada del cliente avisando de que no funcionan las instalaciones como se había solicitado.	Instalaciones/Verificación equipos.	Las revisiones se habían efectuado con equipos de medida que dan mediciones equivocadas. No estaban revisados.	Cargo relativo del coste de la parada de funcionamiento del cliente. Coste de la mano de obra para el reajuste de instalación.	Desplazar personal a las instalaciones del cliente para reajustar la instalación.	Confeccionar un plan de revisiones para todos aquellos equipos y/o elementos de medición que se utilicen en la empresa. Indicar en los registros de verificación el equipo que se ha utilizado para la misma.
Llegan clientes con reservas a los que no se puede alojar en el establecimiento.	Hotelero/Gestión incidencias.	No se esperaba la ejecución de la totalidad de las reservas. Existe en la ciudad un evento inesperado y no tenemos alternativas para realojar a los clientes.	Pérdida de clientes, reclamación procedente de clientes y coste final por realojamiento.	Buscar realojamiento adecuado para los clientes.	Predeterminar un protocolo de actuación ante situaciones de overbooking. Revisar el sistema de reservas de la empresa y establecer límites más claros.
Se recibe una reclamación formal de un alumno afirmando que ha recibido menos formación de la que se especificaba en los programas del curso.	Academia de formación/Control del servicio.	Desconocemos cuál ha sido el programa del curso impartido finalmente.	Reembolso parcial de la matrícula del alumno, pérdida de imagen y de clientes potenciales.	Proponer la matriculación gratuita al alumno para nuevas convocatorias.	Controlar el nivel de impartición del programa del curso a través de controles semanales con profesores (se registrarán en formatos adecuados).
Se realizan compras para reponer mínimos, pero existen cantidades en almacén por encima del máximo.	Distribución/Almacén.	Realizamos un inventario y existen desviaciones por pérdidas superiores al 7%.	Coste de materiales perdidos y gestión de stock innecesario.	No existe solución inmediata.	Proponer métodos para el control y salida de los materiales de almacén.
El cliente nos devuelve artículos en mal estado.	Importación de artículos de regalo/ Identificación de productos no conformes.	Se enviaron, por error, artículos que venían defectuosos del proveedor.	Reembolso a clientes o reducciones de precios, pérdida de imagen de la empresa y de clientes potenciales. Coste de gestión de devoluciones a proveedores.	Devolver artículos a proveedores.	Establecer criterios definidos para identificar, segregar y tratar los productos no conformes (de clientes, proveedores, almacén, etc.).
Toda la producción del turno de mañana se ha de tirar.	Fábrica de aceitunas/Control de la producción.	Nadie autorizó la parada de la producción. El jefe de turno alega que no tiene criterios para decidir la parada de las máquinas.	Coste de la mano de obra, materias primas y envases utilizados en la producción. Retrasos en los pedidos de clientes. Modificaciones en el programa de producción.	Repetir el turno de fabricación.	Establecer controles de calidad durante la producción para poder evaluar la conformidad con nuestras especificaciones internas. Establecer criterios de decisión adecuados para la toma de decisiones al jefe de producción. Registrar los datos en formatos adecuados.

Tabla 18.1. Incidencias reales en empresas de diferentes sectores.

AÑO	Dic. 2002	Dic. 2003	Dic. 2004	Dic. 2005	Dic. 2006
CERTIFICACIONES	167 124	497 919	660 132	773 867	897 866
PAÍSES	133	149	154	161	170

Tabla 18.2. Evolución de certificaciones de la Norma ISO 9001:2000 a nivel mundial. Período 2002-2006. Fuente: *The ISO Survey 2006.*

AÑO	Dic. 2002	Dic. 2003	Dic. 2004	Dic. 2005	Dic. 2006
CERTIFICACIONES	8872	31 836	40 972	47 445	57 552

Tabla 18.3. Evolución de certificaciones de la Norma ISO 9001: 2000 en España. Período 2002-2006. Fuente: *The ISO Survey 2006.*

PAÍS	N.° CERTIFICACIONES
China	162 259
Italia	105 799
Japón	80 518
España	**57 552**
Alemania	46 458
EE UU	44 883
India	40 967
Reino Unido	40 909
Francia	21 349
Holanda	18 922

Tabla 18.4. Primeros diez países del mundo clasificados por número de certificaciones ISO 9001: 2000. Fuente: *The ISO Survey 2006.*

SECTOR	CERTIFICACIONES
Equipos electrónicos y ópticos	1456
Ingeniería, I+D	1642
Alimentación, bebida, tabaco	1913
Construcción, maquinaria	1981
Educación	2361
Otras actividades empresariales	3013
Transportes, almacenaje, comunicación	3084
Metalurgia	4258
Comercio	4903
Construcción	5034

Tabla 18.5. Número de certificaciones en España por sectores de mercado en el año 2006. Fuente: *Duodécimo informe de Forum Calidad,* sin las cifras de Aenor ISO 9001.

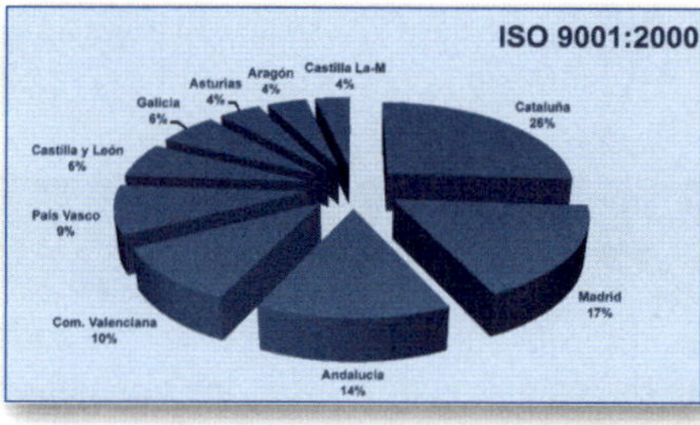

Figura 18.1. Número de certificaciones en España en el «Top ten de comunidades autónomas en el año 2006».
Fuente: *Duodécimo informe de Forum Calidad*, sin las cifras de Aenor ISO 9001.

@ MÁS INFORMACIÓN ACTUALIZADA EN:

www.mbadelsigloxxi.es

18.3. POR QUÉ DEBEMOS IMPLANTAR LAS NORMAS ISO: BENEFICIOS

Son cinco los factores fundamentales para implantar un Sistema de Gestión de la Calidad en la empresa.

Figura 18.2. Razones para implantar las normas ISO.

1. LA ORGANIZACIÓN Y EL CONTROL

Es muy normal que las empresas que inicien estos procesos de gestión partan de un nivel de desorganización elevado y un grado de control de los procesos y departamentos muy escaso. Esta valoración puede no ser compartida inicialmente por el empresario, le es difícil reconocerlo, pero, posteriormente, con el desarrollo de un diagnóstico riguroso sobre esta cuestión, queda ampliamente demostrada.

El implantar y mantener un SGC implica una revisión profunda de la estructura organizativa de la empresa, reenfocar su gestión para dirigirla por procesos y poner en marcha elementos de control de los mismos y de los departamentos de la empresa.

La mala organización y la falta de control adecuado de los procesos genera ineficiencia, poca rentabilidad y descontento generalizado en la dirección y en el personal.

2. LOS CLIENTES

Los clientes tienen más información, más ofertas y son cada vez más exigentes y rigurosos en la selección de los proveedores. Del mismo modo, tienen más capacidad e interés por resolver sus reclamaciones.

Los clientes son, en definitiva, los que generan nuestros ingresos, y, por lo tanto, su pérdida provoca una disminución de nuestros beneficios y del rendimiento económico de la empresa. Además, un cliente insatisfecho actúa como efecto multiplicador negativo para la gestión comercial.

Por consiguiente, debemos ser conscientes de que el nivel de quejas y reclamaciones, que deben ser correctamente atendidas y solucionadas, se va a incrementar; que mantener la fidelidad de los clientes es cada vez más difícil y costoso si no se ponen los medios adecuados; y que clientes insatisfechos supondrán pérdidas de mercado y cartera de pedidos, y, en definitiva, pondrán en riesgo los beneficios actuales y futuros del negocio.

3. LOS COSTES

Es una realidad contrastada que las empresas que no disponen de un SGC presentan un número más elevado de incidencias, al no plantear de antemano acciones preventivas para evitarlas, y, además, ven como se reproducen las mismas incidencias al no aplicar medidas correctoras que eliminen las causas que las provocan.

Este tipo de costes por incidencias o no conformidades (denominados también de «no calidad») son generalmente muy elevados, y llevan asociados múltiples costes indirectos, que, en ocasiones, son difíciles de cuantificar (por ejemplo: pérdidas de contratos futuros). Por lo tanto, en los negocios en los que se carece de estas herramientas de gestión de incidencias, los costes de la no calidad son muy cuantiosos y gravan la cuenta de resultados de forma negativa.

No debemos olvidar que niveles de costes de no calidad elevados generan una disminución de la productividad, reducen los beneficios y empeoran la rentabilidad de la organización.

4. LA COMPETENCIA

Sabemos que el número y nivel de competencia en cualquier sector y mercado está creciendo de forma vertiginosa. Como hemos podido ver en capítulos anteriores, competir en precios no puede ser la única alternativa, y, en muchos casos, esta estrategia ha llevado a la quiebra a un gran número de empresas y ha perjudicado gravemente a los sectores afectados.

Competir en calidad es una apuesta a medio y largo plazo, pero el beneficio está asegurado, es más, el modelo que propone la Norma ISO 9001 es el de entender la calidad, como ya se ha mencionado, a través del grado de satisfacción que conseguimos de los clientes. En definitiva, conforme a este enfoque —y la realidad lo está demostrando—, si la organización consigue un nivel de satisfacción de sus clientes más elevado que la competencia, obtendrá, sin duda, un mayor éxito.

La prudencia nos obliga a vigilar de cerca las estrategias de nuestros competidores. Si perdemos esas referencias, incurriremos en pérdida de mercado y en una disminución de las ventas, además de perjudicar la cuenta de resultados.

5. EL CRECIMIENTO

Los negocios con éxito no pueden sobrevivir sin un crecimiento adecuado. Es muy frecuente que el mercado nos pida que aumentemos nuestra dimensión, tanto para conseguir ofertas, pedidos o contratos de mayor envergadura, como porque hemos ido ampliando la cartera de pedidos, o, simplemente, porque la competencia en nuestro mercado ha crecido de igual manera.

Pero, a la vez, es habitual que la empresa no esté preparada para dar una respuesta rápida a esta nueva exigencia del mercado.

El modelo de la Norma ISO 9001 es muy eficiente al respecto, dado que propone un enfoque por procesos, de forma que permite, con una estructura dada, identificar nuevas prácticas y redimensionar los recursos para ofrecer nuevos o mayores servicios, o hacer frente al diseño y desarrollo de nuevos productos, que se integran enseguida con el resto de los procesos del sistema.

Por último, cabe señalar que la dificultad para aumentar nuestra dimensión nos inhabilita, en un primer momento, como agente destacado y competitivo del mercado, y, a medio y largo plazo, pondrá en riesgo la supervivencia del negocio.

La empresa española y su opinión sobre la ISO 9000

Principales ventajas

- Incremento de la motivación de los empleados.
- Mejora del ambiente de trabajo.
- Incremento de la conciencia de calidad.
- Incremento en ventas.
- Captación de nuevos clientes.
- Incremento de la fidelidad de clientes.
- Incremento del nivel de satisfacción de los clientes.
- Incremento de las exportaciones.
- Reducción de costes.
- Incremento de la productividad.

Figura 18.3. Satisfacción y principales beneficios de la certificación ISO.
Fuente: «La empresa española y su opinión sobre el ISO 9000». Publicación *Economía Industrial* n.° 341. Carmen Escanciano García-Miranda. Departamento de Administración de Empresas y Contabilidad. Universidad de Oviedo, 2001.

18.4. EN QUÉ CONSISTE EL MODELO DE SISTEMA DE GESTIÓN DE LA CALIDAD QUE PROPONE ISO

El concepto preciso de la calidad que enuncia la Norma ISO 9000: 2005 es el siguiente: «Grado en el que un conjunto de características inherentes cumplen con los requisitos». De esta definición deducimos lo siguiente:

- La calidad puede ser pobre, buena o excelente, puesto que la empresa, en todo momento, cuenta con un grado de calidad.
- Los productos y/o servicios deben poseer un rasgo diferenciador y permanente, sobre el que establecer la medida de la calidad.
- Los requisitos son una necesidad o expectativa, generalmente implícita u obligatoria; se marcan de manera interna o externa y, en muchas ocasiones, dependen del análisis eficaz de las demandas de todos los agentes que intervienen en el mercado.

En síntesis el modelo de gestión que propone la Norma ISO 9001: 2000 trata de organizar la empresa conforme a una política determinada, marcar unos objetivos coherentes con ella y con las posibilidades de la empresa, establecer la estructura organizativa (organigrama), identificar todos los procesos que desarrolla la empresa (ventas, compras, planificación, producción o fabricación, ejecución del servicio, administración, etc.) y definirlos de tal forma que permitan alcanzar dichos objetivos (mapa de procesos).

Ejemplo de política:

> La empresa concede un valor inestimable a la formación continua del personal para poder afrontar con la capacidad adecuada los proyectos de los clientes y obtener resultados conforme a sus requisitos.

Ejemplo de objetivo (coherente con la política anterior):

> Presentar unos gastos de formación de al menos un 5% de la facturación y obtener una evaluación positiva de al menos el 90% de las actividades de formación ejecutadas.

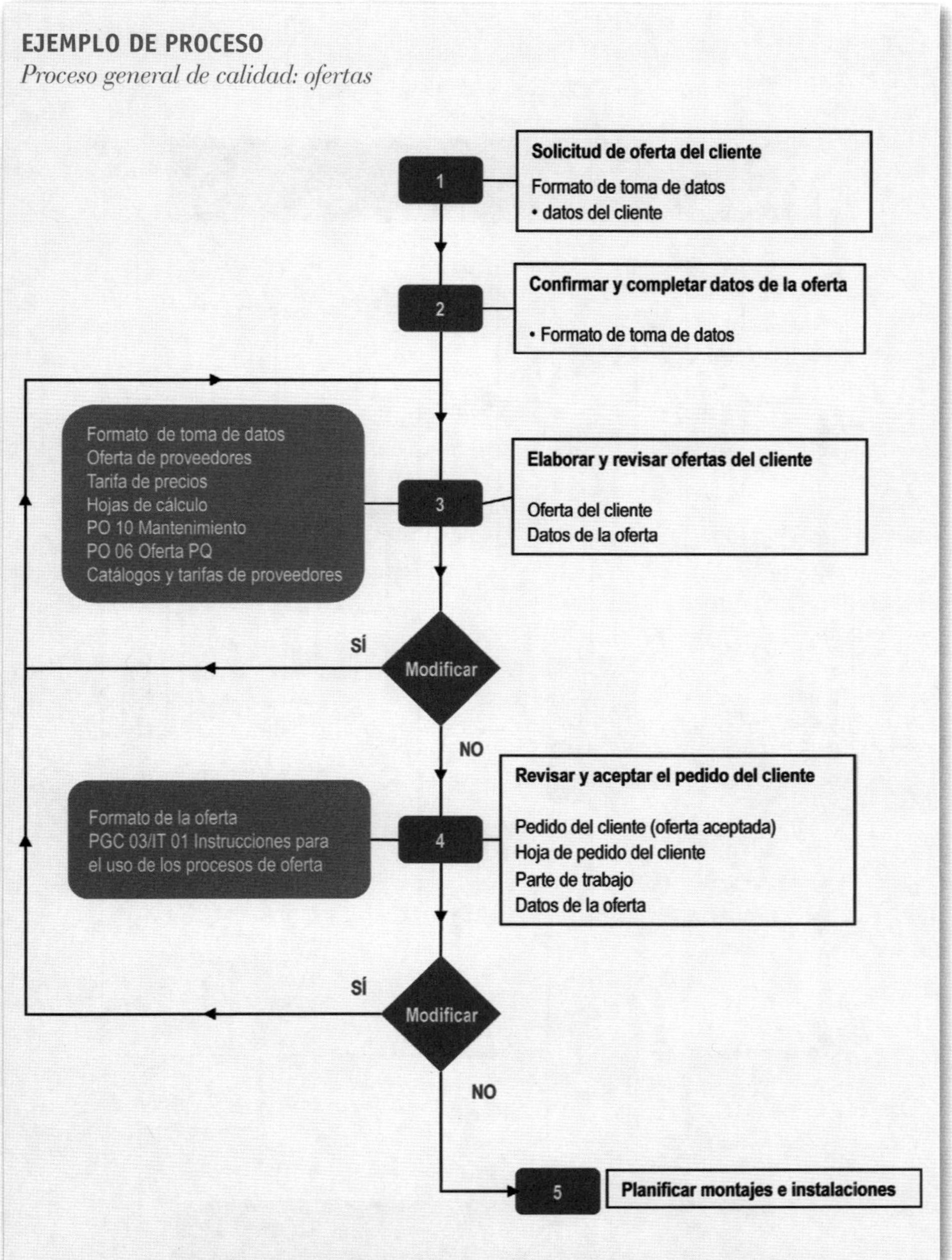

Figura 18.4. Diagrama de flujo del proceso de ofertas.

EJEMPLO

Mapa de procesos

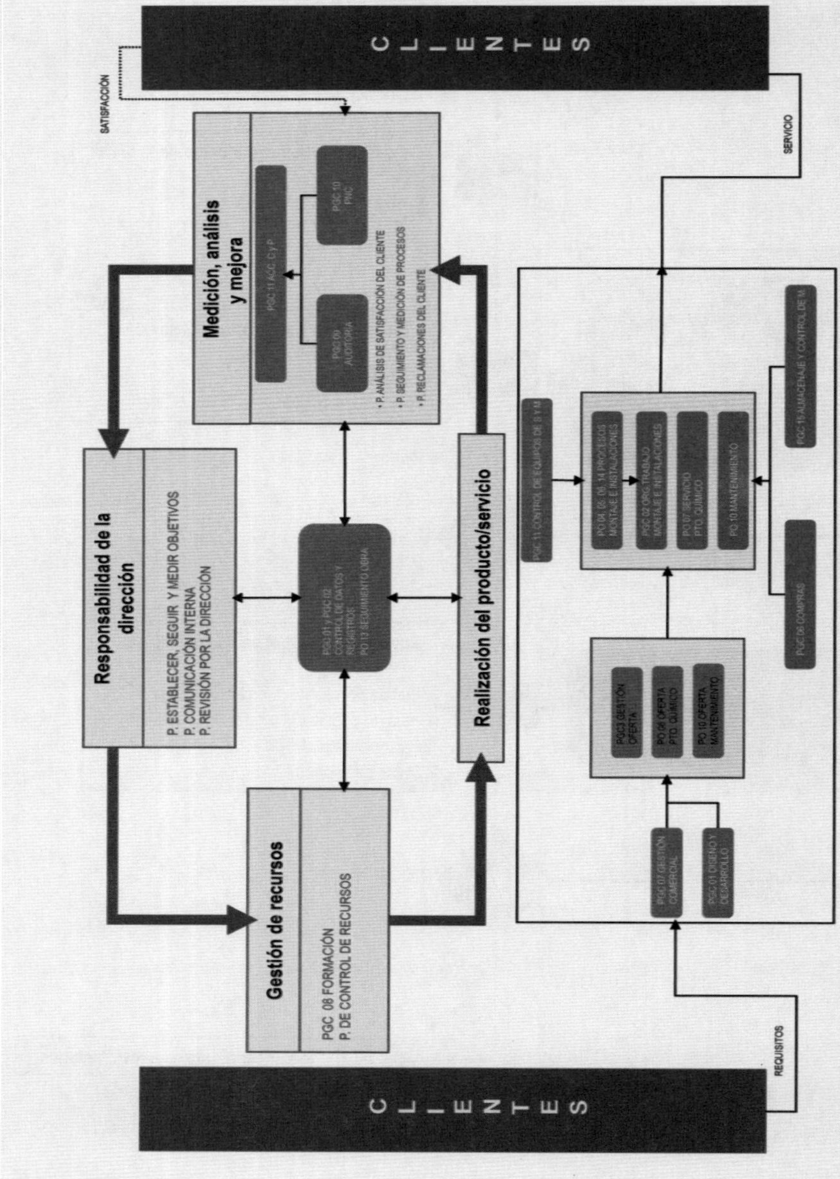

Figura 18.5. Mapa de procesos.

Para diseñar, documentar e implantar dicho sistema deben contemplarse los siguientes principios:

Figura 18.6. Principios para diseñar, documentar e implantar un SGC.

1. ENFOQUE AL CLIENTE

El modelo se basa en la premisa de que sólo conseguiremos el éxito si los clientes están satisfechos.

Nuestro mayor o menor éxito depende de la mayor o menor satisfacción de los clientes.

La satisfacción del cliente es la percepción que tiene sobre el grado en que han sido cumplidas sus necesidades o expectativas y, en general, sus requisitos.

Las expectativas, necesidades, gustos y los requisitos de los clientes cambian con el tiempo.

Por lo tanto, debemos:

- Investigar las necesidades y requisitos de los clientes.
- Conocerlos y comprenderlos.
- Satisfacerlos, y resolver sus dudas y reclamaciones de forma eficaz.

Además, debemos aprender a adelantarnos a las necesidades y requisitos futuros de los clientes.

2. LIDERAZGO

Sólo se consigue el éxito si existe un camino definido para conseguirlo.

El camino para conseguir el éxito deben trazarlo las personas con liderazgo en la empresa.

Los recursos dispuestos para conseguir el éxito por el camino marcado necesitan un referente para movilizarse.

Los referentes para la movilización de recursos, encargados de crear y mantener un ambiente interno óptimo para lograr el éxito, son los líderes.

Por lo tanto, debemos asumir la tarea de crear un ambiente de trabajo excelente para elaborar, implantar y gestionar el Sistema de Calidad.

3. PARTICIPACIÓN DEL PERSONAL

La capacidad de nuestro sistema es la aptitud que tiene para realizar productos u ofrecer servicios que cumplan con los requisitos de los clientes.

El capital humano de la empresa es el encargado de transmitir y proporcionar los productos o servicios, ofreciendo valor a los clientes.

La mayor o menor capacidad de nuestro sistema depende de la mayor o menor utilización de las capacidades con las que cuenta el personal.

El personal utiliza sus capacidades para el beneficio de la empresa en la medida en que se siente comprometido con sus objetivos.

Así que debemos conseguir que el personal asuma los objetivos de la empresa y utilice toda su capacidad, formación, habilidad y experiencia para conseguirlos.

4. ENFOQUE BASADO EN PROCESOS

Los productos o servicios que cumplen las expectativas de los clientes han de ser elaborados a través de una serie de actividades y tareas. Éstas no forman compartimentos estancos, sino que el resultado de cada una de ellas es, a la vez, el principio de otra.

Los procesos son un conjunto de actividades mutuamente relacionadas y que interactúan para transformar entradas en salidas.

Todas las actividades que se realizan se pueden agrupar en procesos.

5. ENFOQUE DE SISTEMA PARA LA GESTIÓN

El éxito de nuestra empresa depende de la mayor o menor eficacia y eficiencia de nuestra organización.

Para ejecutar un proceso, por regla general, se necesita la participación de más de un departamento o área de la empresa.

La definición de los procesos como un sistema redundará en la mayor o menor eficacia y eficiencia de nuestra organización.

6. MEJORA CONTINUA

Las empresas actúan en un entorno muy dinámico. Los intereses, los gustos, las necesidades, los requerimientos, las estrategias, etc., de todas las partes interesadas, clientes, personal, proveedores, administración, competencia, etc., cambian constantemente.

Un sistema de calidad que hoy asegure la aptitud de nuestra empresa para realizar productos y servicios que satisfagan a los clientes puede estar controlado, pero no ser válido en el futuro.

Los procesos definidos deben ser flexibles para cambiar y adaptarse a las nuevas exigencias.

7. ENFOQUE BASADO EN HECHOS PARA LA TOMA DE DECISIONES

La intuición, los juicios, las apreciaciones, las opiniones y las creencias son elementos que forman parte de las decisiones que toma la empresa en cualquier ámbito y para todo tipo de cuestiones.

Debemos considerar la mayor o menor eficacia de estas decisiones como un factor determinante para incrementar nuestro nivel de competitividad y alcanzar notables mejoras en nuestro negocio.

Esta eficacia no debe depender exclusivamente de los elementos que hemos considerado, ya que, aunque en ocasiones se acierte, existe un riesgo asociado de tomar las decisiones incorrectas. Debemos sustentar nuestras decisiones, especialmente aquellas relevantes para la empresa, en el análisis de los datos y la información que nos proporcionen el mercado, nuestros clientes y nuestra propia organización. Cuanto más precisa y pertinente sea ésta, mejores resultados obtendremos.

8. RELACIONES MUTUAMENTE BENEFICIOSAS CON EL PROVEEDOR

Son muchas las ocasiones en las que nuestras producciones y/o servicios dependen de la calidad de nuestros proveedores.

Para convertir ese riesgo en una oportunidad, debemos trabajar de formar beneficiosa para ambas partes.

Una forma de mejorar la relación con los proveedores es estableciendo unos canales de comunicación más eficaces para hacerles llegar nuestras quejas, reclamaciones o sugerencias; en definitiva, asesorándolos y ayudándolos en la corrección de errores y en la mejora de sus suministros y servicios. Debemos evitar que los castigos y las penalizaciones a los proveedores sean nuestra única respuesta ante las anomalías que se presenten en nuestras relaciones; es más apropiado optar por un enfoque más constructivo.

Estos ocho principios constituyen la base de los sistemas de gestión de la calidad de la familia de Normas ISO 9000.

18.5. CUÁNDO DEBE IMPLANTARSE EL SGC

Hasta el momento, hemos encontrado una respuesta a nuestros problemas iniciales, implantar un Sistema de Gestión de la Calidad, hemos analizado si se trataba de una solución adecuada para nuestro negocio y ya sabemos en qué consiste. Nos falta, pues, decidir cuándo ponerla en marcha y cómo.

Respecto a cuándo se plantea una organización el momento de poner en marcha un proceso de implantación de gestión de la calidad, debemos decir que son cada vez más los que lo inician al comenzar el negocio. Puede parecer precipitado, pero debemos recordar que el éxito del proyecto dependerá de múltiples factores, como la experiencia previa de la dirección y los empleados, el sector en el que se va a desarrollar la actividad, el nivel de complejidad de los procesos, etc.

Pero, sin duda, no se debe retrasar su inicio desde el momento en que comprobamos que algunos de los factores comentados anteriormente (organización y control, los clientes, los costes, la competencia y/o el crecimiento) están repercutiendo de manera negativa y grave en el desarrollo de nuestra organización.

No obstante, implementar con éxito un proceso de esta envergadura requiere un compromiso firme de la dirección, y la disposición de los recursos necesarios para afrontarlo, decisión que, sin duda, se ve recompensada enormemente con posterioridad.

18.6. CÓMO SE IMPLANTA EL SISTEMA DE GESTIÓN DE LA CALIDAD

Existen distintas formas de afrontar la implantación de un Sistema de Gestión de la Calidad, pero, por regla general, en el proceso se distinguen tres fases de actuación:

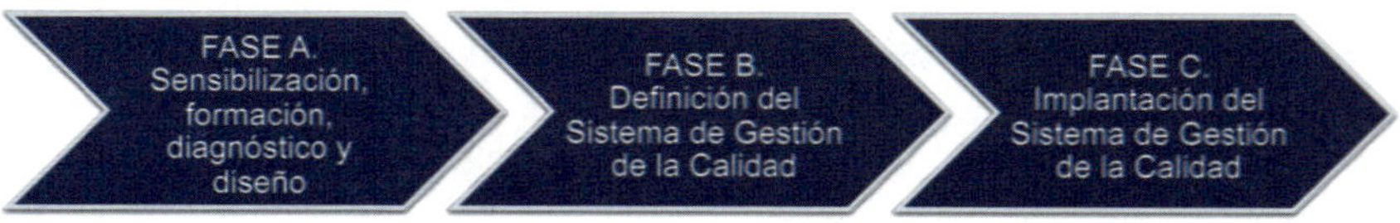

Figura 18.7. Fases en la implantación de un Sistema de Gestión de la Calidad.

FASE A. SENSIBILIZACIÓN, FORMACIÓN, DIAGNÓSTICO Y DISEÑO

Contenido técnico

Las actividades a realizar en esta fase son de formación e información, tanto de la dirección como de los trabajadores, con respecto a los siguientes aspectos:

- Qué es un Sistema de Gestión de la Calidad (SGC), cuáles son sus beneficios y sus exigencias.
- Qué es la Norma UNE-EN ISO 9001: 2000, cuáles son sus fundamentos y sus requisitos.
- Cómo se va a implantar el SGC según la Norma ISO.
- Qué es y cómo se realiza el proceso de certificación.

Asimismo, se analiza, mediante un estudio preliminar, el estado de partida en el cual se inicia la implantación, respecto al cumplimiento de los requisitos de la Norma ISO 9001: 2000. De dicho estudio se elaborará el informe de diagnóstico y diseño en el que se debe incluir:

- Desviaciones encontradas respecto a cada uno de los requisitos de la norma.
- Proposiciones para el cumplimiento de cada uno de los requisitos que configuran en su conjunto el diseño del Sistema de Gestión de la Calidad.
- Otros comentarios (puntos fuertes y débiles para la implantación del sistema, posibles mejoras identificadas, etc.).

Esta fase concluye con la aprobación de la dirección del programa de trabajo de la fase B.

Metodología

Todas las actividades se cumplimentarán a través de la realización de las siguientes acciones:

- Sesiones formativas y de información con el equipo directivo y con la dirección de la empresa.
- Sesiones formativas y de información al personal.
- Entrevistas y contactos personales con aquellos empleados que se consideren convenientes.
- Revisión y análisis de la documentación de partida (nivel de normalización).
- Análisis de la información obtenida y elaboración del informe de diagnóstico y diseño.

FASE B. DEFINICIÓN DEL SISTEMA DE GESTIÓN DE LA CALIDAD

Las actividades a realizar en esta fase son aquellas que permiten la construcción de la infraestructura del Sistema de Gestión de la Calidad para su posterior implantación.

Contenido técnico

Se inicia la fase estableciendo, junto a la dirección, la política de calidad y la estructura de la organización:

❶ Establecer la política de calidad. Se establecerá una política de calidad con la dirección de la empresa, clara y coherente con sus objetivos. Dicha política tendrá su expresión más evidente en la «declaración de la política de calidad», un documento en el que se recogerán sus elementos más importantes y donde se establecerá el compromiso firme de la empresa con la calidad.
❷ Definir el organigrama funcional. Se establecen las relaciones de autoridad, comunicación y coordinación entre los departamentos y/o áreas de la empresa, asignando las responsabilidades y autoridades correspondientes.

Posteriormente, en función de los resultados de la fase A (diseño), se designarán los grupos de trabajo (cuando sea posible) para la elaboración de los documentos que van a soportar el sistema, como son: el manual de calidad, los procedimientos, las instrucciones de trabajo, los registros y cualquier otra documentación necesaria. El método habitual a seguir será el siguiente:

❸ Identificar los procesos de la empresa. Partiendo de los resultados del diseño preliminar se identifican los procesos que van a formar el sistema, de tal manera que los resultados de cada proceso (las salidas) iniciarán otros procesos (entradas).
❹ Elaborar la documentación de soporte al sistema. Ésta incluirá procedimientos, instrucciones de trabajo, planes de calidad, registros, etc.

Para la elaboración del Sistema de Gestión de Calidad, seguiremos un modelo ISO 9001: 2000. Dicho modelo tiene como principios los comentados en los apartados anteriores.

Esta fase concluye con la aprobación por parte de la dirección del programa de trabajo de la fase C.

Metodología

Todas las actividades se cumplimentarán a través de la realización de las acciones siguientes:

- Reuniones con el equipo directivo de la empresa para el establecimiento de la política de la calidad, del organigrama y de todos los procesos necesarios.
- Reuniones con aquellas personas de la plantilla que serán responsables de la coordinación, el control y/o la supervisión de alguna de las iniciativas necesarias para la elaboración de esos procesos.

FASE C. IMPLANTACIÓN DEL SISTEMA DE GESTIÓN DE LA CALIDAD

El paso siguiente a la definición del SGC es la puesta en práctica del sistema y el inicio de un período de rodaje en el que se realizarán las modificaciones y se resolverán los problemas de coordinación y falta de conocimiento sobre la nueva forma de operar.

Esta etapa se concluye con una auditoría de todo el Sistema de Gestión de la Calidad.

Contenido técnico

Se inicia la fase estableciendo una planificación de los procesos diseñados, en la que se fijan la prioridad y el ritmo adecuado para la implantación efectiva de cada uno de los procesos determinados. Posteriormente, se realiza la programación y ejecución del plan, utilizando distintas metodologías (pruebas piloto o períodos de prueba).

Su desarrollo habitual será el siguiente:

❶ Planificar la implantación del Sistema de Gestión de la Calidad definido para la empresa, asignando grupos de trabajo a cada proceso y estableciendo la secuencia de implantación y el calendario de puesta en marcha de los mismos.

❷ Ejecutar el plan definido, es decir:
   a. Difundir el proceso a todo el personal que interviene en el mismo.
   b. Iniciar los períodos de prueba o las pruebas piloto, según los casos.
   c. Controlar y, si procede, modificar los procesos.
   d. Determinar los objetivos por proceso.
   e. Identificar los indicadores por proceso.
   f. Convocar reuniones para el seguimiento y mejora de los procesos.
   g. Convocar reuniones para el seguimiento y la medición de los objetivos.

❸ Realizar la auditoría interna del Sistema de Gestión de la Calidad.

Metodología

Todas las actividades se cumplimentarán a través de la realización de las siguientes acciones:

- Reuniones con el equipo directivo y con la dirección de la empresa para la planificación de la implantación del Sistema de Gestión de la Calidad.
- Reuniones para definir la programación y la puesta en marcha de los procesos.
- Sesiones y reuniones para la difusión de los procedimientos documentados entre el personal correspondiente.
- Contacto personal y reuniones con las personas responsables de alguno de los procedimientos.
- Ejecución de la auditoría interna.
- Proposición de acciones correctoras derivadas del estudio y seguimiento de la misma.

Para que el proceso de implantación se desarrolle de forma controlada, es preciso determinar un planning de trabajo personalizado para cada empresa en función de su sector de actividad, sus dimensiones, su prioridad, etc. Un ejemplo representativo puede ser el que se muestra a continuación:

EJEMPLO

Planning de trabajo

MESES	1	2	3	4	5	6	7	8	9
FASE A: SENSIBILIZACIÓN, FORMACIÓN, DIAGNÓSTICO Y DISEÑO									
FASE B: DEFINICIÓN DEL SISTEMA DE GESTIÓN DE LA CALIDAD									
FASE C: IMPLANTACIÓN DEL SISTEMA DE GESTIÓN DE LA CALIDAD									

Tabla 18.6. Ejemplo de planning de trabajo.

Además, cada una de las fases debe programarse de forma detallada; el procedimiento más eficaz es planificar las actividades por proceso identificado.

Cuando la empresa finalice el proceso de implantación, puede optar a que su sistema sea auditado por una entidad de certificación (acreditada por Enac) para que su calidad quede certificada y demostrada de manera inmediata ante cualquier parte interesada (clientes, administración, proveedores, etc.) presentando el certificado correspondiente.

El proceso de implantación del SGC aquí descrito puede ser abordado por cualquier empresa de forma interna (sin apoyo exterior). La decisión de la dirección radicará de nuevo en la evaluación de la capacidad del personal interno para llevar a cabo el proyecto. No obstante, deben recordarse, entre otros, los siguientes factores:

1. Al igual que las empresas son especialistas en producir y/o prestar sus productos y/o servicios, existen profesionales muy cualificados y especialistas en la implantación de Sistemas de Gestión de la Calidad.
2. Aunque la utilización de profesionales externos conlleva un coste económico inmediato, no se ha de desestimar el ahorro en costes de mano de obra que puede suponer afrontarlo con personal experto.
3. La implantación lleva asociada la revisión de todas las áreas de la empresa, de sus responsabilidades, sus funciones y sus procesos. El hecho de que una parte externa se encargue de ella es agradecido por el personal interno, que, posiblemente, considere que ésta tiene mayor objetividad y experiencia para realizar análisis y que emitirá juicios más desinteresados.

18.7. CÓMO SE MANTIENE Y MEJORA EL SISTEMA PARA LA EXCELENCIA

Una vez finalizado el proceso de implantación y certificación de nuestro SGC, no hemos concluido la tarea. No basta con lucir de forma ostentosa nuestro sello de calidad, estamparlo y pegarlo en todo tipo de publicidad.

El sistema debe haberse diseñado, y el modelo así lo contempla, con un enfoque de mejora continua. Esto es, en la propia configuración y puesta en práctica del sistema se establecen los procedimientos necesarios para evaluar si éste se ha implantado y es eficaz: las auditorias internas (generalmente realizadas por personal de la empresa formado e independiente del área auditada).

Asimismo, se establecen procedimientos para identificar incidencias y corregirlas de manera adecuada, a la vez que se detectan posibles mejoras a través del análisis sistemático de los datos que se van recogiendo y que pueden referirse a clientes, consumidores, usuarios, productos, procesos, servicios, proveedores, etc.: acciones preventivas y/o correctivas.

Finalmente, la dirección habrá establecido unos objetivos medibles en períodos razonables, que puedan ser evaluados para tomar decisiones en base a los resultados, y celebrará reuniones periódicas para revisar el Sistema de Gestión de la Calidad en su conjunto e identificar modificaciones, ampliaciones y oportunidades de mejora.

De esta forma, el propio diseño del sistema incluye los procesos de mejora continua y el camino hacia la excelencia.

Parte VI
LA INFORMACIÓN CONTABLE Y EL ANÁLISIS DE LOS ESTADOS FINANCIEROS

CONTABILIDAD

(De contable.)

1. f. Sistema adoptado para llevar la cuenta y razón en las oficinas públicas y particulares.

(Fuente: Real Academia Española)

MBA del siglo XXI News

¿Dónde está el dinero?

CAPÍTULOS

Tranquila, la situación de la empresa está controlada, sólo tengo que encontrar dónde están los beneficios.

19. El análisis financiero, patrimonial y económico

«El camino hacia la riqueza depende fundamentalmente de dos palabras: trabajo y ahorro.»

Benjamin Franklin

- Los flujos de caja son los cobros y pagos que se van a realizar en cierto período de tiempo.
- Los flujos de caja son muy importantes, pero no nos proporcionan dos piezas clave de información: el beneficio anual y el beneficio patrimonial.
- Incurrir en un gasto no es lo mismo que realizar un pago, y obtener un ingreso es distinto que cobrar.

“Una empresa, aun siendo muy rentable, puede encontrarse con problemas de liquidez, por eso son tan importantes los flujos de caja, o, lo que es lo mismo, los cobros y pagos, para una correcta gestión de tesorería.”

NUBE DE TAGS

FLUJOS DE CAJA, **gastos,** *pagos,* ingresos, **cobros,** *amortizaciones,* PRINCIPIO DEL DEVENGO, compras y ventas a crédito, **existencias,** *balance,* **CUENTA DE RESULTADOS,** patrimonio neto, **activo,** *pasivo,* **situación financiera,** situación patrimonial, SITUACIÓN ECONÓMICA...

19.1. LA IMPORTANCIA DE LOS FLUJOS DE CAJA

Tanto los gestores de las empresas, como las entidades financieras y los inversores prestan una especial atención al dinero del que dispone una empresa, bien en su propia caja, bien en sus cuentas bancarias.

Es frecuente oír mencionar la importancia de los llamados «flujos de caja» para determinar la salud financiera de una empresa. En otras palabras, los cobros y pagos que se van a realizar en cierto período de tiempo y que provocarán variaciones en el dinero disponible o en la liquidez de la empresa.

RECUERDA

Una empresa, aun siendo muy rentable, puede encontrarse con problemas de liquidez. Por esta razón es tan importante una buena gestión de los flujos de caja, también conocida como «**gestión de la tesorería**».

En nuestro ejemplo nos referimos a una empresa de tamaño medio, que lleva operando cinco años y que se encuentra en una situación financiera razonablemente buena.

En la tabla 1 mostramos un resumen de los cobros y pagos que ha realizado una empresa durante el último año.

TABLA 1		
COBROS	**euros**	**euros**
A clientes por la venta de productos	5 922 636,00	
Por crédito bancario	125 000,00	
Por emisión de acciones (ampliación de capital)	100 000,00	
Total de cobros del año		**6 147 636,00**
PAGOS		
A proveedores (compra de materias primas)	4 030 205,00	
Nóminas y Seguridad Social	593 639,60	
Luz, teléfono y otros gastos	371 024,70	
Alquiler	519 434,70	
Por gastos financieros	7423,10	
Impuesto de Sociedades	132 218,00	
Compra de equipos que durarán varios años	389 400,00	
Pago de dividendos a los accionistas	93 750,00	
Total de pagos del año		**6 137 095,10**
Aumento de la liquidez de la empresa		10 540,90

19.2. LAS LIMITACIONES DE LOS FLUJOS DE CAJA

¿Para qué nos ha servido la tabla anterior?

Para averiguar que el dinero disponible aumentó en 10 540,9 euros durante el año pasado, es decir, que los cobros superaron a los pagos.

¿Qué información nos es vital conocer y no aparece en la tabla anterior?

ADVERTENCIA

Los flujos de caja de la empresa son muy importantes, pero no nos proporcionan dos piezas clave de información:

1. BENEFICIO ANUAL
2. BENEFICIO PATRIMONIAL

¿Por qué no podemos averiguar el beneficio anual con la información que aparece en la tabla?

RECUERDA

Para calcular el beneficio anual hay que deducir de los ingresos obtenidos por las ventas realizadas el coste de las mercancías vendidas y los otros costes relacionados con la explotación (de carácter general, financiero, etc.) que sean imputables a ese año.

SECCIÓN COBROS TABLA 1: debemos comenzar por realizar la siguiente distinción en cuanto a los flujos de caja que aparecen, ya que no podemos considerar el dinero obtenido por un crédito bancario o por una emisión de acciones como un ingreso por ventas.

1. FLUJOS DE CAJA DERIVADOS DE LAS OPERACIONES DE LA EMPRESA	5 922 636
2. FLUJOS DE CAJA DERIVADOS DE LAS ACTIVIDADES DE FINANCIACIÓN	125 000
3. FLUJOS DE CAJA DERIVADOS DE LAS ACTIVIDADES DE INVERSIÓN	100 000

SECCIÓN PAGOS TABLA 1: debemos valorar si todos los pagos realizados durante el año se deben a gastos que deberían deducirse de los ingresos de ese mismo año, para así determinar el beneficio.

En cuanto a los primeros seis pagos que aparecen en la tabla 1, se deben claramente a gastos relacionados con los ingresos del año:

Proveedores (compra de materias primas)	4 030 205,00
Nóminas y Seguridad Social	593 639,60
Luz, teléfono y otros gastos	371 024,70
Alquiler	519 434,70
Por gastos financieros	7 423,10
Impuesto de Sociedades	132 218,00
Compra de equipos que durarán varios años	389 400,00
Pago de dividendos a los accionistas	93 750,00

Pero el séptimo pago (compra de equipos que durarán varios años) no sería lógico deducirlo en su totalidad de los ingresos del año, ya que se trata de inversiones a largo plazo que se utilizarán en varios años. Si descontásemos la totalidad de este importe en un único año, estaríamos distorsionando el beneficio anual.

RECUERDA

Por esta razón, la práctica habitual consiste en repartir linealmente el coste del bien entre sus años de vida útil estimada; esta práctica es lo que se denomina en contabilidad «**amortizar un bien**».

En cuanto al pago de dividendos a los accionistas, se trata de un reparto de beneficios, no de un gasto que se tenga que deducir de las ventas. Por otra parte, es necesario averiguar si la empresa ha obtenido un beneficio antes de decidir si se repartirán dividendos entre los accionistas.

19.3. EL PRINCIPIO DEL DEVENGO

ADVERTENCIA

En contabilidad es fundamental distinguir entre dos situaciones que, aunque con frecuencia se confunden, son totalmente diferentes. Incurrir en un gasto no es lo mismo que realizar un pago y obtener un ingreso es distinto que cobrar.

INCURRIR EN UN GASTO ≠ REALIZAR UN PAGO
OBTENER UN INGRESO ≠ COBRAR

El sistema contable de una empresa debe registrar una operación en el momento en que se contrae la «obligación de pagar», o «el derecho de cobrar», aunque el pago o el cobro todavía no se hayan realizado. Éste es el denominado «principio del devengo» para el reconocimiento de gastos e ingresos.

Tan sólo en casos excepcionales, los flujos de caja de un determinado período de tiempo reflejan correctamente los beneficios o pérdidas de ese período, y únicamente es segura su coincidencia en el momento de la liquidación final de la empresa.

19.3.1. COMPRAS Y VENTAS A CRÉDITO

VENTAS A CRÉDITO: la empresa de nuestro ejemplo, como la gran mayoría, vende sus productos a crédito.

Al cierre del ejercicio, esta empresa tendrá parte de las ventas realizadas durante la última parte del año todavía sin cobrar. Es decir, que algunos clientes le deben un dinero que la empresa no cobrará hasta principios del año siguiente.

Por la misma razón, parte de los cobros recibidos durante el año corresponden a ventas del año anterior.

RECUERDA

Por lo tanto, los cobros recibidos durante el año no corresponden en su totalidad a los ingresos por ventas de dicho año.

Para calcular los ingresos correspondientes al año habría que realizar el siguiente cálculo:

COBROS POR VENTAS
+ VENTAS PENDIENTES DE COBRO A FINAL DEL AÑO
- COBROS CORRESPONDIENTES A VENTAS DEL AÑO ANTERIOR

= INGRESOS POR VENTAS DEL AÑO

COMPRAS A CRÉDITO: por la misma razón expuesta en el apartado anterior, los pagos realizados durante el año no se corresponden con los gastos en los que ha incurrido la empresa durante el año.

De acuerdo con nuestro ejemplo, la empresa realizó un pago por importe de 4 030 205 euros a sus proveedores por la compra de materias primas.

Proveedores (compra de materias primas)	4 030 205,00

Pero hay que tener en cuenta que, al final del año, parte de la producción de la empresa no se había vendido y se encontraba todavía en su almacén. Es lo que se denomina en contabilidad «existencias» o «stocks».

Por esta razón, sólo deberíamos deducir como gastos de materias primas la parte correspondiente a la mercancía producida y vendida durante el año.

Además, como esta empresa realiza sus compras a crédito, al cierre del ejercicio tendrá parte de las compras realizadas (durante los últimos meses del año) todavía sin pagar. Es decir, que debe un dinero a sus proveedores que la empresa no pagará hasta principios del año siguiente.

Por la misma razón, parte de los pagos realizados durante el año corresponden a compras del año anterior.

RECUERDA

Por lo tanto, los pagos realizados durante un año no se corresponden en su totalidad a los gastos de dicho año.

Para calcular los gastos del año habría que realizar el siguiente cálculo:

PAGOS POR COMPRA DE MERCANCÍAS
+ EXISTENCIAS EN EL ALMACÉN A PRINCIPIOS DEL AÑO
- EXISTENCIAS EN EL ALMACÉN A FINAL DEL AÑO

= GASTOS EN MATERIAS PRIMAS DEL AÑO

19.3.2. CUENTAS PENDIENTES DE PAGO

Por los mismos motivos expuestos anteriormente, hay una serie de gastos que deberían imputarse como gastos del año, pero que no se pagarán hasta el año siguiente y que, por lo tanto, no aparecen en la tabla 1 de flujos de caja. Sin embargo, hay una serie de pagos que sí aparecen en la tabla 1, pero que corresponden al año anterior.

Éste es el caso de una serie de gastos como la factura del teléfono, que no se paga en el momento de incurrir en el gasto, sino posteriormente, cuando la compañía telefónica emite la factura.

Por esta razón, el gasto en teléfono de la última parte del año no se paga hasta el año siguiente y no aparece en los flujos de caja de la tabla 1, pero está registrado el pago correspondiente al consumo telefónico del final del año anterior.

El caso del pago del Impuesto de Sociedades es similar.

Impuesto de Sociedades	132 218,00

En el ejemplo, los pagos del flujo de caja reflejan que se han pagado 132 218 euros en concepto de Impuesto de Sociedades durante el año, pero se refieren al pago del Impuesto de Sociedades correspondiente al año anterior.

Por la misma razón, el Impuesto de Sociedades correspondiente a este año no se pagará hasta el año próximo y no aparece en los flujos de caja de la tabla 1.

ADVERTENCIA

Los flujos de caja del año no se corresponden normalmente con los ingresos y gastos del año. Por lo tanto, no son las cantidades correctas ni para determinar el beneficio o la pérdida, ni para determinar los derechos de cobro u obligaciones de pago.

En contabilidad, es fundamental tener siempre presente el principio del devengo para el reconocimiento de gastos e ingresos y no olvidar nunca que una empresa debe registrar una operación en el momento en que se contrae la obligación de pagar o el derecho de cobrar, aunque el pago o el cobro todavía no se hayan realizado.

19.4. LA IMPORTANCIA DEL BALANCE Y DE LA CUENTA DE RESULTADOS

Los gestores de una empresa necesitan conocer cuál es el activo con el que cuenta la empresa, es decir, sus bienes y derechos, así como saber cuál es su pasivo, o importe de las obligaciones contraídas.

SITUACIÓN FINANCIERA DE LA EMPRESA

Los gestores necesitan conocer no sólo las cantidades que se hallan pendientes de cobro, la cantidad de mercancías en el almacén o el dinero disponible en la caja y bancos u otros bienes, sino que también tienen la obligación de mantener la salud financiera de la empresa para evitar problemas de liquidez cuando haya que atender obligaciones de pago, y así no tener que hacer frente a una suspensión de pagos.

No olvidemos que una empresa puede ser rentable y, aun así, tener problemas de liquidez.

SITUACIÓN PATRIMONIAL DE LA EMPRESA

El patrimonio neto de una empresa es la diferencia entre el valor de los bienes y los derechos que posee y el importe de las obligaciones contraídas a una fecha. Es decir:

PATRIMONIO NETO = ACTIVO - PASIVO

El patrimonio neto representa la situación acumulada a la que ha llegado una empresa como resultado de sus operaciones a lo largo del tiempo, el valor de sus activos, la financiación externa que ha utilizado y el patrimonio que ha generado.

La situación patrimonial de la empresa pone de manifiesto si existen, o no, problemas de solvencia, es decir, si existe peligro de quiebra.

SITUACIÓN ECONÓMICA DE LA EMPRESA

La situación económica de la empresa refleja la evolución de los resultados de la empresa y la rentabilidad que se está obteniendo de los capitales utilizados. Esto es, si la situación de la empresa está mejorando, empeorando o no ha sufrido cambio alguno.

Los flujos de caja de la empresa son muy importantes, pero no nos proporcionan dos piezas clave de información:

1. ACTIVO Y PASIVO
2. INGRESOS Y GASTOS

ADVERTENCIA

Por esta razón, aunque los flujos de caja son muy importantes, nunca pueden sustituir a dos estados financieros, que son las piezas clave de la contabilidad de una empresa:

1. EL BALANCE DE SITUACIÓN
2. LA CUENTA DE RESULTADOS

Sin estos dos estados financieros es imposible determinar:

SITUACIÓN FINANCIERA	¿Existen problemas de liquidez?
SITUACIÓN PATRIMONIAL	¿Existen problemas de solvencia?
SITUACIÓN ECONÓMICA	¿Cuál es la evolución de los resultados de la empresa? ¿Qué rentabilidad se está obteniendo de los capitales utilizados?

20. El balance

«Cuando no se tiene dinero, siempre se piensa en él. Cuando se tiene dinero, sólo se piensa en él.»

Paul Getty

- El sistema contable de la empresa suministra información necesaria para la toma de decisiones.
- Todo directivo o empresario debe saber interpretar un balance para conocer tanto la situación de la empresa en un momento dado, como para valorar cuál ha sido la evolución de los resultados.
- El análisis financiero pretende determinar si existen o no problemas de liquidez.
- El análisis patrimonial pretende determinar si existen o no problemas de solvencia.
- El análisis económico se utiliza para determinar la evolución de los resultados y la rentabilidad obtenida.

“El balance es un resumen de los recursos que existen en una empresa.
Es una especie de foto que refleja la situación del activo y del pasivo en un momento dado.”

NUBE DE TAGS

ACTIVO, **pasivo,** *activo circulante,* activo fijo, **recursos de terceros a corto plazo,** *recursos permanentes,* LIQUIDEZ, estabilidad, patrimonio neto, *depreciación,* **FIFO,** *LIFO,* **ratios...**

20.1. ¿CÓMO INTERPRETAR UN BALANCE?

Las actividades que realiza una empresa se podrían sintetizar en el siguiente esquema:

ACTIVIDADES QUE REALIZA UNA EMPRESA		
RECIBE	←	Fondos de accionistas y entidades financieras.
COBRA	←	Los productos y servicios vendidos.
CONVIERTE	↷	Recursos en productos y servicios, para su posterior venta.
DISTRIBUYE	✥	Sus productos y servicios.
ADQUIERE	→	Mercancías y servicios de proveedores y empleados.
PAGA	→	Proveedores, empleados, impuestos.
INVIERTE	⇨	Fondos si en algún momento no los necesita para sus operaciones.

Cada una de estas actividades es registrada por el sistema contable de la empresa.

RECUERDA

El sistema contable de la empresa suministra información necesaria para la toma de decisiones

En cualquier empresa, independientemente de su tamaño, casi a diario deben tomarse decisiones como: ¿tengo dinero disponible para las compras que necesito realizar?, ¿debería solicitar un préstamo?, ¿puede la empresa permitirse contratar a un nuevo empleado?, ¿qué precio debería fijar para mi producto?, etc.

FUNCIONES DEL SISTEMA CONTABLE DE LA EMPRESA		
DOCUMENTO DE ORIGEN	RECONOCER	Los hechos económicos que deben ser registrados.
	AUTORIZAR	Transacciones.
	CALCULAR	Transacciones realizadas.

(Continúa)

FUNCIONES DEL SISTEMA CONTABLE DE LA EMPRESA		
ASIENTO DE DIARIO	PROCESAR	Clasificar y registrar la información.
MAYOR GENERAL Y REGISTROS AUXILIARES	RESUMIR	La información generada.
ESTADOS FINANCIEROS	INFORMAR	Sobre los resultados.

Todas las operaciones contables son registradas en unos documentos, cuyo resumen es el balance.

RECUERDA

El balance es un resumen de los recursos que existen en una empresa en un momento dado.

Al mencionar «recursos», nos referimos a todo aquello que existe en una empresa y que puede expresarse en unidades monetarias, o bien porque es dinero, o bien porque podemos encontrar un procedimiento que permita traducirlo en dinero.

PASIVO: es la parte del balance que enumera los recursos de que dispone la empresa en un determinado momento, clasificándolos por sus distintos orígenes o procedencias.

Las diferentes partidas del pasivo describen los recursos obtenidos de terceros, directamente en forma de dinero (por ejemplo, préstamos bancarios), en forma de mercancías o materiales (proveedores), etc., así como los recursos permanentes que provienen de los propietarios (capital social, reservas aportadas) o de beneficios retenidos.

ACTIVO: es la parte del balance que describe cómo están siendo utilizados los recursos de los que dispone la empresa en la misma fecha.

Las diferentes partidas del activo describen en qué están siendo utilizados los recursos obtenidos: si se encuentran en forma de activo circulante, dinero (por ejemplo, en la caja o en los bancos), mercancías o materiales (existencias), o si se han invertido en activo fijo, maquinaria, terrenos, etc.

Por lo tanto, el activo y el pasivo representan dos formas distintas de expresar la misma cantidad, y, forzosamente, tiene que cumplirse la igualdad:

ACTIVO TOTAL = PASIVO TOTAL

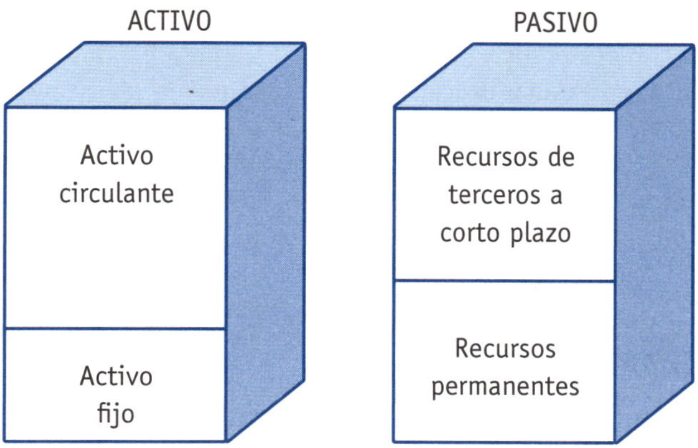

Las partidas del activo y del pasivo deben clasificarse en el balance siguiendo un orden lógico.

El activo: de mayor a menor liquidez
El pasivo: de menor a mayor estabilidad

ACTIVO (recursos utilizados)		PASIVO (recursos procedentes)	
DE MAYOR A MENOR LIQUIDEZ ↓	**En disponible** (caja, bancos)	DE MENOR A MAYOR ESTABILIDAD ↑	**De terceros a corto plazo** (proveedores, préstamos bancarios)
	En realizable (clientes, existencias)		**De terceros a medio y largo plazo** (préstamos bancarios, emisión de obligaciones)
			De propietarios (capital social, reservas aportadas)
	En inmovilizaciones (maquinaria, edificios, terrenos)		**De beneficios retenidos** (reservas ganadas)

LIQUIDEZ: la mayor o menor liquidez de una partida de activo viene determinada por la facilidad con que puede convertirse en dinero.

Por ejemplo, el dinero que se encuentra en la caja en forma de billetes tiene una liquidez máxima, porque ya es dinero. Por el contrario, el edificio donde se ubica una fábrica puede tener una liquidez muy escasa, o bien porque el venderlo implicaría mucho tiempo, o bien porque la empresa no tiene intención de venderlo.

ESTABILIDAD: se dice que una determinada partida del pasivo es más estable que otra cuando va a permanecer a disposición de la empresa durante más tiempo.

Por ejemplo, un préstamo bancario que hubiera que devolver hoy mismo tendría una estabilidad mínima, mientras que un préstamo que no tuviera que devolverse en los próximos cinco años tendría una estabilidad mucho mayor.

En el caso de los recursos aportados por los propietarios de la empresa en forma de capital social, la estabilidad sería máxima.

20.2. LA ESTRUCTURA DEL BALANCE Y EL ANÁLISIS DE SUS COMPONENTES

20.2.1. EL ACTIVO CIRCULANTE Y EL ACTIVO FIJO

Uno de los objetivos del balance es suministrar información para determinar la situación financiera de la empresa, es decir, la capacidad de atender el pago de las deudas a su vencimiento. Con este fin, los activos de una empresa se clasifican en dos grandes grupos: circulantes o fijos.

ACTIVO TOTAL = ACTIVO CIRCULANTE + ACTIVO FIJO

ACTIVO CIRCULANTE: son aquellos recursos que pueden convertirse en dinero en efectivo en un plazo definido como corto, y que se determina de acuerdo con el mayor de los dos períodos siguientes:

EL EJERCICIO ECONÓMICO: normalmente un año.

EL CICLO OPERATIVO DE LA EMPRESA: el tiempo que transcurre desde que la empresa invierte dinero en el proceso productivo hasta que lo recupera por el cobro a clientes.

El activo circulante incluye los siguientes tipos de activos:

- **Efectivo en caja y bancos:** denominados «tesorería».
- **Derechos de cobro:** por ventas a crédito, denominados «cuentas a cobrar».
- **Existencias de materiales:** ya sean materias primas que todavía no se han incorporado al proceso productivo, ya sean productos que todavía se encuentran en proceso de fabricación o productos terminados pendientes de ser vendidos.

ACTIVO FIJO: son aquellos recursos cuyo plazo de permanencia en la empresa es superior al ejercicio económico o al ciclo operativo de la empresa.

El activo fijo incluye los siguientes tipos de activos:

- **Inmovilizado financiero:** participaciones permanentes en el capital de otras sociedades o inversiones.

- **Inmovilizado material:** inmuebles, maquinaria e instalaciones que se utilizan en el proceso productivo y en la administración y gestión del negocio.

20.2.2. EL PASIVO CIRCULANTE Y EL PASIVO FIJO

Los pasivos de una empresa se clasifican, igual que el activo, en dos grandes grupos: circulantes y fijos.

PASIVO TOTAL = PASIVO CIRCULANTE + PASIVO FIJO

PASIVO CIRCULANTE: incluye deudas tanto de carácter comercial, contraídas con proveedores, como de carácter financiero, contraídas con entidades de crédito y otros acreedores cuya exigibilidad sea inferior al período definido como corto plazo (el ejercicio económico o el ciclo operativo de la empresa).

El pasivo circulante incluye los siguientes tipos de pasivos que debemos pagar a corto plazo:

- Las cantidades que debemos a nuestros proveedores.
- Las cantidades que debemos a entidades financieras.
- Las cantidades que debemos a la Hacienda Pública, etc.

PASIVO FIJO: incluye las fuentes de financiación ajenas.

El pasivo fijo incluye los siguientes tipos de pasivos, cuya exigibilidad supera el corto plazo:

- Proveedores.
- Entidades financieras.

20.2.3. EL PATRIMONIO NETO

La diferencia entre los bienes y los derechos de una empresa y sus obligaciones de pago, o, lo que es lo mismo, entre su activo y su pasivo, constituye su patrimonio neto.

El patrimonio neto está compuesto por las aportaciones, tanto de efectivo como de otros bienes, realizadas por los accionistas, que llamamos «capital», y los beneficios que ha ido obteniendo la empresa a lo largo del tiempo y que no se han distribuido a los accionistas, que llamamos «reservas».

Esquema de balance como origen y utilización de los recursos de la empresa

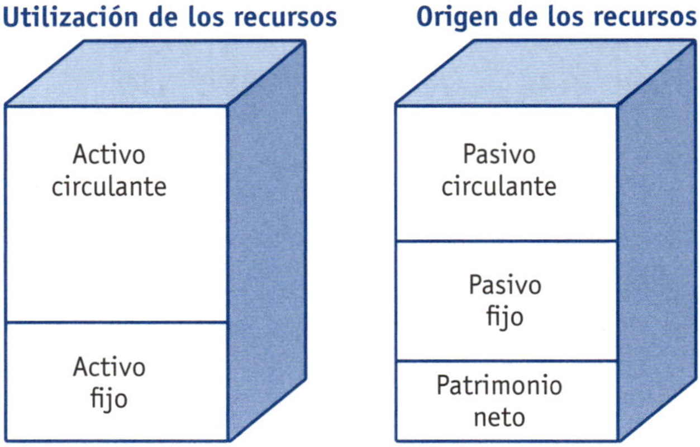

20.2.4. LA ECUACIÓN CONTABLE BÁSICA

La igualdad sobre la que se construye toda la teoría contable es:

ACTIVO = PASIVO + PATRIMONIO NETO

Despejando en la ecuación obtenemos:

PATRIMONIO NETO = ACTIVO - PASIVO

El balance tiene como objetivo presentar la situación financiera y patrimonial de una empresa en un momento determinado.

Por esta razón, muchas veces se compara el balance con una fotografía de la empresa que refleja la situación tanto de su activo como de su pasivo (y, por lo tanto, de su patrimonio neto) en un momento dado.

Al comparar dos balances correspondientes a dos períodos diferentes, estamos comparando fotografías tomadas en diferentes momentos, lo que nos permite valorar la evolución de los resultados.

RECUERDA

Todo directivo o empresario debe saber interpretar los conceptos empleados en el balance, para poder valorar con exactitud tanto la situación de su empresa como la evolución de los resultados obtenidos año tras año.

20.3. CRITERIOS GENERALES PARA LA ELABORACIÓN DEL BALANCE

Ya conocemos qué incluye un balance, pero ahora necesitamos saber qué criterios contables han sido utilizados para su elaboración. En concreto:

20.3.1. LA VALORACIÓN DE LOS ACTIVOS

El principio general consiste en valorar los activos según su coste de adquisición (o coste de producción si es la empresa la que genera los activos para su propio uso).

En el caso de ciertos tipos de activos, tales como las existencias, el inmovilizado financiero, los inmuebles o los terrenos, es habitual que su valor de mercado, es decir, la cantidad de dinero que obtendríamos si procediéramos a su venta, sea superior a su coste de adquisición.

ADVERTENCIA

Los principios generales contables optan por la prudencia, y, salvo en contadas excepciones, no reconocen ningún beneficio por revalorización de activos antes de su venta. En todo caso, se debe consultar el Plan General Contable vigente en cada momento.
(Por ejemplo, el PGC 2008 español, con el objetivo de armonizarse con el resto de la UE, reconoce el valor razonable como pilar básico. Así los incrementos de valor contabilizados generan reservas para la empresa.)

20.3.2. LA DEPRECIACIÓN

Por el contrario, si, en algún caso, el valor de mercado de un activo fuera inferior a su coste de adquisición, la contabilidad de la empresa debe reconocer inmediatamente esta pérdida de valor, ajustando el valor contable del activo al importe que se recuperaría en caso de venderlo, mediante la depreciación.

Salvo contadas excepciones, los activos deben valorarse o bien a su coste de adquisición, o bien a su valor de mercado, eligiendo la menor de estas cantidades.

20.3.3. CUENTAS DE TESORERÍA

MONEDA NACIONAL: en este caso coinciden el coste y el valor de mercado, y, por lo tanto, éstos se determinan por su valor nominal.

MONEDA EXTRANJERA: ésta es una de las excepciones que antes hemos mencionado. Las divisas son consideradas como mercancías, cuyo precio es su tipo de cambio frente a la moneda nacional.

El beneficio o pérdida de estos activos se produce de forma automática al variar el tipo de cambio. Por esta razón, las divisas se valoran multiplicando su cantidad por su precio, es decir, por el tipo de cambio en ese momento.

20.3.4. CUENTAS PENDIENTES DE COBRO

La valoración de estas cuentas coincide, en principio, con la cantidad pendiente de cobro, pero, si llega a surgir la posibilidad de que no nos paguen por alguna razón, debemos reflejar automáticamente esta situación.

La forma de reconocer la posibilidad de que no cobremos alguna de estas cuentas es: o bien cancelar directamente estas cuentas pendientes de cobro, o bien constituir un fondo de provisión para cubrir los riesgos de impago. El adoptar un método u otro dependerá de la certeza que tengamos respecto a la insolvencia del deudor.

En ambos casos, se trata de disminuir el valor del activo «cuentas pendientes de cobro» por la cantidad que consideramos no recuperable.

20.3.5. EXISTENCIAS

El valor de coste de estos activos coincide, o bien con el importe por el que fueron adquiridos, o bien con su coste de fabricación, si los ha elaborado la propia empresa.

El problema radica en determinar cuándo fueron adquiridas, o fabricadas, cada una de las unidades que se encuentran en el almacén. Por esta razón, la valoración de las existencias y de los materiales en proceso de fabricación puede variar según los criterios adoptados por la legislación de cada país.

Existen diferentes métodos para valorar las existencias:

FIFO ***(first-in, first-out)***	Se han vendido primero las unidades más antiguas.
LIFO ***(last-in, first-out)***	Las últimas unidades que han entrado han sido las primeras que han salido.
COSTE MEDIO PONDERADO	Las ventas se han realizado indistintamente entre las mercancías recibidas en el almacén en diferentes momentos.
IDENTIFICACIÓN ESPECÍFICA	Identifica exactamente qué unidades han entrado y salido primero del almacén.

1. FIFO *(first-in, first-out)*. Este método considera que las primeras unidades que han entrado han sido las primeras que han salido. O, dicho de otra manera, que se han vendido primero las unidades más antiguas.

Por lo tanto, el valor de las existencias en el almacén corresponderá al coste de las últimas entradas.

Las implicaciones de utilizar este método, en caso de que se produzca un aumento de los costes durante el año, consisten en que simultáneamente se está minimizando el coste de las mercancías vendidas y maximizando el valor de las existencias.

En otras palabras, se considera que las unidades con un coste inferior han sido ya vendidas, y las de coste superior todavía permanecen en el almacén, con lo cual se aumenta el margen de beneficio en las ventas y también el valor de la partida de existencias del activo.

2. LIFO *(last-in, first-out)*. Este método funciona exactamente al contrario que el anterior, es decir, que las últimas unidades que han entrado han sido las primeras en salir. O, dicho de otra forma, que se han vendido primero las unidades más nuevas.

Por lo tanto, el valor de las existencias en el almacén corresponderá al coste de las primeras entradas. Las implicaciones de utilizar este método, en caso de que se produzca un aumento de los costes durante el año, consisten en que se está maximizando el coste de las mercancías vendidas y, al mismo tiempo, minimizando el valor de las existencias.

O sea, se considera que las unidades con un coste superior han sido ya vendidas y las de un coste inferior todavía permanecen en el almacén, por consiguiente, disminuye el margen de beneficio en las ventas y también el valor de la partida de existencias del activo.

Este método no está permitido fiscalmente en algunos países, ya que provoca una reducción en los beneficios (siempre que, como suele ser habitual, haya inflación) y, por lo tanto, un menor pago de impuestos.

3. COSTE MEDIO PONDERADO. Este método considera que las ventas se han realizado indistintamente entre las mercancías recibidas en el almacén en diferentes momentos. Por esto, el coste de las existencias y de las mercancías vendidas en una fecha determinada se calculará utilizando el coste medio ponderado de cada una de las entradas.

4. IDENTIFICACIÓN ESPECÍFICA. Este método es mucho más laborioso, ya que consiste en identificar exactamente qué unidades han entrado y salido primero del almacén. De esta forma, el coste de las existencias y el de las mercancías vendidas en una fecha determinada se calculará utilizando exactamente el coste de cada una de las entradas.

ADVERTENCIA

La elección entre un método u otro para valorar las existencias ha de estar reflejada en la memoria de la empresa, y no se puede cambiar de método por mero interés, sin disponer de una razón justificada.

MERCANCÍAS DETERIORADAS Y OBSOLESCENCIA: en circunstancias normales, el valor de mercado de las existencias es superior a su coste.

Sin embargo, puede darse el caso de que la venta de ciertas mercancías resulte más difícil, o bien porque estén deterioradas, o bien porque hayan aparecido otros productos competitivos de mayor calidad o tecnológicamente más avanzados, y que la empresa no tenga más remedio que venderlos por debajo de su coste.

En este caso se produce una pérdida que tiene que ser reflejada por la contabilidad de la empresa. Se pueden utilizar dos métodos:

1. Minorar directamente el activo por el importe que consideremos necesario.
2. Constituir un fondo de provisión para obsolescencia a fin de compensar la diferencia entre el valor en que tenemos registrado el activo y el importe que esperamos obtener de su venta.

20.3.6. GASTOS DE ESTABLECIMIENTO

Los gastos de establecimiento se suelen valorar por el precio de adquisición o coste de producción de los bienes y servicios utilizados, pero es necesario consultar el Plan General Contable vigente, que varía según el país, para ver si son admitidos como tales y cuál es el plazo de amortización permitido. (En el caso del PGC español 2008, desaparecen.)

20.3.7. INMOVILIZADO INMATERIAL

Se aplicarán las normas que en cada caso se indican:

GASTOS DE INVESTIGACIÓN Y DESARROLLO

Se consideran gastos del ejercicio en que se realicen; no obstante, pueden activarse al cierre del ejercicio (es decir, reflejarse como una partida del activo) en concepto de inmovilizado inmaterial si cumplen las siguientes condiciones:

- Estar individualizados por proyectos y tener un coste claramente establecido para que pueda ser distribuido en el tiempo.
- Tener motivos fundados de éxito técnico y rentabilidad económico-comercial.

En cualquier caso, deberán amortizarse a la mayor brevedad posible.

PROPIEDAD INDUSTRIAL

Los gastos de investigación y desarrollo se contabilizarán bajo este concepto una vez que se haya obtenido la correspondiente patente o similar.

FONDO DE COMERCIO

Sólo figurará en el activo cuando se haya comprado a un tercero, y deberá amortizarse si se ha pagado al vendedor una cantidad superior a los activos netos comprados.

DERECHOS DE TRASPASO

Solamente figurarán en el activo cuando se hayan comprado a un tercero, y deberán amortizarse.

COSTE DE LAS APLICACIONES INFORMÁTICAS

Se pueden incluir los elaborados por la propia empresa solamente si está prevista su utilización durante varios años, pero en ningún caso se pueden activar los gastos de mantenimiento de la aplicación informática.

Se aplicarán los mismos criterios de activación y amortización que los establecidos para los gastos de investigación y desarrollo.

20.3.8. INMOVILIZADO MATERIAL

Su valor de coste se corresponde, inicialmente, con el precio de adquisición, aunque, en un segundo momento, esta cantidad puede incrementarse si se realizan mejoras que alarguen su vida útil o aumenten la capacidad productiva.

Por lo general, debido al uso o al paso del tiempo, el inmovilizado material se va deteriorando (excepto en el caso de los terrenos). En otras ocasiones, la aparición de innovaciones tecnológicas puede provocar su obsolescencia.

Por esta razón, se constituyen los fondos de amortización. El criterio más habitual para calcular las cantidades con que se dotan estos fondos anualmente consiste en repartir el coste del bien entre el número de años estimados como vida útil.

20.3.9. INMOVILIZADO FINANCIERO

El valor de coste de una participación en otra sociedad se determina por el importe pagado en el momento de su adquisición. En cuanto a su valor de mercado, pueden darse dos situaciones: que las acciones coticen en la Bolsa de Valores o que no lo hagan.

ACCIONES QUE COTIZAN EN LA BOLSA DE VALORES: su valor de mercado se determina por su cotización. Si el valor de cotización desciende por debajo del coste de adquisición, tenemos que reflejar esta pérdida en la contabilidad de la empresa, o bien minorando directamente el valor de este activo, o bien constituyendo un fondo de fluctuación de valores.

ACCIONES QUE NO COTIZAN EN LA BOLSA DE VALORES: en este caso, como no tenemos un valor de mercado propiamente dicho, tenemos que utilizar como aproximación el valor teórico-contable de la empresa participada.

El valor teórico-contable es la cantidad de dinero que obtendría una empresa si, después de liquidar todos sus activos por su valor contable, se cancelaran todas las obligaciones de pago.

Si el valor teórico-contable de la empresa es inferior al precio de adquisición, tenemos que reflejar una pérdida en la contabilidad por la diferencia entre ambas cantidades; y, si es superior, podemos incrementar el valor de la participación reconociendo un beneficio por la diferencia.

20.4. UNA FORMA DE PRESENTAR EL BALANCE

La contabilidad de una empresa se utiliza como fuente de información, tanto en el exterior como en el interior de la misma.

PERSONAS AJENAS A LA EMPRESA: la contabilidad de una empresa debe ser inteligible para cualquier persona ajena a ella, tales como auditores, autoridades fiscales, entidades de crédito, etc. Con este fin, deben emplearse para su elaboración una serie de normas universalmente aceptadas.

GESTORES DE LA EMPRESA: para los gestores de la empresa, la contabilidad es un instrumento de gestión y control, y, en este sentido, aunque no es obligatorio seguir unas normas rígidas, sí es conveniente seguir una serie de criterios a la hora de ordenar y presentar las cuentas y los resultados.

A continuación presentamos un ejemplo sintetizado de cómo suelen ordenarse y clasificarse las partidas de un balance tan sólo a modo de orientación, ya que a veces se utilizan otros modelos.

CONSULTAR

Ver esquema del balance según el Plan General de Contabilidad revisado.

BALANCE AL 31 DE DICIEMBRE DE 2008	
ACTIVO	PASIVO
DISPONIBLE	**ACREEDORES A CORTO PLAZO**
Caja	ACREEDORES COMERCIALES
Bancos	Proveedores
DEUDORES	Efectos aceptados a pagar
Clientes	Anticipos recibidos por pedidos
Efectos aceptados	Créditos bancarios
Menos: previsión fallidos	OTRAS DEUDAS NO COMERCIALES
Deudores varios	Administraciones públicas
CARTERA DE VALORES	Remuneraciones pendientes de pago
Valores cotizados	Otras deudas
Valores no cotizados	**ACREEDORES A LARGO PLAZO**
EXISTENCIAS	Deudas con entidades de crédito
Materias primas	Deudas con empresas del grupo y asociadas
Productos en curso de fabricación	Emisión de obligaciones
Productos acabados	**FONDOS PROPIOS**
OTROS VALORES REALIZABLES	Capital suscrito
INMOVILIZACIONES	Prima de emisión
Gastos establecimiento	Otras reservas
(menos amortizaciones acumuladas)	**CUENTAS DE REGULARIZACIÓN**
Inmovilizado inmaterial	**CUENTAS DE RESULTADOS**
(menos amortizaciones acumuladas)	Resultados ejercicios anteriores
Inmovilizado material	Beneficio del ejercicio
(menos amortizaciones acumuladas)	**TOTAL PASIVO**
Inmovilizado financiero	
CUENTAS DE REGULARIZACIÓN	
CUENTAS DE RESULTADOS	
Pérdidas anteriores	
Pérdidas del ejercicio	
TOTAL ACTIVO	

20.5. PRINCIPALES RATIOS PARA EL ANÁLISIS FINANCIERO, PATRIMONIAL Y ECONÓMICO

20.5.1. ANÁLISIS FINANCIERO

El análisis financiero pretende determinar si existen o no problemas de liquidez.

Los ratios o coeficientes más utilizados en el análisis financieros son:

1. RATIO DE TESORERÍA.
2. RATIO DE LIQUIDEZ O DE SOLVENCIA TÉCNICA.
3. RATIO DE AUTONOMÍA FINANCIERA.
4. RATIO DE ENDEUDAMIENTO.
5. RATIO DE ESTABILIDAD.

1. RATIO DE TESORERÍA: indica la capacidad de hacer frente a las obligaciones de pago a corto plazo sin tener que realizar las existencias.

$$\text{RATIO DE TESORERÍA} = \frac{\text{DISPONIBLE + REALIZABLE}}{\text{EXIGIBLE A CORTO}}$$

2. RATIO DE LIQUIDEZ O DE SOLVENCIA TÉCNICA: indica la capacidad de hacer frente a las obligaciones de pago a corto plazo, en base a la realización del activo circulante.

$$\text{RATIO DE LIQUIDEZ} = \frac{\text{ACTIVO CIRCULANTE}}{\text{PASIVO CIRCULANTE}}$$

3. RATIO DE AUTONOMÍA FINANCIERA: indica el grado de autofinanciación de la compañía.

$$\text{RATIO DE AUTONOMÍA FINANCIERA} = \frac{\text{RECURSOS PROPIOS}}{\text{ACTIVOS TOTALES}}$$

4. RATIO DE ENDEUDAMIENTO: indica la relación entre la financiación propia y la ajena para mostrar el potencial de obtención de nueva financiación por parte de la empresa.

$$\text{RATIO DE ENDEUDAMIENTO} = \frac{\text{PASIVO EXIGIBLE}}{\text{RECURSOS PROPIOS}}$$

5. RATIO DE ESTABILIDAD: indica la estructura de financiación del inmovilizado.

$$\text{RATIO DE ESTABILIDAD} = \frac{\text{INMOVILIZADO}}{\text{EXIGIBLE A LARGO + RECURSOS PROPIOS}}$$

RATIO TESORERÍA	Cuanto **MENOR**	
RATIO LIQUIDEZ	Cuanto **MENOR**	
RATIO AUTONOMÍA FINANCIERA	Cuanto **MENOR**	**MAYOR SERÁ EL RIESGO DE SUSPENSIÓN DE PAGOS**
RATIO ENDEUDAMIENTO	Cuanto **MAYOR**	
RATIO ESTABILIDAD	Cuanto **MAYOR**	

20.5.2. ANÁLISIS PATRIMONIAL

El análisis patrimonial pretende determinar si existen o no problemas de solvencia (posibilidad de quiebra).

Es necesario analizar la estructura del patrimonio neto de la empresa a fin de determinar su razonabilidad desde el punto de vista de los valores reales, más que desde el punto de vista de la legalidad.

Para ello es necesario distinguir entre las reservas patrimoniales que se han generado debido a beneficios no repartidos y las que se han originado por razones de regularizaciones o actualizaciones de los valores del inmovilizado.

Una vez que se ha determinado el patrimonio real de la empresa se puede calcular el ratio del coeficiente de garantía:

$$\text{RATIO DE COEFICIENTE DE GARANTÍA} = \frac{\text{ACTIVO REAL}}{\text{PASIVO EXIGIBLE}}$$

20.5.3. ANÁLISIS ECONÓMICO

El análisis económico se utiliza para determinar la evolución de los resultados de la empresa, así como la rentabilidad obtenida de los capitales utilizados.

En un sentido amplio, la rentabilidad indica la relación entre el beneficio obtenido y el capital que se ha invertido para producirlo. Partiendo de esta definición, podemos distinguir diferentes clases de rentabilidad.

Los ratios más utilizados en el análisis económico son:

1. RENTABILIDAD FINANCIERA.
2. RENTABILIDAD DE LOS RECURSOS PROPIOS.
3. RENTABILIDAD GLOBAL.
4. RENTABILIDAD DEL CAPITAL.

$$\text{RENTABILIDAD FINANCIERA} = \frac{\text{BENEFICIO NETO + GASTOS FINANCIEROS}}{\text{RECURSOS TOTALES}}$$

$$\text{RENTABILIDAD DE LOS RECURSOS PROPIOS} = \frac{\text{BENEFICIO NETO}}{\text{RECURSOS PROPIOS}}$$

La comparación entre la rentabilidad financiera y la rentabilidad de los recursos propios es muy útil para valorar la estructura de financiación de la empresa y estudiar posibles mejoras.

$$\text{RENTABILIDAD GLOBAL} = \frac{\text{BENEFICIO NETO}}{\text{RECURSOS TOTALES}}$$

$$\text{RENTABILIDAD DEL CAPITAL} = \frac{\text{BENEFICIO NETO}}{\text{CAPITAL SOCIAL}}$$

En el análisis económico, se combina la información obtenida en el estudio de la rentabilidad de los capitales con la que se consigue mediante el análisis de los resultados de la empresa y de su evolución.

21. La cuenta de resultados

«Si quieres conocer el valor del dinero, trata de pedirlo prestado».

Benjamin Franklin

- De acuerdo con el principio del devengo, una empresa debe reflejar un ingreso cuando se haya realizado una venta, aunque no se haya producido el cobro.
- No es lo mismo gasto que coste. El concepto de gasto se refiere a la adquisición de un bien o servicio. El concepto de coste se refiere al consumo de un gasto.
- Los costes suelen clasificarse en coste de las mercancías vendidas y otros costes de explotación.
- La cuenta de resultados se puede presentar de diferentes formas en función de la información que se desee reflejar.

“La cuenta de resultados, o estado de pérdidas y ganancias, muestra el resultado que ha obtenido una empresa en un período determinado.”

NUBE DE TAGS

PRINCIPIO DEL DEVENGO, *empresas comerciales o industriales*, coste *de la mercancía vendida*, DE EXPLOTACIÓN, gastos comerciales, *de administración*, **financieros**, **RENTABILIDAD TOTAL O INDIVIDUAL...**

21.1. ¿CÓMO INTERPRETAR LA CUENTA DE RESULTADOS?

La cuenta de resultados, o estado de pérdidas y ganancias, tiene como objetivo mostrar los resultados que ha obtenido una empresa en un período determinado.

El beneficio o pérdida obtenido por la empresa se calcula deduciendo de los ingresos obtenidos los gastos en que se ha incurrido para conseguir esos ingresos. Por lo tanto:

RESULTADOS (BENEFICIO O PÉRDIDA) = INGRESOS - GASTOS

La cuenta de resultados parte de las ventas brutas (y otros ingresos, si los hubiera) y, progresivamente, va deduciendo diferentes tipos de gastos, agrupados por su origen, hasta llegar al beneficio (o pérdida) neto del período.

Los ingresos y gastos normales o típicos de una empresa corresponden, por una parte, al importe obtenido por la venta de sus productos o servicios y, por otra, al consumo de materiales que ha realizado o a los servicios que ha tenido que contratar.

No obstante, también pueden surgir otra serie de ingresos o gastos atípicos, originados por operaciones que no se realizan de forma habitual o que representan acontecimientos con carácter extraordinario. Éste sería el caso de siniestros en el inmovilizado material (robos, inundaciones, etc.), rendimientos financieros, resultados relacionados con la venta de ciertos activos, tales como acciones de una cartera de valores, etc.

21.2. LOS INGRESOS

21.2.1. APLICACIÓN DEL PRINCIPIO DEL DEVENGO

Con carácter general, podemos decir que una empresa registrará un ingreso cuando nazca un derecho a favor de la misma que implique una entrada de efectivo. Por lo tanto, se producirá una generación de ingresos en los siguientes casos:

— Venta de productos.
— Prestación de servicios.
— Cesión de recursos a cambio de un precio.

RECUERDA

El principio del devengo: de acuerdo con esta práctica contable, una empresa debe reflejar los ingresos que afecten a un ejercicio con independencia de su cobro. Por lo tanto, una empresa debe reflejar en su contabilidad el ingreso correspondiente cuando haya vendido algo o haya prestado un servicio, independientemente del cobro. Por la misma razón, cualquier cobro efectuado antes de que se produzcan las transacciones no se considerará un ingreso, sino un anticipo.

21.2.2. EXCEPCIONES EN LA APLICACIÓN DEL PRINCIPIO DEL DEVENGO

Existen tres excepciones en las cuales no se toma como referencia la entrega del producto o servicio por parte de la empresa, sino los siguientes momentos en el tiempo:

1. **TÉRMINO DE LA PRODUCCIÓN:** este criterio sólo se puede aplicar en aquellos casos en los que la producción representa, prácticamente, dinero. Es evidente que se trata de casos excepcionales, por ejemplo, los de empresas dedicadas a la extracción de minerales como el oro, la plata, etc. También es el caso de algunas empresas agrícolas que tienen tanto las ventas como el precio de las mismas asegurados.
2. **COBRO DE LOS PLAZOS:** cuando, debido a las condiciones de venta, el cobro se difiere mucho en el tiempo, el principio de prudencia aplicado en contabilidad recomienda reconocer los ingresos no en el momento de la venta, sino cuando se materializan los cobros. El ejemplo más típico de esta situación es el de las ventas a plazos. En este caso, el ingreso obtenido por la transacción se reconoce a medida que se van cobrando los plazos al comprador. Se pueden utilizar dos métodos:

   - Reflejar el ingreso proporcionalmente a los cobros.
   - Reflejar el ingreso en el momento en que se ha cobrado el importe de las mercancías vendidas.

3. **GRADO DE AVANCE DE LA OBRA:** este criterio suele utilizarse en empresas que manufacturan productos cuyo período de fabricación es superior al ejercicio económico. En este caso, el beneficio no se reconoce en el momento de la venta, sino a medida que el producto se va fabricando.
   No obstante, tan sólo es recomendable utilizar este criterio cuando se dan las siguientes circunstancias:

- Que el proceso de fabricación o la obra haya alcanzado un grado de ejecución significativo (superior al 20-25%).
- Que la empresa cuente con un contrato que garantice la venta del producto.
- Que la empresa disponga de un sistema de presupuestación de costes que garantice la fiabilidad del cálculo del beneficio esperado.
- Que la transacción vaya a suponer un beneficio para la empresa, ya que, si surgieran pérdidas en el curso del contrato, éstas deberían contabilizarse en su totalidad y no en función del grado de avance de la obra.

21.3. LOS COSTES

«Gasto» y «coste» son dos términos que se suelen confundir y que a menudo se utilizan de forma errónea indistintamente, cuando en realidad son dos conceptos diferentes.

RECUERDA

El concepto de gasto se refiere a la adquisición de un bien o un servicio que origina una deuda en contra de la empresa.
El concepto de coste: se refiere al «consumo» de un gasto originado por la actividad de la empresa.
El principal problema que presenta la medición de los costes es que son la consecuencia de una serie de estimaciones que pueden variar en el transcurso del tiempo.

Tan sólo en el caso de gastos no almacenables, el momento de la adquisición y el consumo coinciden en el tiempo, y, por lo tanto, los términos de gasto y coste son coincidentes.

Un ejemplo típico es el del coste de amortización de los activos utilizados por la empresa. La forma de cálculo más corriente para determinar los costes de amortización anuales consiste en repartir linealmente el coste del bien entre sus años de vida útil estimada.

Evidentemente, este sistema para determinar el coste de amortización es una mera aproximación, ya que es imposible predecir con exactitud cuál será la vida útil de un activo en el momento de su adquisición.

Para determinar el resultado del período en la cuenta de resultados, se incluyen los costes en los que se ha incurrido, directa o indirectamente, para obtener los ingresos del ejercicio.

Con carácter general, los costes se pueden clasificar en dos grandes apartados:

- Coste de las mercancías vendidas.
- Otros costes de explotación.

21.3.1. COSTE DE LAS MERCANCÍAS VENDIDAS

Debemos diferenciar entre dos tipos de empresas a la hora de determinar el coste de las mercancías vendidas: las empresas comerciales y las industriales.

EMPRESAS COMERCIALES: en este tipo de empresas el coste de la mercancía vendida se determina en función del consumo, tal como reflejamos en el siguiente ejemplo:

COSTE DE LA MERCANCÍA VENDIDA EN UNA EMPRESA COMERCIAL			
Existencias de mercancías al principio del período			50 000
Más compras netas de mercancías del período			
Compras	500 000		
Devoluciones	-25 000		
Rebajas y descuentos	-40 000		
		435 000	
Más gastos de compra			
Transportes y fletes	20 000		
Aduanas	50 000		
Seguros de transporte	25 000	95 000	530 000
			580 000
Menos existencias de mercancías al final del período			-80 000
COSTE DE VENTAS DEL PERÍODO			500 000

EMPRESAS INDUSTRIALES: en este tipo de empresas debemos sustituir el concepto de compras por el de producción terminada, cuyo cálculo implica los siguientes pasos:

a) Cálculo del coste de la materia prima consumida durante el período.
b) Cálculo del coste de la producción del período.
c) Cálculo del coste de la producción terminada.

A continuación ilustraremos estos pasos con un ejemplo:

COSTE DE LA MERCANCÍA VENDIDA EN UNA EMPRESA INDUSTRIAL			
A) COSTE DE LA MATERIA PRIMA CONSUMIDA DURANTE EL PERÍODO			
Existencias de materias primas al principio del período			**5 000**
Más compras netas de materias primas del período			
Compras	60 000		
Devoluciones	-2 500		
Rebajas y descuentos	-3 500	54 000	

(Continúa)

COSTE DE LA MERCANCÍA VENDIDA EN UNA EMPRESA INDUSTRIAL			
Más gastos de compra			
Transportes y fletes	1 750		
Aduanas	500		
Seguros de transporte	1 250	3 500	57 500
			62 500
Menos existencias de materias primas al final del período			-7 500
COSTE DE LA MATERIA PRIMA CONSUMIDA			55 000
B) COSTE DE LA PRODUCCIÓN DEL PERÍODO			
Materia prima consumida			55 000
Más mano de obra directa			525 000
Más gastos indirectos de producción			367 500
COSTE DE LA PRODUCCIÓN DEL PERÍODO			947 500
C) COSTE DE LA PRODUCCIÓN TERMINADA DEL PERÍODO			
Existencias de productos en curso de fabricación al principio del período			12 500
Más coste de producción del período			947 500
Menos existencias de productos en curso de fabricación al final del período			-20 000
COSTE DE LA PRODUCCIÓN TERMINADA DEL PERÍODO			940 000
Existencias de productos terminados al principio del período			60 000
Más coste de la producción terminada del período			940 000
Menos existencias de productos terminados al final del período			-75 000
COSTE DE LA PRODUCCIÓN VENDIDA DEL PERÍODO			925 000

21.3.2. OTROS COSTES DE EXPLOTACIÓN

Podemos clasificarlos en:

A) Gastos comerciales de venta: en este apartado se incluyen todos los gastos devengados como consecuencia de las ventas, tales como: sueldos de los vendedores, publicidad, comisiones, gastos posventa, amortización del inmovilizado de la sección comercial, etc.

B) Gastos generales o de administración: aquí se incluyen los gastos relacionados con la estructura directiva o de administración general, tales como: sueldos del personal de oficina, seguros, alquileres, costes de amortización del inmovilizado general, etc.

C) Gastos financieros: aquí se incluyen los derivados de deudas que no sean capitalizables.

A) GASTOS COMERCIALES DE VENTA
B) GASTOS GENERALES O DE ADMINISTRACIÓN
C) GASTOS FINANCIEROS

21.4. LAS DIFERENTES PRESENTACIONES DE LA CUENTA DE RESULTADOS

Dependiendo del tipo de información que se desee resaltar, la cuenta de resultados puede estructurarse de diferentes maneras en cuanto a la forma de agrupar y exponer los datos.

Las diferentes formas en que se pueden mostrar los resultados dependerán de la forma en que se combine la siguiente información:

- Rentabilidad total o individual por productos.
- Gastos por naturaleza o por función.
- Coste de producción total *(full-costing)* o variable *(direct-costing)*.

Por lo tanto, tendríamos las siguientes posibilidades:

DIFERENTES PRESENTACIONES DE LA CUENTA DE RESULTADOS	
RENTABILIDAD TOTAL	
• GASTOS POR NATURALEZA	Analiza las partidas por su origen y no por su destino. Se centra en la información desde el punto de vista de las transacciones de la empresa con el exterior. Su potencial analítico es bastante limitado.
• GASTOS POR FUNCIÓN	Es útil para determinar una serie de márgenes sobre las ventas.
• GASTOS VARIABLES POR FUNCIÓN	No es admitido a efectos de valorar las existencias. Es útil como criterio de gestión, ya que analiza cuál es la capacidad de absorción de costes fijos de la empresa. Al utilizar este método, la valoración de la producción en curso y de la producción terminada difiere de la valoración que se obtiene al utilizar el sistema de coste completo.

(Continúa)

DIFERENTES PRESENTACIONES DE LA CUENTA DE RESULTADOS	
RENTABILIDAD INDIVIDUAL O PARCIAL	
• COSTE TOTAL	Ofrece la posibilidad de analizar la contribución de cada uno de los productos de la empresa a la rentabilidad de la misma.
• COSTE VARIABLE	Sirve para analizar la capacidad de cobertura de gastos fijos que tiene cada uno de los productos de una empresa.

RENTABILIDAD TOTAL	RENTABILIDAD INDIVIDUAL O PARCIAL
• GASTOS POR NATURALEZA	• COSTE TOTAL
• GASTOS POR FUNCIÓN	• COSTE VARIABLE
• GASTOS VARIABLES POR FUNCIÓN	

21.4.1. RENTABILIDAD TOTAL: GASTOS POR NATURALEZA

Este modelo de cuenta de resultados analiza las partidas por su origen y no por su destino. Se centra en la información desde el punto de vista de las transacciones de la empresa con el exterior, es decir, de los flujos externos. Tiene importancia desde el punto de vista presupuestario, pero, al limitarse a describir lo que se consume y no quién lo consume ni por qué, su potencial analítico es bastante limitado, como se muestra en el siguiente ejemplo:

RENTABILIDAD TOTAL (GASTOS POR NATURALEZA)			
GASTOS		**INGRESOS**	
Existencias iniciales:		**Existencias finales:**	
Materias primas	50 000	Materias primas	60 000
Productos en curso	400 000	Productos en curso	425 000
Productos terminados	500 000	Productos terminados	550 000
Compras de materias primas	2 000 000	Ventas	10 000 000
Gastos de transporte	270 000		
Gastos de personal	3 400 000		
Amortizaciones	800 000		
Provisiones	125 000		
Suministros	800 000		
Trabajos de terceros	800 000		
Gastos diversos	270 000		
Gastos financieros	150 000		
	9 565 000		11 035 000
SALDO (beneficio)			1 470 000

21.4.2. RENTABILIDAD TOTAL: GASTOS POR FUNCIÓN

Este modelo de cuenta de resultados distribuye los gastos por naturaleza entre las diferentes funciones que tienen lugar en la empresa: compras, producción, ventas y administración. Es útil para determinar una serie de márgenes sobre ventas, tales como:

- Margen bruto en ventas.
- Margen neto en ventas.
- Resultado antes de gastos financieros e impuestos.
- Resultado antes de impuestos.

Volviendo a utilizar los datos del ejemplo anterior, obtendríamos:

RENTABILIDAD TOTAL (GASTOS POR FUNCIÓN)				
Ventas				10 000 000
Coste de ventas:				
Existencia inicial de materias primas		50 000		
Más:				
Compras de materias primas	2 000 000			
Gastos de transporte	135 000	2 135 000		
Menos:				
Existencia final de materias primas		-60 000		
Materias primas consumidas			2 125 000	
Más:				
Mano de obra directa			2 525 000	
Gastos de fabricación:				
Gastos de personal		200 000		
Suministros		675 000		
Trabajos de terceros		675 000		
Amortizaciones		750 000		
Gastos diversos		20 000	2 320 000	
Costes de producción			6 970 000	
Más:				
Existencia inicial de productos en curso			400 000	
Menos:				
Existencia final de productos en curso			-425 000	
Coste de producción terminada			6 945 000	

(Continúa)

RENTABILIDAD TOTAL (GASTOS POR FUNCIÓN)				
Más:				
Existencia inicial de productos terminados			500 000	
Menos:				
Existencia final de productos terminados			-550 000	
Costes de ventas				-6 895 000
MARGEN BRUTO EN VENTAS				**3 105 000**
Menos:				
Gastos de ventas:				
Gastos de personal			270 000	
Suministros			75 000	
Trabajos de terceros			75 000	
Gastos de transporte			135 000	
Amortizaciones			5 000	
Gastos diversos			100 000	-660 000
MARGEN NETO EN VENTAS				**2 445 000**
Menos:				
Gastos de administración:				
Gastos de personal			405 000	
Suministros			50 000	
Trabajos de terceros			50 000	
Amortizaciones			45 000	
Gastos diversos			150 000	
Provisiones			125 000	-825 000
RESULTADOS DE EXPLOTACIÓN ANTES DE GASTOS FINANCIEROS E IMPUESTOS				**1 620 000**
Menos:				
Gastos financieros				-150 000
RESULTADOS DE EXPLOTACIÓN ANTES DE IMPUESTOS				**1 470 000**

21.4.3. RENTABILIDAD TOTAL: COSTES VARIABLES POR FUNCIÓN

Si bien es cierto que el método del coste variable no es admitido a efectos de valorar las existencias, resulta útil como criterio de gestión, ya que analiza cuál es la capacidad de absorción de costes fijos de la empresa.

El clasificar un gasto o coste como fijo o variable es, en muchos casos, una decisión difícil y a veces arbitraria.

Evidentemente, al utilizar este método, la valoración de la producción en curso y de la producción terminada difiere de la valoración que se obtiene al utilizar el sistema de coste completo, ya que sólo se reflejan los costes variables, y, como consecuencia, el resultado que se obtiene no coincide con el de los ejemplos anteriores, según veremos a continuación:

RENTABILIDAD TOTAL (COSTES VARIABLES POR FUNCIÓN)				
Ventas				10 000 000
Coste de ventas:				
Existencia inicial de materias primas		50 000		
Más:				
Compras de materias primas	2 000 000			
Gastos de transporte	135 000	2 135 000		
Menos:				
Existencia final de materias primas		-60 000		
Materias primas consumidas			2 125 000	
Más:				
Mano de obra directa			2 525 000	
Gastos de fabricación variables:				
Suministros		500 000		
Trabajos de terceros		675 000		
Gastos diversos		20 000	1 195 000	
Costes variables de producción			5 845 000	
Más:				
Existencia inicial de productos en curso (CV)			335 000	
Menos:				
Existencia final de productos en curso (CV)			-355 000	
Coste variable de producción terminada			5 825 000	
Más:				
Existencia inicial de productos terminados (CV)			420 000	
Menos:				
Existencia final de productos terminados (CV)			-460 000	
Costes variable de ventas				5 785 000
MARGEN BRUTO SOBRE COSTES VARIABLES				**4 215 000**
Menos:				
Gastos variables de ventas:				
Gastos de personal			216 000	
Suministros			75 000	
Trabajos de terceros			75 000	
Gastos de transporte			135 000	
Gastos diversos			25 000	-526 000

(Continúa)

RENTABILIDAD TOTAL (COSTES VARIABLES POR FUNCIÓN)				
MARGEN NETO SOBRE COSTES VARIABLES				3 689 000
Menos:				
Gastos de estructura:				
Fabricación:				
Gastos de personal		200 000		
Suministros		175 000		
Amortizaciones		750 000	1 125 000	
Ventas:				
Gastos de personal		54 000		
Amortizaciones		5 000		
Gastos diversos		75 000	134 000	
Administración:				
Gastos de personal		405 000		
Suministros		50 000		
Trabajos de terceros		50 000		
Amortizaciones		45 000		
Gastos diversos		150 000		
Provisiones		125 000	825 000	-2 084 000
RESULTADOS DE EXPLOTACIÓN ANTES DE GASTOS FINANCIEROS E IMPUESTOS				**1 605 000**
Menos:				
Gastos financieros				-150 000
RESULTADOS DE EXPLOTACIÓN ANTES DE IMPUESTOS				**1 455 000**

21.4.4. RENTABILIDAD INDIVIDUAL: COSTE TOTAL

Este modelo de cuenta de resultados, utilizando el cálculo de costes totales (fijos más variables), ofrece la posibilidad de analizar la contribución de cada uno de los productos de la empresa a la rentabilidad de la misma, tal como se describe en el siguiente ejemplo:

RENTABILIDAD INDIVIDUAL (COSTE TOTAL)			
	TOTAL	**PRODUCTO A**	**PRODUCTO B**
Ventas	10 000 000	6 000 000	4 000 000
Coste de ventas:			
Existencia inicial de materias primas	50 000	35 000	15 000
Más:			
Compras de materias primas	2 000 000	1 600 000	400 000
Gastos de transporte	135 000	108 000	27 000
Menos:			
Existencia final de materias primas	-60 000	-60 000	0
Materias primas consumidas	2 125 000	1 683 000	442 000
Más:			
Mano de obra directa	2 525 000	1 767 500	757 500
Gastos de fabricación:			
Gastos de personal	200 000	130 000	70 000
Suministros	675 000	472 500	202 500
Trabajos de terceros	675 000	472 500	202 500
Amortizaciones	750 000	487 500	262 500
Gastos diversos	20 000	10 000	10 000
Costes de producción	6 970 000	5 023 000	1 947 000
Más:			
Existencia inicial de productos en curso	400 000	240 000	160 000
Menos:			
Existencia final de productos en curso	-425 000	-255 000	-170 000
Coste de producción terminada	6 945 000	5 008 000	1 937 000
Más:			
Existencia inicial de productos terminados	500 000	350 000	150 000
Menos:			
Existencia final de productos terminados	-550 000	-330 000	-220 000
Costes de ventas	6 895 000	5 028 000	1 867 000
MARGEN BRUTO EN VENTAS	**3 105 000**	**972 000**	**2 133 000**
Menos:			
Gastos de ventas:			
Gastos de personal	270 000		
Suministros	75 000		
Trabajos de terceros	75 000		
Gastos de transporte	135 000		
Amortizaciones	5 000		
Gastos diversos	100 000		
	660 000		

(Continúa)

RENTABILIDAD INDIVIDUAL (COSTE TOTAL)			
MARGEN NETO EN VENTAS	**2 445 000**		
Menos:			
Gastos de administración:			
Gastos de personal	405 000		
Suministros	50 000		
Trabajos de terceros	50 000		
Amortizaciones	45 000		
Gastos diversos	150 000		
Provisiones	125 000		
	825 000		
RESULTADO ANTES DE GASTOS FINANCIEROS E IMPUESTOS	**1 620 000**		
Menos:			
Gastos financieros	150 000		
RESULTADOS ANTES DE IMPUESTOS	**1 470 000**		

21.4.5. RENTABILIDAD INDIVIDUAL: COSTE VARIABLE

Este modelo sirve para analizar la capacidad de cobertura de gastos fijos que tiene cada uno de los productos de una empresa, tal como mostramos en el siguiente ejemplo:

RENTABILIDAD INDIVIDUAL (COSTE VARIABLE)			
	TOTAL	**PRODUCTO A**	**PRODUCTO B**
Ventas	10 000 000	6 000 000	4 000 000
Coste de ventas:			
Existencia inicial de materias primas	50 000	35 000	15 000
Más:			
Compras de materias primas	2 000 000	1 600 000	400 000
Gastos de transporte	135 000	108 000	27 000
Menos:			
Existencia final de materias primas	-60 000	-60 000	0
Materias primas consumidas	2 125 000	1 683 000	442 000
Más:			
Mano de obra directa	2 525 000	1 767 500	757 500
Gastos de fabricación variables:			
Suministros	500 000	350 000	150 000

(Continúa)

RENTABILIDAD INDIVIDUAL (COSTE VARIABLE)			
Trabajos de terceros	675 000	472 500	202 500
Gastos diversos	20 000	10 000	10 000
Costes variables de producción	5 845 000	4 283 000	1 562 000
Más:			
Existencia inicial de productos en curso	335 000	201 000	134 000
Menos:			
Existencia final de productos en curso	-355 000	-213 000	-142 000
Coste variable de producción terminada	5 825 000	4 271 000	1 554 000
Más:			
Existencia inicial de productos terminados	420 000	294 000	126 000
Menos:			
Existencia final de productos terminados	-460 000	-276 000	-184 000
Costes variables de ventas	5 785 000	4 289 000	1 496 000
MARGEN BRUTO SOBRE COSTES VARIABLES	**4 215 000**	**1 711 000**	**2 504 000**
Menos:			
Gastos variables de ventas:			
Gastos de personal	216 000	160 000	56 000
Suministros	75 000	60 000	15 000
Trabajos de terceros	75 000	75 000	
Gastos de transporte	135 000	81 000	54 000
Gastos diversos	25 000	25 000	0
	526 000	401 000	125 000
MARGEN NETO SOBRE COSTES VARIABLES	**3 689 000**	**1 310 000**	**2 379 000**
Menos:			
Gastos de estructura:			
Fabricación	1 125 000		
Ventas	134 000		
Administración	825 000		
	2 084 000		
RESULTADOS DE EXPLOTACIÓN ANTES DE GASTOS FINANCIEROS E IMPUESTOS	**1 605 000**		
Menos:			
Gastos financieros	150 000		
RESULTADOS DE EXPLOTACIÓN ANTES DE IMPUESTOS	**1 455 000**		

Estos análisis son importantísimos para empresas que producen más de un producto utilizando recursos compartidos y que no disponen de capacidad ociosa. Ayudan a buscar la optimización en la distribución de esos recursos.

Que una empresa genere beneficio no implica que esté haciendo un uso óptimo de sus recursos, ya que si se dedicaran esos recursos a producir otro producto más rentable, podría mejorar sus resultados.

Si nos fijamos en el producto B, con sólo 4 000 000 de ventas, obtiene un margen superior en más de un 40%, en relación con el producto A, a pesar de que éste vende mucho más (6 000 000).

22. El estado de tesorería o cash-flow

«La magnitud de las cantidades de dinero parece variar en modo notable según hayan de ser pagadas o cobradas.»

Aldous Huxley

- El desfase entre los cobros y los pagos puede provocar exceso o falta de liquidez.
- Una empresa, aun siendo rentable, puede encontrarse con problemas de liquidez.
- El presupuesto de tesorería no refleja ingresos y gastos, sino cobros y pagos.
- Es frecuente que las empresas tengan que recurrir a financiación externa para cubrir sus faltas de liquidez.
- Se puede recurrir a los proveedores como fuente de financiación, pero esto también tiene un coste.

“El estado de tesorería contempla las entradas y salidas de dinero en la empresa durante un período de tiempo.”

NUBE DE TAGS

PUNTAS DE TESORERÍA, **ratio de liquidez**, *descuento bancario*, **créditos**, *préstamos*, LÍNEA DE DESCUENTO, póliza de crédito, descontar efectos, *comisión de apertura*, **descuento pronto pago...**

22.1. LA GESTIÓN DE LA TESORERÍA

Cada vez se da más importancia a una eficaz gestión de la tesorería de una empresa, refiriéndonos a todos aquellos aspectos que puedan afectar a su situación de liquidez.

Si bien es cierto que la incorporación de técnicas de gestión perfeccionadas ha conducido a que la mayoría de las empresas hayan reducido sus saldos de tesorería en los últimos años, existen tres razones fundamentales para explicar la necesidad de que las empresas tengan un saldo de efectivo:

- **FALTA DE SINCRONIZACIÓN ENTRE COBROS Y PAGOS:** la actividad de una empresa genera unos derechos de cobro y unas obligaciones de pago, pero, normalmente, estos flujos de entradas y salidas no coinciden en un mismo momento en el tiempo.
- **PRECAUCIÓN:** la planificación financiera es extremadamente importante, pero pueden surgir desviaciones. Por ejemplo, un cliente podría retrasarse en pagarnos diez días y, si la empresa contaba con este dinero para pagar las nóminas del mes, el no tener un saldo de disponible podría causarle problemas de liquidez.
  Por esta razón, es conveniente que las empresas tengan cierto saldo de efectivo como protección contra la incertidumbre.
- **ESPECULACIÓN:** aunque esta razón es menos importante que las anteriormente mencionadas, una empresa puede decidir tener cierta cantidad en efectivo por si surge una oportunidad no contemplada en sus planes, tal como comprar materias primas o equipos con un descuento especial, adquirir otra empresa, etc.

En la gestión de la tesorería hay que dedicar una especial atención a los cobros y pagos por operaciones, que tienen lugar de una forma sistemática, así como a la gestión de las fuentes de financiación y colocación de puntas de tesorería.

- **COBROS DE OPERACIONES:** en este apartado se incluyen decisiones trascendentales para la empresa, tales como la política de crédito a clientes, el control de impagados, la política de descuentos, las formas de realizar los cobros, etc.
- **PAGOS DE LAS OPERACIONES:** dependen de la política de pagos establecida por la empresa y tienen tanta relevancia como la política de cobros de operaciones.
- **GESTIÓN DE FUENTES DE FINANCIACIÓN Y COLOCACIÓN DE PUNTAS DE TESORERÍA:** es frecuente que las empresas tengan que recurrir a fuentes de financiación para cubrir una falta de liquidez, que puede producirse por el desfase entre las secuencias de cobros y pagos.

En otras ocasiones, la situación puede ser la contraria, es decir, la empresa puede encontrarse con una situación transitoria de exceso de liquidez.

En este caso, es también una de las funciones de la gestión de tesorería el colocar estos excedentes de disponible en inversiones temporales, que, aun conservando la liquidez de los mismos, logren obtener una rentabilidad de estos fondos (que no se conseguiría si permanecieran ociosos).

22.2. EL PRESUPUESTO DE TESORERÍA

Como ya hemos mencionado anteriormente, una empresa, aun siendo rentable, puede encontrarse con problemas de liquidez debido a un desequilibrio entre la tendencia de sus activos a convertirse en líquidos y la de sus pasivos a convertirse en pagos.

Uno de los coeficientes más utilizados en el análisis financiero es el ratio de liquidez o de solvencia técnica, que indica la capacidad de hacer frente a las obligaciones de pago a corto plazo en base a la realización del activo circulante.

$$\text{RATIO DE LIQUIDEZ} = \frac{\text{ACTIVO CIRCULANTE}}{\text{PASIVO CIRCULANTE}}$$

Este coeficiente, aun siendo muy útil, tiene sus limitaciones, ya que, aunque proporciona información sobre la capacidad potencial de la empresa de generar fondos, así como de sus obligaciones de pago a corto plazo, no es suficiente para determinar si la empresa podrá hacer frente con puntualidad a sus compromisos.

Es decir, que necesitamos algún instrumento que contenga una información más exhaustiva que la que proporciona el balance para poder determinar el equilibrio entre los cobros y los pagos.

El instrumento que nos puede proporcionar esta información es el presupuesto de tesorería.

- **DIFERENCIA ENTRE EL BALANCE Y EL PRESUPUESTO DE TESORERÍA:** el balance es como una fotografía de la empresa, es decir, refleja su situación en un momento determinado en el tiempo.

Por el contrario, el presupuesto de tesorería contempla los flujos de caja, o sea, las entradas y salidas de dinero en la empresa durante un período de tiempo.

ADVERTENCIA

Es muy importante tener en cuenta que en el presupuesto de tesorería no se reflejan ingresos y gastos, sino cobros y pagos. La razón se debe a que lo que se pretende determinar no es la rentabilidad de la empresa, como en el caso de la cuenta de resultados, sino su situación de liquidez, y éstos son dos conceptos independientes.

- **ELABORACIÓN DEL PRESUPUESTO DE TESORERÍA:** para confeccionar un presupuesto de tesorería el primer paso debe ser determinar, según el caso de cada empresa, la periodicidad con que deben reflejarse los cobros y los pagos. Algunas veces es suficiente la periodicidad mensual, pero otras puede ser necesario reflejar, dentro de cada mes, cuáles son los momentos clave en los que se producen regularmente entradas o salidas de caja.

Una vez determinada la periodicidad conveniente según la empresa, el siguiente paso consiste en agrupar los cobros y los pagos previstos por fechas coincidentes.

A continuación mostramos un ejemplo del presupuesto de tesorería de una empresa para el primer semestre del año: en el que se ha optado por simplificar y emplear una periodicidad mensual:

PRESUPUESTO DE TESORERÍA						
	ENERO	**FEBRERO**	**MARZO**	**ABRIL**	**MAYO**	**JUNIO**
COBROS	**65 380**	**77 595**	**138 642**	**159 586**	**114 744**	**95 326**
PAGOS						
Proveedores	77 000	25 970	97 825	94 346	43 561	45 206
Nómina	9 800	11 200	14 000	12 600	12 600	11 200
Seguridad Social	1 050	1 400	2 450	1 750	1 400	1 400
Alquiler	3 850	3 850	3 850	3 850	3 850	3 850
Varios	4 200	4 200	4 200	4 200	4 200	4 200
Gastos generales	5 600	5 600	5 600	5 600	5 600	5 600
Impuestos	210					35 000
TOTAL PAGOS	**101 710**	**52 220**	**127 925**	**122 346**	**71 211**	**106 456**
EXCESO O DÉFICIT	**-36 330**	**25 375**	**10 717**	**37 240**	**43 533**	**-11 130**
NECESIDADES FINANCIERAS	**-26 330**	**-955**	**9 762**	**47 002**	**90 535**	**79 405**
CAJA (INICIAL = 10 000)						

En nuestro ejemplo, podemos observar que el apartado «Exceso o déficit», que refleja la diferencia entre los cobros y los pagos, indica si la liquidez va a mejorar o empeorar en cada período.

El último apartado de nuestro ejemplo indica la situación de caja teórica que tendría la empresa si no se tomaran medidas encaminadas a corregir el exceso o defecto de liquidez.

Éste es, precisamente, el objetivo del presupuesto de tesorería, determinar con anticipación cuál será la situación de la tesorería de la empresa.

El presupuesto de tesorería nos permite adelantarnos a posibles problemas, con el fin de tener el tiempo suficiente para intentar mejorar el equilibrio entre los cobros y los pagos o, en caso de que esto no fuera posible, buscar fuentes de financiación.

22.3. EL DESCUENTO BANCARIO, CRÉDITOS Y PRÉSTAMOS

22.3.1. EL DESCUENTO BANCARIO

La empresa que decide utilizar el descuento bancario como fuente de financiación libran letras de cambio a sus clientes por el importe de las facturas que éstos tengan pendientes de pago con ella.

El primer paso que una empresa debe dar para utilizar esta fuente de financiación consiste en formalizar una línea de descuento con una entidad financiera.

La entidad financiera examina los balances y las cuentas de resultados de la empresa y, además, solicita informes sobre su solvencia a fuentes externas a la misma.

Una vez analizada toda esta información, la entidad financiera determina el riesgo que está dispuesta a asumir, es decir, la cantidad máxima de letras, también denominadas «papel», que se le permitirá a la empresa descontar.

Es importante tener presente que cuando una empresa descuenta efectos en una entidad financiera, los efectos todavía no han sido cobrados.

ADVERTENCIA

La entidad financiera se limita a avanzar una cantidad de dinero, a modo de crédito, a la empresa, utilizando las letras de los clientes como garantía.
El cliente sigue debiendo dinero a la empresa (no al banco), y podría darse la circunstancia de que algunas de las letras descontadas no fueran pagadas, a su vencimiento, por los clientes correspondientes.

Una vez que han sido emitidas las letras de cambio, se envían paquetes de letras a la entidad financiera, también denominados «remesas», cuyo importe varía en función de las necesidades de financiación de la empresa.

Cuando llega la fecha de vencimiento, es la entidad financiera la que presenta las letras para su cobro al cliente.

La cantidad de dinero que la empresa obtendrá de la entidad financiera por la remesa presentada depende de dos factores:

1. Las tarifas que aplique la entidad financiera por la operación de descuento, y que varían con el coste del dinero o los tipos de interés vigentes en ese momento.
2. El período promedio de tiempo desde que se entrega la remesa hasta que la entidad financiera puede presentar al cobro las letras.

Con el mecanismo del descuento bancario, las entidades financieras actúan como puente entre el momento en que se genera un gasto y el momento de la obligación de pago.

- **VENTAJAS DEL DESCUENTO BANCARIO:** la principal ventaja de esta fuente de financiación reside en su flexibilidad, ya que se puede utilizar sin recurrir a la planificación financiera.

Es decir, mientras la empresa disponga de letras libradas a sus clientes y no haya rebasado el límite de descuento aprobado por la entidad financiera, puede obtener recursos a través del descuento, a medida que vaya necesitando fondos.

- **INCONVENIENTES DEL DESCUENTO BANCARIO:** el principal consiste en que es una de las formas más caras de financiación. Además del tipo de interés nominal que nos aplique la entidad financiera y las comisiones pertinentes, existe otra serie de costes, como el plazo medio de las remesas o las posibles retenciones en cuentas compensatorias, que provocan que el interés efectivo sea superior.

22.3.2. CRÉDITOS Y PRÉSTAMOS

Son contratos a través de los cuales una entidad financiera pone cierta cantidad de dinero a disposición de una empresa. Podemos distinguir entre préstamos y pólizas de crédito.

- **PRÉSTAMOS:** en este caso, la entidad financiera pone dinero a disposición de la empresa en un solo desembolso en el momento de formalizar el contrato.
- **PÓLIZAS DE CRÉDITO:** con este tipo de contrato se acuerda una cantidad máxima hasta la cual la empresa puede disponer de dinero en función de sus necesidades.

RECUERDA

A la hora de realizar los cálculos para determinar el coste real de este tipo de financiación, hay que tener en cuenta que existe un coste adicional, denominado «comisión de apertura», que se paga por anticipado y que provoca que el interés efectivo de la operación sea superior al interés nominal aplicado por la entidad financiera. Además, cuanto menor sea el saldo dispuesto, es decir, cuanto menos se utilice el nominal contratado, mayor será el coste real.

La póliza de crédito se contrata por el importe máximo que se piensa emplear durante la vida del contrato, y se pagan intereses por la cantidad que se utiliza realmente en cada momento.

En cuanto a la cantidad de dinero autorizada, pero de la que no se ha dispuesto, se le aplica un tipo de interés muy inferior.

Podemos comprobarlo con el siguiente ejemplo:

NOMINAL CONTRATADO	350 000
TIPO DE INTERÉS NOMINAL	10% (anual)
COMISIÓN DE APERTURA	0,3%
COMISIÓN SALDO MEDIO NO DISPUESTO	0,20% (trimestral)

COSTE REAL DE UNA PÓLIZA DE CRÉDITO						
	Saldo medio utilizado	**Saldo medio no dispuesto**	**Comisión apertura**	**Intereses**	**Comisión no dispuesto**	**Total gastos**
I trimestre	200 000	150 000	1 050	5 000	300	6 350
II trimestre	175 000	175 000		4 375	350	4 725
Utilización media	187 500					11 075
	COSTE 6 MESES (11 075/187 500) =					5,91%
	COSTE ANUALIZADO =					12,16%
		(360/180)				
	(1 + 0,0591)	- 1 = 0,1216				

Nuestro ejemplo pone de manifiesto el alto diferencial entre el tipo de interés nominal de la póliza (10%) y el tipo de interés efectivo (12,16%), debido a dos factores:

1. Como en cualquier otro caso en que se paguen intereses por adelantado (también conocido como «el tirón»), el pago de la comisión de apertura, al principio de la operación, provoca un diferencial entre el tipo de interés nominal y el efectivo.
2. El saldo medio utilizado es de tan sólo 187 500 euros, frente a los 350 000 euros contratados, y este escaso aprovechamiento de la póliza de crédito también provoca un aumento del diferencial entre el tipo de interés nominal y el efectivo.

22.4. LOS PROVEEDORES COMO FUENTE DE FINANCIACIÓN

Es habitual oír mencionar el aplazamiento del pago a los proveedores como una fuente de financiación importante, pero es preciso no olvidar que este procedimiento de financiación no es gratuito.

Decimos que no es gratuito no solamente por la posibilidad de que el proveedor añada al coste de las mercancías cierta cantidad en concepto de intereses de demora, sino también por el coste de oportunidad que representa el renunciar a la posibilidad de descuentos por pronto pago.

ADVERTENCIA

La utilización del pago aplazado a un proveedor implica un coste, que debe ser comparado con otras fuentes de financiación alternativas. Debemos plantearnos: ¿cuánto le está costando a la empresa renunciar al descuento por pronto pago?

Es habitual que los proveedores ofrezcan a sus clientes un descuento sobre el precio indicado en la factura, con la condición de recibir el pago en el momento de entregar la mercancía o en un breve plazo de tiempo.

Por ejemplo, un proveedor nos podría ofrecer las siguientes condiciones de pago:

«3/10, n/90»

Es decir, 3% de descuento si pagamos dentro de los diez días posteriores a la fecha de factura, o el importe neto si se paga a noventa días.

Si la empresa pagara dentro de los diez días posteriores a la fecha de factura, sólo pagaría 97 euros por cada 100 euros de compra.

Dicho de otro modo, el proveedor le está cobrando al cliente 3 euros por cada 97 euros de compra si utiliza el pago aplazado.

Con esta información podríamos concluir erróneamente que el coste de esta financiación es del tres por noventa y siete, o, lo que es lo mismo, del 3,09%.

El cálculo anterior es erróneo, ya que el proveedor nos está cobrando 3 euros por esperar a recibir los 97 euros el día noventa, en lugar del día diez. Es decir, por esperar a recibir el pago durante ochenta días adicionales.

Por lo tanto, el coste de financiación anual equivalente, teniendo en cuenta que nos está cobrando el 3,09% por financiarnos tan sólo durante ochenta días, sería de 14,89%:

$$(1 + 0{,}0309)^{(365/80)} - 1 = 0{,}1489 = 14{,}89\%$$

El tipo de interés que tendríamos que utilizar en este ejemplo para comparar el coste de la financiación de los proveedores con otras fuentes alternativas de financiación a corto plazo sería del 14,89%.

- **VENTAJAS DE UTILIZAR A LOS PROVEEDORES COMO FUENTE DE FINANCIACIÓN:** la principal ventaja consiste en su carácter flexible, ya que no es necesario negociar ni planificar con antelación.

- **INCONVENIENTES DE UTILIZAR A LOS PROVEEDORES COMO FUENTE DE FINANCIACIÓN:** es importante mencionar que si la empresa dispone de alternativas de financiación más baratas, el utilizar a los proveedores como fuente de financiación puede crear una falsa impresión de crédito a bajo precio.

Es fundamental no olvidar nunca que al coste del aplazamiento hay que añadir el coste de oportunidad que supone renunciar al descuento por pronto pago.

22.5. INVERSIÓN DE EXCEDENTES TRANSITORIOS DE TESORERÍA

Nos referimos a situaciones transitorias de exceso de tesorería, ya que si la situación se convirtiera en permanente es obvio que la empresa debería plantearse proyectos de inversión a largo plazo.

A la hora de decidir cómo van a invertirse los excedentes temporales de tesorería, además del factor seguridad, que es el más importante, hay que tener en cuenta otros dos parámetros que, en inversiones financieras, suelen moverse en direcciones contrarias: la liquidez y la rentabilidad.

Estas tres características las podemos encontrar en una serie de activos financieros tales como certificados de depósito, deuda pública con pacto de recompra (repos), pagarés de empresa, etc.

La ventaja de invertir los excedentes de tesorería en este tipo de activos radica en la posibilidad de convertirlos en dinero líquido en el momento en que la empresa lo necesite.

22.6. CRITERIOS GENERALES PARA LA ELABORACIÓN DEL ESTADO DE TESORERÍA O CASH-FLOW

Para elaborar el estado de tesorería, o cash-flow, tenemos que tener en cuenta que nuestro objetivo es determinar cuáles han sido las partidas que han provocado aumentos o disminuciones de tesorería.

AUMENTOS DE TESORERÍA	DISMINUCIONES DE TESORERÍA
Cobros derivados de la explotación.	Pagos derivados de la explotación.
Cobros derivados de aumentos de capital.	Pagos de dividendos.
Cobros derivados de nuevos endeudamientos a corto y largo plazo.	Pagos por reembolso de capital.
Cobros por ventas de activos fijos y activos circulantes no relacionados con la explotación.	Pagos por reembolso de deudas a corto y largo plazo.
	Pagos por compras de activos fijos y circulantes no relacionados con la explotación.

A la hora de confeccionar el estado de tesorería, es conveniente agrupar los diferentes cash-flows en tres grupos:

CASH-FLOW DERIVADO DE	1. OPERACIONES DE LA EMPRESA
	2. ACTIVIDADES DE FINANCIACIÓN
	3. ACTIVIDADES DE INVERSIÓN

22.6.1. CASH-FLOW DERIVADO DE LAS OPERACIONES DE LA EMPRESA

1. **COBROS POR OPERACIONES:** los cobros serán iguales a los ingresos más la variación de la contrapartida de tales ingresos. Si nos referimos a los ingresos por ventas, la contrapartida será la de clientes y efectos comerciales a cobrar.
   Consideremos el siguiente ejemplo:

- Una empresa tiene un saldo de clientes y efectos comerciales a cobrar al inicio del período contable de 100 000 euros.
- Las ventas del período han sido de 800 000 euros.
- El saldo al final del período de la cuenta de clientes y efectos comerciales a cobrar es de 80 000 euros.

La cuenta de clientes y efectos comerciales a cobrar habrá tenido el siguiente movimiento durante el período:

CLIENTES Y EFECTOS COMERCIALES A COBRAR			
DEBE		**HABER**	
Saldo inicial	100 000	Cobros	820 000
Cargos por ventas	800 000	Saldo final	80 000
	900 000		900 000

Es decir, que, durante dicho período, se han cobrado 720 000 euros por ventas realizadas durante el ejercicio y 100 000 euros correspondientes a ventas de ejercicios anteriores.

Por lo tanto, las disponibilidades han aumentado en 820 000 euros.

2. **PAGOS POR OPERACIONES:** para analizar este componente, es necesario desglosar los costes del período en compras del período, otros gastos y amortizaciones y provisiones del período.

ADVERTENCIA

Es muy importante tener en cuenta que las amortizaciones y las provisiones son partidas que representan coste, pero no generan pagos, ya que no implican salida de disponible.

En consecuencia, estas partidas deben restarse de los costes para cuantificar los pagos derivados de las operaciones.

Por lo tanto, los gastos por depreciación y provisiones se anulan, al no representar una salida de efectivo, y tan sólo quedan las compras y los otros gastos, así como las contrapartidas que vienen representadas por los acreedores por operaciones.

Por la misma razón expuesta anteriormente, el componente de coste relativo a la variación de existencias tampoco implica una salida de efectivo, y, por consiguiente, también se anula.

De igual forma que en el caso expuesto anteriormente para los ingresos por venta, los gastos derivados de compras y otros gastos se ajustarán a los pagos, sumando la variación de los acreedores por operaciones (proveedores, efectos comerciales a pagar y otros).

Consideremos el siguiente ejemplo:

- Una empresa tiene un saldo de proveedores y efectos comerciales a pagar al inicio del período contable de 120 000 euros.
- Las compras del período han sido de 1 millón de euros.
- El saldo al final del período de la cuenta de proveedores y efectos comerciales a pagar es de 150 000 euros.

La cuenta de proveedores y efectos comerciales a pagar habrá tenido el siguiente movimiento durante el período:

PROVEEDORES Y EFECTOS COMERCIALES A PAGAR			
DEBE		**HABER**	
Pagos	970 000	Cobros	120 000
Saldo final	150 000	Saldo final	1 000 000
	1 120 000		1 120 000

Es decir que, durante el período, se han pagado por compras únicamente 970 000 euros, una cifra inferior a las adquisiciones realizadas. Por lo tanto, las disponibilidades han disminuido en tan sólo 970 000 euros.

22.6.2. CASH-FLOW DERIVADO DE LAS ACTIVIDADES DE FINANCIACIÓN

Los incrementos o disminuciones de los fondos de financiación, tanto propia como ajena, deben ser ajustados con sus correspondientes contrapartidas para determinar las entradas o salidas de efectivo.

Si, por ejemplo, se ha producido una ampliación de capital durante el período por un importe de 200 000 euros y la cuenta de accionistas ha registrado un aumento de 20 000 euros, es evidente que los cobros por ampliación de capital se han limitado a 180 000 euros.

Una disminución de estos cash-flows implica pagos por actividades de financiación. Éste sería el caso de las devoluciones de deudas, las reducciones de capital, el pago de dividendos, etc.

22.6.3. CASH-FLOW DERIVADO DE LAS ACTIVIDADES DE INVERSIÓN

En este caso, las inversiones, tanto reales como financieras, así como su venta, deberán ser ajustadas con sus correspondientes contrapartidas para determinar las variaciones de disponible.

Si, por ejemplo, la empresa ha adquirido instalaciones por un importe de 200 000 euros y la cuenta de acreedores por inmovilizado ha aumentado en 60 000 euros, quiere decir que los pagos realizados por esta inversión han sido tan sólo de 140 000 euros.

Por el contrario, si la cuenta de equipos experimenta una disminución de 300.000 euros, y la cuenta de deudores por venta de inmovilizado aumenta en 40 000 euros, es evidente que el importe que se ha cobrado por esta desinversión o venta ha sido tan sólo de 260 000 euros.

22.7. UNA FORMA DE PRESENTAR EL ESTADO DE TESORERÍA O CASH-FLOW

A continuación, mostramos un ejemplo sintetizado de cómo suelen ordenarse y clasificarse las diferentes partidas de un estado de tesorería o cash-flow tan sólo a modo de orientación, ya que a veces se utilizan otros modelos:

ESTADO DE TESORERÍA O CASH-FLOW DE LA EMPRESA GOOD NEWS, S.A.	
CASH-FLOW POR OPERACIONES DE LA EMPRESA:	
COBROS:	
Por ventas de productos terminados	5 850 000
Por dividendos de empresas del grupo	20 000
	5 870 000
PAGOS:	
Por compras de materias primas	3 500 000
Por gastos de personal	1 020 000
Por otros gastos	20 000
Por gastos financieros	40 000
Por impuestos	200 000
	4 780 000
CASH-FLOW TOTAL POR OPERACIONES DE LA EMPRESA:	**1 090 000**
CASH-FLOW POR ACTIVIDADES DE FINANCIACIÓN:	
COBROS	
Por emisión de acciones	300 000
Por préstamos a largo plazo	200 000
Por créditos bancarios	300 000
	800 000
PAGOS:	
Por dividendos	300 000
Por reembolso de préstamos	600 000
	900 000
CASH-FLOW TOTAL POR ACTIVIDADES DE FINANCIACIÓN:	**-100 000**
CASH-FLOW POR ACTIVIDADES DE INVERSIÓN:	
COBROS:	
Por venta de maquinaria	60 000
PAGOS:	
Por adquisición de terrenos y construcciones	100 000
Por adquisición de instalaciones técnicas y maquinaria	840 000
Por adquisición de otras instalaciones, utillaje y mobiliario	40 000
Por adquisición de participaciones financieras	60 000
	1 040 000
CASH-FLOW TOTAL POR ACTIVIDADES DE INVERSIÓN	**-980.000**
CASH-FLOW TOTAL (aumento de la tesorería)	**10.000**

23. El estado de origen y la aplicación de fondos

«¡Hay tantas cosas en la vida más importantes que el dinero! ¡Pero cuestan tanto!»

Julius Marx, Groucho

- El balance y la cuenta de resultados dejan muchas preguntas sin contestar:
  ¿Qué variaciones ha experimentado la composición del activo?, ¿cómo se han financiado las inversiones?, ¿se encuentra la empresa en expansión o en recesión?
- El EOAF responde a estas preguntas, mostrando el flujo de fondos obtenido en un período y cómo se ha invertido.
- El capital circulante se puede definir de dos maneras:
  1. Activo circulante - Pasivo circulante.
  2. Recursos permanentes - Activo fijo.

“El Estado de Origen y Aplicación de Fondos (EOAF) muestra las variaciones que ha experimentado el capital circulante, entendiendo éste como la diferencia entre pasivos fijos y activos fijos.”

NUBE DE TAGS

Orígenes y aplicaciones de fondos, **variaciones de capital circulante,** *variaciones patrimoniales y financieras, financiación e inversión del período...*

23.1. ¿CÓMO INTERPRETAR UN ESTADO DE ORIGEN Y APLICACIÓN DE FONDOS?

En las secciones anteriores, nos hemos referido a dos estados financieros fundamentales: el balance y la cuenta de resultados.

EL BALANCE: muestra, en un momento dado, cuál es la inversión que se ha realizado en una empresa y cómo ha sido financiada esta inversión.
LA CUENTA DE RESULTADOS: muestra cuál ha sido el beneficio o la pérdida registrada por una empresa en dos momentos sucesivos en el tiempo, motivada por la gestión.

Estos dos estados financieros, aunque nos ofrecen una valiosa información para evaluar cuáles han sido las decisiones de inversión y financiación que se han tomado en cierto espacio de tiempo, o los resultados obtenidos por la gestión empresarial, dejan ciertas preguntas sin contestar:

- ¿Qué variaciones ha experimentado la composición del activo de una empresa en el último período?
- ¿Qué tipo de inversión ha realizado la empresa?
- ¿Cómo ha sido financiada la inversión?, ¿fue financiada con capital, con préstamos de terceros o con fondos generados por la gestión?
- ¿Se encuentra la empresa en una fase de expansión o de recesión?

Por lo tanto, es evidente que necesitamos elaborar un estado financiero que muestre cuál ha sido el flujo de fondos obtenido en un período de tiempo y cómo se han invertido esos fondos, para poder contestar a las preguntas mencionadas anteriormente.

23.2. EL CAPITAL CIRCULANTE O FONDO DE MANIOBRA

Cuando hablábamos de «fondos» en el apartado anterior, nos referíamos al capital circulante, o fondo de maniobra, de la empresa.

El capital circulante, o fondo de maniobra, se suele definir como la diferencia entre el activo circulante y el pasivo circulante (también denominado exigible a corto plazo).

Pero, como podemos apreciar en el esquema de balance que mostramos a continuación, el valor obtenido al deducir del activo circulante el pasivo circulante coincide con el valor que se obtiene al deducir de los recursos permanentes (el patrimonio y las deudas a largo plazo) el inmovilizado neto.

Utilización de los recursos	Origen de los recursos
ACTIVO	**PASIVO**
ACTIVO CIRCULANTE	PASIVO CIRCULANTE
ACTIVO FIJO (inmovilizado neto)	RECURSOS PERMANENTES (capital social, reservas, deudas a largo plazo)

RECUERDA

El capital circulante, o fondo de maniobra, se puede definir de dos maneras:

CAPITAL CIRCULANTE = ACTIVO CIRCULANTE - PASIVO CIRCULANTE

CAPITAL CIRCULANTE = RECURSOS PERMANENTES - ACTIVO FIJO

La equivalencia de ambas definiciones resulta evidente consultando el esquema de balance como origen y utilización de los recursos de una empresa.

En una empresa comercial, la actividad normal se basa en este capital circulante, o fondo de maniobra, y tiene por objeto transformar las existencias en clientes, los clientes en caja, que, a su vez, es empleada para pagar a los proveedores, para que éstos, a su vez, vuelvan a suministrar existencias, cerrándose, de esta forma, el ciclo económico de la empresa.

Con el Estado de Origen y Aplicación de Fondos (EOAF), se intenta mostrar cuáles han sido las causas que han provocado un aumento o una disminución del capital circulante durante un espacio de tiempo determinado, indicando sus orígenes, sus aplicaciones y su impacto en las diferentes partidas del capital circulante.

23.2.1. AUMENTO DEL CAPITAL CIRCULANTE

Se denominan orígenes de fondos las variaciones patrimoniales que tienen como consecuencia un aumento del capital circulante. Éste se puede producir por los tres motivos que se detallan a continuación:

ORÍGENES DE FONDOS	= AUMENTOS DE CAPITAL CIRCULANTE
1. INCREMENTO DEL PATRIMONIO NETO	▲
2. DISMINUCIÓN DEL ACTIVO FIJO	▼
3. INCREMENTO DEL PASIVO FIJO	▲

23.2.2. DISMINUCIÓN DEL CAPITAL CIRCULANTE

Se habla de aplicaciones de fondos para definir las variaciones patrimoniales que tienen como consecuencia una disminución del capital circulante. Ésta se puede producir por los tres motivos que se detallan a continuación:

APLICACIONES DE FONDOS	= DISMINUCIÓN DE CAPITAL CIRCULANTE
1. DISMINUCIÓN DEL PATRIMONIO NETO	▼
2. INCREMENTO DEL ACTIVO FIJO	▲
3. DISMINUCIÓN DEL PASIVO FIJO	▼

RECUERDA

La variación del capital circulante puede obtenerse comparando los balances pertenecientes a dos períodos consecutivos. No obstante, los orígenes y las aplicaciones que han dado lugar a dichas variaciones no pueden obtenerse de la misma forma, y es necesaria información adicional.

A continuación, mostramos como ejemplo dos balances pertenecientes a ejercicios consecutivos de la empresa ficticia GOOD NEWS, S.A.

	31 de diciembre de		VARIACIONES DEL CAPITAL CIRCULANTE	
	2008	**2009**	**Aumento**	**Disminución**
ACTIVO CIRCULANTE:				
Existencias	2 500 000	2 400 000		100 000
Deudores	2 250 000	2 300 000	50 000	
Inversiones financieras temporales	1 000 000	1 025 000	25 000	
Disponible	250 000	175 000		75 000
	6 000 000	5 900 000		
PASIVO CIRCULANTE:				
Proveedores	1 350 000	1 300 000	50 000	
Otras deudas a corto plazo	500 000	375 000	125 000	
	1 850 000	1 675 000		
CAPITAL CIRCULANTE	4 150 000	4 225 000	**250 000**	**175 000**
AUMENTO NETO			0	**75 000**

Una vez que hayamos calculado la variación del capital circulante, debemos determinar cuáles han sido las causas que han provocado esta variación.

23.2.3. CAUSAS DE LAS VARIACIONES DEL CAPITAL CIRCULANTE

El cuadro anterior es útil para determinar en qué cantidad ha variado el capital circulante, pero no nos informa del porqué, es decir, cuáles han sido las causas que han provocado los aumentos del capital circulante (origen de fondos), o las disminuciones del capital circulante (aplicación de fondos).

Las variaciones que se han producido podrían deberse a los siguientes motivos:

ESTADO DE ORIGEN Y APLICACIÓN DE FONDOS (EOAF) DE GOOD NEWS, S.A.	
ORIGEN DE FONDOS:	
Resultados de explotación	2 000 000
Ampliación de capital	600 000
	2 600 000
APLICACIÓN DE FONDOS:	
Compra de maquinaria	1 500 000
Reembolso de deudas a largo plazo	1 025 000
	2 525 000
AUMENTO NETO DEL CAPITAL CIRCULANTE	**75 000**

ADVERTENCIA

Si al elaborar el Estado de Origen y Aplicación de Fondos consignamos tan sólo las partidas que han tenido un efecto sobre el capital circulante, puede que estemos perdiendo una información muy importante.

Comprobémoslo en el siguiente ejemplo: supongamos que durante el año 2009 la empresa Good News, S.A., realizó la siguiente operación:

GOOD NEWS, S.A.	
Compra de edificios	5 000 000
Financiación de la compra:	
Por el vendedor, a pagar a los dos años	2 000 000
Préstamo hipotecario, a reembolsar en cinco anualidades	3 000 000
	5 000 000

Evidentemente, esta operación no ha afectado al capital circulante, si consideramos éste como la diferencia:

CAPITAL CIRCULANTE = ACTIVO CIRCULANTE - PASIVO CIRCULANTE

Si utilizáramos esta definición de capital circulante, la operación anteriormente descrita no se reflejaría en el Estado de Origen y Aplicación de Fondos, ya que no lo habría afectado.

Sin embargo, el planteamiento cambia si utilizamos la otra definición de capital circulante, considerándolo como la diferencia:

CAPITAL CIRCULANTE = RECURSOS PERMANENTES - ACTIVO FIJO

En este caso, la operación de compra de edificios sí aparecería en el Estado de Origen y Aplicación de Fondos, y deberíamos modificar el EOAF de la empresa Good News, S.A., elaborado inicialmente para recoger esta valiosa información:

ESTADO DE ORIGEN Y APLICACIÓN DE FONDOS (EOAF) DE GOOD NEWS, S.A.	
ORIGEN DE FONDOS:	
Resultados de explotación	2 000 000
Ampliación de capital	600 000
Deudas a largo plazo	2 000 000
Préstamos hipotecarios	3 000 000
	7 600 000
APLICACIÓN DE FONDOS:	
Compra de edificios	5 000 000
Compra de maquinaria	1 500 000
Reembolso de deudas a largo plazo	1 025 000
	7 525 000
AUMENTO NETO DEL CAPITAL CIRCULANTE	**75 000**

RECUERDA

Por lo tanto, cuando se habla del Estado de Origen y Aplicación de Fondos, se entiende no sólo el análisis de las variaciones del capital circulante, sino también de otros movimientos financieros, aunque no hayan tenido una incidencia directa en esta magnitud.

23.3. ESTADO DE VARIACIONES PATRIMONIALES Y FINANCIERAS

Tal como hemos expuesto en el apartado anterior, para analizar correctamente las variaciones que se han producido en el capital circulante, es necesario conocer las fluctuaciones experimentadas por las diferentes partidas que reflejan la situación financiero-patrimonial de la empresa.

Estas modificaciones se recogen en el llamado «estado de variaciones patrimoniales y financieras», que muestra las variaciones sufridas por los activos y los pasivos de la empresa, tanto circulantes como fijos.

A continuación, mostramos con un ejemplo cómo se elabora un estado de variaciones patrimoniales y financieras, partiendo de dos balances consecutivos de la empresa ficticia Sunny Days, S.A.:

BALANCES DE SITUACIÓN DE SUNNY DAYS, S.A.		
	Balance al 31-12-2008	**Balance al 31-12-2009**
ACTIVO:		
Caja y bancos	420 000	385 000
Clientes	1 540 000	1 750 000
Existencias	4 270 000	5 180 000
Inmovilizaciones financieras	1 050 000	980 000
Mobiliario	700 000	700 000
Instalaciones técnicas	10 500 000	10 990 000
Terrenos y construcciones	7 000 000	7 700 000
Patentes	350 000	350 000
Gastos de establecimiento	70 000	56 000
	25 900 000	**28 091 000**
PASIVO:		
Deudas a corto plazo	1 050 000	840 000
Proveedores	1 960 000	2 450 000
Créditos bancarios a corto plazo	700 000	1 701 000
Deudas a largo plazo	2 100 000	1 960 000
Empréstito por emisión de obligaciones	2 100 000	1 540 000
Amortización acumulada del inmovilizado material	1 400 000	1 750 000
Capital	15 190 000	16 030 000
Reservas	1 400 000	1 400 000
Resultado del período	0	420 000
	25 900 000	**28 091 000**

Si agrupamos las diferencias en las partidas de fijo y circulante y añadimos el resultado alcanzado en el período, obtenemos la siguiente clasificación:

FINANCIACIÓN DEL PERÍODO		INVERSIÓN DEL PERÍODO	
Incrementos del pasivo circulante	▲	Disminuciones del pasivo circulante	▼
Incrementos del pasivo fijo	▲	Disminuciones del pasivo fijo	▼
Disminuciones del activo circulante	▼	Incrementos del activo circulante	▲
Disminuciones del activo fijo	▼	Incrementos del activo fijo	▲
Resultado positivo del período	+	Resultado negativo del período	–

A continuación, ya podemos elaborar el estado de variaciones patrimoniales de Sunny Days, S.A.:

ESTADO DE VARIACIONES PATRIMONIALES Y FINANCIERAS DE SUNNY DAYS, S.A.		
CUENTAS	**INVERSIÓN** (diferencias deudoras)	**FINANCIACIÓN** (diferencias acreedoras)
Caja y bancos		35 000
Clientes	210 000	
Existencias	910 000	
Inmovilizaciones financieras		70 000
Mobiliario		
Instalaciones técnicas	490 000	
Terrenos y construcciones	700 000	
Patentes		
Gastos de establecimiento		14 000
Deudas a corto plazo	210 000	
Proveedores		490 000
Créditos bancarios a corto plazo		1 001 000
Deudas a largo plazo	140 000	
Empréstito por emisión de obligaciones	560 000	
Amortización acumulada del inmovilizado material		350 000
Capital		840 000
Resultado del período	0	420 000
	3 220 000	3 220 000

23.4. TÉCNICAS PARA LA ELABORACIÓN DEL EOAF

Como hemos mencionado con anterioridad, el Estado de Origen y Aplicación de Fondos, al que en ocasiones también se le llama EOAF, muestra las variaciones que ha experimentado en un período de tiempo el capital circulante, interpretando como capital circulante la diferencia entre pasivos fijos y activos fijos.

Por lo tanto, si utilizamos como punto de partida el estado de variaciones patrimoniales de nuestro ejemplo anterior, sólo necesitaríamos agrupar las diferencias que se han producido, clasificándolas en diferencias de capital fijo y diferencias de capital circulante, tal como mostramos a continuación:

SUNNY DAYS, S.A.						
	DIFERENCIAS		**FONDOS**		**CAPITAL CIRCULANTE**	
	D	**H**	**Aplicación**	**Origen**	**Aumento**	**Disminución**
ACTIVO:						
Caja y bancos		35 000				35 000
Clientes	210 000				210 000	
Existencias	910 000				910 000	
Inmovilizaciones financieras		70 000		70 000		
Instalaciones técnicas	490 000		490 000			
Terrenos y construcciones	700 000		700 000			
Gastos de establecimiento		14 000		14 000		
PASIVO:						
Deudas a corto plazo	210 000				210 000	
Proveedores		490 000				490 000
Créditos bancarios a corto plazo		1 001 000				1 001 000
Deudas a largo plazo	140 000		140 000			
Empréstito por emisión de obligaciones	560 000		560 000			
Amortización acumulada de inmovilizado material		350 000		350 000		
Capital		840 000		840 000		
Resultado período (beneficio)		420 000		420 000		
	3 220 000	**3 220 000**	**1 890 000**	**1 694 000**	**1 330 000**	**1 526 000**

Una vez recopilada la información que hemos obtenido en los apartados anteriores, podemos elaborar el Estado de Origen y Aplicación de Fondos:

ESTADO DE ORIGEN Y APLICACIÓN DE FONDOS (EOAF) DE GOOD NEWS, S.A.	
ORIGEN DE FONDOS:	
Resultados	420 000
Amortizaciones inmovilizado material	350 000
Amortización gastos de establecimiento	14 000
Ampliación de capital	840 000
Venta inmovilizaciones financieras	70 000
TOTAL ORIGEN DE FONDOS	**1 694 000**
APLICACIÓN DE FONDOS:	
Compra de terrenos y construcciones	700 000
Compra de instalaciones técnicas y maquinaria	490 000
Reembolso de empréstitos por emisión de obligaciones	560 000
Reembolso de deudas a largo plazo	140 000
TOTAL APLICACIÓN DE FONDOS	**1 890 000**
DISMINUCIÓN NETA DE CAPITAL CIRCULANTE	**196 000**

24. La interconexión entre la cuenta de resultados y el balance

«Si todo parece estar yendo bien, obviamente has pasado algo por alto.»

Anónimo

- Relación entre ingresos por ventas y clientes.
- Relación entre coste de mercancías vendidas, existencias y cuentas pendientes de pago.
- Relación entre otros costes de explotación, cuentas pendientes de pago, costes devengados y gastos pagados por anticipado.
- Relación entre inmovilizado material, gastos de amortizaciones y amortizaciones acumuladas.
- Relación entre intereses e intereses devengados.
- Relación entre beneficio neto y reservas.

“Es necesario analizar conjuntamente la cuenta de resultados, el balance y el estado de tesorería o cash-flow.”

NUBE DE TAGS

ESTRUCTURA DEL BALANCE, **gestión de tesorería,** plazo medio de cobro a clientes, *rotación de stocks,* plazo medio de pago a proveedores, amortización acelerada...

24.1. EL PROBLEMA DE LOS ESTADOS FINANCIEROS CONVENCIONALES

La habilidad de los gestores de una empresa para generar ingresos y controlar los gastos queda reflejada en la cuenta de resultados.

Si bien es cierto que el conseguir que una empresa genere beneficios es fundamental para su supervivencia, también es cierto que obtener beneficios, en ocasiones, no es suficiente.

RECUERDA

Una adecuada estructura del balance en lo que respecta a la composición de los activos y los pasivos, así como una adecuada gestión de la tesorería, son piezas clave para el futuro de una empresa.

La cuenta de resultados es una herramienta muy útil para la gestión empresarial, ya que permite contestar a preguntas como:

¿Se ha alcanzado el objetivo de ventas que se había fijado la empresa para el período?

¿Por qué han aumentado (o disminuido) los ingresos por ventas con respecto al ejercicio anterior?

¿Qué gastos han crecido más de lo que sería aconsejable?

Este tipo de cuestiones son esenciales para la planificación y el control de la empresa, pero no son suficientes.

RECUERDA

Es necesario complementar el análisis de los resultados con el análisis de la situación patrimonial y el análisis de los cash-flows. En otras palabras, hay que estudiar conjuntamente la cuenta de resultados, el balance y el estado de tesorería, o cash-flow.

El problema que se suele encontrar a la hora de realizar este estudio global de los tres estados financieros principales es que las personas encargadas de prepararlos asumen que el lector conoce los vínculos que los relacionan entre sí.

ADVERTENCIA

Lo cierto es que, muchas veces, las conexiones entre la cuenta de resultados, el balance y el estado de tesorería no son tan evidentes como opinan los contables.

Por esta razón, en los próximos apartados, intentaremos describir las interconexiones entre estos tres estados financieros, ya que son los más importantes.

Para facilitar el entendimiento de la interconexión entre la cuenta de resultados, el balance y el estado de tesorería, hemos optado por modificar el formato que habíamos utilizado en apartados anteriores.

Balance	Hemos utilizado un modelo vertical, en el que aparecen, en la parte superior, los activos, y, en la inferior, los pasivos y los fondos propios.
Estado de tesorería	Se ha optado por un modelo que utiliza como punto de partida el resultado del ejercicio que aparece en la cuenta de resultados.

Asimismo, con el fin de simplificar los cálculos, hemos optado por considerar que un año tiene 52 semanas.

RECUERDA

El formato que aparece a continuación no es el que suelen utilizar los contables, ya que ellos asumen que los lectores de estados financieros realizan mentalmente las conexiones entre las diferentes partidas que aparecen en los mismos.
Nosotros hemos preferido simplificar el formato y destacar las partidas relacionadas, a fin de hacer más evidentes las relaciones existentes entre los tres estados financieros más importantes.

24.2. RELACIÓN ENTRE INGRESOS POR VENTAS Y CLIENTES

CUENTA DE RESULTADOS DEL EJERCICIO		BALANCE AL FINAL DE		
			Este ejercicio	**Ejercicio anterior**
		ACTIVO:		
		Caja y bancos	2 566 630	3 129 300
Ingresos por ventas	60 190 400	Clientes	5 787 540	4 823 500
Coste de mercancías vendidas	39 123 760	Existencias	9 780 940	8 276 130
Beneficio explotación	21 066 640	Gastos pagados por anticipado	1 171 760	928 350
Otros costes de explotación	15 232 880	**Total activo circulante**	19 306 870	17 157 280
Beneficio comercial	5 833 760	Inmovilizado material	19 864 500	15 970 500
Gastos de amortizaciones	1 127 920	Amortizaciones acumuladas	-4 521 400	-3 393 480
		Total activo fijo	15 343 100	12 577 020
Beneficio ordinario antes de intereses e impuestos	4 705 840	**TOTAL ACTIVO**	**34 649 970**	**29 734 300**
Intereses	766 500	**PASIVO:**		
Beneficio antes de impuestos	3 939 340	Cuentas pendientes de pago:		
Previsión para impuestos	1 339 380	Proveedores	3 009 520	2 683 000
Beneficio neto	**2 599 960**	Otros costes de explotación	878 820	622 160
		Total cuentas pendientes de pago	3 888 340	3 305 160
		Costes devengados:		
		Costes de explotación	1 757 640	1 379 000
		Intereses	127 750	103 560
		Total gastos devengados	1 885 390	1 482 560
		Impuestos pendientes de pago	133 940	116 740
		Otras deudas a corto plazo	4 250 000	3 750 000
		Total pasivo circulante	10 157 670	8 654 460
		Acreedores a largo plazo	5 500 000	4 750 000
		Fondos propios:		
		Capital	7 250 000	6 250 000
		Reservas	11 742 300	10 079 840
		Total fondos propios	18 992 300	16 329 840
		Total pasivo fijo	24 492 300	21 079 840
		TOTAL PASIVO	34 649 970	29 734 300

En nuestro ejemplo, la empresa Good Holidays, S.A., ha obtenido unos ingresos por ventas de 60 190 400 euros durante el período.

Si asumimos que la empresa de nuestro ejemplo realiza todas sus ventas a crédito, no recibiría el pago en el momento de realizar la venta, pero sí reflejaría en la cuenta de clientes las cantidades pendientes de cobro cada vez que se produce una venta.

Por lo tanto, la cuenta de clientes que aparece en el balance refleja el importe de ventas realizadas, pero todavía no cobradas.

ADVERTENCIA

El que una empresa no cobre al contado y conceda crédito a sus clientes provoca un desfase entre los ingresos y los cobros. El saldo de la cuenta de clientes cuantifica el importe de este desfase.

Si nos referimos a nuestro ejemplo, veremos que, al final del año, la mayor parte de las ventas realizadas durante el ejercicio se han cobrado, pero todavía queda una parte pendiente de cobro, la cual queda reflejada en la cuenta de clientes.

En el momento en que el cliente paga a la empresa, aumenta la cuenta de caja y bancos, y disminuye la de clientes.

Cuando el cliente paga a la empresa	Caja y bancos	Clientes
	▲	▼

Al final del período, la empresa Good Holidays, S.A., tenía un saldo en su cuenta de clientes por un importe de 5 787 540 euros.

Utilizando la información que aparece en los estados financieros, podemos calcular cuál es el ratio del plazo medio de cobro a clientes:

CUENTA DE RESULTADOS		BALANCE	
Ingresos por ventas	60 190 400	Clientes	5 787 540

$$\text{PLAZO MEDIO DE COBRO A CLIENTES} = \frac{\text{CLIENTES}}{\text{VENTAS}} \times 52 \text{ SEMANAS}$$

$$= \frac{5\ 787\ 540}{60\ 190\ 400} \times 52 \text{ SEMANAS}$$

$$= 5 \text{ SEMANAS}$$

El ratio de plazo medio de cobro a clientes es muy útil, ya que determina el tiempo que tarda como media la cuenta de clientes en transformarse en caja y bancos, en nuestro ejemplo cinco semanas (35 días).

RECUERDA

En definitiva, el plazo medio de cobro a clientes determina la proporción de la cuenta de clientes con relación a las ventas. Cuanto mayor sea el plazo medio de cobro a clientes, mayor será el saldo de la cuenta de clientes.

Volviendo a nuestro ejemplo, podríamos pensar que cinco semanas es un plazo medio de cobro a clientes excesivo. Evidentemente, la cuestión clave consiste en determinar:

¿Cuál sería el plazo medio óptimo de cobro a clientes?

Esta cuestión tan importante depende de la política de ventas de la empresa. Por lo tanto, es una de las responsabilidades de los encargados del departamento de marketing, tal como se explica en otros apartados del libro.

No obstante, es muy interesante comprobar el impacto que tendría un cambio en el ratio del plazo medio de cobro a clientes en los estados financieros.

Retomando nuestro ejemplo, supongamos que fuera posible reducir esta ratio de cinco a cuatro semanas sin reducir las ventas de la empresa. De acuerdo con los datos de la cuenta de resultados, las ventas anuales de Good Holidays, S.A., han sido de 60 190 400 euros. Por lo tanto, el promedio de ventas por semana sería de:

$$\frac{\text{VENTAS ANUALES}}{\text{52 SEMANAS}} = \text{PROMEDIO DE VENTAS POR SEMANA}$$

$$= \frac{60\ 190\ 400}{\text{52 SEMANAS}} = 1\ 157\ 508 \text{ EUROS SEMANA}$$

Reducir el ratio de plazo medio de cobro a clientes en una semana supondría para Good Holidays, S.A., un aumento de su cuenta de caja y bancos de 1 157 508 euros, y una reducción de su cuenta de clientes por el mismo importe.

Gracias a este aumento de dinero disponible, la empresa podría reducir la cantidad de dinero que adeuda a sus acreedores.

Si el tipo de interés vigente fuera del 10%, reducir la financiación externa que necesita la empresa en 1 157 508 euros supondría un ahorro antes de impuestos de 115 750,8 euros anuales.

El aumento del dinero disponible también hubiera permitido otra opción: que los socios invirtieran 115 750,8 euros menos en el negocio y dedicaran estos fondos a otra inversión.

ADVERTENCIA

En definitiva, la financiación, ya sea externa o interna, tiene un coste, y, por lo tanto, cuanto mayor sea el saldo de la cuenta de clientes, mayores serán las necesidades de financiación, con el coste que esto conlleva para la empresa.

24.3. RELACIÓN ENTRE COSTE DE LAS MERCANCÍAS VENDIDAS Y LAS EXISTENCIAS

ESTADOS FINANCIEROS DE LA EMPRESA GOOD HOLYDAYS, S.A.				
CUENTA DE RESULTADOS DEL EJERCICIO		**BALANCE AL FINAL DE**		
			Este ejercicio	**Ejercicio anterior**
		ACTIVO:		
		Caja y bancos	2 566 630	3 129 300
Ingresos por ventas	60 190 400	Clientes	5 787 540	4 823 500
Coste de mercancías vendidas	39 123 760	Existencias	9 780 940	8 276 130
Beneficio explotación	21 066 640	Gastos pagados por anticipado	1 171 760	928 350
Otros costes de explotación	15 232 880	**Total activo circulante**	19 306 870	17 157 280
Beneficio comercial	5 833 760	Inmovilizado material	19 864 500	15 970 500
Gastos de amortizaciones	1 127 920	Amortizaciones acumuladas	-4 521 400	-3 393 480
		Total activo fijo	15 343 100	12 577 020
Beneficio ordinario antes de intereses e impuestos	4 705 840	**TOTAL ACTIVO**	**34 649 970**	**29 734 300**
Intereses	766 500	**PASIVO:**		
Beneficio antes de impuestos	3 939 340	Cuentas pendientes de pago:		
Previsión para impuestos	1 339 380	Proveedores	3 009 520	2 683 000
Beneficio neto	2 599 960	Otros costes de explotación	878 820	622 160

(Continúa)

ESTADOS FINANCIEROS DE LA EMPRESA GOOD HOLYDAYS, S.A.				
CUENTA DE RESULTADOS DEL EJERCICIO		**BALANCE AL FINAL DE**		
			Este ejercicio	**Ejercicio anterior**
		Total cuentas pendientes de pago	3 888 340	3 305 160
		Costes devengados:		
		Costes de explotación	1 757 640	1 379 000
		Intereses	127 750	103 560
		Total gastos devengados	1 885 390	1 482 560
		Impuestos pendientes de pago	133 940	116 740
		Otras deudas a corto plazo	4 250 000	3 750 000
		Total pasivo circulante	10 157 670	8 654 460
		Acreedores a largo plazo	5 500 000	4 750 000
		Fondos propios:		
		Capital	7 250 000	6 250 000
		Reservas	11 742 300	10 079 840
		Total fondos propios	18 992 300	16 329 840
		Total pasivo fijo	24 492 300	21 079 840
		TOTAL PASIVO	**34 649 970**	**29 734 300**

El coste de las mercancías vendidas es, habitualmente, el mayor gasto de la cuenta de resultados.

Al deducir el coste de las mercancías vendidas de los ingresos por ventas, obtenemos el beneficio de explotación.

El beneficio de explotación también se denomina «margen bruto», ya que, para calcularlo, tan sólo se han deducido los costes de comprar o fabricar los productos, es decir, no se han deducido los otros gastos en los que ha incurrido la empresa.

Por lo tanto, es muy importante que el porcentaje del beneficio de explotación, con relación a las ventas, sea el mayor posible para poder cubrir el resto de los gastos de la empresa.

En nuestro ejemplo, el beneficio de explotación de Good Holidays, S.A., es de:

$$\frac{\text{BENEFICIO DE EXPLOTACIÓN}}{\text{INGRESOS POR VENTAS}} = \frac{21\,066\,640}{60\,190\,400} = 35\%$$

Puede darse el caso de que la empresa Good Holidays, S.A., venda distintos productos y que cada uno de ellos tenga un margen bruto diferente. Por lo tanto, el dato obtenido en el cálculo anterior se refiere al beneficio de explotación que ha obtenido la empresa como promedio.

La mayoría de las empresas necesitan tener un stock de productos listos para la venta. Este stock aparece en el activo del balance con el nombre de «existencias».

ADVERTENCIA

Esta partida del balance no está relacionada con la partida de ingresos por ventas de la cuenta de resultados, sino con la partida de coste de las mercancías vendidas, ya que las existencias se valoran en el balance a su precio de coste y no a su precio de venta.

Cuando una empresa compra mercancías o materias primas, la partida de existencias del balance aumenta en el mismo importe que el coste de la compra.

Una vez que estas mercancías se han vendido, disminuye la partida de existencias del balance y aumenta la partida de coste de las mercancías vendidas de la cuenta de resultados.

<table>
<tr><td rowspan="2">Compra de mercancías o materias primas</td><td colspan="2">Existencias</td></tr>
<tr><td colspan="2">▲</td></tr>
<tr><td rowspan="4">Venta de mercancías</td><td rowspan="2">Balance</td><td>Existencias</td></tr>
<tr><td>▼</td></tr>
<tr><td rowspan="2">Cuenta de resultados</td><td>Coste de las mercancías vendidas</td></tr>
<tr><td>▲</td></tr>
</table>

De acuerdo con los datos de nuestro ejemplo:

CUENTA DE RESULTADOS		BALANCE	
Coste de las mercancías vendidas	39 123 760	Existencias	9 780 940

Es decir, al final del año había en stock mercancías por valor (al coste) de 9 780 940 euros, esperando a ser vendidas, y el coste de las mercancías vendidas durante el año ascendió a 39 123 760 euros.

Con esta información podemos calcular cuál es el ratio de rotación de stocks, es decir, cuánto tiempo tarda la empresa como promedio en transformar sus existencias en ventas:

$$\text{ROTACIÓN DE STOCKS} = \frac{\text{COSTE DE LAS MERCANCÍAS VENDIDAS}}{\text{EXISTENCIAS}} = \frac{39\ 123\ 760}{9\ 780\ 940} = 4$$

El ratio de rotación de stocks es muy útil, ya que determina el tiempo que tarda como media la cuenta de existencias en transformarse en ventas, en nuestro ejemplo trece semanas.

Cuanto menor sea el ratio de rotación de stocks, mayor será el número de días que la empresa tarda en transformar la cuenta de existencias en ventas, y mayor será la cantidad de recursos de la empresa destinados a la partida del activo de existencias.

$$\text{PLAZO MEDIO DE TRANSFORMACIÓN DE EXISTENCIAS EN VENTAS} = \frac{\text{52 SEMANAS}}{\text{ROTACIÓN STOCKS}} = \frac{52}{4} = 13$$

Ratio de rotación de stocks	N.° días para transformar las existencias en ventas	Recursos de la empresa destinados a las existencias
▼	▲	▲

RECUERDA

Evidentemente, es deseable que el ratio de rotación de stocks sea el más alto posible, siempre que no suponga problemas de retraso en la entrega de los productos a los clientes.

El reducir el saldo de la cuenta de existencias conlleva el coste de oportunidad de poder perder una venta por no disponer de mercancías listas para la entrega. Es lo que se conoce como rotura de stock.

La cuestión clave por lo tanto consiste en determinar:

¿Cuál es el ratio óptimo de rotación de stocks?

Es muy interesante comprobar el impacto que tendría un cambio en el ratio de rotación de stocks en los estados financieros.

Volviendo a nuestro ejemplo, supongamos que fuera posible reducir el tiempo que un producto permanece en el almacén de trece semanas a diez semanas sin retrasar la entrega de mercancías a los clientes de Good Holidays, S.A.

De acuerdo con los datos de la cuenta de resultados, el coste de las mercancías vendidas de Good Holidays, S.A., durante el año ha sido de 39 123 760 euros.

$$\text{PROMEDIO SEMANAL DE COSTE DE MERCANCÍAS VENDIDAS} = \frac{\text{COSTE ANUAL DE MERCANCÍAS VENDIDAS}}{\text{52 SEMANAS}} = \frac{39\,123\,760}{52} = 752\,380\ \text{EUROS/SEMANA}$$

El promedio de coste de mercancías vendidas de tres semanas sería de:

$$7552\ 380 \times 3 = 2\ 257\ 140 \text{ euros}$$

El reducir el tiempo que un producto permanece en el almacén en tres semanas supondría para Good Holidays, S.A., una reducción de su cuenta de existencias de 2 257 140 euros.

Gracias a esta disminución, la empresa podría reducir la cantidad de financiación interna o externa que necesita.

Si el tipo de interés vigente fuera del 10%, reducir la financiación externa que necesita la empresa en 2 257 140 euros supondría un ahorro antes de impuestos de 225 714 euros anuales.

El aumento del dinero disponible también hubiera permitido otra opción: que los socios invirtieran 225 714 euros menos en el negocio y dedicaran estos fondos a otra inversión.

RECUERDA

Como hemos mencionado anteriormente, la financiación, ya sea externa o interna, tiene un coste, y, por lo tanto, cuanto mayor sea el saldo de la cuenta de existencias, mayores serán las necesidades de financiación, con el coste que esto conlleva para la empresa.

24.4. RELACIÓN ENTRE EXISTENCIAS Y CUENTAS PENDIENTES DE PAGO

CUENTA DE RESULTADOS DEL EJERCICIO		BALANCE AL FINAL DE		
			Este ejercicio	Ejercicio anterior
		ACTIVO:		
		Caja y bancos	2 566 630	3 129 300
Ingresos por ventas	60 190 400	Clientes	5 787 540	4 823 500
Coste de mercancías vendidas	39 123 760	Existencias	9 780 940	8 276 130
Beneficio explotación	21 066 640	Gastos pagados por anticipado	1 171 760	928 350
Otros costes de explotación	15 232 880	**Total activo circulante**	**19 306 870**	**17 157 280**

(Continúa)

CUENTA DE RESULTADOS DEL EJERCICIO	
Beneficio comercial	5 833 760
Gastos de amortizaciones	1 127 920
Beneficio ordinario antes de intereses e impuestos	4 705 840
Intereses	766 500
Beneficio antes de impuestos	3 939 340
Previsión para impuestos	1 339 380
Beneficio neto	**2 599 960**

BALANCE AL FINAL DE	Este ejercicio	Ejercicio anterior
Inmovilizado material	19 864 500	15 970 500
Amortizaciones acumuladas	-4 521 400	-3 393 480
Total activo fijo	**15 343 100**	**12 577 020**
TOTAL ACTIVO	**34 649 970**	**29 734 300**
PASIVO:		
Cuentas pendientes de pago:		
Proveedores	3 009 520	2 683 000
Otros costes de explotación	878 820	622 160
Total cuentas pendientes de pago	3 888 340	3 305 160
Costes devengados:		
Costes de explotación	1 757 640	1 379 000
Intereses	127 750	103 560
Total gastos devengados	1 885 390	1 482 560
Impuestos pendientes de pago	133 940	116 740
Otras deudas a corto plazo	4 250 000	3 750 000
Total pasivo circulante	**10 157 670**	**8 654 460**
Acreedores a largo plazo	5 500 000	4 750 000
Fondos propios:		
Capital	7 250 000	6 250 000
Reservas	11 742 300	10 079 840
Total fondos propios	**18 992 300**	**16 329 840**
Total pasivo fijo	24 492 300	21 079 840
TOTAL PASIVO	**34 649 970**	**29 734 300**

La cuenta de existencias está relacionada con la cuenta de coste de las mercancías vendidas, tal como comentábamos en el apartado anterior, pero también está relacionada con la cuenta de proveedores, que aparece en el apartado de cuentas pendientes de pago del pasivo circulante.

Es habitual que las empresas, al realizar sus compras de mercancías o materias primas, utilicen el pago aplazado en lugar del pago al contado.

Cuando una empresa realiza una compra de mercancías a crédito, es decir, utilizando la modalidad de pago aplazado, el coste de la transacción queda reflejado tanto en la cuenta de existencias como en la de proveedores.

Es decir, que el activo y el pasivo sufren una modificación por el mismo importe.

De acuerdo con los datos de nuestro ejemplo:

CUENTA DE RESULTADOS		BALANCE	
Coste de las mercancías vendidas	39 123 760	Proveedores	3 009 520

Es decir, que al final del año había cuentas pendientes de pago a proveedores por valor de 3 009 520 euros, y que el coste de las mercancías vendidas durante el año ascendió a 39 123 760 euros.

Cuando la empresa realice el pago, se producirá, simultáneamente, una disminución tanto de la cuenta de proveedores como de la cuenta de caja y bancos.

Con esta información, podemos calcular cuál es el ratio de plazo medio de pago a proveedores, es decir, cuánto tiempo tarda la empresa como promedio en pagar a sus proveedores.

$$\text{PLAZO MEDIO DE PAGO A PROVEEDORES} = \frac{\text{PROVEEDORES}}{\text{COSTE DE LAS MERCANCÍAS VENDIDAS}} \times 52$$

$$= \frac{3\,009\,520}{39\,123\,760} \times 52 = 4 \text{ SEMANAS}$$

Aunque las compras de mercancías pueden variar según el momento del año, en nuestro ejemplo hemos asumido que son uniformes.

El plazo medio de pago a proveedores de cuatro semanas de la empresa Good Holidays, S.A., implica que las compras realizadas durante los últimos 28 días del año no habían sido pagadas el último día del ejercicio. Por esta razón el saldo de la cuenta de proveedores al final del año era de:

$$\text{PROVEEDORES} = \text{COSTE MEDIO DE LAS MERCANCÍAS VENDIDAS POR SEMANA} \times \text{PLAZO MEDIO DE PAGO A PROVEEDORES}$$

$$= \frac{39\,123\,760}{52} \times 4 = 3\,009\,520 \text{ EUROS}$$

En ocasiones, el saldo de la cuenta de proveedores al final del año puede ser superior a lo habitual, debido a que la empresa ha decidido realizar un pedido más grande por un posible aumento de los precios, o porque, intencionadamente, la empresa ha retrasado el pago a sus proveedores para mantener el saldo de caja y bancos.

En ambos casos, se produciría un aumento transitorio de la cuenta de proveedores.

24.5. RELACIÓN ENTRE OTROS COSTES DE EXPLOTACIÓN Y CUENTAS PENDIENTES DE PAGO

CUENTA DE RESULTADOS DEL EJERCICIO		BALANCE AL FINAL DE		
			Este ejercicio	Ejercicio anterior
		ACTIVO:		
		Caja y bancos	2 566 630	3 129 300
Ingresos por ventas	60 190 400	Clientes	5 787 540	4 823 500
Coste de mercancías vendidas	39 123 760	Existencias	9 780 940	8 276 130
Beneficio explotación	21 066 640	Gastos pagados por anticipado	1 171 760	928 350
Otros costes de explotación	15 232 880	**Total activo circulante**	**19 306 870**	**17 157 280**
Beneficio comercial	5 833 760	Inmovilizado material	19 864 500	15 970 500
Gastos de amortizaciones	1 127 920	Amortizaciones acumuladas	-4 521 400	-3 393 480
		Total activo fijo	**15 343 100**	**12 577 020**
Beneficio ordinario antes de intereses e impuestos	4 705 840	**TOTAL ACTIVO**	**34 649 970**	**29 734 300**
Intereses	766 500	**PASIVO:**		
Beneficio antes de impuestos	3 939 340	Cuentas pendientes de pago:		
Previsión para impuestos	1 339 380	Proveedores	3 009 520	2 683 000
Beneficio neto	2 599 960	Otros costes de explotación	878 820	622 160
		Total cuentas pendientes de pago	3 888 340	3 305 160
		Costes devengados:		
		Costes de explotación	1 757 640	1 379 000
		Intereses	127 750	103 560
		Total gastos devengados	1 885 390	1 482 560
		Impuestos pendientes de pago	133 940	116 740
		Otras deudas a corto plazo	4 250 000	3 750 000
		Total pasivo circulante	**10 157 670**	**8 654 460**
		Acreedores a largo plazo	5 500 000	4 750 000
		Fondos propios:		
		Capital	7 250 000	6 250 000
		Reservas	11 742 300	10 079 840
		Total fondos propios	18 992 300	16 329 840
		Total pasivo fijo	**24 492 300**	**21 079 840**
		TOTAL PASIVO	**34 649 970**	**29 734 300**

En la cuenta de otros costes de explotación se suelen incluir los siguientes gastos:

1. Gastos comerciales de venta.
2. Gastos generales o de administración.
3. Gastos financieros.

En nuestro ejemplo, hemos optado por agrupar todos los gastos mencionados anteriormente en una sola partida, otros costes de explotación, con la excepción de los gastos de amortización, que hemos decidido agrupar en la cuenta de gastos de amortizaciones.

Resultaría más sencillo si todos los gastos englobados en la cuenta de otros costes de explotación imputados a un ejercicio fueran también pagados en el mismo ejercicio.

Pero como ya hemos mencionado anteriormente, el sistema contable de una empresa debe registrar una operación en el momento en que se contrae la obligación de pagar, aunque el pago todavía no se haya realizado.

Éste es el denominado principio del devengo para el reconocimiento de gastos e ingresos.

Es decir, incurrir en un gasto no es lo mismo que realizar un pago.

INCURRIR EN UN GASTO ≠ REALIZAR UN PAGO

Debido al principio del devengo, muchos gastos que aparecen en la cuenta de resultados de un período todavía no han sido pagados.

Supongamos que una empresa recibe una factura el día 26 de diciembre por un anuncio publicado en un periódico durante el citado mes, pero que tiene treinta días para pagar la factura.

Si la compañía cerrara el ejercicio contable el 31 de diciembre, este gasto aparecería reflejado en el apartado de cuentas pendientes de pago, ya que pertenece al ejercicio contable, pero todavía no se ha pagado.

A continuación calcularemos cuál es el plazo medio de otros costes de explotación pendientes de pago de la empresa Good Holidays, S.A.

Es decir, cuánto tiempo tarda la empresa, como promedio, en abonar los importes reflejados en las cuentas pendientes de pago dentro del epígrafe de otros costes de explotación.

PLAZO MEDIO DE OTROS COSTES DE EXPLOTACIÓN PENDIENTES DE PAGO

$$= \frac{\text{OTROS COSTES DE EXPLOTACIÓN PENDIENTES DE PAGO}}{\text{OTROS COSTES DE EXPLOTACIÓN}} \times 52$$

$$= \frac{878\,820}{15\,232\,880} \times 52 = 3 \text{ SEMANAS}$$

El plazo medio de otros costes de explotación pendientes de pago de tres semanas de la empresa Good Holidays, S.A., implica que los otros costes de explotación, en los que se había incurrido durante las últimas tres semanas del año, no habían sido pagados el último día del ejercicio. Por esta razón, el saldo de la cuenta de otros costes de explotación en el apartado de cuentas pendientes de pago al final del año era de:

$$\text{OTROS COSTES DE EXPLOTACIÓN PENDIENTES DE PAGO} = \text{PROMEDIO DE OTROS COSTES DE EXPLOTACIÓN SEMANALES} \times \text{PLAZO MEDIO DE OTROS COSTES DE EXPLOTACIÓN PENDIENTES DE PAGO}$$

$$= \frac{15\,232\,880 \text{ EUROS}}{52} \times 3 \text{ SEMANAS} = 878\,820 \text{ EUROS}$$

Cada vez que se recibe una factura, la empresa debe registrarlo en su contabilidad en el apartado de cuentas pendientes de pago.

RECUERDA

En el momento en que se recibe una factura en concepto de compras de mercancía, o por alguno de los costes englobados en el apartado de otros costes de explotación, aumenta el saldo de las cuentas pendientes de pago, pero no disminuye el de caja y bancos, ya que todavía no se ha realizado el pago.
Es en el momento en que la empresa realiza el pago cuando disminuyen las cuentas pendientes de pago y caja y bancos en la misma cantidad.

24.6. RELACIÓN ENTRE OTROS COSTES DE EXPLOTACIÓN Y COSTES DEVENGADOS

CUENTA DE RESULTADOS DEL EJERCICIO	
Ingresos por ventas	60 190 400
Coste de mercancías vendidas	39 123 760
Beneficio explotación	21 066 640
Otros costes de explotación	15 232 880
Beneficio comercial	5 833 760
Gastos de amortizaciones	1 127 920
Beneficio ordinario antes de intereses e impuestos	4 705 840
Intereses	766 500
Beneficio antes de impuestos	3 939 340
Previsión para impuestos	1 339 380
Beneficio neto	2 599 960

BALANCE AL FINAL DE	Este ejercicio	Ejercicio anterior
ACTIVO:		
Caja y bancos	2 566 630	3 129 300
Clientes	5 787 540	4 823 500
Existencias	9 780 940	8 276 130
Gastos pagados por anticipado	1 171 760	928 350
Total activo circulante	**19 306 870**	**17 157 280**
Inmovilizado material	19 864 500	15 970 500
Amortizaciones acumuladas	-4 521 400	-3 393 480
Total activo fijo	**15 343 100**	**12 577 020**
TOTAL ACTIVO	**34 649 970**	**29 734 300**
PASIVO:		
Cuentas pendientes de pago:		
Proveedores	3 009 520	2 683 000
Otros costes de explotación	878 820	622 160
Total cuentas pendientes de pago	3 888 340	3 305 160
Costes devengados:		
Costes de explotación	1 757 640	1 379 000
Intereses	127 750	103 560
Total gastos devengados	1 885 390	1 482 560
Impuestos pendientes de pago	133 940	116 740
Otras deudas a corto plazo	4 250 000	3 750 000
Total pasivo circulante	**10 157 670**	**8 654 460**
Acreedores a largo plazo	5 500 000	4 750 000
Fondos propios:		
Capital	7 250 000	6 250 000
Reservas	11 742 300	10 079 840
Total fondos propios	18 992 300	16 329 840
Total pasivo fijo	**24 492 300**	**21 079 840**
TOTAL PASIVO	**34 649 970**	**29 734 300**

Supongamos que la empresa de nuestro ejemplo recibiera el día 20 de diciembre una factura de la compañía telefónica por el consumo realizado entre el 16 de noviembre y el 16 de diciembre.

Está claro que, hasta el momento en que Good Holidays, S.A., pague la citada factura, el importe de la misma se reflejará dentro del apartado de cuentas pendientes de pago.

Pero ¿qué sucede con el consumo de teléfono que la empresa ha realizado entre el 17 de diciembre y el 31 de diciembre?

Lo cierto es que la empresa ha consumido un servicio telefónico durante esos días y que este coste debería incluirse en los costes de explotación del ejercicio.

El problema es que la empresa todavía no ha recibido una factura que incluya ese período de tiempo, y ni siquiera conoce el importe consumido.

El contable de la empresa Good Holidays, S.A., debería realizar un cálculo estimado del consumo realizado durante esos días e incluirlo dentro del epígrafe de costes devengados en el apartado de costes de explotación (a esta práctica se le denomina periodificar).

La razón por la cual hemos separado las cuentas pendientes de pago de los costes devengados en nuestro ejemplo es que las cantidades reflejadas en costes devengados son simplemente estimaciones, cuyo grado de fiabilidad depende en buena parte del método de cálculo empleado.

Por el contrario, las cantidades reflejadas en cuentas pendientes de pago no son estimaciones, sino importes determinados.

ADVERTENCIA

En el apartado de costes de explotación:
Cuentas pendientes de pago: se incluyen costes de explotación por los cuales la empresa ya ha recibido la correspondiente factura.
Costes devengados: se incluyen costes de explotación por los que la empresa todavía no ha recibido la correspondiente factura, y, por lo tanto, los importes reflejados son meras estimaciones.

En el caso de la empresa Good Holidays, S.A., los costes de explotación devengados en el último día del año representarían:

$$\frac{\text{COSTE DE EXPLOTACIÓN DE DEVENGADOS}}{\text{OTROS COSTES DE EXPLOTACIÓN}} \times 52 = \frac{1\,757\,640}{15\,232\,880} \times 52 = 6 \text{ SEMANAS}$$

La proporción idónea entre los costes de explotación devengados y los otros costes de explotación depende de cada empresa.

En el caso de Good Holidays, S.A., vimos anteriormente cómo:

PLAZO MEDIO DE OTROS COSTES DE EXPLOTACIÓN PENDIENTES DE PAGO

$$= \frac{\text{OTROS COSTES DE EXPLOTACIÓN PENDIENTES DE PAGO}}{\text{OTROS COSTES DE EXPLOTACIÓN}} \times 52$$

$$= \frac{878\ 820}{15\ 232\ 880} \times 52 = 3 \text{ SEMANAS}$$

Es decir, que, al final del año, Good Holidays, S.A., tenía una cantidad equivalente a nueve semanas de otros gastos de explotación (seis semanas de costes devengados más tres semanas de cuentas pendientes de pago), que no habían sido pagados, lo cual implicaba que la compañía había evitado tener que desembolsar 2 636 460 euros, correspondientes a otros costes de explotación del ejercicio.

De éstos, 878 820 euros correspondían a otros costes de explotación pendientes de pago, y 1 757 640 euros correspondían a costes de explotación devengados.

Supongamos que Good Holidays, S.A., pudiera aumentar el saldo de sus cuentas de otros costes de explotación pendientes de pago y de costes de explotación devengados en una cantidad equivalente a dos semanas del importe anual de otros gastos de explotación.

El aumento supondría evitar un desembolso de 585 880 euros:

$$\frac{15\ 232\ 880}{52} \times 2 \text{ SEMANAS} = 585\ 880 \text{ EUROS}$$

ADVERTENCIA

Es evidente que tanto los otros gastos de explotación pendientes de pago como los costes de explotación devengados tienen un impacto muy importante en los flujos de caja, o cash-flows, de cualquier empresa.

24.7. RELACIÓN ENTRE OTROS COSTES DE EXPLOTACIÓN Y GASTOS PAGADOS POR ANTICIPADO

CUENTA DE RESULTADOS DEL EJERCICIO		BALANCE AL FINAL DE		
			Este ejercicio	**Ejercicio anterior**
		ACTIVO:		
		Caja y bancos	2 566 630	3 129 300
Ingresos por ventas	60 190 400	Clientes	5 787 540	4 823 500
Coste de mercancías vendidas	39 123 760	Existencias	9 780 940	8 276 130
Beneficio explotación	21 066 640	Gastos pagados por anticipado	1 171 760	928 350
Otros costes de explotación	15 232 880	**Total activo circulante**	**19 306 870**	**17 157 280**
Beneficio comercial	5 833 760	Inmovilizado material	19 864 500	15 970 500
Gastos de amortizaciones	1 127 920	Amortizaciones acumuladas	-4 521 400	-3 393 480
		Total activo fijo	**15 343 100**	**12 577 020**
Beneficio ordinario antes de intereses e impuestos	4 705 840	**TOTAL ACTIVO**	**34 649 970**	**29 734 300**
Intereses	766 500	**PASIVO:**		
Beneficio antes de impuestos	3 939 340	Cuentas pendientes de pago:		
Previsión para impuestos	1 339 380	Proveedores	3 009 520	2 683 000
Beneficio neto	2 599 960	Otros costes de explotación	878 820	622 160
		Total cuentas pendientes de pago	**3 888 340**	**3 305 160**
		Costes devengados:		
		Costes de explotación	1 757 640	1 379 000
		Intereses	127 750	103 560
		Total gastos devengados	1 885 390	1 482 560
		Impuestos pendientes de pago	133 940	116 740
		Otras deudas a corto plazo	4 250 000	3 750 000
		Total pasivo circulante	**10 157 670**	**8 654 460**
		Acreedores a largo plazo	5 500 000	4 750 000
		Fondos propios:		
		Capital	7 250 000	6 250 000
		Reservas	11 742 300	10 079 840
		Total fondos propios	18 992 300	16 329 840
		Total pasivo fijo	**24 492 300**	**21 079 840**
		TOTAL PASIVO	**34 649 970**	**29 734 300**

Tanto en el caso de los otros costes de explotación pendientes de pago como en el de los costes de explotación devengados, veíamos en nuestro ejemplo cómo se registra el coste en la contabilidad, pero el pago no se efectúa hasta más tarde.

El caso de los gastos pagados por anticipado es precisamente el contrario. Es decir, aunque el pago se realiza, no se registra en la cuenta de resultados como coste hasta más tarde.

Un ejemplo de esta situación lo encontramos en las pólizas de seguros, ya que es necesario pagar por adelantado la prima para que se haga efectiva la cobertura.

En el momento en que se realiza el pago, el importe correspondiente queda registrado en la cuenta del activo de gastos pagados por anticipado. Posteriormente, el coste correspondiente a cada mes se deduce de los gastos pagados por anticipado, y se registra en la partida de otros costes de explotación de la cuenta de resultados.

En el caso de Good Holidays, S.A., equivale a:

$$\frac{\text{GASTOS PAGADOS POR ANTICIPADO}}{\text{OTROS GASTOS DE EXPLOTACIÓN}} \times 52 = \frac{1\,171\,760}{15\,232\,880} \times 52 = 4 \text{ SEMANAS}$$

Es decir, que Good Holidays, S.A., ha tenido que pagar por anticipado el equivalente a un mes del importe de otros costes de explotación, lo cual ha supuesto un desembolso de 1 171 760 euros.

$$\text{OTROS COSTES DE EXPLOTACIÓN SEMANALES} = \frac{15\,232\,880}{52} = 292\,949 \text{ EUROS/SEMANA}$$

$$= 292\,949 \times 3 \text{ SEMANAS} = 870\,882 \text{ EUROS}$$

Si fuera posible reducir la cuenta de gastos pagados por anticipado a una cantidad equivalente a tres semanas de otros costes de explotación, el desembolso sería de 870 882 euros, lo cual supondría una reducción de las necesidades de efectivo de 292 940 euros anuales.

RECUERDA

Por lo tanto, es evidente que los gastos pagados por anticipado también tienen un impacto importante en los flujos de caja, o cash-flows, de cualquier empresa.

24.8. RELACIÓN ENTRE INMOVILIZADO MATERIAL, GASTOS DE AMORTIZACIONES Y AMORTIZACIONES ACUMULADAS

CUENTA DE RESULTADOS DEL EJERCICIO		BALANCE AL FINAL DE		
			Este ejercicio	**Ejercicio anterior**
		ACTIVO:		
		Caja y bancos	2 566 630	3 129 300
Ingresos por ventas	60 190 400	Clientes	5 787 540	4 823 500
Coste de mercancías vendidas	39 123 760	Existencias	9 780 940	8 276 130
Beneficio explotación	21 066 640	Gastos pagados por anticipado	1 171 760	928 350
Otros costes de explotación	15 232 880	**Total activo circulante**	**19 306 870**	**17 157 280**
Beneficio comercial	5 833 760	Inmovilizado material	19 864 500	15 970 500
Gastos de amortizaciones	1 127 920	Amortizaciones acumuladas	-4 521 400	-3 393 480
		Total activo fijo	**15 343 100**	**12 577 020**
Beneficio ordinario antes de intereses e impuestos	4 705 840	**TOTAL ACTIVO**	**34 649 970**	**29 734 300**
Intereses	766 500	**PASIVO:**		
Beneficio antes de impuestos	3 939 340	Cuentas pendientes de pago:		
Previsión para impuestos	1 339 380	Proveedores	3 009 520	2 683 000
Beneficio neto	2 599 960	Otros costes de explotación	878 820	622 160
		Total cuentas pendientes de pago	**3 888 340**	**3 305 160**
		Costes devengados:		
		Costes de explotación	1 757 640	1 379 000
		Intereses	127 750	103 560
		Total gastos devengados	1 885 390	1 482 560
		Impuestos pendientes de pago	133 940	116 740
		Otras deudas a corto plazo	4 250 000	3 750 000
		Total pasivo circulante	**10 157 670**	**8 654 460**
		Acreedores a largo plazo	5 500 000	4 750 000
		Fondos propios:		
		Capital	7 250 000	6 250 000
		Reservas	11 742 300	10 079 840
		Total fondos propios	18 992 300	16 329 840
		Total pasivo fijo	**24 492 300**	**21 079 840**
		TOTAL PASIVO	**34 649 970**	**29 734 300**

La cuenta de inmovilizado material refleja el valor de coste de los activos de larga duración de una empresa, tales como: terrenos, edificios, maquinaria, mobiliario, equipos informáticos, camiones, etc.

El valor de coste del activo inmovilizado se determina por el importe de adquisición, aunque puede incrementarse si se realizan mejoras que alarguen su vida útil o aumenten su capacidad productiva.

Debido al uso, o por el paso del tiempo que los va deteriorando o, simplemente, por innovaciones tecnológicas que provocan su obsolescencia, estos activos pierden valor (aunque también puede darse el caso de que haya ciertos activos en el inmovilizado, como por ejemplo una construcción, que hayan ganado valor con el paso del tiempo y que, aun así, se han de amortizar).

Esta pérdida de valor, en lugar de reflejarse directamente en una disminución de la valoración del activo inmovilizado, aparece en el balance de la cuenta de amortizaciones acumuladas, cuyo saldo se deduce del saldo de la cuenta inmovilizado material, para determinar el valor del activo fijo.

La empresa Good Holidays, S.A., tenía, al final del ejercicio, un inmovilizado material que ascendía a 19 864 500 euros y una partida de amortizaciones acumuladas por importe de 4 521 400 euros. Por esta razón, el saldo del activo fijo se reducía a 15 343 100 euros.

El problema con las dotaciones anuales a los fondos de amortización es que determinar la vida útil de un activo es muy difícil.

Puede darse el caso de que una mesa de despacho que se pensaba utilizar durante cinco años siga sirviendo durante diez, pero que un ordenador que se compró con la intención de utilizarlo durante tres años, al cabo de dos sea inservible, debido a un cambio de los programas informáticos de la empresa.

Por lo tanto, el problema que representan los gastos de amortización es que son relativamente arbitrarios.

El método de cálculo más habitual para establecer las dotaciones anuales a los fondos de amortización consiste en repartir linealmente el coste del bien entre sus años de vida útil estimada, utilizando la vida útil recogida en el Plan General Contable vigente en ese momento.

Sin embargo, también está permitido, en algunos casos, utilizar sistemas de amortización acelerada.

Dichos métodos, que consisten en reducir la vida útil de un activo desde el punto de vista contable, conllevan ventajas e inconvenientes que cada empresa debe valorar según sus circunstancias particulares.

Repartir el coste de un activo entre un número de años de vida útil inferior implica aumentar contablemente los gastos de amortización en un determinado año con la ventaja de reducir el pago del Impuesto de Sociedades. Sin embargo, hay que tener en cuenta, también, que disminuir el valor contable de los activos fijos de una empresa puede tener implicaciones negativas en su capacidad de endeudamiento.

ADVERTENCIA

El utilizar sistemas de amortización acelerada tiene la ventaja de que reducimos la cantidad del Impuesto de Sociedades que debemos pagar, pero no hay que olvidar que, simultáneamente, estamos reduciendo la valoración del activo fijo y, por lo tanto, la capacidad de endeudamiento. En cualquier caso, Hacienda limita el máximo y el mínimo a amortizar fiscalmente, por lo que las empresas deben atenerse a sus criterios. Para adoptar un plan de amortización cuyos valores se salgan de los límites establecidos, se debe solicitar previamente, y obtener, la aprobación de la Agencia Tributaria.

24.9. RELACIÓN ENTRE INTERESES E INTERESES DEVENGADOS

CUENTA DE RESULTADOS DEL EJERCICIO		BALANCE AL FINAL DE		
			Este ejercicio	**Ejercicio anterior**
		ACTIVO:		
		Caja y bancos	2 566 630	3 129 300
Ingresos por ventas	60 190 400	Clientes	5 787 540	4 823 500
Coste de mercancías vendidas	39 123 760	Existencias	9 780 940	8 276 130
Beneficio explotación	21 066 640	Gastos pagados por anticipado	1 171 760	928 350
Otros costes de explotación	15 232 880	**Total activo circulante**	**19 306 870**	**17 157 280**
Beneficio comercial	5 833 760	Inmovilizado material	19 864 500	15 970 500
Gastos de amortizaciones	1 127 920	Amortizaciones acumuladas	-4 521 400	-3 393 480
		Total activo fijo	**15 343 100**	**12 577 020**
Beneficio ordinario antes de intereses e impuestos	4 705 840	**TOTAL ACTIVO**	**34 649 970**	**29 734 300**
Intereses	766 500	**PASIVO:**		
Beneficio antes de impuestos	3 939 340	Cuentas pendientes de pago:		
Previsión para impuestos	1 339 380	Proveedores	3 009 520	2 683 000
Beneficio neto	2 599 960	Otros costes de explotación	878 820	622 160

(Continúa)

CUENTA DE RESULTADOS DEL EJERCICIO		BALANCE AL FINAL DE		
			Este ejercicio	**Ejercicio anterior**
		Total cuentas pendientes de pago	**3 888 340**	**3 305 160**
		Costes devengados:		
		Costes de explotación	1 757 640	1 379 000
		Intereses	127 750	103 560
		Total gastos devengados	1 885 390	1 482 560
		Impuestos pendientes de pago	133 940	116 740
		Otras deudas a corto plazo	4 250 000	3 750 000
		Total pasivo circulante	**10 157 670**	**8 654 460**
		Acreedores a largo plazo	5 500 000	4 750 000
		Fondos propios:		
		Capital	7 250 000	6 250 000
		Reservas	11 742 300	10 079 840
		Total fondos propios	18 992 300	16 329 840
		Total pasivo fijo	**24 492 300**	**21 079 840**
		TOTAL PASIVO	**34 649 970**	**29 734 300**

La mayoría de las empresas, además de tener cuentas pendientes de pago y costes de explotación devengados, suele pedir dinero prestado. La diferencia principal, en este último caso, consiste en que la empresa debe pagar intereses.

La razón por la cual los intereses tienen su propio apartado dentro de la cuenta de resultados se debe a que se trata de costes financieros, y no de otros costes de explotación.

El interés que una empresa debe pagar cuando pide dinero prestado suele expresarse, por lo general, en porcentajes anuales, independientemente de que la duración del préstamo sea inferior o superior a un año.

Por ejemplo, si pidiéramos un crédito de 1 millón de euros a un banco y nos cobraran un 8% anual, esto implicaría que deberíamos pagar unos intereses de 8 euros por cada 100 euros de crédito, por lo tanto al pedir 1 millón de euros deberíamos pagar 80 000 euros anuales.

RECUERDA

Independientemente de la periodicidad del pago de intereses, cada día que transcurre durante la vida de un préstamo se ha incurrido en un coste financiero.

Supongamos que la empresa Good Holidays, S.A., ha solicitado un préstamo por importe de 7 665 000 euros. El tipo de interés del préstamo es del 10% anual, y el pago de intereses se realiza trimestralmente en el primer mes de cada trimestre natural.

De acuerdo con estos datos:

$$\text{INTERESES ANUALES: } 7\,665\,000 \times 10\% = 766\,500 \text{ EUROS}$$

$$\text{INTERESES MENSUALES: } \frac{766\,500}{12} = 63\,875 \text{ EUROS}$$

$$\text{INTERESES TRIMESTRALES: } 63\,875 \times 3 = 191\,625 \text{ EUROS}$$

Como Good Holidays, S.A., realizó el último pago de intereses en octubre, el último día del ejercicio contable debería reflejar en su contabilidad los intereses devengados correspondientes a los meses de noviembre y diciembre, aunque la empresa no tenga que pagarlos hasta el mes de enero del año siguiente.

Por esta razón, observamos que el saldo de la partida de intereses, en el apartado de costes devengados, refleja un saldo a final de año de 127 750 euros:

$$\text{INTERESES MENSUALES} \times 2 \text{ MESES} = 63\,875 \times 2 = 127\,750 \text{ EUROS}$$

24.10. RELACIÓN ENTRE BENEFICIO NETO Y RESERVAS

CUENTA DE RESULTADOS DEL EJERCICIO		BALANCE AL FINAL DE		
			Este ejercicio	**Ejercicio anterior**
		ACTIVO:		
		Caja y bancos	2 566 630	3 129 300
Ingresos por ventas	60 190 400	Clientes	5 787 540	4 823 500
Coste de mercancías vendidas	39 123 760	Existencias	9 780 940	8 276 130
Beneficio explotación	21 066 640	Gastos pagados por anticipado	1 171 760	928 350
Otros costes de explotación	15 232 880	**Total activo circulante**	**19 306 870**	**17 157 280**
Beneficio comercial	5 833 760	Inmovilizado material	19 864 500	15 970 500
Gastos de amortizaciones	1 127 920	Amortizaciones acumuladas	-4 521 400	-3 393 480
		Total activo fijo	**15 343 100**	**12 577 020**
Beneficio ordinario antes de intereses e impuestos	4 705 840	**TOTAL ACTIVO**	**34 649 970**	**29 734 300**
Intereses	766 500	**PASIVO:**		
Beneficio antes de impuestos	3 939 340	Cuentas pendientes de pago:		
Previsión para impuestos	1 339 380	Proveedores	3 009 520	2 683 000
Beneficio neto	2 599 960	Otros costes de explotación	878 820	622 160
		Total cuentas pendientes de pago	**3 888 340**	**3 305 160**
		Costes devengados:		
		Costes de explotación	1 757 640	1 379 000
		Intereses	127 750	103 560
		Total gastos devengados	1 885 390	1 482 560
		Impuestos pendientes de pago	133 940	116 740
		Otras deudas a corto plazo	4 250 000	3 750 000
		Total pasivo circulante	**10 157 670**	**8 654 460**
		Acreedores a largo plazo	5 500 000	4 750 000
		Fondos propios:		
		Capital	7 250 000	6 250 000
		Reservas	11 742 300	10 079 840
		Total fondos propios	18 992 300	16 329 840
		Total pasivo fijo	**24 492 300**	**21 079 840**
		TOTAL PASIVO	**34 649 970**	**29 734 300**

El saldo de la cuenta de beneficio neto (o pérdida, en su caso) de la cuenta de resultados refleja la diferencia entre los ingresos y los costes del ejercicio.

Los ingresos del ejercicio se traducen en aumentos del activo, y los costes se traducen en disminuciones del activo o en aumentos del pasivo.

Por lo tanto, si en la cuenta de resultados, al final de un período, aparece un resultado positivo, es decir, un beneficio neto, esto implica que el patrimonio neto (activos menos pasivos) ha aumentado durante ese período.

A continuación, aparece un resumen de las variaciones en los activos y los pasivos de la empresa Good Holidays, S.A., que han tenido lugar durante el último ejercicio como consecuencia de los ingresos y los costes del período:

BALANCES DE LA EMPRESA GOOD HOLIDAYS, S.A.			
	Este ejercicio	**Ejercicio anterior**	**VARIACIÓN**
ACTIVO:			
Caja y bancos	2 566 630	3 129 300	-562 670
Clientes	5 787 540	4 823 500	964 040
Existencias	9 780 940	8 276 130	1 504 810
Gastos pagados por anticipado	1 171 760	928 350	243 410
Total activo circulante	**19 306 870**	**17 157 280**	**2 149 590**
Inmovilizado material	19 864 500	15 970 500	3 894 000
Amortizaciones acumuladas	-4 521 400	-3 393 480	-1 127 920
Total activo fijo	**15 343 100**	**12 577 020**	**2 766 080**
TOTAL ACTIVO	**34 649 970**	**29 734 300**	**4 915 670**
PASIVO:			
Cuentas pendientes de pago:			
Proveedores	3 009 520	2 683 000	326 520
Otros costes de explotación	878 820	622 160	256 660
Total cuentas pendientes de pago	**3 888 340**	**3 305 160**	**583 180**
Costes devengados:			
Costes de explotación	1 757 640	1 379 000	378 640
Intereses	127 750	103 560	24 190
Total gastos devengados	1 885 390	1 482 560	402 830
Impuestos pendientes de pago	133 940	116 740	17 200
Otras deudas a corto plazo	4 250 000	3 750 000	500 000
Total pasivo circulante	**10 157 670**	**8 654 460**	**1 503 210**
Acreedores a largo plazo	5 500 000	4 750 000	750 000
Fondos propios:			
Capital	7 250 000	6 250 000	1 000 000
Reservas	11 742 300	10 079 840	1 662 460
Total fondos propios	18 992 300	16 329 840	2 662 460
Total pasivo fijo	**24 492 300**	**21 079 840**	**3 412 460**
TOTAL PASIVO	**34 649 970**	**29 734 300**	**4 915 670**

VARIACIONES EN LOS ACTIVOS Y PASIVOS DE GOOD HOLIDAYS S.A., COMO CONSECUENCIA DE LOS INGRESOS Y COSTES DEL EJERCICIO	
VARIACIÓN DE ACTIVOS:	
Caja y bancos	2 018 830
Clientes	964 040
Existencias	1 504 810
Gastos pagados por anticipado	243 410
Inmovilizado material	-1 127 920
Total variación activos	3 603 170
VARIACIÓN DE PASIVOS	
Cuentas pendientes de pago	583 180
Costes devengados:	402 830
Impuestos pendientes de pago	17 200
Total variación pasivos	1 003 210
BENEFICIO NETO	2 599 960

La disminución de la cuenta del inmovilizado material se debe a la depreciación.

A excepción de la cuenta de caja y bancos, los demás aumentos se han calculado comparando los balances de este ejercicio y del anterior.

El aumento del saldo de esta cuenta se refiere únicamente a la variación provocada por los ingresos y costes del ejercicio, pero, como se han producido otros orígenes y aplicaciones de disponible no relacionados con los ingresos y los costes, la variación real de la cuenta de caja y bancos no se corresponde con un aumento de 2 018 830 euros, como veremos más adelante.

RECUERDA

El beneficio neto no se traduce simplemente en un aumento del saldo de caja y bancos, sino en una combinación de aumentos y disminuciones de cuentas de activo y pasivo relacionadas con los ingresos y los costes.

La cuenta de reservas del balance refleja la cantidad de beneficio que se ha obtenido y que se ha mantenido en la empresa. Si se pagaran dividendos a los accionistas, el saldo de la cuenta de reservas disminuiría.

No hay que olvidar que la cuenta de reservas no indica la cantidad de dinero disponible que tiene la empresa, sino que es una cuenta que se utiliza para equilibrar el balance de la empresa.

De acuerdo con nuestro ejemplo, los activos de la compañía Good Holidays, S.A., aumentaron en 3 603 170 euros, y los pasivos, en 1 003 210 euros. Si el saldo de la cuenta de reservas no aumentara en 2 599 960 euros, el balance no cuadraría, es decir, la suma del activo no sería igual a la suma de los pasivos y los fondos propios.

Además de servir para equilibrar el balance, la cuenta de reservas nos informa de que parte de los beneficios obtenidos por una empresa se ha mantenido en la compañía y está siendo utilizada como fondos propios, diferenciando esta cantidad de las aportadas por los socios en concepto de capital.

25. La relación del estado de tesorería, o cash-flow, con la cuenta de resultados y el balance

«Las ideas se encienden unas con otras como las chispas eléctricas.»

Johann Jakob Engel

- Nunca debemos confundir el resultado del ejercicio, que aparece en la cuenta de resultados, con el cash-flow generado por las operaciones de la empresa.
- El estado de tesorería refleja los cobros y pagos del período, aunque correspondan a otros ejercicios.
- Hay que distinguir entre el cash-flow por operaciones y el cash-flow por actividades de inversión y financiación.
- Puede darse el caso de que una empresa que obtiene beneficios se encuentre con problemas de liquidez, por eso es tan importante prestar atención al estado de tesorería.

“Debido al principio del devengo, en el corto plazo, el resultado del ejercicio y el cash flow del período no suelen coincidir.”

NUBE DE TAGS

CICLO OPERATIVO, **variaciones de activos y pasivos**, *clientes*, **existencias**, *gastos pagados por anticipado*, **cuentas pendientes de pago**, costes devengados, *impuestos pendientes de pago...*

25.1. DIFERENCIA ENTRE EL CASH-FLOW Y EL RESULTADO DEL EJERCICIO

ESTADOS FINANCIEROS DE LA EMPRESA GOOD HOLIDAYS, S.A.							
CUENTA DE RESULTADOS DEL EJERCICIO		**BALANCE AL FINAL DE**			**ESTADO DE TESORERÍA O CASH-FLOW**		
					Cash-flow por operaciones de la empresa:		
Ingresos por ventas	60 190 400	Caja y bancos	2 566 630	3 129 300	Beneficio neto		**2 599 960**
Coste de mercancías vendidas	39 123 760	Clientes	5 787 540	4 823 500	Cambios en activos y pasivos relacionados con el ciclo operativo:		
Beneficio de explotación	21 066 640	Existencias	9 780 940	8 276 130			
Otros costes de explotación	15 232 880	Gastos pagados por anticipado	1 171 760	928 350			
Beneficio comercial	5 833 760	**Total activo circulante**	**19 306 870**	**17 157 280**	Aumento de clientes	-964 040	
Gastos de amortizaciones	1 127 920	Inmovilizado material	19 864 500	15 970 500	Aumento de existencias	-1 504 810	
		Amortizaciones acumuladas	-4 521 400	-3 393 480	Aumento de gastos pagados por anticipado	-243 410	
Beneficio ordinario antes de intereses e impuestos	4 705 840	**Total activo fijo**	**15 343 100**	**12 577 020**	Aumento de cuentas pendientes de pago	583 180	
Intereses	766 500	**TOTAL ACTIVO**	**34 649 970**	**29 734 300**	Aumento de costes devengados	402 830	
Beneficio antes de impuestos	3 939 340	**PASIVO:**			Aumento de impuestos pendientes de pago	17 200	-1 709 050
Previsión para impuestos	1 339 380	**Cuentas pendientes de pago:**			Cash-flow por operaciones antes de gastos de amortización		890 091
Beneficio neto	**2 599 960**	Proveedores	3 009 520	2 683 000	Gastos de amortizaciones		1 127 920
		Otros costes de explotación	878 820	622 160	Cash-flow por operaciones de la empresa:		**2 018 830**
		Total cuentas pendientes pago	**3 888 340**	**3 305 160**	**Cash-flow por actividades de inversión:**		
		Costes devengados:			Compras de inmovilizado material		**-3 894 000**

(Continúa)

ESTADOS FINANCIEROS DE LA EMPRESA GOOD HOLIDAYS, S.A.							
CUENTA DE RESULTADOS DEL EJERCICIO		**BALANCE AL FINAL DE**			**ESTADO DE TESORERÍA O CASH-FLOW**		
					Cash-flow por operaciones de la empresa:		
		Costes de explotación	1 757 640	1 379 000	**Cash-flow por actividades de financiación**		
		Intereses	127 750	103 560	Aumento de la deuda a corto plazo	500 000	
		Total gastos devengados	**1 885 390**	**1 482 560**			
		Impuestos pendientes de pago	133 940	116 740	Préstamos a largo plazo	750 000	
		Otras deudas a corto plazo	4 250 000	3 750 000	Aumento de capital	1 000 000	
		Total pasivo circulante	**10 157 670**	**8 654 460**	Pago dividendos	-937 500	**1 312 500**
		Acreedores a largo plazo	**5 500 000**	**4 750 000**	Aumento (disminución) de efectivo		-562 670
		Fondos propios:					
		Capital	7 250 000	6 250 000			
		Reservas	11 742 300	10 079 840			
		Total fondos propios	**18 992 300**	**16 329 840**			
		Total pasivo fijo	**24 492 300**	**21 079 840**			
		TOTAL PASIVO	**34 649 970**	**29 734 300**			

El resultado del período (beneficio o pérdida) que aparece en la cuenta de resultados se calcula deduciendo de los ingresos del ejercicio los costes correspondientes.

Pero no olvidemos que los ingresos y costes se reflejan en la contabilidad antes o después de los cobros y pagos correspondientes, debido al principio del devengo.

RECUERDA

En un determinado período, la variación del cash-flow puede ser notablemente inferior o superior al resultado del ejercicio que muestre la cuenta de resultados.

Aunque también es cierto que, a lo largo de un período de varios años, la variación del cash-flow puede coincidir con los resultados obtenidos por una empresa. Normalmente, en el corto plazo, la variación de los activos y pasivos relacionados con el ciclo operativo provoca que el cash-flow generado por las operaciones de la empresa sea diferente del resultado del período.

25.2. LAS VARIACIONES EN LOS ACTIVOS Y PASIVOS RELACIONADAS CON EL CICLO OPERATIVO

RELACIÓN ENTRE LOS ACTIVOS Y PASIVOS RELACIONADOS CON EL CICLO OPERATIVO Y LOS CASH-FLOWS POR OPERACIONES DE GOOD HOLIDAYS, S.A.

BALANCE AL FINAL DE				ESTADO DE TESORERÍA O CASH-FLOW		
	ESTE EJERCICIO	EJERCICIO ANTERIOR		Cambios en activos y pasivos relacionados con el ciclo operativo:		
ACTIVOS:				ACTIVOS:		
Clientes	5 787 540	4 823 500	→	Aumento de clientes	-964 040	
Existencias	9 780 940	8 276 130	→	Aumento de las existencias	-1 504 810	
Gastos pagados por anticipado	1 171 760	928 350	→	Aumento de los gastos pagados por anticipado	-243 410	-2 712 260
PASIVOS:				**PASIVOS:**		
Cuentas pendientes de pago:	3 888 340	3 305 160	→	Aumento de las cuentas pendientes de pago	583 180	
Costes devengados:	1 885 390	1 482 560	→	Aumento de los costes devengados	402 830	
Impuestos pendientes de pago	133 940	116 740	→	Aumento de los impuestos pendientes de pago	17 200	1 003 210
						-1 709 050

CAMBIOS EN LOS ACTIVOS RELACIONADOS CON EL CICLO OPERATIVO

- **CLIENTES:** si bien es cierto que los 4 823 500 euros que reflejaba el saldo de esta cuenta al final del ejercicio han sido cobrados al principio del mismo, del total de ventas realizadas durante este período, a su cierre aún quedaban pendientes de cobro 5 787 540 euros.
  Por lo tanto, la cuenta de clientes ha experimentado un aumento frente al ejercicio anterior de 964 040 euros. Lo cual implica que Good Holidays, S.A., ha cobrado 964 040 euros menos que el saldo que se refleja en su cuenta de ventas del ejercicio, y, por esta razón, debemos deducir este importe del beneficio neto para determinar el cash-flow por operaciones de la empresa.
- **EXISTENCIAS:** si comparamos el saldo de esta cuenta al final de este ejercicio con el saldo final del ejercicio anterior, veremos que ha aumentado de 8 276 130 euros a 9 780 940 euros, es decir, que se ha producido un incremento de 1 504 810 euros.
  Esto significa que la compañía ha destinado parte de sus fondos disponibles a aumentar la cantidad de mercancías en su almacén, lo cual, evidentemente, ha provocado una disminución del cash-flow en la misma cantidad. Por esta razón debemos deducir 1 504 810 euros del beneficio neto para determinar el cash-flow por operaciones de Good Holidays, S.A.
- **GASTOS PAGADOS POR ANTICIPADO:** los 928 350 euros que reflejaba el saldo de esta cuenta al final del ejercicio anterior aparecen como coste al principio de éste, aunque ya se habían pagado en el precedente, y, por lo tanto, no han supuesto un desembolso este año.
  Sin embargo, al final del ejercicio en curso, la cuenta de gastos pagados por anticipado mostraba un saldo de 1 171 760 euros, que, aunque ya habían sido pagados, no se reflejarán como coste hasta el próximo ejercicio.
  Por lo tanto, la cuenta de gastos pagados por anticipado ha experimentado un aumento frente al ejercicio anterior de 243 410 euros. Por esta razón, debemos deducir este importe del beneficio neto para determinar el cash-flow por operaciones de la empresa.

El aumento de las tres cuentas del activo mencionadas, clientes, existencias y gastos pagados por anticipado, ha tenido un impacto negativo en el cash-flow por operaciones de la empresa de 2 712 260 euros.

CAMBIOS EN LOS PASIVOS RELACIONADOS CON EL CICLO OPERATIVO

Los saldos relativos a las cuentas pendientes de pago, a los costes devengados y a los impuestos pendientes de pago de la empresa Good Holidays, S.A., han aumentado respecto al año anterior.

El saldo que presentaban estas cuentas al final del ejercicio anterior se pagó durante las primeras semanas de este año, pero el que se corresponde al final de este ejercicio todavía se encuentra pendiente de pago, es decir, la empresa no tendrá que desembolsar estas cantidades hasta el próximo ejercicio.

Por esta razón, los aumentos de estas cuentas, un total de 1 003 210 euros, deben añadirse al beneficio neto para determinar el cash-flow por operaciones de la empresa.

25.3. IMPACTO DE LOS GASTOS POR AMORTIZACIONES EN EL CASH-FLOW

El impacto global de las seis cuentas antes mencionadas supone un cash-flow negativo de 1 709 050 euros, lo cual determina que el cash-flow por operaciones antes de amortizaciones se reduce a 890 910 euros.

Sin embargo, gracias a que el gasto por amortizaciones no representa un desembolso del ejercicio, sino simplemente el reconocimiento contable de la pérdida de valor de unos activos que se pagaron en ejercicios anteriores, el importe reflejado en esta cuenta debe añadirse al del cash-flow por operaciones.

CASH-FLOW POR OPERACIONES

Si combinamos el impacto de las variaciones en activos y pasivos relacionados con el ciclo operativo y el de los gastos por amortizaciones, obtenemos que el cash-flow por operaciones de la empresa ha sido de:

CASH-FLOW POR OPERACIONES	=	RESULTADO DEL EJERCICIO	+	GASTOS POR AMORTIZACIONES	±	VARIACIONES EN ACTIVOS Y PASIVOS RELACIONADOS CON EL CICLO OPERATIVO

2 018 830 EUROS = 2 599 960 + 1 127 920 - 1 709 050

Hemos comprobado que en la empresa de nuestro ejemplo, Good Holidays, S.A., el importe del beneficio neto del ejercicio, 2 599 960 euros, no coincidía con los 2 018 830 euros del cash-flow por operaciones, debido a las variaciones experimentadas por los activos y pasivos relacionados con el ciclo operativo.

ADVERTENCIA

Nunca debemos confundir el resultado del ejercicio que aparece en la cuenta de resultados con el cash-flow generado por las operaciones de la empresa.

25.4. INGRESOS Y COSTES DE LA CUENTA DE RESULTADOS FRENTE A COBROS Y PAGOS DEL CASH-FLOW POR OPERACIONES

Como ya hemos mencionado anteriormente, obtener un ingreso es distinto que cobrar, e incurrir en un gasto no es lo mismo que realizar un pago.

La cuenta de resultados utiliza el principio del devengo, es decir, refleja los ingresos en el momento en que nace el derecho de cobrar y los costes en el momento en que nace la obligación de pagar, independientemente de que el cobro o el pago correspondientes se hayan materializado.

Pero, en el caso del estado de tesorería, o cash-flow, lo que se refleja son los cobros y pagos que han tenido lugar durante un ejercicio, aunque correspondan a ingresos o costes de otros ejercicios.

RECUERDA

La variación del cash-flow por operaciones de una empresa puede ser notablemente inferior o superior al resultado del ejercicio que muestre la cuenta de resultados, ya que se reflejan los cobros y pagos que han tenido lugar durante un ejercicio, independientemente de que correspondan a ingresos o costes de otros ejercicios.

En el caso de la empresa Good Holidays, S.A., podemos observar esta diferencia:

GOOD HOLIDAYS, S.A.				
CUENTA DE RESULTADOS	**INGRESOS Y COSTES**	**CASH-FLOW POR OPERACIONES**	**COBROS Y PAGOS**	
		CAMBIOS EN ACTIVOS Y PASIVOS RELACIONADOS CON EL CICLO OPERATIVO:		
Ingresos por ventas	60 190 400	Menos aumento de clientes	-964 040	59 226 360
Coste de mercancías vendidas	-39 123 760	Más aumento de existencias	1 504 810	
		Menos aumento en cuentas pendientes de pago (existencias)	-326 520	40 302 050
Otros costes de explotación	-15 232 880	Más aumento de gastos pagados por anticipado	243 410	
		Menos aumento en cuentas pendientes de pago (otros costes de explotación)	-256 660	
		Menos aumento en costes devengados (costes de explotación)	-378 640	-14 840 990
Gastos de amortizaciones	-1 127 920	Menos la misma cantidad por no implicar un desembolso	-1 127 920	0
Intereses	-766 500	Menos aumento en costes devengados (intereses)	-24 190	-742 310
Previsión para impuestos	-1 339 380	Menos aumento de impuestos pendientes de pago	-17 200	-1 322 180
BENEFICIO NETO	**2 599 960**	**CASH-FLOW POR OPERACIONES**		**2 018 830**

25.5. OTROS CASH-FLOWS: ACTIVIDADES DE INVERSIÓN Y FINANCIACIÓN

Como hemos visto en apartados anteriores, la empresa Good Holidays, S.A., obtuvo durante el pasado ejercicio un beneficio neto de 2 599 960 euros, pero el cash-flow generado por las operaciones de la empresa fue tan sólo de 2 018 830 euros.

A continuación analizaremos en qué ha empleado esta empresa los 2 018 830 euros de cash-flow generados por sus beneficios del año.

INTERCONEXIÓN ENTRE LOS TRES ESTADOS FINANCIEROS BÁSICOS DE GOOD HOLIDAYS, S.A.

CUENTA DE RESULTADOS DEL EJERCICIO		**BALANCE AL FINAL DE**			**ESTADO DE TESORERÍA O CASH-FLOW**		
					Cash-flow por operaciones de la empresa:		
Ingresos por ventas	60 190 400	Caja y bancos	2 566 630	3 129 300	Beneficio neto		**2 599 960**
Coste de mercancías vendidas	39 123 760	Clientes	5 787 540	4 823 500	Cambios en activos y pasivos relacionados con el ciclo operativo:		
Beneficio de explotación	21 066 640	Existencias	9 780 940	8 276 130			
Otros costes de explotación	15 232 880	Gastos pagados por anticipado	1 171 760	928 350			
Beneficio comercial	5 833 760	**Total activo circulante**	**19 306 870**	**17 157 280**	Aumento de clientes	-964 040	
Gastos de amortizaciones	1 127 920	Inmovilizado material	19 864 500	15 970 500	Aumento de existencias	-1 504 810	
		Amortizaciones acumuladas	-4 521 400	-3 393 480	Aumento de gastos pagados por anticipado	-243 410	
Beneficio ordinario antes de intereses e impuestos	4 705 840	**Total activo fijo**	**15 343 100**	**12 577 020**	Aumento de cuentas pendientes de pago	583 180	
Intereses	766 500	**TOTAL ACTIVO**	**34 649 970**	**29 734 300**	Aumento de costes devengados	402 830	
Beneficio antes de impuestos	3 939 340	**PASIVO:**			Aumento de impuestos pendientes de pago	17 200	-1 709 050
Previsión para impuestos	1 339 380	**Cuentas pendientes de pago:**			Cash-flow por operaciones antes de gastos de amortización		890 091
Beneficio neto	**2 599 960**	Proveedores	3 009 520	2 683 000	Gastos de amortizaciones		1 127 920
		Otros costes de explotación	878 820	622 160	Cash-flow por operaciones de la empresa:		**2 018 830**
		Total cuentas pendientes pago	**3 888 340**	**3 305 160**	**Cash-flow por actividades de inversión:**		
		Costes devengados:			Compras de inmovilizado material		**-3 894 000**
		Costes de explotación	1 757 640	1 379 000	**Cash-flow por actividades de financiación**		

INTERCONEXIÓN ENTRE LOS TRES ESTADOS FINANCIEROS BÁSICOS DE GOOD HOLIDAYS, S.A.							
CUENTA DE RESULTADOS DEL EJERCICIO		**BALANCE AL FINAL DE**			**ESTADO DE TESORERÍA O CASH-FLOW**		
					Cash-flow por operaciones de la empresa:		
		Intereses	127 750	103 560	Aumento de la deuda a corto plazo	500 000	
		Total gastos devengados	**1 885 390**	**1 482 560**			
		Impuestos pendientes de pago	133 940	116 740	Préstamos a largo plazo	750 000	
		Otras deudas a corto plazo	4 250 000	3 750 000	Aumento de capital	1 000 000	
		Total pasivo circulante	**10 157 670**	**8 654 460**	Pago dividendos	-937 500	1 312 500
		Acreedores a largo plazo	**5 500 000**	**4 750 000**	Aumento (disminución) de efectivo		-562 670
		Fondos propios:					
		Capital	7 250 000	6 250 000			
		Reservas	11 742 300	10 079 840			
		Total fondos propios	**18 992 300**	**16 329 840**			
		Total pasivo fijo	**24 492 300**	**21 079 840**			
		TOTAL PASIVO	**34 649 970**	**29 734 300**			

1. CASH FLOW POR ACTIVIDADES DE INVERSIÓN

Como podemos observar, la partida inmovilizado material del activo fijo ha experimentado un aumento de 3 894 000 euros frente al ejercicio anterior.

Es decir, que la empresa ha realizado una inversión a largo plazo en una serie de activos, tales como la reposición de la maquinaria que había quedado obsoleta, la modernización de sus instalaciones para ampliar su capacidad productiva, etc.

Debido a que la vida útil estimada de estos activos es superior a un año, en lugar de deducir el importe total de su coste durante el ejercicio en curso, éste se irá depreciando a lo largo del tiempo y, en función del método de amortización elegido, se deducirá su parte correspondiente en los sucesivos ejercicios.

Como podemos ver en el apartado de cash-flow por actividades de inversión, Good Holidays, S.A., ha destinado 3 894 000 euros al inmovilizado material, pero nuestro cash-flow por operaciones es de tan sólo 2 018 830 euros.

¿Dónde ha obtenido Good Holidays, S.A., la diferencia de 1 875 170 euros?

Es cierto que el saldo de la cuenta de caja y bancos de esta empresa, al finalizar el ejercicio anterior, ascendía a 3 129 300 euros, pero, si se hubiera obtenido la cantidad de 1 875 170 euros de esta forma, el saldo final de caja y bancos sería excesivamente bajo.

2. CASH-FLOW POR ACTIVIDADES DE FINANCIACIÓN

Además, Good Holidays, S.A., pagó 937 500 euros en concepto de dividendos a sus socios, como podemos observar en el apartado de cash-flow por actividades de financiación.

Entonces, ¿dónde ha obtenido Good Holidays, S.A., los 4 831 500 euros necesarios para invertir 3 894 000 euros en inmovilizado material y además pagar un dividendo de 937 500 euros?

Si nos referimos al balance de la empresa Good Holidays, S.A., observaremos que, durante el ejercicio, esta empresa aumentó la cuenta de otras deudas a corto plazo en 500 000 euros, y la cuenta de acreedores a largo plazo en 750 000 euros.

Además, la cuenta referente al capital refleja un aumento de 1 millón de euros debido a una ampliación del mismo. Es decir, que Good Holidays, S.A., ha obtenido un total combinado de 2 250 000 euros a través de un aumento de su deuda y de su capital.

Volviendo a la pregunta anterior: ¿dónde ha obtenido Good Holidays, S.A., los 4 831 500 euros necesarios para invertir 3 894 000 euros en inmovilizado material y además pagar un dividendo de 937 500 euros?

La respuesta es:

CASH-FLOW POR OPERACIONES	2 018 830
AUMENTO DE OTRAS DEUDAS A CORTO PLAZO	500 000
AUMENTO DE ACREEDORES A LARGO PLAZO	750 000
AMPLIACIÓN DE CAPITAL	1 000 000
DISMINUCIÓN DE CAJA Y BANCOS	562 670
TOTAL	4 831 500

Es decir, que Good Holidays, S.A., recurrió en parte al saldo de caja y bancos, por esta razón observamos en el balance que el saldo de esta cuenta ha disminuido durante el ejercicio en 562 670 euros.

Al final del ejercicio, el saldo de la cuenta de caja y bancos es, por lo tanto, de 2 566 630 euros, lo cual equivale a 2,2 semanas del importe de las ventas del ejercicio. ¿Es este saldo suficiente?

En principio, parece un poco escaso, pero el saldo adecuado de caja y bancos depende de cada empresa. Es decir, cada empresa debe determinar cuál es el «colchón» o cantidad de dinero disponible que necesita en caso de que se presente algún contratiempo, como una bajada de las ventas, un problema con el cobro de las cuentas de clientes, etc.

RECUERDA

El estado de tesorería, o cash-flow, merece la misma atención que el balance y la cuenta de resultados. Aunque no es lo habitual, puede darse el caso de que una empresa que está obteniendo beneficios se encuentre con problemas de liquidez e incluso solvencia. Por esta razón es tan importante prestarle la debida atención al estado de tesorería, o cash-flow, para detectar la aparición de problemas de liquidez o solvencia con la suficiente antelación.

25.6. DIAGRAMA DE INTERCONEXIÓN ENTRE LOS TRES ESTADOS FINANCIEROS BÁSICOS

CUENTA DE RESULTADOS DEL EJERCICIO	
Ingresos por ventas	60 190 400
Coste de mercancías vendidas	39 123 760
Beneficio de explotación	21 066 640
Otros costes de explotación	15 232 880
Beneficio comercial	5 833 760
Gastos de amortizaciones	1 127 920
Beneficio ordinario antes de intereses e impuestos	4 705 840
Intereses	766 500
Beneficio antes de impuestos	3 939 340
Previsión para impuestos	1 339 380
Beneficio neto	**2 599 960**

BALANCE AL FINAL DE		
ACTIVO:	Este ejercicio	Ejercicio anterior
Caja y bancos	2 566 630	3 129 300
Clientes	5 787 540	4 823 500
Existencias	9 780 940	8 276 130
Gastos pagados por anticipado	1 171 760	928 350
Total activo circulante	**19 306 870**	**17 157 280**
Inmovilizado material	19 864 500	15 970 500
Amortizaciones acumuladas	-4 521 400	-3 393 480
Total activo fijo	**15 343 100**	**12 577 020**
TOTAL ACTIVO	**34 649 970**	**29 734 300**
PASIVO:		
Cuentas pendientes de pago:		
Proveedores	3 009 520	2 683 000
Otros costes de explotación	878 820	622 160
Total cuentas pendientes pago	3 888 340	3 305 160
Costes devengados:		
Costes de explotación	1 757 640	1 379 000
Intereses	127 750	103 560
Total costes devengados	1 885 390	1 482 560
Impuestos pendientes de pago	133 940	116 740
Otras deudas a corto plazo	4 250 000	3 750 000
Total pasivo circulante	**10 157 670**	**8 654 460**
Acreedores a largo plazo	5 500 000	4 750 000
Fondos propios:		
Capital	7 250 000	6 250 000
Reservas	11 742 300	10 079 840
Total fondos propios	18 992 300	16 329 840
Total pasivo fijo	**24 492 300**	**21 079 840**
TOTAL PASIVO	**34 649 970**	**29 734 300**

ESTADO DE TESORERÍA O CASH-FLOW		
Cash-flow por operaciones de la empresa:		
Beneficio neto		2 599 960
Cambios en activos y pasivos relacionados con el ciclo operativo:		
Aumento de clientes	-964 040	
Aumento de existencias	-1 504 810	
Aumento de gastos pagados por anticipado	-243 410	
Aumento de cuentas pendientes de pago	583 180	
Aumento de costes devengados	402 830	
Aumento de impuestos pendientes de pago	17 200	-1 709 050
Cash-flow por operaciones antes de gastos de amortización		890 091
Gastos de amortizaciones		1 127 920
Cash-flow por operaciones de la empresa:		**2 018 830**
Cash-flow por actividades de inversión:		
Compras de inmovilizado material		**-3 894 000**
Cash-flow por actividades de financiación:		
Aumento de la deuda a corto plazo	500 000	
Préstamos a largo plazo	750 000	
Aumento de capital	1 000 000	1 312 500
Pago dividendos	-937 500	
Aumento (disminución) de efectivo		-562 670

Parte VII
CÓMO EVALUAR LA SITUACIÓN ECONÓMICA Y FINANCIERA DE UNA EMPRESA

ECONOMÍA

(Del lat. oeconomĭa, *y este del gr.* οἰκονομία.*)*

1. f. Administración eficaz y razonable de los bienes.

2. f. Conjunto de bienes y actividades que integran la riqueza de una colectividad o un individuo.

3. f. Ciencia que estudia los métodos más eficaces para satisfacer las necesidades humanas materiales, mediante el empleo de bienes escasos.

(Fuente: Real Academia Española)

MBA del siglo XXI — News

¿Estamos optimizando los recursos financieros?

CAPÍTULOS:

Cuando me preguntó cómo de grande era el agujero, ¿a qué se refería?

26. Análisis de la situación financiera a corto plazo

«El banquero es un señor que nos presta el paraguas cuando hace sol y nos lo exige cuando empieza a llover.»

Mark Twain

- En el análisis financiero a corto plazo, la pieza clave es la liquidez.
- Las partidas del activo y pasivo circulante se ven afectadas por las visicitudes del funcionamiento de la empresa en el corto plazo.
- Hay que distinguir entre los recursos a corto plazo espontáneos y los negociados.
- Las Necesidades Operativas de Fondos (NOF) coinciden con la diferencia entre el activo circulante y los recursos espontáneos a corto plazo.
- La validez de los ratios depende de la calidad y validez de los estados financieros en que se basan.

"Para evitar problemas de liquidez, es fundamental una correcta gestión de las Necesidades Operativas de Fondos (NOF), el capital circulante y los recursos de terceros a corto plazo."

NUBE DE TAGS

Crecimiento sostenible, *ratios de rentabilidad,* **DE TESORERÍA,** de estructura financiera, **operativos, DEL BALANCE DE SITUACIÓN,** *de la cuenta de resultados,* **DE LA ACCIÓN...**

26.1. NECESIDADES OPERATIVAS DE FONDOS FRENTE A CAPITAL CIRCULANTE

Las empresas pueden sobrevivir a ciertas crisis si la planificación financiera a corto plazo es correcta.

Los problemas de algunas empresas comienzan con una falta de liquidez que puede agudizarse hasta desembocar en las temidas suspensiones de pagos.

En el caso de ciertas empresas cuyo final es inevitable, la situación comienza con una acumulación de pérdidas en sus cuentas de resultados, lo cual conduce a una progresiva descapitalización.

La descapitalización de estas empresas provoca, a su vez, una sustitución de sus fondos propios por recursos ajenos; lo cual, debido al coste que esto conlleva, aumenta aún más las pérdidas desembocando en una situación insostenible.

Pero asimismo hay empresas que, a pesar de no haber reflejado pérdidas en su cuenta de resultados, también desaparecen por culpa de una incorrecta gestión financiera a corto plazo, principalmente por problemas en la gestión de las Necesidades Operativas de Fondos (NOF), del capital circulante y de los recursos de terceros a corto plazo.

26.1.1. FUNCIONAMIENTO EN EL CORTO PLAZO FRENTE A PLANTEAMIENTO EN EL LARGO PLAZO

Funcionamiento en el corto plazo

Las partidas englobadas dentro del activo y del pasivo circulante están afectadas por el volumen de operaciones de la empresa; por ejemplo, si aumenta el volumen de ventas, también aumenta la cuenta de clientes, la de existencias, las cuentas pendientes de pago, etc.

También repercuten en el activo y pasivo circulante otras situaciones, tales como una previsible dificultad de abastecimiento de las materias primas, debido a una huelga de transportes, que lleve a la empresa a comprar más mercancía de la que necesita para evitar un problema de abastecimiento. Esta circunstancia puede suponer un aumento transitorio de la cuenta de existencias o también puede darse el caso de que aumente el plazo medio de cobro a los clientes para incentivar las ventas, lo cual, a su vez, puede provocar un incremento de la cuenta de clientes y, como consecuencia, mayores necesidades de financiación.

En definitiva, tanto los activos como los pasivos circulantes se ven afectados por las visicitudes del funcionamiento en el corto plazo de la empresa.

Planteamiento en el largo plazo

Comparativamente, el volumen del activo fijo, así como el del pasivo fijo y de los fondos propios, es mucho más estable y varía no tanto por el funcionamiento en el corto plazo de la empresa, sino como consecuencia de planteamientos relacionados con los recursos e inversiones a largo plazo.

Es decir, las variaciones en el volumen del activo fijo, así como del pasivo fijo y de los fondos propios, se producen a raíz de decisiones tales como una inversión en maquinaria, la obtención de financiación a largo plazo, aumentos de capital, etc.

CORTO PLAZO	LARGO PLAZO
VISICITUDES DEL **FUNCIONAMIENTO**	CUESTIONES DE **PLANTEAMIENTO**
Afecta a los activos y pasivos circulantes	Afecta a los activos y pasivos fijos y a los fondos propios

26.1.2. LAS DOS DEFINICIONES DE CAPITAL CIRCULANTE

El balance como origen y utilización de los recursos de la empresa

Tal como vimos en el capítulo 5, el capital circulante, o fondo de maniobra, se puede definir de dos maneras, según pone de manifiesto el gráfico del balance como origen y utilización de los recursos de la empresa:

CAPITAL CIRCULANTE = ACTIVO CIRCULANTE - PASIVO CIRCULANTE

Utilización de los recursos	Origen de los recursos
ACTIVO	PASIVO
ACTIVO CIRCULANTE	**PASIVO CIRCULANTE**
ACTIVO FIJO (inmovilizado neto)	**RECURSOS PERMANENTES** (capital social, reservas, deudas a largo plazo)

CAPITAL CIRCULANTE = RECURSOS PERMANENTES - ACTIVO FIJO

Utilización de los recursos	Origen de los recursos
ACTIVO	PASIVO
ACTIVO CIRCULANTE	PASIVO CIRCULANTE
ACTIVO FIJO (inmovilizado neto)	**RECURSOS PERMANENTES** (capital social, reservas, deudas a largo plazo)

En nuestra opinión, la definición de capital circulante como diferencia entre los recursos permanentes y el activo fijo es mucho más útil por las razones que expondremos a continuación.

Supongamos el caso de una empresa dedicada a la fabricación de paraguas, cuyas ventas son muy estacionales y que, durante el ejercicio, no ha realizado inversiones a largo plazo, ni ha aumentado su financiación externa a largo plazo, ni ha realizado aumentos de capital.

Si utilizáramos la definición de capital circulante como la diferencia entre el activo circulante y el pasivo circulante, podríamos caer en el error de pensar que el capital circulante de esta empresa es muy fluctuante, debido a la estacionalidad de sus ventas (excepto en el caso de que la empresa de paraguas esté financiando correctamente el incremento de stocks y de crédito a clientes con crédito obtenido de proveedores y financiación bancaria a corto plazo, como pólizas y descuentos).

Sin embargo, si utilizamos la definición de capital circulante como la diferencia entre los recursos permanentes y el activo fijo, llegaríamos a la conclusión de que, a excepción del momento en que se acumulan la mayor parte de los beneficios de la empresa, debido a la estacionalidad, durante el resto del ejercicio el capital circulante de esta empresa es muy estable.

Por lo tanto, el concepto de capital circulante es, básicamente, un concepto relacionado no con las cuestiones de funcionamiento de la empresa, sino con las de planteamiento.

RECUERDA

En relación con el análisis financiero a corto plazo, el capital circulante nos informa de cuál es el exceso de fondos a largo plazo del que dispone la empresa, es decir, cuál es la diferencia entre los recursos permanentes y el activo fijo. Este dato nos sirve para determinar cuál es el volumen de fondos permanentes del que dispone la empresa para financiar sus operaciones. Por lo tanto, el concepto de capital circulante está más relacionado con el pasivo de la empresa que con su activo.

26.1.3. LAS NECESIDADES OPERATIVAS DE FONDOS

Cuando hablamos de los recursos a corto plazo de una empresa, podemos distinguir entre Recursos a Corto plazo Espontáneos (RCE) y Recursos a Corto plazo Negociados (RCN):

RECURSOS A CORTO PLAZO = RCE + RCN

RECURSOS A CORTO PLAZO ESPONTÁNEOS: son aquellos que pueden obtenerse por el simple hecho de tener una empresa en funcionamiento. Éste es el caso de los saldos de las cuentas de proveedores, de gastos pendientes de pago, etc.

RECURSOS A CORTO PLAZO NEGOCIADOS: son aquellos que no surgen de una manera automática, por el simple hecho de tener una empresa en marcha, sino que se obtienen a través de negociaciones. Éste es el caso de la financiación a través de entidades financieras.

Todos los recursos a corto plazo que necesite una empresa, y que no se obtengan de una manera espontánea, deberán lograrse forzosamente a través de recursos negociados.

Volviendo al ejemplo de la empresa fabricante de paraguas, si bien es cierto que su capital circulante es bastante estable, su necesidad operativa de fondos no lo es.

La necesidad operativa de fondos es la diferencia entre el activo circulante y los recursos a corto plazo espontáneos.

NECESIDADES OPERATIVAS DE FONDOS = ACTIVO CIRCULANTE – RECURSOS A CORTO PLAZO ESPONTÁNEOS

Los Recursos a Corto plazo Negociados (RCN) están directamente ligados a las Necesidades Operativas de Fondos (NOF) de una empresa, porque el volumen de RCN que necesita una empresa en un momento dado depende, en gran parte, de los saldos de las cuentas de clientes, de existencias y de proveedores.

En concreto, el volumen de RCN que necesita una empresa lo determina la diferencia entre las necesidades operativas de fondos y el capital circulante.

RECURSOS NEGOCIADOS = NECESIDADES OPERATIVAS DE FONDOS – CAPITAL CIRCULANTE

Es decir, que el volumen de dichos recursos depende de dos factores. Por una parte, del volumen de las Necesidades Operativas de Fondos (NOF) generado como consecuencia del funcionamiento en el corto plazo de la empresa; por otra, del capital circulante disponible, el cual depende del planteamiento a largo plazo.

El volumen de recursos negociados que necesita una empresa es un dato extremadamente importante, ya que, como hemos comentado anteriormente, muchas empresas han tenido que afrontar problemas de liquidez por no haberlo determinado correctamente con la suficiente antelación. Pero también es muy importante tener en cuenta que, si nos excedemos negociando recursos a corto plazo, podemos bloquear la capacidad de obtener financiación a largo plazo; además, hay que añadir el factor de los costes de no disponibilidad (derivados de la cantidad de recursos a corto plazo que están aprobados, y que, aunque no se utilicen, tienen un coste).

Por lo tanto hay que intentar alcanzar un equilibrio óptimo entre los recursos a corto y largo plazo.

26.1.4. RELACIÓN ENTRE CRECIMIENTO Y NECESIDADES OPERATIVAS DE FONDOS

Utilizaremos un ejemplo para describir la relación entre crecimiento y necesidades operativas de fondos.

Supongamos que una empresa tiene unas ventas anuales de 600 millones de euros, y que sus NOF equivalen a un 30% de sus ventas. Es decir, que la diferencia entre su activo circulante y sus recursos a corto plazo espontáneos se eleva a 180 millones de euros.

Supongamos también que esta empresa tiene un ratio de beneficio sobre ventas del 7%, es decir, de 42 millones de euros, y que destina todo el beneficio obtenido a su cuenta de reservas para aumentar el capital circulante.

Las posibilidades de crecimiento de esta empresa, así como sus Necesidades Operativas de Fondos, se determinarían de la siguiente manera:

$$\text{CRECIMIENTO SOSTENIBLE} = \frac{\text{BENEFICIO / VENTAS}}{\text{(NOF)/VENTAS}} = \frac{0{,}07}{0{,}3} = 0{,}23$$

Por lo tanto, si la empresa sólo cuenta con sus beneficios, podrá crecer a un ritmo del 23%. Sin embargo, si pudiera aumentar sus RCN, el crecimiento podría ser mayor.

$$\text{RECURSOS NEGOCIADOS} = \text{NECESIDADES OPERATIVAS DE FONDOS} - \text{CAPITAL CIRCULANTE}$$

Despejando la ecuación anterior, obtenemos:

$$\text{NECESIDADES OPERATIVAS DE FONDOS} = \text{CAPITAL CIRCULANTE} + \text{RECURSOS NEGOCIADOS}$$

Supongamos que la empresa de nuestro ejemplo, habitualmente, hace frente al 40% de sus necesidades operativas de fondos mediante su capital circulante y al restante 60% a través de recursos negociados.

Cuando esta empresa destina su beneficio a reservas, está provocando un aumento de su capital circulante

Esto quiere decir que, si la empresa pudiera mantener la estructura financiera mencionada, por cada 40 euros que destine a reservas puede obtener 60 euros de recursos negociados, con lo cual su capacidad de crecimiento sería de:

$$\text{CRECIMIENTO SOSTENIBLE} = \frac{0{,}07}{(0{,}3 \times 0{,}4)} = 0{,}58$$

En este caso la empresa podría crecer un 58% anualmente, teniendo solamente un beneficio sobre ventas del 7%.

ADVERTENCIA

Para poder crecer, es necesario prepararse financieramente. El crecimiento de una empresa sin planificación es muy peligroso.

26.2. LOS RATIOS COMO HERRAMIENTA DE ANÁLISIS Y DIAGNÓSTICO FINANCIERO

En muchas ocasiones los analistas financieros utilizan coeficientes o ratios para estudiar la situación de ciertas variables que están relacionadas.

Si bien es cierto que en ocasiones puede resultar interesante analizar estas relaciones, no hay que olvidar que las decisiones de financiación de una empresa se miden en unidades monetarias y no en porcentajes.

Por lo tanto, aunque los ratios pueden ser muy útiles, tampoco hay que abusar de ellos, y, en cualquier caso, no hay que olvidar que, al no existir parámetros concretos para interpretar los ratios, siempre debe prevalecer el sentido común.

Una práctica habitual consiste en comparar los ratios de una empresa con los de su sector o con los de otra empresa similar. Existen empresas que se dedican a elaborar este tipo de información; el problema es que no siempre está disponible, ni para todos los sectores, ni para todos los tipos de empresas.

La opción que siempre está disponible, y que puede resultar muy útil, es analizar la evolución que han sufrido a lo largo del tiempo los ratios de la propia empresa.

Dado que no hay unanimidad en cuanto a qué ratios deberían utilizarse habitualmente en el análisis financiero, hemos optado por limitarnos a aquellos que consideramos más significativos, y a aplicarlos a la empresa ficticia Bad News, S.A., cuyo balance y cuenta de resultados aparecen a continuación:

BALANCE DE LA EMPRESA BAD NEWS, S.A., A 31 DE DICIEMBRE

ACTIVO	2008	2009	2010	PASIVO	2008	2009	2010
Caja y Bancos	40 557	46 212	22 260	Proveedores	115 602	198 855	414 132
Clientes	153 753	241 647	376 257	Otros acreedores	20 136	25 257	23 772
Existencias	132 867	227 688	413 805	Descuento bancario	130 560	201 642	257 760
TOTAL CIRCULANTE	327 177	515 547	812 322	Pólizas de crédito	0	0	45 000
				TOTAL PASIVO A CORTO PLAZO	266 298	425 754	740 664
Inmovilizado bruto	111 642	118 278	173 172				
Amortización acumulada	35 679	44 310	54 606	Capital y reservas	108 561	136 842	163 764
INMOVILIZADO NETO	75 963	73 968	118 566	Resultado del ejercicio	28 281	26 919	26 460
				TOTAL FONDOS PROPIOS	136 842	163 761	190 224
TOTAL ACTIVO	**403 140**	**589 515**	**930 888**	**TOTAL PASIVO**	**403 140**	**589 515**	**930 888**

CUENTA DE RESULTADOS DE LA EMPRESA BAD NEWS, S.A., A 31 DE DICIEMBRE

	2008	2009	2010
Ventas	606 921	922 518	1 549 833
Coste de las mercancías vendidas	511 026	798 900	1 379 352
MARGEN BRUTO EN VENTAS	95 895	123 618	170 481
Gastos generales, de ventas y de administración	53 472	83 238	130 788
RESULTADOS ANTES DE IMPUESTOS	42 423	40 380	39 693
Impuestos	14 142	13 461	13 233
RESULTADO NETO	28 281	26 919	26 460

Como podemos comprobar, para realizar el análisis de Bad News, S.A., hemos incluido el descuento bancario como fuente de financiación a corto plazo.

Tal como vimos en el capítulo 22, cuando una empresa descuenta efectos en una entidad financiera, éstos todavía no han sido cobrados. El cliente sigue debiendo el dinero a la empresa, no a la entidad financiera. La entidad financiera tan sólo está prestando dinero a la empresa, utilizando las letras de los clientes como garantía (salvo que se contrate la modalidad «sin recurso», la cual es mucho más cara).

> **ADVERTENCIA**
>
> Aunque, en ocasiones, se reflejan los efectos descontados como cuentas de orden en el balance, nosotros hemos preferido incluirlos como fuente de financiación a corto plazo, con el fin de que nuestro análisis sea más fidedigno, ya que podría darse el caso de que algunas de estas letras no fueran pagadas a su vencimiento.

Por la misma razón, el saldo de la cuenta de clientes de Bad News, S.A., refleja tanto los clientes sostenidos como los descontados.

A continuación, hemos clasificado los ratios más significativos en cuatro categorías y los hemos calculado para la empresa de nuestro ejemplo:

26.2.1. RATIOS DE RENTABILIDAD

Los tres más utilizados son:

$$\text{MARGEN BRUTO SOBRE VENTAS} = \frac{\text{MARGEN BRUTO}}{\text{VENTAS}}$$

$$\text{BENEFICIO SOBRE VENTAS} = \frac{\text{BENEFICIO NETO}}{\text{VENTAS}}$$

$$\text{RENTABILIDAD NETA} = \frac{\text{BENEFICIO NETO}}{\text{FONDOS PROPIOS}}$$

RATIOS DE RENTABILIDAD DE BAD NEWS, S.A.

	2008	2009	2010
MARGEN BRUTO SOBRE VENTAS	15,8%	13,4%	11%
BENEFICIO SOBRE VENTAS	4,7%	2,9%	1,7%
RENTABILIDAD NETA	26%	19,7%	16,2%

La clara tendencia descendente de estos coeficientes pone de manifiesto que los resultados de Bad News, S.A., se están deteriorando progresivamente.

Estos ratios de rentabilidad reflejan que aunque el margen bruto sólo ha experimentado una ligera caída, el beneficio sobre ventas ha experimentado un descenso mucho más acusado, y, como consecuencia, la rentabilidad neta de su capital también ha descendido espectacularmente.

26.2.2. RATIOS DE TESORERÍA

Los dos más utilizados son:

$$\text{RATIO DE TESORERÍA} = \frac{\text{TESORERÍA}}{\text{PASIVO A CORTO PLAZO}}$$

$$\text{TESORERÍA EN DÍAS DE COMPRAS} = \frac{\text{TESORERÍA}}{\text{COMPRAS ANUALES}} \times 365 \text{ DÍAS}$$

Las compras anuales de Bad News, S.A., han sido las siguientes:

COMPRAS ANUALES		
2008	2009	2010
541 239	893 721	1 565 469

RATIOS DE TESORERÍA DE BAD NEWS, S.A.

	2008	2009	2010
RATIO DE TESORERÍA	15,2%	10,9%	3%
TESORERÍA EN DÍAS DE COMPRA	27,4 días	18,9 días	5,2 días

Los ratios de tesorería de Bad News, S.A., revelan que la situación de esta empresa se ha deteriorado de forma vertiginosa en apenas dos años, y que la situación de su tesorería es, francamente, preocupante.

26.2.3. RATIOS DE ESTRUCTURA FINANCIERA

Los cuatro más utilizados son:

$$\text{RATIO DE LIQUIDEZ} = \frac{\text{ACTIVO CIRCULANTE}}{\text{PASIVO A CORTO PLAZO}}$$

$$\text{RATIO DE SOLVENCIA} = \frac{\text{FONDOS PROPIOS}}{\text{FONDOS AJENOS}}$$

$$\text{RATIO DE ENDEUDAMIENTO} = \frac{\text{FONDOS AJENOS}}{\text{PASIVO TOTAL}}$$

$$\text{COBERTURA DEL INMOVILIZADO} = \frac{\text{RECURSOS PERMANENTES}}{\text{INMOVILIZADO NETO}}$$

RATIOS DE ESTRUCTURA FINANCIERA DE BAD NEWS, S.A.

	2008	2009	2010
RATIO DE LIQUIDEZ	1,3	1,2	1,1
RATIO DE SOLVENCIA	0,5	0,4	0,3
RATIO DE ENDEUDAMIENTO	0,7	0,7	0,8
COBERTURA DEL INMOVILIZADO	1,8	2,2	1,6

ADVERTENCIA

Es muy importante no dejarnos confundir por el nombre de alguno de estos coeficientes, y no olvidar nunca cuáles son las variables que relaciona cada ratio.

Supongamos que una empresa, anticipándose a una próxima subida de precios, ha decidido comprar mercancías por encima de sus necesidades y pagarlas al contado para acogerse al descuento por pronto pago.

El activo circulante seguiría siendo el mismo, ya que el descenso del saldo de la cuenta de caja y bancos se ha visto compensado por un aumento en la misma cantidad de la cuenta de existencias, y, por lo tanto, el ratio de liquidez de esta empresa no variaría.

Podríamos cometer el error de pensar que la liquidez de la empresa no ha variado, cuando la realidad es que su tesorería se ha visto perjudicada por este aumento de la partida de existencias.

Volviendo al caso de la empresa Bad News, S.A., podemos observar que, si bien es cierto que su ratio de liquidez se ha mantenido por encima de la unidad durante los tres últimos años, lo cual indica que su capital circulante sigue siendo positivo, se aprecia una clara tendencia a la baja.

La tendencia a la baja del ratio de liquidez indica que el pasivo circulante, es decir, las deudas a corto plazo, está aumentando en relación con el activo circulante.

Si complementamos este dato con la información que proporcionan el ratio de solvencia y el de endeudamiento, observamos que los coeficientes de solvencia han ido disminuyendo al mismo tiempo que aumentaban los de endeudamiento, es decir, que las deudas a corto plazo también han aumentado en relación con los fondos propios.

Si nos referimos al balance de Bad News, S.A., podremos constatar que, en el año 2010, su pasivo a corto plazo (760 664 euros) representa el 80% del total de los recursos que utiliza (930 888 euros), lo cual es una situación sumamente peligrosa.

Por lo tanto, no debemos confundirnos por el hecho de que la cuenta de resultados de Bad News, S.A., siga reflejando un resultado positivo, ya que su situación financiera indica que, de no tomarse una serie de medidas con carácter urgente, esta empresa puede enfrentarse a una suspensión de pagos.

26.2.4. RATIOS OPERATIVOS

Esta categoría de ratios resulta particularmente interesante, ya que relaciona variables de funcionamiento operativo susceptibles de ser modificadas, con los volúmenes de inversión y financiación a corto plazo.

Los cinco más utilizados son:

$$\text{MATERIA PRIMA EN DÍAS DE COMPRA} = \frac{\text{EXISTENCIAS DE MATERIAS PRIMAS}}{\text{COMPRAS}} \times 365$$

$$\frac{\text{PRODUCTOS ACABADOS}}{\text{EN DÍAS DE VENTA}} = \frac{\text{EXISTENCIAS DE PRODUCTOS ACABADOS}}{\text{COSTE DE LAS MERCANCÍAS VENDIDAS}} \times 365$$

$$\text{ROTACIÓN DE STOCKS} = \frac{\text{COSTE DE LAS MERCANCÍAS VENDIDAS}}{\text{EXISTENCIAS}}$$

$$\text{PLAZO MEDIO DE COBRO A CLIENTES} = \frac{\text{DEUDORES}}{\text{VENTAS}} \times 365$$

$$\text{PLAZO MEDIO DE PAGO A PROVEEDORES} = \frac{\text{PROVEEDORES}}{\text{COMPRAS}} \times 365$$

RATIOS OPERATIVOS DE BAD NEWS, S.A.

	2008	2009	2010
MATERIA PRIMA EN DÍAS DE COMPRA	89,6	93	96,5
PRODUCTOS ACABADOS EN DÍAS DE VENTA	95	104	110
ROTACIÓN DE STOCKS	3,9	3,5	3,3
PLAZO MEDIO DE COBROS A CLIENTES (DÍAS)	92,5	95,6	88,6
PLAZO MEDIO DE PAGO A PROVEEDORES (DÍAS)	78	81,2	96,6

De acuerdo con los datos del balance y la cuenta de resultados de Bad News, S.A., podemos deducir que el saldo de existencias está aumentando proporcionalmente más que el saldo de la cuenta de ventas.

En concreto, entre 2009 y 2010, mientras las ventas aumentaron a un ritmo del 68% anual, las existencias lo hicieron un 82%.

Este factor, unido a la disminución del margen bruto sobre ventas, que entre 2009 y 2010 pasó de un 13,4% a un 11%, ha provocado un aumento de las necesidades de financiación de esta empresa.

También podemos observar, en el balance de Bad News, S.A., que, entre los años 2009 y 2010, el saldo de la cuenta de clientes ha aumentado en 134 610 euros, pero el volumen de descuento bancario sólo ha aumentado en 56 118 euros. Es decir, que el aumento de la cuenta de clientes no ha podido financiarse en su totalidad con el descuento bancario.

La consecuencia de la situación que acabamos de describir es que Bad News, S.A., no sólo se ha visto obligada a recurrir al crédito bancario (en 2010, aparece en el pasivo de su balance una póliza de crédito por un importe de 45 000 euros), sino que, además, ha tenido que aumentar el plazo de pago a proveedores en más de quince días durante el último ejercicio.

En cuanto a la mejora que ha experimentado el plazo medio de cobro a clientes, el cual se ha reducido en 6,9 días, y teniendo en cuenta la reducción del margen bruto sobre ventas, es muy probable que Bad News, S.A., acuciada por sus problemas de liquidez, haya optado por ofrecer a sus clientes mejores descuentos por pronto pago.

En cuanto a los coeficientes de materia prima en días de compra y productos acabados en días de venta, si Bad News, S.A., fuese una empresa comercial, deberíamos sustituir los conceptos de materias primas y productos acabados por el de existencias.

En cuanto al ratio de rotación de stocks, se trata, simplemente, de otra forma de expresar la cantidad de existencias en relación con las ventas, ya que, si dividimos los 365 días del año entre el coeficiente de rotación de stocks, obtenemos el mismo resultado.

ADVERTENCIA

La validez de los ratios depende de la calidad y la validez de los estados financieros en que se basan.

Los ratios financieros son una serie de expresiones matemáticas que se calculan sobre diversas magnitudes del balance de situación de una empresa, sobre la cuenta de resultados, la acción o el mercado en el que la compañía cotiza en un momento determinado; por lo tanto, la información que nos proporcionan se puede comparar a una foto fija.

Para poder usar la información que nos ofrecen de forma coherente es preciso que se den las siguientes circunstancias:

- Existencia de una serie continuada en el tiempo de cada uno de los ratios.
- Conocimiento de los ratios medios del sector, para así poder comparar la situación de una determinada empresa o acción en relación con sus semejantes.
- Conocimiento de las magnitudes que se han tomado para su elaboración, ya que se puede dar el caso de que estemos comparando dos ratios que, si bien tienen el mismo nombre, están calculados sobre magnitudes distintas

Los ratios más utilizados son los expuestos anteriormente, pero existen muchos otros que, según la situación y el tipo de empresa, también pueden resultar muy útiles.

A continuación, los detallamos, clasificándolos en tres categorías:

1. Ratios del balance de situación.
2. Ratios de la cuenta de resultados.
3. Ratios de la acción.

1. RATIOS DEL BALANCE DE SITUACIÓN

Apalancamiento

Es el endeudamiento de la empresa. Se suele considerar sólo la deuda con coste. Se mide como porcentaje sobre el total activo o total de recursos propios, lo que da una idea del riesgo de la compañía por financiación. A partir del 70% sobre el total activo, un apalancamiento puede considerarse como peligroso.

$$\text{Apalancamiento} = \frac{\text{Total activos fijos y circulantes}}{\text{Total pasivos con Entidades Financieras}}$$

Deuda con coste sobre pasivo total

Nos indica el peso de la deuda con coste sobre total pasivo. Las empresas del tipo de las grandes superficies tienen cifras elevadas de pasivo desprovistas de coste, por lo que un análisis superfluo puede llevar a confusión.

$$\% = \frac{\text{Recursos ajenos con coste}}{\text{Pasivo total}} \times 100$$

Fondo de maniobra sobre ventas

El fondo de maniobra indica la posición a corto plazo de la empresa. Las suspensiones de pagos suelen venir provocadas por problemas en este dato, ya que, a pesar de vender mucho, la empresa no cobra, lo que provoca problemas de liquidez. Si medimos esta situación sobre ventas, nos da una idea de la eficacia en la utilización de los activos. Un nivel de entre el 15% y el 20% es razonable.

$$\% = \frac{\text{Activo circulante} - \text{Pasivo circulante}}{\text{Ventas}} \times 100$$

Fondo de maniobra sobre activo circulante

Indica, dentro del activo a corto plazo, cuánto supone el fondo de maniobra. Muestra si un fondo de maniobra es relativamente importante.

$$\% = \frac{\text{Activo circulante} - \text{Pasivo circulante}}{\text{Activo circulante}} \times 100$$

Rotaciones

Mide la rapidez o lentitud en el cobro/pago de los clientes/proveedores, o en la liquidación de los inventarios. Esta capacidad incide directamente en la gestión del mencionado fondo de maniobra.

$$\text{Rotación cuentas a cobrar} = \frac{\text{Ventas a precio venta}}{\text{Saldo medio cuentas cobrar}}$$

Ácido

Es el ratio que se refiere al más corto plazo de la compañía, ya que se queda tan sólo con los activos más líquidos sobre el pasivo total a corto plazo.

$$\frac{(\text{Activo circulante} - \text{Recursos ajenos a corto sin coste}) - \text{Existencias}}{\text{Recursos ajenos a corto sin coste}}$$

2. DE LA CUENTA DE RESULTADOS

Cash-flow sobre deuda

Representa la parte en que se podría reducir la deuda si, hipotéticamente, se utilizara todo el cash-flow para reducirla.

$$\text{Ratio} = \frac{\text{Cash-flow}}{\text{Deuda}}$$

Gastos financieros sobre BAIT

Es la cobertura de gastos financieros y representa el peso de los mismos en el margen del negocio de la empresa. La idea es saber hasta qué punto la cuenta de resultados está dedicada a pagar los intereses.

$$\text{Ratio} = \frac{\text{Gastos financieros}}{\text{BAIT}}$$

Tasa de amortización

Es el peso de la dotación por amortización de inmovilizado en cuenta de resultados sobre el propio inmovilizado. Tasas elevadas suponen que la empresa está forzando la amortización.

Beneficio neto sobre recursos propios medios

Es la rentabilidad que obtiene el accionista medida sobre el valor en libros de éstos. Debe ser superior al coste de oportunidad que tiene el propio accionista, ya que, de lo contrario, éste perderá dinero.

$$\text{Ratio} = \frac{\text{Beneficio neto}}{\text{Recursos propios medios}}$$

Rentabilidad económica

Indica la rentabilidad que obtienen los accionistas sobre el activo, es decir, la eficiencia en la utilización del mismo.

$$\text{Rentabilidad económica} = \frac{\text{BAIT}}{\text{Activo total}}$$

Margen operativo

Es el porcentaje de las ventas que supone el margen del negocio en sí mismo, antes del impacto financiero de extraordinarios e impuestos. Mide los euros ganados operativamente por cada euro de ventas.

$$\text{Margen operativo} = \frac{\text{BAIT}}{\text{Ventas}}$$

Beneficios extraordinarios sobre BAIT

Indica en qué cantidad de extraordinarios está basando la empresa sus beneficios. Si se acerca a la unidad, quiere decir que casi todo lo que obtiene es gracias a extraordinarios, lo cual es negativo.

$$\text{Ratio} = \frac{\text{Extraordinarios}}{\text{BAIT}}$$

Beneficio neto sobre ventas

Este ratio engloba la rentabilidad total obtenida por euro vendido. Incluye todos los conceptos por los que la empresa obtiene ingresos o genera gastos. Ratios muy elevados de rentabilidad son muy positivos; éstos deberían ir acompañados por una política de retribución al accionista agresiva.

$$\text{Ratio} = \frac{\text{Beneficio neto}}{\text{Ventas}}$$

Payout

Indica el porcentaje del beneficio neto que se destina a dividendos. Payouts elevados son peligrosos por la poca capacidad de maniobra ante movimientos inesperados y negativos de los fondos generados, así como por la poca capacidad de reducción de deuda.

$$\text{Payout} = \frac{\text{Dividendo activo a distribuir o distribuido}}{\text{Beneficio después de inpuestos}}$$

Dividendos sobre cash-flow

Es la parte de los fondos generados que se destinan a dividendos, ya que el resto se dedica a inversiones y reducción de la deuda.

$$\text{Ratio} = \frac{\text{Dividendo activo a distribuir}}{\text{Cash-flow}}$$

3. DE LA ACCIÓN

BPA (Beneficio Por Acción)

Este ratio es muy utilizado en bolsa. Es el beneficio neto entre el número de acciones. El crecimiento de este ratio es en lo que más debe fijarse un inversor, por encima del crecimiento del beneficio total, ya que puede darse el hecho de empresas que cuenten con un beneficio total elevado, pero que, al realizar ampliaciones, diluyan este ratio.

$$\text{BPA} = \frac{\text{Beneficios después de impuestos}}{\text{Número acciones}}$$

CPA (Cash-flow Por Acción)

Este ratio se refiere a los fondos generados en lugar del beneficio neto.

$$CPA = \frac{\text{Cash-flow}}{\text{Acción}}$$

DPA (Dividendo Por Acción)

Dividendo bruto por acción que una empresa paga con cargo a un ejercicio. Se utiliza el dividendo por acción anunciado por la empresa o estimado por el analista.

$$DPA = \frac{\text{Dividendo activo a distribuir}}{\text{Número acciones}}$$

27. Análisis de la situación financiera a largo plazo

«No progresas mejorando lo que ya está hecho, sino esforzándote por lograr lo que aún queda por hacer.»

GIBRAN, Gibrân Jalîl

- En el análisis financiero a largo plazo, debemos enfatizar la capacidad de generación de beneficios.
- El activo fijo y el capital circulante deben financiarse con pasivos fijos o permanentes.
- Cuando el coste financiero neto es inferior a la rentabilidad de la empresa, es decir, cuando el apalancamiento financiero es superior a 1, es aconsejable utilizar fondos ajenos remunerables.
- El coste de la deuda se debe pagar con fondos líquidos, no con beneficios contables.

“En el análisis a largo plazo, debemos estudiar la composición de los pasivos y en qué activos han sido invertidos.”

NUBE DE TAGS

Rotación global del activo, PODER DE CAPITALIZACIÓN MEDIO, *autofinanciación de enriquecimiento,* **MANTENIMIENTO, BRUTA,** *coste efectivo de la deuda...*

27.1. ADECUACIÓN ENTRE ACTIVOS Y PASIVOS

Mientras que en el análisis financiero a corto plazo centrábamos nuestra atención en la capacidad de la empresa de hacer frente a sus deudas a corto plazo, en el análisis financiero a largo plazo estudiaremos la capacidad de la empresa para satisfacer sus deudas a largo plazo.

RECUERDA

En el análisis a corto plazo la pieza clave es la liquidez de la empresa, pero en el análisis a largo plazo debemos enfatizar la capacidad de generación de beneficios.
Obviamente, en el corto plazo, una empresa, aunque no sea rentable, puede tener liquidez, pero, en el largo plazo, una empresa que no sea rentable no podrá generar liquidez, es decir, no tendrá beneficios.

ANÁLISIS FINANCIERO A CORTO PLAZO	LIQUIDEZ
ANÁLISIS FINANCIERO A LARGO PLAZO	BENEFICIOS

En el análisis a largo plazo, debemos estudiar la composición de los pasivos y en qué activos han sido invertidos.

A continuación presentamos el ejemplo de la empresa ficticia Holidays, S.A., Como podemos observar, el balance de esta empresa muestra tanto los valores absolutos como los respectivos porcentajes, a fin de apreciar el peso relativo de cada una de las masas patrimoniales.

BALANCE DE LA EMPRESA HOLIDAYS, S.A., A 31 DE DICIEMBRE DE 2010 (miles de euros)

ACTIVO	euros	%	PASIVO	euros	%
Caja	200	0,05	Proveedores	28 000	7,11
Bancos	2 000	0,51	Otras deudas a corto plazo	2 000	0,51
Inversiones financieras temporales	8 000	2,03	**PASIVO CIRCULANTE**	**30 000**	7,61
Clientes	20 000	5,08	Deudas a largo plazo	120 000	30,46
Existencias	49 800	12,64	**PASIVO FIJO**	**120 000**	30,46
ACTIVO CIRCULANTE	**80 000**	20,30	Capital social	200 000	50,76

(Continúa)

BALANCE DE LA EMPRESA HOLIDAYS, S.A., A 31 DE DICIEMBRE DE 2010 (miles de euros)

ACTIVO	euros	%	PASIVO	euros	%
Gastos amortizables	4 000	1,02	Reservas	44 000	11,17
Inmovilizado financiero	10 000	2,54	**FONDOS PROPIOS**	**244 000**	61,93
Inmovilizado inmaterial	40 000	10,15			
Inmovilizado material	260 000	65,99			
ACTIVO FIJO	**314 000**	79,70			
TOTAL ACTIVO	**394 000**	100	**TOTAL PASIVO**	**394 000**	100

Partiendo de la información suministrada en el balance de Holidays, S.A., podemos confeccionar un cuadro de datos que describa la estructura financiera de la empresa, en el cual se refleje cuál es su financiación a largo plazo, y en qué inversiones se ha aplicado la misma.

Considerando el capital circulante como una inmovilización, obtenemos:

ESTRUCTURA FINANCIERA DE HOLIDAYS, S.A.

	IMPORTE	% PARCIAL	% TOTAL
INVERSIONES			
CAPITAL CIRCULANTE			
Activo circulante	80 000	160	
Pasivo circulante	(30 000)	(60)	
	50 000	100	13,74
ACTIVO FIJO			
Gastos amortizables	4 000	1,27	
Inmovilizado Finaciero	10 000	3,19	
Inmovilizado Inmaterial	40 000	12,74	
Inmovilizado Material	260 000	82,80	
	314 000	100	86,26
INVERSIONES TOTALES **FONDOS DE FINANCIAMIENTO**	**364 000**		**100**
FONDOS AJENOS Deudas a largo plazo	120 000	100	
	120 000		33
FONDOS PROPIOS Capital Social	200 000	81,97	
Reservas	44 000	18,03	67
	244 000	100	
FONDOS TOTALES DE FINANCIAMIENTO	**364 000**		**100**

27.1.1. COMPOSICIÓN DE LOS ACTIVOS

En general, los activos con menor liquidez deben financiarse con pasivos que impliquen una devolución a largo plazo. Por lo tanto, el activo fijo y el capital circulante deben financiarse con pasivos fijos o permanentes.

Como regla general, es deseable que el ratio, o coeficiente que relaciona la financiación permanente con los activos fijos, sea mayor que la unidad.

En el caso de Holidays, S.A., este ratio sería:

$$\frac{\text{FONDOS DE FINANCIAMIENTO}}{\text{ACTIVO FIJO}} = \frac{364\,000}{314\,000} = 1{,}16$$

El que este ratio sea mayor de uno implica que, al ser el importe de los fondos de financiamiento ajenos y propios mayor que el importe del activo fijo, queda una cantidad disponible de fondos permanentes que se puede dedicar a financiar una parte del activo circulante.

Otro dato interesante es el siguiente ratio:

$$\text{ROTACIÓN GLOBAL DEL ACTIVO} = \frac{\text{VENTAS}}{\text{ACTIVO}}$$

Cuanto mayor sea este ratio, mayor será la rentabilidad de los activos. Es importante que los activos de una empresa tengan una rotación adecuada para evitar inversiones inactivas que pesen negativamente en los resultados.

En ocasiones, es útil estudiar la composición del activo de otras empresas del sector. Para este tipo de análisis, puede recurrirse a la información que proporcionan empresas privadas.

27.1.2. COMPOSICIÓN DE LOS PASIVOS

Es fundamental distinguir entre pasivos exigibles a corto plazo y pasivos exigibles a largo plazo. Cuanto mayor sea la proporción de pasivos exigibles a corto plazo, mayor será el riesgo de insolvencia.

En la empresa de nuestro ejemplo, Holidays, S.A., la proporción es la siguiente:

HOLIDAYS, S.A.: PASIVOS EXIGIBLES		
	IMPORTES	%
LARGO PLAZO	120 000	80
CORTO PLAZO	30 000	20
TOTAL	150 000	100

La composición del pasivo exigible de Holidays, S.A., no parece preocupante en absoluto, pero sería interesante tener más información en cuanto al origen de los pasivos exigibles a corto plazo, ya que los créditos bancarios tienen características diferentes que los pasivos correspondientes a proveedores, etc.

Otro aspecto que debe analizarse es el de la concentración o diversificación de la deuda, es decir, si ésta se encuentra toda centralizada en una misma entidad financiera, en un solo proveedor, etc.

27.1.3. COMPOSICIÓN DE LOS FONDOS PROPIOS

Dentro de los fondos propios debemos distinguir entre:

	FONDOS PROPIOS
CAPITAL SOCIAL	APORTACIÓN DE LOS PROPIETARIOS
RESERVAS	AUTOFINANCIACIÓN

El capital social de una empresa mide la participación de los accionistas en el riesgo de la misma. A medida que una empresa crece, los socios pueden optar por realizar ampliaciones de capital o recurrir a financiación externa.

Cuando una empresa obtiene beneficios, puede repartirlos entre sus accionistas vía dividendos, mantenerlos en la empresa en concepto de reservas o dedicarlos a una combinación de dividendos y reservas.

En ocasiones, las reservas que aparecen en el balance de una empresa pueden deberse, además de a beneficios retenidos, a primas por la emisión de acciones, a plusvalías o a revalorizaciones.

Sin embargo, en el largo plazo, la única autofinanciación es la originada por los beneficios retenidos.

La velocidad con que se han generado las reservas acumuladas gracias a los beneficios no distribuidos es un dato interesante, especialmente para tomar decisiones sobre el reparto de dividendos.

El coeficiente que suele utilizarse para analizar las aportaciones anuales y la tendencia de los beneficios destinados a reservas es el llamado «poder de capitalización medio»:

$$\text{PODER DE CAPITALIZACIÓN MEDIO} = \frac{\text{RESERVAS}}{\text{N.º DE AÑOS DE VIDA DE LA EMPRESA}}$$

En la empresa de nuestro ejemplo, Holidays, S.A., el ratio del poder de capitalización medio sería de 8 800 000 euros anuales si la empresa hubiera generado estas reservas en cinco años, pero si la empresa hubiera tardado diez años, sería tan sólo de 4 400 000 euros anuales.

Es útil comparar la aportación anual a las reservas de una empresa con el ratio de poder de capitalización medio para determinar si la tendencia es ascendente o descendente.

Como hemos mencionado en otros capítulos, el gasto de amortización de los activos no implica salida de fondos. Es decir, que mientras no haya que renovar los activos depreciados, los gastos de amortización son también una forma de autofinanciación.

Por esta razón, se suele distinguir entre la autofinanciación de enriquecimiento, generada por los beneficios retenidos, y la autofinanciación de mantenimiento, generada por los gastos de amortización.

autofinanciación de enriquecimiento	beneficios retenidos
autofinanciación de mantenimiento	gastos de amortización

La financiación generada por las operaciones de una empresa es independiente de las amortizaciones, pero, evidentemente, al imputar en un ejercicio el coste de los gastos de amortización, se está disminuyendo el beneficio del ejercicio y, por lo tanto, la posibilidad de destinar fondos a dividendos o reservas.

Por esta razón, en el largo plazo, la suma del beneficio destinado a reservas y la dotación a los fondos de amortización podría considerarse como autofinanciación. Es lo que se denomina «autofinanciación bruta».

Volviendo a la empresa Holidays, S.A., supongamos que la empresa ha destinado 8 800 euros a reservas en este ejercicio, y que los gastos de amortización del ejercicio han ascendido a 20 000 euros.

En este caso:

AUTOFINANCIACIÓN DEL EJERCICIO DE HOLIDAYS, S.A.	
Autofinanciación de enriquecimiento	8 800
Autofinanciación de mantenimiento	20 000
Autofinanciación bruta	28 800

Si bien es cierto que un alto nivel de autofinanciamiento es percibido positivamente por terceros, ya que se considera una práctica prudente por parte de la empresa, un nivel de autofinanciación excesivamente alto puede conllevar que la rentabilidad de los accionistas vía dividendos sea muy baja o inexistente.

Lo ideal sería que el nivel de autofinanciación se limitara a la capacidad de expansión de la empresa, siempre y cuando la rentabilidad marginal que se obtuviera por dicha expansión compensara a los accionistas.

27.2. RELACIÓN ENTRE LOS PASIVOS Y LOS FONDOS PROPIOS

La relación entre los pasivos y los fondos propios es una pieza clave en el análisis financiero a largo plazo de una empresa, ya que determina su grado de endeudamiento.

Una primera aproximación consistiría en determinar la relación entre el pasivo total y los fondos propios. Utilizando los datos de Holidays, S.A., obtendríamos:

$$\frac{\text{PASIVO TOTAL}}{\text{FONDOS PROPIOS}} = \frac{120\,000 + 30\,000}{244\,000} = 0{,}61$$

También es útil cuantificar la proporción del pasivo a largo plazo en relación con los fondos propios, que, en la empresa de nuestro ejemplo, sería:

$$\frac{\text{PASIVO A LARGO PLAZO}}{\text{FONDOS PROPIOS}} = \frac{120\,000}{244\,000} = 0{,}49$$

Evidentemente, cuanto mayores sean los dos ratios anteriormente expuestos, mayor será la probabilidad de insolvencia a largo plazo, así como las necesidades de fondos de la empresa para cubrir el pago de intereses y el reembolso del principal.

En ocasiones, para determinar la solvencia a largo plazo de una empresa, se descuentan de los fondos propios aquellos activos que no pueden ser vendidos de forma individual, como por ejemplo los gastos de amortización, el fondo de comercio, etc.

Si una empresa tuviera que liquidar parte de sus activos para hacer frente a sus deudas, los activos mencionados anteriormente tendrían valor en el conjunto de la empresa, pero no serían susceptibles de ser vendidos aisladamente.

$$\frac{\text{PASIVO TOTAL}}{\text{FONDOS PROPIOS - GASTOS AMORTIZABLES}} = \frac{150\,000}{244\,000 - 4000} = 0{,}63$$

En el balance de Holidays, S.A., podemos apreciar que el 65,99% del activo total corresponde a activos fijos, susceptibles de ser vendidos de forma individual, frente a un pasivo total exigible del 38,07%. Si deducimos de los fondos propios los activos no realizables, obtenemos:

27.3. EL APALANCAMIENTO FINANCIERO

27.3.1. CONSIDERACIONES FISCALES

Desde el punto de vista fiscal, los fondos destinados por una empresa al pago de gastos financieros tienen un tratamiento diferente a los fondos dedicados a reservas o al pago de dividendos a los accionistas.

CUENTA DE RESULTADOS DE HOLIDAYS, S.A. A 31 DE DICIEMBRE DE 2010	
Ventas	620 000
Menos coste de mercancías vendidas	478 000
MARGEN BRUTO	**142 000**
Menos gastos de venta	40 000
MARGEN NETO	**102 000**
Menos gastos generales y de administración	60 000
Menos gastos financieros	21 000
Menos amortizaciones	11 000
RESULTADO ANTES DE IMPUESTOS	**10 000**
Menos impuesto sobre beneficios (35%)	3 500
RESULTADO DESPUÉS DE IMPUESTOS	**6 500**

En la cuenta de resultados de Holidays, S.A., podemos comprobar que los gastos financieros que genera el endeudamiento son fiscalmente deducibles, ya que se pagan con fondos que provienen de los resultados antes de impuestos.

RECUERDA

Los gastos financieros suponen un ahorro fiscal porque reducen el resultado antes de impuestos, y, por lo tanto, la cantidad que debe pagar la empresa a la Hacienda Pública.
Por el contrario, los fondos destinados a pago de dividendos a los accionistas o a reservas provienen del resultado después de impuestos, ya que no son fiscalmente deducibles.

Para analizar el impacto que tiene en una empresa el hecho de que los gastos financieros sean fiscalmente deducibles, utilizaremos los datos de Holidays, S.A.

Si Holidays, S.A., estuviera totalmente financiada por fondos propios, no tendría gastos financieros y, por lo tanto, en su cuenta de resultados, el resultado antes de impuestos sería de 31 000 euros. En este caso, la cantidad que habría que pagar a la Hacienda Pública sería de:

$$\text{IMPUESTOS} = 31\,000 \times 35\% = 10\,850 \text{ euros}$$

Es decir, que si Holidays, S.A., no tuviera gastos financieros pagaría a la Hacienda Pública 10 850 euros, en lugar de 3 500 euros. Por lo tanto, el que los gastos financieros sean fiscalmente deducibles implica un ahorro fiscal de 7 350 euros.

$$\text{AHORRO FISCAL} = \text{GASTOS FINANCIEROS} \times 35\%$$
$$21\,000 \times 35\% = 7\,350 \text{ euros}$$

27.3.2. COSTE EFECTIVO DE LA DEUDA

De acuerdo con la cuenta de resultados, los gastos financieros se elevan a 21 000 euros. Por lo tanto, el coste anual de la deuda es:

$$\text{COSTE ANUAL} = \frac{\text{GASTOS FINANCIEROS}}{\text{DEUDA A LARGO PLAZO}} = \frac{21\,000}{120\,000} = 17{,}5\%$$

RECUERDA

Como el hecho de utilizar la deuda implica un ahorro financiero, el coste efectivo de la utilización de fondos ajenos remunerados para una empresa es:

COSTE EFECTIVO DE FONDOS
= GASTOS FINANCIEROS ANUALES - AHORRO FISCAL FONDOS AJENOS REMUNERADOS

O, dicho de otra forma:

$$\%\ \text{COSTE EFECTIVO FONDOS AJENOS} = \frac{\text{GASTOS FINANCIEROS} \times (1 - \%\ \text{IMPUESTOS SOBRE BENEFICIOS})}{\text{FONDOS AJENOS REMUNERADOS}}$$

En el caso de Holidays, S.A., el coste efectivo de los fondos ajenos remunerados sería:

$$\text{COSTE EFECTIVO DE LOS FONDOS REMUNERADOS} = 21\,000 \times (1 - 0{,}35) = 21\,000 \times 0{,}65 = 13\,650$$

$$\text{\% COSTE EFECTIVO DE LOS FONDOS REMUNERADOS} = \frac{21\,000 \times (1 - 0{,}35)}{120\,000} = 11{,}375\%$$

27.3.3. ¿CUÁNDO SE DEBE UTILIZAR EL APALANCAMIENTO FINANCIERO?

Debemos comenzar por distinguir entre los propietarios de la empresa y la empresa.

RECUERDA

Mientras que la rentabilidad de los propietarios de una empresa se determina por la rentabilidad de los fondos propios, la rentabilidad de una empresa se determina por la rentabilidad de los fondos totales.

Utilizando el caso de Holidays, S.A., obtendríamos:

$$\text{RENTABILIDAD DE LOS FONDOS PROPIOS} = \frac{\text{BENEFICIO DESPUÉS DE IMPUESTOS}}{\text{FONDOS PROPIOS}} = \frac{6500}{244\,000} = 2{,}66\ \%$$

$$\text{RENTABILIDAD DE LOS FONDOS TOTALES} = \frac{\text{BENEFICIO DESPUÉS DE IMPUESTOS} + \text{COSTE FINANCIERO EFECTIVO}}{\text{FONDOS PROPIOS}}$$

$$= \frac{6500 + 13\,650}{244\,000 + 120\,000} = \frac{20\,150}{364\,000} = 5{,}54\%$$

RECUERDA

Se denomina apalancamiento financiero al coeficiente resultante de dividir la rentabilidad de los fondos propios entre la rentabilidad de los fondos totales. El apalancamiento financiero puede ser mayor, menor o igual a la unidad.

APALANCAMIENTO FINANCIERO SUPERIOR A LA UNIDAD: este caso se produce cuando el coste financiero neto es inferior a la rentabilidad de la empresa. Es decir, cuando la utilización de fondos ajenos remunerables supone para la empresa un beneficio después de impuestos superior al que se obtendría si la empresa no estuviera endeudada, siempre y cuando se mantuviera la misma estructura del activo.

Por lo tanto, mientras el apalancamiento financiero sea superior a uno, es aconsejable utilizar fondos ajenos remunerables, ya que esto mejorará el beneficio después de impuestos y, por lo tanto, la rentabilidad de los fondos propios.

APALANCAMIENTO FINANCIERO INFERIOR A LA UNIDAD: este caso se produce cuando el coste financiero neto es superior a la rentabilidad de la empresa. Es decir, cuando la utilización de fondos ajenos remunerables supone para la empresa un beneficio después de impuestos menor al que se obtendría si la empresa no estuviera endeudada, siempre y cuando se mantuviera la misma estructura del activo.

Por lo tanto, mientras el apalancamiento financiero sea inferior a uno, no es aconsejable utilizar fondos ajenos remunerables, ya que hacerlo disminuirá el beneficio después de impuestos, y, por lo tanto, la rentabilidad de los fondos propios

APALANCAMIENTO FINANCIERO IGUAL A LA UNIDAD: este caso se produce cuando el coste financiero neto es igual a la rentabilidad de la empresa. Es decir, cuando la utilización de fondos ajenos remunerables supone para la empresa el mismo beneficio después de impuestos que se obtendría si la empresa no estuviera endeudada (siempre y cuando se mantuviera la misma estructura del activo).

Por lo tanto, mientras el apalancamiento financiero sea igual a uno, es indiferente utilizar fondos ajenos remunerables o no, ya que no variará el beneficio después de impuestos, ni la rentabilidad de los fondos propios.

APALANCAMIENTO FINANCIERO >1	Sí es aconsejable utilizar fondos ajenos remunerables
APALANCAMIENTO FINANCIERO <1	No es aconsejable utilizar fondos ajenos remunerables
APALANCAMIENTO FINANCIERO =1	Es indiferente

En el caso de Holidays, S.A., el apalancamiento financiero es menor que la unidad porque el coste financiero neto (11,375%) es superior a la rentabilidad de la empresa (5,54%).

$$\text{APALANCAMIENTO FINANCIERO} = \frac{\text{RENTABILIDAD DE LOS FONDOS PROPIOS}}{\text{RENTABILIDAD DE LOS FONDOS TOTALES}} = \frac{2{,}66\ \%}{5{,}54\ \%} = 0{,}48\ \%$$

27.4. GRADOS DE COBERTURA DE GASTOS FINANCIEROS Y DE REEMBOLSO DE DEUDA

27.4.1. GENERACIÓN DE BENEFICIOS

En el largo plazo, la estabilidad financiera de una empresa que haya recurrido a fondos ajenos remunerables dependerá, en gran parte, de su capacidad de generar los beneficios suficientes para hacer frente al coste de dicha deuda. Ésta es la base del análisis de cualquier entidad financiera para conceder financiación.

Uno de los ratios de cobertura de gastos financieros más utilizados para medir la capacidad de una empresa para hacer frente a sus gastos financieros es:

$$\frac{\text{BENEFICIO ANTES DE IMPUESTOS + GASTOS FINANCIEROS}}{\text{GASTOS FINANCIEROS}}$$

Si el ratio de cobertura de gastos financieros es mayor de uno, quiere decir que los beneficios originados por la empresa son suficientes para hacer frente al coste de los intereses de la deuda.

En el caso de Holidays, S.A.:

$$= \frac{10\,000 + 21\,000}{21\,000} = 1{,}48$$

Otro de los ratios de cobertura de gastos financieros más utilizados en la cuantificación de la capacidad de una empresa para hacer frente a sus gastos financieros utiliza los cash-flows derivados de las operaciones de la empresa, ya que el coste de la deuda hay que pagarlo no con beneficios contables, sino con fondos líquidos.

CONSULTAR

Para más información consultar la sección 22.6.1: «Cash-flow derivado de las operaciones de la empresa».

Otra ventaja de este ratio es que permite comparar la capacidad de generar fondos de distintas empresas, ya que elimina el efecto de los costes más manipulables: las amortizaciones y las dotaciones.

$$\frac{\text{BENEFICIO ANTES DE IMPUESTOS + GASTOS FINANCIEROS + AMORTIZACIONES + PROVISIONES}}{\text{GASTOS FINANCIEROS}}$$

En el caso de Holidays, S.A.:

$$= \frac{10\,000 + 21\,000 + 11\,000}{21\,000} = 2$$

27.4.2. LA GENERACIÓN DE FONDOS

Como hemos comentado en el apartado anterior, una empresa tiene que hacer frente al pago de la deuda y a sus intereses con fondos disponibles, no con beneficios contables.

Por esta razón, es muy importante estudiar cuál es la capacidad de generar tanto cash-flows como capital circulante por parte de la empresa.

La capacidad de generación de capital circulante es importante, porque, en situaciones normales, las diferentes partidas que lo integran se convierten, en el corto plazo, en dinero efectivo.

A continuación, utilizaremos el caso de las empresas ficticias 1 y 2 para ilustrar el concepto de generación de fondos de una empresa.

ESTADO DE ORIGEN Y APLICACIÓN DE FONDOS DE LAS EMPRESAS 1 Y 2				
	EMPRESA 1		EMPRESA 2	
	Miles de euros	%	Miles de euros	%
ORIGEN DE FONDOS				
Fondos procedentes de la explotación:				
Resultado del ejercicio	35 000	12,5	49 000	35,0
Más amortizaciones y provisiones	49 000	17,5	56 000	40,0
	84 000	**30,0**	**105 000**	**75,0**
Ampliación de capital	56 000	20,0	28 000	20,0
Endeudamiento a largo plazo	70 000	25,0	7 000	5,0
Venta de activos	70 000	25,0	0	0,0
TOTAL ORIGEN DE FONDOS	**280 000**	**100,0**	**140 000**	**100,0**
APLICACIÓN DE FONDOS				
Compras de activos	126 000	45,0	70 000	50,0
Reembolso de la deuda a largo plazo	105 000	37,5	28 000	20,0
TOTAL APLICACIÓN DE FONDOS	**231 000**	**82,5**	**98 000**	**70,0**
AUMENTO DEL CAPITAL CIRCULANTE	49 000	**17,5**	42 000	30,0

Resulta evidente que la situación de la empresa 1 es mucho peor que la de la empresa 2. En la empresa 1, tan sólo el 30% del origen de fondos se debe a la explotación, mientras que en la empresa 2 ascienden al 75%.

Por otra parte, un 25% del origen de fondos de la empresa 1 procede de endeudamiento a largo plazo, mientras que, en la empresa 2, tan sólo representa un 5%.

Por último, podemos comprobar que la empresa 1 ha recurrido a la venta de activos, y que esta partida representa el 25% del origen de sus fondos.

Es conveniente completar la información suministrada por los estados de origen y aplicación de fondos con un estado de tesorería, o cash-flow, ya que es el método más fidedigno para determinar la capacidad de una empresa de hacer frente a los costes de su deuda y al reembolso de la misma.

ESTADOS DE TESORERÍA DE LAS EMPRESAS 1 Y 2				
	EMPRESA 1		EMPRESA 2	
	Miles de euros	%	Miles de euros	%
Cash-flow por actividades de operaciones	105 000	125	140 000	138
Cash-flow por actividades de financiación	21 000	25	31 500	31
Cash-flow por actividades de inversión	-42 000	-50	-70 000	-69
CASH-FLOW TOTAL	84 000	100	101 500	100

El estado de tesorería pone de manifiesto, una vez más, que el cash-flow por actividades de operaciones es, proporcionalmente, mayor en la empresa 2 que en la empresa 1.

28. Análisis de los resultados

«¿Qué importa si el gato es blanco o negro, con tal que cace ratones?»

Deng Xiaoping

- Cuando el objetivo es maximizar el margen bruto, tan importante como aumentar las ventas es el controlar los costes.
- Es importante analizar la participación en el margen bruto y en las ventas totales de cada producto.
- La estructura de costes de una empresa, sobre todo de las de tipo industrial, depende en gran medida de la composición de sus activos.
- El punto muerto determina el volumen de ventas que necesita una empresa para empezar a generar beneficios.
- El apalancamiento operativo se produce una vez que una empresa ha superado el punto muerto.

“Una variación de la rentabilidad de los activos se puede obtener modificando el margen de beneficio global, con un cambio en la rotación de los activos o mediante una combinación de ambos factores.”

NUBE DE TAGS

COSTES FIJOS, **variables y semivariables,** *rentabilidad de los fondos propios, de los activos,* **GRÁFICO DU PONT DE NEMOURS,** **EBIDTA...**

28.1. ESTUDIO DE LAS TENDENCIAS Y ANÁLISIS DE LOS COMPONENTES EN PORCENTAJES

A continuación, utilizaremos las cuentas de resultados de la empresa ficticia Resort, S.A., correspondientes a los ejercicios 2008 y 2009, para ilustrar cómo se pueden estudiar las variaciones de los resultados obtenidos por una empresa.

CUENTAS DE RESULTADOS DE RESORT, S.A., A 31 DE DICIEMBRE DE 2008 Y 2009 (miles de euros)						
	2008		2009		VARIACIÓN	
	EUROS	%	EUROS	%	EUROS	%
Ventas	239 850	100	300 000	100	60 150	25
Menos coste mercancía vendida	191 880	80,00	210 000	70,00	18 120	**9,44**
MARGEN BRUTO	**47 970**	**20,00**	**90 000**	**30,00**	**42 030**	**87,62**
Menos gastos de venta	-11 970	-4,99	-21 000	-7,00	9 030	-75,44
MARGEN NETO	**36 000**	**15,01**	**69 000**	**23,00**	**33 000**	**91,67**
Menos gastos generales y de administración	-7 200	-3,00	-7 200	-2,40	0	0,00
Menos gastos financieros	-24 000	-10,01	-15 000	-5,00	9 000	-37,50
RESULTADOS DE OPERACIONES	**4 800**	**2,00**	**46 800**	**15,60**	**42 000**	**875,00**
Más ingresos extraordinarios	4 500	1,88	300	0,10	-4 200	-93,33
Menos gastos extraordinarios	-300	-0,13	3 000	-1,00	-2 700	900,00
RESULTADOS EJERCICIO ANTES DE IMPUESTOS	**9 000**	**3,75**	**44 100**	**14,70**	**35 100**	**390,00**
Menos impuestos (35%)	-3 150	-1,31	-15 435	-5,15	-12 285	390,00
RESULTADOS EJERCICIO DESPUÉS DE IMPUESTOS	**5 850**	**2,44**	**28 665**	**9,56**	**22 815**	**390,00**

En una primera apreciación, llama la atención que Resort, S.A., ha conseguido elevar su margen bruto en más de un 87%, cuando sus ventas sólo han aumentado en un 25%.

La respuesta la encontramos en la variación que ha experimentado el coste de las mercancías vendidas, el cual, a pesar del aumento de las ventas, tan sólo se ha incrementado en un 9,44%.

28.2. ESTUDIO DE LA VARIACIÓN DEL MARGEN BRUTO CON UN SOLO PRODUCTO

Supongamos que la empresa Resort, S.A., se dedica exclusivamente a la venta de un único modelo de motos de nieve, y que los datos sobre las unidades vendidas, el precio unitario de venta y los costes unitarios de fabricación correspondientes a los ejercicios 2008 y 2009 son los que aparecen a continuación:

RESORT, S.A.		
	2008	2009
Cantidad de unidades vendidas	1 066	1 000
Precio unitario de venta al público	225 000	300 000
Coste unitario	180 000	210 000

28.2.1. VARIACIÓN EN LAS VENTAS

Gracias a la información que aparecía en la cuenta de resultados de Resort, S.A., sabemos que las ventas aumentaron, entre 2008 y 2009, en 60 150 000 euros, es decir, en un 25,08%. Hay que tener en cuenta que el importe de la cifra de ventas depende de dos factores:

VENTAS = N.º DE UNIDADES VENDIDAS × PRECIO DE VENTA

Por lo tanto, una modificación en la cifra de ventas puede deberse, o bien a una variación del número de unidades vendidas, o bien a un cambio del precio de venta, o a una combinación de ambos factores.

Utilizando como ejemplo el caso de Resort, S.A., la variación que han experimentado las ventas se puede calcular de la siguiente manera:

VARIACIÓN EN LA CANTIDAD: si el precio de venta al público no hubiera cambiado entre 2008 y 2009, la variación en la cifra de ventas de Resort, S.A. se debería, exclusivamente, a una diferencia en el número de unidades vendidas. Por lo tanto:

VARIACIÓN VENTAS = VARIACIÓN EN N.º UNIDADES VENDIDAS × PRECIO
= (1000 - 1066) × 225 000 = (14 850 000) EUROS

VARIACIÓN EN EL PRECIO: si el número de unidades vendidas no hubiera cambiado entre 2008 y 2009, la variación en la cifra de ventas de Resort, S.A., se debería, exclusivamente, a la modificación en el precio de venta al público. Por lo tanto:

VARIACIÓN VENTAS = VARIACIÓN EN PRECIO × N.º UNIDADES VENDIDAS
= (300 000 - 225 000) × 1066 = 79 950 000 EUROS

VARIACIÓN EN LA CANTIDAD Y EN EL PRECIO: supongamos que, entre 2008 y 2009, variaron tanto el número de unidades vendidas como el precio de venta al público. En este caso:

$$\text{VARIACIÓN VENTAS} = \text{VARIACIÓN EN PRECIO} \times \text{VARIACIÓN N.º UNIDADES VENDIDAS}$$

$$= (1000 - 1066) \times (300\,000 - 225\,000) = 4\,950\,000 \text{ EUROS}$$

En definitiva, la variación de la cifra de ventas experimentada por Resort, S.A. entre los ejercicios 2008 y 2009 corresponde a:

VARIACIÓN VENTAS =
(N.º UNIDADES 2009 × PRECIO 2009) - (N.º UNIDADES 2008 × PRECIO 2008)

Esta variación se puede desglosar de la siguiente forma:

RESORT, S.A., VARIACIÓN EN VENTAS (2008/2009) (miles de euros)	
VARIACIÓN EN CANTIDAD	14 850
VARIACIÓN EN PRECIO	79 950
VARIACIÓN EN CANTIDAD Y PRECIO	4 950
TOTAL VARIACIÓN VENTAS	60 150

28.2.2. VARIACIÓN EN EL COSTE DE LAS MERCANCÍAS VENDIDAS

Gracias a la información que aparecía en la cuenta de resultados de Resort, S.A., sabemos que los costes de las mercancías vendidas aumentaron entre 2008 y 2009 en 18 120 000 euros, es decir, en un 9,44%.

Hay que tener en cuenta que el importe de la cifra de coste de las mercancías vendidas depende de dos factores:

COSTE MERCANCÍAS VENDIDAS = N.º DE UNIDADES VENDIDAS × COSTE UNITARIO

Como en el apartado anterior, una variación en la cifra de coste de mercancías vendidas puede deberse, o bien a una variación del número de unidades vendidas, o bien a un cambio del coste unitario, o a una combinación de ambos factores.

En definitiva, la variación de la cifra del coste de las mercancías vendidas experimentada por Resort, S.A. entre los ejercicios 2008 y 2009 corresponde a:

VARIACIÓN EN COSTE DE MERCANCÍAS VENDIDAS =
(N.º UNIDADES 2009 × COSTE 2009) - (N.º UNIDADES 2008 × COSTE 2008)

Esta variación se puede desglosar de la siguiente forma:

RESORT, S.A., VARIACIÓN EN COSTE MERCANCÍAS VENDIDAS (2008/2009) (miles de euros)	
VARIACIÓN EN CANTIDAD	11 880
VARIACIÓN EN COSTE	31 980
VARIACIÓN EN CANTIDAD Y COSTE	1 980
TOTAL VARIACIÓN EN COSTE DE MERCANCÍAS VENDIDAS	18 120

28.2.3. VARIACIÓN EN EL MARGEN BRUTO

Gracias a la información que aparecía en la cuenta de resultados de Resort, S.A., sabemos que el margen bruto aumentó en 42 030 000 euros entre 2008 y 2009, es decir, un 87,62%.

RESORT, S.A., VARIACIÓN EN MARGEN BRUTO (2008/2009) (miles de euros)	
VARIACIÓN EN VENTAS	60 150
VARIACIÓN EN COSTE DE MERCANCÍAS VENDIDAS	18 120
VARIACIÓN EN MARGEN BRUTO	42 030

Por lo tanto, Resort, S.A., ha conseguido elevar su margen bruto en más de un 87%, cuando sus ventas sólo han aumentado en un 25%, gracias a que el coste de las mercancías vendidas tan sólo ha subido un 9,44%.

El ejemplo de Resort, S.A., pone de manifiesto que, cuando el objetivo es maximizar el margen bruto, tan importante como aumentar las ventas es el controlar los costes.

28.3. ESTUDIO DE LA VARIACIÓN EN EL MARGEN BRUTO CON VARIOS PRODUCTOS

Supongamos que Resort, S.A., vendiera tres modelos diferentes de motos de nieve, que denominaremos «gama media», «gama alta» y «gama baja», y que, durante el año 2009, las ventas y los costes de cada uno de los modelos fueran los que aparecen a continuación:

RESORT, S.A., DESGLOSE DE MARGEN BRUTO 2009 (miles de euros)				
	GAMA MEDIA	GAMA ALTA	GAMA BAJA	TOTAL
Ventas	90 000	180 000	30 000	300 000
Coste mercancía vendida	51 000	150 000	9 000	210 000
Margen bruto	39 000	30 000	21 000	90 000

Con estos datos podemos determinar cuál ha sido la contribución de cada uno de los tres productos al margen bruto total y a las ventas totales de Resort, S.A., así como el porcentaje del margen en relación con las ventas que corresponden a cada producto:

RESORT, S.A., CONTRIBUCIÓN DE CADA PRODUCTO AL MARGEN BRUTO 2009				
	GAMA MEDIA	GAMA ALTA	GAMA BAJA	TOTAL
Margen bruto individual	39 000	30 000	21 000	90 000
Margen bruto total	90 000	90 000	90 000	90 000
% sobre margen bruto total	43,3	33,3	23,3	100

RESORT, S.A., CONTRIBUCIÓN DE CADA PRODUCTO A LAS VENTAS 2009				
	GAMA MEDIA	GAMA ALTA	GAMA BAJA	TOTAL
Ventas individuales	90 000	180 000	30 000	300 000
Ventas totales	300 000	300 000	300 000	300 000
% sobre ventas totales	30	60	10	100

RESORT, S.A., % MARGEN BRUTO/VENTAS DE CADA PRODUCTO EN 2009				
	GAMA MEDIA	GAMA ALTA	GAMA BAJA	TOTAL
Margen bruto individual	39 000	30 000	21 000	90 000
Ventas individuales	90 000	180 000	30 000	300 000
% margen sobre ventas	43,3	16,7	70	

Una vez que hemos determinado cuál es la participación en el margen bruto y en las ventas totales de cada producto, así como el porcentaje de margen sobre ventas individuales, podemos determinar el porcentaje de contribución de cada uno de los productos al margen bruto sobre ventas totales de Resort, S.A.:

RESORT, S.A., CONTRIBUCIÓN DE CADA PRODUCTO AL MARGEN BRUTO TOTAL 2009				
	GAMA MEDIA	GAMA ALTA	GAMA BAJA	TOTAL
% Margen sobre ventas	43,3	16,7	70	
% sobre ventas totales	30	60	10	
% margen total	13	10	7	30

Con estos datos llegamos a la conclusión de que, desafortunadamente, la gama alta, que es el producto que tiene una mayor participación en la cifra de ventas, es, al mismo tiempo, el producto que implica un menor margen.

Por lo tanto, sería interesante potenciar las ventas de la gama baja, ya que este producto es el que supone una mayor aportación al margen bruto de Resort, S.A.

28.4. ANÁLISIS DE LOS COSTES

A todas las empresas les gustaría no solamente aumentar el número de unidades vendidas en cada ejercicio, sino, además, poder aumentar el precio de venta al público.

Sin embargo, salvo en casos excepcionales, la competencia que debe afrontar la mayoría de las empresas provoca que un aumento de los precios implique una caída de las ventas. Por esta razón, hoy en día, lo habitual es que un aumento del margen bruto se deba, o bien a un aumento de las ventas, o bien a una disminución del coste de las mercancías vendidas, o a una combinación de ambos factores.

La estructura de costes de una empresa, especialmente de las de tipo industrial, depende en gran medida de la composición de sus activos.

A continuación, aparecen los balances de Resort, S.A., al final de los ejercicios 2008 y 2009.

BALANCES DE RESORT, S.A., A 31 DE DICIEMBRE DE 2008 Y 2009 (miles de euros)					
ACTIVO			PASIVO		
ACTIVO CIRCULANTE	2008	2009	PASIVO CIRCULANTE	2008	2009
Caja y bancos	3 300	1 650	Proveedores	9 750	11 985
Clientes	13 500	23 100	Hacienda Pública	6 900	18 900
Existencias:			**TOTAL PASIVO CIRCULANTE**	**16 650**	**30 885**
Materias primas	8 100	7 500			
Productos en curso	9 600	15 000	FONDOS DE FINANCIAMIENTO		
Productos terminados	40 500	46 500	Fondos ajenos:		
			Acreedores a largo plazo	136 500	91 200

BALANCES DE RESORT, S.A., A 31 DE DICIEMBRE DE 2008 Y 2009 (miles de euros)					
ACTIVO			**PASIVO**		
ACTIVO CIRCULANTE	**2008**	**2009**	**PASIVO CIRCULANTE**	**2008**	**2009**
TOTAL ACTIVO CIRCULANTE	**75 000**	**93 750**	Fondos propios:		
			Capital	480 000	540 000
INMOVILIZADO			Reservas	101 850	124 665
Gastos de establecimiento	15 000	12 000	**TOTAL FONDOS DE FINANCIAMIENTO**	**718 350**	**755 865**
Inmovilizado material neto	600 000	645 000			
Inmovilizado inmaterial neto	30 000	21 000			
Inmovilizado financiero neto	15 000	15 000			
TOTAL INMOVILIZADO	**660 000**	**693 000**			
TOTAL ACTIVO	**735 000**	**786 750**	**TOTAL PASIVO**	**735 000**	**786 750**

La empresa Resort, S.A., utiliza el método FIFO *(first-in, first-out)* para valorar sus existencias, es decir, considera que las primeras unidades que han entrado en el almacén son las primeras que salen. Por lo tanto, se venden primero las mercancías más antiguas.

A continuación, aparecen los datos sobre la producción de Resort, S.A., correspondientes a 2008 y 2009, así como su estructura de costes:

RESORT, S.A., PRODUCCIÓN Y EXISTENCIAS EJERCICIOS 2008 Y 2009		
	2008	
Inventario inicial de productos terminados:	202 unidades x 148 514,85	30 000 000
Producción de 2008:	1080 unidades x 187 500	202 500 000
Ventas 2008:	202 unidades x 148 514,85 864 unidades x 187 500	30 000 000 162 000 000
Precio medio ventas 2008	192 000 000 euros/1060 unidades	180 113
Inventario final:	216 unidades x 187 500	40 500 000
	2009	
Inventario inicial de productos terminados:	216 unidades x 187 500	40 500 000
Producción de 2009:	1000 unidades x 215 277,78	215 277 780
Ventas 2009:	216 unidades x 187 500 784 unidades x 215 277,78	40 500 000 168 777 780
Precio medio ventas 2009	209 277 780 euros/1000 unidades	209 278
Inventario final:	216 unidades x 215 277,78	46 500 000

RESORT, S.A., ESTRUCTURA DE COSTES EJERCICIOS 2008 Y 2009 (miles de euros)						
	2008			2009		
	Euros		%	Euros		%
Materias primas consumidas:						
Inventario inicial	6 000			8 100		
Más compras	63 174			60 240		
Menos inventario final	-8 100	61 074	30,00	-7 500	60 840	27,48
Mano de obra directa		70 500	34,63		72 000	32,52
Gastos de fabricación indirectos		72 006	35,37		88 560	40,00
COSTE DE PRODUCCIÓN		**203 580**	100		**221 400**	100
Producción en curso:						
Inventario inicial	8 400			9 600		
Inventario final	-9 600	-1 200		-15 000	-5 400	
COSTE DE PRODUCCIÓN TERMINADA		**202 380**			**216 000**	
Variación producción terminada:						
Inventario inicial	30 000			40 500		
Inventario final	-40 500	**-10 500**		(46 500)	**-6 000**	
COSTE DE MERCANCÍA VENDIDA		**191 880**			**210 000**	

Con los datos anteriores, podemos llegar a las siguientes conclusiones en relación A Resort, S.A.:

1. A pesar de que, entre 2008 y 2009, la producción se ha reducido de 1080 a 1000 unidades (un 7,41%), ciertos gastos han aumentado, en especial, los gastos indirectos de fabricación, que han subido de 72 006 000 a 88 560 000 euros, es decir, un 23%.
2. Los costes de producción han aumentado en un 8,75% entre 2008 y 2009, pasando de 203 580 a 221 400 euros.

Por lo tanto, sería recomendable que Resort, S.A., intentara disminuir sus gastos indirectos de fabricación, así como que controlara sus costes de producción.

28.5. EL PUNTO MUERTO Y EL APALANCAMIENTO OPERATIVO

28.5.1. COSTES FIJOS Y COSTES VARIABLES

Aunque es cierto que en el largo plazo todos los costes de una empresa varían, en el corto plazo existen una serie de costes que no varían, a pesar de que se modifique el nivel de actividad. Estos costes se denominan «costes fijos».

Existen otros costes que, sin embargo, dependen del nivel de actividad de la empresa y que se denominan «costes variables».

Por último, existe una serie de costes que se denominan «costes semivariables», debido a que son una combinación de costes fijos y variables.

Un dato vital para cualquier empresa es determinar qué volumen de ventas necesita para empezar a generar beneficios.

RECUERDA

El volumen de ventas que necesita una empresa para cubrir sus costes fijos y variables se denomina «punto muerto», e implica un beneficio igual a cero. Por debajo de este volumen de ventas, la empresa tiene pérdidas, y, por encima, beneficios.

RELACIÓN ENTRE VENTAS Y PUNTO MUERTO			
VENTAS	=	PUNTO MUERTO	BENEFICIO = 0
VENTAS	<	PUNTO MUERTO	**PÉRDIDAS**
VENTAS	>	PUNTO MUERTO	**GANANCIAS**

Para determinar el punto muerto de Resort, S.A., vamos a asumir que esta empresa tiene unos costes fijos de 75 900 000 euros, y unos costes variables que suponen el 60% de sus ventas.

Para determinar el punto muerto, podemos utilizar la siguiente ecuación:

$$\text{PUNTO MUERTO} = \frac{\text{COSTES FIJOS}}{(1 - \%\ \text{COSTES VARIABLES})}$$

Por lo tanto, en el caso de Resort, S.A.:

$$\text{PUNTO MUERTO} = \frac{75\,900\,000}{(1 - 0{,}60)} = 189\,750\,000\ \text{EUROS}$$

Podemos comprobar que este nivel de ventas, efectivamente, implica un beneficio igual a cero.

PUNTO MUERTO DE RESORT, S.A.	
Ventas	189 750 000
Menos costes fijos	(75 900 000)
Menos costes variables (60% de las ventas)	(113 850 000)
Beneficio	0

RECUERDA

Si una empresa consigue reducir sus costes fijos al mismo tiempo que mantiene su porcentaje de costes variables, logrará reducir su punto muerto. Es decir, necesitará un volumen de ventas menor para comenzar a generar beneficios.

La ecuación del punto muerto se puede modificar para determinar qué volumen de ventas necesita una empresa para generar un determinado beneficio antes de impuestos.

$$\text{VENTAS} = \frac{\text{BENEFICIOS ANTES DE IMPUESTOS + COSTES FIJOS}}{(1 - \text{\% COSTES VARIABLES})}$$

Supongamos que Resort, S.A., quisiera averiguar qué volumen de ventas necesita para obtener 60 000 000 de euros de beneficio:

$$\text{VENTAS} = \frac{60\,000\,000 + 75\,900\,000}{(1 - 0{,}6)} = \frac{135\,900\,000}{0{,}4} = 339\,750\,000 \text{ EUROS}$$

Podemos comprobar que este nivel de ventas, efectivamente, implica un beneficio antes de impuestos de 60 000 000 de euros.

PUNTO MUERTO DE RESORT, S.A.	
Ventas	339 750 000
Menos costes fijos	75 900 000
Menos costes variables (60% de las ventas)	203 850 000
Beneficio	60 000 000

28.5.2. EL APALANCAMIENTO OPERATIVO

Una vez que una empresa ha superado el punto muerto, todas las ventas que obtenga por encima de ese nivel supondrán un aumento de los beneficios proporcionalmente mayor al aumento de las ventas.

La razón se debe a que los costes fijos se diluyen, ya que se dividen entre un número de unidades mayor; en otras palabras, los costes fijos unitarios disminuyen. Este efecto se denomina «apalancamiento operativo».

Con anterioridad, comprobamos que, cuando Resort, S.A., tenía una cifra de ventas de 339 750 000 euros, obtenía un beneficio de 60 000 000 de euros. A continuación, veremos que si Resort, S.A., aumentara sus ventas en tan sólo un 15%, sus beneficios aumentarían en un 34%.

PUNTO MUERTO DE RESORT, S.A.	
Ventas	339 712 500
Menos costes fijos	75 900 000
Menos costes variables (60% de las ventas)	234 427 500
Beneficio	80 385 000

A medida que aumentan las ventas, el efecto de dilución de los costes fijos tiende a disminuir y, por lo tanto, el efecto de apalancamiento operativo también se reduce hasta que llega un punto en que el aumento porcentual de las ventas coincide con el de los beneficios.

28.6. ANÁLISIS DE LAS DIFERENTES RENTABILIDADES

28.6.1. RENTABILIDAD DE LOS FONDOS PROPIOS

Los accionistas de una empresa miden la rentabilidad de su inversión en función de los fondos que hayan aportado a la empresa y de los beneficios obtenidos después de impuestos. Es decir:

$$\text{RENTABILIDAD FONDOS PROPIOS} = \frac{\text{BENEFICIOS DESPUÉS DE IMPUESTOS}}{\text{FONDOS PROPIOS}}$$

La rentabilidad sobre fondos propios de Resort, S.A., durante 2008 y 2009 fue la siguiente, de acuerdo con sus balances y cuentas de resultados:

RENTABILIDAD SOBRE FONDOS PROPIOS DE RESORT, S.A.		
	2008	2009
Capital desembolsado	480 000 000	540 000 000
Reservas	96 000 000	96 000 000
Beneficio después de impuestos	5 850 000	28 665 000
Rentabilidad sobre fondos propios	1,02%	4,51%

Apreciamos una tendencia positiva en la evolución de la rentabilidad sobre fondos propios de Resort, S.A., pero, para determinar si es la correcta, necesitaríamos disponer de datos de otras empresas similares de su sector.

La rentabilidad de los fondos propios también se puede analizar descomponiéndola de la siguiente manera:

$$\frac{\text{RENTABILIDAD}}{\text{FONDOS PROPIOS}} = \frac{\text{BENEFICIOS DESPUÉS DE IMPUESTOS}}{\text{VENTAS}} \times \frac{\text{VENTAS}}{\text{FONDOS PROPIOS}}$$

Incluso podríamos desglosarla todavía más:

$$\frac{\text{RENTABILIDAD}}{\text{FONDOS PROPIOS}} = \frac{\text{BENEFICIO GLOBAL}}{\text{VENTAS}} \times \frac{\text{VENTAS}}{\text{ACTIVOS TOTALES}} \times \frac{\text{BENEFICIO DESPUÉS DE IMPUESTOS}}{\text{BENEFICIO GLOBAL}} \times \frac{\text{ACTIVOS}}{\text{FONDOS PROPIOS}}$$

Es decir, que la rentabilidad de los propietarios depende de los cuatro coeficientes en los que hemos desglosado la rentabilidad de los fondos propios.

En el caso de Resort, S.A., tendríamos:

RESORT, S.A.: RENTABILIDAD FONDOS PROPIOS 2009		
$\frac{\text{BENEFICIO GLOBAL}}{\text{VENTAS}} =$		
$\frac{\text{BENEFICIO DESPUÉS DE IMPUESTOS + GT FINANCIEROS NETOS}}{\text{VENTAS}}$	$\frac{28\,665\,000 + 9\,750\,000}{300\,000\,000}$	12,81%
$\frac{\text{VENTAS}}{\text{ACTIVOS TOTALES}}$	$\frac{300\,000\,000}{760\,875\,000}$	39,43%
$\frac{\text{BENEFICIO DESPUÉS DE IMPUESTOS}}{\text{BENEFICIO GLOBAL}}$	$\frac{28\,665\,000}{38\,415\,000}$	74,62%
$\frac{\text{ACTIVOS}}{\text{FONDOS PROPIOS}}$	$\frac{760\,875\,000}{636\,000\,000}$	119,63%
RENTABILIDAD FONDOS PROPIOS =	$\frac{12{,}81 \times 39{,}43 \times 74{,}62 \times 119{,}63}{100}$	4,51%

28.6.2. RENTABILIDAD DE LOS ACTIVOS

El ratio de rentabilidad de los activos suele utilizarse para juzgar la eficiencia de los gestores de una empresa. En principio, cuanto mayor sea este coeficiente, mejor será la gestión de la empresa.

Como lo que se intenta determinar es la rentabilidad de los activos, independientemente de cómo se hayan financiado, se utiliza el llamado «beneficio global», que se calcula añadiendo al beneficio después de impuestos el coste financiero neto. En otras palabras, no se tienen en cuenta los gastos financieros.

Los cálculos que tendríamos que realizar para determinar la rentabilidad de los activos de Resort, S.A., en el ejercicio 2009 serían los siguientes:

RESORT, S.A., RENTABILIDAD DE LOS ACTIVOS 2009	
Saldo inicial activos (31/12/2008)	735 000 000
Saldo final activos (31/12/2009)	786 750 000
Saldo medio activos	760 875 000
Resultados después de impuestos	28 665 000
Coste financiero neto	9 750 000 = 15 000 000 x (1-0,35)
TOTAL = Resultados después de impuestos + Coste financiero neto	38 415 000
Rentabilidad de activos	**5,05 %** = 38 415 000/760 875 000

La rentabilidad de los activos depende de dos factores:

- **PORCENTAJE DEL BENEFICIO GLOBAL SOBRE VENTAS:** el beneficio global es igual a la suma del beneficio después de impuestos y el coste financiero neto.
- **ROTACIÓN DE LOS ACTIVOS:** es el número de veces que las ventas cubren el activo.

$$\frac{\text{RENTABILIDAD}}{\text{DE LOS ACTIVOS}} = \frac{\text{BENEFICIOS GLOBAL}}{\text{VENTAS}} \times \frac{\text{VENTAS}}{\text{ACTIVOS}}$$

La mayoría de los analistas consideran que el margen sobre ventas y la rotación de los activos son los dos parámetros más representativos de la gestión de una empresa.

A continuación, mostramos el famoso gráfico que describe la rentabilidad de los activos, conocido como gráfico Du Pont de Nemours, ya que fue esta empresa la que lo utilizó por primera vez. En este gráfico se recoge de modo desglosado la rentabilidad de una empresa a partir del margen sobre ventas y de la rotación de la inversión.

Para el análisis financiero, los conceptos económicos que aparecen en el gráfico de Du Pont son fáciles de interpretar y comprender con sólo seguir el flujo de información que produce su lectura de izquierda a derecha.

- **El beneficio:** se obtiene de la diferencia entre ingresos y gastos antes de amortizaciones.
- **El margen sobre ventas:** es un indicador del beneficio obtenido por euro vendido.
- **La rotación de la inversión:** es el número de veces en las que los recursos permanentes están comprendidos en la cifra de ventas, sabiendo que los recursos permanentes son la suma del activo fijo neto y el capital circulante (o fondo de maniobra).

Si se observa el gráfico, se concluye la gran importancia que tiene sobre la rentabilidad de la empresa, no sólo en el margen sobre ventas, sino también en el capital circulante, consecuencia del saldo y de la gestión de clientes, existencias y proveedores a corto plazo.

GRÁFICO DU PONT DE NEMOURS

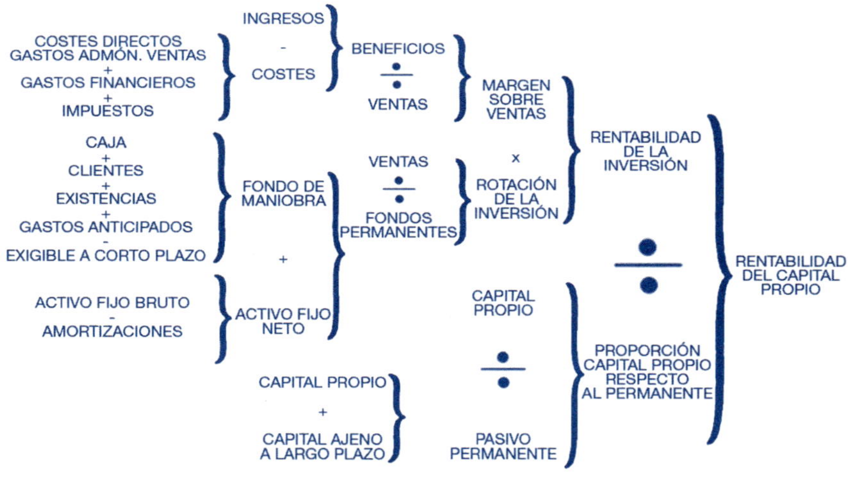

En el caso de Resort, S.A.:

$$\text{RENTABILIDAD DE LOS ACTIVOS} = \frac{38\,415\,000}{300\,000\,000} \times \frac{300\,000\,000}{760\,875\,000} \times \quad 0{,}128 \times 0{,}394 = 0{,}05 = 5{,}05\ \%$$

Por lo tanto, una variación de la rentabilidad de los activos se puede obtener, o bien modificando el margen de beneficio global, o bien con un cambio en la rotación de activos, o mediante una combinación de ambos factores.

En empresas industriales con un gran volumen de activos, la rotación del activo suele ser baja, y, por lo tanto, para elevar la rentabilidad, es necesario que la empresa tenga un alto beneficio global sobre ventas.

En el caso de las empresas de servicios, la situación es la contraria, ya que su rotación de activos es alta y pueden permitirse un beneficio sobre ventas menor.

Empresas industriales	gran volumen de activos	rotación del activo baja
Empresas de servicios	poco volumen de activos	rotación de activos alta

En ocasiones, existe el peligro de que los gestores se basen demasiado en este ratio, tomando decisiones de inversión en activos que no son las óptimas (por ejemplo, en ciertas situaciones, alquilar un edificio en lugar de adquirirlo).

28.6.3. EL EBIDTA

EBIDTA significa *Earnings Before Interests, Tax, Depreciation and Amortization*. En castellano, el EBIDTA se corresponde con el margen o resultado bruto de explotación de una empresa antes de deducir los intereses (carga financiera), las amortizaciones y el impuesto de sociedades.

Los defensores de la utilización de este ratio sostienen que:

- Los intereses que paga una empresa dependen de su nivel de endeudamiento y de los tipos de interés vigentes, y, por consiguiente, no dependen del negocio en sí.
- Por otra parte, las amortizaciones dependen del valor contable de las inversiones realizadas y de los criterios de amortización aplicados por la empresa, para lo cual hay cierto margen de discrecionalidad.
- En cuanto a los impuestos, dependen, a su vez, de los intereses y de las amortizaciones. Es decir, que si una empresa está muy endeudada, paga intereses elevados y, además, opta por un criterio de amortización acelerado, el impuesto se reduciría notablemente.

En definitiva, sus defensores opinan que el EBIDTA ayuda a eliminar las distorsiones de los factores expuestos anteriormente (intereses, amortizaciones e impuestos) y permite una comparación más homogénea entre empresas.

El EBIDTA se puso de moda al inicio de la época de la burbuja tecnológica. En aquellos momentos las empresas se marcaron como prioridad ganar cuota de mercado y se lanzaron a comprar empresas, utilizando un desmesurado apalancamiento financiero.

Mediante el EBIDTA se «maquillaban» las cuentas de explotación, evitando el efecto siempre negativo de unos excesivos gastos financieros y del aumento de amortizaciones que implicaban las compras realizadas. Se esperaba que, en el futuro, el aumento del tamaño de la empresa y las economías de escala lo compensarían, y se mejorarían así los resultados.

ADVERTENCIA

Medir el resultado de una empresa exclusivamente a través del EBIDTA puede resultar engañoso, ya que no refleja la verdadera rentabilidad de una empresa.
¿Qué empresa no tiene gastos financieros, ni paga impuestos ni tiene depreciaciones y amortizaciones?

En la prensa económica actual se sigue utilizando este ratio asiduamente, pero nunca hay que olvidar que el único y verdadero resultado de una empresa es el beneficio neto después de impuestos, el «bottom line» o, en todo caso, el cash-flow, que refleja los recursos que la empresa ha sido capaz de generar.

La cuota de mercado es importante, pero, para sobrevivir a largo plazo, al igual que no es recomendable tener beneficios e ir perdiendo cuota de mercado, tampoco es recomendable ganar cuota de mercado a base de pérdidas.

En definitiva, las empresas deben intentar alcanzar un equilibrio entre los beneficios y la cuota de mercado para garantizar su supervivencia.

29. Variación del valor del dinero en el tiempo

«No pongas tu interés en el dinero, pero pon tu dinero a interés.»

Oliver Wendell Holmes

- No se pueden comparar peras con manzanas, es decir, euros de hoy con euros de mañana o de ayer, ya que tienen diferente poder adquisitivo.
- Para poder comparar cantidades de dinero, es necesario realizar una serie de cálculos para convertirlas en «euros del mismo momento en el tiempo».
- Al aumentar la periodicidad de los pagos, se incrementa el valor presente de una renta.
- La determinación del tipo de interés utilizado para descontar flujos depende de dos factores: tiempo y riesgo.

“El dinero cambia de valor con el tiempo y éste es un aspecto clave en la toma de decisiones de inversión y en la repercusión que tendrá el coste de los intereses.”

NUBE DE TAGS

VALOR PRESENTE, **valor futuro,** *valor de una renta, coste de oportunidad,* **RENTA ANUAL,** descontar flujos de caja, interés compuesto...

Cuando se toman decisiones sobre inversiones o desinversiones, uno de los aspectos clave es el análisis de la forma de pago o de cobro y la repercusión que tendrá el coste de los intereses.

En las fórmulas y cálculos que aparecen a continuación, utilizaremos la siguiente nomenclatura:

VP	**VALOR PRESENTE** = PRINCIPAL O CANTIDAD INICIAL.
VF	**VALOR FUTURO** = VALOR DE UNA CANTIDAD INICIAL DESPUÉS DE «n» PERÍODOS O AÑOS.
I	**TIPO DE INTERÉS ANUAL.**
N	**NÚMERO DE PERÍODOS O AÑOS.**
VP (A)	**VALOR PRESENTE DE UNA RENTA ANUAL.** ES LA SUMA DE LOS VALORES PRESENTES DE LAS CANTIDADES RECIBIDAS AL FINAL DE CADA AÑO O PERÍODO.
VF (A)	**VALOR FUTURO DE UNA RENTA ANUAL.** ES LA SUMA DE LOS VALORES FUTUROS DE LAS CANTIDADES RECIBIDAS AL FINAL DE CADA AÑO O PERÍODO.
a	**PAGOS PERIÓDICOS** DE UNA RENTA ANUAL. ES EL IMPORTE DE CADA UNO DE LOS PAGOS QUE SE REALIZAN.
m	**N.º DE VECES** QUE SE REALIZA EL CÓMPUTO DEL INTERÉS CADA AÑO.

29.1. VALOR FUTURO DE UNA CANTIDAD DE DINERO

Supongamos que la empresa Terrenos, S.A. está negociando la venta de un terreno de su propiedad, y el comprador le ofrece dos alternativas de pago.

La primera alternativa consiste en pagarle hoy, 31 de enero de 2009, 1 000 000 de euros al contado, y la segunda consiste en pagarle una cantidad mayor, 1 200 000 euros, pero el 31 de enero del año 2014, es decir, dentro de cinco años.

En el caso de que la empresa optara por el cobro al contado, podría invertir el millón de euros y obtener una rentabilidad del 6% anual. Con estos datos, ¿qué opción deberíamos recomendar?

En definitiva, Terrenos, S.A., tiene que decidir si tiene más valor 1 millón de euros ahora o 1 200 000 euros dentro de cinco años.

RECUERDA

El valor futuro de cierta cantidad de dinero después de un período de años, a un determinado tipo de interés anual, se obtiene aplicando la siguiente fórmula:

$$VF = VP \times (1 + i\%)^{n}$$

Insertando en la fórmula los datos de nuestro ejemplo, obtenemos:

$$\mathbf{VF = 1\ 000\ 000 \times (1 + 6\%)^5}$$

VP = **Valor Presente** = 1 000 000 euros
i = **tipo de interés anual** = 6 %
n = **n.º de años** = 5 años

Realizando los siguientes cálculos previos:

$(1 + 6\%\ ) = (1 + 0{,}06) = 1{,}06$
$(1{,}06)^5 = (1{,}06) \times (1{,}06) \times (1{,}06) \times (1{,}06) \times (1{,}06) = 1{,}338$

Este último dato lo podemos obtener de una forma más rápida utilizando una hoja de cálculo o una calculadora financiera.

Obtenemos el siguiente resultado:

VF = $1\ 000\ 000 \times (1 + 6\%)^5$
VF = $1\ 000\ 000 \times (1{,}338) = 1\ 338\ 000$ euros

Es decir, que Terrenos, S.A., debería optar por el pago al contado de 1 millón de euros, ya que este dinero tendrá un valor futuro, dentro de cinco años, de 1 338 000 euros, si Terrenos, S.A., puede obtener una rentabilidad del 6% anual.

> Por lo tanto, con los datos de nuestro ejemplo, 1 000 000 de euros en el presente tiene un valor mayor que 1 200 000 euros dentro de cinco años.

29.2 VALOR PRESENTE DE UNA CANTIDAD DE DINERO

Supongamos que Terrenos, S.A., recibe una segunda oferta de compra por parte de otro comprador, que le ofrece una única opción: pagarle 1 100 000 euros el 31 de enero del año 2011, es decir, dentro de dos años.

Resumamos las diferentes opciones entre las que tiene que elegir Terrenos, S.A.:

- **Opción A:** 1 000 000 de euros el 31 de enero de 2009 (presente).
- **Opción B:** 1 200 000 euros el 31 de enero de 2014 (dentro de cinco años).
- **Opción C:** 1 100 000 euros el 31 de enero de 2011 (dentro de dos años).

ADVERTENCIA

No se pueden comparar peras con manzanas, es decir, no se pueden comparar euros del año 2009 con euros del año 2011, ni con euros del año 2014, ya que tienen diferente poder adquisitivo. Es decir, el dinero cambia de valor con el tiempo.
Cien euros de hoy que se invirtieran al 6% valdrían 106 euros dentro de un año.

$$VF = 100\ (1 + 0{,}06) = 106 \text{ euros}$$

Por lo tanto, lo primero que debe hacer Resort, S.A., es convertir las diferentes ofertas de compra en euros del mismo momento en el tiempo para poder establecer una comparación homogénea y decidir cuál es la mejor opción.

Para transformar una cantidad futura de dinero en su equivalente en el presente, podemos utilizar la fórmula:

$$\mathbf{VF = VP \times (1 + i\%)^n}$$

Despejando en la fórmula obtenemos que:

RECUERDA

El valor presente de una cantidad de dinero es igual a:

$$VP = \frac{VF}{(1 + i\%)^n}$$

Empleando esta fórmula, en el caso de Terrenos, S.A., podemos convertir los euros de los años 2011 y 2014 en euros de 2009 para decidir cuál es la mejor de las tres opciones que le han ofrecido a esta empresa.

- **OPCIÓN B:** 1 200 000 euros el 31 de enero de 2014 (dentro de cinco años).

Insertando en la fórmula los datos de nuestro ejemplo, obtenemos:

VF = **Valor Futuro** = 1 200 000 euros
i = **tipo de interés anual** = 6
n = **n.º de años** = 5 años

Realizando los siguientes cálculos previos,

$(1 + 6\%) = (1 + 0{,}06) = 1{,}06$
$(1{,}06)^5 = (1{,}06) \times (1{,}06) \times (1{,}06) \times (1{,}06) \times (1{,}06) = 1{,}338$

$$VP = \frac{VF}{(1 + i\%)^n} = \frac{1\,200\,000}{(1{,}06)^5} = \frac{1\,200\,000}{1{,}338} = 896\,861 \text{ EUROS}$$

La ecuación:

$$\mathbf{VP} = \frac{\mathbf{VF}}{(\mathbf{1 + i\%})^n}$$ es equivalente a: $\mathbf{VP = VF} \times \mathbf{(1 + i\%)^{-n}}$,

donde:

$$\frac{1}{(1 + i\%)^n} = (1 + i\%)^{-n}$$

El dato $(1 + i\%)^{-n}$ lo podemos obtener de una forma más rápida, utilizando una hoja de cálculo o una calculadora financiera

- **OPCIÓN C:** 1 100 000 euros el 31 de enero de 2011 (dentro de dos años).

Insertando en la fórmula los datos de nuestro ejemplo, obtenemos:

VF = **Valor Futuro** = 1 100 000 euros
i = **tipo de interés anual** = 6
n = **n.º de años** = 2 años

Realizando los siguientes cálculos previos,

$(1 + 6\%) = (1 + 0{,}06) = 1{,}06$
$(1{,}06)^2 = (1{,}06) \times (1{,}06) = 1{,}124$

Una vez encontrado el valor equivalente de las opciones B y C en euros de 2009, podemos comparar las tres opciones:

$$VP = \frac{VF}{(1 + i\%)^n} = \frac{1\,100\,000}{(1{,}06)^2} = \frac{1\,100\,000}{1{,}124} = 978\,996 \text{ EUROS}$$

TERRENOS, S.A		
	VALOR FUTURO	VALOR PRESENTE (EUROS 2009)
OPCION A		**1 000 000**
OPCION B	1 200 000 (EUROS 2014)	**896 861**
OPCION C	1 100 000 (EUROS 2011)	**978 996**

Después de obtener estos datos, resulta evidente que la mejor alternativa es la opción A.

29.3. VALOR PRESENTE DE UNA RENTA

Supongamos que Terrenos, S.A., recibe dos ofertas por una finca de su propiedad.

El primer comprador le ofrece 120 millones de euros, a pagar en tres plazos de 40 millones de euros por año, realizándose el primer pago dentro de un año, es decir, el 31 de enero del año 2010.

El segundo comprador le ofrece 124 millones de euros a pagar en cuatro plazos de 31 millones de euros por año, realizándose el primer pago dentro de un año, es decir, el 31 de enero del año 2010.

En definitiva, ambos compradores están ofreciendo a Terrenos, S.A, realizar una serie de pagos periódicos, es decir, pagarle una renta anual durante los próximos años.

TERRENOS, S.A.						
	AÑO 0 PRESENTE	AÑO 1 (2010)	AÑO 2 (2011)	AÑO 3 (2012)	AÑO 4 (2013)	TOTAL
COMPRADOR 1		40 000 000	40 000 000	40 000 000		120 000 000
COMPRADOR 2		31 000 000	31 000 000	31 000 000	31 000 000	124 000 000

Si bien el segundo comprador ofrece más dinero, hay que tener en cuenta que los pagos se van a dilatar en el tiempo, y que no podemos comparar euros de años distintos, por lo tanto debemos descontar estos flujos de ingresos periódicos y convertirlos en euros del 31 de enero de 2009 (presente).

Suponiendo que Terrenos, S.A. pudiera invertir los flujos de ingresos que va recibiendo al 6%, aplicando la fórmula del valor presente a cada uno de los flujos, obtenemos:

TERRENOS, S.A.					
	AÑO 1 (2010)	AÑO 2 (2011)	AÑO 3 (2012)	AÑO 4 (2013)	TOTAL
COMPRADOR 1	40 000 000	40 000 000	40 000 000		
VF = 120 000 000					
VALOR PRESENTE $VP = \frac{VF}{(1 + i\,\%)^n}$	$\frac{40\,000\,000}{(1 + 0{,}6)^1}$ **=37 735 849**	$\frac{40\,000\,000}{(1 + 0{,}6)^2}$ **=35 599 858**	$\frac{40\,000\,000}{(1 + 0{,}6)^3}$ **=33 584 771**		106 920 478,00
COMPRADOR 2	31 000 000	31 000 000	31 000 000	31 000 000	
VF = 124 000 000					
VALOR PRESENTE $VP = \frac{VF}{(1 + i\%)^n}$	$\frac{31\,000\,000}{(1 + 0{,}6)^1}$ **=29 245 283**	$\frac{31\,000\,000}{(1 + 0{,}6)^2}$ **=27 589 890**	$\frac{31\,000\,000}{(1 + 0{,}6)^3}$ **=26 028 198**	$\frac{31\,000\,000}{(1 + 0{,}6)^4}$ **=24 554 904**	107 418 274,00

Por lo tanto, una vez que hemos descontado los respectivos flujos de caja, llegamos a la conclusión de que la oferta del comprador 2 es más interesante, ya que supone un valor presente mayor.

Afortunadamente, existe una fórmula que nos permite llegar al mismo resultado de una forma más rápida.

RECUERDA

El valor presente de una renta anual es igual a la suma de los valores presentes de las cantidades recibidas al final de cada año o período. Para su cálculo se puede utilizar la fórmula:

$$VP\ (A) = a \times \frac{[1 - (1 + i\%)^{-n}]}{i\%}$$

Insertando en la fórmula los datos de nuestro ejemplo, obtenemos:

COMPRADOR 1:

a = 40 000 000 euros
i = 6
n = 3 años

$$VP\ (A) = \frac{40\ 000\ 000 \times [1 - (1 + 0{,}06)^{-3}]}{0{,}06}$$

Utilizando una hoja de cálculo o una calculadora financiera, obtenemos:

$$\frac{[1 - (1 + 0{,}06)^{-3}]}{0{,}06} = 2{,}673$$

Sustituyendo este valor en la fórmula, el resultado es:

VP (A) = 40 000 000 x [2,6730] = 106 920 478 euros

COMPRADOR 2:

a = 31 000 000 euros
i = 6
n = 4 años

$$VP\ (A) = \frac{40\ 000\ 000 \times [1 - (1 + 0{,}06)^{-4}]}{0{,}06}$$

Utilizando una hoja de cálculo o una calculadora financiera, obtenemos:

$$\frac{[1 - (1 + 0{,}06)^{-4}]}{0{,}06} = 3{,}4651$$

Sustituyendo este valor en la fórmula, el resultado sería:

VP (A) = 31 000 000 x [3,4651] = 107 418 275 euros

29.4. VALOR FUTURO DE UNA RENTA

Supongamos que al propietario de Terrenos, S.A., le ofrecen un plan de ahorro que le asegura una rentabilidad anual del 5% si realiza aportaciones de 250 000 euros anuales durante diez años. ¿A cuánto ascendería la cantidad ahorrada al cabo de diez años?

RECUERDA

El valor futuro de una renta anual es igual a la suma de los valores futuros de las cantidades recibidas al final de cada año o período. Para su cálculo se puede utilizar la fórmula:

$$VF\ (A) = a \times \frac{[(1 + i\%)^{n}] - 1}{i\%}$$

Insertando en la fórmula los datos de nuestro ejemplo, obtenemos:

$$VF\ (A) = 250\,000 \times \frac{[(1 + 0{,}05)^{10}] - 1}{0{,}05}$$

Utilizando una hoja de cálculo o una calculadora financiera, obtenemos:

$$[(1 + 0{,}05)^{10}] = (1{,}05)^{10} = 1{,}6289$$

Sustituyendo este valor en la fórmula, el resultado es:

$$VF\ (A) = 250\,000 \times \frac{(1{,}6289) - 1}{0{,}05} = 250\,000 \times \frac{0{,}6289}{0{,}05}$$

Por lo tanto, la cantidad ahorrada al cabo de diez años ascendería a:

VF (A) = 250 000 × 12,5779 = 3 144 473 euros

29.5. PERÍODOS INFERIORES A UN AÑO

En los ejemplos que hemos utilizado anteriormente, los ingresos y los pagos se realizaban una vez al año. Si la periodicidad fuera inferior al año, las fórmulas antes expuestas seguirían siendo válidas realizando los siguientes ajustes:

RECUERDA

Para calcular el interés compuesto dentro de un mismo año, tan sólo hay que dividir el tipo de interés por el número de períodos dentro del año (i/m), y multiplicar el número de años por el número de períodos dentro del año (n × m).
En el caso de valores presentes o futuros de una renta, el pago anual debe dividirse por el número de veces que se hace el cómputo del interés cada año (a/m).

En el apartado 29.3, «Valor presente de una renta», planteábamos el caso de un comprador que le ofrezca a la empresa Terrenos, S.A., 120 millones de euros, a pagar en tres plazos de 40 millones de euros por año, realizándose el primer pago dentro de un año, es decir, el 31 de enero del año 2010.

Después de descontar los flujos de ingresos correspondientes a un tipo de interés anual del 6%, llegamos a la conclusión de que el valor presente de esta renta era de 106 920 478 euros.

Supongamos que este comprador varía su oferta, no en las cantidades que está dispuesto a pagar, sino en la periodicidad de los pagos, y le propone a Terrenos, S.A., pagarle 20 millones de euros cada seis meses, es decir, un total de seis pagos en los próximos tres años. ¿Cuál sería el valor presente de esta renta?

Partiendo de la ecuación del valor presente de una renta, tenemos que realizar las siguientes modificaciones:

$$VP\ (A) = a \times \frac{[1 - (1 + i\%)^{-n}]}{i\%} \qquad VP\ (A) = \frac{a}{m} \times \frac{\frac{[1 - (1 + i\%)^{-n \times m}]}{m}}{\frac{i\%}{m}}$$

Utilizando los datos de nuestro ejemplo, obtenemos:

$$VP\ (A) = \frac{40\ 000\ 000}{2} \times \frac{[1 - (1 + 0{,}03)^{-(3 \times 2)}]}{0{,}03}$$

Utilizando una hoja de cálculo o calculadora financiera, obtenemos:

$[(1 + 0{,}03)^{-(3 \times 2)}] = 0{,}8375$

Por lo tanto, si el comprador varía su oferta y le propone a Terrenos, S.A., pagarle 20 millones de euros cada seis meses, es decir, un total de seis pagos en los próximos tres años, el valor presente de esta renta es:

$$\mathbf{VP\ (A) = 20\ 000\ 000 \times \frac{[1 - (0{,}8375)]}{0{,}03} = 108.343.829\ euros}$$

Es decir, que al aumentar la periodicidad de los pagos ha aumentado el valor presente de esta renta. Lo cual es lógico, ya que, cuanto antes reciba el comprador el dinero, antes podrá invertirlo y, por lo tanto, la inversión estará generando intereses más tiempo.

La nueva propuesta del comprador número 1 resulta ahora más interesante que la del comprador número 2, que ofrecía cuatro pagos anuales de 31 millones de euros, con un valor presente de 107 418 275 euros.

29.6. INGRESOS O PAGOS DESIGUALES

En nuestros ejemplos anteriores, los ingresos o pagos eran cantidades iguales. Cuando las cantidades son desiguales, lo único que varía es que los cálculos son un poco más largos, ya que hay que descontar cada uno de los flujos de entrada o salida de dinero individualmente.

Supongamos que una empresa espera obtener unos beneficios desiguales durante los próximos cuatro años, tal como se indica a continuación. Si el tipo de interés aplicable fuera del 15%, ¿cuál sería el valor presente de los beneficios de los próximos cuatro años?

Utilizando una hoja de cálculo o una calculadora financiera, podemos obtener el coeficiente $(1 + i\%)^{-n}$ para cada uno de los años:

AÑO	BENEFICIOS (VALOR FUTURO)	Coeficiente $(1 + 0{,}15)^{-n}$	VALOR PRESENTE
1	1 000 000	0,870	870 000
2	800 000	0,756	604 800
3	1 250 000	0,658	822 500
4	1 100 000	0,572	629 200
TOTAL	4 150 000		2 926 500

29.7. ELECCIÓN DEL TIPO DE INTERÉS APLICABLE

La determinación del tipo de interés es un tema extenso y complejo. En esta sección no pretendemos hacer un análisis exhaustivo, sino simplemente resaltar la relación del tipo de interés con dos factores: tiempo y riesgo.

Lo habitual es que, cuanto mayor sea el plazo de duración de una inversión, mayor sea la rentabilidad que obtengamos. Tomando como referencia la deuda pública (letras, bonos, obligaciones del Tesoro Público), una obligación del Tesoro con vencimiento en diez años suele ofrecer una rentabilidad mayor que una letra del Tesoro a un año. La razón es que, para que un inversor esté dispuesto a invertir su dinero durante más tiempo, será necesario compensarle con una rentabilidad más alta.

Por la misma razón, un bono a cinco años de una empresa privada deberá ofrecer una rentabilidad mayor que un bono del Estado, ya que, para el inversor, implica un riesgo mayor.

En los niveles de tipos de interés influyen, igualmente, tanto la situación económica y el riesgo del país como los tipos de interés en otros países.

Para determinar el tipo de interés que debemos utilizar para tomar una decisión de inversión, se pueden seguir varios criterios: la media ponderada de los fondos propios y ajenos, el coste del capital, la deuda pública en un plazo de tiempo similar al de la inversión, etc.

Uno de los criterios más utilizados en la toma de decisiones que implican cálculos con tipos de interés compuesto es el llamado «coste de oportunidad».

En este caso, se utiliza como tipo de interés para los cálculos la rentabilidad que obtendríamos si invirtiéramos los fondos en la mejor alternativa de inversión disponible, aparte de la que estamos considerando.

Supongamos que nuestra mejor alternativa de inversión fuera otra inversión con un riesgo similar y que tuviera una rentabilidad del 8% anual durante cinco años, el mismo plazo que el proyecto que estamos analizando.

En este caso, el tipo de interés que deberíamos utilizar sería del 8%.

30. El análisis de inversiones

«Todo lo que se puede contar no siempre cuenta; todo lo que cuenta no siempre se puede contar.»

Albert Einstein

- El período de recuperación (N) es el número de años necesario para recuperar la inversión inicial.
- El Valor Actual Neto (VAN) y el tipo de interés utilizado se mueven en direcciones opuestas.
- Se le llama Tasa Interna de Rendimiento (TIR) de un proyecto a la tasa de rendimiento que hace que el VAN sea cero.
- El método de la Tasa Interna de Rendimiento (TIR) no puede utilizarse en aquellos casos en los que, tras el desembolso inicial, hay que realizar algún pago.
- Cuando hay que elegir entre dos o más proyectos, los métodos VAN y TIR pueden llegar a conclusiones opuestas.

“Los tres métodos más utilizados para analizar inversiones son: el período de recuperación (N), el Valor Actual Neto (VAN) y la Tasa Interna de Rendimiento (TIR).”

NUBE DE TAGS

ESPACIO TEMPORAL, **desembolsos iniciales**, *cash-flows*, *proyectos alternativos*, **COSTE DE OPORTUNIDAD**, *valor presente de una renta*, **coste hundido...**

El análisis de inversiones, normalmente, se suele utilizar para analizar inversiones en activos fijos, pero también se puede emplear para otro tipo de inversiones, tales como investigación y desarrollo, publicidad y promoción, etc., siempre y cuando los beneficios esperados se extiendan a lo largo de varios años.

Este tipo de análisis también se puede emplear para tomar decisiones sobre inversiones en efectivo, cuentas a cobrar o existencias.

Los tres métodos más utilizados en la valoración de propuestos de inversión son los siguientes:

1 El período de recuperación (N)
2 El Valor Actual Neto (VAN)
3 La Tasa Interna de Rendimiento (TIR)

Es muy importante tener en cuenta que cada uno de estos tres métodos expresa los resultados de forma distinta, a la hora de compararlos:

EL PERÍODO DE RECUPERACIÓN (N)	AÑOS
EL VALOR ACTUAL NETO (VAN)	UNIDADES MONETARIAS
LA TASA INTERNA DE RENDIMIENTO (TIR)	PORCENTAJE DE RENTABILIDAD

30.1. EL PERÍODO DE RECUPERACIÓN (N)

Supongamos que a la empresa Construcciones, S.A., le ofrezcan invertir 1 millón de euros en una nueva maquinaria, la cual generará unos cash-flows (beneficios después de impuestos más amortizaciones) de 400 000 euros anuales durante cinco años.

RECUERDA

El período de recuperación es el número de años necesarios para recuperar la inversión inicial.

$$\text{PERÍODO DE RECUPERACIÓN (N)} = \frac{\text{INVERSIÓN INICIAL}}{\text{INGRESOS ANUALES}}$$

Con los datos de nuestro ejemplo, al cabo de dos años y medio habríamos recuperado la cantidad invertida inicialmente:

$$\text{PERÍODO DE RECUPERACIÓN (N)} = \frac{1\,000\,000}{400\,000} = 2{,}5 \text{ AÑOS}$$

30.1.1. VENTAJAS DEL MÉTODO DEL PERÍODO DE RECUPERACIÓN (N)

- La principal ventaja consiste en que es fácil y rápido de calcular.
- Cuanto menor sea el período de recuperación, mayor será la liquidez del proyecto.
- Cuanto menor sea el período de recuperación, menor será el riesgo en relación con el número de años necesarios para recuperar la inversión.
- Para empresas con problemas de tesorería o liquidez, el período de recuperación proporciona una información muy importante.

30.1.2. DESVENTAJAS DEL MÉTODO DEL PERÍODO DE RECUPERACIÓN (N)

- No se puede considerar como una medida de la rentabilidad, ya que no tiene en cuenta los flujos de fondos posteriores al período de recuperación.
- Ignora el valor del dinero en el tiempo.
- El utilizar únicamente este método para evaluar inversiones alternativas puede conducir a tomar decisiones incorrectas, ya que la inversión con un período de recuperación menor no tiene por qué coincidir con la inversión más rentable, es decir, aquella que maximize el valor presente de los flujos de ingresos.

30.2. EL VALOR ACTUAL NETO (VAN)

Este método resuelve todos los problemas del sistema anterior, ya que tiene en cuenta todos los flujos de fondos, tanto de entrada como de salida, así como el valor del dinero en el tiempo.

Este procedimiento convierte euros de diferentes años en euros del presente para evitar el problema de comparar «peras con manzanas». Es decir, el VAN equipara entradas y salidas de dinero que se producen en diferentes momentos en el tiempo, considerando el interés que se puede obtener sobre el dinero.

RECUERDA

El método de Valor Actual Neto (VAN) transforma el flujo de fondos de un determinado proyecto, consistente en una serie de entradas y salidas de dinero que se producen en momentos diferentes en el tiempo, en una serie de cobros y pagos equivalentes realizados en el presente.
El VAN se calcula siguiendo los pasos que detallamos a continuación:

1. Determinación de los cash-flows correspondientes al proyecto.
2. Determinación del tipo de interés aplicable.
3. División de cada uno de los flujos por el factor de interés correspondiente en función del tipo de interés y el número de años o períodos.
4. Suma de todas las cantidades resultantes con sus signos respectivos.

Cuando se evalúan diferentes alternativas de inversión con el mismo riesgo, la alternativa con un Valor Actual Neto (VAN) mayor es, en principio, la más interesante.

Utilizando el ejemplo de Construcciones, S.A., a continuación calcularemos el VAN del proyecto de inversión en la nueva maquinaria.

1. LOS CASH-FLOWS CORRESPONDIENTES AL PROYECTO SON LOS SIGUIENTES:

CONSTRUCCIONES, S.A.					
CASH-FLOWS CORRESPONDIENTES AL PROYECTO DE INVERSIÓN EN NUEVA MAQUINARIA					
AÑO 0	AÑO 1	AÑO 2	AÑO 3	AÑO 4	AÑO 5
-1 000 000	+400 000	+400 000	+400 000	+400 000	+400 000

2. DETERMINACIÓN DEL TIPO DE INTERÉS APLICABLE:

Supongamos que la empresa Construcciones, S.A., tiene un coste de oportunidad de un 10%, porque le han ofrecido una inversión alternativa que implica la citada rentabilidad. Por lo tanto en nuestro ejemplo (i = 10).

3. CÁLCULO DEL VALOR PRESENTE DE LOS CASH-FLOWS:

Para calcular el valor presente de los cash-flows que generará la nueva maquinaria, podemos realizar los cálculos de dos maneras:

a) Calcular el valor presente de cada uno de los cash-flows utilizando el coeficiente correspondiente **[VP = VF / (1+ i%)^n]**, utilizando una hoja de cálculo o una calculadora financiera.
b) En este caso, todos los ingresos que se producen a lo largo de los cinco años tienen el mismo importe y, por lo tanto, los podemos considerar como una renta. Para calcular el valor presente de esta renta, podemos utilizar una hoja de cálculo o una calculadora financiera. El coeficiente correspondiente se calcula: **[VP (A) = a × {[1 - (1 + i%)$^{-n}$] / i%}].**

Insertando en la fórmula del valor presente de una renta los datos de nuestro ejemplo, obtenemos:

a = 400 000 000 euros
i = 10
n = 5 años

$$VP\ (A) = a \times \frac{[1 - (1 + i\%)^{-n}]}{i\%}$$

$$VP\ (A) = 40\ 000\ 000 \times \frac{[1 - (1 + 0{,}10)^{-5}]}{0{,}10}$$

Utilizando una hoja de cálculo o una calculadora financiera, obtenemos:

$$\frac{[1 - (1 + 0{,}10)^{-5}]}{0{,}10} = 3{,}790786$$

Sustituyendo este valor en la fórmula, el resultado es:

VP (A) = 40 000 000 × (3,790786) = 1 516 314 euros

4. VALOR ACTUAL NETO (VAN)

Ahora podemos sumar todas las cantidades resultantes con sus signos respectivos, y obtenemos:

VALOR ACTUAL NETO (VAN) = -1 000 000 + 1 516 314 = 516 314 euros

ADVERTENCIA

En los proyectos de inversión convencionales con desembolsos iniciales y retornos positivos posteriores, siempre que se aumenta el tipo de interés empleado con el cálculo del valor presente de los flujos de un proyecto, el valor actual neto disminuye, y viceversa. Es decir, que el VAN y el tipo de interés utilizado para su cálculo se mueven en direcciones opuestas.

30.3. LA TASA INTERNA DE RENDIMIENTO (TIR)

En nuestro ejemplo anterior utilizábamos un tipo de interés del 10% y obteníamos un Valor Actual Neto (VAN) positivo igual a 516 314 euros.

Como ya hemos comentado, si utilizáramos para el mismo proyecto un tipo de descuento mayor disminuiría el VAN, y si utilizáramos un tipo de descuento menor aumentaría el VAN.

Por ejemplo, veamos qué sucede con el VAN del proyecto de inversión de la empresa de nuestro ejemplo, Construcciones, S.A., si varía el tipo de interés utilizado en su cálculo:

PROYECTO DE INVERSIÓN DE CONSTRUCCIONES, S.A.		
ESCENARIO	TIPO DE INTERÉS	VALOR ACTUAL NETO DEL PROYECTO (VAN)
1	10 %	516 314
2	5 %	731 791
3	30 %	-25 772
4	28,65 %	0

En nuestro ejemplo, utilizamos, para realizar los cálculos del VAN, el tipo de interés equivalente a la mejor inversión alternativa, aunque, en algunos casos, se utilizan otros parámetros, tales como el coste de los fondos totales (propios y ajenos), la deuda del Estado con un plazo similar, etc.

En el escenario 1, el VAN es positivo. Esto implica que el proyecto de inversión que se está analizando tiene una rentabilidad mayor que la inversión alternativa, la cual, en este caso, tenía una rentabilidad del 10%.

En el escenario 2, el VAN también es positivo. Esto implica que el proyecto de inversión que se está analizando tiene una rentabilidad mayor que la inversión alternativa, la cual, en este caso, tiene una rentabilidad del 5%.

En los escenarios 1 y 2 observamos que, cuanto menor es el coste de oportunidad de Construcciones, S.A., mayor es su VAN.

COSTE DE OPORTUNIDAD	↓	VAN	↑

En el escenario 3, el valor del VAN es negativo. Cuando el VAN es negativo, la empresa debe optar por la inversión alternativa. Es decir, que la rentabilidad del proyecto es inferior a la de la alternativa de inversión, en nuestro caso inferior al 30%.

En el escenario 4, el VAN es exactamente 0. Esto quiere decir que la rentabilidad de este proyecto es exactamente igual a la rentabilidad de la mejor inversión alternativa, en este caso 28,65%.

Por lo tanto, salvo que existan otras consideraciones, para la empresa Construcciones, S.A., será indiferente optar por este proyecto o por la mejor inversión alternativa, ya que la rentabilidad es la misma en ambos casos.

RECUERDA

Se le llama Tasa Interna de Rentabilidad (TIR) de un proyecto a la tasa de rendimiento que hace que el VAN sea cero.

El cálculo del TIR es sencillo, si se dispone de una hoja de cálculo o de una calculadora financiera.

En nuestro ejemplo los flujos de caja eran:

CONSTRUCCIONES, S.A., CASH-FLOWS CORRESPONDIENTES AL PROYECTO DE INVERSIÓN EN NUEVA MAQUINARIA					
AÑO 0	AÑO 1	AÑO 2	AÑO 3	AÑO 4	AÑO 5
-1 000 000	+400 000	+400 000	+400 000	+400 000	+400 000

Utilizando una hoja de cálculo o una calculadora financiera obtenemos que el tipo de interés (i) que provoca que el valor presente de la renta de 400 000 euros durante cinco años sea igual a 1 millón de euros, es decir, el TIR, es exactamente 28,6493%.

$$\textbf{VP (A) = 400 000 000 [1 – (1 + 0,286493)}^{-5}\textbf{] = 1 000 000 euros}$$

30.3.1. DESVENTAJAS DEL MÉTODO DE LA TASA INTERNA DE RENDIMIENTO (TIR)

La gran desventaja de este método es que no puede utilizarse en aquellos casos en los que, tras el desembolso inicial, hay que realizar algún pago a lo largo de la vida del proyecto.

Supongamos que para el proyecto de inversión en nueva maquinaria de la empresa Construcciones, S.A., los cash-flows incluyan un flujo negativo en el tercer año:

CONSTRUCCIONES, S.A.,					
CASH-FLOWS CORRESPONDIENTES AL PROYECTO DE INVERSIÓN EN NUEVA MAQUINARIA					
AÑO 0	AÑO 1	AÑO 2	AÑO 3	AÑO 4	AÑO 5
-1 000 000	+400 000	+400 000	-100 000	+400 000	+400 000

En este caso, no podríamos utilizar el método de la Tasa Interna de Rendimiento por razones matemáticas.

La ecuación que iguala el VAN a cero es un polinomio. En inversiones que implican un desembolso inicial seguido de una serie de ingresos, este polinomio tiene tantas soluciones como el número de años de vida del proyecto, pero todas estas soluciones son, o bien números imaginarios, o bien negativos, excepto una que es el valor del TIR.

Sin embargo, cuando a lo largo de la vida de un proyecto se produce un desembolso, el polinomio que iguala el VAN a cero tiene múltiples soluciones, y se pueden obtener valores para el TIR incoherentes, ya que diferentes tasas de descuento pueden igualar el VAN a cero.

ADVERTENCIA

El método de la Tasa Interna de Rendimiento (TIR) no puede utilizarse en aquellos casos en los que, tras el desembolso inicial, hay que realizar algún pago a lo largo de la vida del proyecto, ya que se pueden obtener valores para el TIR incoherentes.

30.4. EL VAN Y EL TIR COMO CRITERIOS DE DECISIÓN

30.4.1. DECISIONES SOBRE UN ÚNICO PROYECTO

Siempre que la tasa de descuento empleada en el cálculo del VAN sea menor que el TIR, el VAN será positivo, y será aconsejable realizar el proyecto de inversión.

Por el contrario, si la tasa de descuento empleada para calcular el VAN es mayor que el TIR, el VAN será negativo y, en este caso, no será aconsejable realizar la inversión.

Tasa de descuento empleada en el cálculo del VAN	$<$	TIR	VAN (+) REALIZAR PROYECTO
Tasa de descuento empleada en el cálculo del VAN	$>$	TIR	VAN (-) NO REALIZAR PROYECTO

RECUERDA

En las decisiones sobre un único proyecto, los métodos del VAN y del TIR coincidirán en la respuesta sobre si esto debe realizarse o no realizarse.

30.4.2. DECISIONES SOBRE PROYECTOS ALTERNATIVOS

En ocasiones, cuando hay que elegir entre dos o más proyectos, dependiendo de la tasa de rentabilidad que empleemos, los métodos del VAN y el TIR pueden llegar a conclusiones opuestas. Es decir, que el proyecto con un VAN mayor puede no coincidir con el que tenga un TIR mayor.

30.5. DECISIONES SOBRE REPOSICIÓN DE ACTIVOS

Supongamos que la empresa Construcciones, S.A., esté considerando reemplazar una máquina antigua por una nueva.

La empresa tiene que sopesar si el aumento de ingresos que supone la máquina nueva va a compensar la inversión que ésta representa. Para ello la empresa dispone de los siguientes datos:

ADVERTENCIA

En algunos casos, cuando hay que elegir entre dos o más proyectos, puede surgir una disparidad entre los resultados que se obtienen empleando el método del VAN y el método del TIR. En estos casos, se suele optar por la conclusión a la que se llega utilizando el método del VAN.

CONSTRUCCIONES, S.A.		
	Máquina antigua	Máquina nueva
Valor de compra	2 000 000	2 400 000
Vida útil	10 años	10 años
Antigüedad	5 años	0 años
Ventas anuales	3 000 000	3 300 000
Costes de explotación	2 000 000	1 660 000
Amortización anual	200 000	240 000
Impuesto sobre beneficios	35%	35%
Valor contable dentro de cinco años	0	1 200 000
Valor de mercado en la actualidad	600 000	2 400 000
Tasa de interés para el cálculo de los valores presentes	15%	15%

Para poder comparar las dos alternativas adecuadamente, utilizaremos un espacio temporal de diez años contados a partir del presente, y calcularemos el valor actual de los cash-flows de cada una de las dos máquinas:

ALTERNATIVA 1: MÁQUINA ANTIGUA

	AÑOS 1-5	AÑOS 6-10
BENEFICIOS ANUALES	3 000 000	3 000 000
COSTES DE EXPLOTACIÓN ANUALES	2 000 000	2 000 000
AMORTIZACIÓN ANUAL	200 000	0
BENEFICIOS ANUALES ANTES DE IMPUESTOS	800 000	1 000 000
IMPUESTOS (35%)	280 000	350 000
BENEFICIOS DESPUÉS DE IMPUESTOS	520 000	650 000
CASH FLOW (BENEFICIO + AMORTIZACIONES)	720 000	650 000

Por lo tanto, la máquina antigua proporciona unos cash-flows de 720 000 euros durante los años (1-5), y unos cash-flows de 650 000 euros durante los años (6-10).

Podemos calcular el valor presente de los cash-flows correspondientes a los años (1-5), utilizando la ecuación del valor presente de una renta:

$$VP\ (A) = a \times \frac{[1 - (1 + 15\%)^{-5}]}{15\%}$$

$$VP\ (A) = 720\ 000 \times \frac{[1 - (1 + 0{,}15)^{-5}]}{0{,}15}$$

Utilizando una hoja de cálculo o una calculadora financiera, obtenemos:

$$\frac{[1 - (1 + 0{,}15)^{-5}]}{0{,}15} = 3{,}352155$$

Sustituyendo este valor en la fórmula, el resultado es:

$$\mathbf{VP\ (A) = 720\ 000 \times (3{,}352155) = 2\ 413\ 552\ euros}$$

En cuanto a los cash-flows por importe de 650 000 euros, correspondientes a los años (6-10), hay que tener en cuenta que no empiezan a percibirse hasta dentro de seis años, es decir, que estos cash-flows no se reciben entre los años (1-5).

Por lo tanto, si queremos utilizar la ecuación del valor presente de una renta, lo correcto sería:

1. CALCULAR EL VALOR PRESENTE DE UNA RENTA DURANTE DIEZ AÑOS AL 15%, CON UNOS CASH-FLOWS DE 650 000 EUROS.

$$\textbf{VP (A)} = a \times \frac{[1 - (1 + 15\%)^{-10}]}{15\%}$$

$$\text{VP (A)} = 650\,000 \times \frac{[1 - (1 + 0{,}15)^{-10}]}{0{,}15}$$

Utilizando una hoja de cálculo o una calculadora financiera, obtenemos:

$$\frac{[1 - (1 + 0{,}15)^{-10}]}{0{,}15} = (5{,}018768)$$

Sustituyendo este valor en la fórmula, el resultado es:

VP (A) = 650 000 × (5,018768) = 3 262 199 euros

2. CALCULAR EL VALOR PRESENTE DE UNA RENTA DURANTE 5 AÑOS AL 15%, CON UNOS CASH-FLOWS DE 650 000 EUROS.

$$\textbf{VP (A)} = a \times \frac{[1 - (1 + 15\%)^{-5}]}{15\%}$$

$$\text{VP (A)} = 650\,000 \times \frac{[1 - (1 + 0{,}15)^{-5}]}{0{,}15}$$

Ya habíamos realizado antes este cálculo, cuando calculamos los cash-flows correspondientes a los años (1-5) de la máquina antigua y habíamos obtenido:

$$\frac{[1 - (1 + 0{,}15)^{-5}]}{0{,}15} = 3{,}352155$$

Sustituyendo este valor en la fórmula, el resultado es:

VP (A) = 650 000 × (3,352155) = 2 178 901 euros

3. RESTAR DEL PRIMER RESULTADO EL SEGUNDO, PARA OBTENER EXCLUSIVAMENTE EL VALOR PRESENTE DE LOS CASH-FLOWS GENERADOS ENTRE LOS AÑOS (6-10).

VP CASH-FLOW (1-10) - VP CASH-FLOW (1-5) = VP CASH-FLOW (6-10)

VP CASH-FLOWS AÑOS (6-10) = 3 262 199 - 2 178 901 = 1 083 298 euros

VALOR PRESENTE ALTERNATIVA 1: MÁQUINA ANTIGUA

Asciende a 3 496 850 euros, que corresponden a la suma del valor presente de los cash-flows relativos a los años (1-5) y de los cash-flows relativos a los años (6-10).

	VALOR PRESENTE
TOTAL CASH-FLOWS AÑOS (1-5)	2 413 552
TOTAL CASH-FLOWS AÑOS (6-10)	1 083 298
TOTAL	**3 496 850**

ALTERNATIVA 2: MÁQUINA NUEVA

	AÑOS 1-10
BENEFICIOS ANUALES	3 300 000
COSTES DE EXPLOTACIÓN ANUALES	1 900 000
AMORTIZACIÓN ANUAL	240 000
BENEFICIOS ANUALES ANTES DE IMPUESTOS	1 160 000
IMPUESTOS (35%)	406 000
BENEFICIOS DESPUÉS DE IMPUESTOS	754 000
CASH FLOW (B° + AMORTIZACIONES)	994 000

Por lo tanto, la máquina nueva proporciona unos cash-flows de 994 000 euros durante los años (1-10).

Podemos calcular el valor presente de los cash-flows correspondientes a los años (1-10) utilizando la ecuación del valor presente de una renta :

$$\mathbf{VP\ (A) = a \times \frac{[1 - (1 + 15\%)^{-10}]}{15\%}}$$

$$VP\ (A) = 994\ 000 \times \frac{[1 - (1 + 0{,}15)^{-10}]}{0{,}15}$$

Anteriormente, ya habíamos realizado este cálculo, al calcular el valor presente de una renta durante diez años al 15% para la máquina antigua, y habíamos obtenido:

$$\frac{[1 - (1 + 0{,}15)^{-10}]}{0{,}15} = (5{,}018768)$$

Sustituyendo este valor en la fórmula, el resultado es:

VP (A) = 994 000 × (5,018768) = 4 988 655 euros

A esta cantidad le tendríamos que añadir el valor de venta de la máquina antigua, así como el valor presente del valor residual de la máquina nueva dentro de diez años.

El valor residual de la máquina nueva dentro de diez años es de 400 000 euros. Para calcular el valor presente de esta cantidad podemos utilizar la fórmula:

$$\mathbf{VP = \frac{VF}{(1 + i\%)^n}}$$

$$\mathbf{VP = \frac{400\,000}{(1 + 0{,}15)^{10}}}$$

Utilizando una hoja de cálculo o una calculadora financiera, obtenemos:

$(1 + 0{,}15)^{10} = 4{,}04556$

Sustituyendo este valor en la fórmula, el resultado es:

VP = 400 000 / 4,04556 = 98 874 euros

VALOR PRESENTE ALTERNATIVA 2: MÁQUINA NUEVA:

Asciende a 5 687 529 euros, y se refiere a la suma entre el valor presente de los cash-flows relativos a los años (1-10), el valor de venta de la máquina antigua (600 000 euros), el valor presente del valor residual de la máquina nueva dentro de diez años y el pago inicial de la máquina nueva.

	VALOR PRESENTE
TOTAL CASH-FLOWS AÑOS (1-10)	4 988 655
VALOR DE VENTA DE LA MÁQUINA ANTIGUA	600 000
VALOR RESIDUAL DE LA MÁQUINA NUEVA EN 10 AÑOS	98 874
MENOS PAGO INICIAL DE LA MÁQUINA NUEVA	2 400 000
TOTAL	3 287 529

Por lo tanto, la empresa Construcciones, S.A., no debería reemplazar la máquina antigua por la nueva, ya que el valor presente de los cash-flows que corresponden a la máquina nueva, 3 287 529 euros, es inferior a los cash-flows correspondientes a la máquina antigua, 3 496 850 euros (en cuanto se supone que el pago inicial de la máquina antigua es un coste hundido, que no se puede evitar se tome la decisión que se tome).

Bibliografía

Buzzmarketing: Get People to Talk About Your Stuff. Mark Hughes. Penguin Group. 2005.

Caffeine for the Creative Mind: 250 Exercises to Wake Up Your Brain. Stefan Mumaw, Wendy Lee Oldfield. How Books. 2006.

Competitive Strategy: Techniques for Analyzing Industries and Competitors. Michael E. Porter. The Free Press. 1998.

Comunicación empresarial 2.0. La función de las nuevas tecnologías sociales en la estrategia de comunicación empresarial. Javier Celaya y Pau Herrera. Grupo BPMO Ediciones. 2007. E-book de descarga gratuita en www.dosdoce.com/continguts/estudios/vistaSola_cas.php?ID=19.

Connected Marketing: The Viral, Buzz and Word of Mouth Revolution. Justin Kirby, Paul Marsden. Butterworth-Heinemann. 2005.

Cracking Creativity: The Secrets of Creative Genius. Michael Michalko. Ten Speed Press. 2001.

Edición 2.0. Los futuros del libro. Joaquín Rodríguez. Melusina. 2007. Versión digital en www.melusina.com/libro.php?idg=12079.

El libro de los mapas mentales. Tony Buzan. Urano. 1996.

El pensamiento lateral: manual de creatividad. Edward de Bono. Paidós Ibérica. 1998.

«Enterprise 2.0: the Dawn of Emergent Collaboration.» Andrew P. McAfee. *MIT Sloan Management Review*. 2006.

Global Enterprise Web 2.0 Market Forecast: 2007 to 2013. G. Oliver Young, Forrester Research. Abril 2008.

Hitwise US Social Networking Report: Driving opportunities through participatory marketing. Heather Dougherty, Marc Fanelli. Marzo de 2008.

«Ideas & Trends.» Michael Barbaro. *The New York Times*. 2007.

Informe Electronic Gaming in the Digital Home: Game Advertising. Yuanzhe Michael Cai, Parks Associates. Junio de 2007.

Informe Global Entrepreneurship Monitor (GEM). Director del proyecto: Ignacio de la Vega García-Pastor. España. 2006.

La blogosfera hispana: Pioneros de la cultura digital. José M. Cerezo. Fundación France Telecom España. 2006. E-book de descarga gratuita en www.fundacionorange.es/areas/25_publicaciones/publi_253_9.asp.

La revolución de los blogs. José Luis Orihuela. La Esfera de los Libros. 2006.

Life After the 30-Second Spot: Energize Your Brand With a Bold Mix of Alternatives to Traditional Advertising. Joseph Jaffe. John Wiley & Sons. 2005.

Los Business Angels en España, una nueva vía de financiación para la PYME. Ministerio de Industria, Turismo y Comercio. Dirección General de la Política de la PYME. 2008.

Managing Creativity and Innovation. Harvard Business Essentials. Harvard Business School Press. 2003.

Managing Wal-Mart. Ann Zimmerman, Kris Hudson. Wall Street Journal Classroom Edition. 2006.

Marketing lateral: nuevas técnicas para encontrar las ideas más rompedoras. Philip Kotler, Fernando Trías de Bes. Pearson Educación. 2004.

Marketing Management. Philip Kotler, Kevin Lane Keller. Prentice Hall; 12th Edition. 2006.

Marketing Warfare in the 1980s. Philip Kotler, Ravi Singh. 1981.

Marketing: An Introduction. Philip Kotler, Gary Armstrong. Prentice Hall. 6th Edition. 2002.

MBA de bolsillo. Yvonne Sánchez, Gonzalo Cantarero. Martínez Roca. 1998.

Micropoder: la fuerza del ciudadano en la era digital. Javier Cremades. Espasa-Calpe. 2007.

Móviles y publicidad: percepción, usos y tendencias. (Segunda ola). Zed Digital. Grupo ZenithOptimedia. 2007.

Plan de acción: El programa europeo a favor del espíritu empresarial. Comisión de las Comunidades Europeas. Bruselas. 2004.

Planeta Web 2.0: Inteligencia colectiva o medios fast food. Cristóbal Cobo Romaní y Hugo Pardo Kuklinski. Grup de Recerca d'Interaccions Digitals, Universitat de Vic y Flacso México. 2007. E-book de acceso gratuito en www.planetaweb2.net.

Preguntas más frecuentes sobre marketing. Philip Kotler. Granica. 2005.

Report on Minipreneurs. Trendwatching.com. Septiembre, octubre de 2005.

Seis sombreros para pensar. Edward de Bono. Paidós Ibérica. 2008.

«Strategies for High Market-Share Companies.» Paul N. Bloom, Philip Kotler. *Harvard Business Review*. 1975.

Tendencias Web 2.0 en el sector editorial. Javier Celaya. Dosdoce. 2007. Estudio de descarga gratuita en www.dosdoce.com/continguts/estudios/vistaSola_cas.php?ID=18.

The 2008 Trend Report. Liesbeth den Toom, Kelly Atkinson, Michell Zappa et. al. www.trendwatching.com. 2008.

The Anatomy of Buzz: How to Create Word of Mouth Marketing. Emanuel Rosen. Currency. 2002.

The Cluetrain Manifesto: The End of Business as Usual. Rick Levine, Christopher Locke, Doc Searls y David Weinberger. Basic Books. 2001. Versión digital: http://www.cluetrain.com/book/index.html

«The Long Tail.» Chris Anderson. *Wired Magazine*. 2004.

The Long Tail: Why the Future of Business is Selling Less of More. Chris Anderson. Editorial Hyperion. 2006.

The Portable MBA in Entrepreneurship. William D. Bygrave, Andrew Zacharakis. John Wiley & Sons. 2004.

The Six Simple Principles of Viral Marketing. Dr. Ralph F. Wilson. Web Marketing Today. 2005. http://www.wilsonweb.com/wmt5/viral-principles.htm

The Strategy Concept & Process: a Pragmatic Approach. Arnoldo C. Hax, Nicolas S. Majluf. Prentice Hall. 1991.

The Successful Business Plan: Secrets & Strategies. Rhonda Abrams. The Planning Shop. Fourth Edition. 2003.

The Wisdom of Crowds. James Surowiecki. Anchor. 2005.

Thinkertoys: A Handbook of Creative-Thinking Techniques. Michael Michalko. Ten Speed Press. 2006.

«Time's Person of the Year: You.» Lev Grossman. *Time*. 2006.

Top 10 Industry Facts. Entertainment Software Association (ESA). 2007.

Unleashing the Ideavirus. Seth Godin. Hyperion. 2001.

«Viral Marketing.» Steve Jurvetson, Tim Draper. *Business 2.0.* Noviembre de 1998.

Viral Marketing: Potential and Pitfalls. Michael Bryce. VDM Verlag Dr. Mueller. 2007.

Web 2.0: El negocio de las redes sociales. Fundación de la Innovación Bankinter y Accenture (FTF Forum). 2007. E-book de descarga gratuita en www.ftforum.org/web20.htm.

Web 2.0. Antonio Fumero y Genís Roca, con la colaboración especial de Fernando Sáez Vacas. Fundación Orange España. 2007. E-book de descarga gratuita en www.fundacionorange.es/areas/25_publicaciones/publi_253_11.asp.

Web 2.0. El usuario, el nuevo rey de Internet. Ismael Nafría. Gestión 2000. 2007.

Web 2.0. Paul Graham. Noviembre 2005. http://www.paulgraham.com/web20.html

Web 2.0.: Manual [no oficial] de uso. Octavio Isaac Rojas Orduña, José Luis Antúnez, José Antonio Gelado, José Antonio del Moral y Roger Casas-Alatriste. ESIC. 2007.

«What Is Web 2.0: Design Patterns and Business Models for the Next Generation of Software.» Tim O'Reilly. 2005. http://www.oreillynet.com/pub/a/oreilly/tim/news/2005/09/30/what-is-web-20.html

Wikinomics: la nueva economía de las multitudes inteligentes. Don Tapscott y Anthony D. Williams. Paidós Ibérica. 2007.

Índice detallado